AF537224

Latein
ohne Mühe

Die Methode für jeden Tag

Latein
ohne Mühe

von
Clément DESESSARD

Deutsche Übersetzung und Bearbeitung von
Manuel FISCHER & Susanne GAGNEUR

Zeichnungen von P. Soymier & R. Gring

Körnerstrasse 12 HH
50823 Köln
Deutschland

 ISBN 978-3-89625-029-2

Der Assimil-Verlag
bietet folgende Sprachkurse an:

Grundkurse Niveau A1-B2 / Reihe „ohne Mühe"

Amerikanisch • Arabisch • Brasilianisch
Bulgarisch • Chinesisch • Chinesische Schrift
Dänisch • Deutsch (als Fremdsprache) • Englisch
Finnisch • Französisch • Griechisch • Hindi
Latein • Kroatisch • Indonesisch • Italienisch
Japanisch • Kanji-Schrift • Niederländisch
Norwegisch • Persisch • Polnisch • Portugiesisch
Russisch • Schwedisch • Spanisch • Thailändisch
Tschechisch • Türkisch • Ungarisch • Vietnamesisch

Vertiefungskurse Niveau B2-C1 / Reihe „in der Praxis"

Englisch • Französisch • Italienisch • Spanisch

Weitere Sprachkurse in Vorbereitung

... Aktuelles und weitere Infos unter www.AssimilWelt.com

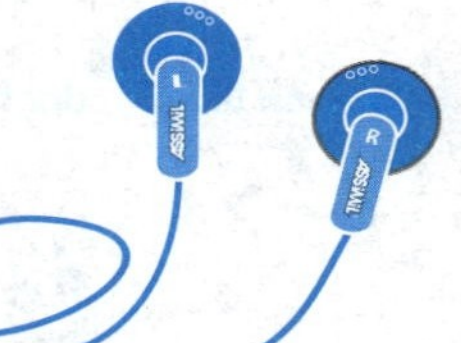

Die Tonaufnahmen

mit den lateinischen Texten aller Lektionstexte & Lieder aus diesem Buch in Restituta- und Ecclesiastica-Aussprache (mit jeweils 162 bzw. 174 Min. Spieldauer) können Sie im Internet-Buchhandel und bei Ihrem Buchhändler bestellen:

Lingua Latina sine molestia

3 Audio-CDs (162 Min) + 2 mp3-CDs (162 + 174 Min.)
ISBN 978-3-89625-129-9

VORWORT

Mit Assimil Latein ohne Mühe lernen?

Latein hat den Ruf, eine schwierige Sprache zu sein, und Muttersprachler trifft man schon seit Jahrhunderten nicht mehr an. Wozu also Latein lernen?

Wenn Sie dieses Buch in der Hand halten, haben Sie sicher selbst ein paar gute Gründe gefunden, die Ihnen eine Antwort auf diese Frage geben. Einige weitere möchten wir hinzufügen:

Die lateinische Sprache wurde über Tausende von Jahren von Millionen Menschen gesprochen und war in dieser Zeit die **Verkehrs- und Handelssprache Nr. 1**. Damit war Latein in vielerlei Hinsicht vergleichbar mit dem heutigen Englisch. Eines sollte man bei diesem Vergleich nicht vergessen: Der englische Wortschatz besteht zu ca. 50% aus Wörtern lateinischen Ursprungs. Bei Französisch, Spanisch, Italienisch, Portugiesisch und weiteren **romanischen Sprachen** ist die Verwandtschaft noch enger. Und es gibt wenige Sprachen weltweit, die nicht den ein oder anderen lateinischen Begriff übernommen haben. Latein besser zu verstehen, erleichtert den **Zugang zu vielen Sprachen der Welt**.

Das sogenannte "klassische Latein" wird von Linguisten – ebenso wie Altgriechisch und Althebräisch – als tote Sprache bezeichnet. **Tote Sprachen leben jedoch länger**. Im Fall von Latein trifft diese Aussage zu 100% zu. Wie sonst könnte man erklären, dass wir heute, am Beginn des 21. Jahrhunderts, tagtäglich in sämtlichen Medien mit lateinischen Wörtern konfrontiert werden. Diese werden nicht nur dazu verwendet, Texte auszuschmücken; sie sind auch im technischen und wissenschaftlichen Bereich unverzichtbar.

Auch wenn Sie als Tourist unterwegs sind, stellen Sie immer wieder fest, dass lateinische Zitate nicht nur Friedhöfe, alte Kirchen und Denkmäler zieren, sondern auch auf neuen Gebäuden und erstaunlicherweise auf vielen Dokumenten zu bewundern sind. Kurz gesagt: "Latein ist tot, es lebe Latein!"

Mit der modernen Präsentation des Lateins in diesem Sprachkurs möchten wir zeigen, dass Latein nicht nur eine Sprache der Gelehrten, sondern vor allem eine **Volkssprache** war und auch weiterhin so aufzufassen ist. Sie werden in diesem Buch und auf den dazugehörigen Tonaufnahmen Lektion für Lektion Dialoge auf Latein entdecken, wie man sie in **Roma**, **Pompeii**, **Colonia Claudia Ara Agrippinensium** oder **Londinium** hätte hören können. Viele Lektionen behandeln **moderne** bzw. **aktuelle Themen**, um zu unterstreichen, dass man sich auf Latein heutzutage ganz normal unterhalten kann.

Sie werden vielleicht erstaunt sein, in diesem Buch lateinische Wörter für moderne Gegenstände zu finden. Aber genau dies zeigt das Paradox, dass für eine ausgestorbene Sprache rund um den Globus laufend neue Wörter erschaffen werden. Trotz allem orientieren sich die im gesamten Kurs vermittelte Sprache und der Wortschatz ständig an den Werken der klassischen Autoren (1. Jh. v. Chr.). Diese Sprache haben Millionen Menschen als lebendige Sprache erlebt: Es wurde auf Latein gelebt, geliebt, gelacht und auch getrauert.

Wenn Sie die **Assimil-Methode** bereits kennen, werden Sie in diesem Kurs die vertraute Assimil-Didaktik und Progression erkennen. Falls Assimil für Sie ganz neu ist, so laden wir Sie ein, auf den Seiten dieser Einleitung die Besonderheiten dieser einzigartigen Lernmethode zu entdecken.

An dieser Stelle möchten wir uns ausdrücklich bei unseren Korrektoren A. Gratius Avitus, Uvius Fonticola und Rodrigo H. Kahl bedanken, die uns mit überaus großem Engagement, zahlreichen wertvollen Hinweisen und unermüdlicher Ausdauer begleitet und bei der Entstehung der deutschen Version dieses Latein-Kurses mitgewirkt haben.

Damit auch Sie nun Teil der faszinierenden, die Zeiten überdauernden Welt des geschriebenen und gesprochenen Lateins werden können, heißt es jetzt:

Ad rem!

"Auf geht's!"
(zu Sache)

INHALT

VERZEICHNIS DER LEKTIONEN

INHALT

Anhänge

INHALT

Sprachgeschichte

Lingua Latīna (ca. 600-500 v. Chr.)
Ihren Ursprung hat die Sprache Cäsars und Tacitus‘ in der mittelitalischen Region Latium mit Rom als Zentrum. Hier begann der sagenhafte Siegeszug einer Sprache, die sich durch die Expansion des Römischen Reichs als Verkehrs-, Handels- und Amtssprache im gesamten Mittelmeerraum und bald auch weiter im Norden und Osten etablierte.

Welcher latinische Hirte im 6. Jh. v. Chr. hätte damals wohl erahnen können, dass seine Sprache eines Tages in kaum veränderter Form nicht nur im fernen Germanien und Britannien, sondern weltweit zu hören sein würde?

Wie jede Sprache unterlag auch Latein einem kontinuierlichen Sprachwandel; daher gibt es nicht das Latein. Eine ähnliche Entwicklung können wir heutzutage bei anderen Weltsprachen wie Englisch, Spanisch, Arabisch und Chinesisch beobachten.

Historisch unterscheidet man das **Frühlatein** zwischen dem 6. und 4. Jh. v. Chr., das **Altlatein** bis zum 2. Jh. v. Chr. und das **klassische Latein** im goldenen Zeitalter der lateinischen Literatur (bis 1. Jh. n. Chr.).

Der Zusammenbruch des Weströmischen Reichs und seines Schulsystems (5. Jh.), die Wirren der Völkerwanderung und die rasante Ausbreitung des Christentums durch griechisch geprägte Missionare beschleunigten vor allem den Sprachwandel des gesprochenen Lateins.

Das Spätlatein (bis 800 n. Chr.) und das **Mittellatein** (bis zur Renaissance) spalteten sich allmählich in regionale Dialekte auf, die die Vorläufer der heutigen romanischen und weiterer europäischer Sprachen sind.

Vielen Dokumenten des Mittelalters ist dieser Wandel, der sich hauptsächlich im Bereich des Satzbaus vollzog, teils deutlich anzumerken. Latein erfuhr als Sprache von Kirche, Erziehung und Wissenschaft im Mittelalter eine weitere Stärkung, nicht zuletzt durch den Frankenkönig Carolus Magnus (Karl der Große), der sich als Nachfolger der römischen Kaiser sah. Er richtete zahlreiche Schulen mit Latein als Unterrichtsprache ein.

Lateinische Kloster- und Domschulen, die Vorgänger der Universitäten, etablierten sich bald auch dort, wo nie zuvor Lateinisch gesprochen wurde, auch in der Neuen Welt bzw. in den Kolonien. Im Humanismus der Renaissance erlebte vor allem das klassische Latein zusammen mit Altgriechisch einen enormen Aufschwung. In vielen bildungsnahen Familien in Europa unterhielt man sich bis ins 19. Jahrhundert hinein zu Hause in gepflegtem Hochlatein. So soll z.B. Goethe bereits mit neun Jahren fließend Lateinisch gesprochen haben.

Wissenschaftler wie Newton, Gauß oder Descartes verfassten ihre wichtigen Forschungsarbeiten auf Latein. Wilhelm von Humboldt wurde zum Förderer des Neuhumanismus und stärkte den Stellenwert des Schulfachs Latein am Gymnasium.

Latein bleibt daher Teil unserer Geschichte.

Latein heute

Die **lingua Latīna** wird zwar heute von niemandem mehr als Muttersprache gesprochen und nur noch im Vatikan als offizielle Amtssprache (neben Italienisch) geführt. Sie bleibt trotzdem in unserer Gesellschaft allgegenwärtig!

Ständig werden neue lateinische Texte produziert, und dies nicht nur in religiösen und wissenschaftlichen Kreisen. Es werden Zeitschriften und Unterhaltungsliteratur (Pu der Bär, Harry Potter, usw.) auf Latein herausgegeben, ebenso Comics (Asterix, Tim & Struppi).

Auf Lateinwochen, in Gesprächszirkeln, bei Kolloquien und Kongressen usw. gibt es noch heute ausreichend Gelegenheit, sich im Sprechen dieser faszinierenden Sprache zu üben und auf Latein zu unterhalten.

Wenn Sie am Ende dieses Assimil-Kurses Latein verstehen und sprechen, werden Sie in der Lage sein, den über Jahrhunderte angesammelten Schatz der lateinischen Literatur auf eine ganz natürliche, mühelose Weise wahrzunehmen, so wie Sie es auch mit einem Text in Ihrer Muttersprache tun. Nicht zuletzt werden Sie erkennen, wie Latein überall in unserem Umfeld präsent ist, in Namen, Ortsbezeichnungen, in der Werbung, in vielen Produktnamen, und nicht zuletzt in unserem Verlagsnamen **Assimil***.

> * Assimil stammt vom lateinischen **assimilare** ab und wurde deshalb von Verlagsgründer Alphonse Chérel ausgesucht, weil das Wort in zahlreichen Sprachen intuitiv verstanden wird.

LATEIN OHNE MÜHE MIT ASSIMIL

Dieser Kurs richtet sich sowohl an Lerner, für die Latein noch eine unbekannte Sprache ist, als auch an Lerner mit Vorkenntnissen. Er vermittelt in 101 Lektionen die Sprache so, wie sie über Jahrtausende im Alltag gesprochen wurde. Insgesamt erlernen Sie in diesem Kurs etwas mehr als 3.400 Vokabeln. Durch den lebendigen Kontext werden Sie sich sehr schnell mit der Sprache vertraut machen. Die Assimil-Methode bietet eine natürliche Progression: Lassen Sie sich leiten, und Sie werden bequem Ihr Ziel erreichen. Das Geheimnis der **natürlichen Assimilierung** ist die **Regelmäßigkeit des Lernens**: 15-20 Minuten täglich in Gesellschaft Ihres Kurses, und Sie werden schnell Fortschritte machen.

Haben Sie einmal wenig Zeit, so vermindern Sie die Lerndosis lieber, als dass Sie sie ganz streichen. Sie müssen nicht eine komplette Lektion pro Tag durcharbeiten, sondern können diese einfach auf mehrere Tage verteilen. Lesen Sie, bevor Sie beginnen, die Einleitung. **Achten Sie auch besonders auf die Erläuterungen zur Aussprache und die Tabelle der Laute am Ende des Buches!** Dort wird beschrieben, wie Sie die vereinfachte Lautschrift lesen, die eine wichtige Ergänzung zu den Tonaufnahmen ist. Vor allem in der ersten Zeit Ihres Studiums sollten Sie sich die Lauttabelle möglichst oft ansehen und die Laute laut und deutlich nachsprechen.

Latein birgt, was die Aussprache betrifft, kaum Schwierigkeiten. Sollten Sie anfangs Probleme damit haben, bestimmte lateinische Laute zu verstehen oder zu erzeugen, so lassen Sie sich nicht entmutigen. Akzeptieren Sie, dass Sie ein wenig Zeit benötigen, um sich in die Laute hineinzuhören und sie richtig auszusprechen. Hören Sie sich die Lektionen auf den Tonaufnahmen möglichst häufig an, um sich mit der Sprache vertraut zu machen. Sehen Sie sich immer wieder die Aussprachebeschreibungen und die Liste der Laute am Ende des Buches an, lesen Sie laut, und wiederholen Sie die Sätze, sooft Sie können. Setzen Sie sich nicht damit unter Druck, alles von Anfang an korrekt aussprechen zu wollen. Ihr Ziel zu Beginn sollte sein, die Dialoge zu VERSTEHEN. Bedenken Sie stets: Mit der Zeit und durch tägliches Üben werden Sie ein Gefühl und ein "Ohr" für die Laute der neuen Sprache bekommen.

PASSIVE UND AKTIVE PHASE

Wie alle Assimil-Kurse gliedert sich auch dieser Kurs in eine passive und eine aktive Phase (auch "2. Welle"). Bis Lektion 49 lernen Sie zunächst passiv, d.h. Sie sollen nur verstehen, was Sie lesen und hören. Hören Sie häufig die Tonaufnahmen an, machen Sie sich mit der Aussprache vertraut, lesen Sie die Anmerkungen, und absolvieren Sie die Übungen. In dieser Phase bilden Sie noch keine eigenen Sätze auf Latein.

Mit Lektion 50 beginnt die "aktive Phase": Von nun an endet jede Lektion mit dem Hinweis "Zweite Welle:", gefolgt von einer Lektionsnummer. Nachdem Sie eine Lektion wie gewohnt bearbeitet haben, gehen Sie zurück zu der angegebenen Lektion, wiederholen diese und versuchen dann, den deutschen Dialog auf der rechten Buchseite auf Latein zu formulieren; decken Sie dabei die linke Buchseite zu. Dies üben und wiederholen Sie so lange, bis Sie den Text korrekt ins Lateinische übersetzen können. Genauso können Sie selbstverständlich auch mit den Übungen verfahren.

AUFBAU DER LEKTIONEN

A. Lektionstext

Auf der linken Buchseite finden Sie den lateinischen Lektionstext in blauer Farbe. Eingekreiste Ziffern am Satzende im lateinischen Dialog verweisen auf die Anmerkungen (siehe Punkt C). Unter den lateinischen Lektionssätzen finden Sie die dazugehörige vereinfachte Lautschrift (siehe Punkt B).

Auf der rechten Buchseite sehen Sie die deutsche Übersetzung, sinngemäß und ggfs. auch in Klammern wörtlich. Auf diese Weise können Sie genau erkennen, welches deutsche Wort welchem lateinischen Wort entspricht.

Der Einfachheit und Übersichtlichkeit halber sind bestimmte Wörter und Symbole in der wörtlichen Übersetzung hochgestellt. Hierzu zählen Pronomen (Fürwörter), die an die entsprechende Verbform angehängt sind, Genusmarkerzeichen zur Anzeige des grammatischen Geschlechts eines Wortes ($^{♂}$für Maskulinum, $^{♀}$für Femininum, $^{\varnothing}$für Neutrum) und Kasusbezeichnungen zur Angabe des grammatischen Falls bei Substantiven und Adjektiven: ^{Gen} für Genitiv, ^{Dat} für Dativ, ^{Akk} für Akkusativ, ^{Abl} für Ablativ, ^{Lok} für Lokativ, ein Ausrufezeichen $^{!}$ für den Vokativ (Anredefall) und ein Fragezeichen $^{?}$ zur Kennzeichnung der Fragepartikel **-ne**. Ein Substantiv ohne Kasusangabe steht im Nominativ, der als solcher nicht extra gekennzeichnet ist. Ein doppeltes Genusmarkerzeichen zeigt an, dass das betreffende Wort im Plural steht.

Satzteile oder Ausdrücke im Deutschen, die im lateinischen Text nicht vorkommen, jedoch für das Verständnis oder für die korrekte Syntax des Deutschen wichtig sind, sind in eckige Klammern [...] eingeschlossen.

B. Vereinfachte Lautschrift

In den ersten sechs Lektionen finden Sie unter jedem lateinischen Lektionssatz die dazugehörige vereinfachte Lautschrift. Ab Lektion 8 steht die phonetische Transkription aller lateinischen Sätze der jeweiligen Seite in einem separaten, mit "Aussprache" bzw. "**Prōnūntiātus**" überschriebenen Absatz.

Bei der Lautschrift handelt es sich *nicht* um die internationale Lautschrift, sondern um eine speziell von Assimil entwickelte Phonetik, die Ihnen die Aussprache des Lateinischen erleichtern soll. Wie Sie die Phonetik lesen, wird auf den letzten Buchseiten im Kapitel "Die Aussprache des Lateinischen" erläutert.

Ab Lektion 22 werden nur noch die Ausdrücke in vereinfachter Lautschrift wiedergegeben, deren Aussprache schwierig oder ungewöhnlich ist. Im weiteren Verlauf des Kurses wird die Lautschrift immer mehr reduziert.

C. Anmerkungen

Die den eingekreisten Ziffern zugeordneten Anmerkungen befinden sich stets auf der gleichen Buchdoppelseite. Dies erspart Ihnen umständliches Hin- und Herblättern. Die Anmerkungen enthalten in Kürze wichtige Informationen zum Verständnis des jeweiligen Satzes, eines Satzteils oder eines Wortes. Es kann sich hierbei um Erläuterungen zur Grammatik, ergänzenden Wortschatz, Synonyme sowie Antonyme und gelegentlich landeskundliche Details handeln.

D. Verständnisübung mit Lösung

Die 1. Übung jeder Lektion ist eine aus wenigen lateinischen Sätzen bestehende Verständnisübung, in der das Vokabular der aktuellen Lektion und der vorhergehenden Lektionen aufgegriffen und in einen anderen Kontext eingebettet wird. Anhand dieser Übung können Sie feststellen, ob Sie den bisher kennengelernten Wortschatz verstanden und assimiliert – also verinnerlicht – haben.

In einigen Übungen und auch in manchen Illustrationen werden Sie allerdings auch neues Vokabular antreffen, das Sie zuvor noch nicht kennengelernt haben. Versuchen Sie in diesem Fall einfach, die neuen Wörter zu finden. Sie können Sie z.B. mit einem Textmarker anstreichen und mitsamt der dazugehörigen deutschen Übersetzung separat notieren. Sie finden diese Wörter auf jeden Fall im Wörterverzeichnis am Ende des Buches. Die Lösung dieser Übung steht in Form der deutschen Übersetzung der Übungssätze auf der jeweils gegenüberliegenden Buchseite.

E. Lückentextübung mit Lösung

Die 2. Übung ist eine Lückentextübung, die ebenfalls überwiegend auf dem bislang erlernten Vokabular basiert. Hier sind auf der Grundlage der angegebenen deutschen Sätze in den darunter stehenden lateinischen Sätzen fehlende Wörter zu ergänzen. Die "Lücken" werden durch Kästchen dargestellt; jedes Kästchen steht für einen Buchstaben. Die Lösung zu dieser Übung, d.h. die Wörter, die Sie einsetzen müssen, finden Sie auf der rechten Buchseite.

F. Lern- und Motivationshinweise

Gelegentlich sehen Sie kleine Absätze in Kursivschrift, die dazu dienen sollen, Sie zu ermuntern und zu motivieren, Sie also sozusagen "bei Laune zu halten". Sie enthalten wichtige Tipps für das effektive Lernen und für Situationen, in denen Sie auf Schwierigkeiten stoßen oder in denen Sie sich evtl. etwas demotiviert fühlen. In den ersten Lektionen werden Ihnen darüber hinaus auch kleine "Regieanweisungen" helfen, sich besser in den Lektionen zurechtzufinden.

G. Wiederholungslektionen

In jeder 7. Lektion wird in systematischer Form die Grammatik der vergangenen sechs Lektionen wiederholt, vertieft und anhand von Beispielen erläutert. In diesen Lektionen finden Sie u.a. Konjugations-, Deklinations- und Wortschatzlisten, die Sie vielleicht in den Lektionen vermisst haben. Ein grammatischer Index am Ende des Buches erleichtert Ihnen das gezielte Wiederauffinden bestimmter grammatischer Informationen in diesen Wiederholungslektionen.

H. Illustrationen

Schenken Sie schließlich auch unseren Illustrationen ein bisschen Aufmerksamkeit. Jede Zeichnung steht in Zusammenhang mit einem Satz aus der jeweiligen Lektion, den Sie sich vielleicht besser merken können, wenn Sie ihn mit einem Bild bzw. einer Situation verbinden.

I. Tonaufnahmen

Sie können zwar auch mit dem Buch alleine lernen, wir empfehlen Ihnen dennoch, die Tonaufnahmen auf drei Audio-CDs und zwei mp3-CDs zu erwerben. Sie enthalten sämtliche lateinischen Lektionstexte sowie 14 Lieder, die den Titel "**Carmen**" bzw. "**Cantilēna**" tragen. Diese Lieder finden sich stets in der Lektion, die einer Wiederholungslektion vorangeht, und sie sind auf der 2. mp3-CD im Ordner "Latino Ecclesiastica" gespeichert.

Professionelle Sprecherinnen und Sprecher gewährleisten eine hohe Authentizität in moderner Aussprache, korrekter Betonung und natürlicher Satzmelodie. Zu Beginn werden alle Lektionstexte langsam gesprochen, dann wird das Sprechtempo progressiv gesteigert. Die Wiederholungslektionen sind nicht auf den Aufnahmen enthalten.

ARBEITSWEISE

1. Hören Sie sich zunächst die komplette Lektion mehrmals hintereinander auf den Tonaufnahmen an, und vergleichen Sie die Aussprache mit der vereinfachten Lautschrift unter dem Lektionstext.
2. Hören Sie sich dann die Aufnahmen erneut an, und lesen Sie den lateinischen Text Satz für Satz laut mit. Machen Sie sich aber vor allem zu Beginn keinen Stress mit der Aussprache! Akzeptieren Sie, dass Ihr Ohr sich erst allmählich an die neuen Laute gewöhnt und Sie eine gewisse Zeit brauchen, um diese zu hören und zu erzeugen. Lesen Sie parallel auch die Übersetzung auf der rechten Seite.
3. Lesen Sie die den jeweiligen Sätzen zugeordneten Anmerkungen.
4. Lesen Sie dann jeden Satz so oft laut, bis Sie ihn wiederholen können, ohne ins Buch zu sehen.
5. Hören Sie sich die Lektion noch einmal komplett an.
6. Wenn Sie den Lektionstext verstanden, sich mit der Aussprache vertraut gemacht und die Anmerkungen gelesen haben, absolvieren Sie die Verständnisübung, am besten schriftlich.
7. Arbeiten Sie anschließend, am besten schriftlich, die Lückentextübung durch, natürlich ohne zwischendurch auf die Lösung zu sehen! Um die Lückentextübungen auch mehrfach bearbeiten zu können, raten wir Ihnen dazu, die Lösung nicht direkt ins Buch, sondern auf ein Blatt Papier oder in ein Heft einzutragen.
8. Gehen Sie erst dann zur nächsten Lektion über, wenn Sie den Text der aktuellen Lektion problemlos verstehen!

Bitte beachten Sie:

*In sämtlichen lateinischen Lektions- und Übungstexten dieses Buches wurden lange Vokale zu didaktischen Zwecken mit einem Längenzeichen (Macron) versehen (**ā, ē, ī, ō, ū, ȳ**). Die Vokallänge ist für die Aussprache und Silbenbetonung von Bedeutung und hilft auch, zwischen ansonsten gleich geschriebenen Wörtern mit unterschiedlicher Vokallänge und verschiedener Bedeutung zu differenzieren. In den heute gedruckt vorliegenden lateinischen Texten wird auf die Angabe der Vokallänge meist verzichtet und deren Kenntnis vorausgesetzt, für den Anfänger ist ihre Angabe jedoch unverzichtbar.*

Auf der linken Seite steht der lateinische Lektionstext. Unter jedem Satz finden Sie die jeweilige vereinfachte Lautschrift (siehe Tabelle am Ende des Buches). ▼

1 Lēctiō prīma (I) [*lēk-ti-ʲō prī-ma*]

Latīnē loqueris?

[*la-tī-nē lo-kwe-riß*]

1 – Latīnē loqueris? ①
[*la-tī-nē lo-kwe-riß*]

2 – Nōndum Latīnē loquor:
[*nōn-du^m la-tī-nē lo-kwor*]

3 hæc mihi prīma lēctiō est. ②
[*haik mi-hi prī-ma lēk-ti-ʲō'ßt*]

4 – Citō Latīnē loquēris. ③
[*ki-tō la-tī-nē lo-kwē-riß*]

5 – Lingua Latīna difficilis est.
[*ling-gwa la-tī-na dif-fi-ki-li-ß‿eßt*]

6 – Minimē!
[*mi-ni-mē*]

7 Lingua Latīna difficilis nōn est. ④
[*ling-gwa la-tī-na dif-fi-ki-liß nō-n‿eßt*]

Lesen Sie den Dialog, die Übersetzungen und die Anmerkungen so oft, bis Sie den Eindruck haben, dass Sie den Text ohne Hilfe der Übersetzungen verstehen.

Auf der rechten Seite sehen Sie die entsprechende deutsche Übersetzung, einmal sinngemäß und einmal in Klammern darunter wörtlich. ▼

Erste Lektion

Sprichst [du] Latein?

1 – Sprichst [du] Latein?
(Lateinisch sprichst[du]?)

2 – [Ich] spreche noch kein Latein:
(noch-nicht Lateinisch spreche[ich]:)

3 Dies ist meine erste Lektion.
(diese mir erste Lektion♀ ist[sie].)

4 – Bald [wirst du] Latein sprechen.
(schnell Lateinisch wirst[du]-sprechen.)

5 – Latein ist [eine] schwierige Sprache.
(Zunge♀ lateinisch♀ schwierig♀ ist[sie].)

6 – Überhaupt nicht!
(am-wenigsten!)

7 Latein ist nicht schwer.
(Zunge lateinisch schwierig nicht ist[sie].)

ANMERKUNGEN

① Nach **q** wird **u** immer wie das w im englischen "water" ausgesprochen, also mit leicht gespitzten Lippen.

② Bei **lēctiō est** hören Sie zwar eine Verschleifung von **ō** und **e** (Synalöphe). In der Umgangssprache handelt es sich jedoch um einen sog. Anlautschwund (Aphärese) des **e** von **est** nach vorangehendem Vokal (siehe Kapitel "Aussprache" im Anhang).

③ Dass **loquēris** im Futur (Zukunft) steht, erkennt man an dem langen **ē**. Alle nötigen Informationen rund um das Thema Vokallängen und deren Kennzeichnung lesen Sie bitte im Aussprachekapitel (siehe Anhang) nach!

④ Das Adjektiv **difficilis** "schwierig" hat im Femininum (weibliches grammatisches Geschlecht) und Maskulinum (männliches grammatisches Geschlecht) dieselbe Form.

In den runden Klammern im Lektionstext finden Sie die wörtliche deutsche Übersetzung des Lateinischen, in den eckigen Klammern Satzteile, die im Deutschen erforderlich sind, die jedoch im Lateinischen nicht stehen.

8 – Rēctē dīcis,
[*rēk-tē dī-kiß*]

9 sed Rōma nōn ūnō diē ædificāta est. ⑤ ⑥
[*ßed rō-ma nō-n‿ū-nō di-[jē]‿ai-di-fi-kā-ta'ßt*]

10 Loquor, loqueris, loquitur, loquī. ⑦
[*lo-kwor lo-kwe-riß lo-kwi-tur lo-kwī*]

11 Dīcis, est, difficilis.
[*dī-kiß eßt dif-fi-ki-liß*]

12 Latīnē, rēctē, lingua Latīna. ⑧
[*la-tī-nē rēk-tē ling-gwa la-tī-na*]

ANMERKUNGEN

⑤ **ūnō diē** ist der Ablativ von **ūnus diēs** "ein Tag". Dieser grammatikalische Fall existiert im Deutschen nicht. Er antwortet auf Fragen wie "womit?", "wann?", "woher?", "um wie viel?", "in welcher Hinsicht?".

⑥ Sprechen Sie **diē** zweisilbig aus, wobei Sie das **i** und das **ē** ineinander fließen lassen.

Übung 1 ist eine Verständnisübung. Sie treffen hier bekannte Wörter, eventuell in einem neuen Kontext. Überprüfen Sie, ob Sie alle Wörter erkennen und neu zusammengestellte Sätze verstehen. Übung 2 ist ein Lückentext. Jedes Feld steht für einen Buchstaben des fehlenden Wortes.

ÜBUNG 1: Verstehen Sie diese Sätze?

❶ Rōma ūnō diē ædificāta est. ❷ Rēctē nōn dīcis. ❸ Lingua Latīna difficilis est.

ÜBUNG 2: Setzen Sie die fehlenden Wörter ein!

❶ Sprichst du Latein?
▢▢▢▢▢▢ loqueris?

❷ Dies ist meine erste Lektion.
Hæc ▢▢▢▢ prīma lēctiō ▢▢▢.

8 – [Du] hast Recht,
(richtig sagst[du],)

9 aber Rom ist nicht [an] *einem* Tag erbaut worden.
(aber Rom♀ nicht ein Tag♂ Abl erbaut♀ ist[sie].)

10 [Ich] spreche, [du] sprichst, [er/sie/es] spricht, sprechen.

11 [Du] sagst, [er/sie/es] ist, schwierig.

12 Latein/lateinisch, richtig, [die] lateinische Sprache.

ANMERKUNGEN

⑦ Die deutschen Personalpronomen ("ich", "du", "er", "sie" usw.) sind in den lateinischen Verbformen bereits enthalten. Man erkennt die jeweilige Person an der Verbendung.

⑧ **Latīnē** und **rēctē** sind Adverbien (Umstandswörter). Sie drücken aus, auf welche Weise etwas gemacht wird. Man erkennt sie an dem langen **ē** am Wortende.

Lösung der 1. Übung: Haben Sie verstanden?

❶ Rom ist an einem [einzigen] Tag erbaut worden. ❷ Du hast nicht Recht. ❸ Die lateinische Sprache ist schwierig.

▲
Die Lösungen zu den Übungen, also die korrekte Übersetzung bzw. die fehlenden Wörter, sind nicht, wie in vielen Lehrbüchern üblich, am Ende des Buches versteckt, sondern stehen direkt gegenüber oder am Übungsende. So verlieren Sie keine Zeit mit Suchen und können Ihren Lernerfolg schneller kontrollieren.
▼

Lösung der 2. Übung: Die fehlenden Wörter.

❶ Latīnē ❷ mihi – est.

Anfangs sollten Sie sich nur auf das Verstehen der Sätze konzentrieren und sich mit dem Klang des Lateinischen vertraut machen. Hören und lesen Sie den Text mit Hilfe der Lautschrift mehrmals, und achten Sie dabei auf die Betonung der fett markierten Vokale und die Länge der Vokale (Balken über dem Vokal). Ob ein Vokal kurz oder lang ist, kann für die Bedeutung des Wortes relevant sein, wie Ihnen anhand von ***loqueris*** *"du sprichst" und* ***loquēris*** *"du wirst sprechen" schon aufgefallen ist.*

2 Lēctiō secunda (II) [*lēk-ti-^{j}ō ße-kun-da*]

Quis venit?
[*kwiß we-nit*]

1 – Quis venit? ①
[*kwiß we-nit*]

2 – Ego veniō: ②
[*e-go we-ni-^{j}ō*]

3 tabellārius sum! ③ ④
[*ta-bel-lā-ri-^{j}uß ßu^{m}*]

4 – Domum venīs;
[*do-mu^{m} we-nīß*]

5 epistulam mihi dās. ⑤ ⑥
[*e-piß-tu-la^{m} mi-hi dāß*]

6 – Ita, Domine,
[*i-ta do-mi-ne*]

7 epistulam tibi dō.
[*e-piß-tu-la^{m} ti-bi dō*]

8 – Dā, quæsō,
[*dā kwai-ßō*]

9 pōculum parvum caffēī! ⑦
[*pō-ku-lu^{m} par-wu^{m} caf-fē-ī*]

Zweite Lektion

Wer kommt da?

1 – Wer kommt [da]?

2 – Ich komme:

3 [Ich] bin [der] Briefträger!
(Briefbote$^{♂}$ bin^{ich}!)

4 – [Du] kommst [nach] Hause;
(Haus$^{♀\ Akk}$ kommst^{du};)

5 [du] gibst mir [einen] Brief.
(Brief$^{♀\ Akk}$ mir gibst^{du}.)

6 – Ja, [mein] Herr,
(so, Herr$^{♂}$!,)

7 [ich] gebe dir [einen] Brief.
(Brief dir gebe^{ich}.)

8 – Gib [mir] bitte
(gib, bitte^{ich},)

9 [einen] kleinen Becher Kaffee!
(Becher$^{∅\ Akk}$ klein$^{∅\ Akk}$ Kaffee$^{∅\ Gen}$!)

ANMERKUNGEN

① Das **v** wird ebenso wie das halbvokalische **u** des **qu** ausgesprochen. Im antiken lateinischen Alphabet existiert kein **U**, sondern nur das auch als Zahlzeichen bekannte **V**.

② Personalpronomen werden nur zur besonderen Hervorhebung der Person benutzt: "*ich* komme", niemand anderes. Solange nur die Handlung von Bedeutung ist, werden sie weggelassen.

③ Ob es sich beim **tabellārius** um *den* oder *einen* Briefträger handelt, geht aus dem Lateinischen nicht eindeutig hervor, da keine Artikel (Geschlechtswörter) existieren. Nur der Zusammenhang kann den Sinn klären, falls das überhaupt nötig ist.

④ Das **s** ist stets als stimmloses [*ß*] wie in "Stra<u>ß</u>e" zu sprechen!

⑤ Stimmlose Verschlusslaute ([*p*], [*t*], [*k*]) werden nur schwach behaucht und klingen deshalb fast schon stimmhaft ([*b*], [*d*], [*g*]).

⑥ Merken Sie sich mit **mihi** auch den Ausdruck **est mihi** "ich habe" (wörtlich "ist^{es} mir").

⑦ **caffēī** "des Kaffees" ist der Genitiv (Wes-Fall) von **caffēum** "der Kaffee". Hier steht der Genitiv, weil der sich Lateiner die Frage stellt: "Wovon einen Becher?". Antwort: "Des Kaffees".

10 – Illī pōculum magnum vīnī dō. ⑧
[*il-lī pō-ku-lu^{m} mang-nu^{m} wī-nī dō*]

11 – Ille nōn multum caffēī dat.
[*il-le nōn mul-tu^{m} caf-fē-ī dat*]

12 Veniō, venīs, venit, venīre.
[*we-ni-^{j}ō we-nīß we-nit we-nī-re*]

13 Dō, dās, dat, dare.
[*dō dāß dat da-re*]

14 Ego, tū, ille. ⑨
[*e-go tū il-le*]

15 Mihi, tibi, illī.
[*mi-hi ti-bi il-lī*]

Exercitātiō prīma: Intellegisne hās sententiās?

❶ Est mihi multum caffēī. ❷ Tabellārius domum venit. ❸ Ego domum nōn veniō.

Exercitātiō altera: Īnsere verba dēficientia!

❶ Wer spricht Latein?
Quis Latīnē ________?

❷ Sprichst du kein Latein?
Latīnē ___ loqueris?

❸ Der Briefträger hat Recht (richtig sagt^{er}).
Tabellārius _____ dīcit.

3 Lēctiō tertia (III) [*lēk-ti-^{j}ō ter-ti-^{j}a*]

Quid quæris?
[*kwid kwai-riß*]

1 – Quid quæris? ①
[*kwid kwai-riß*]

10 – [Ich] gebe ihm [einen] großen Becher Wein.
(jener^{Dat} Becher^{Akk} groß^{Akk} Wein$^{\varnothing\ Gen}$ gebe^{ich}.)

11 – Er gibt nicht viel Kaffee.
(jener nicht viel Kaffee^{Gen} gibt^{er}.)

12 [Ich] komme, [du] kommst, [er/sie/es] kommt, kommen.

13 [Ich] gebe, [du] gibst, [er/sie/es] gibt, geben.

14 Ich, du, jener.

15 Mir, dir, jenem.

ANMERKUNGEN

⑧ Beachten Sie, dass das **gn** in **magnum** [*ngn*] ausgesprochen werden muss.

⑨ Doppelkonsonanten werden immer auch als solche gesprochen. Ziehen Sie das Doppel-**l** in dem Wort **ille** ruhig etwas in die Länge!

Solūtiō exercitātiōnis prīmæ: Intellēxistīne?

❶ Ich habe (ist^{es} mir) viel Kaffee. ❷ Der Briefträger kommt nach Hause. ❸ *Ich* komme nicht nach Hause.

Solūtiō exercitātiōnis alteræ: Verba dēficientia.

❶ loquitur ❷ nōn ❸ rēctē.

Schlagen Sie besonders in der ersten Zeit immer wieder das Aussprachekapitel am Ende dieses Buches auf. Dort finden Sie detaillierte Informationen über die Aussprache der lateinischen Laute und die in unserem Kurs verwendete vereinfachte Lautschrift.

Dritte Lektion

Was suchst du?

1 – Was suchst [du]?

ANMERKUNGEN

① Merken Sie sich neben **quæris** "du suchst" auch **quærit** "er/sie/es sucht".

2 – Hanc epistulam nōn intellegō. ②
[*hang-k‿e-piß-tu-la^{m} nō-n‿in-tel-le-gō*]

3 – Tibi auxiliō esse possum. ③
[*ti-b^{i}‿auk-ßi-li-^{jō}‿eß-ße poß-ßum*]

4 – Potesne? ④
[*po-teß-ne*]

5 Hoc mihi magnō gaudiō est. ⑤
[*hok mi-hi mang-nō gau-di-^{j}ō'ßt*]

6 – Dā illam!
[*d^{ā}‿il-lam*]

7 ...Linguā Italicā scrīpta est. ⑥
[*ling-gw^{ā}‿i-ta-li-kā ßkrīp-ta'ßt*]

8 – Amīcus tuus Fabricius tē Rōmam invītat. ⑦
[*a-mī-kuß tu-^{w}uß fa-bri-ki-^{j}uß tē rō-m^{am}‿in-wī-tat*]

9 Familiam quoque tuam accipere potest.
[*fa-mi-li-^{j}a^{m} kwo-kwe tu-^{wam}‿ak-ki-pe-re po-teßt*]

10 – Amīcus meus generōsus est. ⑧
[*a-mī-kuß me-uß ge-ne-rō-ßu-ß‿eßt*]

11 – Tū quoque homō bonus es.
[*tū kwo-kw^{e}‿ho-mō bo-nu-ß‿eß*]

12 Sum, es, est, esse.
[*ßu^{m} eß eßt eß-ße*]

2 – Diesen Brief verstehe [ich] nicht.
(diese$^{\text{♀ Akk}}$ Brief$^{\text{♀ Akk}}$ nicht verstehe^{ich}.)

3 – [Ich] kann dir behilflich sein.
(dir Hilfe$^{\text{∅ Dat}}$ sein kann^{ich}.)

4 – Kannst [du]?
(kannst$^{\text{du ?}}$?)

5 Das freut mich sehr.
(dieses mir groß$^{\text{∅ Dat}}$ Freude$^{\text{∅ Dat}}$ ist^{es}.)

6 – Gib ihn [mir]!
(gib jene$^{\text{♀ Akk}}$!)

7 ... [Er] ist [auf] Italienisch geschrieben.
(Zunge^{Abl} italienisch^{Abl} geschrieben$^{\text{♀}}$ ist^{sie}.)

8 – Dein Freund Fabricius lädt dich [nach] Rom ein.
(Freund$^{\text{♂}}$ dein$^{\text{♂}}$ Fabricius dich Rom^{Akk} lädt^{er}-ein.)

9 [Er] kann auch deine Familie aufnehmen.
(Familie$^{\text{♀ Akk}}$ auch deine$^{\text{♀ Akk}}$ empfangen kann^{er}.)

10 – Mein Freund ist großzügig.
(Freund$^{\text{♂}}$ mein$^{\text{♂}}$ großzügig$^{\text{♂}}$ ist^{er}.)

11 – Auch du bist [ein] guter Mensch.
(du auch Mensch$^{\text{♂}}$ gut$^{\text{♂}}$ bist^{du}.)

12 [Ich] bin, [du] bist, [er/sie/es] ist, sein.

ANMERKUNGEN

② **epistulam** ist die Akkusativform von **epistula**. Der Akkusativ gibt Antwort auf die Frage "Wen oder was?".

③ **auxiliō** ist die Dativform ("Wem-Fall") von **auxilium**. Zusammen mit einer Form von **esse** gibt der Dativ ein Ziel oder einen Zweck an.

④ Die an **potes** angehängte Partikel **-ne** fungiert als eine Art Fragezeichen. Unser modernes Fragezeichen kannten die antiken Lateiner nicht.

⑤ **magnō gaudiō**: Dativform von **magnum gaudium**. Das Adjektiv **magnō** passt sich mit seiner Endung an das Bezugswort **gaudiō** an.

⑥ **Linguā Italicā** steht im Ablativ. Hier gibt der Ablativ an, in welcher Sprache der Brief verfasst ist. Für "Italienisch sprechen" benutzt man hingegen das Adverb **Italicē** + **loquī**.

⑦ **Rōmam**: Akkusativform von **Rōma**. Der Akkusativ dient bei Ortsnamen häufig zur Richtungsangabe (vgl. **domum** "nach Hause").

⑧ Achten Sie darauf, **meus** zweisilbig auszusprechen: [*m**e**-uß*].

13 Possum, potes, potest, posse.
[poß-ßu^{m} po-teß po-teßt poß-ße]

14 Amīcus meus, familiam tuam.
[a-mī-kuß me-uß fa-mi-li-^{j}a^{m} tu-^{w}a^{m}]

15 Magnō gaudiō, lingua Italica.
[mang-nō gau-di-^{j}ō ling-gw^{a}‿i-ta-li-ka]

Exercitātiō prīma: Intellegisne hās sententiās?

❶ Quid quærit amīcus tuus? ❷ Amīcus meus epistulam quærit. ❸ Tabellārius multum vīnī accipere potest.

Exercitātiō altera: Īnsere verba dēficientia!

❶ Die italienische Sprache ist nicht schwierig.
Lingua Italica __________ nōn est.

❷ Es freut ihn sehr, Lateinisch zu sprechen.
Illī magnō ______ est Latīnē loquī.

❸ Kannst du nach Hause kommen?
Potesne domum ______?

❹ Ja, mein Herr, ich kann kommen.
Ita, Domine, venīre ______.

4 Lēctiō quārta (IV) *[lēk-ti-^{j}ō kwār-ta]*

Salvē, Fēlīx!
[ßal-wē fē-līkß]

1 – Salvē, Fēlīx! Ut valēs? ① ②
[ßal-wē fē-līkß ut wa-lēß]

13 [Ich] kann, [du] kannst, [er/sie/es] kann, können.

14 Mein Freund, deine Familie.
(Freund mein, Familie^{Akk} deine^{Akk}.)

15 [Mit] großer Freude, die italienische Sprache.
(groß$^{\varnothing\,\text{Abl}}$ Freude$^{\varnothing\,\text{Abl}}$, Zunge italienische.)

Solūtiō exercitātiōnis prīmæ: Intellēxistīne?

❶ Was sucht dein Freund? ❷ Mein Freund sucht einen Brief. ❸ Der Briefträger kann viel Wein (aufnehmen) zu sich nehmen.

Solūtiō exercitātiōnis alteræ: Verba dēficientia.

❶ difficilis ❷ gaudiō ❸ venīre ❹ possum.

Ihnen fällt sicher auf, dass der lateinische Satzbau teilweise stark vom Deutschen abweicht. Man muss wissen, dass es in der lateinischen Sprache viele gebeugte Formen gibt, d.h. Sie lernen, stets die Endungen der Verben und der Substantive zu beachten. In diesen Endungen sind viele bedeutungsrelevante Informationen enthalten. Sie müssen nicht alles auf einmal verstehen. Vertrauen Sie einfach darauf, dass Sie im Laufe der Zeit durch ständige Übung und Wiederholung ein Gespür für die Struktur der lateinischen Sprache entwickeln werden.

Vierte Lektion

Sei gegrüßt, Felix!

1 – Sei gegrüßt, Felix! Wie geht [es] dir?
(sei-gesund, Felix! wie stark-bist^{du}?)

ANMERKUNGEN

① **Salvē** ist der Imperativ (Befehlsform) des Verbs **salvēre** "gesund sein, sich wohl befinden".

② **Fēlīx** bedeutet "der Glückliche, der Erfolgreiche".

2 – Valeō! Quid vīs?
[*wa-le-ō kwid wīß*]

3 – Frātrēs tuōs vidēre volō.
[*frā-trēß tu-ʷōß wi-dē-re wo-lō*]

4 – Nesciō ubi sint. ③
[*neß-ki-ʲō‿u-bi ßint*]

5 Soror autem domī adest. ④ ⑤
[*ßo-ro-r‿au-teᵐ do-mī‿a-deßt*]

6 Pater et māter quoque adsunt,
[*pa-te-r‿et mā-ter kwo-kwᵉ‿ad-ßunt*]

7 sed frātrēs absunt.
[*ßed frā-trē-ß‿ab-ßunt*]

8 Mihi est soror ūna ⑥
[*mi-hi'ßt ßo-ro-r‿ū-na*]

9 Tibi sunt sorōrēs trēs
[*ti-bi ßunt ßo-rō-rēß trēß*]

10 et frāter ūnus.
[*et frā-te-r‿ū-nuß*]

11 Illī nūllæ sunt sorōrēs.
[*il-lī nūl-lai ßunt ßo-rō-rēß*]

12 Frātrēs trēs sumus.
[*frā-trēß trēß ßu-muß*]

2 – Mir geht [es] gut! (stark-bin^{ich}!) Was willst [du]?

3 – [Ich] will deine Brüder sehen.
(Bruder$^{♂♂\ \text{Akk}}$ deine$^{♂♂\ \text{Akk}}$ sehen will^{ich}.)

4 – [Ich] weiß nicht, wo [sie] sind.
(nicht-weiß^{ich} wo seien^{sie}.)

5 [Meine] Schwester aber ist zu Hause.
(Schwester$^{♀}$ aber Haus^{Lok} anwesend-ist^{sie}.)

6 [Mein] Vater und [meine] Mutter sind auch da,
(Vater$^{♂}$ und Mutter$^{♀}$ auch anwesend-sind^{sie},)

7 aber [meine] Brüder fehlen.
(aber Bruder$^{♂♂}$ abwesend-sind^{sie}.)

8 Ich habe *eine* Schwester.
(mir ist^{sie} Schwester eine.)

9 Du hast drei Schwestern
(dir sind^{sie} Schwester$^{♀♀}$ drei)

10 und einen Bruder.
(und Bruder ein.)

11 Er hat keine Schwestern.
(jenem keine$^{♀}$ sind^{sie} Schwestern.)

12 [Wir] sind drei Brüder.
(Brüder drei sind^{wir}.)

ANMERKUNGEN

③ Sie werden später noch erfahren, warum hier **sint** anstelle von **sunt** steht.

④ Besitzanzeigende Fürwörter ("meine", "deine" usw.) werden weggelassen, wenn die Besitzverhältnisse eindeutig sind.

⑤ **autem** hat dieselbe Bedeutung wie **sed**, wird allerdings immer dem Bezugswort nachgestellt.

⑥ **ūna** "eine" dient hier nicht wie in den romanischen Sprachen als Artikel, sondern als Zahlwort.

13 Sorōrēs duæ estis.
[*ßo-**rō**-rēß **du**-^{wai}‿eß-tiß*]

14 Sum, es, est, ⑦
[*ßu^{m} eß eßt*]

15 sumus, estis, sunt, esse.
[*ß**u**-muß **e**ß-tiß ßunt **e**ß-ße*]

16 Absum, abes, abest, ⑧
[***ab**-ßu^{m} **a**-beß **a**-beßt*]

17 absumus, abestis, absunt, abesse.
[***ab**-ßu-muß a-**beß**-tiß **ab**-ßunt a-**beß**-ße*]

18 Homō ūnus, māter ūna, pōculum ūnum; ⑨
[*h**o**-m^{ō}‿**ū**-nuß m**ā**-te-r‿**ū**-na p**ō**-ku-l^{um}‿**ū**-nu^{m}*]

19 hominēs duo, mātrēs duæ, pōcula tria.
[*h**o**-mi-nēß d**u**-^{w}o m**ā**-trēß d**u**-^{w}ai p**ō**-ku-la tr**i**-^{j}a*]

Exercitātiō prīma: Intellegisne hās sententiās?

❶ Hominēs trēs domī adsunt. ❷ Homō ūnus domum venit. ❸ Vidēsne frātrēs meōs? ❹ Sorōrēs tuæ Italicē loquī sciunt.

Exercitātiō altera: Īnsere verba dēficientia!

❶ Was du sagst, verstehe ich nicht.
____ dīcās ___ intellegō.

❷ Kannst du mir behilflich sein?
Potesne ____ auxiliō esse?

❸ Meine Schwester kann dir nicht behilflich sein.
Soror mea tibi nūllī _______ esse ______.

13 [Ihr] seid zwei Schwestern.
(Schwester$^{♀♀}$ zwei$^{♀}$ seid^{ihr}.)

14 [Ich] bin, [du] bist, [er/sie/es] ist,

15 [wir] sind, [ihr] seid, [sie] sind, sein.

16 [Ich] bin abwesend, [du] bist abwesend, [er/sie/es] ist abwesend,

17 [wir] sind abwesend, [ihr] seid abwesend, [sie] sind abwesend, abwesend sein.

18 Ein Mensch, eine Mutter, ein Becher;

19 zwei Menschen, zwei Mütter, drei$^{⌀⌀}$ Becher$^{⌀⌀}$.

ANMERKUNGEN

⑦ Die Konjugation (Beugung) von **esse** gleicht der von **posse** (Sie kennen bereits **possum**, **potes**, **potest**), das sich aus **potis** + **esse** "imstande + sein" zusammensetzt.

⑧ **adesse** von **ad** "zu, dabei" + **abesse** von **ab** "von, weg" sind Komposita (Zusammensetzungen) von **esse** "sein". Achten Sie beim Sprechen darauf, mit der Stimme nach der ersten Silbe nicht neu anzusetzen, wie in "Be-amter". Sprechen Sie vielmehr [*a-**de**ß-ße*] und [*a-**be**ß-ße*].

⑨ Ebenso wie Adjektive werden auch die Zahlen von "eins" bis "drei" dekliniert, d.h. sie bilden je nach Kasus (Fall), Numerus (Zahl) und Genus (Geschlecht) des Bezugswortes eigene Formen.

Solūtiō exercitātiōnis prīmæ: Intellēxistīne?

❶ Drei Menschen sind zu Hause. ❷ Ein Mensch kommt nach Hause. ❸ Siehst du meine Brüder? ❹ Deine Schwestern können Italienisch sprechen.

Solūtiō exercitātiōnis alteræ: Verba dēficientia.

❶ **Quid** – **nōn** ❷ **mihi** ❸ **auxiliō** – **potest**.

LEKTION 4

5 Lēctiō quīnta (V) [*lēk-ti-ʲō kwīn-ta*]

Ad theātrum īmus
[*ad tʰe-ā-trᵘᵐ‿ī-muß*]

1 Hodiē ad theātrum īmus. ①
[*ho-di-ʲē‿ad tʰe-ā-trᵘᵐ‿ī-muß*]

2 Gregem optimum esse dīcunt. ②
[*gre-gᵉᵐ‿op-ti-mᵘᵐ‿eß-ße dī-kunt*]

3 Theātrum quō ītis Ōdēum vocātur. ③
[*tʰe-ā-truᵐ kwᵒ‿ī-ti-ß‿ō-dē-uᵐ wo-kā-tur*]

4 Tōtam urbem trānseunt
[*tō-tᵃᵐ‿ur-beᵐ trāⁿ-ße-unt*]

5 sed theātrum nōn inveniunt.
[*ßed tʰe-ā-truᵐ nō-n‿in-we-ni-ʲunt*]

6 – Quō vādis? ④
[*kwō wā-diß*]

7 – Eō ad theātrum,
[*e-ᵒ‿ad tʰe-ā-truᵐ*]

8 sed id nōn inveniō.
[*ße-d‿id nō-n‿in-we-ni-ʲō*]

9 Sī hanc viam sequeris, errās. ⑤
[*ßᶦ‿hank wi-ʲaᵐ ße-kwe-riß er-rāß*]

Fünfte Lektion

Wir gehen ins Theater

1 Heute gehen [wir] ins Theater.
(heute zu Theater$^{\varnothing\ \text{Akk}}$ gehen^{wir}.)

2 [Man] sagt, [dass die] [Schauspiel]gruppe hervorragend ist.
(Herde$^{♂\ \text{Akk}}$ beste$^{♂\ \text{Akk}}$ sein sagen^{sie}.)

3 [Das] Theater, in das [ihr] geht, heißt Odeon.
(Theater wohin geht^{ihr} Odeon wird^{es}-gerufen.)

4 [Sie] gehen durch [die] ganze Stadt,
(ganze$^{♀\ \text{Akk}}$ Stadt$^{♀\ \text{Akk}}$ gehen^{sie}-hinüber)

5 aber finden [das] Theater nicht.
(aber Theater^{Akk} nicht finden^{sie}.)

6 – Wohin gehst [du]?
(wohin gehst^{du}-hin?)

7 – [Ich] gehe zum Theater,
(gehe^{ich} zu Theater$^{\varnothing\ \text{Akk}}$,)

8 aber finde es nicht.
(aber es$^{\varnothing\ \text{Akk}}$ nicht finde^{ich}.)

9 Wenn [du] dieser Straße folgst, verirrst [du dich].
(wenn diese$^{♀\ \text{Akk}}$ Straße$^{♀\ \text{Akk}}$ folgst^{du}, irrst^{du}.)

ANMERKUNGEN

① Das **th** in **theātrum** wird wie ein deutsches **t** ausgesprochen, also mit einer starken Behauchung.

② Hier sehen Sie einen sog. **AcI** (**Accūsātīvus cum Īnfīnītīvō**), eine häufige Konstruktion, die meist nach Verben des Sagens und Meinens vorkommt und mit einem "dass-Satz" übersetzt wird (vgl. "ich sehe euch kommen" = "ich sehe, dass ihr kommt").

③ **vocātur** "er/sie/es wird gerufen, heißt" ist die Passivform von **vocat** "er/sie/es ruft". Für die 1. Person Singular lautet sie **vocor** "ich werde gerufen, ich heiße".

④ Klassisch sollte es heißen **Quō īs?**, aber dies ist ein Bibelzitat (Joh. 13,36 und 16,5 in der Vulgata und in den Apokryphen des Apostels Petrus), das durch den gleichnamigen Roman von Henryk Sienkiewicz (1896) berühmt wurde.

⑤ **sequī** "folgen" verlangt abweichend vom Deutschen, dass das Objekt im Akkusativ steht.

10 Sī viam rēctam sequor, nōn errō. ⑥
[ßī wi-^{j}a^{m} rēk-ta^{m} ße-kwor nō-n‿er-rō]

11 Sī frātrēs suōs sequitur, nōn errat.
[ßī frā-trēß ßu-^{w}ōß ße-kwi-tur nō-n‿er-rat]

12 Errāre hūmānum est. ⑦
[er-rā-r^{e}‿hū-mā-nu^{m}'ßt]

13 – Homō fēlīx!
[ho-mō fē-līkß]

14 Rōmam venīs et Capitōlium vidēre potes.
[rō-ma^{m} we-nī-ß‿et ka-pi-tō-li-^{j}u^{m} wi-dē-re po-teß]

15 – Rēctē dīcis, amīce! ⑧
[rēk-tē dī-ki-ß‿a-mī-ke]

16 Sī quam urbem vīsitō, ⑨ ⑩
[ßī kw^{am}‿ur-be^{m} wī-ßi-tō]

17 ad cīnēmatographium adīre nōn omittō. ⑪
[ad kī-nē-ma-to-gra-p^{h}i-^{jum}‿a-dī-re nō-n‿o-mit-tō]

18 Inveniō, invenīs, invenit,
[in-we-ni-^{j}ō in-we-nīß in-we-nit]

19 inveniunt, invenīre.
[in-we-ni-^{j}unt in-we-nī-re]

20 Sequor, sequeris, sequitur,
[ße-kwor ße-kwe-riß ße-kwi-tur]

21 sequuntur, sequī. ⑫
[ße-kwun-tur ße-kwī]

ANMERKUNGEN

⑥ **via** bezeichnet auch ganz allgemein einen "Weg".

⑦ **hūmānum** ist das Neutrum des Adjektivs **hūmānus** "menschlich". Das Neutrum muss hier verwendet werden, weil substantivierte Verben (hier "das Irren") immer die Neutrumsform haben.

10 Wenn [ich der] richtigen Straße folge, verirre [ich mich] nicht.
(wenn Straße$^{\text{♀ Akk}}$ richtige$^{\text{♀ Akk}}$ folge^{ich}, nicht irre^{ich}.)

11 Wenn [er] seinen Brüdern folgt, verirrt [er sich] nicht.
(wenn Bruder$^{\text{♂♂ Akk}}$ seine$^{\text{♂♂ Akk}}$ folgt^{er}, nicht irrt^{er}.)

12 Irren ist menschlich.
(irren menschlich$^{\varnothing}$ ist^{es}.)

13 – [Du] Glücklicher!
(Mensch glücklich$^{\text{♂}}$!)

14 [Du] kommst nach Rom und kannst [das] Kapitol sehen.
(Rom^{Akk} kommst^{du} und Kapitol$^{\varnothing\text{ Akk}}$ sehen kannst^{du}.)

15 – [Du] hast Recht, [mein] Freund!
(richtig sagst^{du}, Freund$^{!}$!)

16 Wenn [ich] irgendeine Stadt besuche,
(wenn irgendeine$^{\text{♀ Akk}}$ Stadt$^{\text{♀ Akk}}$ besuche^{ich},)

17 unterlasse [ich es] nicht, ins Kino zu gehen.
(zu Kino$^{\varnothing\text{ Akk}}$ hingehen nicht unterlasse^{ich}.)

18 [Ich] finde, [du] findest, [er/sie/es] findet,

19 [sie] finden, finden.

20 [Ich] folge, [du] folgst, [er/sie/es] folgt,

21 [sie] folgen, folgen.

ANMERKUNGEN

⑧ **amīce** ist der Vokativ (Anredefall) von **amīcus**. Er wird benutzt, wenn eine Person direkt angesprochen wird (vgl. auch **domine** in L. 2). Mit einem langen **ē** wäre es das Adverb **amīcē** "freundlicherweise".

⑨ **quam** steht hier als Kurzform von **aliquam** "irgendeine". Nach bestimmten Konjunktionen (Bindewörtern) fällt der Teil **ali** dieses Pronomens weg.

⑩ Ein anderes Wort für "irgendeiner/-eine/-eins" ist **ūllus**, -**a**, -**um**.

⑪ Achten Sie darauf, das **ph** in **cīnēmatographium** wie ein **p** mit nachfolgendem Hauchlaut auszusprechen.

⑫ Die Aussprache von **sequuntur** muss dreisilbig sein, obwohl dies auf den Tonaufnahmen anders zu hören ist.

Exercitātiō prīma: Intellegisne hās sententiās?

❶ Homō bonus viam rēctam sequitur. ❷ Quis est ille homō? ❸ Ille homō Fēlīx vocātur. ❹ Ego vocor Jūlius.

Exercitātiō altera: Īnsere verba dēficientia!

❶ Es ist gut, Brüder und Schwestern zu sehen.

Bonum est ______ et sorōrēs ______.

❷ Wenn du willst, dass ich Latein spreche, gib mir einen Becher Wein.

__ mē Latīnē loquī ___, dā mihi pōculum ____.

❸ Ich finde keinen Brief.

Epistulam nūllam ______.

❹ Kannst du mir behilflich sein?

Potesne mihi esse ______?

6 Lēctiō sexta (VI) [*lēk-ti-ʲō ßekß-ta*]

Victor tabulam multiplicātōriam nōvit

[*wik-tor ta-bu-laᵐ mul-ti-pli-kā-tō-ri-ʲaᵐ nō-wit*]

1 – Victor, nōstīne tabulam multiplicātōriam? ① ②
[*wik-tor nōß-tī-ne ta-bu-laᵐ mul-ti-pli-kā-tō-ri-ʲaᵐ*]

2 – Ita, Magister, eam nōvī.
[*i-ta ma-giß-ter e-aᵐ nō-wī*]

3 – Ergō dīc eam memoriter. ③
[*er-gō dī-k‿e-aᵐ me-mo-ri-ter*]

ANMERKUNGEN

① **nōstī** ist eine Kurzform von **nōvistī** "du kennst".

Solūtiō exercitātiōnis prīmæ: Intellēxistīne?

❶ Ein guter Mensch folgt dem rechten (richtigen) Weg. ❷ Wer ist dieser (jener) Mensch? ❸ Dieser Mensch heißt Felix. ❹ Ich heiße Julius.

Solūtiō exercitātiōnis alteræ: Verba dēficientia.

❶ frātrēs – vidēre ❷ Sī – vīs – vīnī ❸ inveniō ❹ auxiliō.

Theater im römischen Reich

Theateraufführungen nach griechischem Vorbild fanden im gesamten Römischen Reich seit ca. 360 v. Chr. statt. Besonders Komödien erfreuten sich großer Beliebtheit. Inhaltlich ging es meist um unterhaltsam ausgestaltete Liebes- oder Vater-Sohn-Konflikte, die im griechischen oder römischen Lebensumfeld spielten. Vollständig erhalten sind einige in umgangssprachlichem Latein abgefasste Komödien der berühmten Dichter **Plautus** (ca. 250 -180 v. Chr.) und **Terenz** (ca. 200 -160 v. Chr.), von denen sich auch Shakespeare und Molière inspirieren ließen.

Sechste Lektion

Viktor kennt das Einmaleins

1 – Viktor, kannst [du das] Einmaleins?
(Viktor, kennst[du ?] Tafel[♀ Akk] Vervielfältigungs-[♀ Akk]?)

2 – Ja, [Herr] Lehrer, [ich] kann es.
(so, Meister[♂], sie[Akk] kenne[ich].)

3 – Dann sag es [aus dem] Gedächtnis auf.
(also sag sie[Akk] auswendig.)

ANMERKUNGEN

② Anstelle von Komposita (Wortzusammensetzungen) benutzt das Lateinische Genitiv- oder Adjektivverbindungen; daher "multiplikatorische Tafel" anstelle von "Multiplikationstafel".

③ **dīc** ist der Imperativ, d.h. die Befehlsform, des Verbs **dīcere** "sagen".

4 – Ecce, Magister! ④
[**e**k-ke ma-g**i**ß-ter]

5 (*Cantitāns*:) na nanana na nana;
na nana na nanana...
[(*k**a**n-ti-tā^{n}ß*) na n**a**-na-na na n**a**-na na n**a**-na
na n**a**-na-na]

6 – Quid audiō? Stupide puer! ⑤
[*kwi-d‿**au**-di-^{j}ō ßt**u**-pi-de p**u**-^{w}er*]

7 Nōn impūne mē irrīdēbis.
[*nō-n‿im-p**ū**-ne m^{ē}‿ir-rī-d**ē**-biß*]

8 – Minimē tē irrīdeō, Magister …
[*m**i**-ni-mē t^{ē}‿ir-r**ī**-de-ō ma-g**i**ß-ter*]

9 Tantum mūsicæ meminī;
[*t**a**n-tu^{m} m**ū**-ßi-kai m**e**-mi-nī*]

10 verbōrum autem oblītus sum! ⑥
[*wer-b**ō**-r^{um}‿**au**-t^{em}‿ob-l**ī**-tuß ßum*]

11 Nōvī, nōvistī, nōvit, nōsse. ⑦
[*n**ō**-wī nō-w**i**ß-tī n**ō**-wit n**ō**ß-ße*]

12 Dīcō, dīcis, dīcit, dīcere.
[*d**ī**-kō d**ī**-kiß d**ī**-kit d**ī**-ke-re*]

4 – Hören Sie (sieh-da), [Herr] Lehrer!

5 (*Singend*:) na nanana ...

6 – Was höre [ich da]? Dummer Junge!
(dumm$^{♂\,!}$ Junge$^{♂\,!}$!)

7 [Du] wirst mich nicht ungestraft verspotten.
(nicht ungestraft mich wirst^{du}-verlachen.)

8 – [Ich] verspotte Sie keineswegs, [Herr] Lehrer...
(am-wenigsten dich verlache^{ich}, Meister...)

9 [Ich] erinnere mich nur [an die] Melodie;
(nur Musik$^{♀\,\text{Gen}}$ erinnere^{ich}-mich;)

10 [den] Text aber habe [ich] vergessen!
(Wort$^{\varnothing\varnothing\,\text{Gen}}$ aber vergessen$^{♂}$ bin^{ich}!)

11 [Ich] kenne, [du] kennst, [er/sie/es] kennt, kennen.

12 [Ich] sage, [du] sagst, [er/sie/es] sagt, sagen.

ANMERKUNGEN

④ Mit **ecce** kann man die Aufmerksamkeit des Zuhörers auf einen Gegenstand oder eine Handlung lenken.

⑤ **puer** kann auch einfach nur "Kind" bedeuten.

⑥ Sowohl **meminisse** "sich erinnern" als auch **oblīvīscī** "vergessen" verlangen in der Regel den Genitiv als Objekt (vgl. "sich einer Sache erinnern").

⑦ **Nōvī**, **nōvistī** usw. sind Perfektformen, die ursprünglich die Bedeutung "ich habe kennengelernt", "du hast kennengelernt" usw. hatten. Im Laufe der Sprachentwicklung haben sie Gegenwartsbedeutungen angenommen.

In allen Lektionen, auf die eine Wiederholungslektion folgt, also den Lektionen 6, 13, 20 usw., finden Sie anstelle einer Verständnisübung ein Lied. Alle diese Lieder sind auf den Audio-CDs vertont, d.h. Sie hören das jeweilige Lied von einem Chor mit moderner italienischer Aussprache gesungen. Zuerst sollten Sie einfach nur zuhören, aber später können Sie versuchen, die Lieder mitzusingen. Lieder sind, wie man bereits von Kindern weiß, eine hervorragende Merkhilfe: Sie prägen sich Wörter oder aber auch ganze Wendungen dadurch noch besser ein.

CANTILĒNA

In nemore vīcīnō
audītur cucūlus
Nam ē quercū būbōnī
respondet vōcibus
Cu-cū, cu-cū, cu-cū-cu-cū-cu-cū! (bis)

(Ē ***Palæstrā Latīnā***)

Exercitātiō altera: Īnsere verba dēficientia!

1. Ich erinnere mich nur an die Wörter.

   Tantum ________ meminī.

2. Ich kenne dich.

   Tē ____.

3. Was höre ich? Du verspottest mich.

   ____ audiō? __ irrīdēs.

7 Lēctiō septima (VII) [*lēk-ti-ʲō ßep-ti-ma*]

Wiederholung und Anmerkungen

In dieser ersten Wiederholungslektion fassen wir den Stoff der letzten sechs Lektionen noch einmal schwerpunktmäßig zusammen. Lernen Sie auf keinen Fall irgendetwas auswendig! Lesen Sie sich die Erklärungen möglichst mehrmals in Ruhe durch, und fahren Sie erst dann mit der nächsten Lektion fort, wenn Sie die Erläuterungen gut verstehen. Nutzen Sie die Lektion auch ruhig später zum Nachschlagen.

1. Konjugation der Verben (Tätigkeitswörter)

Verben nehmen je nach der Person, die etwas tut (ich, du, er/sie/es usw.) unterschiedliche Formen an. Konjugiert man ein Verb, d.h. bildet man diese verschiedenen Verbformen, so bleibt der Verbstamm unverändert, lediglich die Personalendung (in der Tabelle

LIED

Im benachbarten Wald
hört man einen Kuckuck.
Denn von der Eiche aus
antwortet er dem Uhu mit den Lauten:
Ku-ku, ku-ku, ku-ku-ku-ku-ku-ku! (zweimal)

(Aus ***Palæstra Latina***)

Solūtiō exercitātiōnis alteræ: Verba dēficientia.

❶ verbōrum ❷ nōvī ❸ Quid – Mē.

Nun haben Sie Ihre erste Lerneinheit schon fast beendet. In der kommenden Wiederholungslektion werden die bisher erworbenen Kenntnisse vertieft. Beschäftigen Sie sich weiterhin jeden Tag ca. 20 Minuten mit dem Lateinischen. Lassen Sie sich Zeit bei der Bearbeitung der einzelnen Lektionen, und lernen Sie nicht auswendig. Assimilieren Sie Satzstrukturen und Wendungen möglichst im Ganzen. Wir legen Ihnen, wie gesagt, dringend ans Herz, begleitend zum Buch auch mit den Tonaufnahmen zu arbeiten, um Ihr Hörverständnis zu trainieren.

Siebte Lektion

kursiv dargestellt), die über die ausführende Person Auskunft gibt, ändert sich. Je nach Verbstamm unterscheidet man mehrere Konjugationsklassen. In allen Verbtabellen kennzeichnet der dunklere Blauton den betonten Vokal.

	i-Konjugation		**Konsonantische Konjugation**	
1. P. Sg.	**ven-*iō***	"ich komme"	**dīc-*ō***	"ich sage"
2. P. Sg.	**ven-*īs***	"du kommst"	**dīc-*is***	"du sagst"
3. P. Sg.	**ven-*it***	"er/sie/es kommt"	**dīc-*it***	"er/sie/es sagt"
1. P. Pl.	**ven-*īmus***	"wir kommen"	**dīc-*imus***	"wir sagen"
2. P. Pl.	**ven-*ītis***	"ihr kommt"	**dīc-*itis***	"ihr sagt"
3. P. Pl.	**ven-*iunt***	"sie kommen"	**dīc-*unt***	"sie sagen"
P. = Person; Sg. = Singular; Pl. = Plural				

	a-Konjugation		e-Konjugation	
1. P. Sg.	**voc-*ō***	"ich rufe"	**vid-*eō***	"ich sehe"
2. P. Sg.	**voc-*ās***	"du rufst"	**vid-*ēs***	"du siehst"
3. P. Sg.	**voc-*at***	"er/sie/es ruft"	**vid-*et***	"er/sie/es sieht"
1. P. Pl.	**voc-*āmus***	"wir rufen"	**vid-*ēmus***	"wir sehen"
2. P. Pl.	**voc-*ātis***	"ihr ruft"	**vid-*ētis***	"ihr seht"
3. P. Pl.	**voc-*ant***	"sie rufen"	**vid-*ent***	"sie sehen"
P. = Person; Sg. = Singular; Pl. = Plural				

Sehr wichtig für die Unterscheidung zwischen der konsonantischen und der e-Konjugation ist, dass bei letzterer die Verben im Infinitiv stets ein langes **ē** haben, auf dem sie auch betont werden. Die Verben der konsonantischen Konjugation haben dagegen im Infinitv ein kurzes **e**, welches nie betont wird; stattdessen wird immer die Silbe davor betont: **vidēre** "sehen" ≠ **dīcere** "sagen".

Einen Sonderstatus nehmen die Verben **esse** "sein" und **posse** "können" ein, die zu keiner der genannten Konjugationen gehören und komplett unregelmäßig sind:

	esse "sein"		**posse** "können"	
1. P. Sg.	**sum**	"ich bin"	**possum**	"ich kann"
2. P. Sg.	**es**	"du bist"	**potes**	"du kannst"
3. P. Sg.	**est**	"er/sie/es ist"	**potest**	"er/sie/es kann"
1. P. Pl.	**sumus**	"wir sind"	**possumus**	"wir können"
2. P. Pl.	**estis**	"ihr seid"	**potestis**	"ihr könnt"
3. P. Pl.	**sunt**	"sie sind"	**possunt**	"sie können"
P. = Person; Sg. = Singular; Pl. = Plural				

Hier eine Übersicht über die Personalendungen im Präsens Aktiv, also die Endungen, die auf die Person hinweisen:

Singular		Plural	
1. Pers.	-*ō* / -*m*	1. Pers.	-*mus*
2. Pers.	-*s*	2. Pers.	-*tis*
3. Pers.	-*t*	3. Pers.	-*nt*

Sie haben auch Verben kennen gelernt, die andere Personalendungen haben, z.B. **loquī** "sprechen" und **sequī** "folgen", zwei Verben der konsonantischen Konjugation:

	loquī "sprechen"		sequī "folgen"	
1. P. Sg.	loqu-*or*	"ich spreche"	sequ-*or*	"ich folge"
2. P. Sg.	loqu-*eris*	"du sprichst"	sequ-*eris*	"du folgst"
3. P. Sg.	loqu-*itur*	"er/sie/es spricht"	sequ-*itur*	"er/sie/es folgt"
1. P. Pl.	loqu-*imur*	"wir sprechen"	sequ-*imur*	"wir folgen"
2. P. Pl.	loqu-*iminī*	"ihr sprecht"	sequ-*iminī*	"ihr folgt"
3. P. Pl.	loqu-*untur*	"sie sprechen"	sequ-*untur*	"sie folgen"
P. = Person; Sg. = Singular; Pl. = Plural				

Sehr wenige Verben mit Präsensbedeutung haben die Perfektendungen. Hier ein Beispiel:

nōvisse "kennen"			
1. Pers. Sg.	-*ī*	nōv-*ī*	"ich kenne"
2. Pers. Sg.	-*istī*	nōv-*istī*	"du kennst"
3. Pers. Sg.	-*it*	nōv-*it*	"er/sie/es kennt"
1. Pers. Pl.	-*imus*	nōv-*imus*	"wir kennen"
2. Pers. Pl.	-*istis*	nōv-*istis*	"ihr kennt"
3. Pers. Pl.	-*ērunt*	nōv-*ērunt*	"sie kennen"

2. Geschlecht der Substantive und Adjektive

Die meisten Substantive auf -**us** sind männlich, die auf -**a** meist weiblich und die auf -**um** sind immer neutral. Viele Substantive haben allerdings davon abweichende Endungen, aus denen man nicht immer auf das Geschlecht schließen kann. In solchen Fällen kann das natürliche Geschlecht eine Hilfe sein: **pater** "Vater" muss beispielsweise männlich sein, **soror** "Schwester" weiblich.

Das Adjektiv passt sich in seinem Geschlecht immer an das Nomen an, auf das es sich bezieht:

amīcus magnus "ein großer/der große Freund"
amīca/soror magna "eine große/die große Freundin/Schwester"
auxilium magnum "eine große/die große Hilfe"

3. Subjekt und Objekt

Das Subjekt eines Satzes ist meist ein handelnder Akteur. Es kann allerdings auch eine Tätigkeit oder sogar ein ganzer Nebensatz sein. Man fragt nach dem Subjekt mit "Wer?" bzw. "Was?"

Ist das Subjekt ein Akteur, so kann es entweder ein Substantiv sein, das im Nominativ (Grundfall) steht, oder es wird sogar gar nicht explizit im Satz genannt und ist dann in einer Verbform enthalten:

Veniō. "Ich komme." ist ein vollständiger Satz, dessen Subjekt "ich" aus dem Verb **veniō** logisch hervorgeht.

Im Satz **Amīcus venit.** "Der Freund kommt." ist **Amīcus** das Subjekt. Folgt auf diesen Satz unmittelbar als weiterer Satz **Mē sequitur.** "Er folgt mir.", muss davon ausgegangen werden, dass **Amīcus** immer noch das Subjekt ist, obwohl es nicht explizit genannt wird.

Objekte sind Satzergänzungen, oft in Form von Substantiven, auf die sich die Handlung eines Subjekts bezieht bzw. auswirkt. Sie handeln nicht aktiv, sondern mit ihnen geschieht etwas. Die wichtigsten Objekte sind das Akkusativobjekt (auch "direktes Objekt"), nach dem man mit "Wen?" oder "Was?" fragt, und das Dativobjekt (auch "indirektes Objekt"), nach dem man mit "Wem?" oder "Was?" fragt.

Wichtig ist, dass Substantive, die solche Objekte darstellen, ihre Grundform, also den Nominativ, verändern und in einem neuen Fall, dem Akkusativ oder Dativ, stehen.

Konzentrieren Sie sich gegenwärtig ganz auf das Verstehen der Texte. Hören Sie sich die Tonaufnahmen Ihrer aktuellen Lektion möglichst mehrmals täglich an – dabei reichen 15-20 Minuten Lernzeit. Machen Sie sich keine Gedanken über Dinge, die vielleicht bis jetzt noch nicht erklärt wurden; die Erklärung wird zu gegebener Zeit kommen.

8 Lēctiō octāva (VIII)

Rōmam īmus

1 – **U**bi **e**stis et quō **ī**tis? ① ②

2 – In r**æ**dā s**u**mus, R**ō**mam **ī**mus. ③ ④

PRŌNŪNTIĀTUS

[*l**ē**k-ti-[jō]‿ok-t**ā**-wa r**ō**-m[am]‿**ī**-muß* **1** ***u**-b[i]‿**e**ß-ti-ß‿et kw[ō]‿**ī**-tiß* **2** *in r**ai**dā ß**u**-muß r**ō**-m[am]‿**ī**-muß*]

ANMERKUNGEN

① Ab dieser Lektion lassen wir die eckigen Klammern um Personalpronomen und Artikel weg.

Das Zeichen für den Akkusativ ist meist ein **-m** als Endung, für den Dativ ein **-ō** oder **-ī**:

Videō amīcum. "Ich sehe den/einen Freund.": **Amīcum** ist hier ein Akkusativobjekt, was man an der Akkusativform, insbesondere der Endung **-m**, erkennt. Die Nominativform lautet **amīcus**.

Amīcō epistulam dō. "Ich gebe dem Freund einen Brief.": **Amīcō** ist hier ein Dativobjekt ("*Wem* gebe ich einen Brief?"), **epistulam** ist ein Akkusativobjekt, was man wieder an der Endung **-m** erkennt.

Mihi est amīcus. "Ich habe einen Freund." (wörtl. "Mir ist[er] Freund"): **Amīcus** steht hier im Nominativ. Der Freund ist also diesmal das Subjekt des Satzes, **mihi** "mir" hingegen ist das Dativobjekt ("*Wem* ist der Freund?").

Achte Lektion

Wir fahren nach Rom

1 – Wo seid ihr, und wohin fahrt ihr (geht[ihr])?

2 – Wir sind im Wagen (in Kutsche♀ Abl sind[wir]) [und] fahren [nach] Rom (gehen[wir]).

ANMERKUNGEN

② "Wohin" kann auch **quōrsum** heißen.
③ Die Präposition **in** "in, auf, an" verlangt den Ablativ.
④ **rædā** "Wagen, Auto, Kutsche" endet auf den langen Vokal **ā**, der den Ablativ kennzeichnet. **Mārcus cum amīcō in rædā Rōmam it.** "Marcus fährt mit einem Freund im Wagen nach Rom".

3 – Rēctāne in Italiam ītis? ⑤

4 – Minimē! Fēriæ sunt!

5 Massiliæ aliquot diēs dēmorābimur ... ⑥

6 et tōtam hebdomadam Genuæ.

7 Massiliæ, in dēversōriō noctēs agēmus.

8 Genuæ, avus nōs domī accipiet. ⑦

9 Genua et Rōma in Italiā sunt.

10 Avus meus Italus est.

11 Eō Rōmam, īs Massiliam, ⑧

12 it domum; in dēversōrium īmus.

13 Sum Rōmæ, es Massiliæ,

14 est domī; in dēversōriō sumus.

PRŌNŪNTIĀTUS

[**3** *rēk-tā-n^{e}‿i-n‿i-ta-li-^{jam}‿ī-tiß* **4** *mi-ni-mē fē-ri-^{j}ai ßunt* **5** *maß-ßi-li-^{jai}‿a-li-kwot di-^{j}ēß dē-mo-rā-bi-mur* **6** *et tō-t^{am}‿heb-do-ma-da^{m} ge-nu-^{w}ai* **7** *maß-ßi-li-^{jai}‿in dē-wer-ßō-ri-^{j}ō nok-tē-ß‿a-gē-muß* **8** *ge-nu-^{wai}‿a-wuß nōß do-m^{ī}‿ak-ki-pi-^{j}et* **9** *ge-nu-^{wa}‿et rō-m^{a}‿i-n‿i-ta-li-^{j}ā ßunt* **10** *a-wuß me-u-ß‿i-ta-lu-ß‿eßt* **11** *e-ō rō-ma^{m} īß maß-ßi-li-^{j}a^{m}* **12** *it do-mu^{m} in dē-wer-ßō-ri-^{jum}‿ī-muß* **13** *ßu^{m} rō-mai eß maß-ßi-li-^{j}ai* **14** *eßt do-mī in dē-wer-ßō-ri-^{j}ō ßu-muß*]

3 – Fahrt ihr direkt nach Italien?
(gerade$^{?}$ in Italien^{Akk} geht^{ihr}?)

4 – Keineswegs! [Es] sind Ferien!
(am-wenigsten! Ferien$^{♀♀}$ sind^{sie}!)

5 Wir werden einige Tage [in] Marseille verbringen...
(Marseille$^{♀\ Lok}$ einige Tag$^{♂♂\ Akk}$ werden^{wir}-uns-aufhalten...)

6 und eine ganze Woche in Genua.
(und ganz$^{♀\ Akk}$ Woche$^{♀\ Akk}$ Genua$^{♀\ Lok}$.)

7 In Marseille werden wir die Nächte in einem Hotel verbringen.
(Marseille^{Lok}, in Herberge$^{\varnothing\ Abl}$ Nacht$^{♀♀\ Akk}$ werden^{wir}-treiben.)

8 In Genua wird [mein] Großvater uns in [seinem] Haus aufnehmen.
(Genua^{Lok}, Großvater$^{♂}$ uns Haus$^{♀\ Lok}$ wird^{er}-aufnehmen.)

9 Genua und Rom sind in Italien.

10 Mein Großvater ist Italiener.

11 Ich gehe [nach] Rom, du gehst [nach] Marseille;

12 er/sie/es geht [nach] Hause; wir gehen ins Hotel (in Herberge^{Akk}).

13 Ich bin in Rom, du bist in Marseille,

14 er/sie/es ist zu Hause; wir sind im Hotel.

ANMERKUNGEN

⑤ **in** mit Akkusativ hat die Bedeutung "nach", da der Akkusativ eine Richtung angibt.

⑥ **Massiliæ**: Lokativ von **Massilia**. Der Lokativ tritt vor allem bei Städtenamen auf und wird für Ortsangaben verwendet. **Hīc est magister gravis, quī vīvit Massiliæ et Gallicē loquitur**. "Hier ist der ernste Lehrer, der in Marseille lebt und Französisch spricht".

⑦ Merken Sie sich zu **avus** "Großvater" auch **avia** "Großmutter".

⑧ In Verbindung mit Städtenamen gibt der Akkusativ die Richtung an.

15 **A**via it Lugd**ū**num bir**o**tā. ⑨ ⑩

16 Lugd**ū**nī Rh**o**danum v**i**det.

17 **E**ō, īs, it,

18 **ī**mus, **ī**tis, **e**unt, **ī**re.

19 **A**gō, **a**gis, **a**git, ⑪

20 **a**gimus, **a**gitis, **a**gunt, **a**gere.

PRŌNŪNTIĀTUS

[*15* ***a**-wi-^{ja}‿it lug-**dū**-nu^{m} **bi**-ro-tā* *16* *lug-**dū**-nī ^{r}h**o**-da-nu^{m} **wi**-det* *17* ***e**-ō **ī**ß it* *18* ***ī**-muß **ī**-tiß **e**-unt **ī**-re* *19* ***a**-gō **a**-giß **a**-git* *20* ***a**-gi-muß **a**-gi-tiß **a**-gunt **a**-ge-re*]

Exercitātiō prīma: Intellegisne hās sententiās?

❶ Rædā ad theātrum eunt. ❷ Sorōrēs in theātrō cum aviā adsunt. ❸ Genuæ Italicē loquor. ❹ Lugdūnī Gallicē loqueris.

Exercitātiō altera: Īnsere verba dēficientia!

❶ Ein dummer Junge lacht seinen Großvater aus, der mit dem Fahrrad nach Marseille fährt.

Puer stupidus irrīdet avum quī __________ it ______.

❷ Was macht ihr heute? Wir machen nichts.

Quid hodiē ______ ? Nihil ______.

❸ Wir wollen die Nacht im Kino verbringen.

In cīnēmatographiō ______ _____ volumus.

15 Die Großmutter fährt [mit] dem Fahrrad nach Lyon.
(Großmutter geht^{sie} Lyon$^{\varnothing\ \text{Akk}}$ Zweirad$^{\text{♀ Abl}}$.)

16 In Lyon sieht sie die Rhône.
(Lyon^{Lok} Rhône$^{\text{♂ Akk}}$ sieht^{sie}.)

17 Ich gehe, du gehst, er/sie/es geht,

18 wir gehen, ihr geht, sie gehen, gehen.

19 Ich treibe, du treibst, er/sie/es treibt,

20 wir treiben, ihr treibt, sie treiben, treiben.

ANMERKUNGEN

⑨ Städte und Inseln, die auf -**us**, -**um** enden, bilden den Lokativ auf -ī: **Novum Eborācum** "New York", **Novī Eborācī** "in New York".

⑩ Der Ablativ dient häufig zur Angabe eines Mittels.

⑪ **agere** kann auch "machen" oder "handeln" bedeuten. **Nihil agō**. "Ich mache nichts".

Solūtiō exercitātiōnis prīmæ: Intellēxistīne?

❶ Sie fahren mit dem Wagen zum Theater. ❷ Die Schwestern sind mit ihrer Großmutter im Theater. ❸ In Genua spreche ich Italienisch. ❹ In Lyon sprichst du Französisch.

❹ Ihr seid keine ernsten Menschen.

Hominēs gravēs ___ estis.

Solūtiō exercitātiōnis alteræ: Verba dēficientia.

❶ Massiliam – birotā ❷ agitis – agimus ❸ noctem agere ❹ nōn.

9 Lectio nona (IX)

Sarcinas collocamus

1 Hodie eximus peregrinatum. ①

2 Difficile est sarcinas in rædá collocare. ②

3 Uxor enim multas arcas vestibus suís implet. ③

4 Mihi tantum bulgam unam parvam relinquit.

5 Arcæ magnæ et bulga parva

6 in rædá tandem collocatæ sunt.

7 Abimus. Equi duo rædam velocem trahunt.

8 Inter rædas et currús, ④

PRŌNŪNTIĀTUS

[lēk-ti-^{j}ō nō-na ßar-ki-nāß kol-lo-kā-muß **1** *ho-di-^{jē}‿ek-ßī-muß pe-re-grī-nā-tu^{m}* **2** *dif-fi-ki-le'ßt ßar-ki-nā-ß‿in rai-dā kol-lo-kā-re* **3** *uk-ßo-r‿e-ni^{m} mul-tā-ß‿ar-kāß weß-ti-buß ßu-^{w}ī-ß‿im-plet* **4** *mi-hi tan-tu^{m} bul-g^{am}‿ū-na^{m} par-wa^{m} re-ling-kwit* **5** *ar-kai mang-n^{ai}‿et bul-ga par-wa* **6** *in rai-dā tan-de^{m} kol-lo-kā-tai ßunt* **7** *a-bī-muß e-kwī du-^{w}o rai-da^{m} wē-lō-ke^{m} tra-hunt* **8** *in-ter rai-dā-ß‿et kur-rūß]*

Neunte Lektion

Wir bringen das Gepäck unter

1 Heute fahren wir ins Ausland.
(heute gehen[wir]-raus zum-Verreisen.)

2 Es ist schwierig, das Gepäck in der Kutsche unterzubringen.
(schwierig[∅] ist[es] Gepäck[♀♀ Akk] in Kutsche[♀ Abl] legen.)

3 [Meine] Ehefrau füllt nämlich viele Truhen [mit] ihren Kleidern.
(Ehefrau nämlich viel[♀♀ Akk] Kasten[♀♀ Akk] Kleider[♀♀ Abl] ihre[♀♀Abl ♀] füllt[sie]-an.)

4 Mir lässt sie nur einen kleinen Koffer.
(mir nur Koffer[♀ Akk] eine[♀ Akk] klein[♀ Akk] lässt[sie]-zurück.)

5 Die großen Truhen und der kleine Koffer
(Kasten[♀♀] groß[♀♀] und Koffer[♀] klein[♀])

6 sind endlich in der Kutsche verstaut.
(in Kutsche[Abl] endlich gelegt[♀♀] sind[sie].)

7 Wir reisen ab. Zwei Pferde ziehen die schnelle Kutsche.
(gehen[wir]-weg. Pferd[♂♂] zwei[♂] Wagen[♀ Akk] schnell[♀ Akk] ziehen[sie].)

8 Zwischen den Kutschen und den Wagen
(zwischen Kutsche[♀♀ Akk] und Wagen[♀♀ Akk],)

ANMERKUNGEN

① Merken Sie sich zum Verb **peregrīnārī** "reisen, in der Fremde sein" auch das Adjektiv/Substantiv **peregrīnus** "ausländisch, fremd/Ausländer, Fremder".

② In **collocāre** "legen, setzen, stellen" ist das Substantiv **locus** "der Ort" enthalten.

③ **enim** hat dieselbe Bedeutung wie **nam** "denn, nämlich", steht allerdings nie am Satzanfang, sondern meist direkt nach dem ersten Wort eines Satzes.

④ **currus** meint ganz allgemein einen Wagen, auf dem Personen fahren, häufig einen Triumph- oder Streitwagen. **Ræda** ist die "Reisekutsche".

9 **e**quos m**e**os f**i**rmá m**a**nu r**e**go.

10 **E**quus p**a**rvus pl**au**strum m**a**gnum tr**a**hit,

11 et t**a**rdé progr**e**ditur. ⑤

12 **E**quum plaustr**u**mque f**a**cile antec**e**do. ⑥

13 Pl**au**strum m**a**gnum t**a**rdé tr**a**hitur

14 et a me f**a**cile antec**e**ditur. ⑦

15 Veh**i**culum v**e**lox veh**i**cula t**a**rda antec**e**dit. ⑧

16 Asp**i**cio **a**rcam, **e**quum, veh**i**culum.

17 Asp**i**citur **a**rca, **e**quus, veh**i**culum.

18 Asp**i**cimus **a**rcas, **e**quos, veh**i**cula.

19 Aspici**u**ntur **a**rcæ, **e**qui, veh**i**cula.

PRŌNŪNTIĀTUS

[**9** *e-kwōß me-ōß fir-mā ma-nū re-gō* **10** *e-kwuß par-wuß plauß-tru^{m} mang-nu^{m} tra-hit* **11** *et tar-dē prō-gre-di-tur* **12** *e-kwu^{m} plauß-tru^{m}-kwe fa-ki-l^{e}‿an-te-kē-dō* **13** *plauß-tru^{m} mang-nu^{m} tar-dē tra-hi-tur* **14** *e-t‿ā mē fa-ki-l^{e}‿an-te-kē-di-tur* **15** *we-hi-ku-lu^{m} wē-lōkß we-hi-ku-la tar-d^{a}‿an-te-kē-dit* **16** *aß-pi-ki-$^{j\bar{o}}$‿ar-k^{am}‿e-kw^{um} we-hi-ku-lu^{m}* **17** *aß-pi-ki-tu-r‿ar-k^{a}‿e-kwuß we-hi-ku-lu^{m}* **18** *aß-pi-ki-mu-ß‿ar-kā-ß‿e-kwōß we-hi-ku-la* **19** *aß-pi-ki-^{j}un-tu-r‿ar-k^{ai}‿e-kwī we-hi-ku-la*]

In den Übungen kommt jetzt vermehrt neues Vokabular vor, das Sie noch nicht kennen gelernt haben. Daraus wollen wir eine Extraübung machen: Versuchen Sie, die neuen Wörter zu finden. Sie können die Wörter und auch die deutsche Übersetzung mit einem Textmarker anstreichen oder beides in einem separaten Heft notieren. Sie finden diese Wörter auf jeden Fall aber auch im Wörterverzeichnis am Ende des Buches.

9 lenke ich meine Pferde mit fester Hand.
(Pferd$^{\text{♂♂ Akk}}$ meine$^{\text{♂♂ Akk}}$ fest$^{\text{♀ Abl}}$ Hand$^{\text{♀ Abl}}$ lenke^{ich}.)

10 Ein kleines Pferd zieht einen großen Lastkarren
(Pferd$^{\text{♂}}$ klein$^{\text{♂}}$ Lastkarren$^{\text{∅ Akk}}$ groß$^{\text{∅ Akk}}$ zieht^{er},)

11 und kommt langsam voran.
(und langsam schreitet^{er}-voran.)

12 Ich überhole mühelos das Pferd und den Lastkarren.
(Pferd$^{\text{♂ Akk}}$ Lastkarren^{Akk}-und leicht gehe^{ich}-voran.)

13 Der große Lastkarren wird langsam gezogen
(Lastkarren$^{\text{∅}}$ groß$^{\text{∅}}$ langsam wird^{es}-gezogen)

14 und von mir leicht überholt.
(und von ich^{Abl} leicht wird^{es}-vorangegangen.)

15 Ein schnelles Fahrzeug überholt langsame Fahrzeuge.
(Fahrzeug$^{\text{∅}}$ schnell$^{\text{∅}}$ Fahrzeug$^{\text{∅∅ Akk}}$ langsam$^{\text{∅∅ Akk}}$ geht^{es}-voran.)

16 Ich betrachte die Truhe, das Pferd [und] das Fahrzeug.
(erblicke^{ich} Kasten$^{\text{♀ Akk}}$, Pferd$^{\text{♂ Akk}}$, Fahrzeug$^{\text{∅ Akk}}$.)

17 Die Truhe wird betrachtet, das Pferd [und] das Fahrzeug.
(wird^{er}-erblickt Kasten$^{\text{♀}}$, Pferd$^{\text{♂}}$, Fahrzeug$^{\text{∅}}$.)

18 Wir betrachten (erblicken^{wir}) die Truhen, die Pferde [und] die Fahrzeuge.

19 Die Truhen werden betrachtet, die Pferde [und] die Fahrzeuge.
(werden^{sie}-erblickt Kasten$^{\text{♀♀}}$, Pferd$^{\text{♂♂}}$, Fahrzeug$^{\text{∅∅}}$.)

ANMERKUNGEN

⑤ **tardē** ist das Adverb von **tardus** "gehemmt, gebremst".

⑥ Das angehängte -**que** bedeutet "und". Es wird meist bei Begriffen verwendet, die zu einem bestimmten Bedeutungsfeld gehören. Vgl. **Senātus Populusque Rōmānus** (**SPQR**) "Senat und Volk von Rom".

⑦ Die Passivendung -**tur** in **trahitur** "er/sie/es wird gezogen" und **antecēditur** "er/sie/es wird überholt" kennen Sie bereits von den Deponentien (Verben, die passivische Formen bilden, aber aktivisch übersetzt werden) **loquitur** "er/sie/es spricht" oder **sequitur** "er/sie/es folgt".

⑧ Merken Sie sich zu **vehiculum** auch das Verb **vehī** "fahren".

Exercitātiō prīma: Intellegisne hās sententiās?

❶ Ubi est equus? ❷ In rædā est equus. ❸ Quō eunt equī quattuor? ❹ Ad theātrum eunt.

Exercitātiō altera: Īnsere verba dēficientia!

❶ Ein schneller Wagen überholt eine langsame Kutsche.
Currus ____ rædam tardam antecēdit.

❷ Was suchst du? – Ich suche den schnellen Wagen.
Quid ____? – Currum ____ quærō.

❸ Ich will nach Lyon reisen.
Lugdūnum īre ____.

❹ Meine Ehefrau bringt ihre Koffer in der Kutsche nicht unter.
Uxor bulgās suās in ____ nōn collocat.

10 Lēctiō decima (X)

In dēversōriō

1 – Salvē, Caupō! Potesne nōs accipere? ①

2 – Salvē, Domine! Vōs omnēs libenter accipiam.

3 Locus nōn deest! ②

4 – Opus est cubiculō cum lectō ūnō, ③

PRŌNŪNTIĀTUS

[*lēk-ti-ʲō de-ki-ma in dē-wer-ßō-ri-ʲō* **1** *ßal-wē kau-pō po-teß-ne nō-ß‿ak-ki-pe-re* **2** *ßal-wē do-mi-ne vōß om-nēß li-ben-te-r‿ak-ki-pi-ʲam* **3** *lo-kuß nōn dēßt* **4** *o-pu-ß‿eßt ku-bi-ku-lō kum lek-tō‿ū-nō*]

Solūtiō exercitātiōnis prīmæ: Intellēxistīne?

❶ Wo ist das Pferd? ❷ Das Pferd ist in der Kutsche. ❸ Wohin gehen die vier Pferde? ❹ Sie gehen ins Theater.

Solūtiō exercitātiōnis alteræ: Verba dēficientia.

❶ vēlōx ❷ quæris – vēlōcem ❸ volō ❹ rædā.

Wir haben Ihnen hier einen Text ohne Markierung der Vokallängen gezeigt, denn in dieser Form liegen die meisten gedruckten Texte vor. Lateinsprecher in der Antike kannten die Vokallängen, weshalb sie nicht systematisch notiert wurden. Da wir jedoch keine Muttersprachler sind, können wir ohne diese Hinweise die Aussprache nicht richtig erlernen. Dennoch markierten auch die alten Römer einige Vokale mittels des ***Apex*** *(s. Kapitel "Aussprache" im Anhang). Laut dem berühmten Grammatiker* ***Quintlian*** *sind sie notwendig, wenn die Vokalquantität zu Bedeutungsunterschieden führt, wie z.B. in* ***currus*** *(Singular) und* ***currús*** *(Plural). Alle nötigen* ***Apices*** *(Markierungen) haben wir in dieser Lektion aber gesetzt!*

Zehnte Lektion

Im Hotel

1 – Seien Sie gegrüßt, Gastwirt! Können Sie uns aufnehmen?
(sei-gesund, Gastwirt$^{♂}$! kannst$^{\text{du?}}$ uns aufnehmen?)

2 – Seien Sie gegrüßt, [mein] Herr! Ich nehme Sie alle gerne auf.
(sei-gesund, Herr$^{!}$! euch^{Akk} alle^{Akk} gern werde^{ich}-aufnehmen.)

3 An Platz mangelt es nicht!
(Ort$^{♂}$ nicht fehlt^{er}!)

4 – Wir brauchen ein Einbettzimmer
(Werk$^{\varnothing}$ ist^{es} Schlafzimmer$^{\varnothing\ \text{Abl}}$ mit Bett$^{♂\ \text{Abl}}$ ein$^{♂\ \text{Abl}}$,)

ANMERKUNGEN

① Wie im modernen Englisch wird auch in Latein nicht zwischen der Anrede "du" und "Sie" unterschieden, da nur die Form **tū** existiert.
② Das Wort **deest** wird als eine einzige Silbe ausgesprochen.
③ Bei **opus esse** "nötig sein, brauchen" steht das, was man braucht, im Ablativ und die Person, die etwas braucht, im Dativ: **Mihi opus est pōculō**. "Ich brauche einen Becher".

5 et cubiculō alterō cum lectīs duōbus. ④

6 – Ecce! Cubiculum decimum quārtum in tabulātō prīmō

7 et cubiculum vīcēsimum sextum in tabulātō alterō. ⑤

8 Jōsēphe! Affer impedīmenta et mōnstrā cubicula! ⑥

9 Ecce cubiculum!

10 Per fenestram portum vidēre potes.

11 – Quam cæruleum est mare!

12 Quot nāvēs aspiciō!

13 Magna nāvis onerāria, quæ cursum in altum dīrigit, ⑦ ⑧

PRŌNŪNTIĀTUS

[**5** *et ku-bi-ku-l^{o}‿al-te-rō ku^{m} lek-tīß du-^{w}ō-buß* **6** *ek-ke ku-bi-ku-lu^{m} de-ki-mu^{m} kwār-t^{um}‿in ta-bu-lā-tō prī-mō* **7** *et ku-bi-ku-lu^{m} wī-kē-ßi-mu^{m} ßekß-t^{um}‿in ta-bu-lā-t^{o}‿al-te-rō* **8** *jō-ßē-p^{he}‿af-fe-r‿im-pe-dī-men-t^{a}‿et mō^{n}ß-trā ku-bi-ku-la* **9** *ek-ke ku-bi-ku-lum* **10** *per fe-neß-tra^{m} por-tu^{m} wi-dē-re po-teß* **11** *kwa^{m} kai-ru-le-u^{m}'ßt ma-re* **12** *kwot nā-wē-ß‿aß-pi-ki-^{j}ō* **13** *mang-na nā-wi-ß‿o-ne-rā-ri-^{j}a kwai kur-ß^{um}‿in al-tu^{m} dī-ri-git*]

5 und ein weiteres Zimmer mit zwei Betten.
(und Schlafzimmer[∅ Abl] anderes[∅ Abl] mit Bett[♂♂ Abl] zwei[♂Abl].)

6 – Okay! Das Zimmer Nr. 14 im ersten Stockwerk
(sieh-da! Schlafzimmer[∅] zehntes[∅] viertes[∅] in Bretterboden[∅ Abl] erstes[∅ Abl])

7 und das Zimmer Nr. 26 im zweiten Stockwerk.
(und Schlafzimmer[∅] zwanzigstes[∅] sechstes[∅] in Bretterboden[∅ Abl] anderes[∅ Abl].)

8 Joseph! Bring das Gepäck herbei und zeig [ihm] die Zimmer!
(Joseph[!]! bring-herbei Hindernis[∅∅ Akk] und zeige Schlafzimmer[∅∅ Akk]!)

9 Hier ist das Zimmer!
(sieh-da Schlafzimmer!)

10 Durch das Fenster können Sie den Hafen sehen.
(durch Fenster[♀ Akk] Hafen[♂ Akk] sehen kannst[du].)

11 – Wie blau das Meer ist!
(wie himmelblau[∅] ist[es] Meer[∅]!)

12 Wie viele Schiffe ich sehe!
(wie-viele Schiff[♀♀] erblicke[ich]!)

13 Ein großes Frachtschiff, das [seinen] Kurs aufs offene Meer richtet,
(groß[♀] Schiff[♀] Last-[♀], welche[♀] Lauf[♂ Akk] in hoch[∅ Akk] richtet[sie],)

ANMERKUNGEN

④ Es gibt Distributivzahlen (Verteilungszahlen), die dem deutschen "je + Zahl" entsprechen. Sie kommen nur in Verbindung mit einem vorangehenden Plural vor: **Cubicula cum lectīs singulīs/bīnīs/ternīs** "Zimmer mit je einem/zwei/drei Bett(en)".

⑤ **alter**, **altera**, **alterum** meint eine Sache/Person von zweien. Je nach Kontext kann es mit "der eine" oder "der andere" (von zwei Sachen/Personen) übersetzt werden.

⑥ Das, was einen Marschierenden (z.B. einen römischen Soldaten) beim Marschieren behindert, ist sein Gepäck. So hat **impedīmenta** "Hindernisse" auch die Bedeutung "Gepäck" angenommen.

⑦ **onerārius**, -**a**, -**um** von **onus**, **oneris** "Fracht, Last" ist ein Adjektiv, für das es ähnlich wie bei **multiplicātōrius** (L. 6) keine genaue deutsche Entsprechung gibt. Man übersetzt es gemeinsam mit dem Bezugswort als *ein* zusammengesetztes Wort.

⑧ **altus**, -**a**, -**um** kann "hoch" und auch "tief" bedeuten.

14 Græciam petit. ⑨

15 Cubiculum mihi placet. Quantī cōnstat?

16 – Hoc cubiculum quadrāgintā eurō cōnstat; ⑩

17 alterum sexāgintā.

18 Cubiculum, in cubiculō; cubicula, in cubiculīs.

PRŌNŪNTIĀTUS

[**14** *gr**ai**-ki-^{j}a^{m} p**e**-tit* **15** *ku-b**i**-ku-lu^{m} m**i**-hi pl**a**-ket kw**a**n-tī k**ō**^{n}ß-tat* **16** *hok ku-b**i**-ku-lu^{m} kwa-drā-g**i**n-t^{a}‿**äu**-rō k**ō**^{n}ß-tat* **17** ***a**l-te-ru^{m} ßek-ßā-g**i**n-tā* **18** *ku-b**i**-ku-lu^{m} in ku-b**i**-ku-lō ku-b**i**-ku-la in ku-b**i**-ku-līß*]

Exercitātiō prīma: Intellegisne hās sententiās?

❶ Volō cubiculum magnum cum lectīs duōbus. ❷ Cubicula parva cum lectīs singulīs volunt. ❸ In dēversōriō illō dēsunt cubicula cum lectīs bīnīs. ❹ In cubiculō magnō arcās collocat.

Exercitātiō altera: Īnsere verba dēficientia!

❶ Ich werde euch alle in meinem Zimmer empfangen.

Vōs omnēs in ______ meō accipiam.

❷ Wieviel kostet dieses Dreibettzimmer?

______ cōnstat hoc cubiculum cum ______ tribus?

❸ Es kostet fünfzehn Euro.

Quīndecim eurō ______.

❹ Dieses Hotel gefällt mir.

___ dēversōrium mihi ______.

14 steuert nach Griechenland.
(Griechenland♀ Akk strebt sie.)

15 Das Zimmer gefällt mir. Wieviel kostet es?
(Schlafzimmer mir gefällt es. wieviel Gen steht es-fest?)

16 – Dieses Zimmer kostet vierzig Euro;
(dieses Schlafzimmer vierzig Euro steht es-fest;)

17 das andere sechzig.
(anderes sechzig.)

18 Das Zimmer, im Zimmer, die Zimmer, in den Zimmern.

ANMERKUNGEN

⑨ **petere** "(er)streben" ist ein wichtiges Verb, das Ihnen noch recht häufig begegnen wird. Je nach Kontext kann es "eilen, aufsuchen, angreifen, verlangen, bitten; sich bewerben" bedeuten.

⑩ Auf den Tonaufnahmen hören Sie, dass der Diphthong **eu** nicht wie im Deutschen ausgesprochen wird.

Solūtiō exercitātiōnis prīmæ: Intellēxistīne?

❶ Ich will ein großes Zweibettzimmer (mit Betten zwei). ❷ Sie (Pl.) wollen kleine Zimmer mit Einzelbetten. ❸ In diesem Hotel fehlen Zweibettzimmer (mit Betten je-zwei). ❹ Er/sie bringt seine/ihre Truhen in einem großen Zimmer unter.

Solūtiō exercitātiōnis alteræ: Verba dēficientia.

❶ cubiculō ❷ Quantī – lectīs ❸ cōnstat ❹ Hoc – placet.

In dieser und der vorherigen Lektion kamen zahlreiche neue Formen und Vokabeln vor, aber keine Sorge: Der Formenreichtum des Lateinischen wird Ihnen bald ganz normal vorkommen. Sie werden die vielen Endungen und deren Bedeutungen intuitiv verinnerlichen, d.h. assimilieren. Dazu ist es aber nötig, sich die Texte regelmäßig durchzulesen und die Tonaufnahmen anzuhören. Integrieren Sie dies ruhig in Ihren Alltag. Sie werden sehen: Ihr Ohr gewöhnt sich so nicht nur schnell an den Klang der Sprache, Sie werden sich durch die ständige Wiederholung auch mühelos die Strukturen aneignen.

11 Lēctiō ūndecima (XI)

Quota hōra est?

1 – Quota hōra est?

2 – Dīmidia hōra est …

3 – Nōn intellegō! Cujus hōræ dīmidia est? ①

4 – Nesciō! Tantum sciō dīmidiam esse: ②

5 acus minor hōrologiō meō deest.

6 – Quandō Lutētiam relīquistī? ③

7 – Heri sextā hōrā et dīmidiā Lutētiam relīquī. ④ ⑤ ⑥

8 Lugdūnum hodiē tertiā hōrā postmerīdiānā relinquō.

9 In hanc urbem advēnī decimā hōrā et quīntō decimō minūtō,

PRŌNŪNTIĀTUS

[lēk-ti-^{jō}‿ūn-de-ki-ma kwo-t^{a}‿hō-ra'ßt **1** *kwo-t^{a}‿hō-ra'ßt* **2** *dī-mi-di-^{ja}‿hō-ra'ßt* **3** *nō-n‿in-tel-le-gō kuj-ju-ß‿hō-rai dī-mi-di-^{j}a'ßt* **4** *neß-ki-^{j}ō tan-tu^{m} ßki-^{j}ō dī-mi-di-^{jam}‿eß-ße* **5** *a-kuß mi-no-r‿hō-ro-lo-gi-^{j}ō me-ō dēßt* **6** *kwan-dō lu-tē-ti-^{j}a^{m} re-lī-kwiß-tī* **7** *he-ri ßekß-t^{ā}‿hō-r^{ā}‿et dī-mi-di-^{j}ā lu-tē-ti-^{j}a^{m} re-lī-kwī* **8** *lug-dū-n^{um}‿ho-di-^{j}ē ter-ti-^{jā}‿hō-rā poßt-me-rī-di-^{j}ā-nā re-ling-kwō* **9** *i-n‿han-k‿ur-b^{em}‿ad-wē-nī de-ki-m^{ā}‿hō-r^{ā}‿et kwīn-tō de-ki-mō mi-nū-tō]*

Elfte Lektion

Wieviel Uhr ist es?

1 – Wieviel Uhr ist es?
(wievielte♀ Stunde♀ ist^{sie}?)

2 – Es ist halb...
(halb♀ Stunde♀ ist^{sie}...)

3 – Verstehe ich nicht! Halb wieviel?
(nicht verstehe^{ich}! wessen Stunde^{Gen} halb ist^{sie}?)

4 – Weiß ich nicht! Ich weiß nur, dass es halb ist:
(nicht-weiß^{ich}! nur weiß^{ich} halb^{Akk} sein:)

5 meine Uhr hat keinen Stundenzeiger.
(Nadel♀ kleiner♀ Uhr$^{\varnothing\ \text{Dat}}$ mein$^{\varnothing\ \text{Dat}}$ fehlt^{sie}.)

6 – Wann hast du Paris verlassen?
(wann Paris$^{♀\ \text{Akk}}$ hast^{du}-zurückgelassen?)

7 – Gestern um halb sieben habe ich Paris verlassen.
(gestern sechste^{Abl} Stunde^{Abl} und halb^{Abl} Paris$^{♀\ \text{Akk}}$ habe^{ich}-zurückgelassen.)

8 Heute verlasse ich Lyon um drei Uhr nachmittags.
(Lyon$^{\varnothing\ \text{Akk}}$ heute dritte^{Abl} Stunde^{Abl} Nachmittags-^{Abl} lasse^{ich}-zurück.)

9 In dieser Stadt kam ich um zehn Uhr fünfzehn an,
(in diese$^{♀\ \text{Akk}}$ Stadt$^{♀\ \text{Akk}}$ bin^{ich}-angekommen zehnte^{Abl} Stunde^{Abl} und fünfte$^{♂\ \text{Abl}}$ zehnte$^{♂\ \text{Abl}}$ Minute$^{\varnothing\ \text{Abl}}$,)

ANMERKUNGEN

① Ein **j** zwischen zwei Vokalen (außer bei Komposita wie z.B. **ējiciō**) wird doppelt ausgesprochen, auch wenn es immer nur einfach geschrieben wird: **cujus** wird gesprochen [k*uj-juß*].

② **sciō dīmidiam esse** ist ein **AcI**, wie Sie ihn bereits aus Lektion 5 kennen.

③ **relīquistī** "du hast verlassen" ist die Perfektform von **relinquis** "du verlässt".

④ Merken Sie sich zum Adverb **heri** "gestern" auch das Adjektiv **hesternus**, -**a**, -**um** "gestrig".

⑤ Der Ablativ dient hier der Zeitangabe ("zu welcher Stunde?"). **Sextā decimā hōrā et quīnquāgēsimō minūtō Rōmam relīquī.** "Ich habe Rom um 16.50 Uhr verlassen."

⑥ Im antiken Rom begann die Stundenzählung mit dem Sonnenaufgang. Die sechste Stunde entsprach demnach etwa 12 Uhr mittags. In diesem Kurs verwenden wir unsere "modernen" Uhrzeiten.

10 id est decimā hōrā et quadrante. ⑦

11 Manēs Lugdūnī quattuor hōrās et quadrāgintā quīnque minūta. ⑧ ⑨

12 Nōbīs est ōtium: vīsne mēcum prandēre? ⑩

13 Ecce popīna!

14 – Optimē! Valdē ēsuriō; popīnam adeāmus! ⑪

15 Relinquō, relinquis, relinquit,

16 relinquimus, relinquitis, relinquunt, relinquere.

17 Relīquī, relīquistī, relīquit, ⑫

18 relīquimus, relīquistis, relīquērunt, relīquisse.

PRŌNŪNTIĀTUS

[**10** *i-d‿eßt de-ki-m^{ā}‿hō-r^{ā}‿et kwa-dran-te* **11** *ma-nēß lug-dū-nī kwat-tu-^{w}o-r‿hō-rā-ß‿et kwa-drā-gin-tā kwīng-kwe mi-nū-ta* **12** *nō-bī-ß‿eß-t‿ō-ti-^{j}u^{m} wīß-ne mē-ku^{m} pran-dē-re* **13** *ek-ke po-pī-na* **14** *op-ti-mē wal-d^{ē}‿ē-ßu-ri-^{j}ō po-pī-n^{am}‿a-de-ā-muß* **15** *re-ling-kwō re-ling-kwiß re-ling-kwit* **16** *re-ling-kwi-muß re-ling-kwi-tiß re-ling-kwunt re-ling-kwe-re* **17** *re-lī-kwī re-lī-kwiß-tī re-lī-kwit* **18** *re-lī-kwi-muß re-lī-kwiß-tiß re-lī-kwē-runt re-lī-kwiß-ße*]

Exercitātiō prīma: Intellegisne hās sententiās?

❶ Nāvis onerāria sextā decimā hōrā et quīnquāgēsimō minūtō portum relīquit. ❷ Sī ēsurīs, popīnam adīre possumus. ❸ Mihi est ōtium: Lutētiam vidēre volō.

10 das heißt um Viertel nach zehn.
(das ist^{es} zehnte^{Abl} Stunde$^{♀Abl}$ und Viertel^{Abl}.)

11 Du bleibst vier Stunden und 45 Minuten in Lyon.
(bleibst^{du} Lyon^{Lok} vier Stunde$^{♀♀ Akk}$ und vierzig fünf Minute$^{ØØ Akk}$.)

12 Wir haben frei: Willst du mit mir zu Mittag essen?
(uns ist^{es} Freizeit^{Ø}: willst$^{du?}$ mir-mit frühstücken?)

13 Sieh mal, eine Kneipe! (sieh da Kneipe$^{♀}$!)

14 – Perfekt! Ich habe großen Hunger; lass uns zur Kneipe gehen. (bestens! sehr hungere^{ich}; Kneipe$^{♀ Akk}$ gehen^{wir}-hin.)

15 Ich verlasse, du verlässt, er/sie/es verlässt,

16 wir verlassen, ihr verlasst, sie verlassen, verlassen.

17 Ich habe verlassen, du hast verlassen, er/sie/es hat verlassen,

18 wir haben verlassen, ihr habt verlassen, sie haben verlassen, verlassen haben.

ANMERKUNGEN

⑦ **id**: Neutrum Singular des Pronomens **is**, **ea**, **id** "dieser/er, diese/sie, dieses/es", das im Deutschen sowohl Personal- als auch Possessivpronomen sein kann. Sie kennen bereits die weibliche Akkusativform **eam** aus Lektion 6: **Videō eam**. "Ich sehe sie". **Is homō** "dieser Mensch". **Is quī...** "Derjenige, der...".

⑧ Die Zeitangabe steht hier im Akkusativ, weil eine Zeitdauer, kein Zeitpunkt, angegeben wird. Vgl. Lektion 5: **aliquot diēs** "für einige Tage".

⑨ **minūta** ist Neutrum Plural. Halten Sie sich im Zweifel an den Text und die Lautschrift, auch wenn die Sprecher etwas anderes sprechen.

⑩ **prandēre** meint, die zweite Mahlzeit des Tages einzunehmen. Es entspricht also dem zweiten Frühstück oder dem Mittagessen.

⑪ **adeāmus**: Konjunktiv (Möglichkeitsform) Präsens von **adīmus** "wir gehen hin". Der Konjunktiv Präsens hat verschiedene Funktionen und lässt sich nicht wörtlich ins Deutsche übertragen. Hier drückt er eine Aufforderung aus: "Lass uns...".

⑫ Das Perfekt bezeichnet einmalige und abgeschlossene Ereignisse in der Vergangenheit. Es kann sowohl mit dem deutschen Perfekt als auch mit dem Imperfekt wiedergegeben werden. Einige Perfektendungen kennen Sie bereits von **nōvisse** "kennen" aus Lektion 6.

Solūtiō exercitātiōnis prīmæ: Intellēxistīne?

❶ Das Frachtschiff hat den Hafen um 16.50 Uhr verlassen. ❷ Wenn du Hunger hast, können wir in die Kneipe gehen. ❸ Ich habe frei: Ich will Paris sehen.

Exercitātiō altera: Īnsere verba dēficientia!

❶ Wann hast du die Kneipe verlassen?
Quandō popīnam __________?

❷ Ich habe sie um 22 Uhr verlassen.
____ vīcēsimā alterā ___ relīquī.

12 Lēctiō duodecima (XII)

Facilius in eō pōnitur pōculum

1 Mūsicus clārus, sed satis ad pōtiōnem prōnus, ①

2 ā diurnāriō interrogātur.

3 – Unde orta est, Magister, perītia tua?

4 – Ab avō meō, sine ūllō dubiō, ②

5 nam fidibus perītissimē canēbat. ③ ④

6 – Tū vērō, cūr clāvichordium potius ēlēgistī? ⑤

PRŌNŪNTIĀTUS

[*lēk-ti-^{j}ō du-^{w}o-de-ki-ma fa-ki-li-^{j}u-ß‿i-n‿e-ō pō-ni-tur pō-ku-lu^{m}* **1** *mū-ßi-kuß klā-ruß ßed ßa-ti-ß‿ad pō-ti-^{j}ō-ne^{m} prō-nuß* **2** *ā di-^{j}ur-nā-ri-^{jō}‿in-ter-ro-gā-tur* **3** *un-d^{e}‿or-ta'ßt ma-giß-ter pe-rī-ti-^{j}a tu-^{w}a* **4** *a-b‿a-wō me-ō ßi-n^{e}‿ūl-lō du-bi-^{j}ō* **5** *na^{m} fi-di-buß pe-rī-tiß-ßi-mē ka-nē-bat* **6** *tū wē-rō kūr klā-wi-k^{h}or-di-^{j}u^{m} po-ti-^{j}u-ß‿ē-lē-giß-tī*]

❸ Du hast viele Becher Wein getrunken.
Multa vīnī _____ bibistī.

❹ Überhaupt nicht! Ich habe nur Kaffee getrunken.
Minimē, caffēum _____ bibī.

Solūtiō exercitātiōnis alteræ: Verba dēficientia.

❶ relīquistī ❷ Hōrā – eam ❸ pōcula ❹ tantum.

Zwölfte Lektion

Darauf stellt man leichter einen Becher

1 Ein berühmter, aber ziemlich trunksüchtiger Musiker
(Musiker$^{♂}$ berühmt$^{♂}$, aber genug zu Trank$^{♀\ \text{Akk}}$ geneigt$^{♂}$,)

2 wird von einem Journalisten befragt.
(von Journalist$^{♂\ \text{Abl}}$ wird^{er}-gefragt.)

3 – Woher, Meister, kommt Ihr Talent?
(woher entstanden$^{♀}$ ist^{sie}, Meister$^{♂}$, Geschick$^{♀}$ dein$^{♀}$?)

4 – Von meinem Großvater, ohne jeden Zweifel,
(von Großvater^{Abl} mein^{Abl}, ohne irgendein^{Abl} Zweifel$^{♂\ \text{Abl}}$,)

5 denn [der] spielte höchst talentiert Bratsche.
(denn Leier$^{♀♀\ \text{Abl}}$ am-geschicktesten sang^{er}.)

6 – Warum haben Sie aber lieber das Klavier gewählt?
(du aber, warum Klavier$^{\varnothing}$ eher hast^{du}-ausgewählt?)

ANMERKUNGEN

① **clārus**, **-a**, **-um** kann auch "hell, klar, deutlich" heißen.
② Die Präposition **ā/ab** "von" verlangt den Ablativ.
③ **perītissimē** ist das Adverb von **perītissimus**, **-a**, **-um**, dem Superlativ (höchste Steigerungsstufe) von **perītus**, **-a**, **-um** "erfahren, geschickt".
④ **canēbat** "er/sie/es sang" ist das Imperfekt von **canit** "er singt". Das Imperfekt wird bei länger andauernden, nicht abgeschlossenen Handlungen in der Vergangenheit benutzt.
⑤ Beachten Sie, dass das **ch** in **clāvichordium** k^h ausgesprochen werden muss.

7 – Quia facilius in eō ⑥ ⑦

8 quam in fidibus pōnitur pōculum! ⑧

(Ē ***Vītā Latīnā***, Septembrī 1961, A. RODOT)

9 Clāvichordium est īnstrūmentum mūsicum

10 cujus chordæ malleīs percutiuntur. ⑨

11 Mūsicus bibulus facile ⑩ ⑪

12 pōculum in clāvichordiō pōnit.

13 Pōculum ā mūsicō bibulō

14 in fidibus difficulter pōnitur. ⑫

15 Sōl in oriente oritur. ⑬ ⑭

PRŌNŪNTIĀTUS

[**7** *kw**i**-^{j}a fa-k**i**-li-^{j}u-ß‿i-n‿**e**-ō* **8** *kw^{am}‿i^{n} f**i**-di-buß p**ō**-ni-tur p**ō**-ku-lu^{m}* **9** *klā-wi-k^{h}**o**r-di-^{j}u^{m}'ß-t‿ī^{n}ß-trū-m**e**n-tu^{m} m**ū**-ßi-ku^{m}* **10** *k**u**j-juß k^{h}**o**r-dai m**a**l-le-īß per-ku-ti-^{j}**u**n-tur* **11** *m**ū**-ßi-kuß b**i**-bu-luß f**a**-ki-le* **12** *p**ō**-ku-l^{um}‿in klā-wi-k^{h}**o**r-di-^{j}ō p**ō**-nit* **13** *p**ō**-ku-l^{um}‿ā m**ū**-ßi-kō b**i**-bu-lō* **14** *i^{n} f**i**-di-buß dif-fi-k**u**l-ter p**ō**-ni-tur* **15** *ßō-l‿i-n‿o-ri-^{j}**e**n-t^{e}‿**o**-ri-tur*]

7 – Weil man darauf
(weil leichter in ihm$^{\varnothing\text{ Abl}}$)

8 leichter als auf eine Bratsche einen Becher stellen [kann]!
(als in Leier$^{\text{♀♀ Abl}}$ wird^{es}-gestellt Becher$^{\varnothing}$!)

(Aus ***Vita Latina***, September 1961, A. Rodot)

9 Ein Klavier ist ein Musikinstrument,
(Klavier$^{\varnothing}$ ist^{es} Instrument$^{\varnothing}$ musikalisch$^{\varnothing}$)

10 dessen Saiten von Hämmerchen angeschlagen werden.
(dessen Saite$^{\text{♀♀}}$ Hammer$^{\text{♂♂ Abl}}$ werden^{sie}-durchgeschlagen.)

11 Der [immer] durstige Musiker
(Musiker$^{\text{♂}}$ trinkfreudig$^{\text{♂}}$ leicht)

12 stellt [seinen] Becher leicht auf das Klavier.
(Becher in Klavier^{Abl} stellt^{er}.)

13 Der Becher [lässt sich] von dem [immer] durstigen Musiker
(Becher von Musiker^{Abl} trinkfreudig^{Abl})

14 schlecht auf die Geige stellen.
(in Leier^{Abl} schwierig wird^{er}-gestellt.)

15 Die Sonne geht im Osten auf.
(Sonne$^{\text{♂}}$ in Osten$^{\text{♂ Abl}}$ entsteht^{er}.)

ANMERKUNGEN

⑥ **facilius** ist hier ein Komparativ (Steigerungsform).

⑦ Der Lateiner fragt sich nicht, "wohin" man etwas setzt, stellt oder legt, sondern "wo". Dementsprechend steht der Ort, an den etwas gesetzt, gestellt oder gelegt wird – anders als im Deutschen – nicht im Akkusativ, sondern im Ablativ.

⑧ **fidēs**, **fidis** hieß damals eine "Leier" (kann auf Latein auch **lyra** genannt werden) und heute "Viola, Bratsche". Es kommt fast nur im Plural vor (**fidēs**, **fidium**), bezeichnet im Deutschen aber einen Singular. Von solchen sogenannten Pluralwörtern gibt es einige. Verwechseln Sie es nicht mit **fidēs**, **fideī** "Vertrauen, Zutrauen, Glaube". Die Verkleinerungsform von **fidēs**, **fidium** ist **fidiculæ**, **fidiculārum** "Violine, Geige".

⑨ Der Ablativ **malleīs** gibt ein Mittel an.

⑩ **bibulus**, -**a**, -**um** hat denselben Wortstamm wie **bibere** "trinken".

⑪ **facile** ist das Adverb von **facilis** "leicht".

⑫ **difficulter** ist das Adverb von **difficilis** "schwierig".

⑬ **oriēns**, **orientis** "entstehend, aufgehend" ist das Partizip Präsens von **orīrī** "entstehen, aufgehen". Im übertragenen Sinne und als Substantiv meint **oriēns** die Himmelsrichtung, in der die Sonne aufgeht.

⑭ **orīrī** ist ein Deponens, d.h. es bildet ausschließlich passivische Formen, wird aber aktivisch übersetzt.

16 Jūlius Cæsar ē gente nōbilī ortus est. ⑮

17 Ēligō, ēligis, ēligere.

18 Ēlēgī, ēlēgistī, ēlēgit,

19 ēlēgērunt, ēlēgisse.

20 Pōnō, pōnis, pōnere.

21 Posuī, posuistī, posuisse.

22 Pōnor, pōneris, pōnī.

23 Positus sum.

PRŌNŪNTIĀTUS

[**16** *jū-li-^{j}uß kai-ßa-r‿ē gen-te nō-bi-l‿or-tu-ß‿eßt* **17** *ē-li-gō ē-li-giß ē-li-ge-re* **18** *ē-lē-gī ē-lē-giß-tī ē-lē-git* **19** *ē-lē-gē-runt ē-lē-giß-ße* **20** *pō-nō pō-niß pō-ne-re* **21** *po-ßu-^{w}ī po-ßu-^{w}iß-tī po-ßu-^{w}iß-ße* **22** *pō-nor pō-ne-riß pō-nī* **23** *po-ßi-tuß ßu^{m}*]

Exercitātiō prīma: Intellegisne hās sententiās?

❶ Mūsicus nōn ēsurit, ❷ sed pōtiōnem bibere vult. ❸ Diurnārius mūsicum bibulum interrogat. ❹ Mūsicus fidem in rædā pōnit. ❺ Fidēs in rædā pōnuntur. ❻ Fidēs in rædā positæ sunt.

Exercitātiō altera: Īnsere verba dēficientia!

❶ Der Koffer ist in die Kutsche gestellt worden.

Bulga in rædā _____ est.

❷ Das Klavier ist mit Schwierigkeiten in das kleine Zimmer gestellt worden.

Clāvichordium in cubiculō _____ difficulter _____ est.

❸ Wieviel kostet die Bratsche? – Sie kostet 1000 Euro.

Quantī cōnstant _____? – Cōnstant mīlle eurō.

16 Julius Cäsar stammt aus einer adligen Familie.
(Julius Kaiser aus Geschlecht♀^{Abl} edel^{Abl} entstanden ist^{er}.)

17 Ich wähle, du wählst, wählen.

18 Ich habe gewählt, du hast gewählt, er/sie/es hat gewählt,

19 sie haben gewählt, gewählt haben.

20 Ich stelle, du stellst, stellen.

21 Ich habe gestellt, du hast gestellt, gestellt haben.

22 Ich werde gestellt, du wirst gestellt, gestellt werden.

23 Ich bin gestellt worden. (gestellt bin^{ich}.)

ANMERKUNGEN

⑮ **ē** "aus" steht vor einem Konsonanten, **ex** "aus" vor Vokalen und Konsonanten.

Solūtiō exercitātiōnis prīmæ: Intellēxistīne?

❶ Der Musiker hat keinen Hunger, ❷ will aber ein Getränk haben (trinken). ❸ Ein Journalist befragt den trinkfreudigen Musiker. ❹ Der Musiker legt seine Bratsche in die Kutsche (legt^{er}). ❺ Die Bratsche wird in die Kutsche gelegt (werden^{sie}-gestellt). ❻ Die Bratsche ist in die Kutsche gelegt (gestellt) worden.

❹ Warum hast du das Zimmer Nr. 23 gewählt?
Cūr cubiculum vīcēsimum tertium ________?

❺ Weil ich vom Fenster aus den Hafen sehen kann.
Quia dē fenestrā portum ______ possum.

Solūtiō exercitātiōnis alteræ: Verba dēficientia.

❶ posita ❷ parvō – positum ❸ fidēs ❹ ēlēgistī ❺ vidēre.

Lesen Sie Ihre Lektion immer mehrmals im Ganzen laut vor, bevor Sie sich mit den einzelnen Sätzen beschäftigen.

13 Lēctiō tertia decima (XIII)

Cūr difficile?

1 – Quid tibi, Lūcia?

2 Trīstis vidēris. Num ægrōtās?

3 – Omnia male sē habent.

4 Operam perdō. ①

5 Difficile est lēctiōnēs discere.

6 – Cūr difficile? Num omnia ad verbum discis?

7 – Minimē, sed verbōrum significātiōnem et fōrmam ②

8 in memoriā servāre nōn possum.

9 Nīl mīrum!

10 Oportet verbī cujusque septiēs oblīvīscī

11 antequam ejus optimē memineris. ③

12 – Estne hoc prōverbium apud Sārmatās? ④

PRŌNŪNTIĀTUS

[lēk-ti-^{j}ō **ter**-ti-^{j}a **de**-ki-ma kūr dif-**fi**-ki-le **1** kwid **ti**-bi **lū**-ki-^{j}a **2** **trīß**-tiß wi-**dē**-riß n^{um}‿ai-**grō**-tāß **3** **om**-ni-^{j}a **ma**-le ß^{e}‿**ha**-bent **4** **o**-pe-ra^{m} per-dō **5** dif-**fi**-ki-le'ßt lēk-ti-^{j}**ō**-nēß **diß**-ke-re **6** kūr dif-**fi**-ki-le n^{um}‿**om**-ni-^{ja}‿ad **wer**-bu^{m} **diß**-kiß **7** **mi**-ni-mē ßed wer-**bō**-ru^{m} ßing-ni-fi-kā-ti-^{j}**ō**-n^{em}‿et **fōr**-ma^{m} **8** in me-**mo**-ri-^{j}ā ßer-**wā**-re nōn **poß**-ßu^{m} **9** **nīl** **mī**-ru^{m} **10** o-**por**-tet **wer**-bī kuj-**juß**-kwe **ßep**-ti-^{j}ē-ß‿ob-lī-**wīß**-kī **11** **an**-te-kw^{am}‿**ej**-ju-ß‿**op**-ti-mē me-**mi**-ne-riß **12** **eßt**-n^{e}‿**hok** prō-**wer**-bi-^{jum}‿**a**-pud **ßār**-ma-tāß]

Dreizehnte Lektion

Warum schwierig?

1 – Was hast du [denn], Lucia?
(was dir, Lucia?)

2 Du siehst traurig aus. Bist du etwa krank?
(traurig wirst^du-gesehen. etwa krank-bist^du?)

3 – Alles läuft schlecht.
(alles^∅∅ schlecht sich haben^sie.)

4 Meine Bemühungen sind zwecklos.
(Mühe^♀ Akk verliere^ich.)

5 Es ist schwierig, die Lektionen zu lernen.
(schwierig^∅ ist^es Lektion^♀♀ Akk lernen.)

6 – Warum schwierig? Lernst du etwa alles Wort für Wort
(etwa alles^∅∅ zu Wort^∅ lernst^du)?

7 – Keineswegs, aber die Bedeutung und die Form der Wörter
(am-wenigsten, aber Wort^∅∅ Gen Bedeutung^♀ Akk und Form^♀ Akk)

8 kann ich nicht im Gedächtnis behalten.
(in Erinnerung^♀ Abl bewahren nicht kann^ich.)

9 Kein Wunder!
(nichts wunderbar^∅!)

10 [Man] muss jedes Wort siebenmal vergessen,
(nötig-ist^es Wort^Gen jedes^Gen siebenmal vergessen)

11 bevor [man] sich perfekt daran erinnert.
(bevor dessen am-besten solltest^du-dich-erinnern.)

12 – Ist das ein russisches Sprichwort?
(ist^? dieses^∅ Sprichwort^∅ bei Sarmaten^♂ Akk?)

ANMERKUNGEN

① **Opera** kann auch "Arbeit, Tätigkeit, Dienst, Hilfe" bedeuten.

② In Genitivverbindungen steht das Attribut (hier: **verbōrum**) meist vor seinem Bezugswort (hier: **significātiōnem** und **fōrmam**).

③ **memineris**: Konjunktiv Perfekt von **meministī** "du erinnerst dich", der hier steht, weil eine Möglichkeit ausgedrückt wird. **Meminisse** "sich erinnern" bildet ebenso wie **nōvisse** "kennen" ausschließlich Perfektformen, die aber als Präsens übersetzt werden.

④ Die Sarmaten waren ein Nomadenvolk des osteuropäischen Tieflandes und wurden in antiken Schriftquellen schon 513 v. Chr. erwähnt.

13 Tālia enim lēgī in methodō Sārmaticā.

14 – Euge! Sī jam linguam Sārmaticam

15 sine molestiā didicistī,

16 quantō facilius linguam Latīnam discēs. ⑤

17 Nōnne sententiās intellegere incipis? ⑥

18 – Incipiō quidem sententiās

19 cursim legere et paulātim intellegere.

20 – Macte! Bonam viam sequeris.

21 Etiam et etiam iterāre oportet. ⑦

22 Lingua Latīna nōn omnīnō facilis est,

23 sed nūllō modō discī nōn potest.

24 Lēctiōnēs discō; linguam Sārmaticam discis.

25 Lēctiōnum oblīvīscor;

PRŌNŪNTIĀTUS

[**13** *tā-li-[ja]‿e-ni[m] lē-g[ī]‿in me-t[h]o-dō ßār-ma-ti-kā* **14** *äu-ge ßī ja[m] ling-gwa[m] ßār-ma-ti-ka[m]* **15** *ßi-ne mo-leß-ti-[j]ā di-di-kiß-tī* **16** *kwan-tō fa-ki-li-[j]uß ling-gwa[m] la-tī-na[m] diß-kēß* **17** *nōn-ne ßen-ten-ti-[j]ā-ß‿in-tel-le-ge-r[e]‿ing-ki-piß* **18** *ing-ki-pi-[j]ō kwi-de[m] ßen-ten-ti-[j]āß* **19** *kur-ßi[m] le-ge-r[e]‿et pau-lā-t[im]‿in-tel-le-ge-re* **20** *mak-te bo-na[m] wi-[j]a[m] ße-kwe-riß* **21** *e-ti-[jam]‿e-t‿e-ti-[jam]‿i-te-rā-r[e]‿o-por-tet* **22** *ling-gwa la-tī-na nō-n‿om-nī-nō fa-ki-li-ß‿eßt* **23** *ßed nūl-lō mo-dō diß-kī nōn po-teßt* **24** *lēk-ti-[j]ō-nēß diß-kō ling-gwa[m] ßār-ma-ti-ka[m] diß-kiß* **25** *lēk-ti-[j]ō-n[um]‿ob-lī-wīß-kor*]

13 Solche [Dinge] habe ich nämlich in einem Russisch-Lehrwerk gelesen.
(solch$^{\text{ØØ Akk}}$ nämlich habe^{ich}-gelesen in Methode$^{\text{♀ Abl}}$ sarmatisch$^{\text{♀ Abl}}$.)

14 – Ausgezeichnet! Wenn du schon die russische Sprache
(bravo! wenn schon Zunge$^{\text{♀ Akk}}$ sarmatisch$^{\text{♀ Akk}}$)

15 ohne Mühe gelernt hast,
(ohne Mühe$^{\text{♀ Abl}}$ hast^{du}-gelernt,)

16 wie viel leichter wirst du die lateinische Sprache lernen.
(wieviel^{Abl} leichter Zunge lateinisch wirst^{du}-lernen.)

17 Beginnst du denn nicht [allmählich], die Sätze zu verstehen?
(nicht$^{?}$ Satz$^{\text{♀♀ Akk}}$ verstehen beginnst^{du}?)

18 – Ich beginne tatsächlich, die Sätze
(beginne^{ich} gewiss Satz$^{\text{♀♀ Akk}}$)

19 fließend zu lesen und allmählich zu verstehen.
(im-Lauf lesen und allmählich verstehen.)

20 – Bravo! Du gehst einen guten Weg.
(gefeiert! gut$^{\text{♀ Akk}}$ Straße$^{\text{♀ Akk}}$ folgst^{du}.)

21 Man muss ständig wiederholen.
(noch und noch wiederholen nötig-ist^{es}.)

22 Die lateinische Sprache ist nicht ganz leicht,
(Zunge lateinisch nicht völlig leicht ist^{sie},)

23 aber man kann sie auf jeden Fall lernen.
(aber kein$^{\text{♂ Abl}}$ Weise$^{\text{♂ Abl}}$ gelernt-werden nicht kann^{sie}.)

24 Ich lerne Lektionen; du lernst die russische Sprache.

25 Ich vergesse die Lektionen;

ANMERKUNGEN

⑤ Der Ablativ drückt meist bei Vergleichen das Maß des Unterschieds aus (hier: **quantō**).

⑥ Auf eine Frage, die mit **nōnne** beginnt, folgt in der Antwort meist eine bekräftigende Aussage ("gewiss, sicher, eben, doch, allerdings, ...").

⑦ **Etiam** kann auch "auch, sogar" heißen.

26 tabulæ multiplicātōriæ meministī.
27 Discō, discis, discit, discunt, discere;
28 discitur, discuntur, discī.
29 Didicī, didicistī, didicit,
30 didicērunt, didicisse;
31 discam, discēs, discet, discent.

PRŌNŪNTIĀTUS

[**26** *ta-bu-lai mul-ti-pli-kā-tō-ri-^{j}ai me-mi-niß-tī* **27** *diß-kō diß-kiß diß-kit diß-kunt diß-ke-re* **28** *diß-ki-tur diß-kun-tur diß-kī* **29** *di-di-kī di-di-kiß-tī di-di-kit* **30** *di-di-kē-runt di-di-kiß-ße* **31** *diß-ka^{m} diß-kēß diß-ket diß-kent*]

CARMEN

Lūna dum in cælō

Lūna dum in cælō
Lūcet, opus est
Ad scrībendum stilō.
Dare quis potest?
Lucerna extincta,
Mē miserrimum!
Januā reclusā,
Dā auxilium.

(Ē MORRIS, Sidney: ***Carmina Latīna***.
Slough: Centaur Books, 1962)

Exercitātiō altera: Īnsere verba dēficientia!

❶ Es ist nicht schwierig, die lateinische Sprache zu lernen.
_________ nōn est linguam Latīnam _______.

❷ Ich kann die Sätze nicht im Gedächtnis behalten.
Sententiās in _______ servāre nōn ______.

❸ Ich habe das Sprichwort gelernt.
Prōverbium ______.

26 du erinnerst dich an das kleine Einmaleins.
(Tafel^{Gen} multiplikatorisch^{Gen} erinnerst^{du}.)

27 Ich lerne, du lernst, er/sie/es lernt, sie lernen, lernen;

28 er/sie/es wird gelernt, sie werden gelernt, gelernt werden.

29 Ich habe gelernt, du hast gelernt, er/sie/es hat gelernt,

30 sie haben gelernt, gelernt haben;

31 ich werde lernen, du wirst lernen, er/sie/es wird lernen,
sie werden lernen.

LIED

Während der Mond am Himmel

Während der Mond am Himmel
leuchtet, brauche ich
zum Schreiben einen Stift.
Wer kann ihn [mir] geben?
Die Lampe ist ausgeschaltet,
o ich Armseligster!
Bei entriegelter Tür,
hilf mir.

(Aus Morris, Sidney: ***Carmina Latina.***
Slough: Centaur Books, 1962)

Solūtiō exercitātiōnis alteræ: Verba dēficientia.

❶ Difficile – discere ❷ memoriā – possum ❸ didicī.

Sie haben bereits eine Vielzahl von Vokabeln kennen gelernt und einen Teil der Grammatik assimiliert. Machen Sie so weiter! Sie sind auf dem besten Weg! Und denken Sie immer daran: ***Errandō discitur.*** *"Durch Irrtum lernt man." (Irrend wird^{es}-gelernt.)*

14 Lēctiō quārta decima (XIV)

Repetītiō et annotātiōnēs

An dieser Stelle möchten wir Ihnen wieder einen Überblick über die wichtigsten grammatikalischen Inhalte der vergangenen sechs Lektionen geben.

1. Deklination der Substantive

Substantive können, wie im Deutschen, in verschiedenen grammatischen Fällen stehen und unterschiedliche Formen annehmen. Wir geben Ihnen hier einen Überblick über die verschiedenen Deklinationsklassen. Beachten Sie dabei stets, dass sich der Ablativ nie wörtlich übersetzen lässt! Er hat unterschiedliche Funktionen. Exemplarisch übersetzen wir ihn als Ablativ des Mittels (**ablātīvus īnstrūmentī**) mit "mit". In allen Deklinationstabellen kennzeichnet der dunklere Blauton den betonten Vokal.

a-**Deklination** (1. Deklination): Beispiel **lingua** "Zunge"

Kasus	**Singular**	**Plural**
Nom.	**lingu-*a*** "die Zunge"	**lingu-æ** "die Zungen"
Gen.	**lingu-æ** "der Zunge"	**lingu-ārum** "der Zungen"
Dat.	**lingu-æ** "der Zunge"	**lingu-*īs*** "den Zungen"
Akk.	**lingu-*am*** "die Zunge"	**lingu-*ās*** "die Zungen"
Abl.	**lingu-*ā*** z.B. "mit der Zunge"	**lingu-*īs*** z.B. "mit den Zungen"

Die Substantive der a-Deklination sind meistens weiblich und enden im Nominativ Singular immer auf -a.

o-**Deklination** (2. Deklination): Beispiel **equus** "Pferd"

Kasus	**Singular**	**Plural**
Nom.	**equ-*us*** "das Pferd"	**equ-*ī*** "die Pferde"
Gen.	**equ-*ī*** "des Pferdes"	**equ-*ōrum*** "der Pferde"
Dat.	**equ-*ō*** "dem Pferd"	**equ-*īs*** "den Pferden"
Akk.	**equ-*um*** "das Pferd"	**equ-*ōs*** "die Pferde"
Abl.	**equ-*ō*** z.B. "mit dem Pferd"	**equ-*īs*** z.B. "mit den Pferden"

Vierzehnte Lektion

Viele Substantive der o-Deklination sind männlich, wenige sind weiblich. Sie enden im Nominativ Singular auf -us oder -er. Es gibt aber auch Neutra, die etwas anders dekliniert werden, wie Sie hier am Beispiel vīnum "Wein" sehen:

Kasus	Singular	Plural
Nom.	vīn-*um* "der Wein"	vīn-*a* "die Weine"
Gen.	vīn-*ī* "des Weines"	vīn-*ōrum* "der Weine"
Dat.	vīn-*ō* "dem Wein"	vīn-*īs* "den Weinen"
Akk.	vīn-*um* "den Wein"	vīn-*a* "die Weine"
Abl.	vīn-*ō* z.B. "mit dem Wein"	vīn-*īs* z.B. "mit den Weinen"

Anhand der Deklination des Neutrums vīnum wird deutlich, dass Neutra im Nominativ und Akkusativ immer die gleiche Form haben. Dies gilt als Faustregel für alle Wörter im Neutrum, die sich deklinieren lassen, also auch für Adjektive, Pronomen usw.

Dritte Deklination

Bei Substantiven der 3. Deklination ist der Wortstamm, also der Teil des Substantivs, an den alle Kasusendungen angehängt werden, im Nominativ Singular oft nicht erkennbar. Man lernt diese Substantive daher immer zusammen mit einer deklinierten Form, meistens dem Genitiv Singular. So weiß man auch, dass es sich um ein Substantiv der 3. Deklination handelt.

Kasus	Beispiel: pater, patris "der Vater, des Vaters"	
	Singular	Plural
Nom.	pater "der Vater"	patr-*ēs* "die Väter"
Gen.	patr-*is* "des Vaters"	patr-*um* "der Väter"
Dat.	patr-*ī* "dem Vater"	patr-*ibus* "den Vätern"
Akk.	patr-*em* "den Vater"	patr-*ēs* "die Väter"
Abl.	patr-*e* z.B. "mit dem Vater"	patr-*ibus* z.B. "mit den Vätern"

Kasus	Beispiel: soror, sorōris "die Schwester, der Schwester"	
	Singular	Plural
Nom.	soror "die Schwester"	sorōr-*ēs* "die Schwestern"
Gen.	sorōr-*is* "der Schwester"	sorōr-*um* "der Schwestern"
Dat.	sorōr-*ī* "der Schwester"	sorōr-*ibus* "den Schwestern"
Akk.	sorōr-*em* "die Schwester"	sorōr-*ēs* "die Schwestern"
Abl.	sorōr-*e* z.B. "mit der Schwester"	sorōr-*ibus* z.B. "mit den Schwestern"

Die Neutra der 3. Deklination haben ein etwas anderes Schema:

Kasus	Beispiel: **opus**, **operis** "das Werk, des Werkes"	
	Singular	**Plural**
Nom.	**opus** "das Werk"	**oper-*a*** "die Werke"
Gen.	**oper-*is*** "des Werks"	**oper-*um*** "der Werke"
Dat.	**oper-*ī*** "dem Werk"	**oper-*ibus*** "den Werken"
Akk.	**opus** "das Werk"	**oper-*a*** "die Werke"
Abl.	**oper-e** z.B. "mit dem Werk"	**oper-*ibus*** z.B. "mit den Werken"

2. Vergangenheitszeiten der Verben

2.1 Perfekt (Zusammengesetzte Vergangenheit)

Die wichtigste Zeitform ist das Perfekt, das abgeschlossene Ereignisse in der Vergangenheit beschreibt. Es wird gebildet, indem man die bereits von **nōvisse** bekannten Perfektendungen an den Perfektstamm eines Verbs anhängt. Der Perfektstamm muss mit jedem Verb zusammen gelernt werden. Bei den Verben der **a**-Konjugation endet er meist auf -**v**, bei den Verben der **e**-Konjugation oft auf -**u**. Die meisten Verben bilden aber einen unregelmäßigen Perfektstamm. In allen Verbtabellen kennzeichnet der dunklere Blauton den betonten Vokal.

pōnere, **pōnō**, **posuī** "stellen, ich stelle, ich habe gestellt"		
	Singular	**Plural**
1. Pers.	**posu-*ī*** "ich habe gestellt"	**posu-*imus*** "wir haben gestellt"
2. Pers.	**posu-*istī*** "du hast gestellt"	**posu-*istis*** "ihr habt gestellt"
3. Pers.	**posu-*it*** "er/sie/es hat gestellt"	**posu-*ērunt*** "sie haben gestellt"

Den Infinitiv Perfekt bildet man durch Anfügen von -**isse** an den Perfektstamm, z.B. **posuisse** "gestellt haben". Beispiel:

Librum in mēnsā posuī. "Ich habe das Buch auf den Tisch gelegt".

2.2 Imperfekt (Einfache Vergangenheit)

Das Imperfekt dient der Beschreibung von nicht abgeschlossenen Vorgängen in der Vergangenheit, also z.B. Hintergrundhandlungen, gewohnheitsmäßigen oder nur versuchten Handlungen. Es wird gebildet, indem die Silbe -**ba**- + die Personalendung an den Präsensstamm angehängt werden, wobei meist noch ein Verbindungsvokal eingeschoben wird.

	Beispiel: audīre "hören"		Beispiel: dīcere "sagen"	
1. P. Sg.	aud-*iē-ba-m*	"ich hörte"	dīc-*ē-ba-m*	"ich sagte"
2. P. Sg.	aud-*iē-bā-s*	"du hörtest"	dīc-*ē-bā-s*	"du sagtest"
3. P. Sg.	aud-*iē-ba-t*	"er/sie/es hörte"	dīc-*ē-ba-t*	"er/sie/es sagte"
1. P. Pl.	aud-*iē-bā-mus*	"wir hörten"	dīc-*ē-bā-mus*	"wir sagten"
2. P. Pl.	aud-*iē-bā-tis*	"ihr hörtet"	dīc-*ē-bā-tis*	"ihr sagtet"
3. P. Pl.	aud-*iē-ba-nt*	"sie hörten"	dīc-*ē-ba-nt*	"sie sagten"

Beispiel: **Avus meus semper dīcēbat: Cavē Canem.** "Mein Großvater sagte immer: Hüte dich vor dem Hund".

3. Futur

Das Futur bezeichnet eine in der Zukunft eintretende Handlung. Es wird auch dort benutzt, wo wir im Deutschen meist umgangssprachlich die Gegenwart benutzen ("Morgen verreise ich."). Bei den Verben der **a**- und **e**-Konjugation wird es gebildet, indem die Silben -**bō**, -**bi**-, -**bu**- + die Personalendung an den Präsensstamm angehängt werden. Bei den Verben der übrigen Konjugationen wird der Vokal **a** bzw. **e** + die Personalendung an den Präsensstamm gehängt.

	Beispiel: vocāre "rufen"		Beispiel: dīcere "sagen"	
1. P. Sg.	voc-*ā-b-ō*	"ich werde rufen"	dīc-*a-m*	"ich werde sagen"
2. P. Sg.	voc-*ā-bi-s*	"du wirst rufen"	dīc-*ē-s*	"du wirst sagen"
3. P. Sg.	voc-*ā-bi-t*	"er/sie/es wird..."	dīc-*e-t*	"er/sie/es wird..."
1. P. Pl.	voc-*ā-bi-mus*	"wir werden..."	dic-*ē-mus*	"wir werden..."
2. P. Pl.	voc-*ā-bi-tis*	"ihr werdet..."	dic-*ē-tis*	"ihr werdet..."
3. P. Pl.	voc-*ā-bu-nt*	"sie werden..."	dīc-*e-nt*	"sie werden..."

Beispiel: **Crās tibi pecūniam dabō.** "Morgen werde ich dir das Geld geben".

	Beispiel: audīre "hören"	
	Singular	**Plural**
1. Pers.	aud-*ia-m* "ich werde hören"	aud-*iē-mus* "wir werden hören"
2. Pers.	aud-*iē-s* "du wirst hören"	aud-*iē-tis* "ihr werdet hören"
3. Pers.	aud-*ie-t* "er/sie/es wird hören"	aud-*ie-nt* "sie werden hören"

4. Passiv

Das Passiv der Verben lässt sich für alle Zeitformen bilden. Hierzu werden einfach die Passivpersonalendungen anstelle der Aktivpersonalendungen benutzt. Sie kennen diese Endungen bereits von **sequī** "folgen" und **loquī** "sprechen", die immer passive Formen bilden, aber aktivisch übersetzt werden. Die Endungen im Einzelnen:

Passivpersonalendungen			
Singular		Plural	
1. Pers.	-*r*	1. Pers.	-*mur*
2. Pers.	-*ris*	2. Pers.	-*minī*
3. Pers.	-*tur*	3. Pers.	-*ntur*

	Beispiel: **trahere** "ziehen"	
	Präsens	**Imperfekt**
1. P. Sg.	**trah-*o*-*r*** "ich werde gezogen"	**trah-*ē*-*ba*-*r*** "ich wurde gezogen"
2. P. Sg.	**trah-*e*-*ris*** "du wirst gezogen"	**trah-*ē*-*bā*-*ris*** "du wurdest gezogen"
3. P. Sg.	**trah-*i*-*tur*** "er/sie/es wird..."	**trah-*ē*-*bā*-*tur*** "er/sie/es wurde..."
1. P. Pl.	**trah-*i*-*mur*** "wir werden..."	**trah-*ē*-*bā*-*mur*** "wir wurden..."
2. P. Pl.	**trah-*i*-*minī*** "ihr werdet..."	**trah-*ē*-*bā*-*minī*** "ihr wurdet..."
3. P. Pl.	**trah-*u*-*ntur*** "sie werden..."	**trah-*ē*-*ba*-*ntur*** "sie wurden..."

Beispiel: **Ræda ab equō trahitur.** "Die Kutsche wird vom Pferd gezogen".

	Beispiel: **audīre** "hören"	
	Präsens	**Futur**
1. P. Sg.	**aud-*io*-*r*** "ich werde gehört"	**aud-*ia*-*r*** "ich werde gehört werden"
2. P. Sg.	**aud-*ī*-*ris*** "du wirst gehört"	**aud-*iē*-*ris*** "du wirst gehört werden"
3. P. Sg.	**aud-*ī*-*tur*** "er/sie/es wird..."	**aud-*iē*-*tur*** "er/sie/es wird... werden"
1. P. Pl.	**aud-*ī*-*mur*** "wir werden..."	**aud-*iē*-*mur*** "wir werden..."
2. P. Pl.	**aud-*ī*-*minī*** "ihr werdet..."	**aud-*iē*-*minī*** "ihr werdet..."
3. P. Pl.	**aud-*iu*-*ntur*** "sie werden..."	**aud-*ie*-*ntur*** "sie werden..."

Häufig lassen sich Passivformen auch mit "man" übersetzen:
Clāvichordium audiētur. "Man wird das Klavier hören (wird[es]-gehört-werden)".

Dies war schon Ihre zweite Wiederholungslektion. Machen Sie sich keine Sorgen, wenn noch nicht alles "sitzt". Mit der Zeit werden Sie ein Gefühl für den richtigen Gebrauch des Lateinischen entwickeln. Versuchen Sie, sich mit jedem neuen Nomen auch gleich das Geschlecht zu merken. Lernen Sie regelmäßig: 20-30 Minuten täglich reichen schon. Sie müssen in dieser Zeit keine ganze Lektion schaffen. Verteilen Sie die Lektionen einfach auf mehrere Tage. Hören Sie besonders aufmerksam die Tonaufnahmen an, und lassen Sie sich jeden Satz – vielleicht auch "häppchenweise" – so oft vorsprechen, bis Sie ihn problemlos verstehen und nachsprechen können.

15 Lēctiō quīnta decima (XV)

Epistula ad Fabricium

1 – Fabriciō respondēre dēbeō. ①

2 Habēsne papȳrum? ②

3 – Hīc est papȳrus! ③

4 Vīsne ātrāmentum et calamum?

5 – Grātiās, mihi est stilographium. ④

6 Incipiāmus! ⑤

7 Mārcus Dupont Fabriciō Martini salūtem plūrimam dīcit!

8 Sī valēs, bene est; ego valeō! ⑥

PRŌNŪNTIĀTUS

[lēk-ti-^{j}ō kwīn-ta de-ki-ma e-piß-tu-l^{a}‿ad fa-bri-ki-^{j}u^{m} **1** fa-bri-ki-^{j}ō reß-pon-dē-re dē-be-ō **2** ha-bēß-ne pa-pǖ-ru^{m} **3** hī-k eßt pa-pǖ-ruß **4** wīß-n^{e}‿ā-trā-men-t^{um}‿et ka-la-mu^{m} **5** grā-ti-^{j}āß mi-hi'ßt ßti-lo-gra-p^{h}i-^{j}u^{m} **6** in-ki-pi-^{j}ā-muß **7** mār-kuß ... fa-bri-ki-^{j}ō ... ßa-lū-te^{m} plū-ri-ma^{m} dī-kit **8** ßī wa-lēß be-ne'ß-t‿e-go wa-le-ō]

Fünfzehnte Lektion

Ein Brief an Fabrizio

1 – Ich muss Fabrizio antworten.
(Fabricius^{Dat} antworten muss^{ich}.)

2 Hast du Papier (Papyrus♀)?

3 – Hier ist Papier!

4 Willst du Tinte und einen Stift (Rohr♂ ^{Akk})?

5 – Danke, ich habe einen Füller.
(Dank♀♀ ^{Akk} mir ist^{es} Schreibgriffel∅.)

6 Fangen wir an!
(fangen^{wir}-an!)

7 Marc Dupont grüßt herzlich Fabrizio Martini!
(Marcus Dupont Fabricius^{Dat} Martini Heil♀ ^{Akk} meisten♀ ^{Akk} sagt^{er}!)

8 Wenn es dir gut geht, ist das gut; mir geht es gut!
(wenn stark-bist^{du}, gut ist^{es}; ich stark-bin^{ich}!)

ANMERKUNGEN

① In Übung 1 kommt die Form **dēbeat** vor, der Konjunktiv Präsens von **dēbēre** "müssen, sollen, schulden", den Sie in diesem Fall mit "er muss/er soll" übersetzen können.

② Der aus dem Pflanzenstängel der Papyruspflanze gewonnene Papyrus war der wichtigste Beschreibstoff der Antike. Heute verwendet man eher **charta** "Blatt, Papier".

③ In Übung 1 kommt **hāc** vor, der Ablativ Sg. Fem. des Demonstrativpronomens (hinweisendes Fürwort) **hic**, **hæc**, **hoc** "dieser, -e, -es". Das Pronomen steht dort im Ablativ, weil **in** mit der Bedeutung "in, auf, an" den Ablativ verlangt. Beachten Sie die unterschiedliche Vokallänge beim Adverb **hīc** und dem Pronomen **hic**!

④ Bei der Übernahme lateinischer Wörter aus dem Griechischen verwenden manche Autoren die lateinische Endung **-ium**, **-iī** (**cīnēmatographium**, **stilographium**, **tēlephōnium**), andere folgen dem Griechischen und schreiben **cīnēmatographus**, **stilographus**, **tēlephōnum**.

⑤ **Incipiāmus**: Wie Sie bereits in Lektion 11 bei **adeāmus** gesehen haben, kann der Konjunktiv u.a. eine Aufforderung ausdrücken.

⑥ Dies ist die Standardgrußformel in antiken römischen Briefen.

9 Perlibenter epistulam tuam acceptam lēgī.

10 Tibi grātiās multās agō propter benignitātem tuam. ⑦

11 Adveniēmus Genuam diē 25° (vīcēsimō quīntō) mēnsis Jūliī,

12 ad hōram nōnam antemerīdiānam.

13 Cum gaudiō vōs revīsēmus

14 et vōbīscum plūrēs diēs agēmus. ⑧

15 Salvē, optime Fabricī,

16 valēte tū tuīque omnēs. ⑨

17 Scrībēbam Lutētiæ Parisiōrum, diē 19° (ūndēvīcēsimō) mēnsis Jūliī ⑩ ⑪

18 annō 1993° (mīllēsimō nōngentēsimō nōnāgēsimō tertiō).

PRŌNŪNTIĀTUS

*[**9** per-li-ben-te-r‿e-piß-tu-la^{m} tu-^{wam}‿ak-kep-ta^{m} lē-gī **10** ti-bi grā-ti-^{j}āß mul-tā-ß‿a-gō prop-ter be-ning-ni-tā-te^{m} tu-^{w}a^{m} **11** ad-we-ni-^{j}ē-muß ge-nu-^{w}a^{m} di-^{j}ē wī-kē-ßi-mō kwīn-tō mē^{n}-ßiß jū-li-^{j}ī **12** a-d‿hō-ra^{m} nō-n^{am}‿an-te-me-rī-di-^{j}ā-na^{m} **13** ku^{m} gau-di-^{j}ō wōß re-wī-ßē-muß **14** et wō-bīß-ku^{m} plū-rēß di-^{j}ē-ß‿a-gē-muß **15** ßal-w^{e}‿op-ti-me fa-bri-kī **16** wa-lē-te tū tu-^{w}ī-kw^{e}‿om-nēß **17** ßkrī-bē-ba^{m} lu-tē-ti-^{j}ai pa-ri-ßi-^{j}ō-ru^{m} di-^{je}‿ūn-dē-wī-kē-ßi-mō mē^{n}-ßiß jū-li-^{j}ī **18** an-nō mīl-lē-ßi-mō nōng-gen-tē-ßi-mō nō-nā-gē-ßi-mō ter-ti-^{j}ō]*

9 Ich habe deinen Brief nach Erhalt sehr gerne gelesen.
(sehr-gerne Brief$^{\text{♀ Akk}}$ dein$^{\text{♀ Akk}}$ empfangen^{Akk} habe^{ich}-gelesen.)

10 Ich danke dir sehr für deine Freundlichkeit.
(dir Dank$^{\text{♀♀ Akk}}$ viele$^{\text{♀♀ Akk}}$ mache^{ich} wegen Gutmütigkeit ^{Akk} deine.)

11 Wir werden am 25. Juli in Genua ankommen,
(werden^{wir}-ankommen Genua^{Akk} Tag^{Abl} zwanzigster^{Abl} fünfter^{Abl} Monat$^{\text{♂ Gen}}$ Julius^{Gen},)

12 gegen neun Uhr vormittags.
(zu Stunde^{Akk} neunte^{Akk} vormittägig^{Akk}.)

13 Wir werden euch mit Freude wiedersehen
(mit Freude$^{\text{∅ Abl}}$ euch werden^{wir}-wiedersehen)

14 und mit euch mehrere Tage verbringen.
(und euch-mit mehrere^{Akk} Tag$^{\text{♂♂ Akk}}$ werden^{wir}-treiben.)

15 Bleib gesund, [mein] bester Fabrizio,
(sei-gesund, bester$^{!}$ Fabricius$^{!}$,)

16 lebt wohl, du und alle deine Angehörigen.
(seid-stark^{ihr} du deine$^{\text{♂♂}}$-und alle$^{\text{♂♂}}$.)

17 Ich schrieb [dies] in Paris am 19. Juli
(schrieb^{ich} Lutetia^{Lok} Pariser^{Gen}, Tag^{Abl} eins-von-zwanzigster^{Abl} Monat^{Gen} Julius^{Gen})

18 1993.
(Jahr^{Abl} tausendster^{Abl} neunhundertster^{Abl} neunzigster^{Abl} dritter^{Abl}.)

ANMERKUNGEN

⑦ **benignitās**, **benignitātis** "Gutmütigkeit": Substantive, die im Nominativ auf -**tās** enden, sind immer weiblich.

⑧ Merken Sie sich neben **plūrēs** "mehrere" auch **plūrimī** "sehr viele".

⑨ Mit **tuī** "die deinen" oder **suī** "die seinen" sind alle nahestehenden Personen, also Freunde, Verwandte usw. gemeint.

⑩ Die **Parisiī** waren ein gallischer Volksstamm an der mittleren Seine. Sie lebten in der Region um das heutige Paris. Ihr Hauptort war die Stadt **Lutētia** "Paris", die oft noch den Zusatz **Parisiōrum** erhielt.

⑪ Merken Sie sich zu **Jūlius** "Juli" auch **Jūnius** "Juni".

19 Epistulam in involūcrum īnserō. ⑫

20 Īnscrīptiōnem scrībō.

21 Pittacium conglūtinō

22 et officium cursuāle petō.

PRŌNŪNTIĀTUS

[**19** *e-piß-tu-l^{am}‿i-n‿in-wo-lū-kr^{um}‿ī^{n}-ße-rō* **20** *ī^{n}ß-krīp-ti-^{j}ō-ne^{m} ßkrī-bō* **21** *pit-ta-ki-^{j}u^{m} kong-glū-ti-nō* **22** *e-t‿of-fi-ki-^{j}u^{m} kur-ßu-^{w}ā-le pe-tō*]

Exercitātiō prīma: Intellegisne hās sententiās?

❶ Difficile nōn est epistulam Latīnam scrībere. ❷ Īnscrīptiōne indicāmus cui epistula perferrī dēbeat ❸ et in quō locō sit ejus domicilium. ❹ Domicilium meum est: ❺ Carolus Wāgnērus, 12 (numerō duodecimō) viæ Lugdūnēnsis, Lutētiæ Parisiōrum, Gallia. ❻ Ubi est officium cursuāle? – Est in hāc viā.

Exercitātiō altera: Īnsere verba dēficientia!

❶ Fabrizio erhielt einen von Karl geschriebenen Brief.
Fabricius accēpit _________ ā Carolō scrīptam.

❷ Ich habe deinen Brief erhalten und ihn gern gelesen.
Epistulam ____ accēpī et eam libenter ____.

❸ Wann werdet ihr ankommen? – Wir werden am siebten Juni ankommen.
Quandō adveniētis? – __________ ___ septimō mēnsis Jūniī.

❹ Wir werden euch gerne aufnehmen.
Libenter vōs __________.

19 Ich stecke den Brief in einen Umschlag.
(Brief^{Akk} in Hülle$^{\varnothing\ Akk}$ füge^{ich}-ein.)

20 Ich schreibe die Anschrift [darauf].
(Inschrift$^{\text{♀ Akk}}$ schreibe^{ich}.)

21 Ich klebe eine Briefmarke darauf
(Schildchen$^{\varnothing\ Akk}$ leime^{ich}-zusammen)

22 und suche das Postamt auf.
(und Dienst$^{\varnothing\ Akk}$ Lauf-$^{\varnothing}$ strebe^{ich}-nach.)

ANMERKUNGEN

⑫ Kleine Wortschatzergänzung zum Thema Briefe: **Tibi epistulam perferō.** "Ich bringe dir einen Brief". **Involūcrum domicilium indicat.** "Der Umschlag zeigt die Adresse an".

Solūtiō exercitātiōnis prīmæ: Intellēxistīne?

❶ Es ist nicht schwierig, einen lateinischen Brief zu schreiben. ❷ Mit der Anschrift zeigen wir an, wem der Brief gebracht werden muss ❸ und an welchem Ort (ist/sei^{es}) sich dessen Wohnsitz befindet. ❹ Meine Adresse ist: ❺ Karl Wagner, Lyonstraße 12 (Nummer zwölf), Paris, Frankreich. ❻ Wo ist das Postamt? – Es ist in dieser Straße.

Solūtiō exercitātiōnis alteræ: Verba dēficientia.

❶ epistulam ❷ tuam – lēgī ❸ Adveniēmus diē ❹ accipiēmus.

Briefe

Briefe sind eine wichtige Gattung in der Literatur. Der Politiker und Philosoph **Cicerō** (106-43 v. Chr.) ließ auf diesem Wege Freunde und Familienangehörige an seinen Gedanken in politisch unruhigen Zeiten teilhaben. Historisch wertvoll ist die Korrespondenz zwischen Kaiser **Trajan** (53-117 n. Chr.) und dem Senator und Provinzstatthalter **Plīnius** dem Jüngeren (62-115 n. Chr.). Sie illustriert sehr gut das Alltagsleben in den römischen Provinzen. Lesenswert sind auch die **Epistulæ Mōrālēs** des Philosophen **Seneca** (2-65 n. Chr.) mit ihren lebensnahen Anleitungen für ein moralisch ausgewogenes Leben oder die **Epistulæ** der Äbtissin und Gelehrten **Heloisa** (1090-1164 n. Chr.) an ihren früheren Geliebten, den Philosophen **Abælardus**. Aus späterer Zeit sind u.a. die Briefe von **Petrarca** (1304-1374), **Erasmus** (1466-1536), **Vives** (1493-1540), **Lipsius** (1547-1606) zu nennen.

16 Lēctiō sexta decima (XVI)

Venīte cēnātum

1 In urbe Massiliā ambulantēs, nōn longē ā portū, ①

2 Marium invenīmus.

3 – Salvē, Mārce! clāmat ille.

4 Quid agis in urbe nostrā?

5 – Salvē et tū, Marī! Rōmam īmus, ②

6 sed aliquot diēs Massiliæ dēmorāmur.

7 – Venīte igitur cēnātum apud mē! ③ ④

8 Domī cēnantibus nōbīs ōtium loquendī erit. ⑤

PRŌNŪNTIĀTUS

[*lēk-ti^{j}ō ßekß-ta de-ki-ma we-nī-te kē-nā-tu^{m}* **1** *i-n‿ur-be maß-ßi-li-j^{ā}‿am-bu-lan-tēß nōn long-g^{ē}‿ā por-tū* **2** *ma-ri-^{jum}‿in-we-nī-muß* **3** *ßal-wē mār-ke klā-ma-t‿il-le* **4** *kwi-d‿a-gi-ß‿i-n‿ur-be noß-trā* **5** *ßal-w^{ē}‿et tū ma-rī rō-m^{am}‿ī-muß* **6** *ße-d‿a-li-kwot di-^{j}ēß maß-ßi-li-^{j}ai dē-mo-rā-mur* **7** *we-nī-t^{e}‿i-gi-tur kē-nā-t^{um}‿a-pud mē* **8** *do-mī kē-nan-ti-buß nō-bī-ß‿ō-ti-^{j}u^{m} lo-kwen-d^{ī}‿e-rit*]

Sechzehnte Lektion

Kommt zum Mittagessen

1 Während wir in der Stadt Marseille spazieren gehen, nicht weit vom Hafen [entfernt],
(in Stadt$^{\text{♀ Abl}}$ Marseille umhergehend$^{\text{♂♂}}$, nicht weit von Hafen$^{\text{♂ Abl}}$,)

2 treffen wir Marius.
(Marius^{Akk} finden^{wir}.)

3 – Sei gegrüßt, Markus! ruft er.

4 Was machst du in unserer Stadt?

5 – Sei auch du gegrüßt, Marius! Wir sind auf dem Weg nach Rom,
(sei-gesund auch du Marius! Rom^{Akk} gehen^{wir},)

6 verbringen aber einige Tage in Marseille.
(aber einige Tag$^{\text{♂♂ Akk}}$ Marseille^{Lok} halten^{wir}-auf.)

7 – Dann kommt doch zum Abendessen zu mir!
(kommt also zum-Speisen bei mich!)

8 Zu Hause haben wir [dann] beim Essen Gelegenheit zum Plaudern.
(Haus^{Lok} speisend$^{\text{♂♂ Dat}}$ uns$^{\text{♂♂ Dat}}$ Freizeit$^{\varnothing}$ Sprechen^{Gen} wird^{es}-sein.)

ANMERKUNGEN

① **ambulantēs** (hier Plural) ist das Partizip Präsens von **ambulāre** "umhergehen". Es drückt eine Nebenhandlung aus und lässt sich daher oft durch einen Nebensatz übersetzen. Seine Beugung richtet sich nach dem Schema der 3. Deklination.

② **Marī** ist der Vokativ von "Marius", entstanden aus **Mari-e**.

③ **cēnātum**, das Supinum I von **cēnāre** "speisen, essen", drückt einen Zweck oder ein Ziel aus. Vgl. auch **peregrīnātum** "zum Verreisen" in Lektion 9.

④ **cēna** meint die Hauptmahlzeit des Tages, die bei den Römern gegen Abend eingenommen wurde.

⑤ **loquendī**: Genitivform des Gerundiums von **loquī** "sprechen". Mit dem Gerundium kann ein Verb in ein Substantiv umgewandelt werden (das Sprechen, des Sprechens usw.).

9 – Ubi est domus tua?

10 – Facile inveniēs:

11 exī ex urbe portā Aquārum Sextiārum. ⑥

12 Perge rēctā usque ad tertium vīcum sinistrōrsum … ⑦

13 Per hunc vīcum iter fac trecenta metra …

14 Ibi, dextrōrsum, domum vidēbis cum jānuā rubrā

15 quæ nōn omnīnō clausa erit. ⑧

16 Pede jānuam urgēbis et intrābis.

17 – Cūr pede?

18 – Quia manūs erunt plēnæ …

19 … mūnerum quæ sine ūllō dubiō nōbīs afferēs.

PRŌNŪNTIĀTUS

[**9** *u-bi'ßt do-muß tu-^{w}a* **10** *fa-ki-l^{e}‿in-we-ni-^{j}ēß* **11** *ek-ß^{ī}‿ek-ß‿ur-be por-t^{ā}‿a-kwā-ru^{m} ßekß-ti-^{j}ā-ru^{m}* **12** *per-ge rēk-t^{ā}‿uß-kw^{e}‿ad ter-ti-^{j}u^{m} wī-ku^{m} ßi-niß-trōr-ßu^{m}* **13** *pe-r‿hungk wī-k^{um}‿i-ter fak tre-ken-ta me-tra* **14** *i-bi dekß-trōr-ßu^{m} do-mu^{m} wi-dē-biß ku^{m} jā-nu-^{w}ā ru-brā* **15** *kwai nō-n‿om-nī-nō klau-ß^{a}‿e-rit* **16** *pe-de jā-nu-^{wam}‿ur-gē-bi-ß‿e-t‿in-trā-biß* **17** *kūr pe-de* **18** *kwi-^{j}a ma-nū-ß‿e-runt plē-nai* **19** *mū-ne-ru^{m} kwai ßi-n^{e}‿ūl-lō du-bi-^{j}ō nō-bī-ß‿af-fe-rēß*]

Exercitātiō prīma: Intellegisne hās sententiās?

❶ Per Genuam urbem Rōmam petis. ❷ Portum petō ubi nāvēs multæ sunt. ❸ Viā Aurēliā Rōmam eō.

9 – Wo ist dein[♀] Haus[♀]?

10 – [Das] findest du leicht:
(leicht wirst[du]-finden:)

11 Verlasse die Stadt durch das Aix-en-Provence-Tor.
(gehe-heraus aus Stadt[♀ Abl] Tor[♀ Abl] Wasser[♀♀ Gen] sextisch[♀♀ Gen].)

12 Geh weiter geradeaus bis zur dritten Gasse auf der linken Seite...
(setze-fort gerade[Abl] bis zu dritter[♂ Akk] Dorf[♂ Akk] nach-links...)

13 Geh diese Gasse dreihundert Meter entlang...
(durch dieses[♂ Akk] Dorf[♂ Akk] Weg[∅ Akk] mach dreihundert Meter...)

14 Dort wirst du auf der rechten Seite ein Haus sehen mit einer roten Tür,
(dort, nach-rechts, Haus[♀ Akk] wirst[du]-sehen mit Tür[♀ Abl] rot[♀ Abl])

15 die nicht ganz geschlossen sein wird.
(welche nicht völlig geschlossen[♀] wird[sie]-sein.)

16 Du wirst die Tür mit dem Fuß aufstoßen und eintreten.
(Fuß[♂ Abl] Tür[♀ Akk] wirst[du]-drängen und wirst[du]-eintreten.)

17 – Warum mit dem Fuß?

18 – Weil [deine] Hände voll sein werden...
(weil Hand[♀♀] werden[sie]-sein voll[♀♀]...)

19 … mit Geschenken, die du uns ohne Zweifel mitbringen wirst.
(…Geschenk[∅∅ Gen] welche[Akk] ohne irgendein[∅ Abl] Zweifel[∅ Abl] uns[Dat] wirst[du]-herbeibringen.)

ANMERKUNGEN

⑥ **Aquæ Sextiæ** war die erste römische Stadt auf gallischem Boden. Sie wurde 122 v. Chr. vom Konsul **Sextius Calvīnus** gegründet und war unter Kaiser Augustus römische Kolonie. Viele Städtenamen beginnen mit **Aquæ** "Wasser", da die Römer in diesen Orten Heil- und Thermalquellen nutzten.

⑦ **vīcus** kann auch "Quartier, Stadtviertel, Dorf" heißen.

⑧ Merken Sie sich zum Relativpronomen (bezügliches Fürwort) **quæ** "die" auch die Akkusativform im Maskulinum **quem** "den". **Puer, quem videō, Latīnē loquitur.** "Der Junge, den ich sehe, spricht Latein".

Solūtiō exercitātiōnis prīmæ: Intellēxistīne?

❶ Du steuerst durch Genua auf die Stadt Rom zu. ❷ Ich suche den Hafen auf, wo viele Schiffe sind. ❸ Ich gehe/fahre auf der Aurelius-Straße nach Rom.

Exercitātiō altera: Īnsere verba dēficientia!

❶ Ich verlasse Rom durch das Aurelius-Tor.

… Aurēliā Rōmā exeō.

❷ Wir verlassen die Stadt Marseille durch eine kleine Gasse.

Per vīcum …, ab urbe Massiliā abīmus.

❸ In Marseille gibt es viele Gassen.

Massiliæ vīcī … … .

❹ In der Stadt Paris gibt es viele Häuser.

In … Lutētiā domūs … sunt.

17 Lēctiō septima decima (XVII)

Cupiō locustam

1 – Ubi prandēre possumus?

2 – Hospitēs in triclīniō prandent. Quot estis?

3 – Quattuor sumus.

4 – Assīdite ad hanc mēnsam. ①

PRŌNŪNTIĀTUS

[*lēk-ti-^{j}ō ßep-ti-ma de-ki-ma ku-pi-^{j}ō lo-kuß-ta^{m}* **1** *u-bi pran-dē-re poß-ßu-muß* **2** *hoß-pi-tē-ß‿in tri-klī-ni-^{j}ō pran-dent kwo-t‿eß-tiß* **3** *kwat-tu-^{w}or ßu-muß* **4** *aß-ßī-di-t^{e}‿a-d‿hangk mē^{n}-ßa^{m}*]

Solūtiō exercitātiōnis alteræ: Verba dēficientia.

❶ Portā ❷ parvum ❸ multī sunt ❹ urbe – multæ.

Gallia Nārbōnēnsis

Gallia Nārbōnēnsis war eine römische Provinz (**Prōvincia**) im heutigen Südfrankreich, noch erkennbar am Namen Provence. Sie wurde 121 v. Chr. mit **Aquæ Sextiæ** (Aix-en-Provence) als Hauptstadt eingerichtet. Bedeutende Städte in dieser Provinz waren außerdem die spätere Hauptstadt **Nārbō** (Narbonne), die griechisch geprägte Handelsstadt **Massilia** (Marseille), **Arausiō** (Orange), **Arelāte** (Arles), **Nemausus** (Nîmes), **Tolōsa** (Toulouse) und **Vienna** (Vienne). Zahlreiche Bauten und Sehenswürdigkeiten zeugen hier noch vom römischen Einfluss. Besonders zu erwähnen sind die Theater von Arles und Orange, der Pont du Gard bei Remoulins, der Stadtbogen von Orange, das Amphitheater von Nîmes, das Mausoleum von Glanum, der Tempel des **Augustus** und der **Līvia** in Vienne.

Siebzehnte Lektion

Ich wünsche Languste

1 – Wo können wir zu Mittag essen?

2 – Die Gäste♂ essen im Speisezimmer (Dreiliegezimmer) zu Mittag. Wie viele seid ihr?

3 – Wir sind vier.

4 – Setzt euch an diesen Tisch.

ANMERKUNGEN

① **Assīdite** ist der Imperativ (Befehlsform) Plural von **assīdere** "sich hinsetzen".

LEKTION 17

5 – Maria! Affer omnia ad prandium quattuor convīvārum necessāria. ② ③

6 Convīvæ in triclīniō sunt. ④

7 Maria est nōmen famulæ.

8 Famula quattuor catīnōs affert …

9 Apud ūnumquemque catīnum,

10 pōnit pōculum, cultrum, cochlear, fuscinulamque ūnam.

11 – Quid edere cupitis? ⑤

12 Hīc est cibōrum index. ⑥

13 Parvus Victor indicem capit et respondet:

14 – Ego cupiō locustam jūre Armoricānō, ⑦ ⑧

PRŌNŪNTIĀTUS

[**5** *ma-ri-a af-fe-r‿om-ni-^{ja}‿ad pran-di-^{j}u^{m} kwat-tu-^{w}or kon-wī-wā-ru^{m} ne-keß-ßā-ri-^{j}a* **6** *kon-wī-w^{ai}‿in tri-klī-ni-^{j}ō ßunt* **7** *ma-ri-a'ßt nō-men fa-mu-lai* **8** *fa-mu-la kwat-tu-^{w}or ka-tī-nō-ß‿af-fert* **9** *a-pu-d‿ū-nu^{m}-kwe^{m}-kwe ka-tī-nu^{m}* **10** *pō-nit pō-ku-lu^{m} kul-tru^{m} ko-k^{h}le-ar fuß-ki-nu-la^{m}-kw^{e}‿ū-na^{m}* **11** *kwi-d‿e-de-re ku-pi-tiß* **12** *hī-k‿eßt ki-bō-r^{um}‿in-dekß* **13** *par-wuß wik-to-r‿in-di-ke^{m} ka-pi-t‿et reß-pon-det* **14** *e-go ku-pi-^{j}ō lo-kuß-ta^{m} jū-r^{e}‿ar-mo-ri-kā-nō*]

5 – Maria! Bring alles herbei, was für ein Mittagessen für vier Personen nötig ist.
(herbei-bringe alle$^{\text{∅∅ Akk}}$ zu Mittagessen$^{\text{∅ Akk}}$ vier Gast$^{\text{♂♂ Gen}}$ notwendig$^{\text{∅∅ Akk}}$.)

6 Die Gäste$^{\text{♂♂}}$ sind im Speisezimmer.

7 Maria ist der Name der Dienerin

8 Die Dienerin bringt vier Teller (Schüssel$^{\text{♂♂ Akk}}$) herbei...

9 Neben jeden Teller (bei ein-jeder^{Akk} Schüssel^{Akk})

10 stellt/legt sie einen Becher, ein Messer, einen Löffel und eine Gabel.
(setzt^{sie} Becher$^{\text{∅ Akk}}$, Messer$^{\text{♂ Akk}}$, Löffel$^{\text{∅}}$, ^{Akk} Gabel-und$^{\text{♀ Akk}}$ eine$^{\text{♀ Akk}}$.)

11 – Was wünscht ihr [zu] essen?

12 Hier ist die Speisekarte (Speise$^{\text{♂♂ Gen}}$ Anzeiger$^{\text{♀}}$).

13 Der kleine Viktor nimmt die Speisekarte und antwortet:

14 – Ich wünsche Languste [in] armorikanischer Soße,
(ich wünsche^{ich} Languste$^{\text{♀ Akk}}$ Suppe$^{\text{∅ Abl}}$ armorikanisch$^{\text{∅ Abl}}$,)

ANMERKUNGEN

② **Affer** ist ebenfalls ein Imperativ, allerdings im Singular (von **afferre** "herbeibringen").

③ **prandium** ist die zweite Mahlzeit des Tages, nach unseren Essgewohnheiten das Mittagessen.

④ **Convīva** gehört zu den wenigen Maskulina der **a**-Deklination. Es bezeichnet einen Gast als Tischgenossen, während **hospes**, **hospitis** eher den Fremden meint, der sich irgendwo als Gast aufhält.

⑤ **Quid** "was" ist das Neutrum zum Maskulinum/Femininum **quis** "wer".

⑥ Von **index**, **indicis** "Anzeiger" kommt auch **indicāre** "anzeigen", das Sie bereits aus der Verständnisübung in Lektion 15 kennen.

⑦ **locusta** kann auch "Heuschrecke" bedeuten.

⑧ **Aremoricæ cīvitātēs**, die "Armoriker", waren eine Gruppe von Volksstämmen an der gallischen Nordwestküste, die in Cäsars **Dē bellō Gallicō** "Über den Gallischen Krieg" erwähnt werden.

15 deinde leporem vel cunīculum assum vēnātōriō mōre, ⑨

16 dēnique crustulum cum mālīs. ⑩

17 Māter īrāta alapam Victōrī dūcit, dīcēns: ⑪

18 – Nimia cupis! ⑫

19 Nōbīs satis erunt pānis, ōva, cāseum. ⑬

PRŌNŪNTIĀTUS

[**15** *dein-de le-po-re^{m} wel ku-nī-ku-l^{um}‿aß-ßu^{m} wē-nā-tō-ri-^{j}ō mō-re* **16** *dē-ni-kwe kruß-tu-lu^{m} ku^{m} mā-līß* **17** *mā-te-r‿ī-rā-t^{a}‿a-la-pa^{m} wik-tō-rī dū-kit dī-kē^{n}ß* **18** *ni-mi-^{j}a ku-piß* **19** *nō-bīß ßa-ti-ß‿e-runt pā-ni-ß‿ō-wa kā-ße-u^{m}*]

Exercitātiō prīma: Intellegisne hās sententiās?

❶ Māter pōnit crustulum in catīnō. ❷ Famula leporem in triclīnium affert. ❸ Famulæ leporēs in triclīnia afferunt. ❹ Lepus sex eurō cōnstat.

Exercitātiō altera: Īnsere verba dēficientia!

❶ Sie möchten die Hasen nicht im Speisezimmer (zu Mittag) essen.

Leporēs in ________ prandēre nōn cupiunt.

❷ Wie viel kostet die Languste? – Zehn Euro.

Quantī ________ locusta? – ______ eurō.

❸ Das kostet zu viel.

______ cōnstat.

❹ Was ist dies für ein Essen (Speise♂)?

Quī est hic ______?

❺ Ich finde das Essen, das (welchen) ich wünsche, nicht auf der [Speise]Karte.

Cibum quem ______, in indice nōn ________.

15 dann gebratenen Hasen oder gebratenes Kaninchen [nach] Jägerart,
(darauf Hase$^{\text{♂ Akk}}$ oder Kaninchen$^{\text{♂ Akk}}$ gebraten$^{\text{♂ Akk}}$ Jäger-$^{\text{♂ Abl}}$ Sitte$^{\text{♂ Abl}}$,)

16 [und] schließlich Apfelkuchen (Zuckerplätzchen$^{\varnothing}$ mit Apfel$^{\varnothing\varnothing\text{ Abl}}$).

17 [Seine] Mutter gibt Viktor zornig eine Ohrfeige und sagt:
(Mutter zornig$^{\text{♀}}$ Faustschlag$^{\text{♂ Akk}}$ Viktor^{Dat} führt^{sie}, sagend:)

18 – Du verlangst zu viel!
(zu-viel$^{\varnothing\varnothing\text{ Akk}}$ wünschst^{du}!)

19 Uns genügen Brot, Eier und Käse.
(uns^{Dat} genug werden^{sie}-sein Brot$^{\text{♂}}$, Ei$^{\varnothing\varnothing}$, Käse$^{\varnothing}$.)

ANMERKUNGEN

⑨ **deinde** wird meist zweisilbig ausgesprochen.

⑩ Unterscheiden Sie zwischen **cum mālīs** "mit Äpfeln" und **cum malīs** "mit schlechten Dingen, mit schlechten Leuten".

⑪ **dūcere** ist ein sehr vielseitiges Verb, dessen Grundbedeutung "führen, ziehen" ist. In bestimmten Wendungen verändert **dūcere** seine Bedeutung, z.B. bei **orīginem dūcere** "abstammen" (wörtlich: Ursprung^{Akk} ziehen).

⑫ **Nimia**: Akkusativ Plural Neutrum von **nimius**, -**a**, -**um** "zu groß, zu viel". Diese Form steht hier, da es sich um eine unbestimmte Menge handelt (vgl. **omnia** "alles"). **Nimiō** aus Übung 2 ist die Ablativform, die dort in Bezug auf einen Preis verwendet wird. (Nicht zu verwechseln mit **nēmō** "niemand".)

⑬ "Käse" kann sowohl männlich sein (**cāseus**; dies ist die korrektere Variante) als auch neutral (**cāseum**).

Solūtiō exercitātiōnis prīmæ: Intellēxistīne?

❶ Die Mutter legt den Kuchen in die Schüssel. ❷ Die Dienerin bringt einen Hasen ins Speisezimmer. ❸ Die Dienerinnen bringen Hasen in die Speisezimmer. ❹ Der Hase kostet sechs Euro.

Solūtiō exercitātiōnis alteræ: Verba dēficientia.

❶ triclīniō ❷ cōnstat – Decem ❸ Nimiō ❹ cibus ❺ cupiō – inveniō.

18 Lēctiō duodēvīcēsima (XVIII)

Quid interest inter … ?

1 PAULUS – Scīsne quid intersit inter: ①

2 birotam, sciūrum, familiam?

3 PETRUS – Omnīnō nesciō! Invenīre nōn possum. ②

4 (PAULUS) – Hoc tamen facile invenītur:

5 pōne sciūrum birotamque sub arbore

6 et expectā quid sit futūrum …

7 (PETRUS) – Nōn intellegō! Quid dīcere vīs?

8 (PAULUS) – Quī prīmus ascendit in arborem, is est sciūrus!

9 (PETRUS) – Bene! Callidus es.

10 Sed tantum dīxistī

11 quid interesset inter sciūrum et birotam. ③

PRŌNŪNTIĀTUS

[lēk-ti-^{j}ō du-^{w}o-dē-wī-kē-ßi-ma kwi-d‿in-te-reß-t‿in-ter **1** pau-luß ßkīß-ne kwi-d‿in-ter-ßi-t‿in-ter **2** bi-ro-ta^{m} ßki-^{j}ū-ru^{m} fa-mi-li-^{j}a^{m} **3** pe-truß om-nī-nō neß-ki-^{jō}‿in-we-nī-re nōn poß-ßu^{m} **4** hok ta-men fa-ki-l^{e}‿in-we-nī-tur **5** pō-ne ßki-^{j}ū-ru^{m} bi-ro-ta^{m}-kwe ßu-b‿ar-bo-re **6** e-t‿ekß-pek-tā kwid ßit fu-tū-ru^{m} **7** nō-n‿in-tel-le-gō kwid dī-ke-re wīß **8** kwī prī-mu-ß‿aß-ken-di-t‿i-n‿ar-bo-r^{em}‿i-ß‿eßt ßki-^{j}ū-ruß **9** be-ne kal-li-du-ß‿eß **10** ßed tan-tu^{m} dīk-ßiß-tī **11** kwi-d‿in-te-reß-ße-t‿in-ter ßki-^{j}ū-r^{um}‿et bi-ro-ta^{m}]

Achtzehnte Lektion

Was ist der Unterschied zwischen...?

1 PAUL – Weißt du, was der Unterschied ist zwischen
(weißt[du?] was sollte[es]- dazwischen-sein zwischen)

2 einem Fahrrad, einem Eichhörnchen und einer Familie?
(Zweirad♀ Akk, Eichhörnchen♂ Akk, Familie♀ Akk?)

3 PETER – Das weiß ich überhaupt nicht! Ich kann keinen [Unterschied] finden.
(völlig nicht-weiß[ich]! finden nicht kann[ich].)

4 (PAUL) – Aber das lässt sich doch leicht finden:
(dies∅ dennoch leicht wird[es]-gefunden:)

5 Stell das Eichhörnchen und das Fahrrad unter einen Baum
(stell Eichhörnchen♂ Akk Zweirad[Akk]-und unter Baum♀ Abl)

6 und warte ab, was passieren wird…
(und warte was sei[es] zukünftig∅...)

7 (PETER) – [Das] verstehe ich nicht! Was willst du [damit] sagen?

8 (PAUL) – Derjenige, der als erster auf den Baum steigt, ist das Eichhörnchen!
(welcher erster♂ steigt[er]-hinauf in Baum♀ Akk, er ist[er] Eichhörnchen!)

9 (PETER) – Gut! Du bist [ja] schlau.

10 Aber du hast nur gesagt, (aber nur hast[du]-gesagt)

11 was der Unterschied zwischen einem Eichhörnchen und einem Fahrrad ist.
(was hätte[es]-dazwischen-sein-können zwischen Eichhörnchen[Akk] und Zweirad[Akk].)

ANMERKUNGEN

① **intersit**: Konjunktiv Präsens von **interest** "er/sie/es ist dazwischen". Er steht hier, weil der mit **quid** eingeleitete Nebensatz ein indirekter Fragesatz ist.
② **nesciō** steht für das ungebräuchliche **nōn sciō**.
③ **interesset**: Konjunktiv Imperfekt von **interest**. Der Konjunktiv steht hier im Imperfekt, weil das Verb des Hauptsatzes **dīxistī** auch in der Vergangenheit steht.

12 Quid **au**tem dē famil**i**ā?

13 (P**AU**LUS) – Fam**i**lia v**a**let! T**i**bi gr**ā**tiās **a**gō!

14 Sci**ū**rus in **a**rborem asc**e**ndit.

15 S**ī**mius dē **a**rbore dēsc**e**ndit.

16 Sci**ū**rī in **a**rborēs asc**e**ndunt.

17 S**ī**miī dē arb**o**ribus dēsc**e**ndunt.

PRŌNŪNTIĀTUS

[**12** *kwi-d‿**au**-te^{m} dē fa-m**i**-li-^{j}ā* **13** *fa-m**i**-li-^{j}a w**a**-let t**i**-bi gr**ā**-ti-^{j}ā-ß‿**a**-gō* **14** *ßki-^{j}**ū**-ru-ß‿i-n‿**a**r-bo-r^{em}‿aß-k**e**n-dit* **15** *ß**ī**-mi-uß d^{ē}‿**a**r-bo-re dēß-k**e**n-dit* **16** *ßki-^{j}**ū**-r^{ī}‿i-n‿**a**r-bo-rē-ß‿aß-k**e**n-dunt* **17** *ß**ī**-mi-ī d^{ē}‿ar-b**o**-ri-buß dēß-k**e**n-dunt*]

Exercitātiō prīma: Intellegisne hās sententiās?

❶ Quid dē Vict**ō**re? – V**i**ctor v**a**let. ❷ Quid dē **e**quīs? – V**a**lent. ❸ **A**via Vict**ō**ris in **a**rborēs asc**e**ndit. ❹ Quis dēsc**e**ndit dē tabul**ā**tō **a**lterō? ❺ N**ē**mō dēsc**e**ndit dē tabul**ā**tō t**e**rtiō. ❻ In n**e**more vīc**ī**nō, sci**ū**rus diff**i**cile inven**ī**tur.

Exercitātiō altera: Īnsere verba dēficientia!

❶ Was (welches) du antwortest, ich verstehe es nicht.

Quod resp**o**ndēs, id nōn ________.

12 Was aber ist mit der Familie?
(was aber über Familie♀ ^{Abl}?)

13 (PAUL) – Der Familie geht es gut! Ich danke dir!
(Familie stark-ist^{sie}! dir Dank♀ ^{Akk} treibe^{ich}!)

14 Das Eichhörnchen steigt auf den Baum^{Akk} hinauf.

15 Der Affe♂ steigt vom Baum^{Abl} herab.

16 Die Eichhörnchen steigen auf die Bäume^{Akk} hinauf.

17 Die Affen steigen von den Bäumen^{Abl} herab.

Solūtiō exercitātiōnis prīmæ: Intellēxistīne?

❶ Was ist mit (was über) Viktor? – Viktor geht es gut. ❷ Was ist mit den Pferden? – Ihnen geht es gut. ❸ Viktors Großmutter steigt auf Bäume hinauf. ❹ Wer steigt vom zweiten Stockwerk herab? ❺ Niemand steigt vom dritten Stockwerk herab. ❻ Im benachbarten Wald findet man das Eichhörnchen schlecht (Eichhörnchen schwierig wird^{es}-gefunden).

❷ Der Mensch stammt vom Affen ab (Mensch von Affe^{Abl} Ursprung^{Akk} führt^{er}).
Homō ā ______ orīginem dūcit.

❸ Wer hat diese wunderbare Sache^{Akk} geschrieben?
______ hanc rem ______ scrīpsit?

❹ Ein Journalist schreibt mühelos (leicht).
Diurnārius facile ______.

Solūtiō exercitātiōnis alteræ: Verba dēficientia.

❶ intellegō  ❷ sīmiō ❸ Quis – mīram ❹ scrībit.

LEKTION 18

19 Lēctiō ūndēvīcēsima (XIX)

Abī cubitum

1 – Jūlī! Abī cubitum! ① ②

2 – Mamma, precor! ③

3 Nōlō cubitum īre: somnus mē nōn urget. ④

4 Māter Jūlium per gradūs usque ad cubiculum trahit.

5 – Sī puer bonus eris, crās tibi crustulum dabō.

6 Jūlius puer bonus est:

7 vestem dēpōnit et lectum petit;

8 sub linteō lōdīcibusque mergitur, et in somnum lābitur.

9 Jōhannēs, cum it cubitum, ⑤

PRŌNŪNTIĀTUS

[*lēk-ti-^{jō}‿ūn-dē-wī-kē-ßi-ma* ***a**-bī* ***ku**-bi-tu^{m}* **1** *jū-**l**^{i}‿a-bī* ***ku**-bi-tu^{m}* **2** *mam-ma pre-kor* **3** *nō-lō **ku**-bi-t^{um}‿ī-re ßom-nuß mē nō-n‿ur-get* **4** *mā-ter jū-li-^{j}u^{m} per gra-dū-ß‿uß-kw^{e}‿ad ku-bi-ku-lu^{m} tra-hit* **5** *ßī pu-^{w}er bo-nu-ß‿e-riß krāß ti-bi kruß-tu-lu^{m} da-bō* **6** *jū-li-^{j}uß pu-^{w}er bo-nu-ß‿eßt* **7** *weß-te^{m} dē-pō-ni-t‿et lek-tu^{m} pe-tit* **8** *ßub lin-te-ō lō-dī-ki-buß-kwe mer-gi-tu-r‿e-t‿in ßom-nu^{m} lā-bi-tur* **9** *jō-han-nēß k^{um}‿it ku-bi-tu^{m}*]

Neunzehnte Lektion

Geh schlafen!

1 – Julius! Geh schlafen!
(geh-weg zum-Liegen!)

2 – Mama, bitte (bitte^{ich})!

3 Ich will nicht schlafen gehen: Ich bin [gar] nicht müde.
(nicht-will^{ich} zum-Liegen gehen: Schlaf$^{♂}$ mich nicht drängt^{er}.)

4 Die Mutter zieht Julius über die Treppe (Stufe$^{♂♂\ Akk}$) bis zum Schlafzimmer.

5 – Wenn du ein braver (gut) Junge bist (wirst^{du}-sein), gebe ich dir morgen einen Kuchen (werde^{ich}-geben).

6 Julius ist ein braver Junge:

7 Er zieht seine Kleidung aus und geht zu Bett;
(Kleid$^{♀\ Akk}$ legt^{er}-ab und Bett$^{♂\ Akk}$ erstrebt^{er};)

8 er schlüpft unter das Bettlaken und die Bettdecken und gleitet in den Schlaf.
(unter Leintuch$^{\varnothing\ Abl}$ Decke$^{♀♀\ Abl}$-und wird^{er}-eingetaucht, und in Schlaf^{Akk} gleitet^{er}.)

9 Immer wenn Johannes schlafen geht,
(Johannes, wenn geht^{er} zum-Liegen,)

ANMERKUNGEN

① Auf den Aufnahmen hört man zwar zweimal **adī** "komm her", es muss aber **abī** "geh (weg)" lauten.

② **cubitum** ist hier wieder ein Supinum, wie Sie es in Lektion 16 bereits in **cēnātum** kennengelernt haben. Das Supinum drückt einen Zweck oder ein Ziel aus.

③ **precāri** hat zwei Bedeutungen: "bitten" und "beten".

④ **urgēre** kann "drängen" oder auch "drücken" heißen.

⑤ In Lektion 8 haben Sie **cum** als Präposition in der Bedeutung "mit" kennengelernt. Es kann aber auch, wie hier, eine Konjunktion (Bindewort) sein und die Bedeutungen "als, wenn, immer wenn, nachdem, obwohl, weil" annehmen.

10 calceōs in pavīmentum vehementer prōjicere solet. ⑥

11 Diē quōdam, vīcīnus ei dīcit:

12 "Amīce, precor!

13 Nōlī nocte calceōs tam vehementer prōjicere, ⑦

14 fragor in cubiculō meō audītur,

15 itaque ē somnō expergīscor."

16 – Dā veniam, respondet Jōhannēs,

17 calceōs jam nōn prōjiciam.

18 Nocte sequentī, Jōhannēs cubitum it, vestem dēpōnit,

19 calceum priōrem in pavīmentum prōjicit,

20 et tunc, ō horror, subitō vīcīnī meminit …

21 Sed quid faciat? ⑧

PRŌNŪNTIĀTUS

[**10** *kal-ke-ō-ß‿in pa-wī-men-tu*^{m} *we-he-men-ter prō-ji-ke-re ßo-let* **11** *di-*^{j}*ē kwō-da*^{m} *wī-kī-nu-ß‿äi dī-kit* **12** *a-mī-ke pre-kor* **13** *nō-līnok-te kal-ke-ōß ta*^{m} *we-he-men-ter prō-ji-ke-re* **14** *fra-go-r‿in ku-bi-ku-lō me-*^{ō}*‿au-dī-tur* **15** *i-ta-kw*^{e}*‿ē ßom-n*^{ō}*‿ekß-per-gīß-kor* **16** *dā we-ni-*^{j}*a*^{m} *reß-pon-det jō-han-nēß* **17** *kal-ke-ōß ja*^{m} *nōn prō-ji-ki-*^{j}*a*^{m} **18** *nok-te ße-kwen-tī jō-han-nēß ku-bi-t*^{um}*‿it weß-te*^{m} *dē-pō-nit* **19** *kal-ke-u*^{m} *pri-*^{j}*ō-r*^{em}*‿in pa-wī-men-tu*^{m} *prō-ji-kit* **20** *et tung-k‿ō hor-ror ßu-bi-tō wī-kī-nī me-mi-nit* **21** *ßed kwid fa-ki-*^{j}*at*]

10 schleudert er seine Schuhe heftig auf den Fußboden.
(Schuh[♂♂ Akk] in Fußboden[∅ Akk] heftig vorwerfen pflegt[er].)

11 Eines Tages sagt der Nachbar zu ihm:
(Tag[♂ Abl] gewisser[♂ Abl], Nachbar[♂] ihm sagt[er]:)

12 "[Mein] Freund, ich bitte dich!
(Freund[!], bitte[ich]!)

13 Schleudere deine Schuhe nachts nicht so heftig,
(wolle-nicht[!] Nacht[♀ Abl] Schuh[♂♂ Akk] so heftig vorwerfen,)

14 man hört den Krach in meinem Schlafzimmer,
(Krach[♂] in Schlafzimmer[∅ Abl] mein[∅ Abl] wird[er]-gehört,)

15 dadurch wache ich aus dem Schlaf auf."
(deshalb aus Schlaf[♂ Abl] wache[ich]-auf.)

16 – Verzeih mir (gib Verzeihung[♀ Akk]), antwortet Johannes,

17 ich werde [meine] Schuhe nicht mehr [weg]schleudern.

18 In der darauf folgenden Nacht (Nacht[♀ Abl] folgende[Abl]) geht Johannes schlafen, er zieht seine Kleidung aus,

19 schleudert den ersten Schuh (früheren) auf den Boden

20 und erinnert sich dann plötzlich, o Schreck, an den Nachbarn (Nachbar[♂ Gen] erinnert[er]-sich)...

21 Aber was soll er machen (könnte[er]-tun)?

ANMERKUNGEN

⑥ **pavīmentum** ist der gepflasterte oder anderweitig mit einem Belag versehene Boden. Der allgemeine Ausdruck für "Boden" lautet **solum**.

⑦ **Nōlī** ist der Imperativ Singular von **nōlle** "nicht wollen". Zusammen mit einem Infinitiv drückt er einen verneinten Befehl aus. **Nōlī hoc facere!** "Tu dies nicht!".

⑧ Der Konjunktiv Präsens wird in Fragen oft mit "sollen" übersetzt: **Quid faciam?** "Was soll ich machen?".

22 Calceum alterum in pavīmentō lēniter cautēque pōnit, …

23 et in somnum lābitur.

24 Posterō diē, vīcīnum videt eique dīcit:

25 "Meliusne hāc nocte dormīstī?" ⑨

26 Tunc respondet vīcīnus: "Pessimē etiam dormiī: ⑩

27 ūnum calceum cadentem audīvī …

28 et alterum tōtam noctem expectāvī!"

PRŌNŪNTIĀTUS

[**22** *kal-ke-^{um}‿**al**-te-r^{um}‿in pa-wī-men-tō **lē**-ni-ter kau-**tē**-kwe **pō**-nit* **23** *e-t‿in ßom-nu^{m} **lā**-bi-tur* **24** *poß-te-rō di-^{j}ē wī-**kī**-nu^{m} **wi**-de-t‿**äi**-kwe **dī**-kit* **25** *me-li-^{j}**u**ß-n^{e}‿hāk **no**k-te dor-**mīß**-tī* **26** *tungk reß-**pon**-det wī-**kī**-nuß **peß**-ßi-m^{ē}‿**e**-ti-^{j}a^{m} **dor**-mi-ī* **27** *ū-nu^{m} **kal**-ke-u^{m} ka-**den**-t^{em}‿au-**dī**-wī* **28** *e-t‿**al**-te-ru^{m} **tō**-ta^{m} **nok**-t^{em}‿ekß-pek-**tā**-wī*]

Exercitātiō prīma: Intellegisne hās sententiās?

❶ Volō tē cubitum abīre. ❷ Nōn vult mē calceōs in solum prōjicere. ❸ Vīs Jūlium in lectō dormīre. ❹ Marius vult nōs jānuam pede urgēre.

Exercitātiō altera: Īnsere verba dēficientia!

❶ Wohin wird der Schuh geworfen? – Der Schuh wird auf den Boden geworfen.
Quō ______ prōjicitur? – Calceus in ______ prōjicitur.

❷ Wo ist Julius? – Julius ist im Bett.
______ est Jūlius? – Jūlius est in ______.

❸ Die Schuhe werden vom 45. Stockwerk [hinunter] geworfen.
Calceī dē tabulātō quadrāgēsimō quīntō ______.

22 Er legt den zweiten (anderen) Schuh sanft und vorsichtig auf den Boden...

23 und gleitet in den Schlaf.

24 Am nächsten Tag (nachfolgend^{Abl} Tag^{Abl}) sieht er [seinen] Nachbarn und sagt [zu] ihm:

25 "Hast du in dieser Nacht besser geschlafen?"
(besser? diese$^{♀ Abl}$ Nacht$^{♀ Abl}$ hast^{du}-geschlafen?)

26 Daraufhin (dann) antwortet der Nachbar: "Ich habe immer noch sehr schlecht geschlafen (am-schlechtesten auch habe^{ich}-geschlafen):

27 Ich habe [nur] einen Schuh fallen hören...
(einen^{Akk} Schuh^{Akk} fallenden^{Akk} habe^{ich}-gehört...)

28 und auf den anderen die ganze Nacht [lang] gewartet!"
(und andere^{Akk} ganze^{Akk} Nacht^{Akk} habe^{ich}-erwartet!)

ANMERKUNGEN

⑨ Verben der 4. Konjugation (**-īre**) bilden das Perfekt regelmäßig auf **-īvī** (**dormīvī**), jedoch fiel das **v** im Alltagsgebrauch häufig weg (**dormiī** bzw. in der Dichtung **dormiī**), und die beiden **i** verschmolzen zu einem (**dormī**). Entsprechend die 2. Person Plural: **dormīvistī**, **dormīistī** (**dormiistī**) oder wie hier **dormīstī**.

⑩ **dormiī** wird auch ohne **v** dreisilbig gesprochen.

Solūtiō exercitātiōnis prīmæ: Intellēxistīne?

❶ Ich will, dass du schlafen gehst. ❷ Er will nicht, dass ich die Schuhe auf den Boden werfe. ❸ Du willst, dass Julius im Bett schläft. ❹ Marius will, dass wir die Tür mit dem Fuß aufstoßen.

Solūtiō exercitātiōnis alteræ: Verba dēficientia.

❶ calceus – solum ❷ Ubi – lectō ❸ prōjiciuntur.

20 Lēctiō vīcēsima (XX)

Jentāculum sūmō

1 Māne ē lectō septimā hōrā surgō. ①

2 Barbam rādō; corpus lavō; induō mē vestibus. ② ③

3 Tintinnābulum agō.

4 Famula jentāculum affert.

5 Est in lance pōculum caffēī ac lactis, ④ ⑤

6 pānisque tostus cum būtȳrō.

7 – Caffēum nōn est calidum!

8 Potesne id recalfacere?

PRŌNŪNTIĀTUS

[lēk-ti-[j]ō wī-kē-ßi-ma jen-tā-ku-lu[m] ßū-mō ***1*** *mā-n[e]‿ē lek-tō ßep-ti-m[ā]‿hō-rā ßur-gō* ***2*** *bar-ba[m] rā-dō kor-puß la-wō in-du-[w]ō mē weß-ti-buß* ***3*** *tin-tin-nā-bu-l[um]‿a-gō* ***4*** *fa-mu-la jen-tā-ku-l[um]‿af-fert* ***5*** *eß-t‿in lang-ke pō-ku-lu[m] kaf-fē-[ī]‿ak lak-tiß* ***6*** *pā-niß-kwe toß-tuß ku[m] bū-tǖ-rō* ***7*** *kaf-fē-u[m] nō-n‿eßt ka-li-du[m]* ***8*** *po-teß-n[e]‿id re-kal-fa-ke-re]*

Zwanzigste Lektion

Ich nehme das Frühstück ein

1 Morgens stehe ich um sieben Uhr auf.
(morgens aus Bett^{Abl} siebte^{Abl} Stunde^{Abl} erhebe^{ich}-mich.)

2 Ich rasiere mich, wasche mich und ziehe mich an.
(Bart$^{♀\ \text{Akk}}$ schabe^{ich}, Körper$^{\varnothing\ \text{Akk}}$ wasche^{ich}, ziehe^{ich}-an mich Kleidung^{Abl}.)

3 Ich betätige die Klingel.
(Klingel$^{\varnothing\ \text{Akk}}$ treibe^{ich}.)

4 [Meine] Dienerin bringt das Frühstück$^{\varnothing}$.

5 Auf dem Tablett befinden sich ein Becher Kaffee mit Milch
(ist^{es} in Schale$^{♀\ \text{Abl}}$ Becher$^{\varnothing}$ Kaffee$^{\varnothing\ \text{Gen}}$ und Milch$^{\varnothing\ \text{Gen}}$,)

6 und getoastetes Brot mit Butter.
(Brot$^{♂}$-und geröstet$^{♂}$ mit Butter$^{\varnothing\ \text{Abl}}$.)

7 – Der Kaffee ist nicht heiß!

8 Kannst du ihn noch einmal aufwärmen
(es zurück-heiß-machen)?

ANMERKUNGEN

① **ē** "aus" wird benutzt, wenn das nachfolgende Wort mit einem Konsonanten beginnt. **Ex** wird vor Vokalen benutzt, kann aber auch vor Konsonanten stehen.

② Von dem Verb **rādere** "schaben, kratzen" stammen sowohl "radieren" als auch "rasieren" ab. Merken Sie sich in diesem Zusammenhang auch **novācula ēlectrica** "elektrischer Rasierapparat".

③ **induō mē vestibus** ist eine eher nachklassische Verwendung, klassisch würde es **vestēs induō** heißen.

④ Da es sich bei den hier aneinandergereihten Nomen um Sachen, nicht um Personen, handelt, steht das Prädikat **est**, anders als im Deutschen, im Singular.

⑤ **lance**: Sie kennen bereits **catīnus** "Schüssel". Ein Synonym ist **lanx**, **lancis**, das auch "Schale" bedeutet.

9 Post decem minūta famula cum caffēō calidō nōndum rediit. ⑥

10 Jānuam aperiō; calceōs meōs aspiciō, quōs puer polīre nōluit.

11 Redit tandem famula; jentāculum statim sūmō.

12 Væ! Ūritur mihi gula!

13 Nunc caffēum fervēns est! ⑦

14 Hæc omnia mihi moram fēcērunt:

15 ad trāmen assequendum curram oportet. ⑧ ⑨

16 Prōverbia

17 Ipsī agere dēbēmus id quod rēctius cūrāre volumus.

18 Quot servī, tot hostēs. ⑩

PRŌNŪNTIĀTUS

[**9** *poßt de-ke^{m} mi-nū-ta fa-mu-la ku^{m} kaf-fē-ō ka-li-dō nōn-du^{m} re-di-^{j}it* **10** *jā-nu-^{wam}‿a-pe-ri-^{j}ō kal-ke-ōß me-ō-ß‿aß-pi-ki-^{j}ō kwōß pu-^{w}er po-lī-re nō-lu-^{w}it* **11** *re-dit tan-de^{m} fa-mu-la jen-tā-ku-lu^{m} ßta-ti^{m} ßū-mō* **12** *wai ū-ri-tur mi-hi gu-la* **13** *nungk kaf-fē-u^{m} fer-wē^{n}-ß‿eßt* **14** *hai-k‿om-ni-^{j}a mi-hi mo-ra^{m} fē-kē-runt* **15** *ad trā-me-n‿aß-ße-kwen-du^{m}kur-r^{am}‿o-por-tet* **16** *prō-wer-bi-^{j}a* **17** *ip-ß^{ī}‿a-ge-re dē-bē-muß id kwod rēk-ti-^{j}us kū-rā-re wo-lu-muß* **18** *kwot ßer-wī to-t‿hoß-tēß*]

ANMERKUNGEN

⑥ Das unregelmäßige **īre** und seine Komposita (z.B. **abīre**, **redīre**) haben überwiegend die verkürzten Perfektformen **iī**, **rediī** mit dem Akzent auf der ersten Silbe.

9 Nach zehn Minuten ist die Dienerin mit dem heißen Kaffee noch nicht zurückgekehrt.
(nach zehn Minute$^{\text{♂♂ Akk}}$ Dienerin mit Kaffee$^{\text{∅ Abl}}$ heiß$^{\text{∅ Abl}}$ noch-nicht ist^{sie}-zurückgegangen.)

10 Ich öffne die Eingangstür [und] erblicke meine Schuhe, die [mein] Diener nicht putzen wollte.
(Tür$^{\text{♀ Akk}}$ öffne^{ich}; Schuh$^{\text{♂♂ Akk}}$ meine$^{\text{♂ Akk}}$ erblicke^{ich}, welche$^{\text{♂♂ Akk}}$ Junge polieren nicht-hat^{er}-gewollt.)

11 Endlich kehrt die Dienerin zurück; ich nehme das Frühstück sofort ein.
(geht^{sie}-zurück endlich Dienerin; Frühstück$^{\text{∅ Akk}}$ sofort nehme^{ich}.)

12 O nein! Mir brennt die Kehle!
(o weh! wird^{sie}-verbrannt mir Kehle$^{\text{♀}}$!)

13 Jetzt ist der Kaffee kochend heiß!
(nun Kaffee kochend ist^{es}!)

14 Dies alles hat mich aufgehalten:
(diese$^{\text{∅∅}}$ alle$^{\text{∅∅}}$ mir Verzögerung$^{\text{♀ Akk}}$ haben^{sie}-getan:)

15 Ich muss laufen, um [meinen] Zug zu erreichen.
(zu Zug$^{\text{∅ Akk}}$ zu-erreichend$^{\text{∅ Akk}}$ sollte^{ich}-laufen ist^{es}-nötig.)

16 **Sprichwörter**

17 Das, wofür wir allzu korrekt sorgen wollen, müssen wir selber in die Hand nehmen.
(selbst$^{\text{♂♂}}$ treiben müssen^{wir} das$^{\text{∅ Akk}}$ welches$^{\text{∅ Akk}}$ richtiger sorgen wollen^{wir}.)

18 Wie viele Sklaven$^{\text{♂♂}}$, so viele Feinde$^{\text{♀♂}}$.

ANMERKUNGEN

⑦ **fervēns** ist das Partizip Präsens zu **fervere/fervēre** "kochen, sieden".

⑧ **assequendus**, **-a**, **-um** ist ein von **assequī** "einholen, erreichen" abgeleitetes Verbaladjektiv. Diese **nd**-Formen heißen in der Grammatik "Gerundivum" und lassen sich nur schwer wörtlich ins Deutsche übersetzen.

⑨ **curram** ist hier ein Konjunktiv, der etwa im Sinne von "ich soll/möge laufen" zu verstehen ist. Der Konjunktiv muss stehen, weil **oportet** eine Tätigkeit verlangt, die ausgeführt werden soll.

⑩ Einige Substantive, vor allem solche, die Personen bezeichnen, können maskulin oder feminin sein. Man nennt dies **genus commūne** "gemeinsames Geschlecht".

CANTILĒNA

Ego sum pauper!
Nihil habeō.
Et nihil dabō!

Exercitātiō altera: Īnsere verba dēficientia!

1. Nach zehn Minuten kommt die Dienerin mit dem Frühstück.
   Post _____ minūta famula cum _________ venit.
2. Ich nehme meine Schuhe.
   Calceōs meōs ____.
3. Im Becher ist heißer Kaffee.
   In ______ est caffēum _______.
4. Kannst du den Zug sehen?
   _______ agmen vidēre?

21 Lēctiō vīcēsima prīma (XXI)

Repetītiō et annotātiōnēs

Wieder einmal ist es Zeit für eine Wiederholung. Wenn Ihnen noch nicht alles ganz klar ist, ist das nicht schlimm. Das meiste wird Ihnen in den kommenden Lektionen wieder begegnen. Lernen Sie vor allem nicht auswendig!

1. Adjektive

Adjektive richten sich in Kasus (Fall), Numerus (Zahl) und Genus (Geschlecht) nach ihrem Bezugswort. Sie werden wie Substantive dekliniert, wobei man zwischen Adjektiven der a-Deklination und denen der o-Deklination und der 3. Deklination unterscheidet. Ein Beispiel für ein Adjektiv der o- und a-Deklination ist **bonus**, -a, -um "gut":

(ALLSEITS BEKANNTES) LIED / KANON

Ich bin arm!
Ich habe nichts.
Und ich werde nichts geben!

Solūtiō exercitātiōnis alteræ: Verba dēficientia.

❶ decem – jentāculō ❷ sūmō ❸ pōculō – calidum ❹ Potesne.

*Anhand der Seitenzahlen können Sie auf einfache Weise die lateinischen Kardinalzahlen kennenlernen, und über die lateinischen Lektionsnummern können Sie sich mit den Ordinalzahlen vertraut machen, außerdem mit der Schreibweise der römischen Ziffern. Beachten Sie: Die Zahlen, die auf 8 und 9 enden, können auf zwei verschiedene Arten ausgedrückt werden. Lediglich bei 198, 199, 298, 299… schreibt man die zusammengesetzten Zahlen aus und verzichtet auf die Schreibweise **ūndē**-, **duodē**-. Wir führen bei den Seitenzahlen ab Seite 80 nicht mehr beide Varianten auf.*

Einundzwanzigste Lektion

amīcī bonī "gute Freunde"
Amīcī bonī sunt. "Die Freunde sind gut."
māter bona "eine gute Mutter"
mātribus bonīs "mit guten Müttern (Abl.)/den guten Müttern (Dat.)"
Videō amīcam bonam. "Ich sehe eine gute Freundin."

Hier das vollständige Deklinationsschema:

Kasus	Singular			Plural		
	♂	♀	∅	♂	♀	∅
Nom.	bon-*us*	-*a*	-*um*	-*ī*	-*æ*	-*a*
Gen.	bon-*ī*	-*æ*	-*ī*	-*ōrum*	-*ārum*	-*ōrum*
Dat.	bon-*ō*	-*æ*	-*ō*	-*īs*	-*īs*	-*īs*
Akk.	bon-*um*	-*am*	-*um*	-*ōs*	-*ās*	-*a*
Abl.	bon-*ō*	-*ā*	-*ō*	-*īs*	-*īs*	-*īs*

Bei Adjektiven der 3. Deklination ist der Wortstamm, wie bei den Substantiven derselben Deklination, meist nicht im Nominativ Singular erkennbar. Man lernt deshalb noch eine deklinierte Form mit. Beispiel: **vēlōx**, **vēlōcis** "schnell":

vehiculum vēlōx "ein schnelles Fahrzeug"
vehicula vēlōcia "schnelle Fahrzeuge"
vehiculīs vēlōcibus "mit schnellen Fahrzeugen (Abl.)/den schnellen Fahrzeugen (Dat.)"
amīcum vēlōcem "einen schnellen Freund"
amīcī vēlōcēs "schnelle Freunde"

Kasus	Singular			Plural		
	♂	♀	∅	♂	♀	∅
Nom.	**vēl-*ōx***	*-ōx*	*-ōx*	*-ōc-ēs*	*-ōc-ēs*	*-ōc-ia*
Gen.	**vēl-*ōc-is***	*-ōc-is*	*-ōc-is*	*-ōc-ium*	*-ōc-ium*	*-ōc-ium*
Dat.	**vēl-*ōc-ī***	*-ōc-ī*	*-ōc-ī*	*-ōc-ibus*	*-ōc-ibus*	*-ōc-ibus*
Akk.	**vēl-*ōc-em***	*-ōc-em*	*-ōx*	*-ōc-ēs*	*-ōc-ēs*	*-ōc-ia*
Abl.	**vēl-*ōc-ī***	*-ōc-ī*	*-ōc-ī*	*-ōc-ibus*	*-ōc-ibus*	*-ōc-ibus*

2. Imperativ (Befehlsform)

Der Imperativ der Verben entspricht im Singular, wie im Deutschen, in der Regel dem Präsensstamm:

Fac! "Mach!" **Ī!** "Geh!"
Dīc! "Sag!" **Valē!** "Leb wohl!"
Audī! "Hör!" **Dā... !** "Gib...!"
Vidē! "Sieh!" **Es... !** "Sei...!"

Bei den Verben der konsonantischen Konjugation wird meist noch als Hilfsvokal ein **e** angefügt:

Lege! "Lies!"
Scrībe! "Schreib!"

Im Plural lautet die Endung **-te**; sie wird bei Verben der konsonantischen Konjugation nach einem Hilfsvokal an den Präsensstamm angehängt:

Facite! "Macht!" **Valēte!** "Lebt wohl!"
Dīcite! "Sagt!" **Date!** "Gebt!"
Audīte! "Hört!" **Este...!** "Seid...!"
Vidēte! "Seht!" **Legite!** "Lest!"
Īte! "Geht!" **Scrībite!** "Schreibt!"

Bei den Verben, die nur Passivformen, aber aktive Bedeutung haben ("Deponentien"), wie z.B. **loquī** "sprechen" oder **sequī** "folgen", entspricht der Imperativ Singular dem Infinitiv Aktiv, den das Verb hätte, wenn es kein Deponens wäre:

Loquere! "Sprich!"
Sequere! "Folge!"

Für den Plural wird die 2. Person Plural Präsens benutzt:

Loquiminī! "Sprecht!"
Sequiminī! "Folgt!"

3. Supinum I

Das Supinum I steht bei Verben der Bewegung zur Angabe eines Ziels oder Zwecks. Es wird in der Regel durch Anfügen der Endung **-tum** an den Präsensstamm gebildet. Viele Verben haben aber ein unregelmäßiges Supinum, das man mit den Vokabeln gleich mit lernen sollte.

cubitum īre "schlafen gehen" (zum-Liegen gehen)
cēnātum venīre "zum Abendessen kommen" (zum-Speisen kommen)

4. Partizipien

Partizipien sind im Lateinischen häufig; sie bilden einen Teil eines Prädikats oder beschreiben eine Nebenhandlung im Satz (im Deutschen meist mit einem Nebensatz wiedergegeben).

4.1 Partizip Perfekt Passiv (PPP)

Dies ist die gängigste Form. Es entspricht dem Supinum, allerdings wird es im Gegensatz zu diesem wie ein Adjektiv der **a**- und **o**-Deklination dekliniert. Es hat immer passive Bedeutung und drückt die Vorzeitigkeit aus, d.h. die Handlung des Partizips findet vor der eigentlichen Haupthandlung statt.

Wie die Adjektive folgt es seinem Bezugswort in Kasus, Numerus und Genus (KNG). Ein Beispiel mit **acceptus**, **-a**, **-um** "angenommen" von **accipere** "annehmen":

Der Satz **Mārcus ab amīcō bene acceptus vīnum bibit** könnte auf unterschiedliche Weise übersetzt werden, wobei man stets das Zeitverhältnis zwischen der Nebenhandlung **acceptus** "an-/aufgenommen" und der Haupthandlung **bibit** "er trinkt" beachten muss (das Aufgenommenwerden findet vor dem Trinken statt):

a) "Markus, von seinem Freund gut aufgenommen, trinkt Wein." (Satzbau analog zum Lateinischen)

b) "Markus, der von seinem Freund gut aufgenommen worden ist, trinkt Wein." (Relativsatz)

c) "Der von seinem Freund gut aufgenommene Markus trinkt Wein." (attributiv)

d) "Markus wurde von seinem Freund gut aufgenommen und trinkt dann Wein." (Beiordnung)

e) "Nachdem Markus von seinem Freund gut aufgenommen worden ist, trinkt er Wein." (zeitliche Unterordnung)

f) "Weil Markus von seinem Freund gut aufgenommen worden ist, trinkt er Wein." (kausale Unterordnung)

g) "Nach der guten Aufnahme durch seinen Freund trinkt Markus Wein." (Substantiv + Präposition)

usw.

Steht das Subjekt des Satzes im Plural, ändert das Partizip seine Form entsprechend:

Frātrēs ab amīcō bene acceptī vīnum bibunt.
"Die von ihrem Freund gut aufgenommenen Brüder trinken Wein."

Zusammen mit Formen von **esse** "sein" bildet das PPP die Perfekt-Passiv-Formen:

Acceptus (♂)/**Accepta** (♀) **sum.**
"Ich (♂/♀) bin an-/aufgenommen worden."
Acceptī (♂♂)/**Acceptæ** (♀♀)/**Accepta** (⌀⌀) **sunt.**
"Sie (♂♂/♀♀/⌀⌀) sind an-/aufgenommen worden."

4.2 Partizip Präsens Aktiv (PPA)

Es hat aktive Bedeutung und drückt aus, dass die Handlung des Nebensatzes parallel zur Haupthandlung stattfindet. Für das PPA wird die Endung **-ns** (nur im Nominativ Sg.) bzw. **-nt** + Deklinationsendung an den Präsensstamm angehängt. Dekliniert wird es wie ein Adjektiv der 3. Deklination, wobei der Ablativ Singular auf **-e** endet. Es passt sich ebenso wie das PPP und alle Adjektive in Kasus, Numerus und Genus (KNG) an.

Beispiel: **ambulāns**, **ambulantis** "spazieren gehend" von **ambulāre** "spazieren gehen":

Der Satz **In urbe Massiliā ambulantēs Marium invenīmus** könnte auf unterschiedliche Weise übersetzt werden:

a) "In der Stadt Marseille spazieren gehend, treffen wir Marius."
b) "Während wir in der Stadt Marseille spazieren gehen, treffen wir Marius."

usw.

Gleiches gilt für **In urbe Massiliā ambulāns Marium inveniō**:

a) "In der Stadt Marseille spazieren gehend, treffe ich Marius."
b) "Während ich in der Stadt Marseille spazieren gehe, treffe ich Marius."

Hier findet die Nebenhandlung des Spazierengehens (**ambulantēs**) zeitgleich zur Haupthandlung (**invenīmus**) statt.

Sie sind überwältigt von der Fülle an Verbformen und Deklinationen? Aber wie Sie sehen können, tauchen die üblichen Deklinationen und Endungen in verschiedenen Zusammenhängen immer wieder aufs Neue auf. An der sogenannten Logik, die man der lateinischen Sprache oft nachsagt, ist schon etwas dran. Lesen Sie diese Wiederholungslektion noch einige Male durch, und gehen Sie dann ganz entspannt zur nächsten Lektion über. Dort sehen Sie, dass wir nun damit beginnen, die Lautschrift immer mehr einzuschränken. Sie finden nun keine ganzen Sätze mehr in der Transkription, sondern vorwiegend die neuen oder schwierigeren Wörter.

22 Lēctiō vīcēsima altera (XXII)

Pænula tibi convenit

1 – Quid! Sine pænulā domō exīre nōn dubitās? ①

2 – Pænulam in sarcinīs collocāre neglēxī. ②

3 Regiōnēs merīdiānās semper tepidās esse crēdēbam. ③

4 – Errāvistī!

5 Aquilō sæpe nōbīs āerem frīgidum affert. ④

6 Propter hunc ventum hodiē temperiēs frīgida est.

7 – Ubi pænulam emere possum?

8 – Nōn dēsunt tabernæ in hāc viā.

9 Venī mēcum!

10 Ecce taberna Olīvæ: ille mercātor ⑤ ⑥

11 mihi amīcīsque meīs vestēs lautās pretiō modicō vēndit. ⑦

12 – Salvē, Olīva!

PRŌNŪNTIĀTUS

[**2** ... *neg-lēk-ßī* **3** ... *te-pi-dāß* ... *krē-dē-ba*^{m} **5** *a-kwi-lō ßai-pe* ... *ā-e-re*^{m} *frī-gi-du*^{m} ... **6** ... *tem-pe-ri-*^{j}*ēß* ... **7** ... *e-me-re* ... **11** ... *pre-ti-*^{j}*ō mo-di-kō wēn-dit*]

ANMERKUNGEN

① Eine **pænula** war in der Antike eine Art eng anliegender Mantel aus regendichtem Material mit Kapuze, der auf Reisen oder bei schlechtem Wetter in der Stadt getragen wurde. Das allgemeine Wort für "Mantel" ist **amictus** (-**ūs**♂).

② Normalerweise verwendet man kein Possessivpronomen für Kleidungsstücke, Körperteile oder Beziehungen: **Pænulam sūmere neglēxī.** "Ich habe vergessen, meinen Mantel anzuziehen."; **Manūs lavō**. "Ich wasche meine Hände."; **Mātrem amō**. "Ich liebe meine Mutter."

③ Das Substantiv zu **merīdiānus**, **-a**, **-um** lautet **merīdiēs**, was den "Mittag", aber auch den Höchststand der Sonne am Mittag, also den Süden, meinen kann.

④ Bei **āerem** "Luft", das griechischen Ursprungs ist, sind **a** und **e** als zwei separate Laute zu sprechen.

22. Lektion

Der Mantel steht dir

1 – Was! Du zögerst nicht, ohne Mantel aus dem Haus zu gehen?
(ohne Reisemantel[♀ Abl] Haus[Abl] heraus-gehen nicht zweifelst[du]?)

2 – Ich habe es nicht für wichtig gehalten, meinen Mantel einzupacken.
(Reisemantel[Akk] in Gepäck[♀♀ Abl] legen habe[ich]-vernachlässigt.)

3 Ich dachte, dass die südlichen Regionen immer mild sind.
(Gegend[♀♀ Akk] mittägig[♀♀ Akk] immer lauwarm[♀♀ Akk] sein glaubte[ich].)

4 – [Da] hast du dich geirrt!

5 Der Nordwind[♂] bringt uns häufig kalte[♂] Luft[♂].

6 Wegen dieses Windes ist es heute kalt.
(wegen diesen Wind[♂ Akk] heute Temperatur[♀] kalt[♀] ist[sie].)

7 – Wo kann ich einen Mantel kaufen (nehmen)?

8 – In dieser Straße mangelt es nicht an Geschäften.
(nicht fehlen[sie] Laden[♀♀] in diese[♀ Abl] Straße[♀ Abl].)

9 Komm mit mir!

10 Sieh mal, der Laden von Oliva: Dieser (jener) Händler

11 verkauft mir und meinen Freunden ansehnliche Kleidung zu einem vernünftigen Preis.
(mir Freunde[Dat]-und meinen Kleidung[Akk] sauber[♀♀ Akk] Preis[∅ Abl] mäßig[∅ Abl] verkauft[er].)

12 – Sei gegrüßt, Oliva!

ANMERKUNGEN

⑤ **Olīva** (♀) "Olive" ist hier ein männlicher Beiname. In der Antike hatte jeder männliche römische Bürger drei Namen: einen Vornamen (**prænōmen**), einen Familiennamen (**nōmen gentīle**) und einen Beinamen (**cōgnōmen**). Viele berühmte Römer, wie **C.** (= **Gāius**) **Jūlius Cæsar**, kennt man in erster Linie durch ihren Beinamen.

⑥ Ein **mercātor** "Großhändler, Handelsherr" suchte oft mit Schiffen zahlreiche Marktplätze auf. Ein **caupō** (L. 10) hingegen war ein "Kleinhändler, Krämer", der meist auch eine Kneipe betrieb. Der **mangō**, ein betrügerischer Händler oder Sklavenhändler, verschönerte seine Ware künstlich.

⑦ Zur Angabe eines Preises ist neben dem Genitiv auch der Ablativ üblich.

13 – Salvēte, Dominī! Quid vōbīs?
14 – Fac videāmus pænulās! ⑧
15 – Ecce pænulæ!
16 – Quanta pænulārum cōpia!
17 Quod est jūdicium tuum dē istīs pænulīs cinereīs? ⑨ ⑩
18 Quid dē illā fuscā?
19 Color hujus pænulæ mihi nōn displicet. ⑪
20 Eam probēmus!
21 – Hæc pænula tibi mīrō modō convenit. ⑫
22 – Et cum pænulā, vīsne alia vestīmenta?
23 Subūculam, mastrūcam, brācās, pallium? ⑬ ⑭
24 Quid dē hōc petasō?
25 – Hæc pænula mihi satisfacit. ⑮
26 Possumne eam cursuālī perscrīptiōne solvere?
27 Perscrīptiōnem implet et eam Olīvæ porrigit.

PRŌNŪNTIĀTUS

[**23** *ßu-bū-ku-la*[m] *maß-trū-ka*[m] *brā-kāß* ... **24** ... *hōk pe-ta-ßō* **25** ... *ßa-tiß-fa-kit* **27** *perß-krīp-ti-*[j]*ō-ne*[m] ...]

ANMERKUNGEN

⑧ Der Konjunktiv **videāmus** erklärt sich aus einem weggefallenen **ut** wie bei **curram oportet** (L. 20): **fac ut videāmus** "mach, dass wir sehen können".

⑨ Das Demonstrativpronomen **iste**, **ista**, **istud** weist auf Dinge hin, die sich in der Nähe des Angesprochenen befinden; **ille**, **illa**, **illud** bezeichnet hingegen Dinge, die sowohl vom Sprecher als auch vom Angesprochenen weiter entfernt sind. Der Genitiv Sg. lautet **istīus** bzw. **illīus**.

⑩ **cinereus** ist das Adjektiv zu **cinis**, **cineris** "Asche".

⑪ **hujus** (Aussprache [*huj-juß*]) ist der Genitiv Singular des Demonstrativpronomens **hic**, **hæc**, **hoc**. Dieses wird bei Dingen benutzt, die sich in der Nähe des Sprechers befinden.

⑫ **mīrō modō** ist ein Ablativ der Art und Weise.

⑬ **brācæ** "Hose" ist ein Pluralwort. Jedem Hosenbein entspricht eine **brāca**: **vestræ brācæ** "eure Hose". **Brācās** (**mihi**) **induō**. "Ich ziehe mir eine Hose an". **Brācīs indūtus sum**. "Ich trage Hosen".

13 – Seid gegrüßt, [meine] Herren! Was braucht ihr?
(was euch?)

14 – Lass uns [deine] Mäntel sehen!
(tue sehen wir Reisemantel[♀♀ Akk]!)

15 – Seht her, die Mäntel!

16 – Was für eine Menge an Mänteln!
(wie-groß[♀] Reisemantel[♀♀ Gen] Fülle[♀]!)

17 Was hältst du von diesen grauen Mänteln da,
(welches ist[es] Urteil[∅] dein[∅] von diese[♀♀ Abl] Reisemantel[♀♀ Abl] aschgrau[♀♀ Abl],)

18 was von diesem braunen [da hinten]?
(was von jene[♀ Abl] dunkelbraun[♀ Abl]?)

19 Die Farbe dieses Mantels [hier] finde ich nicht schlecht.
(Farbe[♂] dieses[Gen] Reisemantel[Gen] mir nicht missfällt[er].)

20 Lass uns ihn anprobieren! (sie[Akk] prüfen[wir]!)

21 – Dieser Mantel steht dir wunderbar.
(diese[♀] Reisemantel dir wunderbar[♂ Abl] Maß[♂ Abl] kommt[sie]-zusammen.)

22 – Und, willst du zu dem Mantel noch andere Kleidungsstücke?
(und mit Reisemantel[Abl], willst[du?] andere[∅∅ Akk] Kleidung[∅∅ Akk]?)

23 Ein Unterhemd[♀ Akk], eine Jacke (Schafpelz[♀ Akk]), eine Hose[♀♀ Akk] [oder] einen Umhang[∅ Akk]?

24 Wie wäre es mit diesem Hut?
(was von dieser[♂ Abl] Reisehut[♂ Abl]?)

25 – Dieser Mantel reicht mir.
(diese[♀] Reisemantel mir tut[sie]-genug.)

26 Kann ich ihn mit einem Postscheck zahlen?
(kann[ich?] sie[Akk] zu-Lauf[♀ Abl] Niederschrift[♀ Abl] lösen?)

27 Er füllt den Scheck aus und reicht ihn Oliva.
(Niederschrift[♀ Akk] füllt[er]-an und sie[Akk] Oliva[Dat] streckt[er]-aus.)

ANMERKUNGEN

⑭ Ein **pallium** war ein weiter Überwurfmantel der Griechen, den auch Römer unter Griechen trugen. Das eigentliche römische Obergewand war hingegen die aus einem weißen Wolltuch bestehende und lang herabwallende **toga**.

⑮ Komposita mit -**facere** (anstatt -**ficere**) behalten ihre Grundbetonung bei (z.B. **satisfacit**).

Exercitātiō prīma: Intellegisne hās sententiās?

① Olīva sine morā pænulās affert. ② Quod est jūdicium vestrum dē istīs brācīs rubrīs? ③ Brācæ rubræ hominī gravī nōn conveniunt. ④ Induitur subūculā sub mastrūcā! ⑤ Induit mastrūcam super subūculam!

Exercitātiō altera: Īnsere verba dēficientia!

① Die Farben dieser Mäntel gefallen mir.
Illārum ________ colōrēs mihi ________.

② Dieses Kleidungsstück wird Jacke genannt, jenes aber Umhang.
___ vestīmentum mastrūca dīcitur, _____ autem pallium.

23 Lēctiō vīcēsima tertia (XXIII)

Tibi optō bonum vīsum

1 Operārius quīdam in fabricā lignāriā opus suum faciēbat. ①

2 Ita īnscītus is erat,

PRŌNŪNTIĀTUS

[*1 ... fa-bri-kā ling-nā-ri-^{j}ā ... 2 ... īß-kī-tuß ...*]

Solūtiō exercitātiōnis prīmæ: Intellēxistīne?

❶ Oliva bringt die Mäntel ohne Verzögerung herbei. ❷ Was haltet ihr von dieser roten Hose? ❸ Eine rote Hose passt nicht zu einem seriösen Menschen. ❹ Er kleidet sich mit einem Unterhemd unter der Jacke! ❺ Er zieht (sich) die Jacke über das Unterhemd an!

❸ Die Griechen trugen ein Pallium, die Römer aber eine Toga.
Græcī palliō induēbantur, Rōmānī autem ____.

❹ Diese wurden "gens togata", jene aber "gens palliata" genannt (gerufen).
Hī "gēns togāta", ____ autem "gēns palliāta" __________.

Solūtiō exercitātiōnis alteræ: Verba dēficientia.

❶ pænulārum – placent ❷ Hoc – illud ❸ togā ❹ illī – vocābantur.

23. Lektion

Ich wünsche dir eine gute Sicht (Sehen♂ Akk)

1 Ein Arbeiter verrichtete seine Arbeit in einer Holzfabrik.
(Arbeiter♂ gewisser♂ in Fabrik♀ Abl Holz-♀ Abl Werk∅ Akk sein tat[er].)

2 Er war so ungeschickt,
(so unwissend er war[er],)

ANMERKUNGEN

① Für **lignārius** "Holz-" gibt es keine wörtliche deutsche Entsprechung. Es wird im Deutschen als Teil eines Kompositums (zusammengesetztes Nomen) wiedergegeben.

3 ut quōdam diē sibi nāsum serrā mēchanicā stupidē secuerit. ② ③

4 Ā medicō cūrātus, domō tamen exīre nōlēbat: ④

5 sine nāsō sē rīdiculum vidērī arbitrābātur. ⑤ ⑥

6 Amīcus bonus nocte domum ejus advēnit, eique dīxit:

7 – Venī mēcum! Ūnā ambulābimus.

8 Tē āerem pūrum respīrāre oportet.

9 Nocte nēmō dēfōrmitātem tuam vidēre poterit. ⑦

10 Post ambulātiōnem, amīcus amīcō dīxit:

11 – Tibi optō bonam noctem,

12 bonam valētūdinem, bonum vīsum!

13 Alter respondit: ⑧

14 – Propter bonam noctem bonamque valētūdinem

15 tibi grātiās agō.

16 Sed cūr mihi bonum optēs vīsum nōn intellegō.

17 Tunc amīcus:

PRŌNŪNTIĀTUS

[**3** ... *ßi-bi nā-ßu*^{m} *ßer-rā mē-k*^{h}*a-ni-kā ßtu-pi-dē* ... **4** ... *me-di-cō* ... **5** ... *rī-di-ku-lu*^{m} ... *ar-bi-trā-bā-tur* **8** ... *ā-e-re*^{m} ... *reß-pī-rā-re* ... **9** ... *nē-mō dē-fōr-mi-tā-te*^{m} ... **12** ... *wa-lē-tū-di-ne*^{m} ... *wī-ßu*^{m}]

ANMERKUNGEN

② **stupidē** ist das Adverb zu **stupidus**, **-a**, **-um** "dumm, verdutzt".

③ **secuerit**: Konjunktiv Perfekt von **secuit** "er/sie/es hat geschnitten", einem leicht unregelmäßigen Verb der 1. Konjugation (**secāre**). Der Konjunktiv steht hier, weil es sich um einen Konsekutivsatz (Folgesatz) handelt. Die Konjunktion **ut** verlangt in der Bedeutung "dass" immer den Konjunktiv.

④ Das Partizip **cūrātus** "geheilt, gepflegt" könnte man hier auch mit einem durch "obwohl" eingeleiteten Nebensatz (Konzessivsatz) übersetzen.

⑤ **sē** "sich" drückt hier die Reflexivität (Rückbezüglichkeit) aus: Der Arbeiter glaubt, dass er selbst (nicht ein anderer) lächerlich aussähe.

⑥ **arbitrābātur**: 3. Pers. Sg. Imperfekt des Deponens **arbitrārī** "glauben, meinen".

3 dass er sich eines Tages dummerweise die Nase mit einer mechanischen Säge abschnitt.
(dass gewisser[♂ Abl] Tag[♂ Abl] sich Nase[♂ Akk] Säge[♀ Abl] mechanisch[♀ Abl] dumm habe[er]-geschnitten.)

4 Nach der Heilung durch einen Arzt wollte er trotzdem nicht aus dem Haus gehen:
(von Arzt[♂ Abl] gesorgt, Haus[Abl] trotzdem herausgehen wollte[er]-nicht:)

5 Er glaubte, ohne Nase lächerlich auszusehen.
(ohne Nase[♂ Abl] sich lächerlich[♂ Akk] gesehen-werden glaubte[er].)

6 Ein guter Freund kam nachts zu ihm nach Hause und sagte zu ihm:
(Freund gut Nacht[♀ Abl] Haus[Akk] dessen ist[er]-angekommen, ihm-und hat[er]-gesagt:)

7 – Komm mit mir! Wir werden gemeinsam [ein wenig] spazieren gehen.

8 Du musst saubere Luft atmen.
(dich Luft[♂ Akk] rein[♂ Akk] einatmen nötig-ist[es].)

9 In der Nacht wird niemand deine Verunstaltung sehen können.
(Nacht[♀ Abl] niemand Verunstaltung[♀ Akk] deine[♀ Akk] sehen wird[er]-können.)

10 Nach dem Spaziergang[♀ Akk] sagte der [eine] Freund zu seinem Freund:

11 – Ich wünsche dir eine gute Nacht,

12 eine gute Gesundheit (Stärke[♀ Akk]) und eine gute Sicht[♂ Akk]!

13 Der andere antwortete:

14 – Für die gute Nacht und die gute Gesundheit
(wegen gut[♀ Akk] Nacht[♀ Akk] gut[♀ Akk]-und Gesundheit[♀ Akk])

15 danke ich dir. (dir Dank[♀♀ Akk] handle[ich].)

16 Aber warum du mir eine gute Sicht wünschst, verstehe ich nicht.

17 Daraufhin (dann) [entgegnete] der Freund:

ANMERKUNGEN

⑦ **poterit**: Futur von **potest** "er/sie/es kann". Diese Form setzt sich zusammen aus **potis** "mächtig, fähig" und **erit** "er/sie/es wird sein".

⑧ Der Perfektstamm von **respondēre** "antworten" ist identisch mit dem Präsensstamm: -**respond**.

18 – Sī bonum vīsum perdās et, exemplī grātiā,
19 myōps fīās, quōnam oculāria impōnās?
20 Secō, secās, secat, secant, secāre.
21 Secuī, secuistī, secuit, secuērunt, secuisse; ⑨
22 secuerim, secueris, sectus, secta, sectum. ⑩

PRŌNŪNTIĀTUS

[*19 mü-ōpß fī-ʲāß ... o-ku-lā-ri-ʲa ...*]

Exercitātiō prīma: Intellegisne hās sententiās?

❶ Jūlius bonus erat, itaque māter ei crustulum dedit. ❷ Jūlius ita bonus erat ut māter ei crustulum dederit. ❸ Operārius serram mēchanicam īnscītē dūcēbat, ❹ itaque nāsus ejus sectus est. ❺ Serra nāsum illīus secuit.

Exercitātiō altera: Īnsere verba dēficientia!

❶ Marius lud uns in sein Haus ein, aber versäumte es, die Adresse aufzuschreiben.
Marius ad domum suam ___ invītāvit, sed domicilium ___ neglēxit.

❷ Woher kommst du? – Ich komme aus Paris, aus dem lateinischen Viertel.
Unde ___? – Lutētiā veniō, dē vīcō ___.

❸ Wohin gehst du? – Das habe ich dir schon in der achten Lektion gesagt: Ich gehe nach Rom.
Quō vādis? – ___ tibi ___ in lēctiōne octāvā ___: Rōmam vādō.

18 – Falls du [deine] gute Sicht verlieren und, zum Beispiel,
(wenn gut$^{\text{♂ Akk}}$ Sicht$^{\text{♂ Akk}}$ solltest^{du}-verlieren und, Beispiel$^{\text{⌀ Gen}}$ Dank$^{\text{♀ Abl}}$,)

19 kurzsichtig werden solltest, worauf setzt du dann [deine] Brille?
(kurzsichtig solltest^{du}-werden, wohin-denn Brille$^{\text{⌀⌀ Akk}}$ würdest^{du}-aufsetzen?)

20 Ich schneide, du schneidest, er/sie/es schneidet, sie schneiden, schneiden.

21 Ich habe geschnitten, du hast geschnitten, er/sie/es hat geschnitten, sie haben geschnitten, geschnitten haben;

22 ich habe geschnitten, du habest geschnitten, geschnitten$^{\text{♂}}$, geschnitten$^{\text{♀}}$, geschnitten$^{\text{⌀}}$.

ANMERKUNGEN

⑨ Unterscheiden Sie **secuī** (dreisilbig) von **sequī** (zweisilbig).
⑩ **secuerim** und **secueris** sind die Formen des Konjunktivs Perfekt.

Solūtiō exercitātiōnis prīmæ: Intellēxistīne?

❶ Julius war brav (gut), deshalb gab seine Mutter ihm ein Stück Kuchen. ❷ Julius war so brav, dass seine Mutter ihm ein Stück Kuchen gab. ❸ Der Arbeiter führte die mechanische Säge ungeschickt, ❹ deshalb ist seine Nase abgeschnitten worden. ❺ Die Säge schnitt seine (jenes) Nase ab.

❹ Warum könntest du denn [wohl] nicht mit uns kommen?
___ ___ ___ nōbīscum nōn veniās?

Solūtiō exercitātiōnis alteræ: Verba dēficientia.

❶ nōs – scrībere ❷ venīs – Latīnō ❸ Id – jam – dīxī ❹ Cūr.

Seien Sie am Anfang zufrieden, wenn Sie die Dialoge beim Lesen und Hören verstehen, und machen Sie sich mit der Aussprache vertraut. Denken Sie immer daran, dass Sie mit der Zeit und durch tägliches Lesen und Nachsprechen ein Gefühl und ein "Ohr" für die lateinischen Laute bekommen.

24 Lēctiō vīcēsima quārta (XXIV)

Cavēte favīllās!

1 – Quam artem exercet pater tuus? ① ②

2 – Pater meus faber est. ③

3 In fabricā ferrāriā fabrum vidēmus,

4 quī plaustrī axem corrigit.

5 Axis igne calefit. ④

6 Cum satis calefactus est, faber eum in incūdem impōnit.

7 Malleō ferrum tundit: ⑤

8 scintillæ sescentæ ēmicant.

9 – Intrāte puerī, sed nōlīte appropinquāre! ⑥ ⑦

10 Cavēte favīllās! ⑧ ⑨

11 – Cui ita operāris, Domine? ⑩

12 Faber puerō respondet:

PRŌNŪNTIĀTUS

[**2** ... *f**a**-ber* ... **3** ... *fer-r**ā**-ri-^{j}ā* ... **4** ... *k**o**r-ri-git* **5** ... *ing-ne* ... **6** ... *ing-k**ū**-de^{m}* ... **8** *ßkin-t**i**l-lai ßeß-k**e**n-t^{ai}‿**ē**-mi-kant* **9** ... *ap-pro-pin-kw**ā**-re* **11** *k^{ui}‿ita* ...]

ANMERKUNGEN

① **Quam**: Akkusativ Singular Femininum des Pronomens **quī**, **quæ**, **quod**, das Sie bereits als Relativpronomen "der/welcher, die/welche, das/welches" kennen. In Fragen kann es auch im Sinne von "welcher?, welche?, welches?" benutzt werden.

② **ars**, **artis** heißt ursprünglich "Kunst", kann aber auch "Gewerbe, Wissenschaft, Profession" bedeuten.

③ Ein **faber** kann ebenso ein "Künstler" wie auch ein "Handwerker" sein.

④ In **calefit** "er/sie/es wird heiß" sind **calidus** "heiß" und **fit** "er/sie/es wird" enthalten. Sie kennen aus L. 23 bereits den Konjunktiv Präsens von **fīs** "du wirst": **fīās**. Komposita mit -**fierī** (und solche mit -**facere** anstelle von -**ficere**) behalten ihre Grundbetonung bei (z.B. **calefit**).

24. Lektion

Nehmt euch vor den Funken in Acht!

1 – Welches Handwerk[♀ Akk] übt dein Vater aus?

2 – Mein Vater ist Schmied (Macher[♂]).

3 In der Schmiede sehen wir einen Schmied,
(in Fabrik[♀ Abl] Eisen-[♀ Abl] Macher[♂ Akk] sehen[wir],)

4 der die Achse eines Lastwagens repariert.
(welcher Lastkarren[∅ Gen] Achse[♂ Akk] richtet[er]-gerade.)

5 Die Achse wird durch das Feuer[♂ Abl] heiß.

6 Wenn sie heiß genug ist, legt der Schmied sie auf den Amboss.
(wenn genug heiß-gemacht[♂] ist[er], Macher ihn in Amboss[♀ Akk] setzt[er]-auf.)

7 Er schlägt mit einem Hammer auf das Eisen ein:
(Hammer[♂ Abl] Eisen[∅ Akk] stößt[er]:)

8 Unzählige Funke[♀♀] (sechshundert) schießen hervor.

9 – Tretet ein, Kinder, aber nähert euch nicht (nicht-wollt sich-nähern)!

10 Nehmt euch vor den Funken in Acht!
(hütet-euch glühende-Asche[♀♀ Akk]!)

11 – Für wen (wem) arbeiten Sie so, Herr?

12 Der Schmied antwortet dem Jungen:

ANMERKUNGEN

⑤ Merken Sie sich im Zusammenhang mit **ferrum** "Eisen" auch das Adjektiv **rōbīginōsus**, -**a**, -**um** "verrostet".

⑥ **puer**, **puerī** "Junge, Kind" wird wie **faber**, **fabrī** "Macher" nach der **o**-Deklination dekliniert.

⑦ **nōlī** "wolle nicht" und **nōlīte** "wollt nicht", die Imperative von **nōlle** "nicht wollen", bilden in Verbindung mit einem Infinitiv einen verneinten Befehl.

⑧ Weltbekannt geworden ist ein in Pompeji gefundenes Fußbodenmosaik mit der Aufschrift: **Cavē canem** "Hüte dich vor dem Hund".

⑨ **favīlla** meint die leicht verfliegende, noch heiße Loderasche. Die gröbere Asche am Boden ist **cinis**, **cineris**. **Scintilla** ist der eigentliche Funke, wie er z.B. beim Aneinanderschlagen zweier Steine entstehen kann.

⑩ Unterscheiden Sie gut zwischen **cui** [*kuj*] und **quī** [*kwī*].

13 – Lūcās agricola in fossam cum plaustrō dēlāpsus est: ⑪
14 rota ejus frācta est et axis distortus. ⑫
15 Axis corrigendus est et rota reficienda. ⑬
16 Lūcās axem ipse corrigere nōn potest: ⑭
17 eī fabrō opus est.
18 Omnia nōs ipsī facere nōn possumus.
19 Ferrum cūdendum est dum candet in igne. ⑮

PRŌNŪNTIĀTUS

[*13 ... a-gri-ko-la ... dē-lāp-ßuß ... 14 ej-juß ... frāk-ta ... 15 ... re-fi-ki-ʲen-da 19 ... i-n‿ing-ne*]

Exercitātiō prīma: Intellegisne hās sententiās?

❶ Faber ferrārius puerī birotam reficit. ❷ Puer fabrō birotam reficiendam dedit. ❸ Birota ā fabrō refecta est: ❹ rota ejus ā puerō distorta erat. ❺ Birotæ ā fabrīs refectæ sunt: ❻ eārum rotæ ā puerīs distortæ sunt.

Exercitātiō altera: Īnsere verba dēficientia!

❶ Siehst du den Jungen? Seht ihr die Jungen?
...... puerum? Vidētisne ......?

❷ Die Jungen betreten die Schlafzimmer.
...... in cubicula intrant.

❸ Die Kleider der Jungen bleiben in den Schlafzimmern.
Puerōrum ...... in ...... manent.

13 – Der Bauer Lukas ist mit seinem Lastwagen in einen Graben gerutscht:
(Lucas Bauer$^{♂}$ in Graben$^{♀\ \text{Akk}}$ mit Lastkarren^{Abl} herabgeglitten$^{♂}$ ist^{er}:)

14 Dessen Rad$^{♀}$ ist zerbrochen$^{♀}$, und die Achse ist verbogen$^{♂}$.

15 Die Achse ist zu begradigen und das Rad zu reparieren.
(Achse geradezurichtend$^{♂}$ ist^{er} und Rad$^{♀}$ wiedermachend$^{♀}$.)

16 Lukas kann die Achse nicht selbst begradigen:

17 Er benötigt einen Schmied.
(ihm Macher^{Abl} Werk ist^{es}.)

18 Wir können nicht alles selber machen.
(alle$^{∅∅\ \text{Akk}}$ wir selbst$^{♂♂}$ tun nicht können^{wir}.)

19 Das Eisen muss geschmiedet werden, während es im Feuer glüht.
(Eisen$^{∅}$ zu-schlagend$^{∅}$ ist^{es} während glänzend-weiß-ist^{es} in Feuer$^{♂\ \text{Abl}}$.)

ANMERKUNGEN

⑪ **dēlāpsus** ist das PPP des Deponens **dēlābī** "herabgleiten".
⑫ Zwei weitere PPP-Formen: **frāctus**, -**a**, -**um** von **frangere** "zerbrechen" und **distortus**, -**a**, -**um** von **distorquēre** "verdrehen".
⑬ **corrigendus**, -**a**, -**um** und **reficiendus**, -**a**, -**um** sind von **corrigere** und **reficere** abgeleitete Verbaladjektive (sogenannte Gerundiva). Sie drücken hier eine Notwendigkeit aus. **Tibi rotam reficiendam dō.** "Ich gebe dir das Rad zum Reparieren".
⑭ Das Pronomen **ipse**, **ipsa**, **ipsum** hebt eine Person oder Sache hervor. Wir drücken dies im Deutschen mit "selbst, persönlich, gerade, ausgerechnet" aus.
⑮ **candēre** "glänzen, hell glühen" ist das Verb zu **candidus**, -**a**, -**um** "glänzend weiß".

Solūtiō exercitātiōnis prīmæ: Intellēxistīne?

❶ Der Eisenschmied repariert das Fahrrad des Jungen (wiedermacht^{er}). ❷ Der Junge gab dem Schmied sein Fahrrad zum Reparieren. ❸ Das Fahrrad ist vom Schmied repariert worden. ❹ Dessen Rad war vom Jungen verbogen worden. ❺ Die Fahrräder sind von den Schmieden repariert worden: ❻ Deren Räder sind von den Jungen verbogen worden.

❹ Gebt den Jungen Zuckerplätzchen.
▇▇▇▇ crustula puerīs.

Solūtiō exercitātiōnis alteræ: Verba dēficientia.

❶ Vidēsne – puerōs ❷ Puerī ❸ vestēs – cubiculīs ❹ Date.

25 Lēctiō vīcēsima quīnta (XXV)

Fābellæ īnsānæ

1 Īnsānus quīdam, canem brevibus crūribus aspiciēns, ① ② ③

2 subitō clāmāvit:

3 "Canēs terram prætervolant: mox pluet!"

4 Dīcitur, quandō hirundinēs dēmissē volant,

5 imbrem imminentem esse.

6 Ūna hirundō vēr nōn efficit.

7 Alter īnsānus sē grānum frūmentī esse crēdēbat:

8 quotiēscumque gallīnam vīderat, perterritus fugiēbat. ④

9 Timēbat enim nē ā gallīnā vorārētur. ⑤ ⑥

10 Medicus īnsānōrum multā cum persevērantiā eum cūrāvit.

11 Īnsānus tandem intellēxit sē grānum frūmentī nōn esse.

PRŌNŪNTIĀTUS

[... *ī^{n}-ß**ā**-nai* **1** ... *k**a**-ne^{m}* ... *aß-p**i**-ki-^{j}ē^{n}ß* **3** ... *prai-t**e**r-wo-lant mokß* ... **4** ... *hi-r**u**n-di-nēß dē-m**i**ß-ßē* ... **6**... *wēr* ... **7** ... *ī^{n}-ß**ā**-nuß* ... *gr**ā**-nu^{m} frū-m**e**n-tī* ... **8** *kwo-ti-^{j}ēß-k**u**^{m}-kwe gal-l**ī**-na^{m}* ... *per-t**e**r-ri-tuß* ... **9** *ti-m**ē**-bat* ... *nē* ... *wo-rā-r**ē**-tur* **10** ... *per-ße-wē-r**a**n-ti-^{j}ā* ... **11** ... *in-tel-l**ē**k-ßit* ...]

ANMERKUNGEN

① **Īnsānus**: Im Lateinischen kann jedes Adjektiv auch als ein Substantiv gelten.

② Das Pronomen **quīdam**, **quædam**, **quoddam** steht bei Personen oder Sachen, die nicht näher qualifiziert oder beschrieben werden.

③ **brevibus crūribus** "mit kurzen Beinen" ist ein sog. **ablātīvus quālitātis**, ein Ablativ der Beschaffenheit bzw. der Eigenschaft.

④ **vīderat** "er/sie/es hatte gesehen": Plusquamperfekt (Vorvergangenheit) von **videt** "er/sie/es sieht". Für diese Zeitform werden die Imperfektformen von **esse** (**eram**, **erās**, **erat** usw.) an den Perfektstamm angehängt.

25. Lektion

Verrückte Geschichten

1 Ein Verrückter, der einen Hund mit kurzen Beinen erblickte,
(ungesund$^{♂}$ gewisser$^{♂}$, Hund$^{♂ Akk}$ kurz$^{ØØ Abl}$ Unterschenkel$^{ØØ Abl}$ anblickend,)

2 schrie plötzlich:
(plötzlich hat^{er}-geschrien:)

3 "Die Hunde fliegen tief: Bald wird es regnen!"
(Hunde Erde$^{♀ Akk}$ fliegen^{sie}-vorbei: bald wird^{es}-regnen!)

4 Man sagt, wenn die Schwalben tief fliegen,
(wird^{es}-gesagt, wann Schwalbe$^{♀♀}$ herabgelassen fliegen^{sie},)

5 ist es kurz davor, zu regnen.
(Regen$^{♂ Akk}$ hineinragend$^{♂ Akk}$ sein.)

6 Eine Schwalbe macht [noch] keinen Frühling.
(eine Schwalbe$^{♀}$ Frühling$^{Ø Akk}$ nicht bringt^{sie}-hervor.)

7 Ein anderer Verrückter glaubte, dass er ein Getreidekorn sei:
(anderer ungesund$^{♂}$ sich Korn$^{Ø Akk}$ Getreide$^{Ø Gen}$ sein glaubte^{er}:)

8 Jedesmal, wenn er eine Henne$^{♀ Akk}$ gesehen hatte,
(durch-erschrocken) floh er völlig erschrocken.

9 Er fürchtete nämlich, dass er von der Henne gefressen würde.
(fürchtete^{er} nämlich nicht von Henne$^{♀ Abl}$ würde^{er}-verschlungen.)

10 Ein Psychiater heilte ihn mit viel Ausdauer.
(Arzt ungesund$^{♂♂ Gen}$ viel$^{♀ Abl}$ mit Ausdauer$^{♀ Abl}$ ihn hat^{er}-gesorgt.)

11 Der Verrückte erkannte endlich, dass er kein Getreidekorn war.
(ungesund endlich hat^{er}-verstanden sich Korn$^{Ø Akk}$ Getreide$^{Ø Gen}$ nicht sein.)

ANMERKUNGEN

⑤ **nē** "nicht" wird immer zur Verneinung mit dem Konjunktiv benutzt. **Nē edās gallīnam assam**. "Iss kein gebratenes Huhn/Du sollst kein gebratenes Huhn essen". Nach den Verben des Fürchtens und Hinderns heißt **nē** allerdings "dass".

⑥ **vorārētur** Konjunktiv Imperfekt von **vorātur** "er/sie/es wird verschlungen". Der Konjunktiv drückt hier den Wunsch aus, nicht verschlungen zu werden. Er steht im Imperfekt, weil **timēbat** auch im Imperfekt steht.

12 Posterō diē medicus, quī sānātiōnem probāre cupiēbat, cum eō colloquēbātur.

13 At subitō gallīna quædam ab īnsānō vīsa est,

14 quī statim sē in pedēs conjēcit. ⑦

15 – Cūr fugis? ait medicus.

16 Crēdēbam tē sānātum esse.

17 Cūr adhūc gallīnās timēs? ⑧

18 – Nōn dubitō quīn mē sānāveris: ⑨

19 certus sum mē grānum frūmentī nōn esse.

20 Sed hoc gallīna fortasse nōndum nōvit!

PRŌNŪNTIĀTUS

[*12* ... *kol-lo-kwē-bā-tur* *14* ... *kon-jē-kit* *15* ... *fu-gi-ß‿ait* ... *17* ... *a-d*^{h}*ūk* ... *ti-mēß* *18* ... *kwīn* ... *ßā-nā-we-riß*]

Exercitātiō prīma: Intellegisne hās sententiās?

❶ Īnsānī ā medicīs nōn semper sānantur. ❷ Pānis ē frūmentō fit. ❸ Ē frūmentō hominēs pānem faciunt. ❹ Gallīna grāna frūmentī vorat. ❺ Vorantne gallīnās īnsānī? ❻ Gallīnæ īnsānīs nōn conveniunt.

12 Am nächsten Tag unterhielt sich der Psychiater, der die Heilung überprüfen wollte, mit ihm.
(nachfolgend[♂ Abl] Tag[♂ Abl] Arzt, welcher Heilung[♀ Akk] prüfen wünschte[er], mit er[♂ Abl] besprach[er]-sich.)

13 Aber plötzlich wurde eine Henne von dem Verrückten gesichtet,
(aber plötzlich Henne[♀] gewisse[♀] von ungesund[♂ Abl] gesehen[♀] ist[sie],)

14 der sofort flüchtete.
(welcher sofort sich in Fuß[♂♂ Akk] hat[er]-zusammengeworfen.)

15 – Warum fliehst du? sagte der Arzt.

16 Ich dachte, du wärst geheilt.
(glaubte[ich] dich geheilt[♂ Akk] sein.)

17 Warum (bis-hierher) fürchtest du immer noch Hennen?

18 – Ich zweifle nicht daran, dass du mich geheilt hast:
(nicht zweifle[ich] dass-nicht mich habest[du]-geheilt:)

19 Ich bin [mir] sicher, dass ich kein Getreidekorn bin.
(sicher[♂] bin[ich] mich Korn[∅ Akk] Getreide[∅ Gen] nicht sein.)

20 Aber das weiß die Henne vielleicht noch nicht!
(aber dieser Henne vielleicht nicht-für-jetzt kennt[sie]!)

ANMERKUNGEN

⑦ **conjēcit** "er/sie/es hat zusammengeworfen" kommt von **conjicere**, **conjiciō**, **conjēcī**, **conjectum** "zusammenwerfen, schleudern", auch "vermuten".

⑧ **adhūc** ist eines der wenigen Wörter mit Endbetonung.

⑨ Hier denkt der Lateinsprecher – anders als der Deutsche – negativ (ähnlich wie bei **timēre nē** "fürchten, dass"): Der Patient schließt die Möglichkeit aus, dass der Arzt ihn nicht geheilt haben könnte. Deshalb steht hier **quīn** "warum nicht, dass nicht" + **sānāveris** im Konjunktiv Perfekt.

Solūtiō exercitātiōnis prīmæ: Intellēxistīne?

❶ Verrückte werden nicht immer von Ärzten geheilt. ❷ Brot wird aus Getreide [gemacht]. ❸ Aus Getreide machen die Menschen Brot. ❹ Die Henne frisst Getreidekörner. ❺ Fressen Verrückte Hühner? ❻ Hühner passen nicht zu Verrückten.

Exercitātiō altera: Īnsere verba dēficientia!

❶ Der Arzt isst eine gebratene Henne.
Medicus ________ assam edit.

❷ Sag mir die Wahrheit! Kann der Arzt ihn heilen?
Vērum ___ mihi! Potestne medicus ___ sānāre?

❸ Was haltet ihr von verrückten Geschichten?
Quid arbitrāminī __ fābellīs ________?

❹ Die Geschichten über Verrückte sind nicht alle lustig.
Fābellæ īnsānæ nōn sunt _____ rīdiculæ.

26 Lēctiō vīcēsima sexta (XXVI)

Fābellæ īnsānæ (conclūduntur)

1 Īnsānus quīdam hortulānum frāga colentem īnspiciēbat. ①

2 – Quid – inquit – in ea spargis? ②

3 – Ea stercore sternō, respondit hortī cultor.

4 At īnsānus: – Ergō sine ūllō dubiō īnsānus sum,

5 nam ea saccharō cōnspersa ego comedō! ③

6 Īnsānōrum nosocomiī moderātor ④

7 vīsitātōribus ædēs suās mōnstrat: ⑤

PRŌNŪNTIĀTUS

[... *kong-klū-d**u**n-tur* **1** ... *hor-tu-**lā**-nu^{m} **frā**-ga* ... *ī^{n}ß-pi-ki-^{j}**ē**-bat* **2** ... ***e**-a ß**par**-giß* **3** ... *ß**ter**-ko-re ß**ter**-nō* ... **5** ... *ß**ak**-k^{h}a-rō kō^{n}ß-**per**-ßa* ... ***ko**-me-dō* **6** ... *no-ßo-ko-**mī**-^{j}ī* ... **7** *wī-ßi-tā-**tō**-ri-bu-ß‿**ai**-dēß* ...]

ANMERKUNGEN

① **colere**, **colō**, **coluī**, **cultum** meint das Pflegen in physischer, aber auch in spiritueller Hinsicht. Es kann ebenfalls "bebauen, bewohnen" oder auch "als heilig verehren" bedeuten.

② **inquit** markiert, wie **ait**, die direkte Rede: "sagt/sagte er/sie/es". **Hæc est – inquit – domus hortulānōrum fēlīcium**. "Dies ist, sagte er, das Haus der glücklichen Gärtner".

Solūtiō exercitātiōnis alteræ: Verba dēficientia.

❶ gallīnam ❷ dīc – eum ❸ dē – īnsānīs ❹ omnēs.

Viele lateinische Vokabeln hört man täglich millionenfach in aller Welt, da sie vor allem in den romanischen Sprachen fortleben. Ein Beispiel ist ***gallīna*** *"Henne, Huhn". Dieses Wort benutzen heute mehr als eine halbe Milliarde Menschen, wenn sie von einem Huhn sprechen. Auf Spanisch, Portugiesisch, Italienisch und Katalanisch heißt "Huhn" nämlich* ***gallina*** *bzw.* ***galinha****.*

26. Lektion

Verrückte Geschichten (Schluss)

1 Ein Verrückter sah einem Gärtner zu, der Erdbeeren anbaute.
(ungesund gewisser Gärtner[♂ Akk] Erdbeere[ØØ Akk] pflegend[♂ Akk] blickte[er]-hinein.)

2 – Was, sagte er, streust du [da] auf sie [drauf] (streust[du]-aus)?

3 – Ich bestreue (streue[ich]-hin) sie mit Mist[Ø Abl], antwortete der Gartenpfleger (Garten[♂ Gen] Pfleger[♂]).

4 Darauf entgegnete der Verrückte (aber ungesund): – Also bin ich ohne jeden Zweifel (irgendein[Ø Abl] Zweifel[Ø Abl]) verrückt,

5 denn *ich* esse sie mit Zucker bestreut!
(denn sie[ØØ Akk] Zucker[Ø Abl] besprengt[ØØ Akk] ich esse[ich]!)

6 Der Direktor einer Irrenanstalt
(ungesund[♂♂ Gen] Krankenhaus[Ø Gen])

7 zeigt den Besuchern seine Einrichtung (Wohnung[♀♀ Akk]):

ANMERKUNGEN

③ **cōnspersa** "besprengt, bestreut" ist das PPP zu **cōnspergere** "besprengen, (be)streuen".

④ Griechische Wörter haben im Gegensatz zu lateinischen oft einen langen Vokal vor einem Vokal, wie hier bei **nosocomīum**. Das rein lateinische Wort für "Krankenhaus" ist **valētūdinārium**.

⑤ **ædis/ædēs** bedeutet im Singular (der selten benutzt wird) "Zimmer, Wohnung (mit nur einem Zimmer), Tempel". Im Plural, **ædēs**, heißt es "Wohnhaus" (als Ansammlung von Zimmern).

8 – Hīc omnia secundum mōrem recentissimum īnstrūcta sunt. ⑥

9 Ægrōtī nostrī nūllō modō vītam trīstem agunt,

10 sīcut in veteribus ædibus fīēbat, ⑦

11 sed lībertāte ōtiōque māximō fruuntur. ⑧

12 Exemplī grātiā, piscīnam natātōriam īnstrūximus,

13 cum tabulātīs ūrīnātōriīs plūribus,

14 quōrum altissimum decem metra sē attollit. ⑨ ⑩

15 – Mehercule! ⑪

16 Piscīnam īnsānīs īnstruere inaudītā vidētur audāciā.

17 Dīc mihi, quæsō, quot īnsānī summō tabulātō ūsī sint. ⑫ ⑬

18 – Paucissimī … forte trēs aut quattuor … ⑭

19 Sed multō plūrēs ūrīnābuntur, ⑮

20 postquam in piscīnam addūxerimus … aquam. ⑯

PRŌNŪNTIĀTUS

[**8** ... *ī^{n}ß-trūk-ta* ... **10** *ßī-kut* … *fī-^{j}ē-bat* **11** ... *lī-ber-tā-t^{e}‿ō-ti-^{j}ō-kwe māk-ßi-mō fru-^{w}un-tur* **12** ... *piß-kī-na^{m} na-tā-tō-ri-^{jam}‿ī^{n}ß-trūk-ßi-muß* **13** ... *ū-rī-nā-tō-ri-^{j}īß* ... **16** ... *i-nau-dī-tā wi-dē-tu-r‿au-dā-ki-^{j}ā* **17** *dīk* … *ū-ßī* ... **19** ... *ū-rī-nā-bun-tur* **20** ... *ad-dūk-ße-ri-muß* ...]

ANMERKUNGEN

⑥ **recentissimus**, **-a**, **-um** ist der Superlativ von **recēns**, **recentis** "neu, frisch". **Recentissima holera** "sehr frisches Gemüse".

⑦ **vetus**, **veteris** "alt" ist wie **recēns**, **recentis** "frisch, neu" ein Adjektiv der 3. Deklination.

⑧ Das Deponens **fruī** verlangt das Objekt im Ablativ.

⑨ **altissimus**, **-a**, **-um** ist der Superlativ von **altus**, **-a**, **-um** "hoch, tief".

⑩ Der Akkusativ dient zur Angabe einer räumlichen (**decem metra** "zehn Meter") oder zeitlichen Ausdehnung.

⑪ Zum Ausdruck von Gefühlen und als Beteuerungs- oder Beschwörungsformel riefen die Römer meist ihre Götter an.

8 – Hier ist alles nach modernster Art und Weise eingerichtet.
(hier alles^{ØØ} gemäß Sitte$^{♂ \text{ Akk}}$ frischester$^{♂ \text{ Akk}}$ eingefügt^{ØØ} sind^{sie}.)

9 Unsere Patienten führen keineswegs ein trauriges Leben,
(krank$^{♂♂}$ unsere kein$^{♂ \text{ Abl}}$ Maß$^{♂ \text{ Abl}}$ Leben$^{♀ \text{ Akk}}$ traurig$^{♀ \text{ Akk}}$ treiben^{sie},)

10 wie es in den alten Einrichtungen der Fall war,
(wie in alt$^{♀♀ \text{ Abl}}$ Wohnung$^{♀♀ \text{ Abl}}$ wurde^{es}-getan,)

11 sondern genießen Freiheit und sehr viel Freizeit.
(aber Freiheit$^{♀ \text{ Abl}}$ Freizeit$^{Ø \text{ Abl}}$-und größter$^{Ø \text{ Abl}}$ genießen^{sie}.)

12 Zum Beispiel haben wir ein Schwimmbad eingerichtet,
(Beispiel$^{Ø \text{ Gen}}$ Dank$^{♀ \text{ Abl}}$, Wasserbecken$^{♀ \text{ Akk}}$ Schwimm-$^{♀ \text{ Akk}}$ haben^{wir}-eingefügt,)

13 mit mehreren Sprungbrettern,
(mit Bretterboden$^{ØØ \text{ Abl}}$ Taucher-$^{ØØ \text{ Abl}}$ mehrere$^{ØØ \text{ Abl}}$,)

14 deren höchstes zehn Meter hoch ist (erhebt^{es}-sich).

15 – Ach du meine Güte! (beim-Herkules!)

16 Ein Schwimmbad für Geisteskranke einzurichten, scheint [mir] ein unerhörtes Wagnis [zu sein].
(Wasserbecken$^{♀ \text{ Akk}}$ ungesund$^{♂♂ \text{ Dat}}$ einfügen ungehört$^{♀ \text{ Abl}}$ wird^{es}-gesehen Kühnheit$^{♀ \text{ Abl}}$.)

17 Sag mir bitte, wie viele Verrückte das höchste Sprungbrett benutzt haben.
(sag mir, bitte^{ich}, wie-viele ungesund$^{♂♂}$ höchster$^{♂ \text{ Abl}}$ Bretterboden$^{♂ \text{ Abl}}$ benutzt$^{♂♂}$ seien^{sie}.)

18 – Sehr wenige... vielleicht (Zufall$^{♀ \text{ Abl}}$) drei oder vier...

19 Aber es werden viel mehr hineinspringen,
(aber viel$^{Ø \text{ Abl}}$ mehrere werden^{sie}-tauchen,)

20 nachdem wir... Wasser ins Becken eingelassen haben werden.
(nachdem in Wasserbecken$^{♀ \text{ Akk}}$ werden^{wir}-hingeführt-haben... Wasser$^{♀ \text{ Akk}}$.)

ANMERKUNGEN

⑫ **ūsī sint**: Konjunktiv Perfekt von **ūsī sunt** "sie haben benutzt". Die Form ist passiv, da es sich bei **ūtī** "benutzen" um ein Deponens handelt. **ūtī** verlangt das Objekt im Ablativ.

⑬ Hier steht der Konjunktiv, weil es sich um einen indirekten Fragesatz handelt.

⑭ **Paucissimī, -æ, -a** ist der Superlativ von **paucī, -æ, -a** "wenige".

⑮ Der Ablativ **multō** drückt hier den Grad des Unterschieds aus ("viel mehr").

⑯ **addūxerimus** ist das vollendete Futur (Futur II) von **addūcimus** "wir führen hin". Es drückt die Abgeschlossenheit von Handlungen und Ereignissen in der Zukunft aus.

Exercitātiō prīma: Intellegisne hās sententiās?

❶ Hortulānus hortī cultor est. ❷ Frāga, māla variaque holera in hortō colit. ❸ Opus hortī cultōris hortī cultūra dīcī potest. ❹ Similiter agrī cultōrēs, seu agricolæ, frūmentum in agrīs colunt.

Exercitātiō altera: Īnsere verba dēficientia!

❶ Gib dem Ackerpfleger Wein.

▢▢ ▢▢▢▢▢ agrī cultōrī.

❷ Gebt den Gartenpflegern Bier.

Date cervēsiam ▢▢▢▢▢ cultōribus.

27 Lēctiō vīcēsima septima (XXVII)

Vīsne tympanum?

1 – Mihi īgnōsce, Domine, ubi vēneunt crepundia? ①

2 – Cujuslibet generis crepundia in tabulātō tertiō inveniētis. ②

PRŌNŪNTIĀTUS

[... *tüm-pa-nu*[m] **1** ... *mi-h*[i]*‿īng-nōß-ke* ... *wē-ne-unt kre-pun-di-*[j]*a* **2** *kuj-juß-li-bet* ... *in-we-ni-*[j]***ē****-tiß*]

ANMERKUNGEN

① **vēneunt** "sie werden verkauft" setzt sich zusammen aus **vēnum** "zum Verkauf" und **eunt** "sie gehen". **Vēnīre** "verkauft werden" wird daher konjugiert wie **īre** "gehen" und ist nicht zu verwechseln mit **venīre** "kommen".

Solūtiō exercitātiōnis prīmæ: Intellēxistīne?

① Ein Gärtner ist ein Pfleger eines Gartens. ② Er baut Erdbeeren, Äpfel und verschiedenes Gemüse in seinem Garten an. ③ Die Arbeit eines Gartenpflegers kann als Gartenpflege (Garten^Gen Pflege♀) bezeichnet (gesagt) werden. ④ Auf ähnliche Weise bauen die Ackerpfleger (Acker^Gen Pfleger♂♂), oder Bauern, Getreide auf den Äckern an.

❸ Wo ist das Haus der glücklichen Ackerpfleger?
Ubi est ______ agrī __________ fēlīcium?

❹ Eine Schwalbe macht nach Aussage der Ackerpfleger noch keinen Frühling (eine Schwalbe Frühling nicht hervorbringen von Acker^Gen Pfleger♂♂ Abl wird^es-gesagt).
Ūna hirundō vēr nōn efficere ab agrī
__________ ________.

Solūtiō exercitātiōnis alteræ: Verba dēficientia.

❶ Dā vīnum ❷ hortī ❸ domus – cultōrum ❹ cultōribus dīcitur.

27. Lektion

Wollen Sie eine Handtrommel?

1 – Entschuldigen Sie, mein Herr, wo wird Kinderspielzeug verkauft?
(mir verzeihe, Herr, wo zum-Verkauf-gehen^sie Klapperzeug^∅∅?)

2 – Im dritten Stock werden Sie Kinderspielzeug jeder beliebigen Art finden.
(jeder-beliebige^∅ Gen Gattung^∅ Gen Klapperzeug^∅∅ Akk in Bretterboden^∅ Abl dritter^∅ Abl werdet^ihr-finden.)

ANMERKUNGEN

② **Cujuslibet**: Genitiv von **quīlibet**, **quælibet**, **quodlibet** "jeder/-e/-es beliebige", das sich zusammensetzt aus **quī**, **quæ**, **quod** + **libet** "es gefällt".

3 – Nōlīte hāc trānsīre, Dominæ! ③
4 Potius per scālās mēchanicās cōnscendite!
5 – Ecce crepundiōrum locus!
6 Pretiī modicī mūnus quærimus. ④
7 – Puerōne an puellæ dabitur hoc mūnus? ⑤
8 – Fīliō meō id dōnāre volō.
9 – Quot annōs nātus est?
10 – Novem annōrum est.
11 – Vīsne lūdicrum cōnstructīvum ligneum?
12 Tubam æream? Tympanum? ⑥ ⑦
13 – Lūdicrum illud eī nōn placēbit;
14 tuba autem et tympanum mihi displicent.
15 – Hōc trāmine ēlectricō dēlectābitur,
16 vel illā nāve cum vēlīs.

PRŌNŪNTIĀTUS

*[**3** ... trā^n-ßī-re ... **4** ... ßk**ā**-lāß ... kō^{n}ß-k**e**n-di-te **6** pr**e**-ti-^{j}ī ... **8** fī-li-^{j}ō ... dō-n**ā**-re w**o**-lō **10** n**o**-we^m ... **11** ... l**ū**-di-kru^m ... **12** ... **ai**-re-a^m ... **14** t**u**-ba ... t**ü**m-pa-nu^m ... diß-pli-kent **15** ... dē-lek-t**ā**-bi-tur **16** ... ku^m w**ē**-līß]*

ANMERKUNGEN

③ Der Ablativ **hāc** stand ursprünglich zusammen mit **parte** "auf dieser Seite" oder **viā** "auf dieser Straße" und wurde im Laufe der Sprachentwicklung zu einem selbstständigen Wort.

3 – Gehen Sie nicht hier entlang, [meine] Damen!
(nicht-wollt diese[♀ Abl] hinübergehen, Herrinnen!)

4 Fahren Sie lieber mit der Rolltreppe!
(eher durch Treppe[♀♀ Akk] mechanisch[♀♀ Akk] steigt-auf!)

5 – Sieh mal, die Spielzeugabteilung (Klapperzeug[Gen] Ort[♂])!

6 Wir suchen ein preisgünstiges Geschenk.
(Preis[∅ Gen] mäßig[∅ Gen] Leistung[∅ Akk] suchen[wir].)

7 – Soll das Geschenk für einen Jungen oder ein Mädchen sein?
(Junge[Dat?] oder Mädchen[Dat] wird[es]-gegeben-werden dieses Leistung[∅]?)

8 – Ich will es meinem Sohn schenken.

9 – Wie alt ist er?
(wie-viele Jahr[♂♂ Akk] geboren[♂] ist[er]?)

10 – Er ist neun Jahre alt.
(neun Jahr[♂♂ Gen] ist[er].)

11 – Wollen Sie ein Holzbauspiel (Spielzeug[∅] Zusammenbau-[∅] hölzern[∅])?

12 Eine kupferne[♀] Trompete[♀]? Eine Handtrommel[∅]?

13 – Dieses (jenes) Spiel wird ihm nicht gefallen;

14 die Trompete aber und die Handtrommel gefallen *mir* nicht (mir missfallen[sie]).

15 – Über diese elektrische Eisenbahn wird er sich freuen,
(dies[∅ Abl] Zug[∅ Abl] elektrisch[∅ Abl] wird[er]-erfreut-werden,)

16 oder über dieses Segelschiff.
(oder jene[♀ Abl] Schiff[♀ Abl] mit Segel[∅∅ Abl].)

ANMERKUNGEN

④ Der Genitiv **Pretiī modicī** ist ein sog. **Genitīvus Quālitātis** "Genitiv der Beschaffenheit" und beschreibt hier die Eigenschaft des Geschenks. Genitive auf -iī wurden in klassischer Zeit zu -**ī** (**pretiī** > **pretī**) verkürzt.

⑤ Die Fragepartikel -**ne** kann nicht nur an Verben, sondern auch an Adverbien oder Nomen, wie hier **puer**, angehängt werden.

⑥ Unterscheiden Sie zwischen **æreus** (von **æs** "Kupfer") und **āerius** (von **āēr** "Luft", vgl. Lektion 22).

⑦ Das **Tympanum** war eine runde, zweifellige Handtrommel und wurde von Griechen und Römern bei Festen zu Ehren der Fruchtbarkeitsgöttin **Cybelē** eingesetzt.

17 – Quantī cōnstant?
18 – Pretium trāminis HS (sēstertiī) septemdecim, ⑧
19 nāvis novem.
20 – Hæc mūnera pulchra sed cāra sunt.
21 Fīliō globulōs emam.
22 – At ego fīliæ pūpam comparābō. ⑨
23 – Globulōs hīc quoque habēmus.
24 Pūpārum locus haud procul distat. ⑩

PRŌNŪNTIĀTUS

[*18 ... ßēß-ter-ti-^{j}ī ... 20 ... pul-k^{h}ra ... 21 ... glo-bu-lōß ... 22 ... pū-pa^{m} kom-pa-rā-bō 24 ... pro-kul diß-tat*]

ANMERKUNGEN

⑧ **sēstertius** aus **sēmis** "halb" und **tertius** "der dritte" bedeutet eigentlich "dritter halb", womit "zweieinhalb" gemeint sind – daher das Symbol **IIS** (**II** für "zwei", **S** für **sēmis** "halb"), woraus später **HS** wurde. Der Sesterz, lange Zeit Münze und Hauptwährung im Römischen Reich, war ursprünglich zweieinhalb Asse wert und hatte unter Augustus eine Kaufkraft von zwei einfachen Hauptmahlzeiten.

CARMEN

Periit gallus prōh dolor! (bis)
Numquam canet sīc ciricī ciricī,
Nec sonābit vōx cocorī cococō,
Nec sonābit vōx cocorī cocō!

(Ē ***Palæstrā Latīnā***, n° 169)

Exercitātiō altera: Īnsere verba dēficientia!

❶ Ich will es meiner Tochter schenken.
_____ meæ id dōnāre volō.

❷ Diese Trompete hier wird ihm nicht gefallen.
Hæc tuba ei nōn ________.

❸ Ich werde dir eine Puppe kaufen.
____ pūpam ____.

17 – Wie viel kosten die?

18 – Der Preis der Eisenbahn [ist] 17 Sesterzen♂ Nom,

19 [der] des Schiffes neun.

20 – Diese Geschenke sind schön, aber teuer.

21 Ich werde [meinem] Sohn Murmeln (Kügelchen♂♂ Akk) kaufen.

22 – Ich aber werde [meiner] Tochter eine Puppe♀ Akk besorgen (werdeich-beschaffen).

23 – Wir haben hier auch Murmeln.

24 Die Puppenabteilung ist nicht weit entfernt. (Puppe♀♀ Gen Ort nicht weit ister-getrennt.)

ANMERKUNGEN

⑨ **At**: Für "aber" kennen Sie auch **autem**, **vērō** und **sed**. Alle vier Wörter dienen der Gegenüberstellung zweier Aussagen, wobei **autem** einen eher schwachen, **at** und **vērō** einen stärkeren Kontrast markieren. **Sed** dient der Einschränkung oder Berichtigung einer zuvor gemachten Aussage.

⑩ **haud** verneint einzelne Begriffe. **Nōn** kann ganze Sätze verneinen; vor allem im klassischen Latein verneint es ebenfalls einzelne Begriffe.

LIED

Der Hahn ist gestorben (umgekommen),
o welcher Schmerz! (zweimal)
Niemals wird er [mehr] singen: ki-ri-ki ki-ri-ki,
Auch seine Stimme wird nicht mehr erklingen: ko-ko-ri ko-ko-ko,
Auch seine Stimme wird nicht mehr erklingen: ko-ko-ri ko-ko!

(Aus ***Palæstra Latina***, Nr. 169)

Ein Lerntipp: Legen Sie sich Karteikarten an, die Sie überall hin mitnehmen können. Vokabeln, die Sie schon "gespeichert" haben, können Sie ablegen und später wieder anschauen. Sie können Ihre Wörter jederzeit neu ordnen und systematisieren. Als Gedankenstütze empfehlen wir Ihnen, Merksätze dazu zu notieren und evtl. Bilder zu den Wörtern zu zeichnen. Und Ihr Erfolg wird sichtbar! Wenn Sie einen großen Stapel vor sich hinlegen können, haben Sie schon eine ganze Menge geschafft.

Solūtiō exercitātiōnis alteræ: Verba dēficientia.

❶ Fīliæ ❷ placēbit ❸ Tibi – emam.

28 Lēctiō vīcēsima octāva (XXVIII)

Repetītiō et annotātiōnēs

In dieser Wiederholungslektion stehen der Konjunktiv, der AcI und Pronomen im Mittelpunkt. Der Konjunktiv ist typisch für das Lateinische und kommt sehr oft vor. Mit unserem deutschen Konjunktiv hat er nicht viel zu tun. Für Sie ist es wichtig zu akzeptieren, dass der lateinische Konjunktiv anders verwendet wird als der deutsche. Lassen Sie sich dadurch aber nicht beirren.

Der AcI ist ebenfalls eine beliebte Konstruktion; Sie kennen ihn teilweise bereits aus dem Deutschen.

In den letzten Lektionen kamen einige Pronomen gehäuft vor. Um ein bisschen für Ordnung zu sorgen, geben wir Ihnen hier einen Überblick über die Deklination dieser wichtigen Wörter. Einiges wird Ihnen bekannt vorkommen, anderes wird Ihnen im Laufe der nächsten Lektionen noch begegnen.

1. Accūsātīvus cum īnfīnītīvo (AcI)

Der AcI setzt sich, wie der Name schon verrät, aus einem Akkusativ und einem Infinitiv zusammen. Der Akkusativ ist dabei meist ein Substantiv oder Pronomen. Der AcI entspricht im Deutschen einem mit "dass" eingeleiteten Nebensatz und steht vor allem nach Verben des Sagens, Wissens, Glaubens und Meinens sowie nach Verben der Wahrnehmung.

Im deutschen "dass-Satz" wird der Akkusativ des AcI zum Subjekt; der Infinitiv des AcI wird zum Prädikat:

Videō tē (Akk.) **venīre** (Inf.). "Ich sehe dich kommen/ich sehe, dass du kommst."

Crēdō mē (Akk.) **gallīnam** (Akk.) **esse** (Inf.). "Ich glaube, dass ich ein Huhn bin."

Sciō Mārcum (Akk.) **Rōmam īre** (Inf.). "Ich weiß, dass Markus nach Rom fährt."

Eine besondere Bedeutung kommt im AcI dem im Akkusativ stehenden Reflexivpronomen **sē** "sich" zu. Betrachten wir den Satz: "Markus weiß, dass er ein Huhn ist", so ist nicht eindeutig, wer mit "er" gemeint ist. Dies kann Markus selbst oder jemand anderes sein. Im Lateinischen ist dies immer eindeutig:

Mārcus scit sē gallīnam esse. "Markus weiß, dass er (selbst) ein Huhn ist."

Das Reflexivpronomen **sē** bezieht sich hier auf Markus. Anders bei:

Mārcus scit eum gallīnam esse. "Markus weiß, dass er (= eine andere Person) ein Huhn ist".

Wichtig ist im AcI auch das Zeitverhältnis zwischen dem Prädikat des Satzes und dem Infinitiv des AcI. Ein Infinitiv Präsens bedeutet Gleichzeitigkeit zwischen der Handlung des Prädikats und des Infinitivs; ein Infinitiv Perfekt bedeutet Vorzeitigkeit, d.h. die Handlung des Infinitivs spielt sich vor der Handlung des Prädikats ab:

Audiō tē vocāre.

► **vocāre** ist ein Infinitiv Präsens. Das Rufen und das Hören finden gleichzeitig statt: "Ich höre, dass du rufst".

Audīvī tē vocāre.

► Es herrscht immer noch Gleichzeitigkeit, allerdings diesmal in der Vergangenheit: "Ich hörte, dass du riefst".

Sciō tē vocāvisse.

► **vocāvisse** ist ein Infinitiv Perfekt. Das Rufen findet vor dem Wissen statt: "Ich weiß, dass du riefst".

Scīvī tē vocāvisse.

► Es herrscht Vorzeitigkeit in der Vergangenheit: "Ich wusste, dass du gerufen hattest".

2. Demonstrativpronomen

Es folgt eine tabellarische Übersicht über die Deklination der Demonstrativpronomen **hic**, **hæc**, **hoc** "dieser (hier), diese (hier), dieses (hier)" und **iste**, **ista**, **istud** "dieser (da), diese (da), dieses (da)".

Die Pronomen **ille**, **illa**, **illud** "jener, jene, jenes" und **ipse**, **ipsa**, **ipsum** "er selbst, sie selbst, es selbst" werden genauso wie **iste** dekliniert. Auch zwischen **hic**, **hæc**, **hoc** und **iste**, **ista**, **istud** werden Sie große Gemeinsamkeiten feststellen.

Vergleichen Sie die Formen auch mit der Deklination der Substantive und Adjektive!

Kasus	Singular			Plural		
	♂	♀	∅	♂	♀	∅
Nom.	hic	hæc	hoc	hī	hæ	hæc
Gen.	hujus	hujus	hujus	hōrum	hārum	hōrum
Dat.	huic	huic	huic	hīs	hīs	hīs
Akk.	hunc	hanc	hoc	hōs	hās	hæc
Abl.	hōc	hāc	hōc	hīs	hīs	hīs

Kasus	Singular			Plural		
	♂	♀	∅	♂	♀	∅
Nom.	**iste**	**ista**	**istud**	**istī**	**istæ**	**ista**
Gen.	**istīus**	**istīus**	**istīus**	**istōrum**	**istārum**	**istōrum**
Dat.	**istī**	**istī**	**istī**	**istīs**	**istīs**	**istīs**
Akk.	**istum**	**istam**	**istud**	**istōs**	**istās**	**ista**
Abl.	**istō**	**istā**	**istō**	**istīs**	**istīs**	**istīs**

Beispielsätze:

Hic diēs mihi placet. "Dieser Tag [heute] gefällt mir".
Iste est liber tuus. "Dies (dieses-da) ist dein Buch".
Hāc nocte Rōmæ fuī, illā nocte Massiliæ. "In dieser Nacht war ich in Rom, in jener Nacht in Marseille".

3. is, ea, id

Das Pronomen **is**, **ea**, **id** "er/sie/es, der/die/das" fungiert als Personal- und Demonstrativpronomen und kann, je nach Kontext (Satzzusammenhang), ganz verschieden übersetzt werden:

Is est, an nōn est? "Ist *er* es, oder ist *er* es nicht?".
Id est... "*Das* ist/*das* heißt...".
Videō eam. "Ich sehe *sie*".
Propter ea. "*Des*wegen/wegen *dieser Dinge*".
Ad id tempus. "Bis *dahin*/bis zu *dieser* Zeit".
Iī quī veniunt. "*Diejenigen*, die kommen".
Nōn is sum quī hoc faciam. "Ich bin nicht *so einer* (*der*), der das machen würde".
Canis ejus/eōrum "*Dessen* (*sein*)/*deren* (*ihr*) Hund".
is, **ea**, **id** werden wie folgt dekliniert:

Kasus	Singular			Plural		
	♂	♀	∅	♂	♀	∅
Nom.	**is**	**ea**	**id**	**eī** (**iī**)*	**eæ**	**ea**
Gen.	**ejus**	**ejus**	**ejus**	**eōrum**	**eārum**	**eōrum**
Dat.	**ei**	**ei**	**ei**	**eīs** (**iīs**)*	**eīs** (**iīs**)*	**eīs** (**iīs**)*
Akk.	**eum**	**eam**	**id**	**eōs**	**eās**	**ea**
Abl.	**eō**	**eā**	**eō**	**eīs** (**iīs**)*	**eīs** (**iīs**)*	**eīs** (**iīs**)*
* Formen in Klammern = Alternativformen						

4. Relativpronomen

Das Relativpronomen **quī**, **quæ**, **quod** "der/die/das, welcher/welche/welches" hat folgendes Deklinationsschema:

Kasus	Singular			Plural		
	♂	♀	∅	♂	♀	∅
Nom.	quī	quæ	quod	quī	quæ	quæ
Gen.	cujus	cujus	cujus	quōrum	quārum	quōrum
Dat.	cui	cui	cui	quibus	quibus	quibus
Akk.	quem	quam	quod	quōs	quās	quæ
Abl.	quō	quā	quō	quibus	quibus	quibus

Hōrologium, quod videō, bonum est. "Die Uhr, die ich sehe, ist gut".

5. Konjunktiv

Der Konjunktiv ist der Modus des Wunsches, der Aufforderung, des Befehls und der Möglichkeit. In vielen Fällen hat er jedoch, besonders in Nebensätzen, diese Funktion verloren und kann deshalb im Deutschen nicht als solcher übersetzt werden. Wir bemühen uns dennoch, diesen Modus in der wörtlichen Übersetzung wiederzugeben.

5.1 Konjunktiv Präsens

Der Konjunktiv Präsens hat das **a** bzw. **e** als Erkennungszeichen. Bei den Verben der **e**-, **i**- und konsonantischen Konjugation wird ein **a** zwischen den Wortstamm und die Personalendung geschoben, bei der **a**-Konjugation dagegen ein **e**.

Die 1. Person Singular endet, wie beim Imperfekt, auf **m**.

Die Passivformen erhält man durch Verwendung der Passivpersonalendungen.

Da der lateinische Konjunktiv ein sehr breites Spektrum an Funktionen abdeckt, das mit dem deutschen Konjunktiv nur eingeschränkt wiedergegeben werden kann, verzichten wir hier auf wörtliche Übersetzungen für die Konjunktivformen. Der betonte Vokal ist jeweils durch einen dunkleren Blauton gekennzeichnet:

	Beispiel: **venīre** "kommen"	Beispiel: **dīcere** "sagen"
1. P. Sg.	**venia-*m*** "ich komme"	**dīca-*m*** "ich sage"
2. P. Sg.	**veniā-*s*** "du kommst"	**dīcā-*s*** "du sagst"
3. P. Sg.	**venia-*t*** "er/sie/es kommt"	**dīca-*t*** "er/sie/es sagt"
1. P. Pl.	**veniā-*mus*** "wir kommen"	**dīcā-*mus*** "wir sagen"
2. P. Pl.	**veniā-*tis*** "ihr kommt"	**dīcā-*tis*** "ihr sagt"
3. P. Pl.	**venia-*nt*** "sie kommen"	**dīca-*nt*** "sie sagen"

	Beispiel: **dare** "geben"	Beispiel: **vidēre** "sehen"
1. P. Sg.	**de-*m*** "ich gebe"	**videa-*m*** "ich sehe"
2. P. Sg.	**dē-*s*** "du gibst"	**videā-*s*** "du siehst"
3. P. Sg.	**de-*t*** "er/sie/es gibt"	**videa-*t*** "er/sie/es sieht"
1. P. Pl.	**dē-*mus*** "wir geben"	**videā-*mus*** "wir sehen"
2. P. Pl.	**dē-*tis*** "ihr gebt"	**videā-*tis*** "ihr seht"
3. P. Pl.	**de-*nt*** "sie geben"	**videa-*nt*** "sie sehen"

	Beispiel: **īre** "gehen"	Beispiel: **esse** "sein"
1. P. Sg.	**ea-*m*** "ich gehe"	**si-*m*** "ich bin"
2. P. Sg.	**eā-*s*** "du gehst"	**sī-*s*** "du bist"
3. P. Sg.	**ea-*t*** "er/sie/es geht"	**si-*t*** "er/sie/es ist"
1. P. Pl.	**eā-*mus*** "wir gehen"	**sī-*mus*** "wir sind"
2. P. Pl.	**eā-*tis*** "ihr geht"	**sī-*tis*** "ihr seid"
3. P. Pl.	**ea-*nt*** "sie gehen"	**si-*nt*** "sie sind"

Den Konjunktiv Präsens treffen wir häufig in Nebensätzen oder auch unverbunden nach Ausdrücken des Forderns, Verlangens und der Notwendigkeit. Er kann dabei meist sinngemäß mit dem Indikativ, also der normalen Wirklichkeitsform, übersetzt werden:

- In indirekten Fragesätzen:
  Mē interrogat quis sim. "Er fragt mich, wer ich bin".
- In Konsekutivsätzen (Folgesätzen):
  Ita discō ut omnia sciam. "Ich lerne so, dass ich alles weiß".
- Nach **nē** "(dass) nicht"/nach Verben des Fürchtens und Hinderns "dass":
  Timeō nē veniās. "Ich befürchte, dass du kommst".
- In Konditionalsätzen (Bedingungssätzen) drückt der Konjunktiv eine Möglichkeit aus, die auch im Deutschen durch die Verwendung des Konjunktivs und/oder Beiwörter wie "wohl, vielleicht" usw. verdeutlicht werden kann:
  Si hoc dīcās, errēs. "Wenn du dies sagen solltest, würdest du [wohl] irren."
- Bei **oportet** "es ist nötig/es gehört sich":
  Puer bonus sīs oportet. "Du sollst ein guter Junge sein (Junge gut seist[du] nötig ist[es])".
- In der 1. Person Plural hat der Konjunktiv Präsens im Hauptsatz die Funktion einer Aufforderung an sich selbst und an weitere Personen; er bildet also den Imperativ:

Bibāmus! "Lasst uns trinken!".
Pænulam probēmus! "Lasst uns den Mantel anprobieren!".

5.2 Konjunktiv Perfekt

Der Konjunktiv Perfekt wird gebildet, indem die folgenden Endungen an den Perfektstamm angehängt werden:

	Beispiel: **venīre** "kommen"	Beispiel: **dīcere** "sagen"
1. P. Sg.	**vēn-*erim*** "ich bin gekommen"	**dīx-*erim*** "ich habe gesagt"
2. P. Sg.	**vēn-*eris*** "du bist gekommen"	**dīx-*eris*** "du hast gesagt"
3. P. Sg.	**vēn-*erit*** "er/... ist gekommen"	**dīx-*erit*** "er/... hat gesagt"
1. P. Pl.	**vēn-*erimus*** "wir sind..."	**dīx-*erimus*** "wir haben..."
2. P. Pl.	**vēn-*eritis*** "ihr seid..."	**dīx-*eritis*** "ihr habt..."
3. P. Pl.	**vēn-*erint*** "sie sind..."	**dīx-*erint*** "sie haben..."

Im Passiv setzt sich der Konjunktiv Perfekt aus dem Partizip Perfekt Passiv und den Konjunktiv-Präsens-Formen von **esse** zusammen:

	Beispiel: **sānāre** "heilen"	Beispiel: **dīcere** "sagen; nennen"
1. P. Sg.	**sānātus, -a, -um sim** "ich bin geheilt worden"	**dictus, -a, -um sim** "ich bin genannt (gesagt) worden"
2. P. Sg.	**sānātus, -a, -um sīs** "du bist geheilt worden"	**dictus, -a, -um sīs** "du bist genannt worden"
3. P. Sg.	**sānātus, -a, -um sit** "er/... ist geheilt worden"	**dictus, -a, -um sit** "er/... ist genannt worden"
1. P. Pl.	**sānātī, -æ, -a sīmus** "wir sind geheilt worden"	**dictī, -æ, -a sīmus** "wir sind genannt worden"
2. P. Pl.	**sānātī, -æ, -a sītis** "ihr seid geheilt worden"	**dictī, -æ, -a sītis** "ihr seid genannt worden"
3. P. Pl.	**sānātī, -æ, -a sint** "sie sind geheilt worden"	**dictī, -æ, -a sint** "sie sind genannt worden"

Der Konjunktiv Perfekt drückt in vielen konjunktivischen Nebensätzen die Vorzeitigkeit zum Präsens aus.

- Im indirekten Fragesatz:
  Nesciō quid dīxeris. "Ich weiß nicht, was du gesagt hast".
  Tē interrogō ā quō sānātus sīs. "Ich frage dich, von wem du geheilt worden bist".
- In **nē**-Sätzen:
  Timeō nē vēnerit. "Ich fürchte, dass er gekommen ist".

5.3 Konjunktiv Imperfekt

Die Formen des Konjunktiv Imperfekts sind sehr einfach zu bilden. Es werden lediglich die Imperfektpersonalendungen an den Infinitiv Präsens angehängt:

	Beispiel: **īre** "gehen"	Beispiel: **esse** "sein"
1. P. Sg.	**īre-*m*** "ich ging"	**esse-*m*** "ich war"
2. P. Sg.	**īrē-*s*** "du gingst"	**essē-*s*** "du warst"
3. P. Sg.	**īre-*t*** "er/sie/es ging"	**esse-*t*** "er/sie/es war"
1. P. Pl.	**īrē-*mus*** "wir gingen"	**essē-*mus*** "wir waren"
2. P. Pl.	**īrē-*tis*** "ihr gingt"	**essē-*tis*** "ihr wart"
3. P. Pl.	**īre-*nt*** "sie gingen"	**esse-*nt*** "sie waren"

Der Konjunktiv Imperfekt drückt in vielen konjunktivischen Nebensätzen die Gleichzeitigkeit zu einer Vergangenheitszeit im Hauptsatz aus.

- Im indirekten Fragesatz:
  Mē rogāvit quid dīceret. "Er fragte mich, was er sagte".
  Voluī scīre cūr hoc facerent. "Ich wollte wissen, warum sie dies machten".
- In **nē**-Sätzen:
  Timēbat, nē ā gallīnā vorārētur. "Er fürchtete, dass er von der Henne gefressen würde".

6. Gerundium

Das Gerundium ist nichts anderes als der deklinierte und somit substantivierte (zum Substantiv gemachte) Infinitiv. Es wird gebildet, indem **nd** + die Deklinationsendung an den Verbstamm bzw. Zwischenvokal angefügt werden.

Im Deutschen lässt es sich am besten mit einer Infinitivkonstruktion übersetzen.

Das Gerundium kommt mit Ausnahme des Dativs in allen Fällen vor.

	Beispiel: **bibere** "trinken"	Beispiel: **dīcere** "sagen"
Nom.	**bibere** "das Trinken"	**dīcere** "das Sagen"
Gen.	**bibendī** "des Trinkens"	**dīcendī** "des Sagens"
Akk.	(**ad**) **bibendum** "zum Trinken"	(**ad**) **dīcendum** "zum Sagen"
Abl.	**bibendō** "durch das/beim Trinken"	**dīcendō** "durch das/beim Sagen"

Beispielsätze:

Rōmam eō ad emendum. "Ich gehe nach Rom, um einzukaufen (zu-Kaufen[Akk])".

Nunc est tempus bibendī. "Jetzt ist die Zeit, zu trinken (Trinken[Gen])".

Errandō discimus. "Durch Irren lernen wir".

Operam perdit piscandō. "Er bemüht sich vergeblich, zu angeln (Mühe[Akk] verliert[er] Angeln[Abl])".

7. Imperfekt und Futur von esse "sein"

Das Verb esse "sein" bildet unregelmäßige Futur- und Imperfektformen:

	Imperfekt	Futur
1. P. Sg.	era-*m* "ich war"	er-*ō* "ich werde sein"
2. P. Sg.	erā-*s* "du warst"	er-*is* "du wirst sein"
3. P. Sg.	era-*t* "er/sie/es war"	er-*it* "er/sie/es wird sein"
1. P. Pl.	erā-*mus* "wir waren"	er-*imus* "wir werden sein"
2. P. Pl.	erā-*tis* "ihr wart"	er-*itis* "ihr werdet sein"
3. P. Pl.	era-*nt* "sie waren"	er-*unt* "sie werden sein"

Beispielsätze:

Ita īnscītus is erat, ut sibi nāsum secuerit. "Er war so ungeschickt, dass er sich die Nase abschnitt".

Sī puer bonus eris, crās tibi crustulum dabō. "Wenn du ein guter Junge sein wirst, werde ich dir morgen einen Kuchen geben".

29 Lēctiō vīcēsima nōna (XXIX)

Nōnne linguam habēs?

1 *In tribūnālī:*
2 PRÆSES – Cūr hoc autocīnētum fūrātus es? ①
3 REUS – Cum esset ad cœmētēriī portam, ②
4 autocīnētī dominum mortuum esse putāvī.
5 MAGISTER – Quid fēcit Chrīstophorus Columbus,
6 cum in Americam pervēnit, ③
7 postquam dē nāve dēscendēns pedem humī posuit?
8 DISCIPULUS – Alterum posuit et pedem. ④

(Ē *Palæstrā Latīnā*, nº 169)

9 PATER – Cūr magister tē in lūdō hodiē retinuit? ⑤
10 FĪLIUS – Quod nesciēbam ubi Syrācūsæ essent. ⑥
11 (PATER) – Nē immemor sīs ubi rēs collocāveris. ⑦ ⑧

(Ex *Āctīs Diurnīs*, nº LV)

PRŌNŪNTIĀTUS

[***1*** *… tri-bū-n**ā**-lī* ***2*** *pr**ai**-ßeß …* ***3*** *r**e**-uß …* ***4*** *… m**o**r-tu-^{w}u^{m} …* ***7*** *… dēß-k**e**n-dē^{n}ß …* ***9*** *… re-t**i**-nu-^{w}it* ***10*** *… neß-ki-^{j}**ē**-ba^{m} … ßū-rā-k**ū**-ßai …*]

ANMERKUNGEN

① **fūrārī** "stehlen" ist ein Deponens. **Fūrātus es** "du hast gestohlen" hat daher aktive Bedeutung.

② **esset** steht hier im Konjunktiv, da die Konjunktion **cum**, hier mit der Bedeutung "weil/da", diesen Modus verlangt.

③ **cum** in Verbindung mit dem Indikativ bedeutet "als, sooft, indem".

④ Wenn **et** nicht zur Verbindung von zwei Wörtern oder Sätzen dient, hat es die Bedeutung "auch".

29. Lektion

Hast du denn keine Zunge?

1 *Vor Gericht:* (in Richterstuhl$^{\text{∅ Abl}}$:)

2 VORSITZENDER – Warum haben Sie dieses Auto gestohlen?
(warum dies$^{\text{∅ Akk}}$ Automobil$^{\text{∅ Akk}}$ gestohlen bist^{du}?)

3 ANGEKLAGTER – Da es am Tor eines Friedhofs stand,
(weil wäre^{es} zu Friedhof$^{\text{∅ Gen}}$ Tor,)

4 dachte ich, dass der Besitzer des Autos tot wäre.
(Automobil$^{\text{∅ Gen}}$ Herr^{Akk} tot^{Akk} sein habe^{ich}-geglaubt.)

5 LEHRER (Meister) – Was hat Christoph Kolumbus gemacht,

6 als er nach Amerika kam (ist^{er}-hingekommen),

7 nachdem er, vom Schiff herabsteigend, [seinen] Fuß$^{\text{♂ Akk}}$ auf den Boden$^{\text{♀ Lok}}$ setzte?

8 SCHÜLER – Er hat auch [seinen] zweiten Fuß abgesetzt.
(anderen^{Akk} hat^{er}-gesetzt und Fuß^{Akk}.)

(Aus ***Palæstra Latina***, Nr. 169)

9 VATER – Warum hat der Lehrer dich heute in der Schule nachsitzen lassen?
(warum Meister dich in Spiel$^{\text{♂ Abl}}$ heute hat^{er}-zurückgehalten?)

10 SOHN – Weil ich nicht wusste, wo sich Syrakus$^{\text{♀♀}}$ befindet (wären^{sie}).

11 (VATER) – Vergiss nie, wo du deine Sachen hingelegt hast.
(nicht uneingedenk seist^{du} wo Sache$^{\text{♀♀ Akk}}$ habest^{du}-gelegt.)

(Aus ***Acta Diurna***, Nr. 55)

ANMERKUNGEN

⑤ Der **lūdus** "Spiel" war im alten Rom eine Elementarschule, in der Lesen und Schreiben gelehrt wurden.

⑥ Viele griechische Städtenamen sind Pluralwörter, so auch **Athēnæ** "Athen".

⑦ **Nē** mit Konjunktiv Präsens (**nē sīs**) stellt das umgangssprachliche Äquivalent zur klassisch bevorzugten Form **nōlī** + Infinitiv (**nōlī esse**) dar.

⑧ In diesem und im vorherigen Satz leitet **ubi** "wo" einen indirekten Fragesatz ein, weshalb hier der Konjunktiv steht.

12 Dum cēnat, puer bracchium suprā mēnsam porrigit

13 ad cibum capiendum. ⑨

14 MĀTER – Nōlī bracchium suprā mēnsam ita porrigere!

15 Nōnne linguam habēs?

16 FĪLIUS – Habeō, sed bracchium longius est. ⑩

(Ex *Āctīs Diurnīs*, nº LIV)

17 Prōverbia

18 Cōnsuētūdinis magna vīs est (ajēbat Cicerō). ⑪ ⑫

19 Dulce et decōrum est prō patriā morī (Horātius). ⑬

20 Omnia vincit amor (Vergilius). ⑭

PRŌNŪNTIĀTUS

[**12** *… ß**u**-prā mē^n-ßa^m …* **16** *… l**o**ng-gi-^{j}uß …* **18** *kō^n-ßwē-t**ū**-di-niß … wīß … aj-j**ē**-bat k**i**-ke-rō* **20** *… wer-g**i**-li-^{j}uß*]

ANMERKUNGEN

⑨ Die Konstruktion **ad** + Substantiv im Akkusativ + **nd**-Form kennen Sie bereits aus Lektion 20 (**ad trāmen assequendum** "um den Zug zu bekommen").

⑩ **longius** "länger" ist die Komparativform zu **longum** "lang". **Diēs paulātim longiōrēs fīunt.** "Die Tage werden allmählich länger". Merken Sie sich auch **lātus** "breit, weit".

⑪ Das Verb zu **cōnsuētūdō**♀, **-inis** "Gewohnheit, Sitte, Brauch" lautet **cōnsuēscere**, **cōnsuēscō**, **cōnsuēvī**, **cōnsuētum** "sich an etw. gewöhnen". Das aktive "jmdn. an etw. gewöhnen" heißt **assuēscere**, womit auch **assuēfacere** "an etw. gewöhnen" verwandt ist.

12 Beim Abendessen streckt ein Junge [seinen] Arm über den Tisch
(während speist[er], Junge Unterarm[∅ Akk] oberhalb Tisch[♀ Akk] streckt[er]-aus)

13 um sich Essen zu nehmen. (zu Speise[♂ Akk] zu-nehmend[♂ Akk].)

14 MUTTER – Streck deinen Arm nicht so über den Tisch aus!
(nicht-wolle Unterarm[∅ Akk] oberhalb Tisch[♀ Akk] so ausstrecken!)

15 Hast du denn keine Zunge?

16 SOHN – [Doch], habe ich, aber [mein] Arm ist länger.

(Aus ***Acta Diurna***, Nr. 54)

17 **Sprichwörter**

18 Die Macht (Kraft[♀]) der Gewohnheit[♀] ist groß (sagte Cicero).

19 Süß und ehrenhaft (schicklich) ist es, für das Vaterland[♀ Abl] zu sterben (Horaz).

20 Liebe besiegt alles (alles[∅∅ Akk] siegt[er] Liebe[♂]) (Vergil).

ANMERKUNGEN

⑫ **ajēbat** "er sagte": Imperfektform von **ait** "er sagt". **Avē**, **ajēbat Mārcus**. "Sei gegrüßt (gesegnet), sagte Markus".

⑬ Horaz (68-8 v. Chr.) war ein berühmter römischer Dichter unter Kaiser Augustus, dessen Oden teilweise propagandistischen Inhalts waren. In Anerkennung seiner Leistungen wurde er **poēta laureātus** "lorbeerbekränzter Dichter" genannt.

⑭ Das Hauptwerk des ebenfalls augusteischen Dichters Vergil ist die *Aeneis*. Sie handelt von den Irrfahrten und Kriegen des Trojaners Aeneas, der auf der Suche nach einer neuen Heimat zum Stammvater der Römer wurde. Die *Aeneis* gilt als Hauptwerk der lateinischen Literatur schlechthin.

Ab dieser Lektion reduzieren wir die Lautschrift auf ein Minimum. Latein hat eine sehr klare Orthografie, und unsere Unterscheidung zwischen ***i*** *und* ***j***, ***u*** *und* ***v***, ***æ*** *und* ***ae***, ***œ*** *und* ***oe*** *sowie die Markierung aller langen Vokale macht es überflüssig, die Lautschrift weiterhin vollständig anzugeben. Sprechen Sie stets alle Silben, Doppelkonsonanten und Verschleifungen deutlich aus. Auf Sonderfälle werden wir in den Anmerkungen hinweisen. Bei einigen Lektionen wird die Lautschrift noch für die wenigen Wörter angegeben, auf die wir Sie besonders hinweisen wollen, aber auch das wird in dem Maße, wie Sie mit der Aussprache vertrauter werden, bald nicht mehr nötig sein.*

Exercitātiō prīma: Intellegisne hās sententiās?

① Ubi est hārum ædium dominus? ② Mortuus est. ③ Prōnus erat ad bibendum: ④ bibendō moritūrus erat. ⑤ "Avē, Cæsar, moritūrī tē salūtant!" ⑥ dīcēbant gladiātōrēs in circum intrantēs. ⑦ Quantum pendis? – Nōnāgintā sex kīlogrammata. ⑧ Nimis gravis es: nimium cervēsiæ bibis.

Exercitātiō altera: Īnsere verba dēficientia!

❶ Das Schiff ist in großer Gefahr: Es taucht allmählich unter.
Nāvis in _____ perīculō est: paulātim mergitur.

❷ Gemäß meiner Gewohnheit habe ich den schon abgefahrenen Zug im Laufen erreicht.
Cōnsuētūdine meā ______ jam profectum currendō assecūtus ___.

❸ Ich bin gelaufen, um den Zug zu erreichen.
__ trāmen assequendum cucurrī.

❹ Ich bin mit dem Zug nach Aix-en-Provence gekommen.
_______ Aquās Sextiās pervēnī.

30 Lēctiō trīcēsima (XXX)

Mihi ōtium deest

1 – Lūdovīce! Nōbīscum veniās oportet!
2 – Quid accidit? Quid negōtiī vōs tantopere urget?
3 – Hodiē vespere
4 apud avunculum Grēgorium saltātiōnem īnstituēmus. ①

PRŌNŪNTIĀTUS

[*2 … ak-ki-dit … 3 … weß-pe-re 4 … īß-ti-tu-^{w}ē-muß*]

Solūtiō exercitātiōnis prīmæ: Intellēxistīne?

① Wo ist der Herr dieses Hauses? ② Er ist tot. ③ Er war dem Trinken zugeneigt: ④ Durch das Trinken war er dem Tode geweiht (sterben-werdend♂ war[er]). ⑤ "Sei gegrüßt (gesegnet), Kaiser, die Todgeweihten grüßen dich!", ⑥ sagten die Gladiatoren beim Eintritt in den Zirkus (in Zirkus♂ Akk eintretend♂♂). ⑦ Wie viel wiegst du? – 96 Kilogramm. ⑧ Du bist zu (zu-sehr) schwer: Du trinkst zu viel Bier.

Solūtiō exercitātiōnis alteræ: Verba dēficientia.

❶ magnō ❷ trāmen – sum ❸ Ad ❹ Trāmine.

Latein in Zeitschriften, Internet und Rundfunk

Die derzeit bedeutendsten rein lateinsprachigen Zeitschriften sind die 1965 gegründete ***Vōx Latīna*** ("Lateinische Stimme") aus Saarbrücken (erscheint vierteljährlich) und die jüngere ***Melissa*** aus Belgien (sechsmal jährlich, seit 1984). Eine teils lateinische, teils deutsche Publikation ist die ***Lingua Vīva*** aus Aachen (vierteljährlich, seit 2011). Auch Internet und Rundfunk bieten Zugang zur lateinischen Sprache. Mehr dazu in den Literaturhinweisen.

30. Lektion

Mir fehlt die Zeit

1 – Ludwig! Du musst mit uns kommen!
(mit-uns kommest[du] nötig-ist[es]!)

2 – Was ist los? Was beschäftigt euch so sehr?
(was fällt[es]-hin? was Beschäftigung∅ Gen euch so-sehr drängt[es]?)

3 – Heute Abend♂ Abl

4 werden wir bei Onkel Gregor einen Tanzball organisieren
(Tanz♀ Akk werden[wir]-einrichten).

ANMERKUNGEN

① **avunculus** und **mātertera** sind "Onkel" und "Tante" mütterlicherseits, **patruus** und **amita** väterlicherseits.

5 Cōnsobrīnæ nostræ Claudia et Cæcilia aderunt. ②

6 Multum oblectābimur.

7 – Saltātiōnī nōn studeō.

8 Claudiam et Cæciliam ōdī. ③

9 Germānæ sunt pestēs: omnēs et omnia rōdunt.

10 – Saltāre nōn cōgēris, nec cum eīs colloquī. ④

11 Exquīsītæ mēnsæ appōnentur

12 in eīsque cibī et pōtiōnēs maximā varietāte:

13 acipēnseris ōva, pernæ, crustulōrumque omne genus. ⑤ ⑥

14 – Frūstrā mē temptābis. Nec bibāx nec edāx sum. ⑦

15 – Mūsicāne dēlectāris?

16 – Mūsicā dēlector, sed ōtium mihi deest ei operam dandī. ⑧

17 – Nisi vēneris, concentus absurdus erit. ⑨

PRŌNŪNTIĀTUS

[**5** *kō^{n}-ßo-brī-nai …* **10** *… kō-gē-riß …* **12** *… pō-ti-^{j}ō-nēß … wa-ri-^{j}e-tā-te*]

ANMERKUNGEN

② **cōnsobrīnus/cōnsobrīna** sind genaugenommen die Kinder der Schwester der Mutter, aber diese Bezeichnungen wurden bereits in der Antike allgemein für "Cousin"/"Cousine" verwendet.

③ **ōdisse** "hassen" bildet wie **nōvisse** "kennen" nur Perfektformen, die eine Präsensbedeutung haben: **Ōdit canēs lātrantēs**. "Er hasst bellende Hunde".

④ **cōgēris**: Passivform von **cōgēs** "du wirst zwingen". Das Verb **cōgere** "versammeln, zusammentreiben; zwingen" ist entstanden aus **cum-agere**.

⑤ **pernam mordeō** "ich beiße in den Schinken". **Mordēre**, **mordeō**, **momordī**, **morsus** "beißen, kauen, essen".

⑥ Die Sprecher sprechen hier **crustulārumque**; dies ist jedoch nicht richtig. Es muss **crustulōrumque** heißen.

5 Unsere Kusinen Claudia und Caecilia werden da sein.

6 Wir werden viel Spaß haben. (viel werden^{wir}-erfreut-werden.)

7 – Ich interessiere mich nicht fürs Tanzen.
(Tanz$^{\text{♀ Dat}}$ nicht bemühe^{ich}-mich).

8 Ich hasse Claudia und Caecilia.

9 Sie sind echte Scheusale: Sie meckern über jeden und alles.
(leiblich$^{\text{♀♀}}$ sind^{sie} Seuche$^{\text{♀♀}}$: alle$^{\text{♂♂ Akk}}$ und alle$^{\text{∅∅ Akk}}$ nagen^{sie}.)

10 – Du wirst weder gezwungen sein zu tanzen (wirst^{du}-zusammengetrieben-werden), noch mit ihnen zu sprechen.

11 Auserlesene Esstische werden aufgestellt werden

12 und auf ihnen die verschiedenartigsten Speisen und Getränke (größte$^{\text{♀ Abl}}$ Mannigfaltigkeit$^{\text{♀ Abl}}$):

13 Kaviar (Stör$^{\text{♂ Gen}}$ Ei$^{\text{∅∅}}$), Schinken$^{\text{♀♀}}$ und jede Art von Kuchen.

14 – Du führst mich vergeblich in Versuchung (wirst^{du}-versuchen). Ich bin weder ein Trinker (trunksüchtig) noch gefräßig.

15 – Hast du Freude an Musik?
(Musik$^{\text{♀ Abl?}}$ wirst^{du}-erfreut?)

16 – Ja, aber ich habe nicht die Zeit, mich mit ihr zu beschäftigen.
(Musik$^{\text{♀ Abl}}$ werde^{ich}-erfreut, aber Freizeit$^{\text{∅}}$ mir fehlt^{es} ihr$^{\text{♀ Dat}}$ Mühe$^{\text{♀ Akk}}$ Geben^{Gen}.)

17 – Wenn du nicht kommst, wird die Musik unharmonisch sein.
(wenn-nicht wirst^{du}-gekommen-sein, Einklang$^{\text{♂}}$ misstönend$^{\text{♂}}$ wird^{er}-sein.)

ANMERKUNGEN

⑦ Adjektive, die auf **-āx** enden, drücken meist einen Hang zum Exzessiven aus und sind oft negativ gefärbt.

⑧ Nach **operam dare** "sich Mühe geben" steht die Tätigkeit, bei der man sich Mühe gibt, immer im Dativ einer **nd**-Form. **Rārō epistulīs scrībendīs operam dat**. "Er gibt sich selten Mühe mit dem Schreiben von Briefen".

⑨ **vēneris** "du wirst gekommen sein" ist das Futur II (Futur Perfekt) von **venīs** "du kommst", das hier verwendet wird, weil das "Nicht-kommen" in der Zukunft vor dem "Unharmonisch-sein" stattfindet. Unterscheiden Sie es von **Veneris** (Genitiv von **Venus**).

18 Mārcellus tubā canit, ego tympanum pulsāre possum,

19 sed nēminem præter tē inveniō quī clāvichordiō canere possit. ⑩ ⑪

20 – Cūr hoc prīmum nōn dīxistī?

21 Clāvichordiō vestrī grātiā canam. ⑫

22 Pergrātum mihi est amīcīs ūtilem esse. ⑬

PRŌNŪNTIĀTUS

[*18 … pul-ßā-re …*]

Exercitātiō prīma: Intellegisne hās sententiās?

❶ Quis mēcum saltātum venit? ❷ Nēmō tēcum saltāre vult. ❸ Quæ tam bene saltat? ❹ Quis mūsicā dēlectātur? ❺ Nēmō mūsicā nōn dēlectātur. ❻ Cavē canem! – Ubi est canis? ❼ Canis dominum nōn videō. ❽ Ā cane nunc mordētur. ❾ Ā cane heri morsus est.

Exercitātiō altera: Īnsere verba dēficientia!

❶ Ein Hund hat ihn gebissen.
Canis ▢▢▢ momordit.

❷ Gib dem Hund keinen Schinken.
▢▢▢▢ pernam dare nōlī.

❸ Die Hunde, die am meisten bellen, beißen selten.
Canēs ▢▢▢ plūrimum lātrant rārō mordent.

18 Marcel spielt Trompete^{Abl} (singt^{er}), ich kann die Handtrommel schlagen,

19 aber ich finde außer dir niemanden, der Klavier^{Abl} spielen kann (singen könne^{er}).

20 – Warum hast du das nicht gleich (zuerst) gesagt?

21 Ich werde euch zu Liebe (euer Dank^{Abl}) Klavier spielen.

22 Ich bin sehr gerne Freunden nützlich.
(sehr-angenehm mir ist^{es} Freund$^{\text{♂♂ Dat}}$ nützlich^{Akk} sein.)

ANMERKUNGEN

⑩ **nēmō**, **nēminis** wird nach der 3. Deklination gebeugt.

⑪ **possit**: Konjunktiv Präsens von **potest** "er kann", der hier steht, weil der Relativsatz einen konsekutiven Nebensinn hat: "niemanden, der (so beschaffen ist, dass er) Klavier spielen kann".

⑫ Sie kennen nun schon vier Musikinstrumente: **clāvichordium** "Klavier", **lyra** "Leier", **fidēs** "Viola, Bratsche" und **fidiculæ** "Violine, Geige". Merken Sie sich auch **organum** "Orgel".

⑬ **ūtilem** "nützlich" steht hier als Ergänzung von **esse** "sein" im Akkusativ. Der Infinitiv **esse** bildet das Subjekt des Satzes (Subjektsinfinitiv). Die Ergänzungen von Subjektsinfinitiven stehen grundsätzlich im Akkusativ. Merken Sie sich zu **ūtilis**, **-is**, **-e** auch **perūtilis** "sehr nützlich".

Solūtiō exercitātiōnis prīmæ: Intellēxistīne?

❶ Wer kommt mit mir zum Tanzen? ❷ Niemand will mit dir tanzen. ❸ Welche♀ tanzt so gut? ❹ Wer wird durch Musik erfreut? ❺ Niemand wird durch Musik nicht erfreut. ❻ Hüte dich vor dem Hund! – Wo ist der Hund? ❼ Ich sehe das Herrchen (Herr^{Akk}) des Hundes nicht. ❽ Er wird jetzt von einem Hund gebissen. ❾ Gestern ist er von einem Hund gebissen worden.

❹ Ein Affe hat Hundefutter (Hund$^{\text{♂♂ Gen}}$ Speise^{Akk}) gestohlen.
Sīmius canum _____ fūrātus est.

❺ Sie♀ sind von vielen Hunden gebissen worden.
Ā multīs _______ morsæ sunt.

Solūtiō exercitātiōnis alteræ: Verba dēficientia.

❶ eum ❷ Canī ❸ quī ❹ cibum ❺ canibus.

31 Lēctiō vīcēsima quārta (XXIV)

Eō piscātum

1 – Avē, Mauritī! Quid agis hodiē?

2 – Eō in stadium. Certāmen est magnī mōmentī.

3 Augustānī Taurīnēnsēs adversus Grātiānopolītānōs. ① ②

4 Quid dē hōc arbitrāris?

5 – Nihil! Præentereā tāle certāmen futūrum esse īgnōrābam. ③

6 Dē quō lūdō agitur?

7 – Incrēdibile est!

8 Nōnne scīs factiōnēs ambārum urbium folle rotundō excellere?

9 Anceps erit exitus.

10 – Nihil hōrum nōveram.

11 Mihi nōn displicet lūdum follis rotundī vel ōvālis aspicere,

PRŌNŪNTIĀTUS

[**5** … *īng-nō-rā-ba*^{m} **8** … *ekß-kel-le-re*]

31. Lektion

Ich gehe fischen

1 – Grüß dich, Mauritius! Was machst du heute?

2 – Ich gehe ins Stadion (Rennbahn$^{\varnothing}$). Das Spiel ist sehr wichtig (Wettkampf$^{\varnothing}$ ist^{es} groß$^{\text{♂ Gen}}$ Bewegung$^{\text{♂ Gen}}$).

3 Turin (Augustiner Turiner) [spielt] gegen Grenoble (Gratianopolitaner).

4 Was (von dies^{Abl}) meinst du dazu?

5 – Nichts! Außerdem wusste ich [gar] nicht, dass ein solches Spiel stattfinden wird. (außerdem solch$^{\varnothing\text{ Akk}}$ Wettkampf$^{\varnothing\text{ Akk}}$ werden sein^{Akk} wusste^{ich}-nicht.)

6 Um welche Sportart geht es [denn]?
(von welch$^{\text{♂ Abl}}$ Spiel$^{\text{♂ Abl}}$ wird^{es}-getrieben?)

7 – Das ist [ja] unglaublich!

8 Weißt du denn nicht, dass die Mannschaften (Partei$^{\text{♀♀ Akk}}$) beider Städte im Fußball herausragend sind (Ledersack$^{\text{♂ Abl}}$ rund$^{\text{♂ Abl}}$ hervorragen)?

9 Das Ergebnis ist ungewiss.
(doppelköpfig wird^{er}-sein Ausgang$^{\text{♂}}$.)

10 – Davon (diese$^{\text{♂♂ Gen}}$) wusste ich nichts.

11 Ich habe nichts dagegen, ein Fußball- oder Rugbyspiel anzusehen,
(mir nicht missfällt^{es} Spiel$^{\text{♂ Akk}}$ Ledersack$^{\text{♂ Gen}}$ rund$^{\text{♂ Gen}}$ oder oval$^{\text{♂ Gen}}$ erblicken,)

ANMERKUNGEN

① Um 30 v. Chr. errichteten die Römer in Turin ein Militärlager, das Kaiser Augustus gewidmet war (**Augusta Taurīnōrum**). Zahlreiche Städte tragen den Beinamen **Augusta**, da unter Augustus das Römische Reich stark erweitert wurde und zahlreiche Städte und Kolonien gegründet wurden.

② Grenoble wurde erstmals 43 v. Chr. als **Cularō** erwähnt. 377 n. Chr. wurde die Stadt unter Kaiser Gratian in **Grātiānopolis** "Gratianstadt" umbenannt.

③ **futūrum esse**: Infinitiv Futur von **esse** "sein". Er drückt aus, dass die Handlung des AcI, also **esse**, zeitlich *nach* der Handlung des Prädikats **īgnōrābam** "ich wusste nicht" stattfindet.

12 sed dē hujus certāminis exitū nihil augurārī possum. ④

13 – Sī certāmen aspicere exitumque statim nōsse cupis, ⑤

14 venī mēcum!

15 – Grātiās! Impossibile est.

16 Cum Stephanō hodiē piscātum īre dēbeō.

17 Ei deesse nōn possum.

18 – Ōtia placida māvīs quam āthlētica. ⑥

19 Nōnne vērum est?

20 – Minimē!

21 Tū per tōtum postmerīdiānum tempus sedēbis.

22 Nōs autem ad tructās captandās,

23 in montibus præter torrentem decem passuum mīlia percurrēmus, et … ⑦ ⑧ ⑨

24 forte sine ūllō pisce domum reveniēmus.

25 – Nē ab uxōre increpēris, hujus reī mementō: ⑩ ⑪

26 piscāriæ in urbe nostrā nōn dēsunt!

PRŌNŪNTIĀTUS

[*12 …huj-juß… 14 we-nīmē-ku^{m} 18 …āt^{h}-lē-ti-ka 23 …paß-ßu-^{w}u^{m} mī-li-^{j}a …*]

ANMERKUNGEN

④ Das Deponens **augurārī** ist das Verb zu **augur**, **auguris** "Seher, Weissager", einem angesehenen und einflussreichen Priester im alten Rom, der im Verhalten von Vögeln die Zukunft zu lesen glaubte.

⑤ **nōsse** ist die Kurzform von **nōvisse** "wissen, kennen".

⑥ **māvīs** "du willst lieber/mehr": 2. Person Sg. von **mālle** "lieber wollen", das aus **magis** "mehr" + **velle** "wollen" entstanden ist und auch wie **velle** konjugiert wird. **Rētibusne piscārī māvīs?** "Willst du lieber mit Netzen fischen?".

⑦ **passuum**, der Genitiv Plural von **passus**, **passūs** "Schritt, Doppelschritt", beantwortet hier die Frage "wovon tausend?".

12 aber über den Ausgang dieses Spiels (Wettkampf^{Gen}) kann ich nichts vorhersagen (weissagen).

13 – Wenn du das Spiel sehen und das Ergebnis sofort wissen willst,

14 [dann] komm mit mir!

15 – Danke! [Das] ist unmöglich.

16 Ich muss heute mit Stefan fischen gehen.

17 Ich kann (ihm) nicht fehlen.

18 – Du magst entspanntes Nichtstun lieber als Sport. (Freizeit$^{\text{∅∅ Akk}}$ sanft$^{\text{∅∅ Akk}}$ willst^{du}-mehr als athletisch$^{\text{∅∅ Akk}}$.)

19 Nicht wahr? (nicht$^{?}$ wahr$^{\text{∅}}$ ist^{es}?)

20 – Keineswegs!

21 Du wirst den ganzen Nachmittag (ganz$^{\text{∅ Akk}}$ nachmittägig$^{\text{∅ Akk}}$ Zeit$^{\text{∅ Akk}}$) sitzen.

22 Wir aber werden, um Forellen zu fangen (zu Forelle$^{\text{♀♀ Akk}}$ zu-ergreifend$^{\text{♀♀ Akk}}$),

23 in den Bergen zehn Meilen an einem Wildbach entlang laufen, und…
(in Berg$^{\text{♂♂ Abl}}$ außer Wildbach$^{\text{♂ Akk}}$ zehn Doppelschritt$^{\text{♂♂ Gen}}$ tausend$^{\text{∅∅ Akk}}$ werden^{wir}-durchlaufen, und…)

24 vielleicht (Zufall$^{\text{♀ Abl}}$) ohne irgendeinen Fisch nach Hause zurückkehren.

25 – Damit du nicht von [deiner] Frau getadelt wirst, sei dir dieser Sache bewusst:
(nicht von Ehefrau^{Abl} werdest^{du}- laut-angerufen, dies$^{\text{♀ Gen}}$ Sache$^{\text{♀ Gen}}$ sollst^{du}-gedenken:)

26 Fischmärkte fehlen in unserer Stadt nicht!

ANMERKUNGEN

⑧ **mīlia** steht hier in der Pluralform, da es sich um mehrere "Tausender" handelt.

⑨ Ein Doppelschritt entsprach im römischen Maßsystem etwa 1,5 m; eine römische Meile, also tausend Doppelschritte, demnach 1,5 km.

⑩ Die Konjunktion **nē** "nicht, dass nicht, damit nicht" verlangt immer den Konjunktiv.

⑪ **mementō** "du sollst gedenken" ist der Imperativ II von **meminisse** "sich erinnern, gedenken". Den Imperativ II erkennt man an der Endung -**tō** (Singular) oder -**ntō** (Plural). Er impliziert in etwa das deutsche "sollen".

Exercitātiō prīma: Intellegisne hās sententiās?

❶ Quō agis tē? – Eō piscātum. ❷ Quid piscārī optās? ❸ Tructās piscārī optō. ❹ Tū piscāris in aquīs dulcibus. ❺ Ego in marī piscārī cupiō. ❻ Capisne sardīnās? ❼ Num ē nāve piscāris? ❽ Sardīnæ rētibus captantur. ❾ Ad hoc efficiendum nāvis est necessāria. ❿ Ego nāvem nōn habeō. ⓫ Līneam dē terrā mittō.

Exercitātiō altera: Īnsere verba dēficientia!

❶ Ich fange die Fische mit einem Haken.
_ _ _ _ _ _ hāmō capiō.

❷ Die Ehefrau kauft Fische auf einem Fischmarkt.
_ _ _ _ piscēs in piscāriā emit.

❸ Sie weiß genau (deutlich), dass ihr Mann nichts fangen wird.
Plānē scit virum suum _ _ _ _ _ captūrum _ _ _ _.

❹ Eine Forelle ist schwierig zu fischen, dieselbe ist dennoch sehr angenehm zu essen.
Tructa piscātū _ _ _ _ _ _ _ _ _ _ est, eadem tamen ēsū suāvissima.

32 Lēctiō trīcēsima altera (XXXII)

Socrus Mārtis diē salūtātiōnī sē dare solet

1 – Guīdō! Properā, quæsō! Indue pulchrās vestēs!

2 – Væ mihi! Fessus ex officiō redeō. ①

ANMERKUNGEN

① Das mit dem Adjektiv **fessus**, **-a**, **-um** "erschöpft" korrespondierende Verb "jmdn. ermüden, erschöpfen" heißt **dēfatīgāre**.

Solūtiō exercitātiōnis prīmæ: Intellēxistīne?

① Wohin gehst du (treibst[du] dich)? – Ich gehe fischen. ② Was erhoffst du zu fischen (wünschst[du])? ③ Ich hoffe, Forellen zu fischen. ④ Du fischst im Süßwasser. ⑤ Ich will im Meer fischen. ⑥ Fängst (nimmst[du]) du Sardinen? ⑦ Fischst du etwa von einem Schiff aus? ⑧ Sardinen werden mit Netzen gefangen. ⑨ Um dies zu erreichen (zu-hervorbringend), ist ein Schiff nötig. ⑩ Ich habe kein Schiff. ⑪ Ich werfe eine Angel (Linie[Akk]) vom Land aus (schicke[ich]).

Solūtiō exercitātiōnis alteræ: Verba dēficientia.

❶ Piscēs ❷ Uxor ❸ nihil – esse ❹ difficilis.

Römische Maße

Die Römer verfügten über ein ausgeklügeltes Maßsystem (**mēnsūra**), das im gesamten Reich Gültigkeit hatte und bis zur Einführung des metrischen Systems die Maße in ganz Europa, die englischen Maße sogar bis heute beeinflusste. Die wichtigsten Längenmaße waren der Fuß (**pēs**) mit ca. 30 cm Länge, der Doppelschritt (**passus**) mit ca. 1,5 m und die Meile (**mīlle passūs**, pl. **mīlia passuum**) mit 1,5 km. Als Flächenmaß war das **jūgerum**, d.h. die Fläche, die ein Gespann Ochsen (**jugum**) an einem Tag pflügen konnte, mit ca. 2.500 m² in der Landwirtschaft gebräuchlich. Um Gewichte abzumessen, benutzte man die Unze (**ūncia**), die etwa 27 g entsprach, und das Pfund (**lībra** oder **pondō**) mit 1/3 kg. Die häufigsten Hohlmaße waren für Flüssigkeiten der **sextārius** (ca. ½ Liter) und für Getreide der Scheffel (**modius**) mit einem Volumen von ca. 9 Litern.

32. Lektion

Meine Schwiegermutter empfängt dienstags immer Besuch

1 – Guido! Beeil dich, bitte! Zieh dir etwas Schönes an (schön[♀♀ Akk] Kleid[♀♀ Akk])!

2 – Oh weh! (wehe mir!) Ich komme erschöpft aus dem Büro zurück.

3 Tōtum diem fōcālī cōnstrictus æstuāre coāctus sum. ② ③

4 Rēctor administrōs suōs vexāre solet …

5 et calceī novī mihi pedēs ūrunt.

6 Domī soleātus et sine fōcālī mē quiētūrum esse spērābam. ④ ⑤ ⑥

7 Tū omnia mea cōnsilia perturbās.

8 – Mel meum, cūr ita loqueris?

9 Nōnne scīs mātrem meam

10 hodiē vespere fīliās et generōs ad sē receptūram? ⑦

11 – Hujus molestiæ oblītus eram.

12 – Mementō!

13 Dominicō diē nōs in perendinum diem invītāvit, tūte prōmīsistī. ⑧

14 – Vēra dīxistī.

15 Immō, heri eam in Viā Rēgālī offendī, quæ mihi dīxit:

PRŌNŪNTIĀTUS

[*3 … ko-āk-tuß …* **10** *… ge-ne-rōß …* **13** *… pe-ren-di-nu*[m] *…*]

ANMERKUNGEN

② **cōnstrictus**, -**a**, -**um** ist das PPP von **cōnstringere** "zusammenschnüren".

③ **æstuāre** kann "auflodern, aufbrausen, sprudeln, schäumen, kochen, gären" heißen. Das Substantiv dazu lautet **æstus**, **æstūs** "Hitze, Glut, Brandung".

④ Das Adjektiv **soleātus**, -**a**, -**um** (von **solea** "Sandale") hat keine deutsche Entsprechung; man könnte es mit "einsandaliert" umschreiben.

⑤ **quiētūrus**, -**a**, -**um**: Partizip Futur von **quiēscere**, **quiēscō**, **quiēvī**, **quiētum** "sich ausruhen". **Quiētus**, -**a**, -**um** "ruhig".

3 Ich musste den ganzen Tag schwitzen, eingeschnürt von einer Krawatte.
(ganz^{Akk} Tag^{Akk} Krawatte$^{\text{∅ Abl}}$ zusammengeschnürt$^{\text{♂}}$ wallen gezwungen$^{\text{♂}}$ bin^{ich}.)

4 Der Chef quält seine Angestellten für gewöhnlich…
(Lenker Mitarbeiter$^{\text{♂♂ Akk}}$ seine$^{\text{♂♂ Akk}}$ quälen pflegt^{er}…)

5 und [meine] neuen Schuhe reiben mir die Füße wund (brennen^{sie}).

6 Ich habe gehofft, dass ich zu Hause in Sandalen und ohne Krawatte meine Ruhe haben würde.
(Haus^{Lok} in-Sandale$^{\text{♂♂}}$ und ohne Krawatte$^{\text{∅ Abl}}$ mich ruhen-werdend^{Akk} sein hoffte^{ich}.)

7 Du bringst alle meine Pläne durcheinander.

8 – Mein Schatz (Honig$^{\text{∅ Akk}}$), warum sprichst du so?

9 Weißt du denn nicht, dass meine Mutter

10 ihre Töchter und Schwiegersöhne heute Abend bei sich empfangen wird (aufnehmen-werdend$^{\text{♀ Akk}}$)?

11 – Diese Lästigkeit hatte ich vergessen.
(diese$^{\text{♀ Gen}}$ Mühe$^{\text{♀ Gen}}$ vergessen war^{ich}.)

12 – Erinnere dich!

13 Am Sonntag lud sie uns für in zwei Tagen ein, du selbst hast zugesagt. (Herr-^{Abl} Tag^{Abl} uns in übermorgig^{Akk} Tag^{Akk} hat^{sie}-eingeladen, du-selbst hast^{du}-versprochen.)

14 – Ja, du hast Recht. (wahr$^{\text{∅∅ Akk}}$ hast^{du}-gesagt.)

15 Ich habe sie gestern sogar auf der Königsstraße getroffen, sie sagte mir:
(ja-sogar, gestern sie$^{\text{♀ Akk}}$ in Straße^{Abl} königlich^{Abl} habe^{ich}-angestoßen, welche mir hat^{sie}-gesagt:)

ANMERKUNGEN

⑥ **spērāre** "hoffen" verlangt im anschließenden AcI üblicherweise einen Infinitiv Futur, der sich aus dem Partizip Futur im Akkusativ und **esse** zusammensetzt.

⑦ **receptūrus**, **-a**, **-um**: Partizip Futur von **recipere**, **recipiō**, **recēpī**, **receptum** "aufnehmen, zurücknehmen". Das dazugehörige Substantiv lautet **receptiō**, **receptiōnis**♀ "Aufnahme".

⑧ **tūte** "du selbst, ausgerechnet du" ist eine Verstärkung von **tū** "du". **Tūte cōnstituis quæ efficienda sint**. "Du selbst beschließt/legst fest, was erreicht werden muss".

16 "Cārissime gener, quantō gaudiō nōbīs erit ⑨ ⑩
17 vōs crās revīsere"; nec recūsāvī.
18 Prætereā mē fugere nōn dēbuit, ⑪
19 socrum Mārtis diē salūtātiōnī sē dare solēre. ⑫
20 – Hebetī memoriā es … sī dē rēbus molestīs agitur. ⑬
21 Diēs hebdomadis vocantur: ⑭
22 Lūnæ diēs, Mārtis diēs, Mercuriī diēs,
23 Jovis diēs, Veneris diēs, Sāturnī diēs,
24 Dominicus diēs vel Dominica.
25 Diīs pāgānōrum sex priōrēs diēs dicātī sunt, scīlicet: ⑮ ⑯

PRŌNŪNTIĀTUS

[**20** *he-be-tī me-mo-ri-^{j}ā …* **22** *… mār-tiß …* **23** *… ßā-tur-nī …*]

ANMERKUNGEN

⑨ **Cārissime** ist der Vokativ des Superlativs von **cārus**, **-a**, **-um** "lieb, wert, teuer".

⑩ **quantō gaudiō** ist ein sogenannter Dativ des Zwecks (**datīvus fīnālis**), der angibt, zu welchem Zweck/Ziel etwas gedacht ist.

⑪ Beim Indikativ **nōn dēbuit** "er/sie/es durfte nicht" geht der Lateiner von der tatsächlichen Situation des "Nichtdürfens" aus. Im Deutschen denken wir da eher irreal: "er/sie/es hätte nicht gedurft". Vgl. beim Ballsport: "Den musstest du doch treffen" = "Den hättest du doch treffen müssen".

16 "Liebster Schwiegersohn, welch eine große Freude wird es uns bereiten (wie-groß^{Dat} Freude^{Dat} uns^{Dat} wird^{es}-sein),

17 euch morgen wiederzusehen"; und ich habe keinen Einspruch erhoben (und-nicht habe^{ich}-abgelehnt).

18 Außerdem hätte mir nicht entfallen dürfen,
(außerdem mich fliehen nicht hat^{es}-gemusst,)

19 dass meine Schwiegermutter dienstags immer Besuch empfängt.
(Schwiegermutter^{Akk} Mars^{Gen} Tag^{Abl} Begrüßung^{Dat} sich geben pflegen.)

20 – Du hast ein schwaches Gedächtnis… wenn es um lästige Dinge geht.
(stumpf$^{\text{♀ Abl}}$ Erinnerung$^{\text{♀ Abl}}$ bist^{du}… wenn von Sache$^{\text{♀♀ Abl}}$ lästig$^{\text{♀♀ Abl}}$ wird^{es}-getrieben.)

21 Die Wochentage heißen:
(Tage Woche$^{\text{♀ Gen}}$ werden^{sie}-gerufen:)

22 Tag des Mondes, Tag des Mars, Tag des Merkur,

23 Tag des Jupiter, Tag der Venus, Tag des Saturn,

24 Tag des Herrn (Herr- Tag) oder Dominika.

25 Die ersten sechs Tage sind den heidnischen Göttern geweiht, nämlich:
(Gott$^{\text{♂♂ Dat}}$ ländlich$^{\text{♂♂ Gen}}$ sechs erstere$^{\text{♂♂}}$ Tag$^{\text{♂♂}}$ geweiht$^{\text{♂♂}}$ sind^{sie}, wissen-erlaubt-ist^{es}:)

ANMERKUNGEN

⑫ **socrus** "Schwiegermutter" wird wie **passus** "Schritt/Doppelschritt" nach der **u**-Deklination dekliniert: Der Nominativ/Akkusativ Plural und der Genitiv Singular enden auf -**ūs**, der Genitiv Plural auf -**uum**.

⑬ **Hebetī memoriā** ist ein Ablativ der Beschaffenheit (**ablātīvus quālitātis**).

⑭ **hebdomas**, **hebdomadis** "Woche" kommt aus dem Griechischen. In L. 8 kam es in seiner unklassischen Form **hebdomada**, **hebdomadæ** vor. Möglich wäre auch die lateinische, aber in der Antike weniger verbreitete Variante **septimāna**, **septimānæ**. **Præteritā hebdomade** "in der vergangenen Woche". **Jam fīnem hebdomadis prōspiciō**. "Ich sehe das Wochenende schon vor mir".

⑮ **pāgānus** (von **pāgus** "Bezirk, Dorf") hieß ursprünglich "zum Dorf gehörig, ländlich" und hat erst im christlichen Kontext die Bedeutung "heidnisch" angenommen.

⑯ **scīlicet** "nämlich, vernimm nur, versteht sich" setzt sich zusammen aus **scīre** "wissen" und **licet** "es ist erlaubt".

26 Lūnæ, Mārtī, Mercuriō, Jovī, Venerī, Sāturnō. ⑰

27 Septimus autem diēs ā Chrīstiānīs Dominō dicātus est,

28 quia "complēvit Deus diē septimō opus suum quod fēcerat, et requiēvit". ⑱

(*Liber Genesis*, II, 2)

PRŌNŪNTIĀTUS

[**27** … *k^{h}rīß-ti-^{j}**ā**-nīß* …]

ANMERKUNGEN

⑰ In der bürgerlichen Woche gilt heutzutage der Montag als erster Tag der Woche. Bei den Römern aber war der Sonntag (**Sōlis diēs**) der erste Tag.

Exercitātiō prīma: Intellegisne hās sententiās?

❶ Lūnæ diē in opere hebdomadem incipimus. ❷ Mārtis diē generī cum uxōribus socrūs domum adeunt. ❸ Ā socrū recipiuntur. ❹ Mercuriī diē hesternæ receptiōnis molestiārum oblītī sunt. ❺ Jovis diē fīnem hebdomadis prōspicere incipiunt. ❻ Veneris diē rēctōrēs multī administrōs suōs convocant. ❼ Quid diēbus præteritīs fēcerint quærunt. ❽ Quæ proximā hebdomade efficienda sint cōnstituunt.

Exercitātiō altera: Īnsere verba dēficientia!

❶ Der Samstag wird auch Sabbat genannt.
Sāturnī … Sabbatum quoque … .

❷ Am Sonntag müssen wir ruhen.
Dominicā diē quiēscere … .

❸ Dennoch können wir in die nächste Woche vorausschauen und das ansehen, was wir in der vergangenen Woche gelernt haben.
Attamen proximam … prōspicere et … præteritā hebdomade didicimus revīsere possumus.

26 der Mondgöttin, dem Mars, dem Merkur, dem Jupiter, der Venus und dem Saturn.

27 Der siebte Tag aber ist von den Christen dem Herrn geweiht worden,

28 weil "Gott am siebten Tag sein Werk, das er gemacht hatte, vollendete und ruhte" (hat^{er}-vollgemacht Gott Tag^{Abl} siebter^{Abl} Werk$^{\varnothing\ Akk}$ sein welches hatte^{er}-getan, und hat^{er}-geruht).

(*Buch Genesis*, II, 2)

ANMERKUNGEN

⑱ Der in der Genesis erwähnte siebte Tag ist der jüdische Sabbat (Samstag). Der Sonntag wird von den Christen **diēs Dominicus** oder **diēs Dominica** genannt als Tag der Auferstehung Christi. Wie bei den Römern bleibt er in der christlichen Ordnung der erste Tag.

Solūtiō exercitātiōnis prīmæ: Intellēxistīne?

❶ Montags (Mond^{Gen} Tag^{Abl}) beginnen wir die Woche auf der Arbeit. ❷ Am Dienstag gehen die Schwiegersöhne mit ihren Ehefrauen zum Haus der Schwiegermutter. ❸ Sie werden von der Schwiegermutter empfangen. ❹ Am Mittwoch haben sie die Unannehmlichkeiten des gestrigen Empfangs vergessen. ❺ Am Donnerstag beginnen sie, das Wochenende (Ende^{Akk} Woche^{Gen}) vor sich zu sehen. ❻ Freitags rufen viele Chefs ihre Angestellten zusammen. ❼ Sie fragen nach, was sie in den vergangenen Tagen gemacht haben. ❽ Sie legen fest, was in der nächsten Woche erreicht werden muss.

Solūtiō exercitātiōnis alteræ: Verba dēficientia.

❶ diēs – vocātur ❷ dēbēmus ❸ hebdomadem – quæ.

Römische Götter

Die Götterwelt der Römer umfasste fast alle Lebensbereiche. Anfangs standen Naturgottheiten für Naturphänomene, z.B. der Sonnengott **Sōl** und die Mondgöttin **Lūna**. Erst ab dem 5. Jh. v. Chr. wurden die meisten griechischen Götter romanisiert. **Mārs** (griech. Ares) war der Gott der Kriege und Schlachten. **Mercurius** (griech. Hermes) war der Götterbote und außerdem Gott der Diebe und Handelsreisenden. **Juppiter** (griech. Zeus) galt als Göttervater und Donnergott. **Venus** (griech. Aphrodite) wurde als Göttin der Liebe und Schönheit verehrt. **Sāturnus**, Vater des Jupiter, war der Gott des Ackerbaus und Symbol des mythischen Goldenen Zeitalters.

33 Lēctiō trīcēsima tertia (XXXIII)

Mēnsēs et annī tempora

1 – Heri hebdomadis diērum nōmina commemorāvimus. ①

2 Hodiē mēnsium et annī temporum nōmina īnspiciāmus. ②

3 Mēnsium nōmina ipsī inveniāmus opus erit. ③

4 – Ipse incipiam:

5 Prīmus annī mēnsis Jānuārius vocātur.

6 Incipientis enim annī jānuam aperit.

7 – Nōn ā "jānuā", sed ā Jānō deō nōmen suum dūcit.

8 – Sequuntur Februārius, Mārtius, Aprīlis,

9 Majus, Jūnius, Quīntīlis, Sextīlis …

10 – Antīqua dīcis!

11 Īgnōrāsne ā prīncipibus nostrīs Jūliō Cæsare et Augustō

12 ultimōs duōs mēnsēs nōmina sua dūxisse?

13 Ideōque nunc dīcere oportet Jūlium prō Quīntīlī et Augustum prō Sextīlī.

PRŌNŪNTIĀTUS

[**1** … *kom-me-mo-rā-wi-muß* **5** … *jā-nu-*^{w}*ā-ri-*^{j}*uß* … **10** *an-tī-kwa* …]

ANMERKUNGEN

① Merken Sie sich auch **nudiūs tertius** "vorgestern", das sich aus **nunc diūs** (**diēs**) **tertius** zusammensetzt ("nun Tag dritter").

② **īnspiciāmus**, der Konjunktiv Präsens von **īnspicimus** "wir blicken hinein", drückt hier einen Wunsch aus.

33. Lektion

Die Monate und Jahreszeiten

1 – Gestern haben wir die Namen der Wochentage (Woche^{Gen} Tage^{Gen}) erwähnt (zusammen-haben^{wir}-uns-erinnert).

2 Heute wollen wir uns die Namen der Monate und Jahreszeiten ansehen.
(heute Monat$^{\text{♂♂ Gen}}$ und Jahr$^{\text{♂♂ Gen}}$ Zeit$^{\text{ØØ Gen}}$ Name$^{\text{ØØ Akk}}$ mögen^{wir}-hineinblicken.)

3 Wir werden die Namen der Monate selber finden müssen.
(Monate^{Gen} Namen^{Akk} selbst$^{\text{♂♂}}$ finden^{wir} Werk wird^{es}-sein.)

4 – Ich (selbst) werde anfangen:

5 Der erste Monat des Jahres heißt Januar.

6 Er öffnet nämlich die Tür des beginnenden Jahres.
(anfangend^{Gen} nämlich Jahr$^{\text{♂♂ Gen}}$ Tür^{Akk} öffnet^{er}.)

7 – Nicht von der "Eingangstür", sondern von dem Gott Janus hat er seinen Namen (führt^{er}).

8 – Es folgen Februar, März, April,

9 Mai, Juni, Quintil, Sextil…

10 – Du sagst veraltete (altertümlich$^{\text{ØØ Akk}}$) [Dinge]!

11 Weißt du denn nicht, dass nach unseren Anführern Julius Cäsar und Augustus
(nicht-weißt$^{\text{du?}}$ von Anführer$^{\text{♂♂ Abl}}$ unseren$^{\text{♂♂ Abl}}$ Julius^{Abl} Kaiser^{Abl} und Augustus^{Abl})

12 die letzten zwei Monate benannt sind?
(letzte$^{\text{♂♂ Akk}}$ zwei$^{\text{♂♂ Akk}}$ Monat$^{\text{♂♂ Akk}}$ Name$^{\text{ØØ Akk}}$ seine$^{\text{ØØ Akk}}$ geführt-haben?)

13 Und deshalb muss es (sagen nötig-ist^{es}) jetzt Juli anstelle von (für) Quintil und August anstelle von Sextil heißen.

ANMERKUNGEN

③ **opus est** "brauchen, benötigen" zieht, ebenso wie **oportet** "es ist nötig", den Konjunktiv nach sich. Alternativ dazu wäre auch ein AcI denkbar: **nōs ipsōs invenīre opus est**.

14 Omnium gentium prīncipēs
15 nōmina facilius quam mōrēs mūtant.
16 Mēnsēs tamen sequentēs mūtātī nōn sunt: ④
17 September, Octōber, November, December.
18 – Quandō incipit vēr?
19 – Cum mēnsis Mārtiī fīnis appropinquat
20 et cum arborēs gemmās prōferunt.
21 Æstās nōmen dūcit ab æstū, ⑤ ⑥
22 quī "vehementem calōrem" significat. ⑦
23 Autumnō folia cadunt, etiam folia vectīgālia ⑧
24 (quæ vectīgal solvendum nūntiant).
25 Hieme nix montēs cooperit; lacūs gelū cōnstringuntur, ⑨ ⑩ ⑪
26 tempus est exercitātiōnum hiemālium.

PRŌNŪNTIĀTUS

[*21 aiß-tāß … 25 … la-kūß …*]

ANMERKUNGEN

④ Ursprünglich war der März der erste Monat des Jahres. Die in den Monaten Quintil bis Dezember enthaltenen Zahlen (**quīntus** "der fünfte" bis **decem** "zehn") spiegeln die alte Zählweise noch wieder.

⑤ **æstus, æstūs** "Glut, Hitze, Brandung" wird nach der **u**-Deklination dekliniert.

14 Die Anführer aller Völker (Geschlecht♀♀ Gen)

15 ändern Namen leichter als Sitten.

16 Die folgenden Monate sind aber (trotzdem) nicht geändert worden:

17 September, Oktober, November, Dezember.

18 – Wann beginnt der Frühling?

19 – Wenn sich das Ende des Monats März nähert,

20 und wenn die Bäume♀ Knospen♀♀ Akk hervorbringen.

21 Der Sommer ist nach *æstus* benannt, (Sommer♀ Name∅ Akk führtsie von Glut♂ Abl,)

22 was "heftige Wärme" bedeutet.
(welcher heftig♂ Akk Wärme♂ Akk bezeichneter.)

23 Im Herbst fallen die Blätter, ebenso die Steuerbescheide (Blatt∅∅ steuerlich∅∅),

24 (welche die zu zahlende Steuer ankündigen).
(welche Steuer∅ zu-lösend∅ meldensie.)

25 Im Winter♀ Abl bedeckt Schnee♀ die Berge; die Seen erstarren vor Eis,
(See♂♂ Frost♂ Abl werdensie-zusammengeschnürt,)

26 es ist die Zeit des Wintersports (Übung♀♀ Gen winterlich♀♀ Gen).

ANMERKUNGEN

⑥ **In fēriīs æstīvīs rūrī hospitium in dēversōriīs invenīmus**. "In den Sommerferien (Ferien♀♀ Abl sommerlich♀♀ Abl) finden wir auf dem Land in Hotels Gastfreundschaft". **Discipulī amant fēriās, quia simul omnēs ab opere vacant**. "Schüler mögen Ferien, weil sie alle zur gleichen Zeit frei haben (von WerkAbl sindsie-frei)".

⑦ Merken Sie sich mit **significāre** "ein Zeichen geben, bezeichnen, bedeuten" auch **signum** "Zeichen".

⑧ Das Neutrum **vectīgal**, **vectīgālis** bedeutet allgemein "Steuer, Abgabe", während "Einkommensteuer" **tribūtum** heißt.

⑨ **nix**, **nivis** "Schnee". **Nix splendet in sōle**. "Der Schnee strahlt/glänzt in der Sonne".

⑩ **cooperīre**, **cooperiō**, **cooperuī**, **coopertum** "über-/bedecken, überschütten". **Mōns etiamnunc nive coopertus est**. "Der Berg ist immer noch mit Schnee bedeckt".

⑪ **lacus** "See" und **gelus** "Frost, Eis" werden nach der **u**-Deklination dekliniert.

Exercitātiō prīma: Intellegisne hās sententiās?

❶ Quandō fēriās agitis? – Æstīvō tempore. ❷ Nōs autumnālī tempore eās agere mālumus. ❸ Diēs quidem breviōrēs fīunt, ❹ sed sōl etiamtunc sæpe splendet. ❺ Hospitium in dēversōriīs facilius invenītur. ❻ Fēriīs quiētīs dēlectāminī. ❼ Nōs quoque quiētem amāmus, ❽ sed quod volumus, id efficere nōn semper possumus. ❾ Mēnse Augustō ab opere vacāre dēbēmus. ❿ Dum fabrica clausa manet, ⓫ operāriī et administrī simul omnēs in fēriās abeunt.

Exercitātiō altera: Īnsere verba dēficientia!

❶ Auf dem Land können wir jedoch ein ruhiges Leben führen.
Rūrī tamen _____ quiētam _____ possumus.

❷ Wir fischen in den Seen. Die Fische dieser Seen sind angenehm zu essen. (diese[♂♂ Gen] See[♂♂ Gen] Fisch[♂♂] zu-essen sind[sie] angenehm.)
In lacubus ________. Hōrum lacuum ______ ēsū sunt suāvēs.

❸ Die Seen dieser Region sind voll mit Fischen.
Lacūs _____ regiōnis piscibus refertī ____.

❹ Lasst uns in den See tauchen! Taucht in die Seen!
In _____ ūrīnēmur! In _____ ūrīnēminī!

34 Lēctiō trīcēsima quārta (XXXIV)

Nihil sub sōle novī ①

1 – Quō usque tandem abūtēris patientiā nostrā! ② ③

PRŌNŪNTIĀTUS

[*1 ... a-bū-tē-riß ...*]

ANMERKUNGEN

① Im lateinischen Bibeltext lautet es **nihil sub sōle novum**, aber klassisch heißt es **nihil novī** ("nichts an Neuem" mit Genitiv), daher erscheint dieses Sprichwort meist als **nihil novī sub sōle**. Unterscheiden Sie gut zwischen **nihil novī** und **nihil nōvī** "ich weiß nichts".

Solūtiō exercitātiōnis prīmæ: Intellēxistīne?

① Wann macht ihr Ferien? – In der Sommerzeit (sommerlich$^{\varnothing\ Abl}$ Zeit$^{\varnothing\ Abl}$). ② Wir machen sie lieber in der Herbstzeit. ③ Die Tage werden zwar (gewiss) kürzer, ④ aber die Sonne scheint immer noch oft (glänzt^{sie}). ⑤ In Hotels findet man ziemlich leicht Gastfreundschaft (Gastfreundschaft$^{\varnothing}$ ... leichter wird^{es}-gefunden). ⑥ Ihr erfreut euch an ruhigen Ferien (werdet^{ihr}-erfreut). ⑦ Wir mögen auch die Ruhe (lieben^{wir}), ⑧ aber was wir wollen, das (hervorbringen) können wir nicht immer erreichen. ⑨ Im Monat August müssen wir Urlaub nehmen (von Werk^{Abl} frei-sein). ⑩ Während die Fabrik geschlossen bleibt, ⑪ fahren alle Arbeiter und Angestellten (Diener/Mitarbeiter) gleichzeitig in die Ferien (gehen^{sie}-weg).

❺ Sie gehen aus dem See heraus. Das Wasser des Sees ist süß.
Ē lacū ______. Lacūs aqua ______ est.

❻ Diese Stadt ist nahe am See (benachbart♀ ist^{sie} See$^{♂\ Dat}$).
___ urbs vīcīna est lacuī.

Solūtiō exercitātiōnis alteræ: Verba dēficientia.

❶ vītam – agere ❷ piscāmur – piscēs ❸ hujus – sunt ❹ lacum – lacūs ❺ exeunt – dulcis ❻ Hæc.

Prägen Sie sich möglichst nicht einzelne Vokabeln, sondern immer kurze Sätze oder Wendungen als Ganzes ein!

34. Lektion

Nichts Neues unter der Sonne

1 – Bis zu welchem Punkt wirst du unsere Geduld missbrauchen?
(wie-weit endlich wirst^{du}-missbrauchen Geduld$^{♀\ Abl}$ unsere^{Abl}?)

ANMERKUNGEN

② **abūtī** "missbrauchen" verlangt ebenso wie **ūtī** "nutzen, gebrauchen" den Ablativ als Objekt.

③ Es handelt sich hier um den ersten Satz der berühmten Rede des Politikers Cicero gegen den Verschwörer Catilina (63 v. Chr.).

2 – Quid tibi, optime Cicerōnis discipule?

3 – Homō gravis nōn es,

4 quī Latīnē iterum iterumque nūgārī nōn dubitās.

5 – Quæ rēs nova est? ④

6 Latīnē nūgārī nōn licet?

7 Nūlla est ratiō cūr istam linguam efficiāmus tædiōsam. ⑤

8 – Audācter linguā mortuā ūteris cum dē rēbus hodiernīs agis. ⑥

9 Audēs enim Latīnē loquī dē caffēō, vel dē lūdīs,

10 quī apud Anglōs "football" et "rugby" nuncupantur.

11 Hæc omnia Rōmānī antīquī īgnōrābant.

12 – Mōrēs antīquī ā nostrīs minus quam crēdis differunt.

13 Exemplī grātiā, equī quī rædās nostrās trahunt vapōrāriī sunt, ⑦

14 sed hominēs rædīs semper vehuntur.

PRŌNŪNTIĀTUS

[*4 … nū-gā-rī … 8 au-dāk-ter … 10 … nung-ku-pan-tur*]

2 – Was ist los mit dir (was dir), großartiger (bester$^{!}$) Schüler$^{!}$ Ciceros?

3 – Du bist kein ernster (schwer) Mensch,

4 welcher immer wieder (abermals abermals-und) auf Lateinisch zu scherzen nicht zögert (zweifelst^{du}).

5 – Was ist daran ungewöhnlich? (welche Sache♀ neu♀ ist^{sie}?)

6 Man darf nicht auf Lateinisch scherzen? (lateinisch scherzen nicht ist^{es}-erlaubt?)

7 Es gibt keinen Grund, warum wir diese Sprache langweilig machen sollten. (kein♀ ist^{sie} Rechnung♀ warum diese^{Akk} Zunge^{Akk} bringen^{wir}-hervor ekelhaft♀^{Akk}.)

8 – Du benutzt frech (kühn) eine tote Sprache, wenn du über moderne Dinge♀♀^{Abl} sprichst (heutig♀♀^{Abl} treibst^{du}).

9 Du wagst es nämlich, auf Latein über Kaffee oder über Spiele zu sprechen,

10 die bei den Engländern (Angeln) "Football" und "Rugby" genannt werden.

11 Dies alles kannten die alten Römer nicht.

12 – Die antiken Gebräuche unterscheiden sich von unseren weniger als du denkst. (Sitte♂♂ altertümlich♂♂ von unsere♂♂^{Abl} weniger als glaubst^{du} tragen^{sie}-auseinander.)

13 Zum Beispiel sind die Pferde, die unsere Wagen ziehen, dampfbetrieben,

14 aber Menschen fahren immer mit Wagen.

ANMERKUNGEN

④ **rēs** hat sehr vielfältige Bedeutungen. Es kann je nach Kontext u.a. auch "Angelegenheit, Besitz, Ursache, Zustand, Handlung, Ereignis" heißen.

⑤ **ratiō**, **ratiōnis** ist eine sehr facettenreiche Vokabel, die u.a. "Logik, Rechnung, Rechenschaft, Rücksicht, Zahl, Verzeichnis, Protokoll, Geschäft, Methode, Maßregel, Plan, Vernunft, Überlegung" heißen kann.

⑥ **Audācter** ist das Adverb zu **audāx**, **audācis** "mutig, kühn, frech". Adjektive der 3. Deklination bilden ihre Adverbien mit der Endung -**ter** oder -**iter**.

⑦ **vapōrārius**, -**a**, -**um** ist das Adjektiv zu **vapor**, **vapōris** "Dampf, Dunst".

15 Folle, nōn omnīnō sīcut hodiē nōs lūdimus, antīquī lūdēbant,

16 sed tamen follibus ūtēbantur …

17 Quid arbitrāris dē hāc sententiā:

18 "… exercitātiōnēs equōrum et armōrum omīsit

19 et ad pilam folliculumque trānsiit"? ⑧

20 – Aliquid simile Suētōnius dē Augustō Imperātōre scrīpsit. ⑨

21 – Vidēs prōverbium "nihil sub sōle novī" nōn mentīrī, ⑩

22 et linguam Latīnam, quā hodiē ūteris, mortuam nōn esse.

PRŌNŪNTIĀTUS

[**20** … *ßwē-tō-ni-^{j}uß* … *ßkrīp-ßit*]

ANMERKUNGEN

⑧ **folliculus** "Ledersäckchen" ist das Diminutiv (Verkleinerungsform) von **follis** "Ledersack". Das Diminutiv wird unter anderem mit der Endung -**ulus**, -**a**, -**um** oder -**culus**, -**a**, -**um** gebildet.

CARMEN

Lauriger Horātius

Lauriger Horatius,
Quam dīxistī vērum!
Fugit Eurō citius
Tempus edāx rērum.
Ubi sunt, ō, pōcula
Dulciōra melle?
Rixæ, pāx et ōscula
Rubentis puellæ?

(Ē MORRIS, Sidney: ***Carmina Latīna***. Slough: Centaur Books, 1962)

15 Mit dem Lederball spielten die antiken Menschen ganz anders als wir heute,
(Ledersack^{Abl}, nicht völlig wie heute wir spielen^{wir}, altertümlich$^{\text{♂♂}}$ spielten^{sie},)

16 aber trotzdem benutzten sie Lederbälle…
(aber trotzdem Ledersack$^{\text{♂♂ Abl}}$ benutzten^{sie}...)

17 Was hältst du von diesem Satz:

18 "Er vernachlässigte den Reitsport (Übungen Pferd$^{\text{♂♂ Gen}}$) und die Waffenübungen

19 und ging zum Ball und Ledersäckchen über"?

20 – So etwas Ähnliches (etwas ähnlich$^{\varnothing}$) schrieb Sueton über Kaiser Augustus.

21 – Du siehst, dass das Sprichwort "nichts Neues (neu$^{\text{Gen ♂}}$) unter der Sonne^{Abl}" nicht lügt,

22 und dass die lateinische Sprache, die (welche^{Abl}) du heute benutzt, nicht tot ist.

ANMERKUNGEN

⑨ **Suētōnius** (ca. 70-140 n. Chr.) war ein römischer Schriftsteller und Verwaltungsbeamter, dessen bekanntestes Werk die Kaiserbiografien (Cäsar bis Domitian) sind, in denen er auch das Privatleben umfassend behandelt.

⑩ Beachten Sie die von **vidēs** abhängige AcI-Konstruktion mit **prōverbium** und **linguam Latīnam** als Akkusativ-Formen und **mentīrī** und **esse** als Infinitiv-Formen.

LIED

Lorbeertragender Horaz

Lorbeertragender Horaz,
Wie hast du doch die Wahrheit gesagt!
Schneller als ein Sturmwind flieht
die an den Dingen nagende Zeit.
Wo sind, ach, die Becher
süßer als Honig?
Die Streitigkeiten, der Frieden und die Küsse
eines erröteten Mädchens?

(Aus Morris, Sidney: ***Carmina Latina***.
Slough: Centaur Books, 1962)

Exercitātiō altera: Īnsere verba dēficientia!

❶ Es ist nicht erlaubt, eine tote Sprache zu benutzen.
Linguā ______ ūtī nōn licet.

❷ Es gibt keinen Grund, warum die Römer moderne Dinge nicht kannten.
_____ est ratiō cūr Rōmānī rēs __________ īgnōrāverint.

❸ Was hältst du von diesem Pferd?
Quid __________ dē hōc equō?

35 Lēctiō trīcēsima quīnta (XXXV)

Repetītiō et annotātiōnēs

In dieser Wiederholungslektion finden Sie wieder eine Übersicht über den Stoff der letzten Lektionen. Lernen Sie die angegebenen Muster und Listen nicht auswendig! In den folgenden Lektionen werden wir weiterhin auf alle Formen eingehen, so dass Sie sie ganz problemlos und ohne Mühe assimilieren können. Diese fünfte Wiederholungslektion widmet sich vor allem den Besonderheiten bei der Deklination einiger Substantive.

1. Position der Satzglieder im Satz

Ihnen ist schon aufgefallen, dass der Satzbau im Lateinischen recht frei ist und im Grunde keine festen Regeln für die Positionierung der einzelnen Satzglieder existieren. Bei einer ausgeprägt flektierenden (beugenden) Sprache wie dem Lateinischen ist dies durchaus möglich, da die einzelnen Satzglieder und deren Funktion meist eindeutig an der Endung zu erkennen sind.

Zur allgemeinen Orientierung kann man in Aussagesätzen von einer SOP-Stellung (Subjekt-Objekt-Prädikat) ausgehen:
Famula quattuor catīnōs affert. "Die Dienerin bringt vier Teller".

Von dieser Regel wird jedoch oft abgewichen. Besonders wenn ein bestimmtes Satzglied betont werden soll, sind alle Variationen

❹ Du siehst, dass die lateinische Sprache nicht tot ist.
Vidēs linguam Latīnam ▒▒▒▒▒▒ nōn ▒▒▒▒.

Solūtiō exercitātiōnis alteræ: Verba dēficientia.

❶ mortuā ❷ Nūlla – hodiernās ❸ arbitrāris ❹ mortuam – esse.

Hin und wieder kommt es vor, dass in den Anmerkungen neues Vokabular eingeführt wird. Streichen Sie sich diese Wörter am besten mit einem Textmarker an, oder notieren Sie sie in einem Heft. So können Sie sie immer mal wieder nachschlagen.

denkbar. Dem ersten und letzten Wort eines Satzes kommen dabei besonderes Gewicht zu:

Puerōne an puellæ dabitur hoc mūnus? "Soll das Geschenk für einen Jungen oder ein Mädchen sein?".

In diesem Satz stehen die Dativobjekte, die sich am Anfang des Satzes befinden, eindeutig im Vordergrund. Entscheidend ist hier die Frage, ob das Geschenk für einen Jungen oder ein Mädchen ist. Das Prädikat **dabitur** spielt eine eher untergeordnete Rolle, da klar ist, dass jemandem ein Geschenk gegeben wird. Die Frage ist, *wem*. Dementsprechend steht das Dativobjekt im Antwortsatz auch am Anfang:

Fīliō meō id dōnāre volō. "Ich will es meinem Sohn schenken".

2. e-Deklination

Einige – meist weibliche – Substantive werden nach der **e**-Deklination dekliniert. Man erkennt sie daran, dass sie im Nominativ Singular und Plural auf -**ēs** enden.

Beispiel **rēs** "Sache, Ding":

	Singular	Plural
Nom.	**rēs** "die Sache"	**rēs** "die Sachen"
Gen.	**reī** "der Sache"	**rērum** "der Sachen"
Dat.	**reī** "der Sache"	**rēbus** "den Sachen"
Akk.	**rem** "die Sache"	**rēs** "die Sachen"
Abl.	**rē** z.B. "mit der Sache"	**rēbus** z.B. "mit den Sachen"

3. u-Deklination

Die Substantive der u-Deklination enden im Nominativ Singular auf -us und sind meist männlichen Geschlechts. Sie können daher mit den Substantiven der o-Deklination verwechselt werden. Zur Unterscheidung lernt man immer den Genitiv Singular mit, der auf -ūs endet.

Beispiel exitus, exitūs "Ausgang, Ende":

	Singular	Plural
Nom.	exitus "der Ausgang"	exitūs "die Ausgänge"
Gen.	exitūs "des Ausgangs"	exituum "der Ausgänge"
Dat.	exituī "dem Ausgang"	exitibus "den Ausgängen"
Akk.	exitum "den Ausgang"	exitūs "die Ausgänge"
Abl.	exitū z.B. "mit dem Ausgang"	exitibus z.B. "mit den Ausgängen"

4. Besonderheiten bei der Deklination einiger Substantive

- Genitiv Plural auf -ium

Viele Substantive der 3. Deklination bilden den Genitiv Plural nicht auf -um, sondern, wie die Adjektive auf -ium:

Nominativ Singular	Genitiv Plural
ovis, ovis "das Schaf"	ovium
nāvis, nāvis "das Schiff"	nāvium
pars, partis "der Teil"	partium
nix, nivis "der Schnee"	nivium
mare, maris "das Meer"	marium
animal, animālis "das Lebewesen"	animālium

Häufig sind dies Substantive, die im Nominativ Singular auf -is, -ēs oder -rs enden, sowie die Neutra auf -e, -al und -ar.

- Ablativ Singular auf -ī

Einige wenige Substantive der 3. Deklination sowie die Neutra der 3. Deklination auf -e, -al, -ar bilden den Ablativ Singular nicht auf -e, sondern wie die Adjektive auf -ī. All diese Substantive bilden den Genitiv Plural außerdem auf -ium:

Nominativ Singular	Genitiv Plural	Ablativ Sing.
turris, turris "der Turm"	turrium	turrī
sitis, sitis "der Durst"	sitium	sitī
mare, maris "das Meer"	marium	marī
animal, animālis "das Lebewesen"	animālium	animālī

• Dativ/Ablativ Plural auf -ubus

Einige wenige Substantive der u-Deklination sowie bōs, bovis "Rind" bilden den Dativ Plural und den Ablativ Plural nicht auf -ibus, sondern auf -ubus:

Nominativ Singular	Dativ/Ablativ Plural
arcus, arcūs "der Bogen"	arcubus
artus, artūs "das Gelenk"	artubus
lacus, lacūs "der See"	lacubus
bōs, bovis "das Rind"	būbus/bōbus

Diese orthografische Variante dient der Unterscheidung von Formen wie arcibus (von arx, arcis "die Burg") oder artibus (von ars, artis "die Kunst").

• Dativ/Ablativ Plural von dea "die Göttin" und fīlia "die Tochter"

Dea "die Göttin" und fīlia "die Tochter" haben im Dativ und Ablativ Plural in Verbindung mit dem entsprechenden Maskulinum zur Unterscheidung die ursprüngliche Endung -bus:

dīs et deābus "Göttern und Göttinnen"
cum fīliīs et fīliābus "mit Söhnen und Töchtern"

• domus, domūs "das Haus♀"

Domus, domūs "das Haus♀" wird teils nach der u- und teils nach der o-Deklination dekliniert:

	Singular	Plural
Nom.	domus "das Haus"	domūs
Gen.	domūs "des Hauses"	domōrum/domuum
Dat.	domuī "dem Haus"	domibus
Akk.	domum "das Haus"	domōs (selten domūs)
Abl.	domō z.B. "mit dem Haus"	domibus

Der Lokativ lautet domī "zu Hause".

5. Partizip und Infinitiv Futur

Das Partizip Futur wird gebildet, indem die Endungen -ūrus, -ūra, -ūrum an den Supinstamm des Verbs (der Stamm, mit dem auch das Supinum und das PPP gebildet werden) angehängt werden. Es wird wie ein Adjektiv der a- und o-Deklination dekliniert:

dictūrus, -a, -um von dīcere "sagen"
ventūrus, -a, -um von venīre "kommen"
futūrus, -a, -um von esse "sein"

Das Partizip Futur kommt häufig in Form eines Infinitivs Futur im AcI vor und drückt darin die Nachzeitigkeit einer Handlung aus. Der Infinitiv Futur setzt sich aus einer Akkusativform des Partizips Futur und **esse** zusammen, wobei **esse** auch weggelassen werden kann. Das Partizip Futur wird dabei wie ein Adjektiv an sein Bezugswort, also den Akkusativ des AcI, angepasst:

> **Scīs mātrem meam hodiē fīliās receptūram.** "Du weißt, dass meine Mutter heute Töchter aufnehmen wird".
> **Mē quiētūrum esse spērābam.** "Ich hoffte, dass ich mich ausruhen würde".

Der Infinitv Futur steht im AcI fast immer nach Verben des Hoffens, Versprechens und Androhens, da die erhoffte, versprochene oder angedrohte Handlung logischerweise in die Zukunft fällt.

6. Supinum II

Das Supinum II wird gebildet, indem die Endung -**u** an den Supinstamm des Verbs angehängt wird. Es steht meist nach Adjektiven und lässt sich im Deutschen mit einem Infinitiv übersetzen:

36 Lēctiō trīcēsima sexta (XXXVI)

In trāmine

1 – Age! Properēmus ad statiōnem! ①
2 Trāmen post vīgintī minūta abītūrum est. ②
3 Ad statiōnem properāmus.
4 Ubi est tesserāria?
5 – Dā, quæsō, trēs tesserās secundæ classis Forum Jūliī, ③ ④

ANMERKUNGEN

① Merken Sie sich zu **statiō**, **statiōnis** "Stehen, Haltestelle, Station" auch das Verb **stāre**, **stō**, **stetī**, **statum** "stehen". Der Bahnhof der Eisenbahn lautet **statiō ferriviāria**.

② **abītūrum** ist das Partizip Futur von **abīre** "weggehen", bezogen auf **trāmen**.

Lingua Latīna est facilis intellēctū. "Die lateinische Sprache ist leicht zu verstehen".
Tructa piscātū difficilis est. "Die Forelle ist schwierig zu fischen".
Hoc est incrēdibile dictū. "Das klingt unglaublich (ist[es] unglaublich zu-sagen)".

36. Lektion

Im Zug

1 – Auf geht's (treibe!)! Lass uns schnell zum Bahnhof (Stehen♀) eilen!

2 Der Zug∅ wird in (nach) zwanzig Minuten∅∅ abfahren.

3 Wir eilen zum Bahnhof.

4 Wo ist die Fahrkartenverkäuferin?

5 – Geben Sie uns bitte drei Fahrkarten zweiter Klasse (Abteilung♀) nach Fréjus,

ANMERKUNGEN

③ Eine **tessera** war in der römischen Antike ein viereckiger Gegenstand aus Holz oder Stein (oft eine kleine Tafel), der z.B. als Gutschein für Naturalien oder Geld eingesetzt wurde.

④ Fréjus ist eine Hafenstadt im Südosten Frankreichs, die unter Cäsar und Augustus unter dem Namen **Forum Jūliī** "Marktplatz des Julius (Cäsar)" eine Blüte erfuhr. Heute noch teilweise erhaltene Bauwerke sind ein Amphitheater, ein Aquädukt, ein Leuchtturm und Thermen.

6 itūs et reditūs. ⑤

7 – Ecce, Domine! Quīndecim nummīs et sexāgintā centēsimīs. ⑥

8 Nōlīte properāre!

9 Trāmen vestrum dīmidiæ hōræ moram habēbit neque ante merīdiem abībit.

10 Festīnātiō sitim excitāvit. ⑦ ⑧

11 Ōtium est pōculī bibendī.

12 In statiōnis thermopōlium eāmus! ⑨ ⑩

13 Heus, puer!

14 – Quid bibere vīs?

15 – Nōlō bibere; mālō aliquid comedere. ⑪ ⑫

16 Habēsne pāstilla farta? ⑬

17 PUER – Habeō, Domine. Pauca minūta expectandum est. ⑭ ⑮

18 Ecce plaustrum bajulusque quī glaciem mihi affert.

19 BAJULUS – Em tibi quīnque partēs glaciēī quās cottīdiē afferre soleō. ⑯

20 (PUER) – Mihi īgnōsce!

ANMERKUNGEN

⑤ **itūs** "Gang, Gehen" (von **īre** "gehen") und **reditūs** "Rückkehr" (von **redīre** "zurückgehen") werden nach der **u**-Deklination dekliniert.

⑥ **nummus** meint sowohl die "Münze" als Geldstück als auch die gerade gängige Währung.

⑦ Die Substantive der 3. Deklination auf **-iō** (Gen. **-iōnis**) sind fast immer weiblich (es gibt nur drei Ausnahmen).

⑧ **sitis** "Durst" ist eines der wenigen Substantive der 3. Deklination, das den Akkusativ Singular auf **-im** bildet.

⑨ Ein **thermopōlium** war in der griechisch-römischen Antike eine Gastwirtschaft, in der warme Getränke, oft Mischungen aus Wein und heißem Wasser, angeboten wurden.

⑩ **eāmus**: Konjunktiv Präsens zu **īmus** "wir gehen".

6 hin und zurück (Gang[♂ Gen] und Rückkehr[♂ Gen]).

7 – Hier, [mein] Herr[!]! Das macht 15 Euro und 60 Cent.
(15 Münze[♂♂ Abl] und 60 Hundertstel[♂♂ Abl].)

8 Beeilen Sie sich nicht!

9 Ihr Zug hat eine halbe Stunde Verspätung und wird nicht vor 12 Uhr abfahren.
(Zug[∅] euer[∅] halb[♀ Gen] Stunde[♀ Gen] Verzögerung[♀ Akk] wird[es]-haben nicht-und vor Mittag[♂ Akk] wird[es]-weggehen.)

10 Das Eilen[♀] hat durstig gemacht (Durst[♀] hat[sie]-herausgetrieben).

11 Wir haben genug Zeit, einen Becher zu trinken.
(Freizeit ist[es] Becher[Gen] zu-trinkend[Gen].)

12 Lass uns zur Bahnhofsgastwirtschaft[∅] gehen!

13 He, Junge!

14 – Was wollen Sie trinken?

15 – Ich will nichts trinken; ich will lieber etwas (auf)essen.

16 Hast du belegte Brötchen (Brötchen[∅∅ Akk] gestopft[∅∅ Akk])?

17 JUNGE – Ja (habe[ich]), [mein] Herr[!]. Sie müssen einige (wenige[∅∅ Akk]) Minuten[∅∅ Akk] warten (zu-erwartend[∅] ist[es]).

18 Sehen Sie hier, der Lastkarren und der Lieferant (Lastträger[♂]-und), der mir Eis[♀ Akk] bringt (bringt[er]-herbei).

19 LIEFERANT – Hier (dir) sind für dich die fünf Stangen (Teil[♀♀ Akk]) Eis[♀ Gen], die ich, wie gewohnt, täglich vorbeibringe (täglich herbeibringen pflege[ich]).

20 (JUNGE) – Verzeih mir!

ANMERKUNGEN

⑪ Ein wenig Vokabular rund ums Trinken: **bibere** meint allgemein das "Trinken" aus einem natürlichen Bedürfnis heraus. **Pōtāre** ist ein gieriges "Saufen, Zechen". Dann gibt es noch **sorbēre**, was ein genüssliches "Schlürfen" meint.

⑫ **mālō** "ich will lieber, bevorzuge" von **mālle** "lieber wollen, bevorzugen" ist entstanden aus **magis** "mehr" und **volō** "ich will".

⑬ **fartus**, **-a**, **-um** ist das PPP zu **farcīre**, **farciō**, **farsī**, **fartum** "stopfen".

⑭ Eine "**nd**-Form" drückt zusammen mit einer Form von **esse** eine Notwendigkeit aus: **Nunc est bibendum.** "Jetzt muss getrunken werden (ist[es] zu–trinkend)".

⑮ Sie hören hier **paucās minūtās**, es muss jedoch **pauca minūta** heißen.

⑯ **Em** (in diesem Fall [*em*], nicht [*e*[m]] zu sprechen) "siehe, seht, da ist/sind, da hast du" wird, ähnlich wie **ecce**, benutzt, um auf in der Nähe befindliche Gegenstände oder Begebenheiten hinzuweisen.

21 Quattuor tantum adsunt.

22 (BAJULUS) – Hoc mīrum est.

23 Certus sum quīnque adfuisse. (17)

24 Mīror ubi quīnta ēvānuerit … (18)

25 Subitō sībilum locōmōtrīcis audīmus. (19) (20)

26 Relinquere dēbēmus puerum et bajulum quīntam partem glaciēī quærentēs.

Exercitātiō prīma: Intellegisne hās sententiās?

❶ Quid edere vīs? – Pāstillum fartum edere volō. ❷ Ego bibere mālō. Pōculum cervēsiæ, quæsō! ❸ Quī est hic sībilus? – Nēmō sībilat. ❹ Quō intrat hoc trāmen sībilāns? – In statiōnem intrat. ❺ Ubi est trāmen? – In statiōne est. ❻ Quā trānsit? – Per statiōnem trānsit. ❼ Unde exit? – Ē statiōne exit.

Exercitātiō altera: Īnsere verba dēficientia!

❶ Er sagt, dass er eine Lokomotive pfeifen (pfeifend) hört.
Dīcit sē locōmōtrīcem sībilantem …… .

❷ Sie sagen, dass sie einen Zug pfeifen (pfeifend) gehört haben.
Dīcunt sē …… sībilāns …… / …… .

21 Das sind nur vier. (vier nur da-sind^{sie}).

22 (LIEFERANT) – Das ist [ja] seltsam (erstaunlich).

23 Ich bin [mir] sicher, dass fünf da gewesen sind.

24 Ich frage mich (wundere^{ich}-mich), wohin die fünfte verschwunden ist…

25 Plötzlich hören wir das Pfeifen$^{\text{♂ Akk}}$ einer Lokomotive$^{\text{♀ Gen}}$.

26 Wir müssen den Jungen und den Lieferanten zurücklassen, die die fünfte Eisstange suchen (fünfter$^{\text{♀ Akk}}$ Teil$^{\text{♀ Akk}}$ Eis$^{\text{♀ Gen}}$ suchend$^{\text{♂♂ Akk}}$).

ANMERKUNGEN

⑰ Merken Sie sich zu **certus** auch den Ausdruck **aliquem certiōrem facere dē aliquā rē** "jmdn. über etw. informieren/benachrichtigen".

⑱ **ēvānuerit**: Konjunktiv Perfekt in der 3. Person Singular von **ēvānēscere**, **ēvānēscō**, **ēvānuī** "verschwinden".

⑲ **sībilus**, **-ī** "Pfeifen, Zischen, Säuseln".

⑳ **locōmōtrīx**, **-trīcis** "Lokomotive". Substantive auf **-trīx** sind immer weiblich.

Solūtiō exercitātiōnis prīmæ: Intellēxistīne?

❶ Was willst du essen? – Ich will ein belegtes Brötchen essen. ❷ Ich will lieber trinken. Einen Becher Bier, bitte! ❸ Was ist das für ein Pfeifen (welcher ist^{er} dieser Pfeifen)? – Niemand pfeift. ❹ Wo fährt (wohin tritt^{es}-ein) dieser pfeifende Zug ein? – Er fährt in den Bahnhof ein. ❺ Wo ist der Zug? – Er ist im Bahnhof. ❻ Wo fährt der Zug durch (geht^{es})? – Er fährt durch den Bahnhof. ❼ Wo (woher) fährt er raus? – Er fährt aus dem Bahnhof heraus.

❸ Dampfbetriebene Lokomotiven sind schwarz; elektrische aber haben eine hellere Farbe (heller^{Gen} Farbe^{Gen}).
vapōrāriæ ātræ sunt; ēlectricæ autem clāriōris colōris.

Solūtiō exercitātiōnis alteræ: Verba dēficientia.

❶ audīre ❷ trāmen – audīvisse/audīsse ❸ Locōmōtrīcēs.

37 Lēctiō trīcēsima septima (XXXVII)

In trāmine (sequitur)

1 – Apud quam crepīdinem cōnsistit trāmen?

2 – Apud crepīdinem alteram, viā tertiā. ①

3 Classis prior in parte anteriōre agminis, altera in posteriōre. ②

4 – Bajule, affer arcam meam mihīque sēdem classis priōris invenī. ③ ④

5 – Vectōrēs quī petunt Telōnem, Forum Jūliī, Antipolim, Nīcæam, Albintimilium, Genuam, Rōmam, ⑤

6 in currūs cōnscendant! ⑥

7 Valvās rogō claudite!

8 In profectiōnem intendite. ⑦

9 – Ecce loculāmentum vacuum.

10 In rēte sarcinās pōnāmus.

11 – Nōlī id facere!

12 Hoc loculāmentum tabbācum nōn admittit.

13 Ultrō prōgrediāmur.

14 Vacantne sēdēs illæ? ⑧

15 Duæ tantum sēdēs prope fenestram,

ANMERKUNGEN

① Ursprünglich bezeichnete **alter** "der zweite" nur eines von zwei Dingen, wurde aber im Laufe der Sprachentwicklung ein Synonym zu **secundus**, das nur benutzt wird, wenn auch ein **tertius** "dritter" folgt.

② Wie in allen Sprachen gibt es auch im Latein Synonyme. Das klassische Wort **agmen**, **agminis** und die populäre Neubildung **trāmen**, **trāminis** bezeichnen beide den "Zug".

③ **sēdēs**, **sēdis** wird nach der **e**-Deklination dekliniert.

④ Verwechseln Sie **invenī** "finde!" nicht mit **invēnī** "ich habe gefunden".

⑤ Alle hier aufgezählten Städte, mit Ausnahme von Rom, sind an der Côte d'Azur gelegene, stark römisch geprägte Hafenstädte.

37. Lektion

Im Zug (Fortsetzung)

1 – An welchem Bahnsteig hält der Zug?
(bei welch♀ Akk Sockel♀ Akk stellt^{er}-sich-hin Zug?)

2 – An Bahnsteig 2, Gleis 3.
(bei Sockel zweite, Straße^{Abl} dritte^{Abl}.)

3 Die erste Klasse [ist] im vorderen Teil des Zuges, die zweite im hinteren.

4 – Lastträger, bring meinen Koffer (Kasten) herbei, und finde für mich einen Platz (mir-und Sitz♀ Akk) in der ersten Klasse.

5 – Die Passagiere (Fahrer♂♂), die (streben^{sie}) nach Toulon, Fréjus, Antibes, Nizza, Ventimiglia, Genua und Rom fahren,

6 steigen bitte in die Wagen! (in Wagen♂♂ Akk sollen^{sie}-steigen!)

7 Schließen Sie bitte die Türen! (Türflügel♀♀ Akk frage^{ich} schließt$^{\text{!}}$!)

8 Vorsicht bei der Abfahrt. (in Abfahrt♀ Akk spannt-an.)

9 – Sieh mal, ein freies Abteil (Fach∅ leer∅).

10 Lass uns das Gepäck ins Gepäcknetz (Netz∅ Abl) legen.

11 – Mach das nicht!

12 In diesem Abteil darf nicht geraucht werden.
(dies∅ Fach∅ Tabak∅ Akk nicht lässt^{es}-zu.)

13 Lass uns weiter gehen. (jenseits mögen^{wir}-weitergehen.)

14 Sind diese Plätze frei?

15 Nur zwei Plätze am Fenster (zwei♀♀ nur Sitz♀♀ nahe Fenster♀ Akk,)

ANMERKUNGEN

⑥ Der Konjunktiv Präsens **cōnscendant** drückt hier eine Aufforderung an eine Gruppe im Sinne der 3. Person Plural aus.

⑦ Das Verb zu **profectiō**, **profectiōnis** "Abreise, Abfahrt, Aufbruch" ist das Deponens **proficīscī**, **proficīscor**, **profectus sum** "abreisen, aufbrechen". **Proficīscor Augustam Vindelicōrum**. "Ich breche nach Augsburg auf". **Proficīsceris in Angliam**. "Du brichst nach England auf".

⑧ **Vacāre** "leer/frei sein" ist das Verb zu **vacuus**, -**a**, -**um**.

16 ā dominō, domināque jam mātūrā ætāte, occupātæ sunt. ⑨ ⑩

17 Domina canem parvulum in genibus tenet. ⑪ ⑫

18 Eum sīcut puerum alloquitur. ⑬

19 Dominus oculō oblīquō canem spectat.

20 Fortasse canēs parvulōs nōn amat.

21 Trāmen summā vēlōcitāte, strepēns et fūmāns, iter prōsequitur … ⑭

ANMERKUNGEN

⑨ **ā dominō domināque**: Die Präposition **ā/ab** "von" verlangt immer den Ablativ.

⑩ Der Ablativ **ætāte** ist ein **ablātīvus respectūs/līmitātiōnis** "Ablativ der Beziehung/des Bereichs". Er gibt Antwort auf die Frage "in welcher Hinsicht?". Verwechseln Sie **ætās, ætātis** "Alter, Zeitalter" nicht mit **æstās, æstātis** "Sommer".

Exercitātiō prīma: Intellegisne hās sententiās?

❶ Agmine petimus Augustam Vindelicōrum. ❷ Londinium automōbilī īre nōn potes. ❸ Cūr? Quia Anglia ā Galliā marī sēparāta est. ❹ Causa nōn est sufficiēns. ❺ Sunt nāvēs in quās rædæ accipiuntur. ❻ Immō, ferriviāriīs nāvibus trāmina quoque trānsferuntur.

Exercitātiō altera: Īnsere verba dēficientia!

❶ Was macht das Kind in der Gastwirtschaft? – Es wartet auf den Lieferanten, der das Eis bringt.
Quid agit puer in thermopōliō? – Expectat bajulum ___ glaciem ___.

❷ Wo ist der Teil des Eises, den der Lieferant vergessen hat?
Ubi est ___ pars cujus bajulus oblītus ___?

16 sind von einem Herren und einer schon älteren Dame besetzt.
(von Herr[♂ Abl], Herrin[♀ Abl]-und schon reif[♀ Abl] Lebensalter[♀ Abl], besetzt[♀♀] sind[sie].)

17 Die Dame hält ein kleines Hündchen auf den Knien[ØØ Abl].

18 Sie spricht mit ihm wie mit einem Kind (spricht[sie]-an).

19 Der Herr betrachtet den Hund mit einem kritischen Blick (Auge[♂ Abl] schräg[♂ Abl]).

20 Vielleicht mag er keine kleinen Hunde.

21 Der Zug setzt seine Reise mit höchster Geschwindigkeit[♀ Abl] laut (lärmend) und rauchend fort (Weg verfolgt[es])…

ANMERKUNGEN

⑪ **parvulus**, -**a**, -**um** ist die Diminutivform von **parvus**, -**a**, -**um** "klein".
⑫ **genu**, **genūs** "das Knie".
⑬ **alloquī** "ansprechen" ist entstanden aus **ad** "zu" und **loquī** "sprechen".
⑭ **strepere**, **strepō**, **strepuī**, **strepitum** "lärmen, schreien, rauschen, toben, tosen". Merken Sie sich dazu auch **clāmor** "Geschrei, Lärm".

Solūtiō exercitātiōnis prīmæ: Intellēxistīne?

❶ Wir fahren (streben[wir]) mit dem Zug nach Augsburg. ❷ Nach London kannst du nicht mit dem Auto fahren. ❸ Warum? Weil England von Frankreich durch das Meer getrennt ist. ❹ Das ist kein ausreichender Grund. ❺ Es gibt Schiffe, auf die Autos aufgenommen werden. ❻ Ja, es werden sogar auch Züge mit Eisenbahnfähren (Eisenbahn-[♀♀ Abl] Schiff[♀♀ Abl]) transportiert.

❸ Vielleicht ist er vom Lastkarren gefallen.
________ dē plaustrō ēlāpsa est.

❹ Was auch immer es ist, es ist nicht unsere Angelegenheit.
Quidquid id est, ___ nostra nōn est.

Solūtiō exercitātiōnis alteræ: Verba dēficientia.

❶ quī – affert ❷ glacieī – est ❸ Fortasse ❹ rēs.

Bitte lernen Sie nicht auswendig! Das ermöglicht Ihnen nur, die Sätze oder Wörter später "abzuspulen", aber Sie kennen dann ihren Sinn nicht.

38 Lēctiō trīcēsima octāva (XXXVIII)

In trāmine (conclūditur)

1 – Vīsne hispānicam, Domine? ①

2 – Grātiās tibi!

3 Fūmāriolum jam implēvī. Habēsne ignem? ② ③

4 – Nōlīte fūmum facere – inquit domina cum cane parvulō –, fūmī mē tædet. ④ ⑤

5 – Doleō, optima domina, sed hoc est loculāmentum fūmātōrium,

6 ergō nōbīs tabbācō fruī licet, respondet dominus, fūmāriolum tranquillē accendēns. ⑥

ANMERKUNGEN

① Der Gebrauch von **hispānicus**, **hispānica**, **hispānicum** "spanisch" für "Zigarette" beruht darauf, dass die ersten Zigaretten 1850 in Zigarrenfabriken in Südspanien aus Tabakresten hergestellt wurden. "Zigarette" heißt in anderen Quellen **sigarellum**. Für "Zigarre" findet man **tabbāceum volūmen** (Tabak-⌀ Schriftrolle).

② **Fūmāriolum** ist die Diminutivform von **fūmārium** "Schornstein" (nachklassisch). **Fūmus** "Rauch", **fūmāre** "rauchen". Merken Sie sich für "Feuer, Brand" auch **incendium** und für "Verbrennung" **exūstiō**.

Damals wie heute

Wie andere Sprachen macht auch Latein Anleihen bei traditionellen Wörtern, um neuzeitlichen Erfindungen einen Namen zu geben. "Uhr" wird für Sonnenuhren ebenso wie für Atomuhren verwendet, und so können wir **hōrologium** für jede Art von "Uhr" gebrauchen. Als Autos mit Verbrennungsmotor erfunden wurden, benutzen die Menschen weiterhin die alte Bezeichnung "Wagen", und so eignet sich **currus** ebenfalls ohne weiteres für alle Arten von "Wagen". Auch gab es schon immer "Züge", z.B. solche von Vögeln, Soldaten oder Wagen, weshalb **agmen** ebenso für "Eisenbahnzüge" gebraucht werden kann. Und so lernen Sie eine große Zahl klassischer lateinischer Wörter kennen, die heute noch so aktuell sind wie damals, und mit denen wir uns perfekt auf idiomatische Weise verständlich machen können.

38. Lektion

Im Zug (Schluss)

1 – Wollen Sie eine Zigarette (spanisch[♀ Akk]), [mein] Herr?

2 – Ich danke Ihnen! (Dank[♀♀ Akk] dir!)

3 Ich habe [meine] Pfeife (Schornsteinchen[∅ Akk]) schon gefüllt. Haben Sie Feuer?

4 – Machen Sie keinen Rauch, sagt die Dame mit dem kleinen Hund, Rauch ekelt mich an.

5 – [Das] bedauere ich, gute (beste) Dame, aber dies ist ein Raucherabteil (Fach[∅] Rauch-[∅]),

6 also dürfen wir uns am Tabak erfreuen, antwortet der Herr und zündet seine Pfeife in Ruhe an.
(also uns[Dat] Tabak[Abl] genießen ist[es]-erlaubt, antwortet[er] Herr, Schornsteinchen[∅ Akk] ruhig anzündend.)

ANMERKUNGEN

③ "Pfeife" kann auch **pīpa** heißen.
④ **fūmī** ist der Genitiv Singular von **fūmus**.
⑤ Bei **tædet** "es ekelt" steht die Sache/Person, die die Ekelgefühle erregt, immer im Genitiv.
⑥ **fruī**, **fruor**, **frūctus sum** "genießen, sich an etw. erfreuen" verlangt das Objekt im Ablativ.

7 – Impudēns es lēnō! ⑦

8 Hæc verba prōferēns domina fūmāriolum arripit idque per fenestram prōjicit.

9 – Mālō tacēre quid sīs, optima domina!

10 Hæc verba prōferēns dominus canem parvulum arripit, eumque per fenestram prōjicit …

11 Silentium sepulcrāle sequitur … ⑧

12 audītur tandem frēnōrum strepitus.

13 Trāmen in statiōne quādam cōnsistit.

14 Tunc, rēs mīrābilis, in crepīdine statiōnis appāret canis parvulus anhēlāns atque dentibus tenēns …

15 quid enim tenēre possit? ⑨

16 – Hem … fūmāriolum, responderim! ⑩

17 – Minimē! Errāvistī!

18 Dentibus tenet …

19 partem glacieī quæ in thermopōliō lēctiōnis trīcēsimæ sextæ deerat!

7 – Sie sind ein unverschämter Schuft (Kuppler$^{\text{♂}}$)!

8 Diese Worte aussprechend (hervorbringend) reißt die Dame die Pfeife an sich und wirft sie aus dem Fenster. (es-und durch Fenster$^{\text{♀ Akk}}$ wirft^{sie}-vor).

9 – Ich sage lieber nicht, was Sie sind (will^{ich}-lieber schweigen was bist^{du}), gute (beste) Dame!

10 Diese Worte aussprechend reißt der Herr den kleinen Hund an sich und wirft ihn aus dem Fenster…

11 Es folgt eine Grabesstille (Stille$^{\varnothing}$ Grab-$^{\varnothing}$)…

12 endlich hört man das Quietschen (Lärm$^{\text{♂}}$) der Bremsen$^{\varnothing\varnothing\text{ Gen}}$.

13 Der Zug hält an einem (gewisser$^{\text{♀ Abl}}$) Bahnhof an.

14 Dann erscheint, welch ein Wunder (Sache wunderbar), am Bahnsteig des Bahnhofs der kleine Hund keuchend und mit den Zähnen haltend…

15 was könnte er denn [wohl] halten?

16 – Hm… die Pfeife, würde ich [wohl] antworten!

17 – Keineswegs (am-wenigsten)! [Da] hast du dich geirrt!

18 Mit den Zähnen hält er…

19 die Stange Eis (Teil$^{\text{♀ Akk}}$ Eis$^{\text{♀ Gen}}$), die in der Gastwirtschaft der 36. (dreißigster$^{\text{♀ Gen}}$ sechster$^{\text{♀ Gen}}$) Lektion gefehlt hat!

ANMERKUNGEN

⑦ Ein **lēnō**, **lēnōnis** war im antiken Rom ein "Kuppler", eine Art Zuhälter, der keinen guten Ruf genoss.

⑧ **sepulcrāle** ist das Neutrum von **sepulcrālis**, **-e** "Grab-, zum Grabe gehörig", was sich von **sepulcrum** "Grab" herleitet.

⑨ Der Konjunktiv Präsens **possit** von **posse** "können" fungiert hier als Potentiālis (Möglichkeits-/Vermutungsform), der sich mit "könnte (wohl), dürfte (wohl), würde (wohl), möchte" ausdrücken lässt.

⑩ **responderim** ist der Konjunktiv Perfekt von **respondeō** "ich antworte", **respondī** "ich habe geantwortet". Er fungiert hier ebenfalls als Potentiālis.

Exercitātiō prīma: Intellegisne hās sententiās?

❶ Quis (tabbācea) volūmina cupit? ❷ Mihi est capsa vīgintī quīnque volūminum quam avia nātālī diē meō mihi dōnō dedit. ❸ Hispānicās mālō. Tabbācum ipse in papȳrō involvō. ❹ Possumne tabbācum in statiōnis thermopōliō emere? ❺ Ita, Domine, sed adest quoque taberna in crepīdine, ubi vēndunt tabbācum, ācta diurna, chartulāsque cursuālēs. ❻ Hæ chartulæ mihi placent: duās emam. ❼ Oportet scrībam mātrī, frātrīque meō.

Exercitātiō altera: Īnsere verba dēficientia!

❶ Es muss noch eine dritte gekauft werden. Wir müssen unseren Freund Jakob über unsere Ankunft informieren.

Tertiaque emenda est. Certiōrem facere ______ Jācōbum ______ dē adventū nostrō.

❷ Frage: Eine Lokomotive des Typs BB, der so genannt wird, weil er je zwei Achsen hat, fährt Richtung Osten.

Problēma: Locōmōtrīx typī quī BB dīcitur, ____ bis bīnōs axēs habet, orientem _____.

❸ Der Wind weht von Norden (Siebengestirn♂ Abl). Wohin geht der Rauch?

Ventus ā septemtriōne flat. Quōrsum __ _____?

39 Lēctiō trīcēsima nōna (XXXIX)

Dē corporis partibus

1 Satis nūgātī sumus! ①

2 Nunc vōcēs novās vocābulāriō nostrō addāmus oportet.

3 Nōmen præcipuārum corporis partium ūnusquisque cōgnōscere dēbet.

ANMERKUNGEN

① **nūgāri**, **nūgor**, **nūgātus sum** "blödeln, albern sein, Unfug treiben", **nūgæ**, **nūgārum** "Dummheiten, Unfug".

Solūtiō exercitātiōnis prīmæ: Intellēxistīne?

❶ Wer will Zigarren? ❷ Ich habe eine Schachtel mit 25 Zigarren, die mir meine Großmutter an meinem Geburtstag als Geschenk gegeben hat. ❸ Ich bevorzuge Zigaretten. Den Tabak rolle ich selbst in Papier ein. ❹ Kann ich Tabak in der Gastwirtschaft des Bahnhofs kaufen? ❺ Ja, mein Herr, aber es gibt auch einen Laden am Bahnsteig, wo Tabak, Zeitungen und Postkarten verkauft werden (wo verkaufen^{sie} Tabak^{Akk}, Handlung$^{\emptyset\emptyset\ \text{Akk}}$ täglich$^{\emptyset\emptyset,\ \text{Akk}}$ Briefchen$^{\text{♀♀ Akk}}$-und Lauf-$^{\text{♀♀ Akk}}$). ❻ Diese Karten gefallen mir: Ich werde zwei kaufen. ❼ Ich muss meiner Mutter und meinem Bruder schreiben. (nötig-ist^{es} schreibe^{ich} Mutter^{Dat}, Bruder^{Dat}-und mein^{Dat}).

❹ Antwort: Es gibt keinen Rauch, weil die Lokomotiven BB elektrisch sind.

Respōnsum: Nūllus ___ fūmus quia locōmōtrīcēs BB _________ sunt.

Solūtiō exercitātiōnis alteræ: Verba dēficientia.

❶ dēbēmus – amīcum ❷ quia – petit ❸ it fūmus ❹ est – ēlectricæ.

39. Lektion

Die Körperteile

1 Wir haben genug Unfug getrieben!

2 Nun ist es nötig, dass wir unserem Vokabular neue Wörter (Stimme$^{\text{♀♀ Akk}}$) hinzufügen.

3 Jeder muss die Namen der wichtigsten Körperteile kennenlernen.
(Name$^{\emptyset\emptyset\ \text{Akk}}$ besonderer$^{\text{♀♀ Gen}}$ Körper$^{\emptyset\ \text{Gen}}$ Teil$^{\text{♀♀ Gen}}$ ein-jeder kennenlernen muss^{er}.)

4 Corpus hūmānum caput, pectus, abdōmen seu ventrem, bracchia, crūra complectitur. ② ③ ④

5 Linguā Latīnā, nōn sōlum crūra et bracchia, sed etiam præcipuæ partēs corporis membra dīcuntur.

6 Īnspiciāmus hominem ā capite usque ad calceōs.

7 In capite petasus aut pilleus impōnitur, præcipuē sī capillī dēsunt. ⑤

8 Calvitiēs frontem ita amplificat ut homō calvus callidior videātur quam homō capillātus et hirsūtus. ⑥ ⑦

9 Oculīs vidēmus, auribus audīmus, ⑧

10 nāsō olfacimus, ōre gustāmus. ⑨

11 Quīnque sunt sēnsūs:

12 vīsus, audītus, olfactus, gustus et tāctus; ⑩

13 quī ultimus cute tōtā perficitur.

14 Oculī ciliīs clauduntur et superciliīs ōrnantur. ⑪

15 Per vīsiōnem bīnoculāriam

16 (quam ita appellāmus quia duōbus oculīs vidēmus),

ANMERKUNGEN

② **abdōmen**, **abdōminis** ist der "Unterleib" im Bereich des Nabels.

③ **venter**, **ventris** "Bauch, Magen".

④ **crūs**, **crūris** "Unterschenkel, Bein".

⑤ Merken Sie sich zu **pilleus** auch die "Wollmütze, wollene Mütze": **pilleus lāneus**.

⑥ Bei dem von **ita** "so" abhängigen **ut**-Satz handelt es sich um einen Konsekutivsatz, in dem immer der Konjunktiv steht.

⑦ **capillus**, **capillī** ist eine Kollektivbezeichnung für das Haupthaar im Gegensatz zum Barthaar **barba**. **Crīnis** und das dichterische **coma** bezeichnen das lange, weiche Haar als Schmuck. Ein **pilus** ist ein einzelnes stehendes Haar.

⑧ Verwechseln Sie **auris**, **auris** "Ohr" nicht mit **aurum**[∅] "Gold-(schmuck)": **ānulus aureus** "goldener Ring".

4 Der menschliche Körper umfasst den Kopf∅, die Brust∅, den Unterleib∅ oder Bauch♂, die Arme (Unterarm∅∅) und die Beine (Unterschenkel∅∅).

5 In der lateinischen Sprache werden nicht nur die Arme und Beine, sondern auch die wichtigsten Körperteile als Glieder∅∅ bezeichnet.

6 Sehen wir (blicken^{wir}-hinein) uns den Menschen vom Kopf bis zu den Schuhen an.

7 Auf den Kopf setzt man sich einen Hut♂ oder eine Mütze♂, vor allem wenn die Haare fehlen.

8 Eine Glatze♀ erweitert die Stirn♀ Akk derart (so), dass ein kahlköpfiger Mensch schlauer aussieht (wird^{er}-gesehen) als ein behaarter und struppiger Mensch (stachelig♂).

9 Mit den Augen sehen wir, mit den Ohren♀♀ hören wir,

10 mit der Nase♂ riechen wir, mit dem Mund∅ schmecken wir.

11 Es gibt fünf Sinne♂♂:

12 das Sehen, das Hören, das Riechen, das Schmecken und das Tasten;

13 dieser (welcher) letzte [Sinn] wird mit der ganzen Haut bewirkt (wird^{er}-ausgeführt).

14 Die Augen werden mit den Augenlidern∅∅ geschlossen und von den Augenbrauen geschmückt.

15 Durch das zweiäugige♀ Akk Sehen♀ Akk

16 (das wir so nennen, weil wir mit zwei Augen sehen),

ANMERKUNGEN

⑨ **ōs**, **ōris** "Gesicht, Mund". **Crustulum salīvam in ōre movet**. "Der Kuchen lässt das Wasser im Mund zusammenlaufen (Speichel♀ Akk in Mund∅ Abl bewegt^{er})". (Nicht verwechseln mit **os**, **ossis** "Knochen"!) **Vultus**, **vultūs** "Antlitz" ist ein gehobenerer Ausdruck als **ōs** und meint eher die Miene, die einen inneren seelischen Zustand ausdrückt.

⑩ **vīsus**, **audītus**, **olfactus**, **gustus**, **tāctus** (alle ♂) werden nach der **u**-Deklination gebeugt. Das Verb zu **tāctus** lautet **tangere**, **tangō**, **tetigī**, **tāctum** "berühren".

⑪ **cilium** ist vor allem das "obere Augenlid", das im Allgemeinen **palpebra** heißt und im Plural **palpebræ** "Augenwimpern" bedeutet.

corporum soliditātem percipimus.

Prōverbium tamen dīcit: beātī monoculī in terrā cæcōrum, vel etiam: inter cæcōs, luscus rēx.

Procul ex oculīs, procul ex mente. ⑫

Oculus animī index. ⑬

Pulverem oculīs offundere. ⑭

Dormit in utramvīs aurem, quem cūra relīquit. ⑮

ANMERKUNGEN

⑫ Die Bedeutungen von **mēns**, **mentis** sind vielseitig: "Sinn, Sinnesart, Denkart, Gesinnung, Charakter, Gemüt".

⑬ **animus** steht für das geistige Leben und kann je nach Kontext "Geist, Seele, Mut, Herz, Gefühl, Gesinnung" heißen.

Exercitātiō prīma: Intellegisne hās sententiās?

❶ Vidēsne crustulum cum frāgīs? ❷ Nōnne salīvam movet? ❸ Sī puer bonus fueris, tibi hoc crustulum emēmus. ❹ Barba nōn facit philosophum. ❺ Quid significat hæc sententia?

Exercitātiō altera: Īnsere verba dēficientia!

❶ Er bedeutet, dass Menschen im fortgeschrittenen Alter nicht alle weise sind.

Significat ______ mātūrā ætāte nōn omnēs ______ sapientēs.

17 nehmen wir Objekte dreidimensional wahr.
(Körper$^{\text{ØØ Gen}}$ Festigkeit$^{\text{♀ Akk}}$ nehmen^{wir}-ein.)

18 Das Sprichwort sagt dennoch:

19 Glücklich (gesegnet$^{\text{♂♂}}$) [sind] die Einäugigen in der Welt (Erde$^{\text{♀ Abl}}$) der Blinden, oder auch:

20 Unter (zwischen) den Blinden [ist] der Einäugige König.

21 Aus den Augen, aus dem Sinn.
(fern aus Augen, fern aus Sinn$^{\text{♀ Abl}}$.)

22 Das Auge [ist] der Spiegel der Seele (Anzeiger$^{\text{♂♀}}$).

23 Sand in die Augen streuen.
(Staub$^{\text{♂ Akk}}$ Auge$^{\text{♂♂ Dat}}$ entgegengießen.)

24 Derjenige schläft auf einem beliebigen Ohr (in welche$^{\text{♀ Akk}}$-du-willst Ohr$^{\text{♀ Akk}}$), den die Sorge verlassen hat.

ANMERKUNGEN

⑭ **offundere** setzt sich zusammen aus **ob** "(ent)gegen" und **fundere**, **fundō**, **fūdī**, **fūsum** "gießen".

⑮ Merken Sie sich zu **utervīs**, **utravīs**, **utrumvīs** "welchen von beiden du willst, einer von beiden" auch **uterque**, **utraque**, **utrumque** "jeder von beiden, beide", **uter**, **utra**, **utrum** "welcher von beiden" und **neuter**, **neutra**, **neutrum** "keiner von beiden".

Solūtiō exercitātiōnis prīmæ: Intellēxistīne?

❶ Siehst du den Kuchen mit den Erdbeeren? ❷ Lässt dir das nicht das Wasser im Mund zusammenlaufen (nicht? Speichel$^{\text{♀ Akk}}$ bewegtes)? ❸ Wenn du ein braver Junge bist (wirst^{du}-sein), werden wir dir diesen Kuchen kaufen. ❹ Ein Bart macht keinen Philosophen. ❺ Was bedeutet dieser Satz?

❷ Es ist schwierig, einem Kahlköpfigen ein Haar auszureißen.
Difficile est _____ pilum ēvellere.

❸ Dies sagt man über Dinge, die nicht bewerkstelligt werden können.
Hoc dē _____ quæ efficī nōn _______ dīcitur.

LEKTION 39

Solūtiō exercitātiōnis alteræ: Verba dēficientia.

❶ hominēs – esse ❷ calvō ❸ rēbus – possunt.

40 Lēctiō quadrāgēsima (XL)

Dē corporis partibus (sequitur)

1 Dē capite conclūdāmus.

2 Lingua loquēlæ ministeriō fungitur. ①

3 Dentibus mandūcāmus. ②

4 Nōnnumquam ipsī dolent eōsque ēvellere dēbēmus: ③

5 dentis enim ēvulsiō rēs jūcunda nōn est.

6 Oculum prō oculō, dentem prō dente, dīcit Scrīptūra. ④

7 Mātrōnæ labra et genās sæpe roseō vel rubrō colōre pingunt. ⑤

8 Nōn sōlum virginēs, sed etiam omnēs mulierēs,

9 colōrēs nitidī, quōs nātūra sāna præbet, multō magis decent. ⑥ ⑦

10 Barba virīle decus, fēmineum crīnēs. ⑧

11 Caput cervīcibus seu collō sustinētur, collum autem umerīs.

12 Pulmōnibus spīrāmus.

ANMERKUNGEN

① **fungī**, **fungor**, **fūnctus sum** "verrichten, verwalten" ist ein Deponens, welches das Objekt im Ablativ verlangt.

② Und was benutzen wir zum Putzen der Zähne? **Pēniculus dentārius** "Zahnbürste" und **dentifricium** "Zahnpulver".

③ **Quōmodo hunc dentem ēvellere possumus? – Id fierī nōn potest.** "Wie können wir diesen Zahn herausziehen? – Das geht nicht (gemacht-werden nicht kann[es])".

④ **Oculum** und **dentem** stehen hier im Akkusativ, weil sie als Objekte von einem nicht explizit genannten Verb abhängig gemacht werden: "ein Auge für ein Auge [nehmen]".

⑤ **Mātrōna** ist die "vornehme Dame" oder "Ehefrau", **virgō**, **virginis** meint eine "Jungfrau" oder ein "junges Mädchen", **mulier**, **mulieris** hingegen eher die "Frau" im Allgemeinen. **Fēmina** bedeutet "weibliches Wesen", auch bei Tieren.

40. Lektion

Die Körperteile (Fortsetzung)

1 [Lasst uns] mit dem Kopf abschließen.
(von Kopf$^{\text{∅ Abl}}$ schließen^{wir}-ab).

2 Die Zunge dient dem Sprechen.
(Zunge Reden$^{\text{♀ Gen}}$ Dienst$^{\text{∅ Abl}}$ verrichtet^{sie}.)

3 [Mit den] Zähnen kauen wir.

4 Manchmal tun diese weh (leiden^{sie}), und wir müssen sie herausziehen.

5 Zähneziehen ist allerdings keine angenehme Sache.
(Zahn$^{\text{♂ Gen}}$ nämlich Herausreißen$^{\text{♀}}$ Sache$^{\text{♀}}$ angenehm$^{\text{♀}}$ nicht ist^{sie}.)

6 Auge um (für) Auge, Zahn um (für) Zahn, sagt die Schrift.

7 Damen bemalen [sich ihre] Lippen und Wangen oft mit rosafarbener oder roter Farbe.

8 Nicht nur Mädchen, sondern auch allen [anderen] Frauen,
(nicht nur Mädchen$^{\text{♀♀ Akk}}$, sondern auch alle Frau$^{\text{♀♀ Akk}}$,)

9 stehen die schönen Farben, die eine gesunde Natur bietet, viel besser.
(Farbe$^{\text{♂♂}}$ schön$^{\text{♂♂}}$, die Natur$^{\text{♀}}$ gesund$^{\text{♀}}$ hält^{sie}-hin, viel^{Abl} mehr zieren^{sie}.)

10 Der Bart [ist eine] männliche Zierde, das Kopfhaar [eine] weibliche.
(Bart$^{\text{♀}}$ männlich$^{\text{∅}}$ Zierde$^{\text{∅}}$, weiblich$^{\text{∅}}$ Haar$^{\text{♂♂}}$.)

11 Der Kopf wird [vom] Nacken oder Hals getragen (wird^{er}-ausgehalten), der Hals hingegen [von den] Schultern.

12 [Mit der] Lunge (Lungenflügel$^{\text{♂♂ Abl}}$) atmen wir.

ANMERKUNGEN

⑥ **præbēre**, **præbeō**, **præbuī** "hinhalten, darreichen, gewähren" setzt sich zusammen aus **præ** "vor" und **habēre** "haben, halten".

⑦ Bei **decēre** "zieren; passen, jmdm. stehen" steht derjenige, dem etwas steht oder zu dem etwas passt, im Akkusativ.

⑧ Formen von **esse** (**est**, **sunt**) werden vor allem in kürzeren Sätzen häufig einfach weggelassen, z.B. auch bei **Sīc.** "So ist es." anstelle von **sīc est**.

13 Tussis ē faucium īnflammātiōne oritur. ⑨

14 Amor tussisque nōn cēlātur. ⑩

15 Dum spīrō, spērō. ⑪

16 Cor est antlia quæ sanguinem per artēriās et vēnās movet. ⑫

17 Stomachus cibōs dīgerit. ⑬

18 Jecur graviter labōrat sī merō vel pōtiōnibus alcohōlicīs abūtimur. ⑭

19 Famēs optimus est coquus.

20 Cōpia nauseam parit. ⑮

ANMERKUNGEN

⑨ **faucēs, faucium** ist ein Pluralwort. Es kann "Schlund", aber auch "Eingang, Zugang, Höhle, Krater, Mündung" heißen.

⑩ Obwohl **amor tussisque** zwei Subjekte sind, steht das Prädikat (**cēlātur**) im Singular, weil es sich bei den Subjekten um Sachen handelt, die zusammen als Einheit aufgefasst werden.

Exercitātiō prīma: Intellegisne hās sententiās?

❶ Jecur hujus hominis magnum est ut follis ōvātus. ❷ Quōmodo id fierī potest? – Quia nimis merī bibit. ❸ Venter aurēs nōn habet. ❹ Mel in ōre, fel in corde. ❺ Ita dīcitur dē virīs et mulieribus quī eīs dulcia dīcunt quōs in corde ōdērunt. ❻ Quæ est ista mātrōna? ❼ Est māter virginis quam heri vīdistī. ❽ Ejus vultum reddit: quālis māter, tālis fīlia. ❾ Ut domum faucibus intrās, sīc ēsca in stomachum faucibus intrat. ❿ Præтereā aditus, quō nāvēs in portum intrant, faucēs quoque vocātur.

13 Husten entsteht durch (aus) einer Entzündung des Rachens (Schlund♀♀ Gen Entzündung♀ Abl).

14 Die Liebe und der Husten verstecken sich nicht (nicht wird[er]-verheimlicht).

15 Solange ich atme, hoffe ich.

16 Das Herz ist eine Pumpe, die das Blut durch die Arterien und Venen treibt (bewegt[sie]).

17 Der Magen verdaut die Speisen.

18 Die Leber leidet sehr (schwer strengt[es]-sich-an), wenn wir Wein oder alkoholische Getränke missbrauchen.

19 Hunger ist der beste Koch.

20 Überfluss (Fülle♀) erzeugt Übelkeit (Seekrankheit♀).

ANMERKUNGEN

⑪ Dies ist ein berühmtes Zitat des römischen Politikers und Philosophen Cicero aus einem Brief an seinen Freund Atticus.

⑫ **Cor**, **cordis**∅ "Herz". **Sanguis**, **sanguinis**♀ "Blut" heißt bei den Dichtern, vor allem in Zusammenhang mit Gewalt, auch **cruor**, **cruōris**.

⑬ **cibus** "Speise" bezeichnet Nahrung im Gegensatz zu **pōtiō**/**pōtus** "Trank, Getränk". **Ad cibōs dīgerendōs felle ūtimur.** "Zum Verdauen der Speisen benutzen wir die Galle."

⑭ Bei **merum** handelt es sich um einen reinen, unvermischten Wein. **Vīnum** hingegen war in der Antike meist mit Wasser verdünnt. Sie können sich in diesem Zusammenhang auch gleich **ēbrius** "Betrunkener" merken.

⑮ **nausea** "Seekrankheit" stammt aus dem Griechischen und ist mit **nauta** "Seemann" verwandt.

Solūtiō exercitātiōnis prīmæ: Intellēxistīne?

❶ Die Leber dieses Mannes ist (so) groß wie ein "Football" (Ledersack♂ eiförmig♂). ❷ Wie kann das geschehen (getan-werden kann[es])? – Weil er zu viel Wein trinkt. ❸ Der Magen hat keine Ohren. ❹ Honig im Mund, Galle im Herzen. ❺ So spricht man über Männer und Frauen, die denjenigen Süßes sagen, die sie von (in) Herzen hassen. ❻ Wer (welche) ist diese Dame? ❼ Sie ist die Mutter des Mädchens, das du gestern gesehen hast. ❽ Sie ähnelt ihr (deren Antlitz gibt[sie]-zurück): wie (wie-beschaffen) die Mutter, so (solch) die Tochter. ❾ Wie du dein Haus durch einen Eingang betrittst, so tritt die Speise durch den Schlund in den Magen ein. ❿ Außerdem wird der Zugang, durch den die Schiffe in den Hafen einlaufen, auch *fauces* genannt.

Exercitātiō altera: Īnsere verba dēficientia!

1. Mit den Zähnen kauen wir die Speisen.
   ________ ________ mandūcāmus.
2. Wenn der Rachen schmerzt, entsteht manchmal Husten.
   Sī faucēs ________, ________ tussis oritur.
3. Oft atmen wir durch die Nase.
   Sæpe spīrāmus ____ nāsum.
4. Frauen bemalen sich die Augen mit viel Farbe.
   Mulierēs oculos ________ colōre ________.
5. Wenn wir das Essen missbrauchen, entsteht Übelkeit.
   Sī cibō ________, nausea ________.

41 Lēctiō quadrāgēsima prīma (XLI)

Dē corporis partibus (conclūditur)

1 Bracchia umerīs cōnectuntur, et manūs ferunt. ① ②

2 Veterēs Rōmānī prandentēs vel cēnantēs in lectīs triclīniāribus accumbēbant ③

3 et sinistrō cubitō innītēbantur. ④

4 Plūrimī hominēs manū dextrā scrībunt,

5 scævæ autem sinistrā. ⑤

ANMERKUNGEN

① **Bracchium** "Arm" meint streng genommen nur den Unterarm im Gegensatz zu **lacertus** "Oberarm", kann aber auch als *pars prō tōtō* (Teil anstelle des Ganzen) den gesamten Arm bezeichnen.

② **connectere** "zusammenknüpfen, verknüpfen" besteht aus der Vorsilbe **con**- "mit, zusammen" und **nectere** "knüpfen", wobei das doppelte **n** häufig durch ein einfaches **n** ersetzt wird: **cōnectere**.

③ **Vetus**, **veteris** "alt" ist ein einendiges Adjektiv der 3. Deklination. Es hat im Nominativ Singular in allen drei Genera die Endung -**us**.

❻ Der Körper wird von den Füßen getragen.
▒▒▒▒▒▒ ▒▒▒▒▒▒▒ sustinētur.

Solūtiō exercitātiōnis alteræ: Verba dēficientia.

❶ Dentibus cibōs ❷ dolent – nōnnumquam ❸ per ❹ multō – pingunt ❺ abūtimur – oritur ❻ Corpus pedibus.

Sie können die lateinischen Texte oder einzelne Wörter der Lektion auch mehrmals abschreiben. Oder wie wäre es mit einem Diktat und den Tonaufnahmen als "Lehrer"? Was man einige Male geschrieben hat, kann man meist besser im Gedächtnis behalten.

41. Lektion

Die Körperteile (Schluss)

1 Die Arme werden durch die Schultern (Schulter[♂♂ Abl]) [miteinander] verbunden und tragen die Hände.

2 Die alten Römer legten sich beim Frühstücken oder Abendessen (frühstückend[♂♂] oder speisend[♂♂]) auf Speisebetten (Bett[♂♂] drei-Liege-[♂♂])

3 und stützten sich mit dem linken Ellenbogen[∅ Abl] ab.

4 Die meisten Menschen schreiben mit der rechten Hand (Hand[♀ Abl] rechte[♀ Abl Abl]),

5 Linkshänder[♀♀] jedoch mit der linken[♀ Abl].

ANMERKUNGEN

④ **innītī**, **innītor**, **innīxus sum** "sich an oder auf etw. stützen, stemmen, anlehnen" ist ein Deponens. **Innīxus est.** "Er hat sich aufgestützt".

⑤ **scæva** oder häufiger **scævola** "Linkshänderchen" waren bekannte römische Beinamen (**cōgnōmina**).

6 Pollex cēterīs digitīs ita oppōnitur

7 ut rēs facile prehendere possīmus.

8 Digitīs contractīs, pugnum facimus et pugnāre possumus.

9 Pugnæ pugilum pugilātus vocantur. ⑥

10 Multæ manūs onus levant. ⑦

11 Sī compressīs manibus sedēs, nūllum opus perficis. ⑧

12 Crūris summa pars femen seu femur vocātur, media genū, īma sūra. ⑨ ⑩

13 Tālus est pars posterior pedis. ⑪

14 Tībia est crūris os; ⑫

15 est etiam īnstrūmentum mūsicum, ⑬

16 quod tībia ā Rōmānīs vocābātur, quia ex osse cōnstābat.

17 Pedēs et sūrās adversus frīgus tībiālibus vestīmus. ⑭

ANMERKUNGEN

⑥ Sicherlich haben Sie schon bemerkt, dass die Wörter **pugnāre** "kämpfen", **pugna** "Kampf", **pugil**, **pugilis** "Faustkämpfer" und **pugilātus**, **pugilātūs** "Faustkampf" alle auf **pugnus** "Faust" zurückzuführen sind.

⑦ Neben **levāre** "erleichtern, aufheben" gibt es auch **lēvāre** "glätten, polieren". Die dazugehörigen Adjektive lauten **levis** "leicht" und **lēvis** "glatt".

6 Der Daumen♂ steht den übrigen Fingern so gegenüber (andere♂♂ Dat Finger♂♂ Dat so wird[er]-entgegengestellt),

7 dass wir Gegenstände leicht greifen (fassen) können.

8 Indem wir die Finger zusammenziehen (Finger♂♂ Abl zusammengezogen♂♂ Abl), machen wir eine Faust♂ Akk und können kämpfen.

9 Die Kämpfe der Faustkämpfer werden Faustkämpfe genannt.
(Kampf♀♀ Faustkämpfer♂♂ Gen Faustkampf♂♂ werden[sie]-gerufen.)

10 Viele Hände erleichtern eine Last.

11 Wenn du mit gefalteten (zusammengedrückt♀♀ Abl) Händen [da] sitzt, bringst du keine Arbeit zu Ende (kein∅ Akk Werk∅ Akk machst[du]-fertig).

12 Der oberste Teil des Beins wird "femen" (Oberschenkel∅) oder "femur" genannt, der mittlere Knie∅ [und] der unterste Wade♀.

13 Die Ferse♂ ist der hintere Teil des Fußes.

14 Die "Tibia" (Schienbein♀) ist ein Knochen∅ des Beins;

15 sie ist auch ein Musikinstrument (Instrument∅ musisch∅),

16 das von den Römern "Tibia" genannt wurde, weil es aus einem Knochen bestand.

17 Die Füße und Waden kleiden wir gegen die Kälte∅ mit Strümpfen ein (Schienbein-∅∅ Abl bekleiden[wir]).

ANMERKUNGEN

⑧ **compressus**, **-a**, **-um** "zusammengedrückt" ist das PPP von **comprimere** "zusammendrücken".

⑨ **summus**, **-a**, **-um** "höchster, oberster": Superlativ von **super**(**us**), **-a**, **-um** "oben, oberer".

⑩ **īmus**, **-a**, **-um** "unterster": Superlativ von **īnfer**(**us**), **-a**, **-um** "unterer".

⑪ **posterior** "hinterer, letzterer": Komparativ von **posterus**, **-a**, **-um** "nachfolgend, kommend".

⑫ Verwechseln Sie **os**, **ossis** "Knochen, Gerippe, Kern" nicht mit **ōs**, **ōris** "Mund, Mündung; Gesicht; Aussprache".

⑬ Gemeint ist mit dem Musikinstrument eine gerade geformte Pfeife bzw. Flöte.

⑭ **tībiālibus**: **tībiālis**, **-e** ist das Adjektiv zu **tībia** "Schienbein".

CARMEN

Cerevisiam bibunt hominēs.
Animālia cētera fontēs.
Absit ab hūmānō gutture pōtus aquæ!
Sīc bibitur, sīc bibitur in aulīs prīncipum,
Sīc bibi-, bibi-, bibitur in aulīs prīncipum, -pum, -pum!

(Ē FRIEDLER, C.F.: ***Neues allgemeines Leipziger Kommers- und Liederbuch***, 1822)

Exercitātiō altera: Īnsere verba dēficientia!

❶ Der Schienbeinknochen ist auch ein Musikinstrument.
Tībia est etiam ______ mūsicum.

❷ Die fünf Finger werden durch die Hand miteinander verbunden.
Quīnque digitī manū ______.

❸ Die meisten Menschen schreiben mit der rechten Hand.
______ hominēs manū dextrā ______.

❹ Mit gefalteten Händen (zusammengedrückt[Abl]) bringst du keine Arbeit zu Ende.
Manibus compressīs ______ opus perficis.

42 Lēctiō quadrāgēsima altera (XLII)

Repetītiō et annotātiōnēs

Wie versprochen, haben Sie die größten "Hürden" der lateinischen Grammatik schon hinter sich gelassen. Sie haben allen Grund dazu, diese Lektion entspannt und selbstsicher anzugehen.

LIED

Bier trinken die Menschen.
Die übrigen Lebewesen (andere) [trinken Wasser aus] Quellen.
Möge fern sein von der menschlichen Kehle das Trinken
von Wasser!
So wird getrunken, so wird getrunken an den Höfen der Fürsten,
So wird getrunk, trunk, trunken an den Höfen der
Für, Für, Fürsten!

(Aus Friedler, C.F.: ***Neues allgemeines Leipziger Kommers- und Liederbuch,*** 1822)

Solūtiō exercitātiōnis alteræ: Verba dēficientia.

❶ īnstrūmentum ❷ cōnectuntur ❸ Plūrimī – scrībunt ❹ nūllum.

Römische Tischkultur

Die römische Tischkultur wird uns in der Literatur teils sehr anschaulich überliefert. Sehr lesenswert ist die berühmte **Cēna Trimalchiōnis** aus dem Roman ***Satyricōn*** des Römers **Petrōnius** (ca. 14-66 n.Chr.), einer ausführlichen Darstellung eines Luxusgastmahls, ausgerichtet vom wohlhabenden **Trimalchiō**. Gespeist wurde im **triclīnium**. Die Gäste lagen auf den drei Speisesofas (**lectus triclīniāris**), die hufeisenförmig um den Tisch (**mēnsa**) herum standen. Man trug bequeme Kleidung, stützte seinen linken Ellenbogen auf einem Kissen ab und lagerte die Füße an der Außenseite des Sofas. Hände und Füße wurden vor jeder **cēna** gewaschen. Gegessen wurde mit der rechten Hand. Sklaven servierten die einzelnen Gänge. Häufig traten auch Künstler wie Musiker, Akrobaten, Dichter oder Rezitatoren auf. Es galt als unhöflich, während des Mahls vom Speisesofa aufzustehen.

42. Lektion

1. Zweiendige Adjektive der 3. Deklination

Zweiendige Adjektive der 3. Deklination haben im Nominativ Singular, je nach Genus, zwei verschiedene Endungen.

Beispiel: **omnis**, **-e** "ganz, all, jeder" endet im Nominativ Singular Maskulinum und Femininum auf **-is**, im Neutrum hingegen auf **-e**.

omnis vir♂ "jeder Mann"

omnis ræda♀ "jede Kutsche"
omne tempus∅ "jede Zeit"

Im Vergleich dazu das einendige Adjektiv **vēlōx** "schnell":
vēlōx vir♂ "ein schneller Mann"
vēlōx ræda♀ "eine schnelle Kutsche"
vēlōx tempus∅ "eine schnelle Zeit"

Ansonsten werden die zweiendigen Adjektive wie die einendigen dekliniert:

	Singular ♂/♀/∅			Plural ♂/♀/∅		
Nom.	omnis	omnis	omne	omnēs	omnēs	omnia
Gen.	omnis	omnis	omnis	omnium	omnium	omnium
Dat.	omnī	omnī	omnī	omnibus	omnibus	omnibus
Akk.	omnem	omnem	omne	omnēs	omnēs	omnia
Abl.	omnī	omnī	omnī	omnibus	omnibus	omnibus

Weitere Beispiele für zweiendige Adjektive:
gravis, **-e** "schwer, ernst"; **facilis**, **-e** "leicht, machbar"; **difficilis**, **-e** "schwierig".

Difficile∅ **est sarcinās in rædā collocāre.**
"Es ist schwierig, das Gepäck in der Kutsche unterzubringen".

2. Komparation (Steigerung) von Adjektiven

Der Komparativ (1. Steigerungsstufe) der Adjektive wird gebildet, indem die Endung -**ior** (Mask./Fem.) oder -**ius** (Neutrum) an den Stamm des Adjektivs angehängt wird. Dabei spielt es keine Rolle, welcher Deklinationsklasse das Adjektiv angehört:

altus, -**a**, -**um** "hoch" ► **altior**, -**ius** "höher"
callidus, -**a**, -**um** "schlau" ► **callidior**, -**ius** "schlauer"
vēlōx, **vēlōcis** "schnell" ► **vēlōcior**, -**ius** "schneller"
facilis, -**e** "leicht" ► **facilior**, -**ius** "leichter"
recēns, **recentis** "frisch, neu" ► **recentior**, -**ius** "frischer, neuer"

Die Komparativformen werden wie zweiendige Adjektive der 3. Deklination dekliniert, wobei wie bei den Substantiven der Ablativ Singular auf -**e**, der Genitiv Plural auf -**um** und der Nominativ/Akkusativ Plural Neutrum auf -**a** endet:

	Singular ♂/♀/∅			Plural ♂/♀/∅		
Nom.	altior	altior	altius	altiōrēs	altiōrēs	altiōra
Gen.	altiōris	altiōris	altiōris	altiōrum	altiōrum	altiōrum
Dat.	altiōrī	altiōrī	altiōrī	altiōribus	altiōribus	altiōribus
Akk.	altiōrem	altiōrem	altius	altiōrēs	altiōrēs	altiōra
Abl.	altiōre	altiōre	altiōre	altiōribus	altiōribus	altiōribus

Calvitiēs frontem ita amplificat ut homō calvus callidior videātur. "Eine Glatze erweitert die Stirn so, dass ein kahlköpfiger Mensch schlauer aussieht".

Der Superlativ (höchste Steigerungsstufe) wird bei den meisten Adjektiven durch Anhängen von -**issimus**, -**a**, -**um** an den Adjektiv-Stamm gebildet:

Adjektiv	Superlativ
altus, -**a**, -**um** "hoch"	**altissimus**, -**a**, -**um** "der/die/das Höchste"
callidus, -**a**, -**um** "schlau"	**callidissimus**, -**a**, -**um** "der/die/das Schlaueste"
vēlōx "schnell"	**vēlōcissimus**, -**a**, -**um** "der/die/das Schnellste"
recēns "frisch"	**recentissimus**, -**a**, -**um** "der/die/das Frischste"

Bei einigen Adjektiven auf -**lis** wird hingegen -**limus**, -**a**, -**um** angehängt: **facillimus**, -**a**, -**um** "der Leichteste"; **difficillimus**, -**a**, -**um** "der Schwierigste".

Bei den Adjektiven auf -**er**, wie z.B. **pulcher**, **pulchra**, **pulchrum** "schön", wird -**rimus**, -**a**, -**um** an das Adjektiv angehängt: **pulcherrimus**, -**a**, -**um** "der/die/das Schönste".

Die Superlativformen werden wie die Adjektive der **a**- und **o**-Deklination dekliniert.

Einige Adjektive haben unregelmäßige Steigerungsformen:

Adjektiv	Komparativ	Superlativ
bonus, -**a**, -**um** "gut"	**melior**, -**ius** "besser"	**optimus**, -**a**, -**um** "der/die/das Beste"
magnus, -**a**, -**um** "groß"	**major**, -**ius** "größer"	**māximus**, -**a**, -**um** "der/die/das Größte"
parvus, -**a**, -**um** "klein"	**minor**, -**us** "kleiner"	**minimus**, -**a**, -**um** "der/die/das Kleinste"
multum "viel"	**plūs** "mehr"	**plūrimum** "das Meiste"
multī "viele"	**plūrēs**, -**ra** "mehrere"	**plūrimī**, -**æ**, -**a** "die Meisten"

Hīc omnia secundum mōrem recentissimum īnstrūcta sunt. "Hier ist alles nach der neuesten Mode (Sitte) eingerichtet".

3. Jussiver (befehlender) Konjunktiv

Der Konjunktiv Präsens im Hauptsatz drückt in der 3. Person Singular/Plural, ähnlich wie im Deutschen, eine Aufforderung aus und kann mit "müssen, sollen, mögen" oder dem deutschen Konjunktiv I übersetzt werden:

Vīvat rēx. "Es lebe der König".

Vectōrēs in currūs cōnscendant. "Die Passagiere mögen bitte in die Wagen einsteigen".

Auch in mit **ut** "dass" eingeleiteten Nebensätzen, die von Verben des Forderns, Befehlens und Begehrens abhängig sind, steht der jussive Konjunktiv. Allerdings wird er in solchen Nebensätzen meist als Indikativ übersetzt:

Imperō ut abeat. "Ich befehle/verlange, dass er weggeht/weggehen soll".

4. Potentialer Konjunktiv

Der Konjunktiv Präsens oder Perfekt kann im Hauptsatz eine für möglich gehaltene, aber nur angenommene Handlung oder eine abgemilderte Behauptung ausdrücken. Er lässt sich in solchen Fällen am besten mit "könnte (wohl), dürfte (wohl), würde (wohl)" oder "möchte" übersetzen:

Hoc nēmō crēdat. "Das glaubt wohl niemand/dürfte wohl niemand glauben".
Quid enim tenēre possit? "Was könnte er denn wohl haben?".

5. Interrogativpronomen (Fragefürwörter) quis, quid und quī, quæ, quod

Sowohl **quis**, **quid** "wer, was" als auch **quī**, **quæ**, **quod** "welcher, welche, welches" können als Fragewörter, je nach Zusammenhang, auch mit "was für ein/-e" übersetzt werden. Dabei wird **quis**, **quid** verwendet, wenn nach dem Namen einer Person oder der allgemeinen Natur einer Sache, **quī**, **quæ**, **quod** hingegen, wenn nach den Merkmalen, dem Charakter oder den Eigenschaften einer Person oder Sache gefragt wird:

Quis est hic homō? "Wer ist dieser Mensch (wie heißt er)?".
Quī est hic sībilus? "Was ist das für ein Zischen (wo kommt es her)?".
Quis est ista mātrōna? "Wer ist diese Dame (wie heißt sie)?".
Quæ est ista mātrōna? "Was ist das für eine Dame (z.B. woher stammt sie)?".
Quid est illud documentum? "Was ist jenes Dokument (was für eine Sache ist es)?".
Quod est illud documentum? "Was ist das für ein Dokument (z.B. was ist darin enthalten)?".

6. Partizip Futur als Attribut und Bestandteil des Prädikats

Das Partizip Futur Aktiv (PFA) kommt nicht nur als Bestandteil des Infinitivs Futur vor (s. L. 35), sondern auch eigenständig als

Attribut zu einem Substantiv. In einem solchen Fall kann es wie das PPA und PPP als Äquivalent zu einem geeigneten deutschen Nebensatz, meist mit finaler Bedeutung, angesehen werden. Das PFA drückt eine unmittelbar bevorstehende Handlung aus:
Gladiātōrēs moritūrī imperātōrem salūtant.
- "Die Gladiatoren, die kurz davor sind/im Begriff sind zu sterben, grüßen den Gebieter."
- "Die Gladiatoren, die gleich sterben werden, grüßen den Gebieter."
- "Die dem Tod geweihten Gladiatoren grüßen den Gebieter."

Das PFA kann auch als Bestandteil des Prädikats zusammen mit einer Form des Hilfsverbs **esse** stehen:

Trāmen abitūrum est. "Der Zug fährt gleich los/ist kurz davor, abzufahren".

7. Gerundivum

Das Gerundivum ist ein Verbaladjektiv, das wie das Gerundium durch Anfügen von -**nd** an den Verbstamm gebildet wird. Im Unterschied zu diesem kann es aber alle Endungen der Adjektive der **a**- und **o**-Deklination annehmen. Das Gerundivum hat keine Entsprechung im Deutschen und kann demnach auch nicht wörtlich übersetzt werden. Am nächsten kommt ihm ein deutsches "zu... -nd":

legendus, -**a**, -**um** "zu lesend".

Das Gerundivum kann wie ein Adjektiv als Attribut zu einem Substantiv verwendet werden und wird dann meist mit einem Infinitiv oder auch substantivierten Verb wiedergegeben:

Ōtium est pōculī bibendī. "Es ist Zeit, einen Becher zu trinken (Freizeit ist[es] Becher[Gen] zu-trinkend[Gen])".

Ad trāmen assequendum currō. "Ich renne, um den Zug zu bekommen (zu Zug[Akk] zu-erreichend[Akk] laufe[ich])".

Loquor de pōculīs bibendīs. "Ich spreche über das Trinken von Bechern (spreche[ich] von Becher[⌀⌀ Abl] zu-trinkend[⌀⌀ Abl])".

Epistulam tibi dō legendam. "Ich gebe dir den Brief zum Lesen (Brief[♀Akk] dir gebe[ich] zu-lesend[Akk])".

Wie das PFA kann das Gerundivum aber auch Bestandteil des Prädikats zusammen mit einer Form von **esse** sein. Ist dies der Fall, so wird das Gerundivum als Passiv und mit dem deutschen "müssen" wiedergegeben:

Epistula legenda est. "Der Brief muss gelesen werden (Brief[♀] zu-lesend[♀] ist[sie])".

Pauca minūta expectandum est. "Es muss wenige Minuten gewartet werden (wenig[⌀⌀ Akk] Minute[⌀⌀ Akk] zu-wartend[⌀] ist[es])".

8. i-Erweiterung der konsonantischen Konjugation

Einige Verben der konsonantischen Konjugation, wie **capere** "nehmen, fassen" oder **facere** "tun, handeln", stimmen in mehreren Formen mit den Verben der i-Konjugation überein, wobei das **i** stets kurz und unbetont ist. Wir wollen Ihnen hiermit einen Überblick über die von der konsonantischen Konjugation abweichenden Formen im Aktiv und Passiv geben:

Aktiv	**Indikativ**
Präsens	**capiō**, **capiunt**
Imperfekt	**capiēbam**, **capiēbās**, **capiēbat**, **capiēbāmus**, **capiēbātis**, **capiēbant**
Futur	**capiam**, **capiēs**, **capiet**, **capiēmus**, **capiētis**, **capient**
Konjunktiv Präsens **capiam**, **capiās**, **capiat**, **capiāmus**, **capiātis**, **capiant** Imperativ Fut. **capiuntō**; Part./Gerundivum **capiēns**, -**entis**; **capiendus**, -**a**, -**um**	

Passiv	**Indikativ**
Präsens	**capior**, **capiuntur**
Imperfekt	**capiēbar**, **capiēbāris**, **capiēbātur**, **capiēbāmur**, **capiēbāminī**, **capiēbantur**
Futur	**capiar**, **capiēris**, **capiētur**, **capiēmur**, **capiēminī**, **capientur**
Konj. Präs. **capiar**, **capiāris**, **capiātur**, **capiāmur**, **capiāminī**, **capiantur** Imperativ Futur **capiuntor**	

43 Lēctiō quadrāgēsima tertia (XLIII)

In carcere hodiernō

1 In hōc carcere hodiernō, captīvī nōn tōtum diem ōtiōsī manent,

2 sed labōrant; quō labōre spērātur fore ut meliōrēs fīant. ① ②

ANMERKUNGEN

① Steht das Relativpronomen **quī**, **quæ**, **quod** am Anfang eines Hauptsatzes, wird es wie ein deutsches Demonstrativpronomen gebraucht. Man nennt dies "relativen Satzanschluss".

Nutzen Sie die Multimedialität Ihre Kurses: Das handliche Lehrbuch ist überall einsatzbereit, und die Audio-CDs bzw. die mp3-CD ermöglichen es Ihnen, auch unterwegs mobil und flexibel zu lernen.

43. Lektion

In einem modernen Gefängnis)

1 In diesem modernen (heutig[♂ Abl]) Gefängnis bleiben die Gefangenen nicht den ganzen Tag [über] untätig (müßig),

2 sondern [sie] arbeiten; durch diese Arbeit erhofft man sich, dass sie sich bessern werden (welcher[♂ Abl] Arbeit[♂ Abl] wird[es]-gehofft sein-werdend[Akk] dass besser[♂♂] mögen[sie]-werden).

ANMERKUNGEN

② **fore**: Kurzform des Infinitivs Futur von **esse** "sein". Nach Verben des Hoffens oder Vertrauens folgt oft die Konstruktion **fore ut** + Konjunktiv. **Spērō fore ut sūtor ēmptōribus bonās crepidās cōnficiat**. "Ich hoffe, dass der Schuster seinen Käufern gute Sandalen anfertigt".

3 Ūnusquisque, cum in carcerem conjicitur,

4 interrogātur quod opus suscipere mālit. ③

5 Aliī artem lignāriam præferunt, aliī ferrāriam, aliī sūtrīnam, etc. ④ ⑤

6 Quærit cūstōs ab aliquō, nūper ingressō, quid velit facere. ⑥

7 Respondet hic: "Mercandī causā peregrīnārī!" ⑦ ⑧

8 Petrus, septimum annum agēns, mātrimōniō prīmum adest.

9 Mamma – inquit –, cūr albā stolā indūta est nupta? ⑨

10 Quia color albus, fīlī mī, fēlīcitātis signum est, ⑩

11 et diēs mātrimōniī tōtīus vītæ fēlīcissimus est.

12 Paucīs post mōmentīs, iterum interrogat Petrus: ⑪ ⑫

13 Mamma, cūr nigrā veste indūtus est marītus? ⑬

(Ē ***Vītā Latīnā***, A. RODOT, Sept. 1961)

ANMERKUNGEN

③ **mālit** ist der Konjunktiv Präsens von **māvult** "er/sie/es will lieber". Grund für die Verwendung des Konjunktivs ist der indirekte Fragesatz. Verwechseln Sie die Formen von **mālle** "lieber wollen" nicht mit dem Adjektiv **malus**, -**a**, -**um** "schlecht, übel".

④ **Alius**, -**a**, -**um** "ein anderer" wird immer in Bezug auf mindestens drei Dinge oder Personen benutzt. Bei zweien dagegen wird **alter**, -**a**, -**um** benutzt.

⑤ **lignārius**, -**a**, -**um** "Holz-, zum Holze gehörig" wird auch als Substantiv verwendet und erhält dann die Bedeutung "Holzarbeiter, Zimmermann". Merken Sie sich dazu auch **lignum** "Holz" und **ligneus**, -**a**, -**um** "hölzern".

⑥ **ingressō** ist das PPP im Ablativ Maskulinum von **ingredī** "hineinschreiten/-gehen". Auch das PPP eines Deponens hat immer aktive Bedeutung. **Cælebs peregrīnus petasō turrītō indūtus ingreditur**. "Ein fremder Junggeselle geht mit einem Zylinder (Hut[♂ Abl] getürmt[♂ Abl]) bekleidet hinein".

⑦ **Mercandī** ist das Genitiv-Gerundium von **mercārī** "handeln". Merken Sie sich dazu auch **merx**, **mercis** "Ware" und **commercium** "Warenverkehr, Handel".

3 Jeder, der ins Gefängnis gesteckt wird, (ein-jeder, wenn in Gefängnis[♂ Akk] wird[er]-zusammengeworfen,)

4 wird gefragt, welche Arbeit (Werk) er am liebsten übernehmen möchte.

5 Die einen (anderen) bevorzugen das Schreinerhandwerk (Holz-), andere das Eisen[handwerk] und [wieder] andere das Schuster[handwerk] usw.

6 Ein Wächter fragt jemanden, der vor kurzem hereingekommen ist, was er machen möchte.
(sucht[er] Wächter[♂] von irgendjemand[♂ Abl], neulich hineingeschritten[♂ Abl], was wolle[er] tun.)

7 Dieser antwortet: "Des Handels wegen reisen (handeln[Gen] Grund[Abl] reisen)!"

8 Der siebenjährige Peter (siebter[♂ Akk] Jahr[♂ Akk] treibend) ist zum ersten Mal bei einer Hochzeit (Ehe[∅ Dat]) dabei.

9 Mama, sagt er, warum ist die Braut (verheiratet[♀]) mit einer weißen Stola bekleidet?

10 Weil die weiße Farbe, mein Sohn, ein Zeichen des Glücks (Glückseligkeit[♀]) ist,

11 und der Tag der Hochzeit (Ehe[Gen]) der glücklichste des ganzen Lebens ist.

12 Einige Momente später fragt Peter erneut (zum-zweiten-Mal):

13 Mama, warum ist der Bräutigam (Ehemann) mit einem schwarzen Anzug (Kleidung[♀Abl]) bekleidet?

(Aus ***Vita Latina***, A. Rodot, Sept. 1961)

ANMERKUNGEN

⑧ Steht der Ablativ von **causa** "Grund" zusammen mit einem Genitiv, hat er die Bedeutung "wegen" oder bei einem Gerundium/ Gerundivum "um zu".

⑨ Die **stola**, ein knöchellanges Damenkleid, wurde von vornehmen römischen Frauen getragen.

⑩ **fīlī mī** ist der Vokativ von **fīlius meus** "mein Sohn".

⑪ **Paucīs mōmentīs** ist ein sog. Ablativ des Vergleichs (**ablātīvus differentiæ/mēnsūræ**). So z.B. auch im Satz **Mel melius est felle.** "Honig ist besser als Galle[∅ Abl]."

⑫ **interrogāre** meint das einfache Fragen, um eine Antwort zu erhalten. **Quærere** "suchen" ist eher ein forschendes Fragen, um Licht in eine Angelegenheit zu bringen.

⑬ Das Gegenteil von **indūtus**, -**a**, -**um** "angezogen" lautet **nūdus**, -**a**, -**um** "nackt, bloß, unverhüllt".

Exercitātiō prīma: Intellegisne hās sententiās?

❶ Mercātor emit calceōs quōs sūtor cōnficit eōsque ēmptōribus vēndit. ❷ Lignārius tabulās multiplicātōriās nōn cōnficit, ❸ sed mēnsās super quās prandēmus et cēnāmus. ❹ Lignārium, ut mēnsam cōnficeret, rogāvī; spērō fore ut ea uxōrī conveniat. ❺ Quis est iste peregrīnus? ❻ Est agricola quīdam quī fīliam sūtōris in mātrimōnium dūcere cupit.

Exercitātiō altera: Īnsere verba dēficientia!

❶ Er geht in einen Laden hinein, um einen schwarzen Anzug und einen Zylinder zu kaufen.
Ingreditur in ________ ad vestem nigram et ________ turrītum emendum.

❷ Der Mann sieht glücklich aus: Ich hoffe, dass er nach der Hochzeit für immer glücklich ist.
Fēlīx ________ ____: spērō fore ut post mātrimōnium fēlīx ______ sit.

44 Lēctiō quadrāgēsima quārta (XLIV)

Docilis discipulus

1 Magister in tabulā scrībit:

2 "Dum lupus currit ad agnum, hic fugit ab illō." ①

Solūtiō exercitātiōnis prīmæ: Intellēxistīne?

➀ Der Händler kauft Schuhe, die ein Schuster anfertigt, und verkauft sie [seinen] Kunden (Käufern). ➁ Ein Schreiner fertigt keine Rechentafeln an, ➂ sondern Tische, auf denen wir frühstücken und zu Abend essen. ➃ Ich bat den Schreiner, einen Tisch anzufertigen (dass Tisch[♀ Akk] würde[er]-herstellen): Ich hoffe, dass er [meiner] Ehefrau zusagt (passe[er]). ➄ Wer ist dieser Fremde? ➅ Das ist ein gewisser Bauer, der die Tochter des Schusters heiraten (in Ehe[∅ Akk] führen) möchte.

❸ Das ist unmöglich (dies getan-werden nicht kann[es]): Kennst du denn nicht den Horaz-Vers: "Nichts ist besser als das Junggesellenleben (ehelos[♀ Abl] Leben[♀ Abl])?"
Hoc fierī nōn ______: __________ Horātiī versum: "melius ______ cælibe vītā"?

❹ Honig ist besser als Galle.
______ melius est quam fel.

❺ Honig ist besser als Galle (Honig[∅] besser[∅] ist[es] Galle[∅ Abl]).
Mel ______ est felle.

Solūtiō exercitātiōnis alteræ: Verba dēficientia.

❶ tabernam – petasum ❷ vidētur homō – semper ❸ potest – īgnōrāsne – nihil ❹ Mel ❺ melius.

44. Lektion

Ein gelehriger Schüler

1 Der Lehrer schreibt an die Tafel:

2 "Während der Wolf zum Lamm läuft, flieht dieses (dieser-hier[♂]) vor jenem."

LEKTION 44

ANMERKUNGEN

① Im lateinischen Satz ist im Gegensatz zum Deutschen nicht sofort klar, wer mit **hic** "dieser" und wer mit **ille** "jener" gemeint ist, da Wolf und Lamm im Lateinischen dasselbe Geschlecht haben.

3 – Mārcelle – interrogat –, quem dēsignat "hic" et quem "ille"?

4 – "Hic" est agnus, quia propior est, ②

5 "ille" est lupus, quia remōtior est. ③

6 – Bene! Hodiē vespere aliquid sponte tuā scrībēs,

7 in quō eandem rēgulam servēs.

8 Diē sequentī Mārcellus pēnsum magistrō porrigit.

9 Hæc legit magister: "Māne pāpiliōnem frāter meus arripuit. ④

10 Hic pulcherrimās ālās habet. Ille birotā profectus est." ⑤

11 Mārcelle! Numquid frātrī sunt ālæ pulcherrimæ?

12 Numquid pāpiliō birotā profectus est? Rēgulam nōn observāvistī. ⑥

13 – Contrā, Magister! Rēgulam observāvī, nam hic pāpiliō, ⑦

14 quem in ipsā tabulā in quā scrībēbam fībulā fīxī,

15 propior mē erat …

16 Birotā autem frāter ille jam longē ā mē erat.

(Ē ***Vītā Latīnā***, Grēgorius JOSEPH, Nov. 1963)

ANMERKUNGEN

② Sie wissen bereits, dass sich das Pronomen **hic**, **hæc**, **hoc** auf Objekte in der Nähe des Sprechers bezieht, während mit **ille**, **illa**, **illud** Bezeichnetes sowohl vom Sprecher als auch vom Angesprochenen weiter entfernt sind.

③ **remōtus**, -**a**, -**um** "entfernt" ist das PPP von **removēre**, **removeō**, **remōvī** "entfernen".

④ **arripere**, **arripiō**, **arripuī**, **arreptum** "an sich reißen" setzt sich zusammen aus **ad** "zu" und **rapere** "rauben, reißen". **Ancilla supellectilem arripit**. "Die Dienerin reißt die Hausgeräte an sich".

3 – Marcel, fragt er, wen bezeichnet "dieser" und wen "jener"?

4 – "Dieser" ist das Lamm, weil es näher ist,

5 "jener" ist der Wolf, weil er weiter entfernt ist.

6 – Gut! Heute Abend wirst du etwas von dir aus (Antrieb$^{♀\ \text{Abl}}$ dein$^{♀\ \text{Abl}}$) schreiben,

7 worin du dieselbe Regel beachten sollst (mögest^{du}-bewahren).

8 Am folgenden Tag zeigt Marcel dem Lehrer seine Aufgabe (streckt^{er}-aus).

9 Dies liest der Lehrer: "[Heute] Morgen hat mein Bruder einen Schmetterling$^{♂}$ gefangen (hat^{er}-gefasst).

10 Dieser hat wunderschöne Flügel. Jener ist mit einem Fahrrad aufgebrochen."

11 [Aber] Marcel! Hat denn etwa dein Bruder (Bruder^{Dat} sind^{sie}) wunderschöne Flügel?

12 Ist denn etwa der Schmetterling mit einem Fahrrad aufgebrochen? Du hast die Regel nicht beachtet.

13 – Im Gegenteil, [Herr] Lehrer! Ich habe die Regel beachtet, denn dieser Schmetterling [hier],

14 den ich auf derselben Tafel, auf der ich schrieb, mit einer Klammer befestigt habe,

15 war näher bei mir (ich^{Abl})...

16 Mit dem Fahrrad aber war jener Bruder [da] schon weit (lang) von mir [entfernt].

(Aus ***Vita Latina***, Gregor Joseph, Nov. 1963)

ANMERKUNGEN

⑤ Lateinische Superlativformen können im Deutschen je nach Adjektiv auch durch Umschreibungen wie "sehr", "besonders" usw. wiedergegeben werden. **Litteræ optimæ** "ein besonders guter Brief".

⑥ **Numquid** "denn etwa?" ist eine Verstärkung von **num** "etwa?".

⑦ **observāre** "beobachten, achtgeben" setzt sich zusammen aus **ob** "entgegen, nach, wegen" und **servāre** "bewahren, retten".

Exercitātiō prīma: Intellegisne hās sententiās?

❶ Ā quibus cōnficiuntur tabulæ in quibus magistrī scrībunt? ❷ Ā lignāriīs cōnficiuntur: sīcut mēnsæ, supellex, variaque lignea. ❸ Hæ tabulæ, quæ sunt ligneæ, multō differunt ā tabulīs multiplicātōriīs, ❹ quæ in papȳrō sunt scrīptæ. ❺ Vidēsne marītum cum nuptā? Hæc stolā albā indūta est, ille trīstis vidētur. ❻ Victor calceōs suōs ipse polit; māter ejus ancillæ persōnam sustinēre nōn vult.

Exercitātiō altera: Īnsere verba dēficientia!

❶ Viktor schrieb seiner Mutter; dessen Brief empfing seine Mutter.
Victor mātrī suæ __________; ejus litterās māter __________.

❷ Marcel glaubte, dass er sich nicht geirrt hatte.
Mārcellus sē nōn __________ crēdēbat.

45 Lēctiō quadrāgēsima quīnta (XLV)

Equum disjungāmus!

1 Adulēscēns quīdam amīcum rogat ①
2 nōnne sibi auxilium ferre possit.

Solūtiō exercitātiōnis prīmæ: Intellēxistīne?

① Von wem (von welchen♂♂ Abl) werden die Tafeln angefertigt, auf denen die Lehrer schreiben? ② Von Schreinern werden sie angefertigt, so wie Tische, Hausgeräte und verschiedene Holzgegenstände (hölzern∅∅). ③ Diese Tafeln, welche hölzern sind, unterscheiden sich sehr von den Rechentafeln, ④ die auf Papier geschrieben sind. ⑤ Siehst du den Ehemann mit seiner Braut? Diese trägt eine weiße Stola, jener sieht traurig aus. ⑥ Viktor poliert seine Schuhe selbst; seine Mutter will nicht die Rolle einer Dienerin übernehmen.

③ Nachdem Marcel vom Lehrer gefragt worden war, erkannte er, dass er sich geirrt hatte.

████████ ā magistrō Mārcellus ████████████ est, sē errāvisse ██████████.

④ Nachdem er ihn gefragt hatte, sagte der Lehrer, dass Marcel die Regel nicht beachtet hatte.

Postquam eum ████████████, magister dīxit Mārcellum ███████ nōn observāvisse.

Solūtiō exercitātiōnis alteræ: Verba dēficientia.

① scrībēbat – accipiēbat ② errāvisse ③ Postquam – interrogātus – intellēxit ④ interrogāvit – rēgulam.

45. Lektion

Lass uns das Pferd losbinden!

1 Ein junger Mann fragt einen Freund,

2 ob er ihm nicht helfen könne (nicht? sich^Dat Hilfe∅ Akk tragen könne^er).

ANMERKUNGEN

① **Adulēscēns** bezeichnete einen Mann im Alter von 18 bis 25 Jahren, **juvenis** einen Mann zwischen 25 und ca. 45 Jahren, **senior** einen Mann vom 45. bis etwa zum 60. Lebensjahr und **senex** den über 60-Jährigen.

3 Alterī annuentī dīxit: "Venī mēcum!"

4 In viīs suburbānīs obscūrīsque prōgrediuntur,

5 dōnec adulēscēns equum carpentō jūnctum amīcō ostendit. ②

6 – Oportet equum disjungāmus et ad domum quandam perdūcāmus. ③

7 Equum disjungunt et ad domum dictam perveniunt.

8 – Nūllum est hīc stabulum!

9 Quō equum dūcere dēbēmus?

10 – Ad tabulātum quīntum. ④

11 Hæc est ratiō cūr ā tē auxilium petīverim.

12 Nihil tamen timueris: adest scānsōrium pēgma. ⑤

13 Amīcus mīrātur. Nihilōminus auxilium fert,

14 atque ambō nōn sine multō sūdōre equum in pēgmate collocant.

15 Amīcō et equō in cellā inclūsīs ⑥

ANMERKUNGEN

② Ein **carpentum** war ein überdachter zweirädriger Staats- und Reisewagen, der vor allem von vornehmen Frauen benutzt wurde.

③ Sprechen Sie **equum** zweisilbig aus: [***e***-*kwu*^{m}].

④ Verwandt mit **tabulātum** "Bretterwerk/-boden, Bretter-, Stockwerk" ist auch **contabulātiō**, **contabulātiōnis** "Dielenverschalung, Bretterboden".

3 Dem anderen, der zustimmte (anderer^{Dat} zunickend^{Dat}), sagte er: "Komm mit mir!"

4 Sie gehen so lange durch dunkle Vorstadtstraßen, (in Straße$^{\text{♀♀ Abl}}$ unterstädtisch$^{\text{♀♀ Abl}}$ dunkel$^{\text{♀♀ Abl}}$-und gehen^{sie}-vor,)

5 bis der junge Mann seinem Freund ein Pferd zeigt, das vor einen Reisewagen gespannt ist (Pferd^{Akk} Reisewagen$^{\text{⌀ Dat}}$ verbunden^{Akk} Freund^{Dat} streckt^{er}-entgegen).

6 – Wir müssen das Pferd losbinden (abschirren^{wir}) und in ein Haus bringen (führen^{wir}-hin).

7 Sie binden das Pferd los und kommen zu besagtem Haus.

8 – Hier ist kein Stall!

9 Wohin müssen wir das Pferd führen?

10 – Ins fünfte Stockwerk.

11 Dies ist der Grund, warum ich von dir Unterstützung erbeten habe.

12 Keine Angst: Es gibt einen Aufzug.
(nichts trotzdem habest^{du}-gefürchtet: ist^{es}-da Steig-$^{\text{⌀}}$ Maschine$^{\text{⌀}}$.)

13 Der Freund wundert sich. Nichtsdestoweniger leistet er Hilfe (trägt^{er}),

14 und beide bringen das Pferd nicht ohne viel Schweiß in den Aufzug.

15 Nachdem der Freund und das Pferd in der Kabine eingeschlossen sind (Freund^{Abl} und Pferd^{Abl} in Zelle^{Abl} eingeschlossen$^{\text{♂♂ Abl}}$)

ANMERKUNGEN

⑤ **Nē** "nicht" drückt in Verbindung mit einem Konjunktiv Perfekt einen verneinten Befehl (Prohibitiv) aus. Anstelle von **nē** findet man auch andere verneinte Wörter wie **nēmō**, **nihil**, **nūllus**, **numquam**, **nusquam**, etc. **Nihil amplius dīxeris!** "Sag weiter nichts!"

⑥ **Amīcō et equō inclūsīs** ist eine Verbindung aus zwei Substantiven im Ablativ und einem Partizip im Ablativ, die man als **ablātīvus absolūtus** "absoluter Ablativ" bezeichnet, da sie vom Rest des Satzes losgelöst ist. Dieser Konstruktion entspricht im Deutschen z.B. ein Nebensatz.

16 – trēs persōnās cella capere nōn poterat –
17 adulēscēns ad tabulātum quīntum gradibus ascendit,
18 et inde scānsōrium ēlectricō pulsōriō attollit. ⑦

Exercitātiō prīma: Intellegisne hās sententiās?

❶ Vīsne crās domī prandēre? ❷ Id libentissimē accipiam, sed nesciō ubi sit domus tua. ❸ Est in viā Portuāriā, numerō decimō septimō, ❹ tabulātō octāvō, jānuā alterā sinistrōrsum. ❺ Ubi est via Portuāria? ❻ Eam facile inveniēs: incipit ante statiōnem ferriviāriam et ad portum dūcit.

Exercitātiō altera: Īnsere verba dēficientia!

❶ Ist es weit vom Bahnhof [entfernt]?
_____ longē ā statiōne?

❷ Überhaupt nicht! Nicht weiter als dreihundert Meter.
_____! Nōn amplius quam _____ metra.

❸ Perfekt! Morgen also werde ich dich wiedersehen. Leb wohl.
_____! Crās igitur tē _____. Valē!

❹ Leb du auch wohl!
Valē tū _____!

46 Lēctiō quadrāgēsima sexta (XLVI)

Equum disjungāmus (sequitur)

1 Cellā ad tabulātum ēvectā, adulēscēns valvam aperit. ① ②
2 Equus et amīcus ē carcere suō ērumpunt.
3 – Equum firmiter tenē!

ANMERKUNGEN

① **Cellā ēvectā** ist ein **ablātīvus absolūtus** (s. Lektion 45).

16 – drei Personen konnte die Kabine nicht aufnehmen –

17 steigt der junge Mann über die Treppe (Stufe[♂♂ Abl]) ins fünfte Stockwerk,

18 und von dort lässt er den Aufzug mit einem elektrischen Knopf aufsteigen (Steig-[Akk] elektrisch[Abl] Stoß-[Abl] erhebt[er]).

ANMERKUNGEN

⑦ **pulsōrius**, **-a**, **-um** ist das Adjektiv zu **pulsāre** "schlagen, stoßen". Merken Sie sich dazu auch **pulsus**, **pulsūs** "Schlag, Stoß".

Solūtiō exercitātiōnis prīmæ: Intellēxistīne?

❶ Willst du morgen [bei mir] zu Hause frühstücken? ❷ Das werde ich sehr gerne annehmen, aber ich weiß nicht, wo sich deine Wohnung (Haus[♀]) befindet. ❸ Sie ist in der Hafenstraße, Nummer 17 (Nummer[Abl] zehnter[Abl] siebter[Abl]), ❹ im achten Stock, an der zweiten Tür links. ❺ Wo ist die Hafenstraße? ❻ Die wirst du leicht finden: Sie beginnt vor dem Bahnhof (Stehen[♀ Akk] Eisenbahn-[♀ Akk]) und führt zum Hafen.

Solūtiō exercitātiōnis alteræ: Verba dēficientia.

❶ **Estne** ❷ **Minimē – trecenta** ❸ **Optimē – revīsam** ❹ **quoque**.

46. Lektion

Lass uns das Pferd losbinden! (Fortsetzung)

1 Nachdem die Kabine hinaufgefahren ist (Zelle[Abl] zu Bretterboden[Akk] herausgefahren[Abl]), öffnet der junge Mann die Klapptür.

2 Das Pferd und der Freund brechen aus ihrem Gefängnis [hervor].

3 – Halt das Pferd fest!

ANMERKUNGEN

② **ēvectā**: PPP im Ablativ Singular Femininum von **ēvehī**, **ēvehor**, **ēvectus sum** "herausfahren, herausführen".

4 Cavē nē strepat nēve inquilīnōs excitet dum in locō ancipitī sumus. ③

5 Hæc verba prōferēns

6 adulēscēns jānuam quandam cautissimē uncō aperīre cōnātur. ④

7 Īrāscitur amīcus, equum tamen mūtum cōgēns: ⑤

8 "Nōlō" – inquit – "fūrtī cōnscius esse." ⑥

9 – Estō quiētus! Nihil fūrābimur. ⑦

10 Nihil inhonestī agēmus. ⑧

11 Tibi posteā rem explicābō.

12 – Ecce! Jānua aperta est: intrēmus!

13 Equum per faucēs angustās prōpellunt.

14 Tandem in cellam balneāriam perveniunt.

15 – Nunc præcipuē auxilium tuum necessārium est.

ANMERKUNGEN

③ **nēve** "und nicht, oder nicht" setzt sich zusammen aus **nē** "nicht" und der Partikel -**ve** "oder, und", die wie -**que** "und" immer an Wörter angehängt wird.

④ **cautissimē**: Adverb des Superlativs **cautissimus**, -**a**, -**um** "der/die/das Vorsichtigste". **Fūr cautissimē equum surripuit.** "Der Dieb hat äußerst vorsichtig ein Pferd entwendet." Das Gegenteil, "unvorsichtig", lautet **incautus**, -**a**, -**um**.

4 Pass auf, dass es nicht wiehert (nicht lärme^{er}) und die Anwohner nicht aufschreckt (Mieter weckt^{er}-auf), solange wir in [dieser] gefährlichen Situation (während in Ort^{Abl} zweiköpfig^{Abl}) sind.

5 Diese Worte äußernd (hervorbringend)

6 versucht der junge Mann äußerst (eine-gewisse) vorsichtig, eine Tür mit [Hilfe] eines Hakens zu öffnen.

7 Der Freund wird zornig, das Pferd dennoch stumm haltend (zwingend) sagt er:

8 "Ich will nicht Komplize (mitwissend) eines Diebstahls sein."

9 – Du sollst still sein! Wir werden nichts stehlen.

10 Wir werden nichts Unanständiges (unehrenhaft^{Gen}) tun.

11 Ich erkläre dir die Sache später (werde^{ich}-erklären).

12 – Sieh [mal]! Die Tür ist offen: Treten wir ein!

13 Sie treiben das Pferd durch einen engen Flur (Schlund♀) voran.

14 Endlich kommen sie zu einem kleinen Badezimmer (Zelle♀ Akk Bade-♀ Akk).

15 – Jetzt ist deine Hilfe besonders notwendig.

ANMERKUNGEN

⑤ Zu **īrāscī**, **īrāscor** "erzürnen, zornig werden" kennen Sie bereits **īrātus**, **-a**, **-um** "zornig". Das zugehörige Nomen lautet **īra** "Zorn".

⑥ Zu **cōnscius** kennen Sie bereits das Verb **scīre** "wissen".

⑦ **Estō** "du sollst/er soll sein" ist der Imperativ II Singular von **esse**. Der Imperativ II hat die Bedeutung von "du sollst...".

⑧ Nach **nihil** "nichts" steht hier der Genitiv, weil sich der Lateiner die Frage stellt "nichts wovon/wessen?". **Adulēscēns nihil incertī in hōc cāsū cernit**. "Der junge Mann erkennt nichts Unsicheres in diesem Fall".

Exercitātiō prīma: Intellegisne hās sententiās?

❶ Amīcus certus in rē incertā cernitur. ❷ Estne vir ille lēctiōnis 45æ et sequentium, ❸ ā quō adulēscēns auxilium petīvit, amīcus certus? ❹ Hoc sciēs postquam tōtam fābellam lēgeris. ❺ Sine dubiō adulēscēns in locum ancipitem eum indūxit. ❻ Nōnne rēs est incerta equum ad tabulātum quīntum pēgmate scānsōriō dūcere?

Exercitātiō altera: Īnsere verba dēficientia!

❶ Wenn er also in einem solchen Fall dem anderen geholfen hat (Hilfe∅ Akk andererDat hater-getragen), ist er ein zuverlässiger Freund.
Ergō sī ___ ____ ____ auxilium alterī tulit, ______ est amīcus.

❷ Das denke ich nicht (so nicht meineich). Der junge Mann hat ein Pferd gestohlen: So einer ist kein zuverlässiger Freund, der Komplize eines Diebstahls ist.
Ita nōn ________. Adulēscēns equum _______ ___: is nōn est amīcus certus quī fūrtī ________ est.

47 Lēctiō quadrāgēsima septima (XLVII)

Equum disjungāmus (conclūditur)

1 Amīcī ambō equum compedibus illigant,
2 eumque pedibus sublevātum subitō in lābrum dējiciunt. ① ②

ANMERKUNGEN

① Zu **sublevāre** "hochheben, anheben" kennen Sie bereits **levāre** "heben, erleichtern". Merken Sie sich auch das dazugehörige Adjektiv **levis**, **-e** "leicht".

Solūtiō exercitātiōnis prīmæ: Intellēxistīne?

❶ Einen zuverlässigen Freund (sicher) erkennt man in einer unsicheren Angelegenheit. ❷ Ist jener Mann aus der 45. und den folgenden Lektionen, ❸ von dem der junge Mann Hilfe erbeten hat, ein zuverlässiger Freund? ❹ Dies wirst du wissen, nachdem du die ganze Geschichte gelesen hast (wirst[du]-gelesen-haben). ❺ Ohne Zweifel hat ihn der junge Mann in eine gefährliche Situation gebracht (hat[er]-hineingeführt). ❻ Ist es nicht eine unsichere Sache, ein Pferd mit einem Aufzug ins fünfte Stockwerk zu bringen (führen)?

❸ Wer ein Pferd stiehlt (welcher Pferd wird[er]-gestohlen-haben), der wird ins Gefängnis geworfen (wird[er]-zusammengeworfen-werden).

Quī equum fūrātus erit, is in carcerem ___________.

❹ Selbst wenn dies so ist (welche[ØØ] wenn so seien[sie]), weißt du nicht, wessen Pferd es ist (sei[er] Pferd), das der junge Mann entwendet hat.

Quæ cum ita sint, ______ cujus sit equus quem adulēscēns _________.

Solūtiō exercitātiōnis alteræ: Verba dēficientia.

❶ in tālī cāsū – certus ❷ arbitror – fūrātus est – cōnscius ❸ conjiciētur ❹ nescīs – surripuit.

47. Lektion

Lass uns das Pferd losbinden! (Ende)

1 Die beiden Freunde fesseln (binden[sie]-an) das Pferd mit Fußfesseln[♀♀ Abl]

2 und werfen es, an den Füßen angehoben, plötzlich in die Badewanne (Becken[Ø]) hinein.

LEKTION 47

ANMERKUNGEN

② **lābrum** mit langem **ā** von **lavāre** bedeutet "Becken, Waschbecken", **labrum** mit kurzem **a** hingegen "Lippe".

3 Equus hīs omnibus āctīs ita obstupefit, ③

4 ut nūllam vōcem ēdere audeat. ④

5 Amīcī ambō valvās cellæ balneāriæ jānuamque habitātiōnis claudunt. ⑤ ⑥

6 suspēnsō gradū silentēs exeunt. ⑦

7 In viā tandem alter ex alterō quærit:

8 – Dīc mihi nunc quā causā hæc omnia perfēcerimus.

9 – Plānissimum est:

10 Hæc est domus hominis quī mihi maximē molestus est …

11 cottīdiē enim tālia mihi prōpōnit ænigmata, ⑧

12 quālibus nihil umquam respondēre possum.

13 Ei dēmōnstrem oportet,

14 mē nōn tam stupidum esse quam ipse arbitrātur.

15 Sine ūllō dubiō, crās iste mihi novissimum ænigma prōpōnet:

16 "Possīsne mihi dīcere quid in lābrō hodiē māne invēnerim?" ⑨

17 At ei respondēbō: "Equum!" ⑩

ANMERKUNGEN

③ **obstupefit** "er/sie/es wird betäubt, erstarrt" setzt sich zusammen aus **obstupidus** "starr, betäubt, verblüfft" und **fit**, der 3. Pers. Sg. von **fierī** "werden, geschehen". Die Aktivform von **obstupefierī** lautet **obstupefacere** "betäuben, erstarren lassen".

④ Auch bei **ēdere** hängt die Bedeutung von einer Vokallänge ab: **edere** "essen", **ēdere** "herausgeben".

⑤ **valvæ** bezieht sich auf Flügeltüren bzw. Klapptüren, die sich meistens an Tempeln und Prachtgebäuden befanden, während eine Tür ansonsten **jānua** oder **ōstium** heißt. **Forēs** ist die übergeordnete allgemeine Bezeichnung. **Porta** ist ein großes Tor einer Stadt oder eines Lagers.

⑥ **habitātiō** von **habitāre** "bewohnen" bezeichnet allgemein "das Wohnen, die Wohnung". **Domus** meint die Wohnung, die Heimat, den Sitz einer Familie, nie aber das bloße Gebäude. **Ædēs** "Wohnhaus, Wohnung" ist (im Plural) ein Komplex von Zimmern oder Gebäuden und kann auch "Tempel" heißen (als Singular).

3 Das Pferd ist durch all diese Geschehnisse so erstarrt (wird^{er}-starr),

4 dass es keinen Laut von sich zu geben (Stimme$^{\text{♀ Akk}}$ herausgeben) wagt.

5 Die beiden Freunde schließen die Tür des Badezimmers und die Eingangstür der Wohnung.

6 Auf Samtpfoten (aufgehängt$^{\text{♂ Abl}}$ Schritt$^{\text{♂ Abl}}$) gehen sie schweigend hinaus.

7 Auf der Straße endlich fragt der eine den anderen (anderer aus anderer^{Abl} sucht^{er}):

8 – Sag mir nun, aus welchem Grund wir dies alles gemacht haben (mögen^{wir}-fertig-gemacht-haben).

9 – Ist doch völlig klar: (flachster$^{\varnothing}$ ist^{es}:)

10 Das ist die Wohnung (Haus) eines Menschen, der mir überaus unsympathisch (lästig) ist…

11 Er stellt mir nämlich täglich solche Rätsel,

12 auf die ich nie (wie-beschaffen$^{\varnothing\varnothing\ \text{Dat}}$ nichts jemals) antworten kann.

13 Ich muss ihm zeigen,

14 dass ich nicht so dumm bin, wie er meint.

15 Ohne jeden (irgendein) Zweifel wird er mir morgen sein neuestes Rätsel stellen:

16 "Kannst du mir wohl sagen, was ich heute Morgen in meiner Badewanne gefunden habe?"

17 Aber ich werde ihm antworten: "Ein Pferd!"

ANMERKUNGEN

⑦ **suspēnsus**, -**a**, -**um** ist das PPP von **suspendere** "aufhängen, erheben". **Inquilīnus in culīnā cāseum uncō suspendit**. "Der Mieter hängt den Käse in der Küche an einem Haken auf."

⑧ Viele aus dem Griechischen stammende Substantive wie **ænigma**, **ænigmatis** "Rätsel" enden im Nominativ Singular auf -**a** und bilden den Wortstamm auf -**t**. Sie werden nach der 3. Deklination gebeugt und sind immer Neutra. Vgl. **pēgma**, **pēgmatis** "Gerüst".

⑨ Auch bei **māne** hängt die Bedeutung von der Vokallänge ab: **māne** "morgens", **manē** "bleib" (Imperativ).

⑩ Zusammen mit dem Wort **equus** "Pferd" sollten Sie auch das Wort für "Reiter" kennen lernen: **eques**♂.

Exercitātiō prīma: Intellegisne hās sententiās?

❶ Estne cella balneāria in domō tuā? ❷ Ita! Domī meæ est cella balneāria. ❸ Hāc additā, membra domūs nostræ quīnque sunt. ❹ Alia sunt: culīna, triclīnium et cubicula duo. ❺ Quot sunt inquilīnī in ædibus?

Exercitātiō altera: Īnsere verba dēficientia!

❶ Es sind zwölf Familien: sechs Stockwerke und je zwei Wohnungen – *oder* je zwei Apartments – in den einzelnen Stockwerken.

Sunt duodecim ________: sex tabulāta et bīnæ ____________ – *vel* bīna cēnācula – in ________ tabulātīs.

❷ Wie heizt ihr (werdet^{ihr}-warm)?

________ calefītis?

❸ Wir heizen von unten (von der-unterste^{Abl}).

Ab īmō _________.

Solūtiō exercitātiōnis prīmæ: Intellēxistīne?

❶ Ist in deiner Wohnung ein Badezimmer? ❷ Ja! Meine Wohnung hat (mein♀^{Dat} ist^{sie}) ein Badezimmer. ❸ Mit diesem (dies♀^{Abl} dazugegeben♀^{Abl}) hat unsere Wohnung fünf Zimmer (Glied$^{⌀⌀}$ Wohnung♀^{Gen} unser♀^{Gen} fünf sind^{sie}). ❹ Die anderen sind: die Küche, das Speisezimmer und zwei Schlafzimmer. ❺ Wie viele Mieter sind in der Wohnung/im Wohnhaus?

❹ Sehr schön! Das ist eine sehr moderne Art des Heizens (Heizung♀^{Gen} Rechnung♀ neuste♀).
___! ___ est calefactiōnis ratiō recentissima.

❺ Ja, aber auch eine sehr altertümliche; sie ist nämlich von den Römern erfunden worden.
Est, sed ___ quoque, nam ā ___ inventa est.

Solūtiō exercitātiōnis alteræ: Verba dēficientia.

❶ familiæ – habitātiōnēs – singulīs ❷ Quōmodō ❸ calefīmus ❹ Pulcherrimē – Hæc ❺ antīquissima – Rōmānīs.

Hypocaustum

Die Römer waren Meister im Bauen von Fußbodenheizungen (**hypocausta** von griech. *hypokauston* "von unten geheizt"). Zunächst kamen die Heizungen nur in den großen Badeanlagen, den Thermen, zum Einsatz, später dann auch in Privathäusern. Sie bestanden aus einem ausgeklügelten System von Heizräumen und Heiz- sowie Abzugskanälen, die sogar in Wandziegel eingelassen waren und somit auch die Wohnungswände erwärmten. Aufgrund ihres hohen Holzverbrauchs wurden für sie allerdings auch ganze Wälder abgeholzt. Heute gibt es noch viele gut erhaltene Überreste dieser Heizungsanlagen im gesamten Gebiet des damaligen Römischen Reichs.

48 Lēctiō quadrāgēsima octāva (XLVIII)

Bīnæ sunt caligæ

1 Decuriō quīdam cum mīlite gregāriō sub tegmine arboris cujusdam bellum atrōx gerēbat. ① ②

2 In cæspite recubantēs, lagōnā in prōmptū positā,

3 summās cōgitātiōnēs philosophicās agitābant.

4 DECURIŌ – Dīc mihi, Mīles, quid habēmus quod omnēs hominēs habent? ③

5 MĪLES – Hæc, Decuriō, amplissima est quæstiō,

6 quæ intellēctum meum omnīnō superat:

7 solve mihi hoc ænigma.

8 (DEC.) – Sunt bīnæ caligæ: ④

9 ambō enim, sīcut cēterī hominēs, bīnās habēmus caligās. ⑤

10 (MĪL.) – Hoc nimis astūtum est:

11 prōpōne aliud ænigma, quod nunc forte solvam.

12 (DEC.) – Sī ænigmata quæris, ecce alterum:

13 "Quid habēmus nōs, quod nōn omnēs hominēs habent?"

ANMERKUNGEN

① **Decuriō** bezeichnete einen prestigeträchtigen Offiziersposten in der römischen Armee. Ein **decuriō** (von **decem** "zehn") befehligte eine Gruppe von zehn Legionären (Dekurie).

48. Lektion

Es ist ein Paar Stiefel

1 Ein Dekurio (Dekurio ein-gewisser) führte mit einem einfachen Soldaten (Soldat♂ Abl Herde-♂ Abl) im Schutz eines Baumes (unter Schutz∅ Baum♀ Gen ein-gewisser♀ Gen) einen grässlichen Krieg.

2 Auf dem Rasen liegend, die Flasche griffbereit (Flasche♀ Abl in Sichtbarkeit♂ Abl gestellt♀ Abl),

3 betrieben sie hochphilosophische Überlegungen (höchster♀♀ Gedanke♀♀ philosophisch♀♀).

4 DEKURIO – Sag mir, Soldat: Was haben wir, was alle Menschen haben?

5 SOLDAT – Dies, Dekurio, ist eine sehr komplexe (weiteste) Frage,

6 die meinen Verstand (Verständnis♂) völlig übersteigt (übertrifft[sie]):

7 Löse für mich (mir) dieses Rätsel.

8 (DEK.) – Es ist ein Paar Stiefel (sind[sie] je-zwei♀♀ Stiefel♀♀):

9 Wir beide haben nämlich, wie die übrigen Menschen, ein Paar Stiefel.

10 (S.) – Das ist zu raffiniert (listig):

11 Schlag ein anderes Rätsel vor, was ich jetzt vielleicht lösen werde.

12 (DEK.) – Wenn du Rätsel verlangst, hier ein anderes:

13 "Was haben wir, was nicht alle Menschen haben?"

ANMERKUNGEN

② Zu **tegmen**, **tegminis** "Bedeckung, Schutz" gehört das Verb **tegere** "bedecken, schützen". Entfernt man den Schutz, d.h. deckt man etwas auf, dann benutzt man **dētegere** "aufdecken, entdecken".

③ Verwandt mit **mīles**, **-itis** "Soldat" ist auch **mīlitia**, **-æ** "Kriegs-, Militärdienst".

④ **bīnī**, **-æ**, **-a** "je zwei", **ternī** "je drei", **quaternī** "je vier", **quīnī** "je fünf". Und auch: **bis** "zweimal", **ter** "dreimal", **quater** "viermal", **quīnquiēs** "fünfmal".

⑤ **caliga** "Soldatenstiefel" hat das Diminutiv **caligula**; dies war auch der Beiname für den römischen Kaiser **Gāius Cæsar Augustus Germānicus**, der von 37 bis 41 n. Chr. regierte.

14 (MĪL.) – Hoc etiam astūtius vidētur … nōn inveniam! ⑥

15 (DEC.) – Sunt bis bīnæ caligæ, nam nōs bīnās habēmus ad exercitātiōnēs

16 et bīnās ad dēcursūs accommodātās,

17 sed nōn omnēs hominēs bis bīnās habent caligās.

18 (MĪL.) – Astūtissimum! Hoc tamen solvere dēbuī.

19 Dīc, quæsō, ultimum quod ipse solvere cōnābor.

20 DECURIŌ, *sēcum cōgitāns subitō vīdit cerasa,*

21 *quibus cerasus, cujus umbrā tegebantur, onusta erat.* ⑦

22 – Mīles! Quæ rubrō sunt colōre, et peciolō viridī bīna pendunt? ⑧

23 (MĪL.) – Ter mē nōn dēlūdēs: sunt ter bīnæ caligæ! ⑨

ANMERKUNGEN

⑥ Zur Erinnerung: Das **c** des Nominativs und Akkusativs von **hoc** wird vor Vokalen doppelt gesprochen: **hoc etiam** [*hok-k‿e-ti-ʲa^{m}*] und oben: **hoc ænigma** [*hok-k‿ai-nig-ma*].

⑦ Baumarten enden oft auf -**us**, sind aber weiblich.

CARMEN

Gaudeāmus igitur!

Gaudeāmus igitur, juvenēs dum sumus! (bis)
Post jūcundam juventūtem,
Post molestam senectūtem,
Nōs habēbit humus. (bis)

Ubi sunt quī ante nōs in mundō fuēre? (bis)
Vādite ad superōs,
Trānsīte ad īnferōs,
Ubi jam fuēre. (bis)

14 (S.) – Das scheint [mir] sogar [noch] raffinierter… ich werde [es] nicht [heraus]finden!

15 (DEK.) – Das sind zwei Paar (zweimal je-zwei[♀♀ Akk]) Stiefel, denn wir haben ein Paar für die Übungen

16 und ein Paar für die Märsche geeignete (zu Herablaufen[♂♂ Akk] angepasst[♀♀ Akk]),

17 aber nicht alle Menschen haben zwei Paar Stiefel.

18 (S.) – Äußerst raffiniert! Das hätte ich trotzdem lösen müssen (lösen habe[ich]-gemusst).

19 Nenne bitte ein letztes, das ich selbst versuchen werde zu lösen.

20 *Der Dekurio, für sich* (sich-mit) *nachdenkend, sah plötzlich Kirschen,*

21 *mit denen ein Kirschbaum[♀], durch dessen Schatten sie bedeckt wurden, beladen war.*

22 – Soldat! Was (welche[♀♀]) ist von roter Farbe und hängt zu zweit (je-zwei) an einem grünen Stiel?

23 (S.) – Dreimal wirst du mich nicht täuschen: Das sind drei Paar Stiefel!

ANMERKUNGEN

⑧ **color**, -**ōris**: Fast alle Nomen auf -**or** sind männlich. Ausnahmen sind das feminine **soror**, -**ōris** "Schwester", **arbor**, **arboris** "Baum" und das neutrale **marmor**, **marmoris** "Marmor", **æquor**, **æquoris** "Ebene, Wasserfläche" und **cor**, **cordis** "Herz".

⑨ **dēlūdere** von **lūdere** "spielen, scherzen" bedeutet ungefähr "seine Spielchen mit jemandem treiben, verspotten, täuschen".

LIED

Freuen wir uns also!/Lasst uns also fröhlich sein!

Freuen wir uns also, solange wir jung sind! (zweimal)
Nach der erfreulichen Jugend,
Nach dem beschwerlichen Alter,
Wird uns der Erdboden haben. (zweimal)

Wo sind [diejenigen], die vor uns auf der Welt waren? (zweimal)
Geht zu den oberen [Göttern],
Geht zu den unteren [Göttern] hinüber,
Wo sie schon waren. (zweimal)

Exercitātiō altera: Īnsere verba dēficientia!

❶ Dieses Rätsel übersteigt meinen Verstand völlig.
_____ ænigma intellēctum meum omnīnō _____.

❷ Nicht alle Menschen haben für die Märsche geeignete (angepasst) Stiefel.
Nōn omnēs hominēs caligās ad dēcursūs _____ habent.

❸ Ich werde versuchen, dieses äußerst raffinierte Rätsel zu lösen.
Hoc ænigma astūtissimum _____ cōnābor.

49 Lēctiō quadrāgēsima nōna (XLIX)

Repetītiō et annotātiōnēs

1. Adverbien

Adverbien (von **ad verbum** "zum/beim Verb") dienen der näheren Bestimmung eines Verbs. Sie geben an, auf welche Weise oder unter welchen Umständen eine Handlung ausgeführt wird. Die von Adjektiven abgeleiteten Adverbien werden gebildet, indem bei Adjektiven der **o**- und **a**-Deklination die Endung -**ē** und bei Adjektiven der 3. Deklination -**iter** an den Stamm angehängt wird:

Adjektiv	Adverb
cautus, -**a**, -**um** "vorsichtig"	**cautē** "vorsichtig, auf vorsichtige Weise"
Latīnus, -**a**, -**um** "lateinisch"	**Latīnē** "lateinisch, auf lateinisch"
gravis, -**e** "schwer, ernst"	**graviter** "schwer, auf schwere Weise"
vēlōx, **vēlōcis** "schnell"	**vēlōciter** "schnell, auf schnelle Weise"
lēnis, -**e** "sanft"	**lēniter** "sanft, auf sanfte Weise"

Calceum alterum in solō lēniter cautēque pōnit.
"Er legt den zweiten Schuh sanft und vorsichtig auf den Boden."
Loquor Latīnē. "Ich spreche Lateinisch."
Jecur graviter labōrat. "Die Leber leidet sehr (schwer)."
Equus vēlōciter currit. "Das Pferd läuft schnell."

Solūtiō exercitātiōnis alteræ: Verba dēficientia.

❶ Hoc – superat ❷ accommodātās ❸ solvere.

Gaudeāmus igitur

Gaudeāmus igitur ist ein weltweit bekanntes Studentenlied, das an vielen Universitäten eine lange Tradition besitzt und vor allem bei Examensfeiern gesungen wird. Es ist in akademischen Kreisen, so auch in vielen Studentenverbindungen, sehr beliebt. Der Text des Liedes, welches sieben Strophen umfasst, geht auf mündliche Überlieferungen aus dem Mittelalter zurück, die der deutsche Schriftsteller C.W. Kindleben bearbeitete und 1781 in einem Liederbuch für Studenten herausgab. Die Noten dazu wurden erstmals 1788 gedruckt.

49. Lektion

Als Komparativ der Adverbien dient die Komparativform des entsprechenden Adjektivs im Neutrum Singular:

Adjektiv	Adverb
vēlōcior, **-ius** "schneller"	**vēlōcius** "schneller, auf schnellere Weise"
melior, **-ius** "besser"	**melius** "besser, auf bessere Weise"

Meliusne hāc nocte dormīvistī? "Hast du diese Nacht besser geschlafen?"

Der Superlativ des Adverbs wird durch Anfügen von **-ē** an den Superlativ des entsprechenden Adjektivs gebildet:

Adjektiv	Adverb
minimus, **-a**, **-um** "der Kleinste, Geringste"	**minimē** "am wenigsten, geringsten"
cautissimus, **-a**, **-um** "der Vorsichtigste"	**cautissimē** "am vorsichtigsten"

Minimē tē irrīdeō. "Ich verspotte dich keineswegs (am wenigsten)."
Adulēscēns jānuam cautissimē aperit. "Der junge Mann öffnet die Tür äußerst vorsichtig (am vorsichtigsten)."

Einige Adjektive bilden ihr Adverb auf **-ō**:

Adjektiv	Adverb
subitus, -**a**, -**um** "plötzlich"	**subitō** "plötzlich"
rārus, -**a**, -**um** "vereinzelt, selten"	**rārō** "selten"
falsus, -**a**, -**um** "falsch"	**falsō** "fälschlich(erweise)"
meritus, -**a**, -**um** "verdient"	**meritō** "verdientermaßen"
necessārius, -**a**, -**um** "notwendig"	**necessāriō** "notwendigerweise"

Als Adverb kann auch der Akkusativ Singular Neutrum des Adjektivs fungieren:

Adjektiv	Adverb
prīmus, -**a**, -**um** "der erste"	**prīmum** "zuerst"
facilis, -**e** "leicht, machbar"	**facile** "leicht"

Facile domum inveniēs. "Du wirst das Haus leicht finden."

Viele Adverbien sind der Form nach Ablative oder Akkusative von Substantiven, die die Funktion von Adverbien angenommen haben:

cottīdiē "täglich"
forte "zufällig, vielleicht"
hodiē "heute"
paulātim "allmählich"
statim "sofort"
vespere "abends"

Das Adverb von **bonus**, -**a**, -**um** "gut" lautet **bene**, von **malus**, -**a**, -**um** "schlecht" **male** (kurzes e!).

2. Ablātīvus absolūtus

Als **Ablātīvus absolūtus** wird eine Konstruktion bezeichnet, die aus einem Substantiv im Ablativ + einem Partizip/Adjektiv/Substantiv im Ablativ besteht. Sie drückt meist eine Nebenhandlung aus und entspricht im Deutschen z.B. einem Nebensatz. Die in der Nebenhandlung genannten Akteure und Tätigkeiten sind dabei vom eigentlichen Hauptsatz losgelöst (absolut). Steht im Ablativus absolutus ein PPP, so findet die Handlung des Ablativus absolutus vor der Haupthandlung des Satzes statt (Vorzeitigkeit) und ist passivisch:

Equō^{Abl} **inclūsō**^{Abl}**, adulēscēns ad tabulātum quīntum ascendit.** "Nachdem das Pferd eingeschlossen wurde, steigt der junge Mann ins fünfte Stockwerk hinauf."

Steht im Ablativus absolutus hingegen ein PPA, liegt Gleichzeitigkeit vor. Die Handlung ist aktivisch:

Magistrō^{Abl} **scrībente**^{Abl}**, Mārcellus nūgātur.** "Während der Lehrer schreibt, macht Marcel Blödsinn."

3. Komparativ und Superlativ ohne Vergleich

Wenn kein Vergleich vorliegt oder der verglichene Gegenstand/die verglichene Person nicht ausdrücklich genannt wird, entspricht der

Komparativ dem deutschen Ausdruck "zu, allzu, ziemlich, etwas", der Superlativ "sehr, höchst, überaus" oder einem geeigneten Kompositum wie "steinalt, riesengroß, rabenschwarz".

Iter longius est. "Der Weg ist zu lang/ziemlich lang."
Astūtissimum! "Äußerst raffiniert!"
Pāpiliō pulcherrimās ālās habet. "Der Schmetterling hat wunderschöne Flügel."

4. Imperativ II

Der Imperativ II wird für in der Zukunft auszuführende Befehle oder allgemeine Vorschriften benutzt. Er hat meistens die Bedeutung von "sollen". Beispiel: **scrībere** "schreiben":

	Aktiv		Passiv	
	Singular	Plural	Singular	Plural
2.P.	**scrībitō** "du sollst schreiben"	**scrībitōte** "ihr sollt schreiben"	-	-
3.P.	**scrībitō** "er/sie/ es soll schreiben"	**scrībuntō** "sie sollen schreiben"	**scrībitor** "er/sie/ es soll geschrieben werden"	**scrībuntor** "sie sollen geschrieben werden"

Hujus reī mementō! "Gedenke dieser Sache!"
Estō quiētus! "Du♂ sollst still sein!"

5. Personal- und Reflexivpronomen

Die Personalpronomina kommen im Dativ, Akkusativ und Ablativ sehr häufig vor. Im Nominativ sind sie eher selten, da die gemeinte Person ja bereits in den Verbformen enthalten ist. Sie dienen dort eher der besonderen Hervorhebung, z.B. um Personen gegeneinander abzugrenzen. Ganz selten stehen sie im Genitiv, da nur wenige Verben den Genitiv als Objekt verlangen (vgl. im Deutschen "Er erbarmt sich meiner").

	Singular		
	1. Pers.	2. Pers.	3. Pers.
Nom.	**ego** "ich"	**tū** "du"	**is**/**ea**/**id** "er/sie/es"
Gen.	**meī** "meiner"	**tuī** "deiner"	**ejus** "dessen"
Dat.	**mihi** "mir"	**tibi** "dir"	**ei** "ihm/ihr"
Akk.	**mē** "mich"	**tē** "dich"	**eum**/**eam**/**id** "ihn/sie/es"
Abl.	**ā mē**/**mēcum** "von/ mit mir"	**ā tē**/**tēcum** "von/ mit dir"	**ab**/**cum eō**/**eā**/**eō** "von/ mit ihm/ihr/ihm"

	Plural		
	1. Pers.	2. Pers.	3. Pers.
Nom.	nōs "wir"	vōs "ihr"	iī/eæ/ea "sie♂/♀/⌀"
Gen.	nostrī/nostrum "unserer/von uns"	vestrī/vestrum "eurer/von euch"	eōrum/eārum/eōrum "deren♂/♀/⌀"
Dat.	nōbīs "uns"	vōbīs "euch"	eīs "ihnen"
Akk.	nōs "uns"	vōs "euch"	eōs/eās/ea "sie♂/♀/⌀"
Abl.	ā nōbīs/nōbīscum "von/mit uns"	ā vōbīs/vōbīscum "durch/mit euch"	eīs z.B. "durch sie"

Nēmō tēcum saltāre vult. "Niemand will mit dir tanzen."
Cum eīs colloquī dēbēs. "Du musst dich mit ihnen unterhalten."
Mūsica mihi placet. "Musik gefällt mir."
Mementō meī! "Gedenke meiner!"

Das Pronomen is, ea, id wird für die 3. Person nur als nicht-reflexives Personalpronomen benutzt, d.h. es ist immer auf andere Personen und nicht auf die Person selbst bezogen. Das reflexive Personalpronomen hat eigene Formen:

	Singular	Plural
Nom.	-	-
Gen.	suī "seiner, ihrer"	suī "ihrer"
Dat.	sibī "sich"	sibī "sich"
Akk.	sē "sich"	sē "sich"
Abl.	ā sē/sēcum "von/mit sich"	ā sē/sēcum "von/mit sich"

Meminit suī. "Er gedenkt seiner (selbst)."
Sē videt. "Er sieht sich."
Sibī aquam deesse dīcunt. "Sie sagen, dass ihnen (selbst) Wasser fehlt."
Sēcum cōgitat. "Er denkt für (mit) sich."
Sē esse virum bonum dīcit. "Er sagt, dass er (selbst) ein guter Mann ist."

Das reflexive Possessivpronomen lautet suus, -a, -um "seiner, seine, seines":
Venit cum cane suō. "Er kommt mit seinem [eigenen] Hund."
Venit cum cane ejus. "Er kommt mit seinem Hund (dessen)." (= dem Hund einer anderen Person).

6. Demonstrativpronomen īdem, eadem, idem

Das Pronomen īdem, eadem, idem "der-/die-/dasselbe" wird ähnlich wie is, ea, id + -dem dekliniert:

	Singular ♂/♀/∅			Plural ♂/♀/∅		
Nom.	īdem	eadem	idem	iīdem	eædem	eadem
Gen.	ejusdem	ejusdem	ejusdem	eōrundem	eārundem	eōrundem
Dat.	eidem	eidem	eidem	eīsdem	eīsdem	eīsdem
Akk.	eundem	eandem	idem	eōsdem	eāsdem	eadem
Abl.	eōdem	eādem	eōdem	eīsdem	eīsdem	eīsdem

Eandem rēgulam servēs. "Du sollst dieselbe Regel beachten."

7. Indefinitpronomen aliquis, aliquid/aliquī, aliqua, aliquod

Das Indefinitpronomen (unbestimmtes Pronomen) aliquis, aliquid "(irgend)jemand, (irgend)etwas" wird wie quis, quid "wer, was" dekliniert:

	Indefinitpronomen aliquis, aliquid ♂/♀/∅		
Nom.	aliquis	aliquis	aliquid
Gen.	alicujus	alicujus	alicujus
Dat.	alicui	alicui	alicui
Akk.	aliquem	aliquam	aliquid
Abl.	aliquō	aliquā	aliquō

Quærit ab aliquō. "Er fragt jemanden (sucht[er] von irgendjemand[♂ Abl])."
Aliquid simile Suētōnius dē Augustō scrīpsit. "Etwas Ähnliches hat Sueton über Augustus geschrieben."

Das Pronomen aliquī, aliqua, aliquod "(irgend)ein, (irgend)eine, (irgend)ein" führt immer ein Substantiv als Bezugswort mit sich. Es wird wie das Relativpronomen quī, quæ, quod dekliniert, wobei, davon abweichend, das Femininum im Nominativ Singular und das Neutrum im Plural auf -a enden:

Hoc est opus alicujus hominis. "Dies ist das Werk irgendeines Menschen."
aliqua mulier "irgendeine Frau"

Sowohl bei aliquis, aliquid als auch bei aliqui, aliqua, aliquod fällt die Vorsilbe ali- nach sī "wenn, falls", nisi "wenn nicht", nē "(dass, damit) nicht" und num "etwa, ob" weg:

Ī, nē quis tē videat! "Geh, damit dich niemand (nicht jemand) sieht!"
Sī quam urbem vīsitō, ad theātrum eō. "Wenn ich (irgend)eine Stadt besuche, gehe ich ins Theater."

8. Indefinitpronomen quīdam, quædam, quoddam

Das Indefinitpronomen **quīdam**, **quædam**, **quoddam** "ein (gewisser), eine (gewisse), ein (gewisses)" bezeichnet die Unbestimmtheit von Personen und Dingen in Bezug auf Namen oder nähere Verhältnisse. Es entspricht somit weitestgehend dem unbestimmten Artikel "ein, eine" im Deutschen. Dekliniert wird es, analog zu **is**, **ea**, **id** + **-dem**, wie **quī**, **quæ**, **quod** + **-dam**:

	Singular ♂/♀/∅		
Nom.	quīdam	quædam	quoddam
Gen.	cujusdam	cujusdam	cujusdam
Dat.	cuidam	cuidam	cuidam
Akk.	quendam	quandam	quoddam
Abl.	quōdam	quādam	quōdam

	Plural ♂/♀/∅		
Nom.	quīdam	quædam	quædam
Gen.	quōrundam	quārundam	quōrundam
Dat.	quibusdam	quibusdam	quibusdam
Akk.	quōsdam	quāsdam	quædam
Abl.	quibusdam	quibusdam	quibusdam

Īnsānus quīdam subitō clāmāvit. "Ein Verrückter schrie plötzlich."
Diē quōdam vīcīnus ei dīcit… "Eines Tages sagt ihm der Nachbar…"
Agmen in statiōne quādam cōnsistit. "Der Zug hält an einem Bahnhof an."

9. fierī als Passiv von facere

Das Verb **facere** "tun, machen" bildet seine Passivformen durch das Verb **fierī** "werden, geschehen, gemacht/getan werden". Da es ein sehr wichtiges und häufiges Verb ist, soll es hier ausführlich konjugiert werden. Achten Sie darauf, die Silbe **fī-** stets als eigenständige Silbe auszusprechen.

	Indikativ Singular / Plural		Konjunktiv Singular / Plural	
Präs.	fīō, fīs, fit	fīmus, fītis, fīunt	fīam, fīās, fīat	fīāmus, fīātis, fīant
Imp.	fīēbam, fīēbās, fīēbat...		fierem, fierēs, fieret...	
Fut.	fī-am, fī-ēs, fī-et...		-	
Perf.	factus, -a, -um sum/ es/est	factī, -æ, -a sumus/estis/ sunt	factus, -a, -um sim/sīs/sit	factī, -æ, -a sīmus/sītis/sint
Infinitiv Präsens fierī; Infinitiv Futur futūrum, -am, -um esse (fore); Infinitiv Perfekt factum, -am, -um esse; Imperativ Präsens fī, fīte				

Das Gerundivum lautet **faciendus**, -**a**, -**um** "zu-machend".

Fīat lūx! "Es werde Licht!"

Spērāmus fore ut meliōrēs fīant. "Wir hoffen, dass sie sich bessern werden."

Medicus factus sum. "Ich bin Arzt geworden."

Quōmodo id fierī potest? "Wie kann das geschehen?"

Vītam trīstem agimus, sīcut in veteribus ædibus fīēbat. "Wir führen ein trauriges Leben, wie es in der alten Einrichtung der Fall war (wurde[es]-getan)."

10. Die "2. Welle"

In den ersten 49 Lektionen dieses Kurses haben Sie die Lektionstexte und die Anmerkungen gelesen, sich auf das Verstehen konzentriert und sich mit der Aussprache vertraut gemacht, d.h. Sie haben sich eher passiv mit der Sprache beschäftigt, aber noch keine eigenen Sätze gebildet. Mit der nächsten Lektion treten Sie in eine neue Phase Ihres Lateinstudiums ein: Die "2. Welle" oder auch "Aktive Phase".

Hierfür müssen Sie von nun an täglich etwa 5-10 Minuten mehr einplanen, denn nach jeder neu durchgearbeiteten Lektion "aktivieren" Sie eine der ersten Lektionen, d.h. Sie aktivieren nach Lektion 50 die Lektion 1, nach Lektion 51 die Lektion 2, nach Lektion 52 die Lektion 3 usw.

Sie gehen folgendermaßen vor: Sie verdecken den lateinischen Lektionstext und versuchen, den deutschen Text der Lektion – und danach, wenn Sie besonders gründlich sein wollen, auch den deutschen Text der Verständnisübung – auf Latein zu formulieren. Sehen Sie dann auf der linken Seite nach, ob Sie die Sätze richtig wiedergegeben haben. Wiederholen Sie die Wörter und

50 Lēctiō quīnquāgēsima (L)

Quid agis hodiē?

1 – Quid agis hodiē?

2 Tempestāte hāc serēnā jūcundum sit domō exīre. ①

3 – Lūdīs et āthlēticīs nimis dēlectāris, ②

4 studia autem neglegis;

5 ... incēpistī linguam Latīnam discere,

6 nōndum tamen classicī auctōris opus ūllum lēgistī. ③ ④

7 – Quid ex mē quæris? ⑤

8 Prīmum linguam Latīnam classicam intellegere nōn possum;

ANMERKUNGEN

① **domō** ist hier ein sog. **ablātīvus sēparātīvus**, der angibt, wovon eine Trennung stattfindet.

② Unterscheiden Sie **lūdīs**, Abl. von **lūdus**, und **lūdis** "du spielst".

③ Mit den klassischen Autoren der lateinischen Literatur sind in erster Linie die Schriftsteller des 1. Jahrhunderts v. Chr. gemeint, vor allem Cäsar und Cicero für Prosatexte sowie Vergil und Horaz für die Dichtung.

Wendungen, die Ihnen entfallen waren, oder lesen Sie ggf. noch einmal die entsprechenden Anmerkungen.

Im Laufe dieser 2. Welle werden Sie feststellen, dass Sie Ihre bislang erworbenen Kenntnisse vertiefen und festigen und gleichzeitig Ihren Wortschatz erweitern.

Verzichten Sie nicht auf diese "aktive Phase"; sie ist ein integraler Bestandteil des Kurses! Sie werden merken, wie viele passive Kenntnisse Sie schon besitzen, und nun können Sie endlich selbst auf Latein formulieren! Außerdem zeigt Ihnen die 2. Welle die Schwierigkeiten auf, die noch bei Ihnen bestehen, und Sie werden herausfinden, was Sie noch einmal wiederholen müssen.

50. Lektion

Was machst du heute?

1 – Was machst du heute?

2 Bei diesem heiteren Wetter wäre es ganz nett (erfreulich[∅] sei[es]), außer Haus zu gehen.

3 – Du hast zu viel Spaß an Spielen und Sport (zu-sehr wirst[du]-erfreut),

4 das Studieren hingegen vernachlässigst du;

5 ... du hast angefangen, Latein zu lernen,

6 aber noch nicht irgendein Werk eines klassischen Autors gelesen.

7 – Was fragst du mich?

8 Erstens kann ich die klassische lateinische Sprache nicht verstehen;

ANMERKUNGEN

④ Unter einem **auctor** versteht man eigentlich einen "Förderer, Vergrößerer" (zu **augēre** "fördern, wachsen lassen"). Gemeint sein kann aber auch ein "Urheber, Schöpfer, Gründer, Verfasser".

⑤ Bei **quærere** "suchen, fragen" steht derjenige, den man etwas fragt, nach **ē**/**ex** und im Ablativ ("aus jemandem etwas fragen"). Bei **rogāre** "fragen" hingegen folgt ein direktes Objekt im Akkusativ.

9 deinde auctōrēs classicī tædiōsī sunt;

10 tum āerem pūrum dēsīderō.

11 – Bonitāte āeris pūrī exceptā, aliquantulum errās: ⑥ ⑦

12 scrīpta simplicia linguæ classicæ

13 jam intellegere possēs, si vellēs ...

14 Ergō, sī vīs, crās incipiēmus ...

15 ita cōnsuētūdinem jungēmus cum auctōribus novīs et veteribus.

16 – Placet, sī tædiōsōs vītāmus: ⑧

17 etiam nostrā ætāte nōn dēsunt in omnibus linguīs auctōrēs,

18 quī intellegī nōn possunt. ⑨

19 – Nihil timueris!

20 Multī sunt auctōrēs Latīnī omnium generum:

21 quod quærimus, id haud difficulter inveniēmus. ⑩

22 – Tibi cōnfīdō. Sed prīmum eāmus ambulātum!

ANMERKUNGEN

⑥ Unterscheiden Sie **āeris** [*ā-e-riß*], Gen. von **āēr** "Luft", und **æris** [***ai**-riß*], Gen. von **æs** "Bronze". In den meisten gedruckten Texten werden diese beiden Formen mit gleichem Schriftbild wiedergegeben.

9 zweitens (darauf) sind klassische Autoren langweilig;

10 drittens (dann) sehne ich mich nach frischer Luft (begehre^{ich}).

11 – Vom Nutzen frischer Luft [einmal] abgesehen (Güte$^{\text{♀ Abl}}$ Luft$^{\text{♂ Gen}}$ rein$^{\text{♂ Gen}}$ ausgenommen$^{\text{♀ Abl}}$), irrst du dich [da] ein wenig:

12 Einfache Schriften in klassischer Sprache

13 könntest du schon verstehen, wenn du [nur] wolltest…

14 Also, wenn du willst, fangen wir morgen an (werden^{wir}-anfangen)…

15 so werden wir Bekanntschaft (Gewohnheit$^{\text{♀ Akk}}$ werden^{wir} -verbinden) mit neuen und alten Autoren machen.

16 – Von mir aus (gefällt^{es}), wenn wir die langweiligen weglassen (meiden^{wir}):

17 Auch in unserer Zeit fehlt es in allen Sprachen nicht an Autoren,

18 die nicht zu verstehen sind (verstanden-werden nicht können^{sie}).

19 – Keine Sorge! (nichts habest^{du}-gefürchtet!)

20 Es gibt viele lateinische Autoren aller [Literatur]gattungen:

21 Was wir suchen, das werden wir ohne Mühe (nicht schwierig) finden.

22 – Ich vertraue dir. Aber lass uns zuerst spazieren gehen!

ANMERKUNGEN

⑦ **aliquantulum** "ein wenig" ist die Diminutivform von **aliquantum** "etwas". **Lūdit aliquantulum cum æquālibus.** "Er spielt ein wenig mit seinen Kameraden". Sie kennen bereits **quantum** "wie viel".

⑧ Das Gegenteil von **placet**, das zum Ausdruck der Zustimmung dient, ist bei Wahlen **vetō** "ich stimme nicht zu; ich bin dagegen".

⑨ **intellegī** "verstanden werden" ist der Infinitiv Passiv von **intellegere** "verstehen". Sie kennen die Endung **-ī** bereits von den Infinitiven der Deponentien, z.B. **loquī** "sprechen".

⑩ **haud** steht meist vor einem Adjektiv oder Adverb und verneint dieses, wohingegen sich die durch **nōn** ausgedrückte Verneinung meist auf die gesamte Aussage bezieht.

Exercitātiō prīma: Intellegisne hās sententiās?

❶ Ubi est Jōhannellus? ❷ Folle lūdit cum æquālibus. ❸ Māvult lūdere quam labōrāre. ❹ Māvult lūdum quam labōrem. ❺ Lūdum labōrī præfert. ❻ Melius est lūdere cum tempestās serēna est et litterīs studēre cum pluit.

Exercitātiō altera: Īnsere verba dēficientia!

❶ Wenn das Wetter heiter wäre, würde ich gerne mit dir Fußball spielen.
Sī __________ ______ esset, tēcum folle libenter lūderem.

❷ Gefällt dir das Fußballspiel?
________ tibi _____ follis?

❸ Ja, aber heute regnet es Steine: Ich lese lieber ein Buch.
Placet, sed hodiē _____ lapidibus: librum ______ ____.

❹ Lass uns in die Bibliothek (hinein)gehen! Hier [ist] ein Buch, das du nie gelesen hast!
In bibliothēcam ________! Ecce _____ quem numquam _______!

51 Lēctiō quīnquāgēsima prīma (LI)

Unde loquī didicerat

1 Prīmum discēmus, ē magistrō vērē Latīnō, nōmine Aurēliō Augustīnō, ① ②

2 quā methodō ad linguam Latīnam discendam puerī Rōmānī ūsī sint.

ANMERKUNGEN

① **vērē** "der Wahrheit gemäß, in der Tat" ist das Adverb von **vērus, -a, -um** "wahr, echt". Unterscheiden Sie es vom Vokativ und vom Ablativ **vēre**, "im Frühling".

Solūtiō exercitātiōnis prīmæ: Intellēxistīne?

① Wo ist der kleine Johannes? ② Er spielt Fußball mit seinen Kameraden. ③ Er will lieber spielen als arbeiten. ④ Er will lieber das Spiel als die Arbeit. ⑤ Er zieht das Spiel der Arbeit vor. ⑥ Es ist besser, zu spielen, wenn das Wetter heiter ist, und zu studieren (Buchstabe♀♀ Dat bemühen), wenn es regnet.

Solūtiō exercitātiōnis alteræ: Verba dēficientia.

❶ tempestās serēna ❷ Placetne – lūdus ❸ pluit – legere mālō ❹ intrēmus – liber – lēgistī.

In den ersten 49 Lektionen haben Sie sich mit der Grundstruktur der lateinischen Sprache vertraut gemacht. Sie haben sich auf das Verstehen konzentriert und eher passiv gelernt. Nun beginnt die "aktive Phase" (oder "2. Welle"): Ab jetzt formulieren Sie selbstständig Sätze auf Lateinisch. Sie werden feststellen, dass Ihnen die benötigten Ausdrücke und Wendungen oft spontan einfallen. Mittlerweile verstehen Sie sehr viel, und die Texte der ersten Lektionen werden Ihnen besonders leicht erscheinen. Bevor Sie jedoch diesen neuen Lernabschnitt absolvieren, sollten Sie die heutige Lektion ganz normal bearbeiten, d.h. sich nur mit dem Verstehen des Dialogs beschäftigen. Wie Sie die "2. Welle" absolvieren, wird am Ende von Lektion 49 erklärt.

Zweite Welle: Aktivieren Sie heute Lektion 1!

51. Lektion

Wie (woher) er sprechen gelernt hatte

1 Zunächst werden wir von einem wahrhaft lateinischen Lehrer mit dem Namen Aurelius Augustinus lernen,

2 welche Methode die römischen Kinder zum Erlernen der lateinischen Sprache benutzt haben.

ANMERKUNGEN

② **Aurelius Augustinus** (354-430 n. Chr.), ein Nordafrikaner, war ein bedeutender christlicher Kirchenlehrer und Philosoph, von dem viele theologische Schriften auf Latein erhalten sind. Im Nordwesten Afrikas wurde Latein bis zur islamischen Eroberung im 7. Jahrhundert gesprochen.

3 "Nōn enim eram īnfāns, quī nōn fārer, ③ ④

4 sed jam puer loquēns eram.

5 Nōn enim docēbant mē majōrēs hominēs ...

6 ... præbentēs mihi verba certō aliquō ōrdine doctrīnæ,

7 sīcut paulō post litterās ...

8 … sed ego ipse, cum appellābant rem aliquam

9 et cum secundum eam vōcem corpus ad aliquid movēbant ...

10 ... vidēbam et tenēbam ⑤

11 hōc ab eīs vocārī rem illam quod sonābant

12 cum eam vellent ostendere. ⑥

13 Ita, verba in variīs sententiīs locīs suīs posita et crēbrō audīta ...

14 ... quārum rērum signa essent paulātim colligēbam ... ⑦

ANMERKUNGEN

③ **īnfāns, īnfantis** "nicht sprechend, stumm; Kleinkind" besteht aus der Vorsilbe **in-** "un-" und **fāns, fantis**, dem PPA von **fārī** "sprechen, sagen, weissagen, künden". Im Vergleich zu **loquī** meint **fārī** eher das Sprachvermögen. Es wird auch verwendet für das Weissagen der Götter, Orakel und Seher. Merken Sie sich dazu auch **fātum** "das Verkündete, Schicksal".

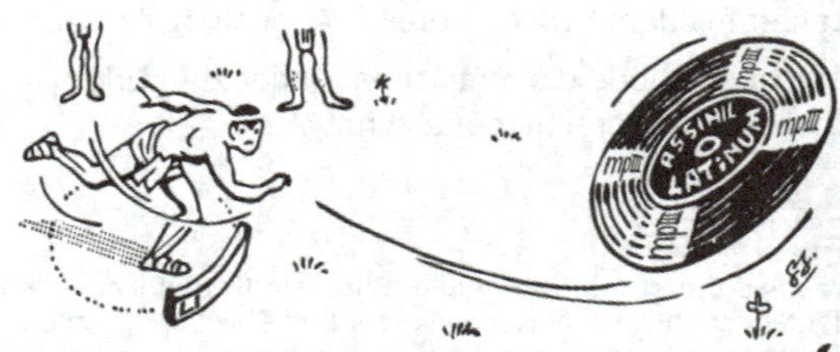

Discis quam optime uti cupio!

3 "Ich war nämlich kein Kleinkind, das nicht sprach (würde^{ich}-sprechen),

4 sondern schon ein Junge, der sprechen [konnte] (Kind sprechend).

5 Es unterrichteten mich nämlich nicht die Erwachsenen (größer$^{♂♂}$ Mensch$^{♂♂}$)…

6 … indem sie mir Wörter systematisch nach irgendeiner Lehrmethode beibrachten, (hinhaltend$^{♂♂}$ mir Wort$^{∅∅}$ sicher$^{♂\ \text{Abl}}$ irgendein$^{♂\ \text{Abl}}$ Ordnung$^{♂\ \text{Abl}}$ Belehrung$^{♀\ \text{Gen}}$),

7 wie wenig später die Buchstaben…

8 …sondern (ich selbst), wenn sie irgendeine Sache benannten

9 und sich nach dieser Benennung irgendetwas zuwandten (nach die Stimme$^{♀\ \text{Akk}}$ Körper$^{∅\ \text{Akk}}$ zu etwas bewegten^{sie})…

10 ... bemerkte und begriff ich [selbst],

11 dass jene Sache dadurch, dass sie Töne von sich gaben, von ihnen so genannt wurde, (dieses^{Abl} dass tönten^{sie}),

12 wenn sie sie zeigen wollten.

13 So [lernte ich] die in den verschiedenen Sätzen an ihren [jeweiligen] Stellen positionierten und häufig gehörten Wörter…

14 … [und die] Sachen, die sie bezeichneten, allmählich (welche$^{♀♀\ \text{Gen}}$ Sache$^{♀♀\ \text{Gen}}$ Zeichen$^{∅∅}$ wären^{sie} allmählich sammelte^{ich})…

ANMERKUNGEN

④ **fārer**: Konjunktiv Imperfekt von **for** "ich spreche". Der Relativsatz verlangt hier den Konjunktiv, weil er eine Konsequenz des "Kleinkind-Seins" ausdrückt.

⑤ **vidēre** "sehen" meint nicht nur das optische, sondern auch das kognitive bzw. geistige Sehen und kann demnach auch "bemerken, einsehen, begreifen" heißen. In ähnlicher Weise kann **tenēre** "halten" auch das geistige Halten, also "vorstellen, verstehen, begreifen", bezeichnen.

⑥ Solche langen Sätze kommen in erster Linie in der Literatur vor, nicht aber in der Umgangssprache.

⑦ **paulātim** ist verwandt mit dem oben bereits angetroffenen **paulō** "wenig".

15 Meāsque jam voluntātēs per hæc ēnūntiābam."

16 Hæ sententiæ Augustīnī, quās paulō breviōrēs reddidimus,

17 satis mōnstrant eum linguam Latīnam nōn aliter didicisse

18 quam nōs linguam patriam didicimus.

(Ex Aurēliī Augustīnī ***Cōnfessiōnibus***, I, VIII)

Exercitātiō prīma: Intellegisne hās sententiās?

❶ Cūr puerī tam facile linguā patriā loquuntur? ❷ Quia eam secundum nātūram sine molestiā discunt. ❸ Verba sententiāsque ad rēs vītæ cottīdiānæ pertinentia tam sæpe audiunt ... ❹ ut vōcēs cum rērum nōtitiā facile colligantur et memoriā serventur.

Exercitātiō altera: Īnsere verba dēficientia!

❶ Ich habe einen Freund, dessen Vater Engländer und dessen Mutter Italienerin war; sie lebten in Frankreich.

Mihi ___ amīcus _____ pater Anglus, māter Itala erat; in Galliā ________.

❷ Deshalb (welche[♀ Akk] wegen Sache[♀ Akk]) lernte er ohne irgendeine Schwierigkeit drei Sprachen.

Quam ob rem ille sine ūllā ____________ trēs linguās _______.

❸ Ihm war höchstes Glück zuteil (ihm hat[sie]-begünstigt Glück), welches viele nicht so erfolgreich zu nutzen wissen.

Ei fāvit _____ fortūna, quā multī nōn tam fēlīciter ūtī ______.

15 Und ich drückte schon meine Absichten (Willen) durch sie aus".

16 Diese Sätze des Augustinus, die wir ein wenig verkürzt wiedergegeben haben,

17 beweisen hinlänglich, dass er die lateinische Sprache nicht anders gelernt hat,

18 als wir unsere Muttersprache (Zunge^{Akk} väterlich^{Akk}) gelernt haben.

(Aus den ***Bekenntnissen*** des Aurelius Augustinus, I, VIII)

Solūtiō exercitātiōnis prīmæ: Intellēxistīne?

❶ Warum sprechen Kinder ihre Muttersprache so leicht? ❷ Weil sie sie auf natürliche Weise (gemäß Natur^{Akk}) ohne Mühe lernen. ❸ Sie hören die Wörter und Sätze, die sich auf Dinge des täglichen Lebens beziehen (erstreckend), so häufig… ❹ dass die Benennungen zusammen mit einer Vorstellung von den Dingen mühelos gelernt und im Gedächtnis abgespeichert werden (Kenntnis$^{♀}$ leicht mögen^{sie}-gesammelt-werden und Gedächtnis mögen^{sie}-bewahrt-werden).

❹ Ich habe geringeres Glück, denn CDs haben keine so große Wirkung wie das Sprechen der Eltern (Scheibe$^{♂♂\ \text{Dat}}$ nicht so-groß$^{♀}$ Mannheit$^{♀}$ ist^{sie} wie-groß$^{♀}$ Eltern^{Gen} Gespräch$^{♂\ \text{Dat}}$);
Mihi est fortūna _____, nam discīs compāctīs nōn tanta virtūs est quanta parentum sermōnī;

❺ aber dennoch will ich sie, so gut ich nur kann, einsetzen.
sed eīs tamen quam optimē _____ ūtī _____.

Solūtiō exercitātiōnis alteræ: Verba dēficientia.

❶ est – cujus – vīvēbant ❷ difficultāte – didicit ❸ summa – sciunt ❹ minor ❺ possum – cupiō.

Zweite Welle: Aktivieren Sie heute Lektion 2!

52 Lēctiō quīnquāgēsima altera (LII)

Græcam grammaticam ōderat

1 Cūr ego Græcam grammaticam ōderam? ①

2 Homērus mihi amārus erat.

3 Crēdō etiam Græcīs puerīs Vergilium tālem esse,

4 cum eum sīc discere cōguntur ut ego Homērum.

5 Difficultās ēdiscendæ linguæ peregrīnæ ②

6 quasi felle aspergēbat omnēs suāvitātēs Græcās fābulōsārum narrātiōnum. ③

7 Nūlla enim verba illa nōveram,

8 et sævīs terrōribus ac pœnīs, ut nōssem, īnstābātur mihi vehementer. ④

9 Nam et Latīna aliquandō īnfāns utique nūlla nōveram ... ⑤

ANMERKUNGEN

① **ōderam** "ich hasste": 1. Pers. Sing. Plusquamperfekt von **ōdisse** "hassen". Die Plusquamperfektformen von **ōdisse** haben die Bedeutung des Imperfekts, da ja auch die Perfektformen Präsensbedeutung haben.

52. Lektion

Er hasste die griechische Grammatik

1 Warum ich die griechische Grammatik hasste?

2 Für mich war Homer unangenehm (mir bitter war[er]).

3 Ich glaube, dass auch den griechischen Kindern Vergil so (solch) vorkommt,

4 wenn sie gezwungen werden, ihn so zu lernen, wie ich Homer.

5 Die Schwierigkeit beim gründlichen Lernen der Fremdsprache (aus-zu-lernend[♀ Gen] Zunge[♀ Gen] fremd[♀ Gen])

6 übergoss gleichsam mit Galle (Galle bespritzte[sie]) alle griechischen Reize (Süße[♀♀]) der fabelhaften Erzählungen.

7 Ich kannte nämlich keins dieser Wörter,
(kein[ØØ Akk] nämlich Wort[ØØ Akk] jene[ØØ Akk] kannte[ich],)

8 und es wurde mit wütenden Einschüchterungen (wütend[♂♂ Abl] Schreck[♂♂ Abl]) und Strafen heftig Druck auf mich ausgeübt, sie kennenzulernen (dass hätte[ich]-gekannt, wurde[es]-hineingestanden mir heftig).

9 Gewiss kannte ich ja auch [als] Kleinkind einmal keine lateinischen [Wörter]…
(denn auch lateinisch[ØØ Akk] irgendwann Kleinkind durchaus kein[ØØ Akk] kannte[ich]...)

ANMERKUNGEN

② Das Präfix **ē** "aus", wie bei **ēdiscere** "gründlich/auswendig lernen" drückt vor Verben oft eine Intensivierung/Verstärkung aus. Das Gleiche gilt für das Präfix **per**.

③ Zu **aspergere** "bespritzen, bestreuen" kennen Sie bereits das synonym gebrauchte **cōnspergere**.

④ **nōssem** "ich hätte gekannt" ist die Kurzform von **nōvissem**, dem Konjunktiv Imperfekt von **nōvisse**/**nōsse** "kennen, kennen gelernt haben".

⑤ **īnfāns** "nicht sprechend, Kleinkind" ist hier, obwohl es im Nominativ steht, nicht Subjekt des Satzes, sondern eine Art prädikative Ergänzung dazu. Es gibt an, in welchem Zustand das Subjekt des Satzes (hier: Augustinus) sich befindet. **Augustīnus īnfāns vāpulat**. "Augustinus wird als Kleinkind geschlagen".

10 et tamen advertendō didicī sine ūllō metū atque cruciātū ... ⑥ ⑦

11 inter blandīmenta nūtrīcum et joca arrīdentium ⑧

12 et lætitiās allūdentium.

13 Hinc satis ēlūcet,

14 majōrem habēre vim, ad discenda ista, līberam cūriōsitātem,

15 quam metūculōsam necessitātem.

(*Indidem*, I, XIV)

ANMERKUNGEN

⑥ Merken Sie sich zu **metus**, **-ūs** "Furcht" auch das Verb **metuere** "fürchten".

⑦ Das Verb zu **cruciātus**, **-ūs** lautet **cruciāre** "quälen, foltern", und dies wiederum kommt von **crux**, **crucis** "Kreuz, Galgen", welches in erster Linie das Kreuz als Folter- und Exekutionsinstrument meint.

Exercitātiō prīma: Intellegisne hās sententiās?

❶ Puerī mālunt lūdere quam in scholam īre. ❷ Alumnī quī discenda nesciunt vel pēnsa male perficiunt, nōnnumquam vāpulant. ❸ Sī in scholā lūseris nec pēnsa perfēceris, rēctē vāpulābis. ❹ Lūdendō tamen multa discuntur. ❺ Puerī lūdentēs nōnnūlla ad artem hūmānam pertinentia discunt, ❻ præcipuē vītam commūnem, simul ac linguam suam. ❼ Linguārum classicārum studium nōn est molestia tædiōsa, sed lūdus jūcundus. ❽ Hoc vērum nōn est nisi lūdendō discitur. ❾ Cūr id fierī nōn possit?

Exercitātiō alterā: Īnsere verba dēficientia!

❶ Augustinus glaubte, dass Vergil für die griechischen Kinder unangenehm war.

Augustīnus Græcīs puerīs Vergilium ______ ____ arbitrābātur.

10 und trotzdem habe ich sie durch Aufmerksamkeit (hinwenden^{Abl}) ohne irgendeine Furcht und Qual gelernt...

11 zwischen den Liebkosungen der Ammen und den Scherzen derer, die mit mir lachten (zulachend$^{♂♂\ \text{Gen}}$)

12 und den Fröhlichkeiten der Spielgefährten (zuspielend$^{♂♂\ \text{Gen}}$).

13 Hieraus wird eindeutig ersichtlich (genug leuchtet^{es}-heraus),

14 dass eine ungezwungene (freie) Neugier eine größere Kraft hat, dies zu lernen (zu zu-lernend$^{∅∅\ \text{Akk}}$ dies$^{∅∅\ \text{Akk}}$),

15 als ein Zwang, der mit lauter Furcht verbunden ist (fürchterlich$^{♀\ \text{Akk}}$ Notwendigkeit$^{♀\ \text{Akk}}$).

(Aus derselben Quelle, I, XIV)

ANMERKUNGEN

⑧ **nūtrīx**, **-īcis** "Amme": Nomen auf **-trīx** sind weiblich; ihr männliches Gegenstück sind die Nomen auf **-tor**: **spectātrīx** "Zuschauerin, Betrachterin"; **spectātor** "Zuschauer, Betrachter".

Solūtiō exercitātiōnis prīmæ: Intellēxistīne?

❶ Kinder wollen lieber spielen als in die Schule zu gehen. ❷ Schüler, die den Lernstoff (zu-lernend$^{∅∅\ \text{Akk}}$) nicht kennen oder ihre Aufgaben schlecht machen, werden manchmal geschlagen. ❸ Wenn du in der Schule spielst (wirst^{du}-gespielt-haben) und keine Aufgaben machst (wirst^{du}-fertig-gemacht-haben), wirst du zu Recht geschlagen (wirst^{du}-geschlagen). ❹ Durch das Spielen lernt man dennoch viel. ❺ Spielende Kinder lernen einiges, was menschliches Handeln betrifft (zu Kunst$^{♀\ \text{Akk}}$ menschlich$^{♀\ \text{Akk}}$ erstreckend$^{∅∅\ \text{Akk}}$), ❻ vor allem Sozialkompetenz (Leben$^{♀\ \text{Akk}}$ gemeinsam$^{♀\ \text{Akk}}$) und zugleich ihre Sprache. ❼ Das Studium der klassischen Sprachen ist keine langweilige Last, sondern ein erfreuliches Spiel. ❽ Dies ist nicht wahr, wenn nicht spielerisch (spielen^{Abl}) gelernt wird. ❾ Warum soll das nicht möglich sein?

Solūtiō exercitātiōnis alteræ: Verba dēficientia.

❶ amārum esse

Exercitātiō alterā: Īnsere verba dēficientia!

❷ Sie wurden gezwungen, ihn so zu lernen, wie die römischen Kinder Homer (lernen wurden[sie]-gezwungen).

Eum sīc discere __________ ut _____ ______ Homērum [discere cōgēbantur].

❸ Augustinus kannte kein Wort [aus] der griechischen Sprache und wurde trotzdem gezwungen, Homer zu lernen.

Augustīnus ______ verbum ______ Græcæ nōverat, et tamen Homērum _______ cōgēbātur.

❹ Außerdem musste er die Grammatik einer Sprache lernen, die er nicht durch Alltagssprachgebrauch (Gespräch[♂ Abl] gemeinsam[♂ Abl]) gelernt hatte.

________ linguæ, quam sermōne commūnī nōn didicerat, ___________ discere _______.

❺ Aus diesem Grund hasste er als Junge sowohl die griechische Grammatik als auch die griechische Sprache.

Quā ex _____, puer, et grammaticam et linguam Græcam ______.

❻ Als Erwachsener jedoch erkannte er, dass [diese] Methode sehr schlecht gewesen war.

Adultus _____ methodum pessimam fuisse intellēxit.

❼ Homer war ein griechischer Dichter, Vergil [war] ein lateinischer Dichter.

Homērus poēta ______ ____, Vergilius poēta Latīnus.

53 Lēctiō quīnquāgēsima tertia (LIII)

Methodum nātūrālem laudāvit

In lēctiōne superiōre vīdistis virum doctum, nōn sōlum ad suam linguam discendam

Solūtiō exercitātiōnis alteræ: Verba dēficientia.

❷ cōgēbantur – puerī Rōmānī ❸ nūllum – linguæ – discere ❹ Prætereā – grammaticam – dēbēbat ❺ causā – ōderat ❻ autem ❼ Græcus erat.

Literaturklassiker der Antike

So wie heute in allen deutschen Gymnasien Goethes *Faust* gelesen wird, wurden im antiken römischen Literaturunterricht Homers *Ilias* und *Odyssee* gelesen, die beide zu den ältesten und bedeutendsten Zeugnissen der europäischen Literatur gehören. Den im 8. Jh. v. Chr. niedergeschriebenen Heldengedichten ging vermutlich eine sehr lange mündliche Überlieferungstradition voraus. Die 15.693 Verse umfassende *Ilias* handelt von griechischen Helden und Göttern im Umfeld des legendären Trojanischen Krieges. Im Mittelpunkt steht der mächtige Kriegsheld Achilles. Die *Odyssee* mit 12.110 Versen erzählt von den Irrfahrten und Abenteuern des listenreichen Helden Odysseus. Die lateinische *Æneis* des Vergil, die sich inhaltlich und formal an den Homerischen Epen orientiert, wurde schon kurz nach ihrer Veröffentlichung im 1. Jh. v. Chr. zur Schullektüre. In 9.896 Versen erzählt sie von den Irrfahrten des Trojaners Äneas, die ihn auf Geheiß der Götter schließlich an die Küste Italiens führen, wo er die dort ansässigen Latiner im Krieg besiegt und für sich und seine Nachfahren, die Römer, eine Heimat schafft.

Zweite Welle: Aktivieren Sie heute Lektion 3!

53. Lektion

LEKTION 53

Er lobte die Assimil-Methode

1 In der vorherigen Lektion (obere) habt ihr gesehen, dass ein gelehrter Mann

2 für das Erlernen seiner Sprache nicht nur

3 methodīs nātūrālibus puerum nescium ūsum esse ... ①

4 sed etiam adultum factum hās methodōs cōnscium laudāvisse. ②

5 Linguam Græcam jam puer amāvisset,

6 sī discōs quibus illam sine molestiā discere potuisset, ③

7 in prōmptū habuisset. ④

8 Aurēlius Augustīnus quārtō sæculō ætātis nostræ vīvēbat.

9 Juvenis rhētoricam docuerat. ⑤

10 Senior episcopus Hippōnis, in Numidiā, creātus est. ⑥ ⑦

11 Præcipua ejus opera sunt *Cōnfessiōnēs*, ⑧

12 unde sententiās superiōrēs excerpsimus,

13 et librī *Dē Cīvitāte Deī*. ⑨

14 Ejus scrībendī genus, quamquam pūræ Latīnitātis est, ⑩

15 ā nōbīs satis facile legitur.

16 Itaque ab eō incēpimus.

17 Nōn tamen semper facillimus est.

ANMERKUNGEN

① **puerum** und **nescium** fungieren hier als sogenannte Prädikativa, d.h. sie geben an, in welchem Zustand das Bezugswort **virum doctum** etwas getan hat. Ist das Prädikativum ein Substantiv, entspricht es im Deutschen einem Ausdruck mit "als".

② **adultum factum** und **cōnscium** sind hier ebenfalls Prädikativa.

③ Eine CD ist ein **discus compāctus**.

④ **amāvisset** "er/sie/es hätte geliebt", **potuisset** "er/sie/es hätte gekonnt", **habuisset** "er/sie/es hätte gehabt" sind Konjunktive im Plusquamperfekt, die hier einen Irrealis (Modus der Unwirklichkeit) der Vergangenheit ausdrücken.

⑤ **docuerat** "er/sie/es hatte gelehrt": Plusquamperfekt von **docet** "er/sie/es lehrt". Das Plusquamperfekt wird gebildet, indem die Imperfektformen von **esse** (**eram**, **erās**, **erat**...) an den Perfektstamm des Verbs angehängt werden.

3 die Assimil-Methode (Methode[♀♀ Abl] natürlich[♀♀ Abl]) als Junge unbewusst (unwissend[♂ Akk]) benutzt hat…

4 sondern diese Methode als Erwachsener (erwachsen[♂ Akk] gemacht[♂ Akk]) auch bewusst (mitwissend[♂ Akk]) gelobt hat.

5 Er hätte die griechische Sprache schon als Junge geliebt,

6 wenn er die CDs (Scheibe[♂♂ Akk]), mit denen er sie ohne Mühe hätte lernen können,

7 bei der Hand (in Sichtbarkeit[♂ Abl]) gehabt hätte.

8 Aurelius Augustinus lebte im vierten Jahrhundert unserer Zeit.

9 Als junger Mann hatte er Rhetorik gelehrt.

10 Als etwas älterer Mann ist er [zum] Bischof von Hippo in Numidien ernannt (erschaffen) worden.

11 Seine bedeutendsten Werke sind die "Bekenntnisse",

12 aus denen (woher) wir die oben stehenden Sätze entnommen haben,

13 und die Bücher über "Über den Gottesstaat".

14 Seine Art zu schreiben, obwohl sie [von] reiner Latinität ist,

15 wird von uns ziemlich leicht verstanden (wird[es]-gelesen).

16 Deshalb haben wir mit ihm (von er[Abl]) angefangen.

17 Dennoch ist er nicht immer kinderleicht.

ANMERKUNGEN

⑥ **Senior** ist der Komparativ von **senex**, **-is** "alt, bejahrt". **Senex** ist auch ein Nomen: "Greis/-in, alter Mann, alte Frau".

⑦ **Creāre** bedeutet sowohl "(er)schaffen, hervorbringen" als auch "wählen, ernennen".

⑧ Beachten Sie, dass hier **ejus** "dessen" und nicht das reflexive **sua** "seine (eigenen)" steht. Grund dafür ist, dass der Besitzer der Werke, nämlich Augustinus, nicht Subjekt des Satzes ist und somit keine Reflexivität vorliegt.

⑨ **Cīvitās**, **cīvitātis** meint an sich das (römische) Bürgerrecht, zu **cīvis** "Bürger", es kann aber auch "Bürgerverband, Bürgerschaft, Gemeinde, Stadt" heißen. Augustinus wollte ein christliches Gegenstück zu Platos und Ciceros *Republik* schreiben.

⑩ **Latīnitās**, **Latīnitātis** "Latinität" meint den Ausdruck in bzw. die Anwendung der lateinischen Sprache. Substantive auf **-tās**, **-tātis** bezeichnen meist Eigenschaften und Abstrakta, die im Deutschen auf "-heit" oder "-schaft" enden. Sie sind immer weiblich.

18 Sæpe enim problēmata difficilia prōpōnit. ⑪

19 Deinde auctōrēs recentiōrēs vidēbimus,

20 antequam cum veteribus nōnnūllīs cōnsuētūdinem jungāmus.

21 Quæ excerpta cum lēctiōnibus cōnsuētīs, varietātis causā, miscēbimus. ⑫

22 Nōndum enim dē vītā cottīdiānā sententiās verbaque satis multa didicimus. ⑬ ⑭

Exercitātiō prīma: Intellegisne hās sententiās?

❶ Salvē! Quid agis? ❷ Nōn bene mē habeō. ❸ Quid malī est tibi? ❹ Capite labōrō. ❺ Capite labōrās? ❻ Nōnne fēriās habuistī Jānuāriō mēnse?

Exercitātiō alterā: Īnsere verba dēficientia!

❶ Ich hatte keine Ferien, aber wenn ich [welche] gehabt hätte, wäre ich♀ gerne in die Berge aufgebrochen♀.

Nūllās _____ fēriās, sed sī habuissem, libenter in _____ profecta essem.

❷ In die Berge? Ich habe in Bourg-Saint Maurice, in den Alpen, achttägige (acht Tag♂♂ Gen) Ferien verbracht.

In montēs? Equidem Bergintrī, in Alpibus, octō _____ _____ ēgī.

❸ Was hast du dort gemacht?

_____ _____ fēcistī?

18 Oft nämlich legt er schwierige Probleme vor.

19 Dann werden wir uns neuere Autoren ansehen,

20 bevor wir mit einigen alten [Autoren] Bekanntschaft machen können (Gewohnheit[♀ Akk] können verbinden[wir]).

21 Diese Ausschnitte (herausgehoben[ØØ Akk]) werden wir mit den gewohnten Lektionen, der Abwechslung wegen, (Mannigfaltigkeit[♀ Gen] Grund[♀ Abl]) mischen.

22 Wir haben nämlich noch nicht ausreichend viele Sätze und Wörter über das Alltagsleben (Leben[♀ Abl] täglich[♀ Abl]) gelernt.

ANMERKUNGEN

⑪ Augustinus behandelt in seinen Werken schwierige theologische und ethische Themen, wie die Vorherbestimmung (**prædēstinātio**), die Erbsünde und den freien Willen oder den gerechten Krieg (**bellum jūstum**).

⑫ **cōnsuētīs** ist das PPP im Ablativ Plural von **cōnsuēscere**, **cōnsuēvī**, **cōnsuētum** "sich gewöhnen" (ausgesprochen [*kōn-ßwēß-kō kōn-ßwē-wī kōn-ßwē-tum*]).

⑬ Nach antiken, aber nachklassischen Grammatikern ziehen -**que** and -**ve** den Akzent auf die vorhergehende Silbe, selbst wenn diese kurz ist, und so betonen es heute die meisten Leute [*wer-b**a**-kwe*]; jedoch hat diese Ansicht auch ernstzunehmende Gegner, nach denen die generellen Betonungsregeln weiter gelten: [*w**e**r-ba-kwe*].

⑭ Für **satis** "genügend, ausreichend" gibt es auch die Kurzform **sat**.

Solūtiō exercitātiōnis prīmæ: Intellēxistīne?

❶ Sei gegrüßt! Was machst du? ❷ Mir geht es nicht gut (nicht gut mich habe[ich]). ❸ Was hast du Schlimmes (was schlecht[♂ Gen] ist[es] dir)? ❹ Ich habe Kopfschmerzen (Kopf[Ø Abl] strenge[ich]-mich-an). ❺ Du hast Kopfmerzen? ❻ Hattest du im Monat Januar denn keine Ferien?

❹ Ich habe Berge bestiegen und bin Ski gefahren (durch Schnee[♀♀ Akk] Holzskisandale[♀♀ Abl] geglitten[♀] bin[ich]).

______ scandī et ___ nivēs nartīs lāpsa ___.

Solūtiō exercitātiōnis alteræ: Verba dēficientia.

❶ habuī – montēs ❷ diērum fēriās ❸ Quid ibi ❹ Montēs – per – sum.

Zweite Welle: Aktivieren Sie heute Lektion 4!

54 Lēctiō quīnquāgēsima quārta (LIV)

Carolus Magnus

1 Carolus Magnus corpore fuit amplō atque rōbustō, ①

2 statūrā ēminentī quæ tamen jūstam nōn excēderet ... ②

3 apice capitis rotundō, oculīs prægrandibus ac vegetīs, ③

4 nāsō paululum mediocritātem excēdentī, ④

5 cānitiē pulchrā, faciē lætā et hilarī. ⑤

6 Exercēbātur assiduē equitandō et vēnandō ... ⑥

7 dēlectābātur frequentī natātū.

8 Nec patriō tantum sermōne contentus, ⑦

9 etiam peregrīnīs linguīs ēdiscendīs operam impendit ...

10 in quibus Latīnam ita didicit,

11 ut æquē illā ac patriā linguā ōrāre sit solitus. ⑧

ANMERKUNGEN

① **esse** dient in Verbindung mit einem Ablativ zur Angabe von körperlichen und geistigen Eigenschaften (**ablātīvus quālitātis** "Ablativ der Beschaffenheit"),

② Lassen Sie sich von dem Konjunktiv **excēderet** "er/sie/es ginge hinaus" nicht irritieren. Anders als im Deutschen stehen in Relativsätzen öfters Konjunktive. Hier verleiht der Konjunktiv dem Relativsatz einen konsekutiven (folgenden) Sinn: "… von einer so beschaffenen aufragenden Statur, dass...".

③ Das Präfix **præ-** "vor-" verstärkt die Bedeutung von Adjektiven. Sie kennen bereits **præcipuus, -a, -um** "vornehmlich, besonders".

④ **paululum** ist die Diminutivform von **paulum** "wenig".

54. Lektion

Karl der Große

1 Karl der Große war von breitem und kräftigem Körperbau,

2 einer aufragenden Statur (hervorragend$^{♀}$), die über das rechte [Maß] dennoch nicht hinausging (nicht ginge^{sie}-heraus)…

3 [hatte] einen rundlichen Hinterkopf (Spitze$^{♂\ \text{Abl}}$ Kopf$^{\varnothing\ \text{Gen}}$ rund$^{♂\ \text{Abl}}$), überaus große und wache Augen (belebte),

4 eine leicht überdurchschnittlich große Nase (Nase$^{♂\ \text{Abl}}$ klein-wenig Mittelmäßigkeit$^{♀\ \text{Akk}}$ herausgehend$^{♂\ \text{Abl}}$),

5 eine schön weiß-gräuliche Haarfarbe und einen fröhlichen und heiteren Gesichtsausdruck.

6 Er übte sich unablässig im Reiten^{Abl} und Jagen^{Abl}…

7 und erfreute sich an häufigem Schwimmen.

8 Und mit der Muttersprache allein nicht zufrieden,

9 verwendete er auch Mühe darauf, Fremdsprachen gründlich zu lernen (fremd$^{♀♀\ \text{Dat}}$ Zunge$^{♀♀\ \text{Dat}}$ aus-zu-lernend$^{♀♀\ \text{Dat}}$ Arbeit$^{♀\ \text{Akk}}$ hat^{er}-aufgewendet)…

10 unter denen er das Lateinische so gelernt hat,

11 dass er gleichermaßen (ebenso) in dieser wie in seiner Muttersprache zu beten pflegte (beten sei^{er} gepflegt).

ANMERKUNGEN

⑤ **cānitiēs**$^{♀}$, **cānitiēī** meint die (weiß-)graue Farbe von Dingen, besonders von Haaren. Das Adjektiv dazu lautet **cānus**, **-a**, **-um** "grau, weiß-grau". Eine andere Haarfarbe wäre z.B. **flāvus**, **-a**, **-um** "blond, goldgelb".

⑥ Die Passivformen vieler Verben entsprechen im Deutschen einem Aktiv + "sich".

⑦ Seine Muttersprache dürfte wohl ein westgermanischer, moselfränkischer Dialekt gewesen sein.

⑧ Das Verb **solēre**, **soleō**, **solitus sum** "pflegen, gewohnt sein etw. zu tun" bildet im Perfekt nur Passivformen, jedoch mit aktiver Bedeutung.

12 Græcam vērō melius intellegere quam prōnūntiāre poterat.

13 Dēlectābātur librīs Sānctī Augustīnī,

14 præcipuēque hīs quī *Dē Cīvitāte Deī* prætitulātī sunt.

15 Artēs līberālēs studiōsissimē coluit

16 eārumque doctōrēs plūrimum venerātus magnīs afficiēbat honōribus ... ⑨ ⑩

17 Temptābat et scrībere,

18 sed parum successit labor præposterus et sērō incohātus ...

(EINHARDUS (775-840), ***Vīta Karolī Magnī Imperātōris***, 23 ad 25)

Exercitātiō prīma: Intellegisne hās sententiās?

❶ Quid tibi accidit? ❷ Cūr crūs gypsō alligātum est? ❸ Hoc fēriīs Nātīvitātis accidit. ❹ In Alpibus nartābam et pessimē cecidī. ❺ Crūs frēgistī? ❻ Ita est. Duōs mēnsēs cum crūre gypsātō agam oportet; ❼ priōrem mēnsem in lectō ēgī.

12 Das Griechische aber konnte er besser verstehen als (aus)sprechen.

13 Er erfreute sich an den Büchern des heiligen Augustinus,

14 vor allem an denjenigen (diese$^{\text{♂♂ Abl}}$), die den Titel *De Civitate Dei* tragen (über Bürgerschaft$^{\text{♀ Abl}}$ Gott$^{\text{♂ Gen}}$ vor-betitelt$^{\text{♂♂}}$ sind^{sie}).

15 Die freien Wissenschaften (Kunst$^{\text{♀♀ Akk}}$) pflegte er äußerst eifrig

16 und stattete deren Lehrer, die er besonders (am-meisten) verehrte, mit großen Ehren aus…

17 Er versuchte sich auch im Schreiben,

18 aber das verfehlte und zu spät begonnene Bemühen brachte kaum Erfolg (zu-wenig ist^{er}-hinaufgestiegen Anstrengung$^{\text{♂}}$ verkehrt$^{\text{♂}}$ und zu-spät begonnen$^{\text{♂}}$)…

(EINHARD (775-840), ***Das Leben Karls des Großen***, Kapitel 23 bis 25)

ANMERKUNGEN

⑨ Da **venerātus** das PPP zu einem Deponens (**venerārī** "hoch verehren, anbeten") ist, hat es aktive Bedeutung.

⑩ Die meisten Komposita wie **afficere** (aus **ad** und **facere**) oder **assiduē** können auf zwei Arten geschrieben werden: Entweder der Aussprache folgend in assimilierter Form oder in bewusst altertümlicher Form entsprechend ihrer Bestandteile, d.h. **adficere**, **adsiduē**.

Solūtiō exercitātiōnis prīmæ: Intellēxistīne?

❶ Was ist dir zugestoßen? ❷ Warum ist dein Bein in Gips$^{\text{∅ Abl}}$ eingewickelt (angebunden)? ❸ Das ist in den Weihnachtsferien (Ferien Geburts- [Christi]) passiert. ❹ Ich fuhr in den Alpen Ski und bin sehr ungünstig (am-schlechtesten) gefallen. ❺ Hast du dir das Bein gebrochen? ❻ Ja. Ich muss nun zwei Monate mit einem Gipsbein (Bein$^{\text{∅ Abl}}$ eingegipsten$^{\text{∅ Abl}}$ treibe^{ich}) verbringen; ❼ den vorigen Monat habe ich im Bett verbracht.

Exercitātiō alterā: Īnsere verba dēficientia!

❶ Jetzt kann ich spazieren gehen, aber mit großer Vorsicht: Immer muss ich aufpassen, dass ich nicht hinfalle.

Nunc ________ ______ sed magnā cum cautiōne: ______ mihi cavendum est nē cadam.

❷ Deshalb kannst du dich nicht im Schwimmen üben.

Quā rē natandō exercērī ___ _____.

❸ Das macht nichts (kein$^{\emptyset \text{ Gen}}$ ist^{es} Bewegung$^{\emptyset \text{ Gen}}$): Wir haben Winter (sind^{wir}).

Nūllīus est mōmentī: _____ _____.

❹ Du irrst dich! Das macht einiges.

_____! Nōnnūllīus est mōmentī.

❺ In unserer Stadt können wir zu allen Jahreszeiten schwimmen.

In ____ nostrā omnibus annī temporibus natāre ________.

❻ Das Stadtbad wird im Winter beheizt.

Piscīna mūnicipālis hieme _______.

55 Lēctiō quīnquāgēsima quīnta (LV)

Mē labōrantem impedīrēs

1 Victor, sex annōs nātus, optat ut pater sibi tympanum emat.

2 Pater autem: "Nōlō, nam mē labōrantem impedīrēs".

3 – Nēquāquam – respondet Victor –. ①

4 Tibi enim polliceor

5 mē tantum tē dormiente tympanum pulsātūrum esse!

Solūtiō exercitātiōnis alteræ: Verba dēficientia.

❶ ambulāre possum – semper ❷ nōn potes ❸ hieme sumus ❹ Errās ❺ urbe – possumus ❻ calefit.

Septem artēs līberālēs

Bei den **septem artēs līberālēs** "sieben freien Künsten", die während der Karolingischen Renaissance unter Karl dem Großen (748–840) eine neue Blüte erlebten, handelt es sich um einen traditionellen Kanon von Studienfächern bzw. Wissenschaften, der bis in die griechische Antike zurückreicht. Er umfasst nach spätantiker Auffassung Grammatik, Rhetorik (Redekunst), Dialektik (Schlussfolgern und Beweisen), Arithmetik (Zahlenkunde), Geometrie, Musik und Astronomie. Die Bezeichnung "frei" stammt von dem römischen Philosophen Seneca, der sie als "eines freien Menschen würdig" (**studia homine līberō digna**) charakterisierte und somit von den berufspraktisch orientierten Künsten (**artēs mēchanicæ**) unterschied.

Zweite Welle: Aktivieren Sie heute Lektion 5!

55. Lektion

Du würdest mich beim Arbeiten stören

1 Viktor, sechs Jahre alt (geboren), wünscht sich, dass sein Vater ihm eine Handtrommel kauft (kaufe^{er}).

2 Der Vater jedoch [sagt]: "Das will ich nicht, denn du würdest mich beim Arbeiten (arbeitend$^{\text{♂ Akk}}$) stören."

3 – Keineswegs, antwortet Viktor.

4 Ich verspreche dir nämlich,

5 dass ich die Trommel nur spielen werde, wenn du schläfst (du^{Abl} schlafend^{Abl} Handtrommel schlagen-werdend$^{\text{♂ Akk}}$ sein)!

ANMERKUNGEN

① Der Name **Victor** bedeutet "Sieger". **Victōria** ist der "Sieg", und das Verb lautet **vincere** "siegen".

6 MĀTER – Nōlō, Jācōbe, lūdās cum Leōne, ② ③

7 nam puerulus est male ēducātus. ④

8 JĀCŌBUS – Tunc, Māter, vīsne Leōnem mēcum lūdere,

9 nam ego puerulus sum bene ēducātus?

10 Cum Bellum Omnium Gentium Alterum agerētur,

11 cibāriōrum tanta facta est inopia ...

12 ut vir quīdam, famē labōrāns, canem suum,

13 quem multum amābat, edere coāctus sit.

14 Postquam mandūcāvit, ossa aspiciēns, sēcum exclāmāvit:

15 – Miselle Mordāx, quam bene cēnārēs, sī hīc adessēs. ⑤

(Ē *Vītā Latīnā*, A. RODOT, Sept. 1961)

16 **Prōverbia**

17 Asinus asinum fricat.

18 Canēs quī vehementius lātrant, habentur vīliōrēs.

6 MUTTER – Ich will nicht (nicht-will^{ich}), Jakob, (spielest^{du}) dass du mit Leo spielst,

7 er ist nämlich (Jungchen) ein schlecht erzogener Junge.

8 JAKOB – Willst du dann [wenigstens], Mutter, dass Leo mit mir spielt,

9 denn ich bin ein gut erzogener Junge?

10 Als der zweite Weltkrieg (Krieg alle Volk$^{\text{♀♀ Gen}}$) geführt wurde,

11 kam es zu einem so großen Mangel an Nahrungsmitteln (Speise-$^{\text{♂♂ Gen}}$ so-groß$^{\text{♀}}$ getan$^{\text{♀}}$ ist^{sie} Mangel$^{\text{♀}}$)…

12 dass ein Mann, der unter Hunger litt, seinen Hund,

13 den er sehr liebte, zu essen gezwungen war.

14 Nachdem er gegessen hatte und die Knochen erblickte, rief er für sich:

15 – Du armes Beißerchen (bissig), wie gut würdest du speisen, wenn du hier wärest.

(Aus ***Vita Latina***, A. RODOT, Sept. 1961)

16 **Sprichwörter**

17 Ein Esel reibt den anderen.

18 Hunde, die lauter (heftiger) bellen, werden für wertloser gehalten.

ANMERKUNGEN

② Nach **velle** "wollen" und **nōlle** "nicht wollen" folgt anstelle des bloßen Konjunktivs auch oft ein **AcI** (**Nōlō tē lūdere**. "Ich will nicht, dass du spielst.").
③ Der Name **Leō** hat die Bedeutung "Löwe".
④ So wie **puerulus** das Diminutiv von **puer** ist, ist **puellula** das von **puella**.
⑤ **Misellus** ist die Diminutivform von **miser** "arm, elendig". Da im Deutschen bei Adjektiven kein Diminutiv existiert, wird hier stattdessen das Bezugswort des Adjektivs in das Diminutiv gesetzt.

CARMEN
Gaudeāmus igitur (sequitur)

Vīta nostra brevis est, brevī fīniētur. (bis)
Venit mors vēlōciter,
Rapit nōs atrōciter,
Nēminī parcētur! (bis)

Vīvat Academīa, vīvant professōrēs! (bis)
Vīvat membrum quodlibet!
Vīvant membra quælibet!
Semper sint in flōre! (bis)

Exercitātiō alterā: Īnsere verba dēficientia!

❶ Ich verspreche dir, dass du von mir beim Arbeiten nicht gestört werden wirst.

Tibi polliceor tē ____________ ā mē nōn impedītum īrī.

❷ Ein (gewisser) Mann war gezwungen, seinen Hund zu essen.

Vir ______ canem suum edere ______ erat.

56 Lēctiō quīnquāgēsima sexta (LVI)

Repetītiō et annotātiōnēs

1. Plusquamperfekt

Das Plusquamperfekt ist eine Zeitform, die Ereignisse und Handlungen in der Vorvergangenheit, also einer Zeitstufe vor dem Perfekt, beschreibt. Im Indikativ (Wirklichkeitsform) wird es gebildet, indem die Imperfektformen von **esse** (**eram**, **erās**, **erat**…) an den Perfektstamm des Verbs angehängt werden.

pōnere "stellen", Perfektstamm **posu-**

	Singular	Plural
1. Pers.	**posueram** "ich hatte gestellt"	**posuerāmus** "wir hatten..."
2. Pers.	**posuerās** "du hattest gestellt"	**posuerātis** "ihr hattet..."
3. Pers.	**posuerat** "er/sie/es hatte..."	**posuerant** "sie hatten..."

LIED
Freuen wir uns also (Fortsetzung)

Unser Leben ist kurz, es wird in Kürze beendet werden. (zweimal)
Der Tod kommt schnell,
raubt uns auf grässliche Weise,
wird niemanden verschonen! (zweimal)
Es lebe die Universität (Akademie), es leben
die Professoren! (zweimal)
Es lebe jedes Mitglied!
Es leben alle Mitglieder!
Sie sollen immer blühen (seien[sie] in Blüte[♂ Abl]). (zweimal)

❸ Wie gut würdest du speisen, wenn du hier wärest!
Quam bene cēnārēs, sī hīc ______!

Solūtiō exercitātiōnis alteræ: Verba dēficientia.

❶ labōrantem ❷ quīdam – coāctus ❸ adessēs.

Zweite Welle: Aktivieren Sie heute Lektion 6!

56. Lektion

Augustīnus Latīnē loquēbātur; quam linguam puer didicerat.
"Augustinus sprach Latein; diese Sprache hatte er als Junge gelernt."

Das Plusquamperfekt Passiv wird durch das PPP + **eram**, **erās**, **erat**… gebildet:

positus eram "ich[♂] war gestellt worden"
positæ erāmus "wir[♀♀] waren gestellt worden"

Im Konjunktiv Aktiv wird das Plusquamperfekt durch Flexion (Beugung) des Infinitivs Perfekt gebildet (analog zur Flexion des Infinitivs Präsens beim Konjunktiv Imperfekt):

	Singular	Plural
1. Pers.	**posuissem** "ich hätte gestellt"	**posuissēmus** "wir hätten..."
2. Pers.	**posuissēs** "du hättest gestellt"	**posuissētis** "ihr hättet..."
3. Pers.	**posuisset** "er/sie/es hätte..."	**posuissent** "sie hätten..."

Linguam Græcam amāvisset. "Er hätte die griechische Sprache geliebt."

Der Konjunktiv Passiv wird durch das PPP + **essem**, **essēs**, **esset**... gebildet:

positus essem "ich♂ wäre gestellt worden"
positæ essēmus "wir♀♀ wären gestellt worden"
Lingua Græca ā tē amāta esset. "Die griechische Sprache wäre von dir geliebt worden."

2. Irrealis

Der Irrealis wird zur Darstellung von unwirklichen Sachverhalten gebraucht und tritt häufig in Bedingungssätzen auf. Für den Irrealis der Gegenwart wird der Konjunktiv Imperfekt benutzt:

Sī tempestās serēna esset, tēcum libenter lūderem. "Wenn das Wetter heiter wäre, würde ich gerne mit dir spielen."

Für den Irrealis der Vergangenheit wird hingegen der Konjunktiv Plusquamperfekt benutzt:

Sī tempestās serēna fuisset, tēcum libenter lūsissem. "Wenn das Wetter heiter gewesen wäre, hätte ich gerne mit dir gespielt."

3. Infinitiv Passiv

Der Infinitiv Passiv endet im Präsens auf -**rī** anstelle von -**re**:

audīrī "gehört werden"
vidērī "gesehen werden"
vocārī "gerufen werden"

Bei den Verben der konsonantischen Konjugation wird das -**ī** hingegen an den Stammkonsonanten angefügt:

agī "getrieben werden"

Diese Form des Infinitivs kennen Sie bereits von den Deponentien **sequī** "folgen" und **loquī** "sprechen".

Auch der Infinitiv Passiv von **facere** ist Ihnen bereits bekannt:

fierī "getan/gemacht werden"
Deum bellī Mārtem vocārī sciō. "Ich weiß, dass der Gott des Krieges Mars genannt (gerufen) wird."

Im Perfekt setzt sich der Infinitiv Passiv aus einer Akkusativform des PPPs und **esse** zusammen:

vocātum, -**am**, -**um esse** "gerufen worden sein"
āctum, -**am**, -**um esse** "getrieben worden sein"

Deum bellī Mārtem vocātum esse sciō. "Ich weiß, dass der Gott des Krieges Mars genannt (gerufen) wurde."

4. Prädikativum

Das Prädikativum, auch Zustandsattribut genannt, bezeichnet den Zustand einer Person oder Sache in Bezug auf das Prädikat eines Satzes. Es kann in Form von Adjektiven und Substantiven auftreten. In dem Satz **Mārcus trīstis abit** kann das Adjektiv **trīstis** "traurig" sowohl als normales Attribut zu **Mārcus** im Sinne von "Der traurige Markus geht weg" als auch als Prädikativum aufgefasst werden: "Markus geht traurig (als Trauriger/in traurigem Zustand) weg", obwohl die Wortstellung hier auf die zweite Variante deutet.

Linguam Latīnam puer didicerat. "Er hatte die lateinische Sprache als Junge (im Zustand eines Kindes) gelernt."

5. Futur II

Wie Sie sicherlich schon festgestellt haben, ist das Lateinische im Hinblick auf die Verwendung von Tempora deutlich strenger als das Deutsche. Während wir häufig Präsensformen anstelle von Futurformen verwenden ("Morgen gehe ich in die Schule"), wird im Lateinischen selbst im Futur noch zwischen unabgeschlossenen, andauernden Handlungen und abgeschlossenen Handlungen unterschieden. Für Letztere dient das Futur II. Es bezeichnet die Vorzeitigkeit in der Zukunft.

Das Futur II wird gebildet, indem die Futurformen von **esse** an den Perfektstamm des Verbs angehängt werden. Eine Ausnahme bildet die 3. Person Plural. Statt -**ērunt** wird hier, wie im Konjunktiv Perfekt, -**erint** angehängt.

	Singular	Plural
1. Pers.	**posuerō** "ich werde gestellt haben"	**posuerimus** "wir werden..."
2. Pers.	**posueris** "du wirst..."	**posueritis** "ihr werdet..."
3. Pers.	**posuerit** "er/sie/es wird..."	**posuerint** "sie werden..."

In piscīnā natābimus, postquam addūxerimus aquam.
"Wir werden im Schwimmbad schwimmen, nachdem wir Wasser eingelassen haben werden."
Sī in scholā lūseris, rēctē vāpulābis. "Wenn du in der Schule spielst (wirst[du]-gespielt-haben), wirst du zu Recht geschlagen [werden]."

Im Passiv setzt sich das Futur II aus dem PPP und den Futurformen von **esse** zusammen:
positus erō "ich werde gestellt worden sein"
positī eritis "ihr[♂♂] werdet gestellt worden sein"
posita erunt "sie[⌀⌀] werden gestellt worden sein"

LEKTION 56

In piscīnā natābimus, postquam aqua adducta erit. "Wir werden im Schwimmbad schwimmen, nachdem das Wasser eingelassen ist (hingeführt wird[sie]-sein)."

6. Konjunktiv in ut (nē)-/cum-Sätzen

In mit **ut** (**nē**) "dass (nicht), damit (nicht), sodass" und **cum** "als, nachdem, weil, obwohl" eingeleiteten Nebensätzen steht der Konjunktiv. Das Tempus des Konjunktivs richtet sich dabei meist nach dem Tempus des Hauptsatzes bzw. dem Zeitverhältnis zwischen Haupt- und Nebensatz. Für **ut** (**nē**)-Sätze gilt folgende Grundregel:

- Steht im Hauptsatz Präsens oder Futur, so steht im **ut** (**nē**)-Satz der Konjunktiv Präsens.
- Steht im Hauptsatz ein Vergangenheitstempus, so steht im **ut** (**nē**)-Satz der Konjunktiv Imperfekt.

In konsekutiven **ut**-Sätzen (so... dass) steht häufig, unabhängig vom Tempus des Hauptsatzes, der Konjunktiv Präsens, wenn die Aussage noch für die Gegenwart gültig ist, zur Angabe einer Feststellung (im Gegensatz zu einer Erzählung) der Konjunktiv Perfekt:

Victor optat, ut pater sibi tympanum emat. "Viktor wünscht sich, dass sein Vater ihm eine Handtrommel kauft."
Victor optāvit, ut pater sibi tympanum emeret. "Viktor wünschte sich, dass sein Vater ihm eine Handtrommel kaufte."
Cibāriōrum tanta facta est inopia, ut vir canem suum edere coāctus sit. "Es kam zu einem so großen Mangel an Nahrungsmitteln, dass der Mann gezwungen war, seinen Hund zu essen."

Im **cum**-Satz steht bei noch andauernden Handlungen der Konjunktiv Imperfekt, bei vollendeten Handlungen hingegen der Konjunktiv Plusquamperfekt:

Cum hanc epistulam legerem, valdē dēlectātus sum. "Als ich diesen Brief las, freute ich mich sehr."
Cum epistulam scrīpsissem, eam amīcō mīsī. "Nachdem ich den Brief geschrieben hatte, schickte ich ihn einem Freund."

7. Relativsätze mit konsekutivem Sinn

Der konsekutive Sinn eines Relativsatzes ist für einen Deutsch-Muttersprachler nur schwer nachzuvollziehen und deshalb kaum zu erkennen. Als Faustregel gilt, dass ein Relativsatz dann einen konsekutiven Sinn erhält, wenn man zu dem Bezugswort des Relativsatzes im Hauptsatz sinngemäß **tam** "so", **tālis** "derartig, so beschaffen" oder **tantus** "so groß" ergänzen könnte. In solchen Relativsätzen steht immer der Konjunktiv:

Nēminem [tālem] inveniō, quī clāvichordiō canere possit. "Ich finde niemanden, der Klavier spielen kann (könne[er])." (= ... der so beschaffen ist, dass er Klavier spielen kann.)
Nōn eram [tālis] īnfāns, quī nōn fārer. "Ich war kein Kleinkind, das (welcher) nicht sprach." (= ... war nicht so ein Kleinkind, das nicht sprach.)
Quis est [tālis], quī hoc crēdat? "Wen gibt es (wer ist[er] ein-solcher), der das glaubt?"

Glückwunsch! Sie haben nun mehr als die Hälfte des Kurses absolviert. Mit Abschluss dieser Lektion haben Sie übrigens auch alles an Formenlehre kennengelernt, was das Lateinische zu bieten hat. Das, was an Grammatik noch kommen wird, betrifft im Grunde nur noch die Feinheiten des Satzbaus und der Stilistik. Natürlich werden Sie in den nächsten Lektionen auch Ihren Wortschatz noch beträchtlich erweitern.

Zwar gibt es das Sprichwort **Labor omnia vīcit improbus.** *"Hartnäckige Anstrengung hat [bisher] alles besiegt." Beachten Sie jedoch, dass Sie sich weiterhin locker, entspannt und ohne Anstrengung mit dem Lateinischen beschäftigen und den Schwerpunkt auch jetzt noch, wo Sie langsam mit dem Sprechen beginnen, auf das Verstehen legen sollten.*

Und da Sie ja nun schon ein bisschen fortgeschritten sind, kommt der Hinweis auf die 2. Welle ab der nächsten Lektion auf Lateinisch. Merken Sie sich dafür das von **anima** *"Geist, Seele" stammende Verb* **animāre** *"beleben, aktivieren".*

Zweite Welle: Aktivieren Sie heute Lektion 7!

57 Lēctiō quīnquāgēsima septima (LVII)

Aule, ede intrītam tuam!

1 PATER – Aule! Ede intrītam tuam. ①

2 Ūndecimā hōrā vespertīnā, dormīre dēbērēs ...

3 *AULUS, patrī sine pudōre repugnāns*

4 – Minimē! Intrītam nōn edam!

5 *Flēre incipit.*

6 (PAT.) – Sī intrītam nōn edēs, rēctē vāpulābis!

7 (AUL.) – Nefās est! ②

8 Eās rēs semper mandūcandās dant quæ mihi fastīdium movent. ③ ④

9 *Vehementius flet.*

10 VĪCĪNŌRUM INQUILĪNŌRUM CHORUS ⑤

11 – Ecce līberōrum carnifex! ⑥

12 *PATER, paululum cēdēns*

13 – Quid, hercle, tibi fastīdiōsum nōn sit?

ANMERKUNGEN

① Die Bezeichnung für "Suppe", basierend auf dem Verb **interere**, **interō**, **intrīvī**, **intrītum** "hineinreiben", rührt von den Zutaten her, die die Römer in die Suppe rieben, z.B. Brot. Verwandt damit ist **trītus**, **-a**, **-um** "gerieben, abgetragen, ausgetreten", das PPP von **terere** "reiben, abnutzen".

57. Lektion

Aulus, iss deine Suppe!

1 VATER – Aulus! Iss deine Suppe (hineingerieben♀ Akk).

2 Um elf Uhr abends (elfte♀ Abl Stunde abendlich♀ Abl) müsstest du schlafen...

3 *AULUS, der sich dem Vater schamlos (*ohne Schamgefühl♂ Abl*) widersetzt*

4 – Auf keinen Fall! Ich werde die Suppe nicht essen!

5 *Er beginnt zu weinen.*

6 (V.) – Wenn du die Suppe nicht isst (wirst du-essen), wirst du zu Recht geschlagen werden!

7 (A.) – Das ist ungerecht! (nicht-erlaubt ist es!)

8 Immer geben sie mir Dinge zu essen (sie♀♀ Akk Sache immer zu-kauend♂♂ Akk geben sie), die bei mir Ekel auslösen (bewegen sie).

9 *Er weint heftiger.*

10 CHOR DER BENACHBARTEN MIETER

11 – Hört mal, was für ein Kinderquäler (Kind♂♂ Gen Fleischmacher♂)!

12 *VATER, ein wenig nachgebend* (zurückweichend)

13 – Was, beim Herkules, findest du wohl nicht ekelhaft (dir eklig∅ nicht sei es)?

ANMERKUNGEN

② **Nefās** "Sünde, Frevel" – **fās** "Recht, göttliches Gebot".

③ Auf den Tonaufnahmen fehlt leider das Wörtchen **rēs** "Dinge, Sachen".

④ **mandūcāre** "kauen" wurde umgangssprachlich auch für **edere** "essen" benutzt.

⑤ **inquilīnus** ist der "Mieter", aber das Wort für "mieten" und "gemietet" lautet ganz anders: **condūcere** und **conductīcius**. "Leihen" heißt dagegen **locāre**.

⑥ In **carnifex**, **-icis** steckt das Wort **carō**, **carnis** "Fleisch".

14 *AULUS, subitō plācātus*

15 – Libenter pernam ederem!

16 (PAT.) – Rīdiculum! Nūlla est perna in armāriō frīgidāriō. ⑦

17 Prætereā porcīnāriī taberna clausa est.

18 (AUL.) – Omnēs contrā mē conjūrant.

19 Quālem vītam agō! ⑧

20 *Vehementissimē flet.*

21 VĪCĪNŌRUM INQUILĪNŌRUM CHORUS.

22 – Ille puer ab indignō patre excruciātur! ⑨

23 SOCRUS – Mī gener, ætāte meā līberōs multō rēctius ēducārī solitōs esse arbitror. ⑩ ⑪

24 (PAT.) – Tū, socrus, abī in malam crucem! ⑫

25 *Ad pācem tamen servandam, gradūs dēscendit,*

26 *supplicāns porcīnārium expergēfacit,* ⑬

27 *cum pernā tandem domum redit.*

28 Nunc oportet pernam mandūcēs et cubitum eās.

29 *AULUS, perfectē odiōsum sē habēns*

ANMERKUNGEN

⑦ In **armārium**, -**iī** steckt das Nomen **arma**[ØØ], -**ōrum** "Waffen", denn ursprünglich handelte es sich um den Ort, an dem die Waffen aufbewahrt wurden.

⑧ **Quālis**, **quālis**, **quāle** "wie beschaffen, welch, was für ein" steht normalerweise in Verbindung mit **tālis**, -**is**, -**e** "solch, so". So haben Sie in Lektion 40 bereits **Quālis māter, tālis fīlia** kennen gelernt, und man sagt auch **Quālis pater, tālis fīlius** "Wie der Vater, so der Sohn."

⑨ Die Vorsilbe **ex**- in **excruciāre** "quälen, martern, peinigen" verstärkt das Verb.

14 *AULUS, plötzlich besänftigt*

15 – Ich würde gerne Schinken essen!

16 (V.) – Lächerlich! Es ist kein Schinken im Kühlschrank (Schrank[∅ Abl] kalt-[∅ Abl]).

17 Außerdem ist der Metzgerladen (Schweinefleischhändler[♂ Gen] Laden[♀]) geschlossen.

18 (A.) – Alle verschwören sich gegen mich.

19 Was für ein Leben ich führe!

20 *Er weint heftigst* (sehr-heftig).

21 CHOR DER BENACHBARTEN MIETER.

22 – Dieser Junge wird von [seinem] unwürdigen Vater gequält (wird[er]-gemartert)!

23 SCHWIEGERMUTTER – Mein Schwiegersohn, ich glaube, dass man Kinder zu meiner Zeit viel anständiger zu erziehen pflegte (Kind[♂♂ Akk] viel[∅ Abl] richtiger aufgezogen-werden gepflegt[♂♂ Akk] sein meine[ich]).

24 (V.) – Du, Schwiegermutter, scher dich zum Teufel (geh-weg in schlecht[♀ Akk] Kreuz[♀ Akk])!

25 *Um dennoch den Frieden zu wahren, steigt er die Stufen hinab,*

26 *weckt flehend den Schweinefleischhändler auf,*

27 *und kommt endlich mit einem Schinken nach Hause.*

28 Nun musst du den Schinken essen (kauest[du]) und schlafen gehen.

29 *AULUS, sich vollends gehässig* (völlig lästig) *verhaltend*

ANMERKUNGEN

⑩ Merken Sie sich zu **socrus** "Schwiegermutter" auch **nurus** "Schwiegertochter".

⑪ **Mī** ist die unregelmäßige Vokativform im Maskulinum von **meus** "mein".

⑫ Anders als in der 2. Deklination (Nominativ -**us**, Vokativ -**e**) haben in der 4. Deklination Nominativ und Vokativ dieselbe Form: **socrus**.

⑬ Erinnern Sie sich daran, dass die Komposita von -**facere** (jedoch *nicht* die auf -**ficere**) den Akzent auf dem Grundwort beibehielten: **expergēfacit**, trotz kurzer vorletzter Silbe. Diese Regel wird heute nicht von allen Sprechern beachtet.

30 – Volō tē mēcum mandūcāre.

31 (PAT.) – Num īnsānus es?

32 Ego pernam post secundam mēnsam mandūcem?

33 (AUL.) – Ita dīcis quia fortasse mē venēnō interficere cupis!

34 *Iterum flet.*

35 *PATER, valdē commōtus*

36 – Mī fīlī, cūr tantam immānitātem excōgitāvistī? ⑭

37 Errōrem tuum dēmōnstrābō.

38 *Nauseæ difficulter repugnāns pernæ dīmidiam partem comedit.* ⑮

39 *Aulus vōciferāns, lacrimārum torrentem subitō exprimit.*

40 *Inquilīnōrum chorus socrusque novissimōrum cruciātuum causam inquīrunt.* ⑯

41 (AUL.) – Partem quam cupiēbam ipse comēdit!

ANMERKUNGEN

⑭ **fīlī** ist die Vokativform von **fīlius** "Sohn". Alle Substantive der 2. Deklination auf -**ius** haben den Vokativ auf -**ī**.

⑮ Unterscheiden Sie das Präsens **comedit** vom Perfekt **comēdit**.

Exercitātiō prīma: Intellegisne hās sententiās?

❶ Māter uxōris socrus vocātur. ❷ Marītus socrūs est socer; socrus est socerī uxor. ❸ Socerī meī gener sum. ❹ Dīcuntur nurus et socrus sæpe inter sē altercārī.

30 – Ich will, dass du mit mir isst.

31 (V.) – Bist du denn verrückt?

32 Ich soll den Schinken nach dem Nachtisch (zweiter[♀ Akk] Tisch[♀ Akk]) essen?

33 (A.) – So sprichst du, weil du mich vielleicht mit Gift töten willst!

34 *Er weint erneut.*

35 *VATER, sehr bewegt* (aufgeregt)

36 – Mein Sohn, warum hast du dir eine so große Ungeheuerlichkeit (Wildheit[♀]) ausgedacht?

37 Ich werde deinen Irrtum beweisen. (Fehler[♂ Akk] dein[♂ Akk] werde[ich]-zeigen.)

38 *Sich dem Erbrechen nur mit Mühe widersetzend isst er die Hälfte des Schinkens auf.*
(Übelkeit[♀ Dat] schwierig Widerstand-leistend Schinken[♀ Gen] Hälfte[♀ Akk] Teil[♀ Akk] isst[er].)

39 *Aulus lässt plötzlich [laut] schreiend einen Sturzbach* (Wildbach) *an Tränen los* (drückt[er]-aus).

40 *Der Chor der Nachbarn und die Schwiegermutter fragen nach dem Grund für die neuesten Quälereien* (Folterung[♂♂]).

41 (A.) – Den Teil, den ich wollte, hat er selbst aufgegessen!

ANMERKUNGEN

⑯ Viele Vokabeln aus dem Sachfeld "Folter und Qual", wie **cruciāre** "foltern, quälen, kreuzigen" oder **cruciātus** "Marter, Qual", leiten sich von **crux**, **crucis** "Marterholz, Kreuz" ab, welches in erster Linie das Kreuz als Folter- und Exekutionsinstrument meint.

Solūtiō exercitātiōnis prīmæ: Intellēxistīne?

❶ Die Mutter der Ehefrau wird Schwiegermutter genannt. ❷ Der Ehemann der Schwiegermutter ist der Schwiegervater; die Schwiegermutter ist die Ehefrau des Schwiegervaters. ❸ Ich bin der Schwiegersohn meines Schwiegervaters. ❹ Man sagt (werden[sie]-gesagt), dass die Schwiegertochter und die Schwiegermutter sich oft (zwischen sich) streiten.

Exercitātiō altera: Īnsere verba dēficientia!

❶ Man sagt (sagen[sie]), dass die Schwiegertochter und die Schwiegermutter sich selten mögen.
Dīcunt nurum et ______ inter sē ____ amāre.

❷ Ein besonderer Grund, warum die Schwiegermutter den Schwiegersohn oder die Schwiegertochter tadelt, betrifft (erstreckt[sie]-sich-auf) die Erziehung der Kinder.
_____ præcipua cūr socrus generum aut nurum increpet ad līberōrum ēducātiōnem ________.

❸ Alle Menschen ziehen die Zeit, in der sie jung waren, den übrigen Lebensphasen vor.
_____ hominēs ætātem quā juvenēs _______ cēterīs ætātibus antepōnunt.

58 Lēctiō quīnquāgēsima octāva (LVIII)

In tabernā condīmentāriā

1 Māter familiās it obsōnātum. ① ②

2 Apud lanium carnem emit būbulam, vitulīnam, ovillam, suillam. ③

3 Ā pistōre pānem petit. Ē pistrīnā exit. ④

4 In macellō holera varia obsōnat. ⑤

ANMERKUNGEN

① **familiās** ist ein veralteter Genitiv Singular von **familia** "Familie".

② **obsōnāre** meint das Einkaufen von Essenszutaten für die Küche, vor allem von Gemüse, Obst und Fisch. Das dazugehörige Substantiv lautet **obsōnium** "Zukost" im Sinne von "Beilage". Aufbewahrt wurden Lebensmittel in der "Vorratskammer": **penus**, **-ūs** oder **-ī**; Getreide wurde in der "Scheune" gelagert: **horreum**.

❹ Zu unserer Zeit, sagen sie, war alles viel besser als zu eurer [Zeit] (sich hatten[sie]).

Tempore ▒▒▒▒▒▒ – ajunt – omnia multō ▒▒▒▒▒▒ quam vestrō sē habēbant.

Solūtiō exercitātiōnis alteræ: Verba dēficientia.

❶ socrum – rārō ❷ Causa – pertinet ❸ Omnēs – fuērunt ❹ nostrō – melius.

Das Wesentliche der Basisgrammatik haben Sie sich bereits erarbeitet. Seit Lektion 50 geht es vor allem darum, das Gelernte zu festigen und Ihre Lateinkenntnisse weiter in die Praxis umzusetzen. Ein Grund mehr, die "2. Welle" nicht zu vernachlässigen!

Unda altera: Animā hodiē lēctiōnem octāvam!

58. Lektion

Im Lebensmittelladen

1 Die Familienmutter geht für die Küche einkaufen.

2 Beim Metzger kauft sie Fleisch[♀ Akk] vom Rind, vom Kalb, vom Schaf und vom Schwein.

3 Beim (vom) Bäcker kauft sie Brot. Sie verlässt die Bäckerei.

4 Auf dem Markt kauft sie verschiedene Gemüse[sorten] ein.

ANMERKUNGEN

③ **būbulam**, **vitulīnam**, **ovillam** und **suillam** sind die auf **carnem**[♀ Akk] "Fleisch" bezogenen Adjektive zu **bōs**, **bovis** "Rind", **vitulus** "Kalb", **ovis** "Schaf" und **sūs**, **suis** "Schwein". Von **bōs** kommt auch **boārius**, **-a**, **-um**, das vor allem im Zusammenhang mit dem "Rindermarkt", **forum boārium**, verwendet wird.

④ Sie haben **petere** bereits in Lektion 10 im Sinne von "erstreben, anstreben, aufsuchen" kennen gelernt. Merken Sie sich auch **petere aliquid ab aliquō** "etwas von jmdm. erbitten/haben wollen".

⑤ Beispiele für Gemüsesorten sind **brassica** "Kohl" und **intubum** "Endivie" sowie das moderne **capsicum** "Paprika" und **lycopersicum** "Tomate".

5 In tabernam condīmentāriam intrat.

6 CONDĪMENTĀRIUS – Salvē, Domina! Quid petis?

7 DOMINA – Opus est sale, pipere, lagōnā oleī ūnā, acētī litrō ūnō,

8 saccharī kīlogrammate ūnō, ciceribus, phasēlīs siccīs, lentibus. ⑥

9 (C.) – Quantum phasēlōrum, quantum lentium?

10 (D.) – Phasēlōrum kīlogrammata duo, lentium sēsquilībram emam. ⑦

11 (C.) – Tibi dabō capsam in quā hæc omnia collocāre possīs.

12 (D.) – Grātiās! Dā quoque farīnam, pāstās, oryzam.

13 (C.) – Hæc nunc in sacculīs præbentur:

14 sacculōs suppeditāre mundius est quam grāna ē saccō manibus prehendere, ⑧

15 et facilius quam lancibus appendere. ⑨

16 (D.) – Estne tibi sāpō ad munditiem aptus?

17 (C.) – Hunc quoque, Domina, habeō.

18 Ut sōl nūbēs, sīc sāpō "Lūnæ Lūx" sordēs dēpellit! ⑩ ⑪

ANMERKUNGEN

⑥ **siccus**, **-a**, **-um** bedeutet "ohne Feuchtigkeit, trocken" und kann durchaus positiv gemeint sein: **homō siccus** "nüchterner, mäßiger Mensch". **Āridus** "dürr, ohne Saft" ist eher negativ besetzt. Als Gegenteile existieren **ūmidus** "feucht" und **madidus** "nass".

⑦ **sēsquilībra** "anderthalb Pfund" ist entstanden aus **sēs**, der Kurzform von **sēmis** "halb", **que** "und" sowie **lībra** "Pfund; Waage".

5 Sie betritt den Lebensmittelladen (Laden[♀ Akk] Gewürz-[♀ Akk]).

6 LEBENSMITTELHÄNDLER – Seien Sie gegrüßt, [meine] Dame! Was wünschen Sie?

7 DAME – Ich benötige (Werk[∅] ist[es]) Salz, Pfeffer, eine Flasche Öl, einen Liter Essig,

8 ein Kilo Zucker, Kichererbsen, getrocknete Bohnen und Linsen.

9 (L.) – Wieviel [von den] Bohnen, wieviel [von den] Linsen?

10 (D.) – Ich werde zwei Kilo Bohnen und anderthalb Pfund Linsen kaufen.

11 (L.) – Ich werde Ihnen eine Kiste geben, in der Sie dies alles verstauen können.

12 (D.) – Dankeschön! Geben Sie [mir] auch Mehl, Nudeln und Reis.

13 (L.) – Diese werden nun in Säckchen angeboten (werden[sie]-hingehalten):

14 Säckchen zur Verfügung zu stellen ist hygienischer, als die Körner mit den Händen aus dem Sack zu nehmen,

15 und einfacher, als sie in Waagschalen abzuwiegen.

16 (D.) – Haben Sie eine Seife, die sich für die Reinigung eignet (zu Sauberkeit[♂ Akk] geeignet[♂ Akk])?

17 (L.) – Die habe ich auch, [meine] Dame.

18 So, wie die Sonne die Wolken vertreibt, beseitigt die Seife "Mondlicht" den Schmutz!

ANMERKUNGEN

⑧ **suppeditāre** meint sowohl das intransitive "vorrätig sein, reichlich vorhanden sein" als auch das transitive "darreichen, verschaffen". Intransitive Verben können nicht ins Passiv übergehen und somit keine Akkusativobjekte haben.

⑨ **lanx**, **lancis** "Schale" haben wir Ihnen schon in Lektion 20 vorgestellt. Bei **lancēs**, **-ium** handelt es sich um den Plural: "Waage", denn diese besteht aus zwei Schalen. Weitere Behältnisse sind z.B. **dōlium** "Fass" und **sēria** "Tonne".

⑩ Das Adjektiv zu **sordēs**, **-ium** "Schmutz, Schäbigkeit; Gemeinheit" lautet **sordidus** "schmutzig, schäbig; gemein".

⑪ In **dēpellere** "vertreiben" steckt **pellere** "schlagen, stoßen, treiben".

Exercitātiō prīma: Intellegisne hās sententiās?

❶ Catō, in librō *Dē Agricultūrā*, salsūram pernārum sīc dēscrībit: ❷ Pernās salīre sīc oportet in dōliō aut in sēriā: ❸ In fundō dōliī aut sēriæ sale sternitō, deinde pernam pōnitō ... ❹ Cutis deorsum spectet; sale obruitō tōtam. ❺ Deinde alteram īnsuper pōnitō, eōdem modō obruitō. ❻ Cavē nē carō carnem tangat. ❼ Ita omnēs obruitō.

Exercitātiō altera: Īnsere verba dēficientia!

❶ Sobald (wo) du alle Schinken bereits eingelegt hast (wirst[du]-zusammengestellt-haben), bedecke sie oben mit Salz, so dass kein Fleisch [mehr] zu sehen ist: Mache es gleichmäßig.

Ubi jam _____ pernās composueris, sale īnsuper obrue nē carō _________: æquāle facitō.

❷ Sobald sie bereits fünf Tage im Salz gewesen sind, nimm alle mit ihrem Salz heraus.

Ubi ___ diēs _______ in sale fuerint, eximitō omnēs ___ suō sale.

❸ Mache diejenigen, die davor die obersten (höchsten) waren, zu den untersten, und bedecke sie auf dieselbe Art, und lege sie ein.

Quæ tum summæ fuerint, īmās facitō, _________ ____ obruitō et compōnitō.

❹ Nimm die Schinken nach insgesamt (völlig) 12 Tagen heraus, und wische das ganze Salz mit einem Schwamm gut ab.

Post diēs ______ XII (12 duodecim) pernās eximitō et salem _____ dētergētō spongiā bene.

❺ Bestreiche sie über und über mit Öl, und hänge sie zwei Tage lang in Rauch auf.

Perunguitō ____, suspenditō in fūmō bīduum.

Solūtiō exercitātiōnis prīmæ: Intellēxistīne?

❶ Cato beschreibt in seinem Buch *Über die Landwirtschaft* das Pökeln (Einsalzung♀ Akk) von Schinken folgendermaßen: ❷ Man muss folgendermaßen die Schinken in einem Fass oder einer Tonne einsalzen: ❸ Streue auf den Boden des Fasses oder der Tonne Salz, lege dann den Schinken darauf... ❹ Die Schwarte (Haut♀) soll nach unten schauen; bedecke [den Schinken] ganz mit Salz. ❺ Lege dann einen anderen darüber, bedecke ihn auf dieselbe Art. ❻ Gib acht, dass Fleisch und Fleisch sich nicht berühren. ❼ Bedecke so alles.

❻ Nimm sie am dritten Tag herunter, bestreiche sie über und über mit einem Gemisch aus Öl und Essig (Öl∅ Abl und Essig∅ Abl vermischt∅ Abl), und hänge sie an einem Fleischhaken auf.

▒▒▒▒▒▒ diē dēmitō, ▒▒▒▒▒▒▒▒▒▒ oleō et acētō commixtō, suspenditō in carnariō.

❼ Weder Maden noch Würmer werden sie anrühren.

▒▒▒ tinea ▒▒▒ vermēs tangent.

Solūtiō exercitātiōnis alteræ: Verba dēficientia.

❶ omnēs – appāreat ❷ jam – quīnque – cum ❸ eōdemque modō ❹ omnīnō – omnem ❺ oleō ❻ Tertiō – perunguitō ❼ Nec – nec.

Mārcus Porcius Catō

Der römische Politiker, Feldherr und Schriftsteller **Mārcus Porcius Catō** (234 v. Chr. – 149 v. Chr.) galt als besonders konservativ und nationalistisch. Seine politische und militärische Karriere brachte ihm die höchsten Ämter im Staate ein. Er wurde Konsul, Zensor und später einer der einflussreichsten Senatoren. Berühmt geworden sind auch die ihm zugeschriebenen Worte **cēterum cēnseō Carthāginem esse dēlendam** "außerdem meine ich, dass Karthago zerstört werden muss", mit denen er jede seiner Senatsreden abgeschlossen haben soll. Neben zahlreichen Reden hat er das Geschichtswerk **Orīginēs** "Ursprünge" und das Sachbuch **Dē Agricultūrā** "Über die Landwirtschaft" verfasst, welches vor allem seine eigenen Erfahrungen als Landwirt wiedergibt.

Unda altera: Animā hodiē lēctiōnem nōnam!

59 Lēctiō quīnquāgēsima nōna (LIX)

Molæ hydraulicæ

1 Ursus abbās monastērium statuit,

2 situm scīlicet apud flūmen Angerem, ①

3 in recessū montis cui nunc castrum imminet,

4 eōdem nōmine quō monastērium appellātum.

5 Cum frātrēs molam manū vertentēs,

6 trīticum ad vīctum necessārium comminuerent ... ② ③

7 prō labōre frātrum vīsum est ei molendīnum in ipsō Angeris fluviī alveō īnstituere. ④

8 Dēfīxīs in flūmine sublicīs, congregātīs lapidum magnōrum acervīs, claustra fēcit ... ⑤

9 atque aquam canālī collēgit,

10 cujus impetū fabricæ rota magnā volūbilitāte circumācta est. ⑥

11 Hōc opere labōrem monachōrum relevāvit,

ANMERKUNGEN

① Der Fluss Indre verläuft in Zentralfrankreich. Er entspringt in Saint-Priest-la-Marche und mündet nach 271 km bei Avoine in die Loire.

59. Lektion

Die Wassermühle

1 Der Abt Urs (Bär) errichtete ein Kloster (hat^{er}-aufgestellt),

2 und zwar (nämlich) gelegen am Fluss Indre,

3 in einer Bergkluft (Rückgang$^{♂\,\text{Abl}}$ Berg$^{♂\,\text{Gen}}$), vor der nun ein Kastell emporragt (ragt^{es}-hinein),

4 das mit demselben Namen wie das Kloster benannt ist.

5 Als die [Kloster]brüder, indem sie einen Mühlstein mit der Hand drehten,

6 den zum Lebensunterhalt nötigen Weizen zermalmten (zerschlügen^{sie}), …

7 schien es ihm gut (gesehen$^{\varnothing}$ ist^{es} ihm), [als Ersatz] für die Arbeit der Klosterbrüder eine Mühle in eben jenem Bett des Flusses Indre zu errichten.

8 Mit im Fluss befestigten Pfählen und zusammengescharten Haufen großer Steine baute er einen Staudamm (Verschluss$^{\varnothing\varnothing}$)...

9 und sammelte in einem Kanal das Wasser,

10 durch dessen Wucht (Schwung$^{♂}$) ein in einer Werkstätte hergestelltes Rad mit großer Drehzahl angetrieben wurde.

11 Durch dieses Werk erleichterte er die Arbeit der Mönche,

ANMERKUNGEN

② Zu **trīticum** "Weizen, Dreschgetreide" kennen Sie bereits das Verb (**in**)**terere**, (**in**)**terō**, (**in**)**trīvī**, (**in**)**trītum** "(hinein)reiben". Ein gängiges Synonym ist **frūmentum** "Getreide, Korn".

③ **vīctus**, **vīctūs** "Leben(sunterhalt)" lässt sich auf den Supinstamm von **vīvere**, **vīvō**, **vīxī**, **vīctum** "leben" zurückführen. Unterscheiden Sie es vom Partizip **victus**, **-a**, **-um** von **vincere**, **vincō**, **vīcī**, **victum** "besiegen".

④ Anstelle der Konstruktion mit **prō** + Ablativ hätte man hier auch eine verbale Konstruktion verwenden können: **ad lābōrem frātrum levandum** "um die Arbeit der Klosterbrüder zu erleichtern" (**levāre** "erleichtern, lindern").

⑤ **Dēfīxīs**: Verwechseln Sie nicht **fīgere** "befestigen, anheften" mit **fingere** "bilden, formen, gestalten, darstellen".

⑥ Merken Sie sich zu **volūbilitās**, **volūbilitātis** "Drehbarkeit, Rollbarkeit" auch das Adjektiv **volūbilis**, **-e** "drehbar, rollbar, kreisend" und das Verb **volvere**, **volvō**, **volvī**, **volūtum** "rollen, wälzen, drehen".

12 atque id ūnī frātrum dēlēgāvit.
13 Ita opus necessārium implēbātur.
14 Quæ sententiæ ē *Vītīs Patrum* excerptæ sunt,
15 quī liber ā Grēgoriō Turonēnsī scrīptus est. ⑦

ANMERKUNGEN

⑦ Interessant ist auch, dass das Buch neben **liber** auch **volūmen**$^{\varnothing}$, **-inis** heißt, denn früher hatten die Bücher die Form von Papyrus- oder Pergamentrollen.

Exercitātiō prīma: Intellegisne hās sententiās?

❶ Trīticum seu frūmentum molā teritur, id est in farīnam redigitur. ❷ Molæ antīquæ vī hominum vel animālium agēbantur. ❸ Mediō Ævō molæ vī flūminum āctæ jam dīvulgātæ erant.

Exercitātiō altera: Īnsere verba dēficientia!

❶ In Holland aber wurde die Kraft des Windes, die die Flügel von nicht unähnlichen Maschinen in Bewegung setzt, nicht nur zum Mahlen von Weizen, sondern auch zum Ausschöpfen von Bach- und Sumpfwasser (zu Wasser$^{\text{♀ Akk}}$ Bach$^{\text{♂♂ Gen}}$ Sumpf$^{\text{♀♀ Gen}}$-und zu-ausschöpfend$^{\text{♀ Akk}}$) benutzt.

In Batāviā _____ vīs ventī, quæ māchinārum haud dissimilium ālās _____, nōn sōlum ad trīticum molendum, sed etiam ad aquam rīvōrum palūdumque exhauriendam, ___________.

❷ Jetzt ist dies alles aus der Mode gekommen und nur noch auf Bildern zu sehen (werden^{sie}-gesehen).

____ hæc omnia obsolēvērunt et in imāginibus tantum ________.

❸ Eine moderne Mühle nämlich wird elektrisch (heutig$^{\text{♀}}$ Kraft$^{\text{♀ Abl}}$ elektrisch$^{\text{♀ Abl}}$) betrieben.

____ enim hodiernæ vī ēlectricā _______.

12 und er delegierte es an einen der Klosterbrüder (übertrug^{er}).

13 So wurde ein notwendiges Werk vollendet (wurde^{es}-angefüllt).

14 Diese Sätze sind aus dem *Leben der Väter* entnommen,

15 einem Buch, das von Gregor von Tours geschrieben worden ist.

Solūtiō exercitātiōnis prīmæ: Intellēxistīne?

❶ Weizen oder Getreide wird durch einen Mühlstein zerrieben, das heißt, es wird zu Mehl verarbeitet (in Mehl$^{\text{♀ Akk}}$ wird^{es}-zurückgetrieben). ❷ Eine antike Mühle (Mühlstein$^{\text{♀♀}}$) wurde durch die Kraft von Menschen oder Tieren angetrieben. ❸ Im Mittelalter (in-der-Mitte-befindlich Zeitalter) waren Mühlen, die durch die Kraft der Flüsse angetrieben wurden, bereits verbreitet.

Solūtiō exercitātiōnis alteræ: Verba dēficientia.

❶ autem – movet – ūsurpābātur ❷ Nunc – videntur ❸ Molæ – aguntur.

Gregor von Tours

Gregor von Tours (538 n. Chr. – 594 n. Chr.), ursprünglich **Geōrgius Flōrentius**, war ein gallo-römischer Bischof und Geschichtsschreiber aus einer vornehmen Familie, in der sich viele Senatoren, Bischöfe und Kirchendiener befanden. Nach einer langen theologischen Ausbildung, die ihn auch nach Lyon führte, und seinem Dienst als Diakon in der Auvergne wurde er 573 zum Bischof von Tours gewählt. Er wandte sich vehement gegen einige fränkische Teilkönige, die die Macht in Tours übernehmen wollten. Sein bekanntestes Werk ist die *Geschichte in zehn Bänden* (**Decem librī historiārum**) über die Franken. Daneben verfasste er zahlreiche Wunder- und Heiligengeschichten. Sein frühmittelalterliches Latein gilt als unklassisch und ländlich. In Tours und Clermont wird er heute als Heiliger verehrt.

Unda altera: Animā hodiē lēctiōnem decimam!

60 Lēctiō sexāgēsima (LX)

Lingua Latīna apothēcāria

1 Pharmacopōlæ, antequam mūnere suō fungī possent, jūsjūrandum ōlim dare dēbēbant. ①

2 Ecce exemplar hujus jūris jūrandī:

3 "... habēbunt pondera vēra et jūsta ā lībrā usque ad scrūpulum. ② ③

4 Nōn pōnent in suīs clystēribus medicīnam ūllam cujus virtūs sit exhālāta vel corrupta. ④

5 Nōn pōnent ūnam medicīnam prō aliā in ūllā receptā ...

6 et sī herbam vel medicīnam in receptā positam nōn habeant,

7 referent magistrō ōrdinantī ut circā hoc prōvideat. ⑤ ⑥

8 Nōn dabunt nec permittent darī scienter ūllum clystērium nec quicquam aliud medicābile... ⑦

ANMERKUNGEN

① **jūsjūrandum** "Eid" setzt sich zusammen aus **jūs**, **jūris** "Recht" und **jūrandum** "zu-schwörend" von **jūrāre** "schwören".

② **lībra** bezeichnet sowohl die "Waage" als auch das "Pfund". Dieses war in ganz Europa bis zur Einführung des metrischen Systems in Gebrauch. In der römischen Antike betrug ein Pfund etwa 325 Gramm, variierte jedoch je nach Zeit und Ort.

③ Die **ūncia** "Unze" betrug 1/12 der **lībra** (ca. 25 g). Das **scrūpulum** ist 1/24 der **ūncia** (ca. 1 g). Unter den Apothekergewichten waren auch die **drachma** (1/8 **ūncia**) und das **grānum** (1/20 **scrūpulum**).

④ Das Verb zu **corruptus**, **-a**, **-um** lautet **corrumpere** "verderben"; es setzt sich aus **cum** + **rumpere** "zerbrechen, zerreißen" zusammen.

60. Lektion

Apothekerlatein

1 Apotheker mussten, bevor sie ihren Beruf (Leistung$^{\varnothing\,\text{Abl}}$) ausüben durften, einst einen Eid leisten (geben).

2 Hier ein Beispiel für diesen Eid:

3 "... sie werden ungefälschte (wahr$^{\varnothing\varnothing}$) und genormte (gerecht$^{\varnothing\varnothing}$) Gewichte vom Pfund bis zum Skrupel haben.

4 In ihre Klistierspritzen werden sie kein (irgendein) Medikament füllen, dessen Wirkung aufgebraucht (Mannheit$^{♀}$ sei^{sie} ausgehaucht$^{♀}$) oder verdorben ist.

5 Sie werden bei keinem Rezept (nicht werden^{sie}-stellen) ein Medikament für ein anderes nehmen...

6 und wenn sie ein Kraut (Gras$^{♀}$) oder ein Medikament, das im Rezept steht, nicht haben sollten,

7 werden sie dem verschreibenden Arzt (Meister^{Dat} ordnend^{Dat}) mitteilen, dass er sich darum kümmern soll (sehe^{er}-vor).

8 Sie werden kein Klistier oder irgendein anderes Heilmittel (heilbar$^{\varnothing}$) ausgeben oder wissentlich zulassen, dass es ausgegeben wird...

ANMERKUNGEN

⑤ **referre** kann neben der Grundbedeutung "zurücktragen/-bringen" je nach Kontext u.a. auch "zurückerstatten; erwidern; wiederherstellen, ins Gedächtnis zurückrufen, übertragen, -liefern" heißen. **Pharmacopōlæ pyxidem pilulārum refert.** "Er bringt dem Apotheker eine Büchse [mit] Pillen$^{♀♀\,\text{Gen}}$ zurück."

⑥ Im klassischen Latein steht nach **prōvidēre** "vorhersehen, sorgen, sich kümmern" das, worum man sich kümmert, im reinen Akkusativ (= ohne zusätzliche Präposition). Die Konstruktion mit **circā** + Akkusativ ist unklassisch. **Prōvidet unguentum gravēdinī (pītuītæ) cūrandæ**. "Er kümmert sich um eine Salbe zur Heilung eines Schnupfens (Schleim)".

⑦ "Heilmittel" heißt **medicāmentum** (nachklassisch **medicābile**) im Hinblick auf die verwendeten Inhaltsstoffe. **Medicīna** bezieht sich eher auf die Heilkraft gegen eine bestimmte Krankheit. **Remedium** "Gegenmittel" meint ein Mittel gegen eine Krankheit/ein Gift, aber auch im abstrakten Sinne gegen das Böse, wie z.B. einen Fluch.

9 nisi ad hoc habeant receptam ab aliquō magistrō speciāliter ōrdinātam. ⑧

10 Nōn recipient clēricum nisī sciat intellegere, loquī et scrībere Latīnum et Gallicum ... ⑨

11 et antequam ipsum recipiant tenēbitur jūrāre omnia prædicta jūrāmenta. ⑩

12 Parisiīs, diē II mēnsis Octōbris, annō MCDXXII."

ANMERKUNGEN

⑧ Sie lernen hier **magister** "Lehrer, Meister" in einer anderen Bedeutung kennen: "Experte, Gelehrter, Spezialist". **Magister guttās in cutem īnstīllat.** "Der Gelehrte träufelt Tropfen auf die Haut."

Exercitātiō prīma: Intellegisne hās sententiās?

❶ Avē, Domine pharmacopōla – *vel* Domina pharmacopōla –, estne tibi remedium ad gravēdinem cūrandam aptum? ❷ Pītuītā labōro! ❸ Ecce! Guttās decem ex hāc ampullā māne, merīdiē et vespere in nāsum īnstillā! ❹ Antequam cubitum eās, pilulās duās ex illā pyxide cum pōtiōne calidā sorbē. ❺ Volō unguentum quoque contrā sōlis exūstiōnēs. ❻ Sī hōc unguentō cutem ūnxeris, sōlis exūstiō numquam nocēbit.

Estne tibi remedium ad pituitam curandam aptum ?

9 wenn sie dafür kein Rezept haben, das von einem Arzt speziell verordnet wurde.

10 Sie werden keinen Assistenten (Geistlicher[♂ Akk]) aufnehmen, der nicht (wenn-nicht wisse[er]) Latein und Französisch verstehen, sprechen und schreiben kann...

11 und bevor sie ihn aufnehmen, wird er alle vorgeschriebenen Eide zu schwören haben (wird[er]-gehalten-werden schwören alle[ØØ Akk] vorhergesagt[ØØ Akk] Eid[ØØ Akk]).

12 Paris, der 2. Oktober 1422."

ANMERKUNGEN

⑨ Beachten Sie den Unterschied zwischen **Nesciō Latīnē** (**loquī**) "Ich kann (nicht-weiß[ich]) kein Latein (sprechen)" (weil ich es nie gelernt habe) und **Nōn possum Latīnē loquī** "Ich kann kein Latein sprechen" (weil ich z.B. stumm bin).

⑩ Die Konstruktion **tenēre** + Infinitiv zum Ausdruck einer Pflicht bzw. Notwendigkeit ist unklassisch.

Solūtiō exercitātiōnis prīmæ: Intellēxistīne?

❶ Guten Tag, Herr Apotheker – *oder* Frau Apothekerin –, haben Sie ein Mittel, das geeignet ist, um Schnupfen zu heilen? ❷ Ich leide an einer triefenden Nase! ❸ Hier! Träufeln Sie sich zehn Tropfen aus dieser Ampulle [hier] morgens, mittags und abends in die Nase! ❹ Bevor Sie schlafen gehen, nehmen Sie zwei Pillen aus dieser Dose mit einem warmen Getränk (Trank) ein (schlürf). ❺ Ich will auch eine Salbe gegen Sonnenbrände (Sonne[♂ Gen] Verbrennung[♀♀ Akk]) [haben]. ❻ Wenn Sie mit dieser Salbe [hier] die Haut einreiben (wirst[du]-bestrichen-haben), wird ein Sonnenbrand niemals Schaden anrichten.

Denken Sie auch immer an die "2. Welle"? Jetzt, am Anfang dieser Phase, fällt Ihnen das Formulieren der ersten Lektionen auf Latein bestimmt ganz leicht, denn Sie begegnen Kenntnissen, die Sie sich schon vor langer Zeit angeeignet und mittlerweile viele Male wiederholt haben.

Exercitātiō altera: Īnsere verba dēficientia!

❶ Das glaube ich so nicht (meine^{ich}); meine Haut wird schon durch die kleinste Verbrennung sofort verletzt.
Ita nōn ______, cutis mea vel minimā exustiōne ______ vulnerātur.

❷ Dann hüten Sie sich vor der Sonne; liegen Sie nicht den ganzen Nachmittag im Sand.
Tunc ____ ____; nōlī in harenā tōtō tempore postmerīdiānō jacēre.

❸ Ich werde Ihren Rat befolgen (werde^{ich}-benutzen)... Ich will auch Zahnpulver [haben] ... was noch (weiter)? Ich bin [mir] sicher, dass ich irgendetwas vergessen habe.
Cōnsiliō tuō ūtar ... Dentifricium ____ volō ... quid amplius? ______ ___ mē alicujus reī oblītum esse.

❹ Wollen Sie eine Seife [haben], um den Bart zu rasieren?
_____ sāpōnem ad ______ rādendam?

❺ Auf keinen Fall! Ich benutze einen elektrischen Rasierer...
________! Novāculā ūtor ēlectricā ...

❻ Ach so! Ich habe es gefunden! Ich will eine Zahnbürste (Bürste♂ Akk Zahn-♂ Akk) [haben].
Eja! Invēnī! Pēniculum dentārium ____.

61 Lēctiō sexāgēsima prīma (LXI)

Prōsit

1 APPIUS – Ēbibat igitur suum quisque calicem.

2 Ā mē exemplum capiētis.

3 Tibi hoc propīnō, Mārce!

4 MĀRCUS – Accipiō abs tē libenter. ①

5 Prō quō vulgus "Præstōlor!" dīcit.

Solūtiō exercitātiōnis alteræ: Verba dēficientia.

❶ arbitror – statim ❷ cavē sōlem ❸ etiam – Certus sum ❹ Vīsne – barbam ❺ Nēquāquam ❻ volō.

Klassisches und unklassisches Latein

Diese und die vorherige Lektion sind in einem als "unklassisch" oder "nachklassisch" bezeichneten Latein verfasst. Damit ist nur gemeint, dass es nicht mehr den Sprachstandards entspricht, die die als "klassisch" geltenden antiken Autoren Cicero und Vergil im 1. Jh. v. Chr. gesetzt haben. Es ist jedoch stets zu beachten, dass ein einheitliches "unklassisches" Latein nicht existiert. Sowohl das gesprochene als auch das geschriebene Latein können einem Wandel unterliegen, der sich je nach Zeitalter, Ort, behandelter Materie und Bildungsniveau teils sehr unterschiedlich vollzieht. Letzten Endes bleibt es jedem lateinischen Autor selbst überlassen, in welchem Maße er die Umgangssprache in seine Texte einfließen lässt oder das Latein der Klassiker Cicero und Vergil zu imitieren versucht.

Unda altera: Animā hodiē lēctiōnem ūndecimam!

61. Lektion

Prost

1 APPIUS – Es leere also jeder seinen Kelch.

2 An mir werdet ihr euch ein Beispiel nehmen [können].

3 Ich proste dir hiermit zu, Markus!

4 MARCUS – Das nehme ich gerne von dir an.

5 Hierfür sagt der Volksmund (Volk∅) "Ich stehe bereit!".

ANMERKUNGEN

① **abs** wird häufig anstelle von **ā**, **ab** "von" gebraucht, wenn die Verschlusslaute **t**, **c** oder **q** folgen.

6 Equidem nōn recūsō.

7 Nihil tuā causā recūsābō.

8 (APP.) – Tū deinde cēterīs propīnā.

9 (MĀR.) – Tite! Præbibō tibi dīmidiam pateram! ②

10 TITUS – Precor ut tibi bonō sit.

11 Sit tibi bonum atque commodum.

12 Prōsit tibi! (Prōficiat dūrius dīcitur.)

13 (APP.) – Sed cūr cessat patera?

14 Cūr nōn obambulat?

15 Dēficit nōs vīnum? Ubi sunt oculī tuī, puer? ③

16 Volā, affer ejusdem generis sextāriōs duōs! ④

17 DĒLIA – Ego vellem nūpsisse fungō, potius quam meō nūberem Mārcō. ⑤

18 CYNTHIA – Quid ita, quæsō? ⑥

19 Tam citō male convēnit inter vōs?

20 (DĒL.) – Nec umquam conveniet cum tālī virō.

21 Vidēs quam sim pannōsa.

6 Ich jedenfalls (meinerseits) lehne nicht ab.

7 Nichts werde ich deinetwegen ablehnen.

8 (A.) – Dann proste du den anderen zu.

9 (M.) – Titus! Ich trinke für dich (dir) eine halbe Schale vor!

10 TITUS – Ich wünsche, dass es zu deinem Wohl (dir Gut$^{\varnothing\ Dat}$) ist.

11 Es soll für dich gut und vorteilhaft (günstig) sein.

12 Es bekomme dir (für-sei^{es} dir)! ("Es nütze" klingt etwas härter (mache^{es}-Fortschritte härter wird^{es}-gesagt.))

13 (A.) – Aber warum bleibt (zögert^{sie}) die Schale aus?

14 Warum geht sie nicht herum?

15 Geht uns der Wein aus? Wo sind deine Augen, Junge?

16 Beeile dich (fliege), bring zwei Schoppen (Sester) derselben Sorte!

17 DELIA – Hätte ich doch lieber einen Pilz geheiratet als meinen (heiratete^{ich}) Markus.

18 CYNTHIA – Was soll das bitte heißen (was so, bitte^{ich})?

19 Ist es so schnell schiefgelaufen (so schnell schlecht ist^{es}-zusammen-gekommen) zwischen euch?

20 (D.) – Es wird niemals laufen mit so einem Mann.

21 Du siehst [ja], wie zerlumpt ich bin.

ANMERKUNGEN

② Die **patera** bezeichnet ein flaches Trink- und Opfergefäß, das vor allem im sakralen Umfeld in Gebrauch war.

③ **dēficere** drückt einen neu eingetretenen Zustand aus, **deesse** einen permanenten Zustand.

④ Das Hohlmaß **sextārius** "Sester" (in römischer Zeit nur ca. 0,5 l) von **sextus**, **-a**, **-um** "sechster, sechste" bezeichnet den sechsten Teil eines **congius** (ca. 3,25 l).

⑤ **nūbere** + Akkusativ: "bedecken, verhüllen" (vgl. **nūbēs** "Wolke"). Da die Braut bei einer Hochzeit mit einem Schleier und somit für den Mann verhüllt war, heißt **nūbere** + Dativ "(einen Mann) heiraten"; "eine Frau heiraten" heißt hingegen (**in mātrimōnium**) **dūcere** "(in Ehe) führen".

⑥ **quæsō** "ich bitte, ich suche" ist eine veraltete Form von **quærō** "ich suche".

22 Sīc patitur uxōrem suam domō ēgredī.

23 Dispeream nisī sæpe pudet mē prōdīre in publicum, ⑦

24 cum videō quam cultæ sint aliæ ...

25 quæ multō pauperiōribus nūpsēre marītīs.

(Ex ERASMĪ ***Colloquiīs familiāribus***, 15 & 21)

Exercitātiō prīma: Intellegisne hās sententiās?

❶ Quod vīnum bibere vīs, ātrum an album? ❷ Atrum mālō. Album enim crūditātem creat. ❸ Melius est tē aquam medicātam bibere. ❹ Quid dīxistī? Nōn ægrōtō neque ūllam medicīnam sūmere cupiō. ❺ Tē fortūna juvat, ego multīs morbīs labōrō. ❻ Sæpe cum febrī jaceō; raucā tussī tussiō.

Exercitātiō altera: Īnsere verba dēficientia!

❶ Ich habe Arthritis und Gicht (arthritisch und gichtkrank bin[ich]).
Arthrīticus □□ podagricus □□□.

❷ Mir juckt die ganze Haut.
□□□□ cute prūriō.

❸ Ich wurde von einem tollwütigen Hund gebissen. Ein tollwütiger Hund hat mich gebissen.
Ā cane rabidō □□□□□□ □□□. Canis rabidus mē □□□□□□□□.

❹ Diejenigen, die immer krank sind, leben sehr lange.
Quī □□□□□□ ægrōtant diūtissimē □□□□□□.

22 So lässt er seine Ehefrau aus dem Haus gehen.

23 Ich soll sterben, wenn ich mich nicht häufig schäme, in die Öffentlichkeit zu gehen,

24 wo ich sehe, wie gepflegt die anderen sind...

25 die viel ärmere Ehemänner geheiratet haben.

(Aus ***Vertraute Gespräche*** von Erasmus von Rotterdam 15 & 21)

ANMERKUNGEN

⑦ Merken Sie sich neben **disperīre** "sterben, umkommen, gänzlich zugrunde gehen" auch **ē vīta dēcēdere** "aus dem Leben scheiden (weggehen)".

Solūtiō exercitātiōnis prīmæ: Intellēxistīne?

❶ Welchen Wein willst du trinken, roten (schwarz$^{\varnothing\ \mathrm{Akk}}$) oder weißen? ❷ Ich bevorzuge roten (schwarz$^{\varnothing\ \mathrm{Akk}}$). Ein Weißer erzeugt nämlich Sodbrennen. ❸ Es ist besser, wenn du Heilwasser (Wasser$^{♀\ \mathrm{Akk}}$ heilsam$^{♀\ \mathrm{Akk}}$) trinkst. ❹ Was hast du gesagt? Ich bin weder krank, noch will ich irgendeine Medizin nehmen. ❺ Das Glück ist auf deiner Seite (Schicksal fördert^{sie}); ich leide unter vielen Krankheiten. ❻ Häufig liege ich mit Fieber [darnieder]; ich huste mit heiserem Husten.

❺ Diejenigen, die sich immer krank vorkommen (werden^{sie}-gesehen), machen Ärzte und Apotheker reich (bereichern^{sie}).

Quī ægrōtī sibi semper ________ medicōs pharmacopōlās ___ locuplētant.

Solūtiō exercitātiōnis alteræ: Verba dēficientia.

❶ et – sum ❷ Tōtā ❸ morsus sum – momordit ❹ semper – vīvunt ❺ videntur – que.

Unda altera: Animā hodiē lēctiōnem duodecimam!

62 Lēctiō sexāgēsima altera (LXII)

Ultimum vōtum

1 – Nec rūmiī pōcillum nec hispānicam accipere vīs? ①

2 Sed age, forsitan tibi sit in vōtīs aliud quid ② ③

3 – ajēbat magistrātus cuidam condemnātō, quīnque minūtīs ante supplicium ejus.

4 – Nempe, Domine Jūdex

5 – is respondit –:

6 ā pueritiā, tōtā semper mente, linguam Hebraicam discere optāvi! ④

7 Diārium cujusdam cīvitātis, cum hunc mātrimōniālem libellum publicāvisset: ⑤

8 "Vīlicī fīlia, 30 annōs nāta, fōrmōsō corpore, dulcissimā nātūrā, multa spērāns, ⑥

9 recentissimamque vīllam possidēns, adulēscentī nūbere cupit, etc." ⑦

10 Rescrīpsit quīdam:

11 "Spērātōrum indicem mitte, vīllæque imāginem phōtographicam". ⑧

62. Lektion

Ein letzter Wunsch

1 – Wollen Sie weder ein Gläschen Rum noch eine Zigarette haben (empfangen)?

2 Aber kommen Sie (treibe), vielleicht haben Sie einen anderen Wunsch (sei^{es} in Wunsch$^{\varnothing\varnothing\text{ Abl}}$ anderes$^{\varnothing}$ etwas$^{\varnothing}$),

3 sagte der hohe Beamte zu einem Verurteilten (verurteilt$^{\text{♂}}$) fünf Minuten vor dessen Hinrichtung (Qual$^{\varnothing}$ dessen).

4 – Doch ja, Herr Richter,

5 antwortete er,

6 von meiner Kindheit an habe ich mir immer von ganzem Herzen (ganz$^{\text{♀ Abl}}$ immer Sinn$^{\text{♀ Abl}}$) gewünscht, die hebräische Sprache zu erlernen!

7 Nachdem das Tagesblatt einer Gemeinde diese Hochzeitsannonce (Ehe-$^{\text{♂ Akk}}$ Büchlein$^{\text{♂ Akk}}$) veröffentlicht hatte:

8 "Tochter eines Gutsverwalters, 30 Jahre alt, von schönem Körper und sehr lieblichem Charakter (Natur), viel erwartend (hoffend),

9 und Besitzerin einer nagelneuen Villa (besitzend), wünscht einen jungen Mann zu heiraten usw."

10 schrieb (hat^{er}-geantwortet) jemand zurück:

11 "Schicke eine Liste der Erwartungen (gehofft$^{\varnothing\varnothing\text{ Gen}}$ Anzeiger$^{\text{♂♀ Akk}}$) und ein Lichtbild der Villa (Bild$^{\text{♀}}$ fotografisch)."

ANMERKUNGEN

① **pōcillum** ist die Diminutivform von **pōculum** "Becher".

② **forsitan** (manchmal **forsan**) "vielleicht" ist entstanden aus **fors** (**sit**) **an** "Zufall$^{\text{♀}}$ sei^{es} ob".

③ **quid** ist hier die Kurzform von **aliquid** "(irgend)etwas".

④ Hier ist bei der Aufnahme des Satzes leider ein kleines Missgeschick passiert. Es fehlt natürlich das Wort **discere** "lernen".

⑤ **Diārium**, **-iī**: Sie haben in Lektion 12 bereits **diurnārius** "Journalist" kennen gelernt. In beiden Wörtern erkennen Sie **diēs**, **-ēī** "Tag".

⑥ **fōrmōsus**, **-a**, **-um** bedeutet "schön" im Sinne von "wohlgestaltet".

⑦ Merken Sie sich zu **vīlla**, **-æ** auch **vīlicus**, **-ī** "Gutsverwalter".

⑧ **index**, **-icis** kann viele Bedeutungen haben: "Anzeiger, Verzeichnis, Zeiger, Katalog; Verräter, Entdecker".

12 Autorædārius quīdam, cum, albīs ālīs ōrnātus, Sānctum Petrum adīret,

13 ā paradīsī jānitōre quidnam sibi accidisset interrogātus, ita respondit:

14 – Quid acciderit nōn intellegō:

15 Pauca vix abhinc minūta cum uxōre autorædam beātus regēbam ... ⑨

16 Ejus ultima verba tantum recordor:

17 "Sī gubernāculum mihi commodāre velīs, angelus vērē sīs!"

(Ē *Vītā Latīnā*, n° 5, Sept. 1958, G. COTTON)

CARMEN

Gaudeāmus igitur (conclūditur)

Vīvant omnēs virginēs, facilēs, fōrmōsæ! (bis)
Vīvant et mulierēs,
Teneræ, amābilēs,
Bonæ, labōriōsæ! (bis)

Vīvat et rēs publica, et quī illam regit! (bis)
Vīvat nostra cīvitās!
Mæcēnātum cāritās
Quæ nōs hīc prōtegit! (bis)

Exercitātiō altera: Īnsere verba dēficientia!

❶ Ein mit Flügeln ausgestatteter Autofahrer wurde gefragt, was ihm passiert sei.
Autorædārius ālīs ___ interrogātus est quid sibi ___.

❷ Ich weiß nicht, was passiert ist.
Nesciō quid ___.

❸ Vor wenigen Minuten steuerte ich mein Auto.
___ abhinc minūta currum ___.

12 Als ein Autofahrer, mit weißen Flügeln ausgestattet, zum Heiligen Petrus kam,

13 antwortete er, vom Pförtner des Paradieses gefragt, was ihm denn passiert sei, folgendes:

14 – Was passiert ist, verstehe ich nicht:

15 Noch vor wenigen Minuten (wenig[ØØ Akk] kaum von-hier Minute[ØØ Akk]) lenkte ich mit meiner Frau glücklich das Auto…

16 Ich erinnere mich nur an ihre letzten Worte:

17 "Wenn du mir vielleicht das Lenkrad überlassen würdest (wollest[du]), wärest du ein wahrer Engel (seiest[du])!"

(Aus ***Vita Latina***, Nr. 5, Sept. 1958, G.COTTON)

ANMERKUNGEN

⑨ **abhinc** heißt im räumlichen Sinne "von hier"; im zeitlichen Sinne in Verbindung mit einem Akkusativ **pauca abhinc minūta** " vor wenigen Minuten", mit einem Ablativ **paucīs abhinc minūtīs** "wenige Minuten vorher, vor wenigen Minuten".

LIED

Freuen wir uns also (Schluss)

Es leben alle Mädchen, die umgänglichen, die hübschen!
(zweimal)
Es leben auch die Frauen
Die zarten, liebenswerten
Die guten, die fleißigen! (zweimal)

Es lebe auch der Staat und derjenige, der ihn regiert! (zweimal)
Es lebe unsere Gemeinde!
Die Fürsorge der Mäzene,
Die uns hier beschützt! (zweimal)

Solūtiō exercitātiōnis alteræ: Verba dēficientia.

❶ ōrnātus – accidisset ❷ acciderit ❸ Pauca – regēbam.

Unda altera: Animā hodiē lēctiōnem tertiam decimam!

63 Lēctiō sexāgēsima tertia (LXIII)

Repetītiō et annotātiōnēs

1. ferre

Das irreguläre Verb ferre, ferō, tulī, lātum "tragen, bringen" mit seinen Komposita wie trānsferre "hinübertragen", differre "auseinandertragen, unterscheiden" oder referre "zurücktragen, berichten" ist ein sehr häufiges und wichtiges Verb und soll hier deshalb ausführlicher vorgestellt werden:

Aktiv

	Infinitiv	Indikativ	Konjunktiv
Präs.	ferre	ferō, fers, fert, ferimus, fertis, ferunt	feram, ferās, ferat, ferāmus, ferātis, ferant
Imp.	-	ferēbam, ferēbās, ferēbat…	ferrem, ferrēs, ferret…
Fut.	lātūrum, -am, -um esse	feram, ferēs, feret…	-
Fut. II	-	tulerō, tuleris, tulerit…	-
Perf.	tulisse	tulī, tulistī, tulit…	tulerim, tuleris, tulerit…
Plusqu.	-	tuleram, tulerās, tulerat…	tulissem, tulissēs, tulisset…

Passiv

	Infinitiv	Indikativ	Konjunktiv
Präs.	ferrī	feror, ferris, fertur, ferimur, feriminī, feruntur	ferar, ferāris, ferātur, ferāmur, ferāminī, ferantur
Imp.	-	ferēbar, ferēbāris, ferēbātur…	ferrer, ferrēris, ferrētur…
Fut.	-	ferar, ferēris, ferētur…	-
Fut. II	-	lātus, -a, -um erō/eris/erit latī, -æ, -a erimus/eritis/erunt	-
Perf.	lātum, -am, -um esse	lātus, -a, -um sum/es/est lātī, -æ, -a sumus/estis/sunt	lātus, -a, -um sim/sīs/sit lātī, -æ, -a sīmus/sītis/sint
Plusqu.	-	lātus, -a, -um eram/erās/erat lātī, -æ, -a erāmus/erātis/erant	lātus, -a, -um essem/essēs/esset lātī, -æ, -a essēmus/essētis/essent

63. Lektion

Das PPA lautet **ferēns**, **ferentis**, das Gerundivum **ferendus**, -**a**, -**um**.

Amīcus tibi auxilium ferre potest. "Dein Freund kann dir Hilfe bringen."

Audācia nōn ferenda "eine unerträgliche (nicht zu-tragend♀) Frechheit"

Magistrō referent, ut circā hoc prōvideat. "Sie werden dem Meister mitteilen, dass er sich darum kümmern soll."

Bracchia manūs ferunt. "Die Arme tragen die Hände."

2. Perfektbildung

Die Verben bilden ihren Perfektstamm auf sehr unterschiedliche Weise. Wir wollen Ihnen hier einen Überblick über die verschiedenen Möglichkeiten der Perfektbildung geben.

v-Perfekt

Bei vielen Verben, vor allem denen der a- und i-Konjugation, endet der Perfektstamm auf v:

amāre, **amō**, **amāv-ī**, **amātum** "lieben"
audīre, **audiō**, **audīv-ī**, **audītum** "hören"
complēre, **compleō**, **complēv-ī**, **complētum** "vollmachen"
petere, **petō**, **petīv-ī**, **petītum** "streben, bitten"

u-Perfekt

Bei dieser Perfektbildung endet der Perfektstamm auf u:

dēbēre, **dēbeō**, **dēbu-ī**, **dēbitum** "müssen, schulden"
habēre, **habeō**, **habu-ī**, **habitum** "müssen, schulden"
secāre, **secō**, **secu-ī**, **sectum** "schneiden"
colere, **colō**, **colu-ī**, **cultum** "pflegen, bebauen"

s-Perfekt

Bei dieser Perfektbildung endet der Perfektstamm auf s oder x:

scrībere, **scrībō**, **scrīps-ī**, **scrīptum** "schreiben"
nūbere, **nūbō**, **nūps-ī**, **nūptum** "heiraten"
dīcere, **dīcō**, **dīx-ī** (eigentlich: **dīcs-ī**), **dictum** "sagen"
dūcere, **dūcō**, **dūx-ī** (eigentlich: **dūcs-ī**), **ductum** "führen"

Dehnungsperfekt

Bei Verben, die ihre Perfektformen auf diese Weise bilden, wird der Stammvokal gedehnt, d.h. er wird lang:

venīre, **veniō**, **vēnī**, **ventum** "kommen"
facere, **faciō**, **fēcī**, **factum** "tun, machen"
agere, **agō**, **ēgī**, **āctum** "treiben, handeln"
vidēre, **videō**, **vīdī**, **vīsum** "sehen"

Reduplikationsperfekt

Bei dieser Perfektbildung wird die erste Silbe des Verbs verdoppelt, d.h. der Anfangskonsonant wird zusammen mit einem weiteren Vokal, meistens dem Vokal der ersten Silbe des Verbs oder einem **e**, dem Verb vorangestellt:
currere, **currō**, **cu-currī**, **cursum** "laufen"
cadere, **cadō**, **ce-cidī**, (**cāsūrum**) "fallen"
mordēre, **mordeō**, **mo-mordī**, **morsum** "beißen"
dare, **dō**, **de-dī**, **datum** "geben"

Perfekt ohne Veränderung der Stammsilbe

Bei einer ganzen Reihe von Verben unterscheidet sich der Perfektstamm nicht vom Präsensstamm:
offendere, **offendō**, **offendī**, **offēnsum** "anstoßen, beleidigen"
ascendere, **ascendō**, **ascendī**, **ascēnsum** "hinaufsteigen"
prandēre, **prandeō**, **prandī**, **prānsum** "frühstücken".

3. Zeitbezogene Fragepronomen, Adverbien und Konjunktionen

Wir möchten hier noch einmal kurz einige der bisher aufgetauchten zeitbezogenen Fragepronomen, Adverbien und Konjunktionen wiederholen und ihnen einige weitere wichtige Wörter aus dieser Kategorie vorstellen:
antequam "bevor" (L. 13), **dum** "solange" (L. 40), **nōnnumquam** "manchmal" (L. 40), **numquam** "niemals" (L. 50), **postquam** "nachdem" (L. 26), **priusquam** "ehe, bevor" (L. 72), **umquam** "jemals" (L. 47).

Kennen sollten Sie weiterhin die Folgenden:
aliquamdiū "eine Weile, eine Zeitlang", **quamdiū** "wie lange", **tamdiū... quamdiū** "so lange... wie", **quamdūdum** "seit wann", **jamdūdum** "lange, längst", **prīdem** "längst; vor langer Zeit".

4. Geografische Eigennamen

Sie haben schon zahlreiche Namen bedeutender Städte, Länder, Flüsse und Regionen kennen gelernt, die wir hier noch einmal (mit Lektionsnummer in Klammern) zusammenfassen möchten:

Albintimilium (37) "Ventimiglia"	**Grātiānopolis** (31) "Grenoble"
Alpēs (53) "Alpen"	**Londinium** (37) "London"
Anglia (37) "England"	**Lugdūnum** (8) "Lyon"
Antipolis (37) "Antibes"	**Lutētia** (11) "Paris"
Aquæ Sextiæ (16) "Aix-en-Provence" (ebenso: **Aquæ** "Baden-Baden", **Aquisgrānum** "Aachen", **Aquæ Mattiacæ** "Wiesbaden")	**Massilia** (8) "Marseille"
Arausiō (16) "Orange"	**Nārbō** (16) "Narbonne"
Arelāte (16) "Arles"	**Nemausum** (16) "Nîmes"
Augusta Taurīnōrum (31) "Turin" (ebenso: **Augusta Trēverōrum** "Trier", **Cæsaraugusta** "Zaragoza", **Ēmerita** (**Augusta**) "Mérida", **Augusta Raurica** "Kaiseraugst")	**Nīcæa** (37) "Nizza"
Augusta (**Vindelicōrum**) (31) "Augsburg"	**Novum Eborācum** (8) "New York"
Batāvia (59) "Holland"	**Rhodanus** (8) "Rhône"
Bergintrum (53) "Bourg-Saint Maurice"	**Rōma** (1) "Rom"
Forum Jūliī (36) "Fréjus"	**Telō, -nis** (37) "Toulon"
Gallia (15) "Frankreich"	**Tolōsa** (16) "Toulouse"
Genua (8) "Genua"	**Vienna** / **Vindobona** (16) "Wien"
Græcia (10) "Griechenland"	

Darüber hinaus werden Ihnen in diesem Kurs noch zahlreiche weitere geografische Namen begegnen, die wir Ihnen hier zum Teil schon einmal vorstellen möchten und die wir noch um einige zusätzliche ergänzt haben:

Ægyptus (77) "Ägypten"	**Germānia** "Deutschland"
Æthiopia (83) "Äthiopien"	**Helvētia** "Schweiz"
Antium (87) "Anzio"	**Hispānia** (95) "Spanien"
Arpīnum (87) "Arpino"	**Isara** (75) "Isère"
Austrālia (95) "Australien"	**Italia** "Italien"
Austria "Österreich"	**Liger** (89) "Loire"
Barcinō (68) "Barcelona"	**Lūsitānia** "Portugal"
Bavaria "Bayern"	**Mediōlānum** (75) "Mailand"
Berolīnum "Berlin"	**Misēnum** (95) "Miseno"
Camberium (75) "Chambéry"	**Monachium** "München"
Capreæ (99) "Capri"	**Mosella** (77) "Mosel"
Chicagia (75) "Chicago"	**Neāpolis** (95) "Neapel"
Cīvitātēs Ūnītæ Americæ "Vereinigte Staaten von Amerika"	**Rhēnus** "Rhein"
Colōnia (Agrippīnēnsis) "Köln"	**Russia** "Russland"
Corinthus (77) "Korinth"	**Sīna** "China"
Dānuvius "Donau"	**Sinus Ligusticus** (95) "Golf von Genua"
Dēlus (77) "Delos" (griech. Insel)	**Tiberis** (94) "Tiber"
Formiæ (87) "Formia"	**Venetia** (95) "Venedig"
Francofurtum ad Mœnum "Frankfurt am Main"	**Vesuvius** (97) "Vesuv"

64 Lēctiō sexāgēsima quārta (LXIV)

Volātus probātīvus

1 Āeronāvis quædam vectōria ad āeroportum appropinquat. ①

2 Vectōrēs lūcidīs litterīs scrīptum vident: "Zōnīs cingiminī."

3 Quod præceptum megaphōniō iterātur. ②

4 Vectōrēs zōnīs cinguntur, nē, sī quid acciderit,

ANMERKUNGEN

① Achten Sie darauf, das griechische Wort **āēr**, **āeris** "Luft" zweisilbig [*ā-ēr*] auszusprechen. In zusammengesetzten Wörtern: **āero-**.

Vergessen Sie nicht, ab und zu mal ein wenig zurück zu blättern und die eine oder andere Lektion zu wiederholen.

Unda altera: Animā hodiē lēctiōnem quārtam decimam!

64. Lektion

Ein Probeflug

1 Ein Flugzeug nähert sich dem Flughafen.

2 Die Passagiere sehen in leuchtenden Lettern den Schriftzug: "Legen Sie die Gurte an."

3 Diese Vorschrift wird über den Lautsprecher wiederholt.

4 Die Passagiere legen die Gurte an, damit sie nicht, falls etwas passieren sollte,

ANMERKUNGEN

② Sowohl **megaphōnium** als auch **megaphōnum** sind möglich. Merken Sie sich auch **grammophōnium** oder **grammophōnum** "Plattenspieler".

5 aliī super aliōs prōjiciantur nēve ita gravius vulnerentur.

6 *Iterum vōx megaphōniī* – Optimī vectōrēs!

7 Testēs prīmī eritis inaudītī antehāc experīmentī. ③

8 Hic est enim volātus vectōrius quī prīmus sine gubernātōre fit. ④

9 Nāvis quā vehiminī gubernātōriō automatō regitur

10 et nunc undīs radioēlectricīs usque ad āeroportum perdūcētur.

11 Nūllus est gubernātor apud vōs, sed tantum famulus et famula,

12 quī vōbīs commoda ministrant.

13 Hæc, propter æmulātiōnem, usque ad id temporis cēterās societātēs cēlāre dēbuimus.

14 Sed nihil timueritis, optimī vectōrēs!

15 Omnia sollertissimē prōvīsa sunt; ⑤

16 omnēs apparātūs, quamquam tūtissimī, tamen duplicēs comparātī sunt. ⑥

5 übereinander (die-einen über anderer) geschleudert und dadurch schwerer verwundet werden.

6 *Zum zweiten Mal [ertönt] die Stimme aus dem Lautsprecher* – Verehrte (beste) Passagiere!

7 Sie werden die ersten Zeugen eines bisher nie dagewesenen (ungehört[∅ Gen]) Experiments sein.

8 Dies ist nämlich der erste Passagierflug, der ohne einen Piloten (Steuermann) erfolgt.

9 Das Flugzeug (Schiff), in dem Sie fliegen, wird durch einen Autopiloten gesteuert

10 und nun mit Funkwellen bis zum Flughafen geführt werden.

11 Bei Ihnen befindet sich kein [menschlicher] Pilot, sondern lediglich ein Steward und eine Stewardess,

12 die Ihnen Annehmlichkeiten servieren.

13 Dies mussten wir bis zu diesem Zeitpunkt aus Wettbewerbsgründen (wegen Nacheiferung[♀ Akk]) vor den übrigen [Flug]gesellschaften verbergen.

14 Aber haben Sie keine Angst, verehrte Passagiere!

15 Für alles sind höchst raffinierte Vorkehrungen getroffen worden; (alles[∅∅] am-künstlerischsten vorgesehen[∅∅] sind[sie];)

16 alle Geräte sind, obwohl sie überaus sicher [sind], dennoch doppelt installiert worden.

ANMERKUNGEN

③ "Zeugnis" heißt **testimōnium**.

④ Aus Lektion 62 kennen Sie bereits **gubernāculum** "Steuer". Das weibliche Gegenstück zum **gubernātor** ist **gubernātrīx** "Steuerfrau, Pilotin". Den "Wagenlenker, Kutscher, Fuhrmann" nennt man dagegen **aurīga**.

⑤ **sollers**, **sollertis** setzt sich zusammen aus **sollus**, der oskischen Version von **tōtus** "ganz", und **ars** "Kunst". Oskisch war eine bedeutende, in Italien gesprochene Sprache, die aber durch das Lateinische verdrängt wurde und schließlich ausstarb. Das Gegenteil von **sollers** lautet **iners**, **inertis** "ungeschickt, einfältig, träge".

⑥ **duplex**, **duplicis** "doppelt, zweifach", **triplex**, **-icis** "dreifach", **quadruplex**, **-icis** "vierfach". **Simplex**, **-icis** "einfach" kennen Sie bereits.

17 Sī, quod vix possibile vidētur, ūnus ex hīs dēficiat,

18 alter ejus ministeriō statim fungētur.

19 Ergō quiētī estōte, nihil necopīnātī accidere pot …

20 *Silentium sepulcrāle sequitur …*

21 Etsī vōx megaphōniī repente dēfēcit,

22 contigit ut āeronāvis vectōrēs metū pallidōs, tamen incolumēs, ad āeroportum adveheret.

Exercitātiō prīma: Intellegisne hās sententiās?

❶ Quod est hoc īnstrūmentum? ❷ Hoc est grammophōnum quod avunculus mihi mūnerī obtulit. ❸ Mūsicāne dēlectāris? ❹ Ita, mūsicā dēlector, præcipuē classicā. ❺ Ego mūsicam hodiernam mālō, ❻ in prīmīs nigrōs aēneātōrēs citharāsque ēlectricās.

Exercitātiō altera: Īnsere verba dēficientia!

❶ Ich hingegen mag lieber das Klavier, die Bratsche und die Orgel,
Ego vērō ______________, fidēs, organum ____,

❷ und halte mich am häufigsten auf Konzerten auf (Zusammensingen$^{\text{♂ Abl}}$ am-größten befinde^{ich}-mich).
__ __ concentibus ______ versor.

❸ Über Geschmäcker lässt sich nicht streiten.
Dē ________ nōn ___ disputandum.

65 Lēctiō sexāgēsima quīnta (LXV)

Mihi prandiō apposita sunt

1 – Bene prandistī?

2 – Ita, mihi prandiō apposita sunt:

17 Falls, was kaum möglich erscheint, eines von ihnen ausfallen sollte,

18 würde das andere sofort dessen Aufgabe übernehmen.

19 Seien Sie also beruhigt, nichts Unvermutetes kann pass…

20 *Es folgt eine Grabesstille…*

21 Obwohl die Lautsprecherstimme plötzlich ausfiel,

22 gelang es, dass das Flugzeug die vor Angst bleichen Passagiere trotzdem unversehrt zum Flughafen brachte.

Solūtiō exercitātiōnis prīmæ: Intellēxistīne?

① Was ist das für ein Instrument? ② Dies ist ein Plattenspieler, den mein Onkel mir als Geschenk gegeben hat. ③ Hast du Spaß an Musik? ④ Ja, ich habe Spaß an Musik, besonders an klassischer. ⑤ Ich bevorzuge moderne Musik, ⑥ vor allem Jazz (schwarz♂♂ Blechbläser♂♂) und elektrische Gitarren.

❹ Den einen gefallen Symphoniekonzerte,
_____ concentūs symphōniacī _______,

❺ den anderen Tanzmusik, wieder anderen Geschrei und Durcheinander.
aliīs ______ saltātōria, _____ clāmor et tumultus.

Solūtiō exercitātiōnis alteræ: Verba dēficientia.

❶ clāvichordium – mālō ❷ et in – māximē ❸ gustibus – est ❹ Aliīs – placent ❺ mūsica – aliīs.

Unda altera: Animā hodiē lēctiōnem quīntam decimam!

65. Lektion

LEKTION 65

Was mir zum Essen aufgetischt wurde…

1 – Hast du gut gegessen?

2 – Ja, mir sind zum Essen folgende Dinge aufgetischt (hingestellt∅∅) worden:

3 prōmulsis varia, præcipuē artocreas suillum, bis duodēnæ cochleæ, ① ②

4 gallus in vīnō coctus cum cēpulīs, ③ ④ ⑤

5 hæc omnia merō Burgundicō largē perfūsa.

6 – Nōnne cerrītus es?

7 Jam mihi dīxistī tē stomachō labōrāre.

8 Pinguior es, vultus tuus purpurā tīnctus vidētur,

9 nāsus papulīs gemmat.

10 Num vēr appropinquat?

11 – Num tū tē facētum esse arbitrāris? ⑥

12 – Tantum tibi dīcam ⑦

13 rēctius tē, istōrum cibōrum plumbeōrum locō, ⑧

14 comēstūrum fuisse assulam būbulam cum solānīs frīctīs. ⑨

15 – Nihil timueris, vetus amīce,

16 posteā enim assulam būbulam cum solānīs frīctīs habuī. ⑩

17 In ædibus urbānissimīs, æs tēlephōniī tinnit.

18 Nestor, famulus cubiculārius,

ANMERKUNGEN

① **prōmulsis**♀, **prōmulsidis** meint den ersten Gang einer römischen Mahlzeit, der meist aus appetitanregenden Speisen wie Eiern, gesalzenen Fischen usw. bestand. Eine ähnliche Funktion, bloß in Form eines alkoholischen Getränks, hatte das **propoma**∅, **propomatis** "Vorgetränk, Aperitif".

② **artocreas** setzt sich aus dem griechischen **artos** "Brot" und **kreas** "Fleisch" zusammen.

③ Merken Sie sich zu **gallus** "Hahn" auch **pullus**, von **puerulus** "Jungchen", was allgemein ein Jungtier, insbesondere aber das "Hühnchen, Küken" bezeichnet.

3 allerlei Vorspeisen, vor allem Schweinepastete, zwei Dutzend (zweimal je-zwölf) Weinbergschnecken,

4 ein in Wein gekochtes Huhn (Hahn) mit Zwiebelchen,

5 dies alles mit reichlich Burgunder übergossen.

6 – Du bist nicht [zufällig] verrückt?

7 Gerade hast du mir gesagt, dass du unter Magenschmerzen leidest.

8 Du bist ziemlich dick, dein Gesicht sieht aus wie mit Purpur gefärbt,

9 deine Nase glänzt vor Bläschen.

10 Naht etwa der Frühling?

11 – Meinst du etwa, du seiest witzig?

12 – Ich will dir [doch] nur sagen,

13 dass du besser anstelle dieser bleiernen Speisen (richtiger dich, dies$^{\text{♂♂ Gen}}$ Speise$^{\text{♂♂ Gen}}$ bleiern$^{\text{♂♂ Gen}}$ Ort$^{\text{♂ Abl}}$,)

14 ein Rindersteak mit Pommes frites gegessen hättest. (essen-werdend$^{\text{♂ Akk}}$ gewesen-sein Span$^{\text{♀ Akk}}$ Rind-$^{\text{♀ Akk}}$ mit Kartoffel$^{\text{∅∅ Abl}}$ geröstet$^{\text{∅∅ Abl}}$.)

15 – Keine Angst, mein alter Freund,

16 später hatte ich nämlich ein Rindersteak mit Pommes frites.

17 In einem sehr vornehmen Haus klingelt das Telefon (Erz$^{\text{∅}}$ Telefon$^{\text{∅ Gen}}$).

18 Nestor, der Butler (Diener$^{\text{♂}}$ Zimmer-$^{\text{♂}}$),

ANMERKUNGEN

④ Von **gallus** abgeleitet ist das Kompositum **gallicauda** "Hahnenschwanz, Cocktail". Weitere "moderne" Getränke sind **sūcus aurantiī** "Orangensaft" und **sūcus ūvæ** "Traubensaft".

⑤ **cēpula** ist die Diminutivform von **cēpa** "Zwiebel".

⑥ **facētus**, -**a**, -**um** kann auch "zierlich, nett, elegant, ansprechend, launig, drollig" heißen.

⑦ Der Konjunktiv **dīcam** drückt hier einen Wunsch aus und wird deshalb mit "wollen" übersetzt.

⑧ Das Nomen zu **plumbeus**, -**a**, -**um** lautet **plumbum**, -**i** "Blei".

⑨ Die Kombination aus einem PFA im Akkusativ und **fuisse** wird zur Bildung des Irrealis (Modus der Unwirklichkeit) im AcI benutzt.

⑩ Die wörtliche Übersetzung von **assula**, -**æ** lautet "Span, Splitter".

19 cum eā dignitāte quam in omnibus āctīs domesticīs adhibēre solet, īnstrūmentum capit.

20 VŌX IN TĒLEPHŌNIŌ – Salvē, funge! Esne tū, vetule asine? ⑪

21 *NESTOR, auctā etiam dignitāte*

22 – Veniam mihi dā, Domine, ego sum Nestor, cubiculārius.

23 Erus autem abest!

Exercitātiō prīma: Intellegisne hās sententiās?

❶ Quota hōra est? ❷ Ūndecima et dīmidia hōra est. ❸ Nōndum tempus est prandendī. ❹ Sed quid arbitrāris dē quōdam propomate sūmendō? ❺ Omnis occāsiō ad bibendum idōnea tibi vidētur. ❻ Nōn ā tē quærō utrum avia tua birotā ūtātur necne, sed quid bibere velīs: ❼ anēsum, absinthium, merum, an gallicaudam? ❽ Mālō aurantiī aut ūvæ sūcum. ❾ Ecce! Aurantium premō ejusque sūcum in pōculum fundō. ❿ Vīsne saccharum?

Exercitātiō altera: Īnsere verba dēficientia!

❶ Ja (will[ich])! Gib mir zwei Würfel.
Volō! ___ cubōs duōs.

❷ Ich rühre das Getränk mit einem Löffel um.
___ cochleārī ___.

❸ Prost! – Auf dein Wohl (gut dich)! – Auch auf dein Wohl!
___! – Bene tē! – ___ ___ quoque!

❹ Was rieche ich [da]? Es riecht bestens!
Quid olfaciō? ___ olet!

❺ Dieser Geruch kommt aus der Küche.
Hic odor ē ___ ___.

19 nimmt mit der Würde, die er bei allen häuslichen Tätigkeiten anzuwenden pflegt, den Hörer (Instrument) ab.

20 STIMME AM TELEFON – Grüß dich, du Trottel (Pilz)! Bist du es, du alter Esel?

21 *NESTOR, mit noch gesteigerter Würde*

22 – Verzeihen Sie (Verzeihung♀ Akk mir gib), mein Herr, ich bin Nestor, der Butler.

23 Der Hausherr aber ist abwesend!

ANMERKUNGEN

⑪ Bei **vetulus**, -**a**, -**um** handelt es sich um den Diminutiv von **vetus**, **veteris**, der sich nicht wörtlich ins Deutsche übersetzen lässt.

Solūtiō exercitātiōnis prīmæ: Intellēxistīne?

❶ Wieviel Uhr ist es? ❷ Es ist halb zwölf. ❸ Es ist noch nicht die Zeit zu essen. ❹ Aber was hältst du davon, einen Aperitif zu nehmen? ❺ Jede Gelegenheit zu trinken scheint dir willkommen (geeignet♀) zu sein. ❻ Ich frage dich nicht, ob deine Großmutter ein Fahrrad benutzt oder nicht, sondern was du trinken willst: ❼ einen Anisschnaps, einen Absinth, Wein oder einen Cocktail (Hahn♂ Gen-Schwanz♀ Akk)? ❽ Ich bevorzuge einen Orangen- oder Traubensaft. ❾ Hier! Ich presse eine Orange und gieße ihren Saft in ein Glas (Becher). ❿ Willst du Zucker [haben]?

❻ Ein Hühnchen (Jungtier♂ Hühner-♂) wird in der Küche gekocht:
Pullus gallīnāceus in culīnā ________:

❼ Wir riechen den Geruch des Hühnchens.
______ pullī ________.

❽ Lass uns essen gehen!
_____ prānsum!

Solūtiō exercitātiōnis alteræ: Verba dēficientia.

❶ Dā ❷ Pōtiōnem – agitō ❸ Prōsit – Bene tē ❹ Optimē ❺ culīnā venit ❻ coquitur ❼ Odōrem – olfacimus ❽ Eāmus.

66 Lēctiō sexāgēsima sexta (LXVI)

Mīcroscopium

1 Mīcroscopiī vī, in pūlice, muscā, vermiculō, accūrāta corporis figūra et līneāmenta ... ①

2 necnōn colōrēs et mōtūs prius nōn cōnspicuī, nōn sine admīrātiōne cernuntur. ② ③

3 Quīn etiam – ajunt – līneam rēctam, calamō vel pēnicillō dēscrīptam,

4 per hujusmodī mīcroscopium inæquālem admodum et tortuōsam cernī. ④

5 Etiam superstitiōsam quandam interpretātiōnem in hāc rē (ut fit in rēbus novīs aut mīrīs)

ANMERKUNGEN

① Merken Sie sich zu **figūra** "Gestalt, Gebilde, Figur" auch das Verb **fingere**, **fingō**, **fīnxī**, **fictum** "bilden, gestalten, erdichten".

② Kleiner Hinweis am Rande: Bisher haben Sie **sine** in der Bedeutung "ohne" kennen gelernt. **Sine** kann aber auch der Imperativ von **sinere** "(zu)lassen, dulden, erlauben" sein.

Sie können die Leistungen Ihres aktiven Langzeitspeichers positiv beeinflussen, indem Sie die Art des Zugriffs darauf variieren: Bei der Wiederholung von Wortschatz sollte man versuchen, immer wieder neue 'Suchpfade' und 'Merkwege' zu wählen und auch anzulegen. Außerdem wird das Lernen mit steigender Abwechslung immer kurzweiliger. Das Geheimnis des Lernens liegt also in der Wiederholung und der Variation dieser Wiederholung.

Unda altera: Animā hodiē lēctiōnem sextam decimam!

66. Lektion

Das Mikroskop

1 Mit Hilfe (Kraft♀ Abl) eines Mikroskops kann man bei einem Floh, einer Fliege oder einem Würmchen die genaue Gestalt des Körpers und Konturen...

2 und auch Farben und Bewegungen, die vorher nicht sichtbar [waren], nicht ohne Staunen erkennen (werden[sie]-erkannt).

3 Ja man sagt sogar (sagen[sie]), dass eine gerade, mit einer Schreibfeder oder einem Pinsel gezogene Linie

4 durch ein derartiges Mikroskop ziemlich ungleichmäßig und gekrümmt erscheint (erkannt-werden).

5 Sogar eine Art abergläubische Deutung in diesem Zusammenhang (diese♀ Abl Sache♀ Abl), (wie sie bei neuartigen und sonderbaren Dingen vorkommt),

ANMERKUNGEN

③ Die passive Verbform **cernuntur** hat vier Subjekte: **figūra**, **līneāmenta**, **colōrēs**, **mōtūs**, die ebenso wie die Adjektive **accūrāta** und **cōnspicuī** im Nominativ stehen.

④ Neben **hujusmodī** "derartig, dieser Art" existiert auch die synonym gebrauchte Variante **hujuscemodī**. Die Endung **-ce**/**-c** findet sich häufig bei Pronomen und dient dazu, auf etwas Naheliegendes direkt hinzudeuten und darauf aufmerksam zu machen. Sie kennen die Endung bereits von **ecce**.

6 addidērunt hominēs:

7 vidēlicet hujusmodī mīcroscopia opera nātūræ illūstrāre, artis dehonestāre.

8 Illud vērō nihil aliud est quam quod textūræ nātūrālēs ⑤

9 multō sint subtīliōrēs quam artificiōsæ ...

10 Quod perspicillum sī vīdisset Dēmocritus, exiluisset forte, ⑥

11 et modum videndī atomum (quam ille invīsibilem omnīnō affirmāvit) inventum esse putāsset. ⑦ ⑧

(Ē Franciscī BACONĪ ***Novō Organō***, II, 39)

Exercitātiō prīma: Intellegisne hās sententiās?

❶ Quis fuit Dēmocritus? ❷ Fuit philosophus Græcus, ❸ quī quīntō sæculō ante ætātem nostram vīxit. ❹ Māteriam ex atomīs cōnstāre arbitrābātur. ❺ Atomī quālēs sunt? ❻ Hoc nōmen Græcē rēs īnsecābilēs, id est quæ secārī nōn possunt, significat. ❼ Ergō omnis māteria ē partibus īnsecābilibus, velut grānīs, cōnstat? ❽ Nōnnūllās habēmus ratiōnēs cūr ita crēdāmus.

6 haben die Menschen ergänzt:

7 dass derartige Mikroskope offenbar die Werke der Natur erleuchteten, [die] der Kunst [aber] entehrten.

8 Dies ist in Wahrheit nichts anderes als die Tatsache, dass natürliche Gewebe

9 viel feiner als künstliche [Gewebe] sind…

10 Wenn Demokrit dieses optische Gerät gesehen hätte, wäre er vielleicht [vor Freude] aufgesprungen

11 und hätte geglaubt, dass eine Möglichkeit, ein Atom zu sehen (das, wie er versicherte, völlig unsichtbar sei (unsichtbar[♀ Akk] völlig hat[er]-bekräftigt) erfunden worden sei.

(Aus ***Novum Organum*** von Francis BACON, II, 39)

ANMERKUNGEN

⑤ Das sogenannte faktische **quod** "dass; die Tatsache, dass; der Umstand, dass" leitet einen Nebensatz ein, der eine Tatsache angibt, die zur Vervollständigung des Hauptsatzes benötigt wird.

⑥ **perspicillum** von **perspicere**, **perspiciō**, **perspexī**, **perspectum** "hindurchblicken" meint optische Geräte wie Linsen und Okulare.

⑦ Beachten Sie, dass **atomus**, **-ī** ein Femininum ist, da auch das entsprechende griechische Substantiv **atomos** weiblich ist.

⑧ **putāsset** ist die abgekürzte Form von **putāvisset** (von **putāre** "vermuten, glauben, meinen") und ebenso wie **vīdisset** und **exiluisset** ein Konjunktiv im Plusquamperfekt.

Solūtiō exercitātiōnis prīmæ: Intellēxistīne?

❶ Wer war Demokrit? ❷ Er war ein griechischer Philosoph, ❸ der im fünften Jahrhundert vor unserer Zeit lebte. ❹ Er glaubte, dass die Materie aus Atomen bestünde. ❺ Was (welche) sind Atome? ❻ Dieser Name bezeichnet auf Griechisch unteilbare Dinge, das heißt, dass sie (es ist[es] welche[♀♀]) nicht zerschnitten werden können. ❼ Also besteht alle Materie aus unzerschneidbaren Teilen, quasi (wie) aus Körnern? ❽ Wir haben einige Gründe, warum wir [es] so glauben.

Exercitātiō altera: Īnsere verba dēficientia!

1. Aber dennoch werden die Materiekörner, die die Gelehrten der vergangenen Jahrhunderte Atome nannten...
   Attamen grāna māteriæ quæ ________ præteritōrum hominēs doctī atomōs ________...

2. mittlerweile von den Gelehrten unseres Jahrhunderts in mehrere Bestandteile geteilt,
   nunc ā sæculī ________ doctīs in ________ partēs dīviduntur,

3. nämlich in einen Kern und Elektronen, die angeblich um den Kern herumgetrieben werden (herumgetrieben-werden werden[sie]-gesagt).
   ________ in nucleum et ēlectrōnēs quī circum nucleum circumagī ________.

4. Sogar der Kern selbst wird in Teile geteilt.
   Nucleus ________ etiam in ________ ________.

5. Schließt jetzt die Bäche, Kinder, die Wiesen haben genug getrunken!
   ________ jam rīvōs, ________, sat prāta ________!

67 Lēctiō sexāgēsima septima (LXVII)

Vincula inter populōs artiōra fīunt

1 ... Præcipuæ trēs technicæ artēs, quibus auribus vocēs,

2 oculīs autem rērum imāginēs, ex longinquō prōpōnuntur,

3 hoc est cīnēmatographica, radiophōnica ac tēlevīsifica ars,

4 nōn ad hominēs tantummodo recreandōs relaxandōsque pertinent, ①

Solūtiō exercitātiōnis alteræ: Verba dēficientia.

❶ sæculōrum – vocābant ❷ nostrī – plūrēs ❸ scīlicet – dīcuntur ❹ ipse – partēs dīviditur ❺ Claudite – puerī – bibērunt.

Lukrez

Der römische Dichter und Philosoph **Titus Lucrētius Cārus** (1. Jh. v. Chr.) wurde durch sein naturphilosophisches Lehrgedicht **Dē rērum nātūrā** "Über die Natur der Dinge" berühmt. Das aus sechs Büchern und ca. 7.800 Versen bestehende Werk behandelt die Grundlagen der griechischen Atomphysik, Naturphänomene, Kulturgeschichte, aber auch die Psychologie des Menschen und dessen Sexualität. Lukrez war ein Anhänger der materialistischen Weltanschauung des griechischen Philosophen Epikur (ca. 340 v.Chr. – 270 v.Chr.). Er vertrat das atomistische Weltbild des Demokrit und war überzeugt von der Sterblichkeit der Seele. Die Götter spielten seiner Auffassung nach für das Leben der Menschen keine Rolle. Das Werk von Lukrez erscheint uns heute als erstaunlich modern. Er übte unter anderem auf Karl Marx und Albert Einstein großen Einfluss aus.

Unda altera: Animā hodiē lēctiōnem septimam decimam!

67. Lektion

Die Bande zwischen den Völkern werden enger

1 … Vor allem drei technische Erfindungen, durch die den Ohren Laute,

2 den Augen aber Bilder von Dingen aus der Ferne präsentiert werden,

3 das heißt die Kino-, die Rundfunk- und die Fernsehtechnik,

4 dienen nicht nur der Erholung und Entspannung der Menschen (nur sich-erholend sich-entspannend-und erstrecken[sie]-sich),

ANMERKUNGEN

① **pertinēre** "sich erstrecken" erhält in Verbindung mit der Präposition **ad** die Bedeutung "sich beziehen auf, dienen zu, etwas/jemanden betreffen".

5 quamvīs nōn paucī hoc sōlum requīrant audītōrēs spectātōrēsque,

6 sed ad ea potissimum propāganda ②

7 quæ, cum ad animī cultūram et ad virtūtem alendam attineant,

8 nōn parum possunt ad cīvīlem nostrōrum temporum societātem rēctē īnstituendam cōnfōrmandamque cōnferre. ③

9 Faciliōrē modo quam typīs ēdita, id profectō hæ technicæ artēs efficere possunt ④ ⑤ ⑥

10 ut hōminēs nempe inter sē commūnicent sibique sociam præstent operam.

11 Vēritātī autem propāgandæ eā ratiōne īnserviant,

12 ut vincula inter populōs artiōra cottīdiē fīant, ⑦

13 ut iīdem mūtuā rērum æstimātiōne sē intellegant,

14 ut in quōvīs rērum discrīmine inter sē adjuvent,

15 ut dēnique inter reī publicæ moderātōrēs singulōsque cīvēs adjūtrīx intercēdat opera.

(Ē Piī XII litterīs encyclicīs ***Mīranda Prōrsus***)

ANMERKUNGEN

② Zum Superlativ **potissimum** "am wichtigsten, hauptsächlich, gerade" kennen Sie bereits den Komparativ **potius** "eher, lieber, vielmehr".

5 obwohl nicht wenige Zuhörer und Zuschauer nur dies verlangen,

6 sondern hauptsächlich dazu, das[ØØ] zu verbreiten,

7 was[ØØ], da es die Pflege des Geistes und die Förderung der Tugend betrifft (zu Mannheit[♀ Akk] zu-nährend[♀ Akk] halten[sie]-fest),

8 nicht wenig dazu beitragen kann, die bürgerliche Gesellschaft unserer Zeit richtig aufzubauen und zu gestalten. (nicht zu-wenig können[sie] zu bürgerlich[♀ Akk] unser[ØØ Gen] Zeit[ØØ Gen] Gesellschaft[♀ Akk] rechtens einzurichtend[♀ Akk] zu-formend[♀ Akk]-und zusammentragen.)

9 Leichter als Printmedien (Schlag[♂♂ Abl] herausgegeben[ØØ]) können diese technischen Erfindungen in der Tat dieses bewirken,

10 dass nämlich die Menschen untereinander kommunizieren und sich solidarische Unterstützung (Arbeit[♀ Akk]) leisten.

11 Der Verbreitung der Wahrheit aber sollen sie auf die Weise dienen,

12 dass die Bande zwischen den Völkern täglich enger werden,

13 dass dieselben [Völker] sich durch eine gegenseitige Wertschätzung der Dinge verstehen,

14 dass sie sich in einer wie auch immer gearteten Meinungsverschiedenheit (welcher[♂ Abl]-willst[du] Sache[♀♀ Gen] Unterschied[Ø Abl]) gegenseitig unterstützen,

15 dass schließlich zwischen die Lenker der Staaten und die einzelnen Bürger eine Zusammenarbeit trete (Helfer[♀] trete[sie]-dazwischen Arbeit[♀]).

(Aus der Enzyklika von Papst Pius XII. ***Miranda prorsus*** "Die geradezu wunderbaren Erfindungen")

ANMERKUNGEN

③ **cōnfōrmāre** meint in Abgrenzung zum einfachen **fōrmāre** "bilden, formen, gestalten", etwas in eine entsprechende Form zu bringen.

④ **modo** ist ein häufiges und wichtiges Adverb, das "eben, nur, bloß, sogleich, vor kurzem" heißen kann.

⑤ Mit dem griechischen **typus** "Schlag" ist in diesem Zusammenhang das Einschlagen der beweglichen Lettern beim Drucken auf Papier gemeint.

⑥ Verwechseln Sie **ēdere**, **ēdo**, **ēdidī**, **ēditum** "herausgeben" nicht mit **edere**, **edo**, **ēdī**, **ēsum** "essen".

⑦ Merken Sie sich zu **vinculum** "Band, Fessel" auch das Verb **vincīre**, **vinciō**, **vīnxī**, **vīnctum** "binden, fesseln".

Exercitātiō prīma: Intellegisne hās sententiās?

❶ Hæc est āeronāvis "Alpha Delta" vocāns Novī Eborācī āeroportum; quemadmodum mē audīs? ❷ Āeronāvis "Alpha Delta" ā Novī Eborācī āeroportū: tē valdē et clārē audiō. ❸ Unde venīs et quō agis tē? ❹ Novum Eborācum ab A.D.: Londiniō Novum Eborācum, altitūdine pedum 30.000 (trīgintā mīlia), ❺ cursū 275 (duo, septem, quīnque) in nūbibus volāns. ❻ A.D. ā N.E.: radarī contingeris, cursū ad āeroportum 230 (duo, tria, nīl), distantia 50 (quīnquāgintā) mīlia nautica. ❼ Usque ad pedum 6000 (sex mīlia) dēscende. ❽ N.E. ab A.D.: cursū 230, dēscendēns ... nunc altitūdine pedum 6000. ❾ A.D. ā N.E.: altitūdinem et cursum servā, ❿ āeroportus 20 mīlia distat, rotās ēdūc, (appulsūs) valvās ad libitum.

Exercitātiō altera: Īnsere verba dēficientia!

❶ N.Y. von A.D.: Fahrwerk (Räder) ausgefahren und Landeklappen geprüft.

N.E. ab A.D.: _____ ēductīs __________ probātīs.

❷ A.D. von N.Y.: fünf Grad nach rechts, beginnen Sie den letzten Sinkflug (Herabsteigen♀ Akk).

A.D. ā N.E.: quīnque ________ dextrōrsum, ______________ ultimam incohā.

❸ Sechshundert Fuß pro Minute… zwei Grad nach links; Sinkflug bestens.

Secentīs _______ per minūtum ... duōbus gradibus sinistrōrsum; dēscēnsiōne optimā.

❹ N.Y. von A.D.: OK (alles korrekt). (Hintreiben) ich sehe die Landebahn (Straße♀ Akk).

N.E. __ A.D.: O.C. (_____ corrēcta). (Appulsūs) plateam __________.

❺ A.D. von N.Y.: Landen Sie bei Sicht, die Landebahn ist frei!

A.D. ā N.E.: vīsū appelle, ______ ______ est!

Solūtiō exercitātiōnis prīmæ: Intellēxistīne?

❶ Hier ist das Flugzeug "Alpha Delta", das den Flughafen von New York anruft; wie hören Sie mich? ❷ Flugzeug von New York "Alpha Delta" (von New York Flughafen): Ich höre Sie laut (sehr) und deutlich. ❸ Woher kommen Sie, und wohin fliegen Sie? ❹ New York von A.D.: Aus London nach New York, Höhe[♀ Abl] 30.000 Fuß (dreißigtausend), ❺ Kurs 275 (zwei, sieben, fünf) in Wolken fliegend. ❻ A.D. von N.Y.: Sie werden vom Radar erfasst (wirst[du]-berührt), auf Kurs 230 (zwei, drei, null) zum Flughafen, Distanz 50 (fünfzig) nautische Meilen. ❼ Sinken Sie bis auf [eine Höhe von] 6.000 (sechstausend) Fuß herab. ❽ N.Y. von A.D.: Kurs[♂ Abl] 230, sinkend... nun auf einer Höhe von 6.000 Fuß. ❾ A.D. von N.Y.: Behalten Sie die Höhe und den Kurs bei, ❿ der Flughafen ist 20 Meilen entfernt, fahren Sie das Fahrwerk aus (Räder führe-heraus), die Landeklappen nach Belieben (Hintreiben[♂ Gen] Flügeltür[♀♀ Akk] zu Gelüste[♂ Akk]).

Solūtiō exercitātiōnis alteræ: Verba dēficientia.

❶ rotīs – valvīsque ❷ gradibus – dēscēnsiōnem ❸ pedibus ❹ ab – omnia – cōnspiciō ❹ platea lībera.

Sie haben schon gemerkt, dass der lateinische Satzbau nicht immer dem deutschen Satzbau entspricht. Sehen Sie sich immer wieder die wörtliche Übersetzung genau an, um den lateinischen Satzbau nachzuvollziehen.

Päpstliche Enzykliken

Päpstliche Enzykliken sind Rundschreiben, die in der Römisch-Katholischen Kirche seit Papst Benedikt XIV. (1740-1758) in Form eines Briefes vom Papst an sämtliche Bischöfe der Welt übergeben werden und sich somit an alle Gläubigen richten. Enzykliken sollen belehren und ermahnen und können neben Themen der allgemeinen Glaubensverkündigung auch spezielle theologische Fragen behandeln. Sie werden nach dem **Incipit** ("es beginnt") benannt und zitiert, womit die ersten zwei oder drei Worte des ersten Satzes gemeint sind. Ihre Veröffentlichung erfolgt bis heute stets auf Latein im Amtsblatt des Heiligen Stuhls.

Unda altera: Animā hodiē lēctiōnem duodēvīcēsimam!

68 Lēctiō sexāgēsima octāva (LXVIII)

Necdum litterārum quicquam

1 JŌSĒPHUS – Quid adeō tē sollicitat, pater? ①

2 Mærōre vidēris ultrā mōrem occupātus. ②

3 PATER – Enimvērō tabellāriī hōra est, nōnne?

4 (JŌS.) – Ita, profectō. Quid inde nōn capiō.

5 (PAT.) – Āh, fīlī mī!

6 Nescīsne quattuor ipsōs esse diēs ex quō Antōnius perīcula Barcinōne subīre dēbuit, ③

7 necdum ad nōs litterārum quicquam?

8 (JŌS.) – Equidem nōn putāram. ④

9 Certē, pater, scrībere potuerat.

10 (PAT.) – Quīn immō, sī bene omnia cessissent, et apud nōs esse. ⑤

11 *Pulsantur forēs ā tabellāriō.*

12 (JŌS.) – Ad nōs tabellārius! Ē vestīgiō currō. ⑥

13 *Ad vestibulum domūs properat.*

14 *PATER, dēsuper fīlium alloquitur* – Numquidnam bonī, Jōsēphe?

15 (JŌS.) – Antōnius, Antōnius quī scrīpsit ipse.

ANMERKUNGEN

① Der hebräische Name "Joseph" heißt auf Lateinisch entweder **Jōsēph** (undeklinierbar) oder **Jōsēphus** (deklinierbar).

② Das Adjektiv zu **mæror**, **-ōris** lautet **mæstus**, **-a**, **-um** "traurig, betrübt".

③ **perīculum** kennen Sie bereits aus Lektion 29; dort hatte es die Bedeutung "Gefahr". Es kann aber auch "Versuch, Probe" heißen.

④ **putāram**: Kurzform von **putāveram** "ich hatte vermutet".

68. Lektion

Und noch kein einziger Brief

1 JOSEF – Was beunruhigt dich so sehr, Vater?

2 Du scheinst von außergewöhnlicher Trauer ergriffen [zu sein] (jenseits Sitte[♂ Akk] besetzt[♂]).

3 VATER – Es ist doch nun aber die Zeit (Stunde) des Briefträgers, oder?

4 (J.) – Ja, in der Tat. Was das damit zu tun hat (was von-dort), verstehe ich nicht.

5 (V.) – Ach, mein Sohn!

6 Weißt du nicht, dass sich Antonius vor genau vier Tagen einer Prüfung (vier selbst[♂♂ Akk] sein Tag[♂♂ Akk] aus welcher[∅ Abl] Antonius Versuch[∅∅ Akk]) in Barcelona unterziehen musste,

7 und bei uns noch kein einziger Brief [angekommen ist]? (und-noch-nicht zu uns[Akk] Buchstabe[♀♀ Gen] irgendetwas?)

8 (J.) – Ich für meinen Teil hatte das nicht vermutet.

9 Sicherlich, Vater, hätte er [etwas] schreiben können (schreiben hatte[er]-gekonnt).

10 (V.) – Ja, und sogar, falls alles gut gelaufen wäre, auch bei uns sein [können].

11 *Der Briefträger klopft an die Eingangstür.*

12 (J.) – Der Briefträger [kommt] zu uns! Ich renne augenblicklich (aus Fußsohle[∅ Abl]).

13 *Er eilt zum Eingang* (Vorplatz[∅ Akk]) *des Hauses.*

14 *Der Vater spricht seinen Sohn von oben herab an:*
– [Gibt es] irgendetwas Gutes, Josef?

15 (J.) – Antonius, Antonius selbst hat geschrieben.

ANMERKUNGEN

⑤ Sowohl **quīn** als auch **immō** können für sich genommen bereits "(ja) sogar" heißen, wobei **quīn** in dieser Bedeutung häufiger zusammen mit **etiam** oder **immō** steht, was die Aussage noch verstärkt.

⑥ **vestīgium** kann neben "Fußsohle, Spur" im übertragenen Sinne auch einen Zeitpunkt meinen, z.B. in **ē vestīgiō** "augenblicklich, auf der Stelle". **Ē vestīgiō orbus factus sum.** "Auf der Stelle wurde ich Waise."

16 Dēmitte centēsimās trīgintā quās tabellāriō tribuam. ⑦ ⑧

17 (PAT.) – Trāde mihi epistulam: involūcrum ego aperiam.

18 *Vōce jūcundā*: "Antōnius Patrī suō cārissimō salūtem dat.

19 Mātūrius scrībere optābam, quod quidem nōn licuit. ⑨

20 Cēterum fausta omnia. Lauream sum assecūtus.

21 Trāmine adveniam quod nōnæ pūnctō Barcinōne discēdit.

22 Valē, mī pater!

23 Datum Barcinōne, diē Jūniī vīcēsimō sextō.

24 Deō grātiās! Nunc dēmum animum recipiō. ⑩

(Ē ***Vītā Latīnā***, Sept. 1957, Immanūēl JOVE)

Exercitātiō prīma: Intellegisne hās sententiās?

❶ Cūr Dēsīderius mærōre adeō vidētur occupātus? ❷ Socrus ejus ē vītā dēcessit: quā rē mæstus est. ❸ Hic est mæror magnus. ❹ Majōris tamen est mærōris orbum patre aut mātre fierī. ❺ Mihi omnium dolōrum māximus est pecūniā carēre. ❻ Vir es turpis et cupidus: ❼ nōn cēterōrum miseriam, sed tantum fortūnam tuam cūrās.

16 Gib 30 Cent, [damit] ich sie dem Briefträger aushändigen kann.
(lass-herab hundertste[♀♀ Akk] dreißig welche[∅∅ Akk] Briefbote[♂ Dat] möge[ich]-zuteilen.)

17 (V.) – Übergib mir den Brief: Den Umschlag werde ich öffnen.

18 *Mit erfreuter Stimme*: "Antonius grüßt seinen allerliebsten Vater.

19 Ich wünschte, zeitiger zu schreiben, was allerdings nicht möglich war (erlaubt-ist[es]-gewesen).

20 Ansonsten ist alles gut (günstig[∅∅]). Ich habe meinen Universitätsabschluss (Lorbeerbaum[♀ Akk]) erreicht.

21 Ich werde mit dem Zug ankommen, der Barcelona um Punkt neun verlässt.

22 Lebe wohl, mein Vater!

23 (Gegeben[∅]) Barcelona[Abl], den 26. Juni.

24 Gott sei Dank! Jetzt endlich fasse ich wieder Mut.

(Aus ***Vita Latina***, September 1957, Emmanuel Jove)

ANMERKUNGEN

⑦ Brüche werden als feminine Ordinalzahlen ausgedrückt, weil **pars** impliziert ist: **quārta** (**pars**) "ein Viertel". Hier liegt leider ein kleiner Versprecher vor: Es muss **centēsimās** lauten. Die Kardinalzahl **trīgintā** wird nicht dekliniert.

⑧ Der Konjunktiv **tribuam** verleiht dem Relativsatz hier einen finalen Nebensinn (d.h. es wird ein Ziel ausgedrückt), der durch die Konjunktion "damit" ausgedrückt wird.

⑨ Sprechen Sie **licuit** dreisilbig aus.

⑩ In der klassischen Antike wurde wegen des polytheistischen Götterglaubens der Plural verwendet: **Dīs grātiās**.

Solūtiō exercitātiōnis prīmæ: Intellēxistīne?

❶ Warum scheint Desiderius so sehr von Trauer ergriffen? ❷ Seine Schwiegermutter ist aus dem Leben geschieden: Deshalb (welche[♀ Abl] Sache[♀ Abl]) ist er traurig. ❸ Das ist eine große Trauer. ❹ Es ist aber von noch größerer Trauer, Vater oder Mutter zu verlieren (Trauer verwaist[♂ Akk] Vater[Abl] oder Mutter[Abl] geschehen). ❺ Für mich ist der größte Schmerz von allen, kein Geld zu haben (Geld[♀ Abl] frei-sein). ❻ Du bist ein schändlicher und gieriger Mann (hässlich und geldgierig): ❼ Du kümmerst dich nicht um das Leid (Elend) anderer, sondern nur um dein eigenes Glück.

Exercitātiō altera: Īnsere verba dēficientia!

❶ Der Verwalter ist reich an Land (Äckern).
Vīlicus ___ dīves _____.

❷ Der Diener, der keine Güter besitzt, scheint dennoch zufrieden mit seinem Schicksal zu sein.
_______, cui _____ sunt bona, tamen contentus sorte suā _______.

❸ Menschen, die für die Gemeinde nützlich sind, werden geehrt;
_______ cīvitātī ūtilēs honōrantur;

69 Lēctiō sexāgēsima nōna (LXIX)

Quōmodō scīre possum?

1 *Inter dēmentēs*

2 – Cui scrībis, ō bone?

3 – Mihi!

4 – Et quid tibi scrībis?

5 – Quōmodō scīre possum, cum epistulam nōndum accēperim?

6 PROFESSOR – Quis hoc dīxit: "Veniō ut Cæsarem sepeliam"? ①

7 DISCIPULUS – Libitīnārius, scīlicet! ②

8 Cum vēnum mihi hunc canem dedistī, ③

ANMERKUNGEN

① Zu **sepelīre** "bestatten, beerdigen, beisetzen" kennen Sie bereits das Adjektiv **sepulcrālis**, **-e**. Merken Sie sich auch **sepulcrum** "Grab" und **sepultūra** "Beisetzung, Bestattung".

❹ Diebe hingegen, die einen Schlag verdient haben (würdig[♂♂] Schlag[∅ Abl]), werden ins Gefängnis geworfen.
fūrēs autem dignī verbere in ________ ____________.

❺ "Wie Diebe auf dem Wochenmarkt, [so] verstehen sie sich untereinander." (Grynæus)
"Ut _____ in nūndinīs, __ mūtuō ___________."

Solūtiō exercitātiōnis alteræ: Verba dēficientia.

❶ est – agrīs ❷ Famulus – nūlla – vidētur ❸ Hominēs ❹ carcerem conjiciuntur ❺ fūrēs – sē – intellegunt.

Unda altera: Animā hodiē lēctiōnem ūndēvīcēsimam!

69. Lektion

Wie kann ich das wissen?

1 *Unter Wahnsinnigen*

2 – Wem schreibst du, Guter?

3 – Mir!

4 – Und was schreibst du dir?

5 – Wie kann ich das wissen, da ich den Brief noch nicht erhalten habe?

6 PROFESSOR – Wer hat das hier gesagt: "Ich komme, um Cäsar zu beerdigen"?

7 SCHÜLER – Der Leichenbestatter natürlich!

8 Als (zum-Verkauftwerden) du mir diesen Hund hier verkauft hast (hast[du]-gegeben),

ANMERKUNGEN

② **Libitīnārius** ist von der Leichengöttin **Libitīna** abgeleitet, in deren Heiligtum unter anderem wichtige Gerätschaften für eine Beerdigung aufbewahrt wurden.

③ **vēnum** "zum-Verkauftwerden": Supinum I von **vēnīre** "zum Verkauf gehen, verkauft werden", entstanden aus **vēnum** + **īre**. Es wird wie **īre** "gehen" konjugiert und ersetzt die Passivformen von **vēndere** "verkaufen".

9 latrōnibus optimum eum esse dīxistī ...

10 sed superiōre nocte

11 latrōnēs domum meam, ut fūrārentur, ingressī sunt.

12 Neque ūnum quidem ex iīs momordit.

13 – Latrōnibus esse optimum jam tibi dīxī!

14 Centuriō quīdam cōram mīlitibus contiōnem habet ④

15 quibus hæc explānat: "Patria est māter nostra ..."

16 Deinde ūnum ex mīlitibus interrogat:

17 – Quid est patria, Antōnī?

18 (ANTŌNIUS) – Patria est māter mea.

19 *Posteā Jōsēphō* – Quid est patria, Jōsēphe?

20 (JŌSĒPHUS) – Est māter Antōniī!

21 *In nosocomīō* ⑤

22 RĒCTOR – Ægrōtus quem nunc dē tēctō vidēs pendentem, ⑥

23 dīcit sē esse lucernam.

24 VĪSITOR – Quidnī eum dēmittis?

25 (RĒC.) – Quia in posterum sine lūmine erimus. ⑦

(Ē ***Palæstrā Latīnā***)

9 hast du gesagt, dass er optimal für Räuber♂♂ Dat sei…

10 aber in der vorigen (oberen) Nacht

11 sind Räuber in mein Haus eingedrungen, um zu stehlen.

12 Und er hat nicht einmal einen von ihnen gebissen.

13 – Ich habe dir [doch] schon gesagt, dass er optimal für Räuber♂♂ Dat ist!

14 Ein Centurio hält vor seinen Soldaten einen Vortrag

15 [und] erklärt ihnen dabei (welche♂♂ Dat dies∅∅ Akk breitet^{er}-aus): "Das Vaterland ist unsere Mutter…"

16 Daraufhin fragt er einen von den Soldaten:

17 – *Was* ist das Vaterland, Antonius?

18 (ANTONIUS) – Das Vaterland ist meine Mutter.

19 *Darauf zu Josef* – Was ist das Vaterland, Josef?

20 (JOSEF) – Es ist die Mutter von Antonius!

21 *Im Krankenhaus*

22 LEITER – Der Kranke, den du jetzt vom Dach hängen siehst,

23 sagt, dass er eine Lampe sei.

24 BESUCHER – Warum schickst du ihn nicht hinunter?

25 (L.) – Weil wir hinterher ohne Licht sein werden.

(Aus ***Palæstra Latina***)

ANMERKUNGEN

④ Ein **Centuriō** war in der römischen Armee der Befehlshaber einer **centuria** "Zenturie", einer Truppenabteilung innerhalb einer Legion mit einer Stärke von ursprünglich 100 (**centum**), später 60 Mann.

⑤ Schlagen Sie zu **nosocomīum** noch einmal kurz die entsprechende Anmerkung in Lektion 26 auf.

⑥ **tēctum** "Dach" ist zugleich auch das PPP von **tegere** "decken, bedecken, schützen". Sie kennen auch schon **tegmen**, **tegminis**∅ "Bedeckung, Schutz".

⑦ Hier gibt es leider eine kleine Diskrepanz zwischen Text und Tonaufnahmen: **Lūx**♀, **lūcis** ist das "Tageslicht", "künstliches Licht" heißt **lūmen**∅, **lūminis**.

Carmen circēnse

Cōnsulis manū
Mappa dēcidit,
Ācer cum currū
Equus exilit.
Pōne nōs sonant
Carcerum valvæ,
Quam circēnsēs dēlectant!
Quam gaudent aurīgæ!

Chorus (bis)
Tinniunt, tinniunt
Usque phaleræ.
Quam libenter audiunt
In cursū aurīgæ!

Illīc mēta stat:
Flecte quadrīgās!
Quī nōn ēvītat
Frangit is rotās;
Concurrunt equī,
It cælō fragor;
Ruunt currūs commixtī
Ubīque fit cruor.

Chorus (bis)
Tinniunt, tinniunt
Usque phaleræ.
Quam libenter audiunt
In cursū aurīgæ!

(Ē ***Carminibus Latīnīs***, ā Centaur Books, Slough, Angliā, ēditīs)

Exercitātiō altera: Īnsere verba dēficientia!

❶ Ich komme, um dir zu sagen, dass der Hund optimal ist.
Veniō ut tibi ____ canem ____ esse.

LIED

Ein Zirkuslied

Aus der Hand des Konsuls
fällt das Signaltuch herab,
feurig (scharf) mit seinem Wagen
springt ein Pferd hervor.
Hinter uns ertönen
die Flügeltüren der Zellen,
Oh, wie die Zirkusrennen (Zirkusspiele) Spaß machen!
Wie die Wagenlenker sich freuen!

Refrain (zweimal)
Es erklingt, es erklingt
in einem fort der Pferdeschmuck.
Oh, wie gerne hören [ihn]
auf der Bahn die Wagenlenker!

Dort drüben steht die Wendesäule (Spitzsäule):
Wende das Viergespann!
Wer sie nicht umgeht
der bricht die Räder;
es rennen die Pferde aufeinander,
zum Himmel geht der Krach;
die Wagen stürzen durcheinander,
überall entsteht Blut.

Refrain (zweimal)
Es erklingt, es erklingt
in einem fort der Pferdeschmuck.
Oh, wie gerne hören [ihn]
auf der Bahn die Wagenlenker!

(Aus ***Carmina Latina***, Centaur Books, Slough, Großbritannien)

❷ Ein Räuber hält vor Räubern einen Vortrag.
Latrō cōram ▒▒▒▒▒▒▒▒▒▒ contiōnem ▒▒▒▒▒.

❸ Der Leiter sieht ein Licht vom Dach hängen.
Rēctor lūmen dē ▒▒▒▒▒ pendēns ▒▒▒▒▒.

Solūtiō exercitātiōnis alteræ: Verba dēficientia.

❶ dīcam – optimum ❷ latrōnibus – habet ❸ tēctō – videt.

Unda altera: Animā hodiē lēctiōnem vīcēsimam!

70 Lēctiō septuāgēsima (LXX)

Repetītiō et annotātiōnēs

1. velle, nōlle, mālle, posse, īre, esse, ferre, fierī

Hier geben wir Ihnen noch einmal einen Überblick über die wichtigsten Formen der unregelmäßigen Verben. Den Imperativ II fassen wir in den folgenden Schemata als Imperativ Futur auf, da er für gewöhnlich einen in der Zukunft auszuführenden Befehl ausdrückt.

velle "wollen"

	Indikativ	Konjunktiv
Präs.	volo, vīs, vult, volumus, vultis, volunt	velim, velīs, velit, velīmus, velītis, velint
Imp.	volēbam, volēbās, volēbat…	vellem, vellēs, vellet…
Futur	volam, volēs, volet…	-
Futur II	voluerō, volueris, voluerit…	-
Perfekt	voluī, voluistī, voluit…	voluerim, volueris, voluerit…
Plusqu.	volueram, voluerās, voluerat…	voluissem, voluissēs, voluisset…
Infinitiv Präsens velle; Infinitiv Perfekt voluisse; Partizip/Gerundivum: volēns, volentis		

nōlle "nicht wollen"

	Indikativ	Konjunktiv
Präs.	nōlō, nōn vīs, nōn vult, nōlumus, nōn vultis, nōlunt	nōlim, nōlīs, nōlit, nōlīmus, nōlītis, nōlint
Imp.	nōlēbam, nōlēbās, nōlēbat…	nōllem, nōllēs, nōllet…
Fut.	nōlam, nōlēs, nōlet…	-
Fut. II	nōluerō, nōlueris, nōluerit…	-
Perf.	nōluī, nōluistī, nōluit…	nōluerim, nōlueris, nōluerit…
Plusqu.	nōlueram, nōluerās, nōluerat…	nōluissem, nōluissēs, nōluisset…
Infinitiv Präsens nōlle; Infinitiv Perfekt nōluisse; Partizip/Gerundivum: nōlēns, nōlentis; Imperativ Präsens nōlī, nōlīte; Imperativ Futur nōlītō, nōlītōte		

mālle "lieber wollen"

	Indikativ	Konjunktiv
Präs.	mālō, māvīs, māvult, mālumus, māvultis, mālunt	mālim, mālīs, mālit, mālīmus, mālītis, mālint
Imp.	mālēbam, mālēbās, mālēbat…	māllem, māllēs, māllet…
Fut.	mālam, mālēs, mālet…	-
Fut. II	māluerō, mālueris, māluerit…	-
Perf.	māluī, māluistī, māluit…	māluerim, mālueris, māluerit…
Plusqu.	mālueram, māluerās, maluerat…	māluissem, māluissēs, māluisset…
Infinitiv Präsens mālle; Infinitiv Perfekt māluisse		

70. Lektion

posse "können"

	Indikativ	Konjunktiv
Präs.	possum, potes, potest, possumus, potestis, possunt	possim, possīs, possit, possīmus, possītis, possint
Imp.	poteram, poterās, poterat…	possem, possēs, posset…
Fut.	poterō, poteris, poterit…	-
Fut. II	potuero, potueris, potuerit…	-
Perf.	potuī, potuistī, potuit…	potuerim, potueris, potuerit…
Plusqu.	potueram, potuerās, potuerat…	potuissem, potuissēs, potuisset…
Infinitiv Präsens posse; Infinitiv Perfekt potuisse; Partizip/Gerundivum: potēns, potentis		

īre "gehen"

	Indikativ	Konjunktiv	Partizip/Gerundivum
Präs.	eō, īs, it, īmus, ītis, eunt	eam, eās, eat, eāmus, eātis, eant	i-ēns, euntis/ eundum
Imp.	ībam, ībās, ībat…	īrem, īrēs, īret…	
Fut.	ībō, ībis, ībit…		itūrus, -a, -um
Fut. II	i-erō, i-eris, i-erit…		
Perf.	iī, iistī, iit, iimus, iistis, iērunt	i-erim, i-eris, i-erit…	itum
Plusqu.	i-eram, i-erās, i-erat…	iissem, iissēs, iisset…	
Infinitiv Präsens īre; Infinitiv Futur itūrum, -am, -um (esse); Infinitiv Perfekt iisse; Imperativ Präsens ī, īte; Imperativ Futur ītō, ītōte, euntō			

esse "sein"

	Indikativ	Konjunktiv	Partizip/Gerundivum
Präs.	sum, es, est, sumus, estis, sunt	sim, sīs, sit, sīmus, sītis, sint	(præ)sēns, (præ)sentis
Imp.	eram, erās, erat…	essem, essēs, esset…	
Fut.	erō, eris, erit…		futūrus, -a, -um
Fut. II	fuerō, fueris, fuerit…		
Perf.	fuī, fuistī, fuit…	fuerim, fueris, fuerit…	
Plusqu.	fueram, fuerās, fuerat…	fuissem, fuissēs, fuisset…	
Infinitiv Präsens esse; Infinitiv Futur futūrum, -am, -um (esse); Infinitiv Perfekt fuisse; Imperativ Präsens es, este; Imperativ Futur estō, estōte, suntō			

ferre "tragen, bringen"

	Indikativ	Konjunktiv	Partizip/Gerundivum
Präs.	ferō, fers, fert, ferimus, fertis, ferunt	feram, ferās, ferat, ferāmus, ferātis, ferant	ferēns, ferentis/ ferendus, -a, -um
Imp.	ferēbam, ferēbās, ferēbat…	ferrem, ferrēs, ferret…	
Fut.	feram, ferēs, feret…		lātūrus, -a, -um
Fut. II	tulerō, tuleris, tulerit…		
Perf.	tulī, tulistī, tulit…	tulerim, tuleris, tulerit…	lātus, -a, -um
Plusqu.	tuleram, tulerās, tulerat…	tulissem, tulissēs, tulisset…	
Infinitiv Präsens ferre; Infinitiv Futur lātūrum, -am, -um (esse); Infinitiv Perfekt tulisse; Imperativ Präsens fer, ferte; Imperativ Futur fertō, fertōte, feruntō			

fierī "werden, geschehen"

	Indikativ	Konjunktiv
Präs.	fīō, fīs, fit, fīmus, fītis, fīunt	fīam, fīās, fīat, fīāmus, fīātis, fīant
Imp.	fīēbam, fīēbās, fīēbat…	fierem, fierēs, fieret…
Fut.	fīam, fīēs, fīet…	
Fut. II	factus, -a, -um erō/eris/erit…	
Perf.	factus, -a, -um sum/es/est…	factus, -a, -um sim/sīs/sit…
Plusqu.	factus, -a, -um eram/erās/ erat…	factus, -a, -um essem/essēs/ esset…
Infinitiv Präsens fierī; Infinitiv Futur factum (īrī); Imperativ Präsens fī, fīte; Partizip/ Gerundivum Präsens faciendus, -a, -um; Partizip/Gerundivum Futur futūrus, -a, -um		

2. Dreiendige Adjektive der 3. Deklination

Einige wenige Adjektive der 3. Deklination haben im Nominativ Singular für jedes Genus eine eigene Endung und somit drei verschiedene Endungen. Ansonsten werden sie wie alle anderen Adjektive der 3. Deklination gebeugt. Beispiel: **ācer**, **ācris**, **ācre** "scharf, schneidend, beißend":

	Singular ♂/♀/⌀			Plural ♂/♀/⌀		
Nom.	ācer	ācris	ācre	ācrēs	ācrēs	ācria
Gen.	ācris	ācris	ācris	ācrium	ācrium	ācrium
Dat.	ācrī	ācrī	ācrī	ācribus	ācribus	ācribus
Akk.	ācrem	ācrem	ācre	ācrēs	ācrēs	ācria
Abl.	ācrī	ācrī	ācrī	ācribus	ācribus	ācribus

Ācer cum currū equus exilit. "Feurig (scharf♂) mit seinem Wagen springt ein Pferd hervor."

Weitere dreiendige Adjektive der 3. Deklination sind **celer**, **-is**, **-e** "schnell" und **alacer**, **alacris**, **alacre** "lebhaft, freudig, munter".

3. Relativsätze mit finalem Sinn

Man kann einem Relativsatz einen finalen Sinn verleihen, indem man den Konjunktiv setzt. Solche Relativsätze bezeichnen ein in die Zukunft gerichtetes Ziel oder eine Absicht und werden mit "sollen" oder "um zu/damit" übersetzt.

Mārcus tabellārium mīsit, quī tibi epistulam daret. "Marcus schickte einen Briefträger, der dir den Brief geben sollte/um dir den Brief zu geben."
Dā mihi pecūniam, quam tabellāriō tribuam. "Gib mir das Geld, damit ich es dem Briefträger aushändige/aushändigen kann."

Bestimmt haben Sie sich schon an die Arbeitsweise der "2. Welle" gewöhnt. Hören Sie sich ruhig immer wieder die Tonaufnahmen der ersten Lektionen an. Jetzt, wo Sie mehr verstehen, haben Sie ein noch besseres Ohr für den lateinischen Tonfall und wahrscheinlich fällt es Ihnen auch nicht schwer, die Dialoge aus den Anfangslektionen auf Lateinisch wiederzugeben.

Unda altera: Animā hodiē lēctiōnem vīcēsimam prīmam!

71 Lēctiō septuāgēsima prīma (LXXI)

Dignus erat quī Latīnē scrīberet

1 GENOVĒFA – Avē, Alberte! Valdē intentus vidēris:

2 ter forēs pulsāvī, at tū nihil audīstī. ①

3 Quā rē intrāre ausa sum. ②

4 ALBERTUS – Avē, Genovēfa! Bene fēcistī: reāpse nihil audīvī.

5 Assīde, precor! ③

6 (GEN.) – Nōlō molesta esse. Multa tibi agenda esse videntur.

7 (ALB.) – Minimē! Librum legēbam. Nōstīne? ④

8 Librum Genovēfæ porrigit.

9 *GENOVĒFA, titulum legēns:*

10 *"Antōnius ā Sānctō Exupēriō. Rēgulus, vel puerī sōlī sapiunt"* ⑤

11 – Hujus librī fāmam nōn īgnōrō. ⑥

12 Nōnne ille Sānctus Exupērius āeronauta fuit? ⑦

ANMERKUNGEN

① Wie in Lektion 19 bei **dormīre** haben wir hier die kontrahierte Form **audīstī** (äquivalent zu **audīistī/audiistī** und **audīvistī**) von **audīre**, **audiō**, **audīvī**, **audītum**.

② **audēre**, **audeō**, **ausus sum** "wagen, mögen" zählt zu den Semi(Halb-)deponentien, d.h. es bildet im Perfekt nur passive Formen (mit PPP) mit aktiver Bedeutung. Dazu zählen auch **solēre**, **soleō**, **solitus sum** "pflegen, gewohnt sein", **gaudēre**, **gaudeō**, **gāvīsus sum** "sich freuen" und (**cōn**)**fīdere**, (**cōn**)**fīdō**, (**cōn**)**fīsus sum** "(ver)trauen".

③ **Assīdere**/**cōnsīdere** "sich hinsetzen, sich niederlassen" kommt von **sīdere**, **sīdō**, **sīdī** "sich setzen". Dagegen heißt **sedēre**, **sedeō**, **sēdī**, **sessum** "sitzen, verweilen", **sēdēs**, **is**♀ "Stuhl", **Sāncta Sēdēs** "Heiliger Stuhl".

71. Lektion

Er hatte das Zeug dazu, lateinisch zu schreiben

1 GENOVEFA – Sei gegrüßt, Albert! Du scheinst sehr konzentriert (angespannt) zu sein:

2 Dreimal habe ich [an] die Tür geklopft, aber du hast nichts gehört.

3 Deshalb habe ich es gewagt, einzutreten.

4 ALBERT – Sei gegrüßt, Genovefa! Das hast du gut gemacht: Ich habe tatsächlich nichts gehört.

5 Setz dich bitte!

6 (GEN.) – Ich will nicht lästig sein. Du scheinst viel zu tun zu haben (viel$^{\varnothing\varnothing}$ dir zu-treibend$^{\varnothing\varnothing}$ sein werden^{sie}-gesehen).

7 (ALB.) – Keineswegs! Ich las ein Buch. Kennst du es?

8 Er reicht Genovefa das Buch.

9 *GENOVEFA, den Titel lesend:*

10 *"Antoine de Saint-Exupéry. Der Kleine Prinz* (Königchen), *oder Nur die Kinder sind weise"*

11 – Der Ruhm dieses Buches ist mir sehr bekannt (Ruf$^{♀\,Akk}$ nicht nicht-weiß^{ich}).

12 War dieser Saint-Exupéry nicht ein Pilot (Luft-Schiffsmann$^{♂}$)?

ANMERKUNGEN

④ **Nōstīne** ist die verkürzte Form von **nōvistī** mit der angehängten Fragepartikel **ne**.

⑤ Das in einigen romanischsprachigen Familiennamen enthaltene "de", welches dem deutschen "von" entspricht, wird in manchen Fällen mit **ā/ab** + Ablativ, in anderen mit **dē** + Ablativ wiedergegeben.

⑥ Erinnern Sie sich an die Aussprache [*ngn*] für -**gn**-, z.B. bei **īgnōrō** [*īng-nō-rō*] und **dignus** [*ding-nuß*].

⑦ Von der frühesten römischen Dichtung bis zu den romanischen Sprachen gibt es Belege für zwei alternative Aussprachen für das Perfekt von **esse**, einmal mit einem kurzen und einmal mit einem langen **u**: **fuit** / **fūit**.

13 (ALB.) – Profectō. Ante bellum omnium gentium alterum āeronāvēs cursuālēs et vectōriās gubernāvit. ⑧ ⑨

14 Bellō ipsō, in Classe Āeriā meritus est. ⑩

15 Āeronāvem speculātōriam regēns mortem obiit. ⑪

16 Nōn sōlum āeronauta fuit audāx et generōsus,

17 sed etiam plūrēs librōs optimōs scrīpsit,

18 in quibus sē philosophum quoque hūmānissimum præbuit.

19 (GEN.) – Scrīpsitne Latīnē?

20 (ALB.) – Dignus erat quī Latīnē scrīberet. ⑫

21 Liber autem quī *Rēgulus* īnscrībitur,

22 in linguam Latīnam ā Professōre Augustō HAURY, Ūniversitātis Burdigalēnsis, optimē conversus est. ⑬

23 (GEN.) – Dē quibus rēbus in hōc librō agitur?

24 (ALB.) – Crās hoc vidēbimus.

ANMERKUNGEN

⑧ Wie **profectō** "in der Tat, tatsächlich" endet auch das Adverb **manifestō** "offenkundig, augenscheinlich" auf -**ō**.

⑨ **vectōrius**, -**a**, -**um** "Transport-". Merken Sie sich auch **āeronāvis onerāria** "Frachtflugzeug". "Flugzeug" heißt auch **āeroplanum**.

⑩ Das Deponens **merērī**, **mereor**, **meritus sum** "verdienen, sich verdient machen" gibt es mit der gleichen Bedeutung auch in den Aktivformen **merēre**, **mereō**, **meruī**, **meritum**. Dieses Phänomen findet sich auch bei einigen wenigen anderen Verben.

13 (ALB.) – In der Tat. Vor dem zweiten Weltkrieg (Krieg aller Völker) flog er Post- und Passagierflugzeuge (hat^{er}-gesteuert).

14 Im Krieg selbst diente er in einem Luftwaffengeschwader (Klasse$^{\text{♀ Abl}}$ Luft-$^{\text{♀ Abl}}$).

15 Bei einem Aufklärungsflug (Luftschiff$^{\text{♀ Akk}}$ Späh-$^{\text{♀ Akk}}$ lenkend) kam er ums Leben (Tod$^{\text{♀}}$ ist^{er}-entgegen-gegangen).

16 Er war nicht nur ein verwegener und vorzüglicher Pilot (großzügig),

17 sondern schrieb auch mehrere hervorragende Bücher,

18 in denen er sich auch als sehr gebildeter (menschlichster$^{\text{♂ Akk}}$) Philosoph zeigte.

19 (GEN.) – Schrieb er auf Latein?

20 (ALB.) – Er hatte das Zeug dazu, lateinisch zu schreiben. (würdig war^{er} welcher Lateinisch schriebe^{er}.)

21 Das Buch aber, das den Titel *Der Kleine Prinz* trägt (welcher Königchen wird^{er}-hineingeschrieben),

22 ist von Professor Auguste Haury von der Universität Bordeaux hervorragend in die lateinische Sprache übersetzt worden.

23 (GEN.) – Worum geht es in diesem Buch?

24 (ALB.) – Das werden wir morgen sehen.

ANMERKUNGEN

⑪ In **speculātōrius**, **-a**, **-um** "Aufklärungs-, Späh-" ist **speculātor** "Aufklärer, Späher" enthalten.

⑫ Im auf **dignus** "würdig" bezogenen Relativsatz steht der Konjunktiv, weil er eine konsekutive Färbung erhält ("würdig, dass er... schrieb").

⑬ In den Literaturempfehlungen am Ende dieses Buches finden Sie eine weitere, überaus lesenswerte lateinische Übersetzung von "Der kleine Prinz" von Alexander Winkler aus dem Jahr 2010.

Exercitātiō prīma: Intellegisne hās sententiās?

① Quī liber est hic? ② Est tractātus dē rē ēlectricā. ③ Possumne eum īnspicere? ④ Manifestō potes! Ut īnspiciantur cōnsulantur legantur, librī ēduntur. ⑤ Grātiās! Videō tē hominem nōn esse quī librōs suōs in bibliothēcās conclūdat et ab eōrum ūsū amīcōs prohibeat. ⑥ Librum aperiō ejusque pāginās volvō. ⑦ Hic tractātus longē aliter est quam crēdēbam.

Exercitātiō altera: Īnsere verba dēficientia!

❶ Was dachtest du denn, das du in dieser Abhandlung finden würdest?

____ enim in eō tractātū tē ____ inventūrum?

❷ Ich habe Beschreibungen von Maschinen, Lampen und verschiedenen derartigen Dingen, mit vielen Bildern versehen (geschmückt), erwartet...

Dēscrīptiōnēs māchināmentōrum, lampadum variōrumque hujuscemodī, ____ ____ ōrnātās ____ …

❸ und sehe nichts anderes als mathematische Berechnungen und geometrische Figuren mit Zeichen, die ich nicht verstehe.

nec quicquam aliud ____ quam computātiōnēs mathēmaticās, figūrāsque geōmetricās cum ____ quæ nōn ____.

Solūtiō exercitātiōnis prīmæ: Intellēxistīne?

❶ Was ist das für ein Buch? ❷ Das ist eine Abhandlung über Elektrizitätslehre. ❸ Kann ich hineinschauen? ❹ Klar kannst du das! Bücher werden herausgegeben, damit man hineinschaut, sie konsultiert und liest. ❺ Danke! Ich sehe, dass du nicht jemand (Mensch♂ Akk) bist, der seine Bücher in Bücherschränken einschließt und Freunde an deren Benutzung hindert. ❻ Ich öffne das Buch und blättere durch dessen Seiten (wälze ich). ❼ Diese Abhandlung ist ganz (lang) anders, als ich gedacht habe.

❹ Das kommt (geschieht es) dadurch, dass die Theorie der Elektrizitätslehre, die sich auf Mathematik stützt, sehr nützlich ist, um sich elektrische Geräte auszudenken.

███ fit quod, ad īnstrūmenta ēlectrica excōgitanda, ███████ ēlectricitātis, quæ mathēmaticīs nītitur, perūtilis ███.

Solūtiō exercitātiōnis alteræ: Verba dēficientia.

❶ Quid – crēdēbās ❷ multīs imāginibus – expectābam ❸ videō – signīs – intellegō ❹ Hoc – theōria – est.

Lateinische Übersetzungen moderner Literatur

Neben **Rēgulus** "Der kleine Prinz" wurde auch schon viel andere Populärliteratur ins Lateinische übertragen; so etwa die Harry-Potter-Bände **Harrius Potter et Philosophī Lapis** "Harry Potter und der Stein der Weisen" und **Harrius Potter et Camera Sēcrētōrum** "Harry Potter und die Kammer des Schreckens", sämtliche Asterix-Bände, **Winnie ille Pū** "Winnie Puuh", **Max et Moritz**, aber auch Klassiker wie Patrick Süskinds **Frāgrantia** "Das Parfüm", Hermann Hesses **Sub Rotā** "Unterm Rad" oder Bernhard Schlinks **Recitātor** "Der Vorleser".

Unda altera: Animā hodiē lēctiōnem vīcēsimam alteram!

72 Lēctiō septuāgēsima altera (LXXII)

Rēgulus

1 In Garamantum sōlitūdine dēstitūtus jacuī. ①

2 Frāctum erat aliquid in compāgibus illīs quæ māchinam movēbant.

3 Cum autem nec artificem nec peregrīnātōrēs ūllōs mēcum veherem, ②

4 ita mē parāvī ut sōlus id arte reficere cōnārer.

5 Rēs quidem difficilis erat, sed in discrīmen vītæ adductus eram.

6 Tantum enim aquæ habēbam quantum ad pōtum octō diērum satis esset.

7 ... Cum Rēgulō cōnsuētūdinem jūnxī.

8 Tempus multum intercessit priusquam intellegerem unde is venīret. ③

9 Rēgulus enim, ut ex mē multa percontābātur, sīc percontantem mē audīre nōn vidēbātur. ④ ⑤

10 Vōcibus fortuītō missīs omnia paulātim comperī.

ANMERKUNGEN

① Die Garamanten waren ein antikes Volk, das ebenso wie die Gätulen und die Augylen im Gebiet der heutigen Sahara lebte.

② Sie kennen bereits das vielfältige Bedeutungsspektrum von **ars, artis**♀: "Kunst, Handwerk, Gewerbe, Wissenschaft, Technik, Theorie"... Dementsprechend kann **artifex**, **artificis** u.a. "Künstler, Sachverständiger, Techniker, Meister, Arbeiter, Schöpfer" heißen.

③ In mit **priusquam** bzw. **antequam** (beide "bevor") eingeleiteten Temporalsätzen steht der Konjunktiv, wenn die Nebensatzhandlung zum Zeitpunkt der Handlung des übergeordneten Satzes als irreal bzw. unmöglich dargestellt werden soll. Der Konjunktiv entspricht dann im Deutschen einer Form von "können" + Infinitiv.

72. Lektion

Der Kleine Prinz

1 Verlassen lag ich in der Einöde der Garamanten.

2 Zerstört war irgendetwas in jenem Gefüge[♀♀ Abl], das die Maschine antrieb.

3 Da ich aber weder einen Mechaniker (Kunstmacher[♂ Akk]) noch irgendwelche Touristen mit mir führte,

4 bereitete ich mich darauf vor, zu versuchen, es ganz allein durch [mein] handwerkliches Geschick zu reparieren. (so mich habe[ich]-vorbereitet dass allein[♂] es Kunst[♀ Abl] zurück-tun würde[ich]-versuchen.)

5 Die Sache war zwar schwierig, aber ich war in Lebensgefahr (Scheidepunkt[∅ Akk] Leben[♀ Gen]) geraten.

6 Ich hatte nämlich [nur] so viel Wasser, wie es zum Trinken für acht Tage ausreichte.

7 … Ich machte Bekanntschaft mit dem Kleinen Prinzen.

8 Es verging viel Zeit, bevor ich erkennen [konnte], woher er kam.

9 Der Kleine Prinz nämlich fragte mich zwar viel, mich aber schien er, während ich etwas fragte, nicht zu hören.

10 Durch Worte, die zufällig hin und hergeworfen wurden, erfuhr ich allmählich alles.

ANMERKUNGEN

④ Das Konjunktionenpaar **ut** … **ita/sīc** "wie… so" wird nicht nur benutzt, wenn zwei Begriffe oder Handlungen gleichgestellt werden, sondern auch, wenn eine der Handlungen im Vergleich zur anderen als unerwartet eingeschätzt wird. In diesem Fall entspricht es der Wendung "zwar… aber" oder "so wie… so".

⑤ **percontārī** meint das sich erkundigende Fragen aus ernsthafter Absicht und Wissbegierde. (**Inter**)**rogāre** ist ein neutrales Fragen, das Bitten um eine Antwort. **Quærere** hingegen bezeichnet eher das nachforschende Fragen, das Ersuchen, aber auch das gerichtliche Verhör.

11 Velut, cum prīmum volucrem māchinam cōnspexit (quam māchinam nōn dēscrībam: ⑥
12 fōrma enim ejus adeō est multiplex ut eam dēlīneāre nōn possim), ā mē quæsīvit:
13 RĒGULUS – Quidnam reī hoc est?
14 ANTŌNIUS – Hæc nōn rēs est – volat enim –
15 sed volucris quædam, mea volucris māchina.
16 Et superbiā efferēbar dum eum mē volāre doceō. ⑦
17 (RĒG.) – Quid? Dē cælō dēlāpsus es?
18 ANTŌNIUS, *summissē* – Ita est. ⑧

(Ex Antōniī Ā SĀNCTŌ-EXUPĒRIŌ ***Rēgulō***, Fernandus HAZAN, Lutētiæ Parisiōrum, ēdidit annō 1985)

Exercitātiō prīma: Intellegisne hās sententiās?

❶ Quōmodō āream rēctangulī computāmus? ❷ Sufficit mēnsūram majōris ejus lateris per minōris mēnsūram multiplicāre. ❸ Bene! Sit e.g. (exemplī grātiā) rēctangulum quīdam metrum ūnum longum, trīgintā centimetra lātum; quanta erit, dīc, ārea ejus? ❹ Prīmum oportet ut hæc duo latera ūnā atque eādem longitūdinis ratiōne commētiāmur. ❺ E.g., mihi dīcere licet rēctangulum tuum decimetra decem longum, tria lātum esse. ❻ Cum ter dēna sint trīgintā, ārea ejus est decimetra quadrāta trīgintā ... ❼ Equus conductīcius facit brevia mīlia.

11 So zum Beispiel, als er zum ersten Mal meine Flugmaschine erblickte (diese Maschine werde ich nicht beschreiben:

12 ihre Form ist nämlich so komplex, dass ich sie nicht skizzieren kann), fragte er mich:

13 DER KLEINE PRINZ – Was ist das denn für ein Ding?

14 ANTONIUS – Dies ist kein Ding – es fliegt nämlich –

15 sondern eine Art Vogel$^{♀}$, meine Flugmaschine.

16 Und ich ging in Stolz auf (Stolz$^{♀\ \text{Abl}}$ wurde^{ich}-hinausgetragen), während ich ihn belehrte, dass ich flog.

17 (D.K.P.) – Was? Du bist vom Himmel gefallen?

18 *ANTONIUS, leise und demütig* (bescheiden) – Ja.

(Aus **Der Kleine Prinz** von Antoine de Saint-Exupéry, herausgegeben von Fernand Hazan, Paris 1985)

ANMERKUNGEN

⑥ Häufig findet man **velut** auch mit einem nachfolgenden **sīc/ita** mit der Bedeutung "wie… so". Vor **sī** "wenn, falls" haben wir **velut sī** "wie wenn, als wenn".

⑦ Sicherlich erinnern Sie sich noch daran, dass in **dum**-Sätzen normalerweise das Präsens steht, welches aber, je nach Kontext, auch ein Vergangenheitstempus bedeuten kann.

⑧ **summissus** "gesenkt, niedergelassen", aus **sub** "unter" und **missus**, dem PPP von **mittere** "schicken, senden", kann sowohl auf die Stimme als auch auf die innere Haltung eines Menschen bezogen werden.

Solūtiō exercitātiōnis prīmæ: Intellēxistīne?

❶ Wie berechnen wir die Fläche eines Rechtecks? ❷ Es genügt, die Länge (Maß$^{♀\ \text{Akk}}$) von dessen größerer Seite$^{\varnothing\ \text{Gen}}$ mit der Länge der kleineren [Seite] zu multiplizieren. ❸ Gut! Es sei zum Beispiel ein Rechteck einen Meter lang und dreißig Zentimeter breit; wie groß, sag es mir, wird seine Fläche sein? ❹ Zunächst müssen wir diese zwei Seiten in ein und derselben Längeneinheit (Länge$^{♀\ \text{Gen}}$ Rechnung$^{♀\ \text{Abl}}$) ausmessen. ❺ Beispielsweise kann ich sagen, dass dein Rechteck zehn Dezimeter lang und drei [Dezimeter] breit ist. ❻ Da dreimal zehn dreißig sind, beträgt seine Fläche dreißig Quadratdezimeter. ❼ Ein gemietetes Pferd macht kurze Meilen.

Exercitātiō altera: Īnsere verba dēficientia!

❶ Was ist ein gemietetes Pferd?

Quid est _____ conductīcius?

❷ Das ist eines, das dir ein Händler für Geld geliehen hat, oder, wenn du willst, das du von einem Händler gemietet hast.

Is est quem mangō tibi prō _______ locāvit, ___, sī ___, quem tū ā mangōne condūxistī.

❸ Warum macht es kurze Meilen?

Cūr ______ mīlia facit?

❹ Weil ein Reiter sein eigenes Pferd liebt und gut pflegt, ein fremdes aber zögert er nicht völlig zu erschöpfen, indem er es schnell rennen lässt.

Quia eques _____ ____ ________ amat et bene _____, aliēnum autem vēlōciter currentem dēfatīgāre nōn dubitat.

73 Lēctiō septuāgēsima tertia (LXXIII)

Rēgulus (sequitur)

1 RĒGULUS – Istō modō tū quoque dē cælō venīs?

2 In quā stēllā errantī nātus es?

3 ANTŌNIUS – Ergō tū, dē stēllā aliā venīs?

4 Ille autem nōn respondit: nam leviter renuēns māchinam meam intuēbātur. ①

5 (RĒG.) – Enimvērō istā māchinā ē locīs nōn valdē longinquīs advehī potuistī ...

6 Rēgulus ex Antōniō multa percontātus est quæ, propter locī inopiam, ōmittere dēbuimus.

❺ Wenn er so handelt, sei es auch mit einem fremden Pferd, ist er ein sehr schlechter Reiter.
Sī ita ____, licet cum equō aliēnō, ________ est _____.

Solūtiō exercitātiōnis alteræ: Verba dēficientia.

❶ equus ❷ pecūniā – vel – vīs ❸ brevia ❹ equum suum proprium – cūrat ❺ agit – pessimus – eques.

Kennzeichnen Sie schwierige Redewendungen oder Ausdrücke mit einem Textmarker, und blättern Sie von Zeit zu Zeit zu diesen Stellen zurück. Oder schreiben Sie Wörter und Wendungen, die Sie sich schlecht merken können, ein paarmal auf.

Unda altera: Animā hodiē lēctiōnem vīcēsimam tertiam!

73. Lektion

Der Kleine Prinz (Fortsetzung)

1 DER KLEINE PRINZ – Kommst auch du auf diese Weise aus dem Himmel?

2 Auf welchem Planeten (Stern[♀ Abl] irrend[♀ Abl]) bist du geboren?

3 ANTONIUS – Also kommst du von einem anderen Stern?

4 Er aber antwortete nicht, denn leicht kopfschüttelnd betrachtete er meine Maschine.

5 (D.K.P.) – Mit dieser Maschine konntest du wirklich [nur] aus nicht sehr weit entfernten Gegenden hergebracht (hinzufahren) werden…

6 Der Kleine Prinz hat Antonius vieles gefragt, das wir wegen Platzmangels weglassen mussten.

ANMERKUNGEN

① Zu **renuere** "den Kopf schütteln, ablehnen" kennen Sie bereits **annuere** "zunicken, bejahen, zustimmen".

7 Dē peregrīnātiōnibus ejus astronauticīs aliquantula excerpere māluimus. ②

8 ... Cum ille ad stēllulās 325, 326, 327, 328, 329, 330 [trecentēsimam vīcēsimam quīntam, etc.] propius accessisset,

9 eās vīsere īnstituit ut et occupātiōnem quæreret et doctrīnā sē exōrnāre posset.

10 Prīmam rēx incolēbat.

11 Sedēbat rēx purpurā pellibusque mūris ponticī indūtus, ③ ④

12 in soliō simplicissimē factō, sed tamen magnificō.

13 RĒX – Attat! Ecce pārēns quī mihi pāret. ⑤ ⑥

14 RĒGULUS – Quōmodō mē agnōscere potest, quoniam mē numquam vīdit?

15 (RĒX) – Accēde propius ut tē melius aspiciam. ⑦

16 (RĒG.) – Ō, Rēx, quæ imperiō regis?

17 *RĒX, simplicissimē* – Ūniversa. ⑧

18 (RĒG.) – Stēllæne tibi pārent?

19 (RĒX) – Sānē quidem, et statim pārent; neglegī jussa mea nōn patior.

(Indidem)

ANMERKUNGEN

② Merken Sie sich zu **excerpere** "herauspflücken, herausnehmen" auch das Simplex (einfaches, nicht zusammengesetztes Wort) **carpere**, **carpō**, **carpsī**, **carptum** "pflücken, rupfen". Sicherlich kennen Sie den berühmten Spruch des Horaz **carpe diem** "Nutze (pflücke) den Tag".

③ **Ponticus**, **-a**, **-um** meint die antike Region Kleinasiens an der Südküste des Schwarzen Meeres, welches auf Griechisch als **Pontus Euxīnus** "Gastliches Meer" bezeichnet wurde.

④ Verwechseln Sie **mūs**, **mūris** "Maus" nicht mit **mūrus**, **-i** "Mauer".

7 Wir haben es vorgezogen, ein wenig aus seinen Weltraumreisen zu zitieren (herauspflücken haben^{wir}-lieber-gewollt).

8 … Als er sich den Asteroiden (Sternchen$^{\text{♀♀ Akk}}$) 325, 326, 327, 328, 329, 330 [dreihundertfünfundzwanzig usw.] genähert hatte,

9 beschloss er, sie zu besuchen, um sich nach einer Beschäftigung umzusehen und sich weiterbilden (Belehrung$^{\text{♀ Abl}}$ sich ausstatten) zu können.

10 Den ersten bewohnte ein König.

11 Der König saß, in ein Purpurkleid und Hermelinfelle (Fell$^{\text{♀♀ Abl}}$ Maus$^{\text{♂ Gen}}$ pontisch$^{\text{♂ Gen}}$) gehüllt,

12 auf einem sehr einfach gestalteten, aber dennoch prächtigen Thron.

13 KÖNIG – Ha! Sieh an, ein Untertan, der mir gehorcht.

14 D.K.P. – Wie kann er mich erkennen, wo (da-ja) er mich doch noch nie gesehen hat?

15 (KÖNIG) – Komm näher heran, damit ich dich besser betrachten [kann].

16 (D.K.P.) – O König, was lenken Sie durch [Ihre] Herrschaft (welche$^{\text{∅∅ Akk}}$ Befehl$^{\text{∅ Abl}}$ lenkst^{du})?

17 *KÖNIG, ganz schlicht* – Alles.

18 (D.K.P.) – Gehorchen Ihnen die Sterne?

19 (KÖNIG) – Ja, natürlich (freilich gewiss), und sie gehorchen prompt; dass meine Befehle missachtet werden, lasse ich nicht zu (nicht erdulde^{ich}).

(Aus derselben Quelle)

ANMERKUNGEN

⑤ **Attat** ist ein Ausruf, der sehr verschiedene Emotionen, ausgelöst durch Freude, Schmerz, Verwunderung, Furcht oder Ermahnung, ausdrücken kann.

⑥ **pārēns** "gehorchend, Untertan", von **pārēre**, **pāreō**, **pāruī**, **pāritum** "gehorchen, erscheinen" lässt sich nur durch das lange **ā** von **parēns** "Erzeuger, Vater, Mutter" (von **parere**, **pariō**, **peperī**, **partum** "hervorbringen, gebären") unterscheiden. Es gibt auch das Verb **parāre**, **parō**, **parāvī**, **parātum** "vorbereiten".

⑦ Zusammengesetzte Verben kommen mit Assimilierung vor (**aspiciam**, die natürliche Form) oder ohne Assimilierung (**adspiciam**, altmodische Schreibweise).

⑧ **ūniversus**, **-a**, **-um** "ganz, gesamt, allgemein, total".

Exercitātiō prīma: Intellegisne hās sententiās?

① Quis hunc libellum prōposuit? ② Prīmum sine eum legam! ③ Ædīlēs monent: heri post mercātum in forō boāriō inventa sunt: ④ ānulus vidēlicet aureus; pilleus lāneus; crepida trītissima; ⑤ ēbrius quīdam oblītus nōminis suī; ⑥ asinus vīnctus ad columnam (fortasse ēbriī, sed neuter loquitur); ⑦ culter rōbīginōsus; pūpa lignea; ⑧ volūmen philosophicum plēnum intubōrum; ⑨ canis flāvus sine caudā; ⑩ īnfāns nūdus in acervō foliōrum brassicārum.

Exercitātiō altera: Īnsere verba dēficientia!

① Dies alles ist von den Angestellten des Fundbüros (Schreiber[♂♂ Abl] Sache[♀♀ Gen] gefunden[♀♀ Gen]) zurück zu verlangen.

Hæc _____ repetenda sunt ā scrībīs _____ inventārum.

② Der letzte Satz beantwortet deine Frage: Ein Angestellter hat diese Bekanntmachung veröffentlicht.

_____ ad _____ tuam ultima _____: scrība quīdam libellum prōposuit.

Solūtiō exercitātiōnis prīmæ: Intellēxistīne?

❶ Wer hat diese Bekanntmachung veröffentlicht (Büchlein[♂ Akk] hat[er]-vorgestellt)? ❷ Lass sie mich erst mal lesen (lass ihn möge[ich]-lesen)! ❸ Die Marktaufsicht gibt bekannt (Ädil[♂♂] warnen[sie]): Gestern sind nach den Marktgeschäften auf dem Rindermarkt gefunden worden: ❹ ein offenbar goldener Ring, eine Wollmütze, eine stark abgetragene Sandale, ❺ ein Betrunkener, der seinen Namen vergessen hat, ❻ ein an eine Säule gebundener Esel (vielleicht von dem Betrunkenen, aber keiner von beiden redet), ❼ ein verrostetes Messer, eine Holzpuppe, ❽ die Schriftrolle eines Philosophen (philosophisch[∅]), voll mit Endivien, ❾ ein blonder Hund ohne Schwanz, ❿ und ein nacktes Kleinkind in einem Haufen von Kohlblättern.

Solūtiō exercitātiōnis alteræ: Verba dēficientia.

❶ omnia – rērum ❷ Respondet – quæstiōnem – sententia.

Cursus Honōrum – Ämterlaufbahn im alten Rom

Jeder Bürger, der politisch Karriere machen wollte, musste eine Ämterlaufbahn einschlagen und vermögend genug sein, um den Wahlkampf finanzieren zu können. Für jedes Amt (**magistrātus**) wurde der Bewerber (**candidātus**) für ein Jahr von den Volksversammlungen gewählt. Nach einer Amtszeit und einer zweimonatigen Pause durfte man sich für das nächsthöhere Amt bewerben. Das niedrigste Amt war die **quæstūra** "Quästur". Quästoren betätigten sich als Untersuchungsrichter, verwalteten die Staatskasse und trieben Steuern ein; in der Kaiserzeit richteten sie auch die Gladiatorenspiele aus. Das nächsthöhere Amt war die **ædīlitās** "Ädilität". Zu den Aufgaben der Ädilen gehörten die Aufsicht über öffentliche Einrichtungen, Plätze, Straßen, Aquädukte und das Bauwesen. Das zweithöchste Amt war die **prætūra** "Prätur". Prätoren waren für die Gerichtsbarkeit in der Stadt selbst und in den Provinzen zuständig. Das Konsulat (**cōnsulātus**) schließlich wurde von zwei Konsuln bekleidet, denen die Regierung des Staates und der militärische Oberbefehl oblagen.

Unda altera: Animā hodiē lēctiōnem vīcēsimam quārtam!

74 Lēctiō septuāgēsima quārta (LXXIV)

Rēgulus (sequitur)

1 RĒGULUS – Sōlem occidentem spectāre cupiō ...

2 Grātum mihi fēceris sī sōlem occidere jusseris. ①

3 RĒX – Sī ducem, pāpiliōnis mōre, circum flōsculōs volitāre, vel tragœdiam scrībere, vel sē in marīnam avem convertere jubērem ... ② ③

4 dux autem imperātum nōn faceret, utrīus vitium esset, meum an ejus?

5 *RĒGULUS, cōnstantī vōce* – Tuum!

6 (RĒX) – Rēctē dīcis. Tantum enim ab ūnōquōque exigendum est,

7 quantum dare ūnusquisque potest.

8 Nempe auctōritās in ratiōne nītitur.

9 Sī populārēs tuōs jubērēs sē in mare abjicere, rem publicam commūtārent. ④

10 (RĒG.) – Quid igitur dē meō sōlis occāsū? ⑤

11 (Numquam enim omittēbat quod semel quæsīverat.)

12 (RĒX) – Occāsus sōlis iste tibi dabitur.

13 Exigam enim.

ANMERKUNGEN

① Neben **occidere**, **occidō**, **occidī**, **occāsum** "niederfallen, untergehen" aus **ob** "entgegen, wegen" + **cadere** "fallen" gibt es auch **occīdere**, **occīdō**, **occīsī**, **occīsum** "niederhauen, zu Boden schlagen" aus **ob** + **cædere** "(um)hauen".

② **volitāre** "umherfliegen, hin- und herfliegen" ist das "Intensivum" von **volāre** "fliegen": Es drückt ähnlich wie die Vorsilbe **per** eine Verstärkung bzw. Intensivierung der Handlung aus. Man erkennt es an der Endung **-tāre**, z.B. auch in **cantitāre** "immerzu singen".

③ Von **jubēre** "befehlen, machen lassen" ist stets ein AcI abhängig. Derjenige, dem etwas befohlen wird, steht also im Akkusativ. **Jubeō sparteolōs incendium extinguere**. "Ich befehle den Feuerwehrleuten, einen Brand zu löschen."

74. Lektion

Der Kleine Prinz (Fortsetzung)

1 DER KLEINE PRINZ – Ich will sehen, wie die Sonne untergeht (Sonne[♂ Akk] niederfallend[♂ Akk])...

2 Sie würden mir einen Gefallen tun, wenn Sie der Sonne befählen unterzugehen.

3 KÖNIG – Wenn ich einem Feldherrn (Führer[♂ Akk]) befähle, nach Art eines Schmetterlings um Blümchen herum zu flattern oder eine Tragödie zu schreiben oder sich in einen Meeresvogel zu verwandeln...

4 der Feldherr den Befehl (befohlen[∅ Akk]) aber nicht ausführte, wessen Fehler wäre das, meiner oder seiner?

5 *DER KLEINE PRINZ, mit fester Stimme* – Ihrer (deiner[∅])!

6 (KÖNIG) – Du hast Recht. Man darf nämlich auch nur soviel von einem jeden verlangen,

7 wie er geben (wieviel[∅] geben ein-jeder) kann.

8 Denn Autorität beruht doch wohl auf Vernunft.

9 Wenn du deinen Landsleuten befählest, sich ins Meer zu werfen, würden sie eine Revolution starten (Sache[♀ Akk] öffentlich[♀ Akk] wandelten[sie]-um).

10 (D.K.P.) – Was [ist] denn nun mit meinem Sonnenuntergang?

11 (Er ließ nämlich niemals außer Acht, was er einmal gefragt hatte.)

12 (KÖNIG) – Dein (dieser) Sonnenuntergang soll dir gegeben werden.

13 Ich werde ihn nämlich verlangen.

ANMERKUNGEN

④ Das Substantiv bzw. Adjektiv **populāris** "Volks-, einheimisch, Landsmann, populär, demokratisch" hat in der Römischen Republik eine wichtige politische Bedeutung. Es bezeichnete die Senatoren, die sich als eine Art Opposition im Interesse der Volksversammlung gegen die herrschende Senatsmehrheit stellten.

⑤ **occāsus**, **occāsūs** "Untergang" ist das Substantiv zu **occidere** "niederfallen, untergehen".

14 Sed ut quī reī publicæ ministrandæ perītus sim, tempus expectābō. ⑥

15 (RĒG.) – Quotā hōrā id futūrum est?

16 *RĒX, postquam ingentēs fāstōs īnspexit* – Hem! Hem! ... fīet hodiē vespere ... ⑦

17 fīet ... quadrāgēsimō minūtō post septimam hōram,

18 ac vidēbis quam mihi sēdulō pāreātur. ⑧

19 (RĒG.) – Nihil jam mihi negōtiī hīc est.

20 Mox proficīscar.

21 (RĒX) – Nōlī proficīscī!

22 (RĒG.) – Ō, summe rēx, sī tibi sēdulō obœdīrī cupis, mihi ratiōnī cōnsentāneā imperā.

23 Mē proficīscī jubē. Omnia enim tempestīva videntur esse.

24 *RĒX, Rēgulum jam ēvolantem vidēns* – Tē lēgātum meum esse jubeō! ⑨

(Indidem)

ANMERKUNGEN

⑥ Der Konjunktiv verleiht dem Relativsatz hier einen kausalen (begründenden) Sinn, der durch **ut** noch verstärkt wird.

⑦ **fāstī** von **diēs fāstus** "Werktag, Gerichtstag" bezeichnete in der römischen Antike zunächst nur ein Verzeichnis von Tagen, an denen Recht gesprochen werden durfte. Daraus ging später ein Jahreskalender hervor, der wichtige Feste und Ereignisse enthielt. Verwechseln Sie es nicht mit **fāstus**, **fāstūs**♂ "Stolz, Hochmut".

Exercitātiō prīma: Intellegisne hās sententiās?

❶ Quam artem exercēs? ❷ Ego sum centuriō ē sparteolīs urbānīs. ❸ Quod est officium tuum? – Sparteolīs imperō ut incendia extinguant. ❹ Sæpene in hāc urbe incendia extinguis? ❺ Nimis sæpe! In ædibus nostrīs contabulātiōnēs ligneæ, supellex, vēla, textilia, facile incenduntur. ❻ Hominēs præcipuēque adulēscentēs cum igne incautē sæpissimē agunt. ❼ Māchināsne recentēs possidētis? ❽ Duās habēmus antliās automōtrīcēs optimās.

14 Aber da ich erfahren im Regieren eines Staates bin (dass welcher$^{\text{♂}}$ Sache$^{\text{♀ Gen}}$ öffentlich$^{\text{♀ Gen}}$ zu-bedienend$^{\text{♀ Gen}}$ erfahren sei^{ich}), werde ich eine Zeit lang abwarten.

15 (D.K.P.) – Um wieviel Uhr wird das sein?

16 *KÖNIG, nachdem er in einen gewaltigen Kalender hineingesehen hatte* – Hm! Hm!... Das wird heute Abend…

17 das wird sein... um sieben Uhr vierzig,

18 und du wirst sehen, wie man mir eifrig gehorchen wird.

19 (D.K.P.) – Ich habe hier nichts mehr zu tun. (nichts schon mir Beschäftigung$^{\text{∅ Gen}}$ hier ist^{es}.)

20 Ich werde bald aufbrechen.

21 (KÖNIG) – Brich nicht auf!

22 (D.K.P.) – Oh höchster König, wenn Sie wünschen, dass man Ihnen eifrig gehorcht, befehlen Sie mir Dinge, die im Einklang mit der Vernunft stehen (wenn dir eifrig gehorcht-werden wünschst^{du}, mir Rechnung$^{\text{♀ Dat}}$ übereinstimmend$^{\text{∅∅}}$ befiehl).

23 Lassen Sie mich aufbrechen. Alles scheint nämlich rechtzeitig zu sein.

24 *KÖNIG, den Kleinen Prinzen schon davonfliegen sehend* – Ich befehle dir, mein Gesandter zu sein!

(Aus derselben Quelle)

ANMERKUNGEN

⑧ **sēdulō** ist das Adverb von **sēdulus**, -**a**, -**um** "emsig, eifrig, geschäftig, fleißig, beflissen".

⑨ Verwechseln Sie **lēgāre** "bevollmächtigen, vermachen, absenden" nicht mit **legere** "lesen, sammeln, auflesen".

Solūtiō exercitātiōnis prīmæ: Intellēxistīne?

❶ Welchen Beruf übst du aus (welche$^{\text{♀ Abl}}$ in Kunst$^{\text{♀ Abl}}$ dich übst^{du})? ❷ Ich bin Chef (Zenturio) der Stadtfeuerwehr (aus Feuerwehrmann$^{\text{♂♂ Abl}}$ städtisch$^{\text{♂♂ Abl}}$). ❸ Was ist deine Aufgabe? – Ich befehle den Feuerwehrleuten, Brände zu löschen. ❹ Löschst du häufig Feuer hier in dieser Stadt? ❺ Zu häufig! In unseren Häusern geraten hölzerne Dielenverschalungen, Hausrat, Vorhänge und Textilien leicht in Brand (werden^{sie}-angezündet). ❻ Menschen und vor allem Jugendliche gehen sehr häufig unvorsichtig mit dem Feuer um. ❼ Besitzt ihr moderne Maschinen? ❽ Wir haben zwei sehr gute Autopumpen.

Exercitātiō altera: Īnsere verba dēficientia!

❶ Ich werde jetzt auf beiden Ohren (welche- willst[du♀ Akk] Ohr[♀ Akk]) schlafen; dass (welcher) die Feuerwehrleute unserer Stadt unter deiner Führung bestens ausgerüstet sind, [das] weiß ich jetzt (nicht weiß[ich]-nicht).

In utramvīs aurem nunc dormiam, quī _____ ______ sparteolōs, tē duce, optimē īnstrūctōs esse, nunc ___ ______.

❷ Und du, [mein] Guter, welche Aufgabe erfüllst du?

Et tū, bone, quō __________ _________?

❸ Ich bin Leichenbestatter.

Ego ____________ sum.

❹ Super! Endlich kann ich ohne irgendeine Angst ans Löschen von Feuern herangehen, da ich weiß, dass ich von dir gut beerdigt werden werde.

______! Sine ūllō ______ timōre ad ignem extinguendum adīre ______, quia ____ ā tē mē bene sepultum īrī.

75 Lēctiō septuāgēsima quīnta (LXXV)

Rēgulus (conclūditur)

1 Altera stēlla ā glōriōsō quōdam incolēbātur, ①

2 quī simul ac Rēgulum cōnspexit, procul exclāmāvit: ②

3 "Ecce hūc venit quī mē admīrātur"…

4 Tertia ā pōtātōre incolēbātur:

5 RĒGULUS – Cūr pōtās?

6 PŌTĀTOR – Ut oblīvīscar.

ANMERKUNGEN

① Das Verb zu **glōria** "Ruhm, Ehre" und **glōriōsus**, **-a**, **-um** "ruhmreich, rühmlich" lautet **glōriārī** "sich rühmen, prahlen". Die Sache, derer man sich rühmt, steht im Ablativ.

❺ Jeder soll den Beruf, in dem er sich auskennt (welche♀ Akk jeder habe[er]-kennengelernt Kunst), ausüben.

Quam ______ nōrit ______, in hāc sē exerceat.

Solūtiō exercitātiōnis alteræ: Verba dēficientia.

❶ urbis nostræ – nōn īgnōrō ❷ ministeriō fungeris ❸ libitīnārius ❹ Optimē – tandem – possum – sciō ❺ quisque – artem.

Unda altera: Animā hodiē lēctiōnem vīcēsimam quīntam!

75. Lektion

Der Kleine Prinz (Schluss)

1 Der zweite Planet wurde von einem Prahler bewohnt,

2 der, sobald er den Kleinen Prinzen erblickte, aus der Ferne rief:

3 "Sieh mal, hierher kommt [jemand], der mich bewundert"…

4 Der dritte wurde von einem Trinker bewohnt:

5 DER KLEINE PRINZ – Warum trinkst du?

6 TRINKER – Damit ich vergesse.

ANMERKUNGEN

② **simul** alleine bedeutet "zugleich, gleichzeitig". Man findet es z.B. im Wort "simultan".

7 (RĒG.) – Ut cujus reī oblīvīscāris?

8 (PŌT.) – Ut mē pudēre oblīvīscar.

9 (RĒG.) – Cujus reī tē pudet? ③

10 (PŌT.) – Pōtāre mē pudet... ④

11 In cēterīs stēllīs, vīsitāvit Rēgulus negōtiātōrem quendam, ⑤

12 quī dīvitiās suās sine fīne computābat ...

13 lychnōrum publicōrum cūrātōrem quī immānī mūnere sē fungī exīstimābat,

14 nam stēlla ejus singulīs minūtīs circumagēbātur ...

15 geōgraphum dēnique quī librōs ingentēs scrībēbat:

16 GEŌGRAPHUS – At tū ē locīs remōtīs venīs. Īgnōta explōrās.

17 Jam mihi stēllam tuam dēscrībe!

18 (RĒG.) – Domī meæ omnia perparva sunt. ⑥

19 Mihi sunt trēs ignivomī montēs, quōrum duo etiamnunc ārdeant, ūnus extīnctus sit ... ⑦ ⑧

20 mihi etiam flōs est ...

21 (GEŌ.) – Dē flōribus mentiōnem facere nōn solēmus in tractātibus nostrīs.

22 (RĒG.) – Quidnī? Sunt fōrmōsissimæ rērum omnium.

ANMERKUNGEN

③ **pudet** "es beschämt" ist stets unpersönlich und wird mit einem Genitiv konstruiert. Derjenige, der sich schämt, steht also im Akkusativ; die Sache, für die man sich schämt, steht im Genitiv.

④ Das Nomen zu **pudēre** "sich schämen" lautet **pudor** "Scham, Scheu".

⑤ **cēterīs**: Merken Sie sich in diesem Zusammenhang noch die übliche Schreibweise für "etc.": **&c**.

⑥ **meæ** ist der auf **domī** "zu Hause" bezogene Lokativ von **mea** "meine". Sie kennen die Lokativendung **-i** bzw. **-æ** bereits von den Ortsnamen **Lugdūnī** "in Lyon" und **Lutētiæ** "in Paris". In der 3. Deklination wird der Ablativ des Ortes verwendet, z.B. **Barcinōne** "in Barcelona".

7 (D.K.P.) – Damit du was vergisst?

8 (T.) – Damit ich vergesse, dass ich mich schäme.

9 (D.K.P.) – Wofür schämst du dich? (welche[♀ Gen] Sache[♀ Gen] dich beschämt[es]?)

10 (T.) – Ich schäme mich dafür, dass ich trinke...

11 Auf anderen Planeten besuchte der Kleine Prinz einen Geschäftsmann (Händler ein-gewisser),

12 der ununterbrochen (ohne Ende[♂ Abl]) seine Reichtümer zählte…

13 einen Kuratoren für die öffentlichen Beleuchtungsanlagen (Leuchte[♂♂ Gen] öffentlich[♂♂ Gen] Pfleger[♂ Akk]), der meinte, dass er eine ungeheure Leistung vollbringe,

14 denn sein Planet vollzog eine Umdrehung pro Minute (einzeln[ØØ Abl] Minute[ØØ Abl] wurde[sie]-herumgetrieben)…

15 schließlich einen Geografen, der gewaltige Bücher schrieb:

16 GEOGRAF – Du aber kommst aus entfernten Gegenden. Du erforschst Unbekanntes.

17 Jetzt beschreibe mir deinen Planeten!

18 (D.K.P.) – Bei mir zu Hause ist alles sehr klein.

19 Ich habe drei feuerspuckende Berge, von denen zwei auch jetzt noch brennen, einer ist erloschen...

20 ich habe auch eine Blume...

21 (G.) – Blumen pflegen wir nicht zu erwähnen (von Blume[♂♂ Abl] Erwähnung[♀ Akk] tun nicht pflegen[wir]) in unseren Abhandlungen.

22 (D.K.P.) – Warum nicht? Sie sind die schönsten von allen Dingen.

ANMERKUNGEN

⑦ **ignivomī**[♂♂] stetzt sich aus **ignis** "Feuer" und **vomere**, **vomō**, **vomuī**, **vomitum** "sich erbrechen, speien" zusammen. Bei derart zusammengesetzten Adjektiven und Substantiven endet der erste Teil normalerweise auf **-i**, so auch bei **agricola** "Ackerbauer, Landmann" oder **gallicauda** "Hahnenschwanz, Cocktail".

⑧ Im mit **quōrum** eingeleiteten Relativsatz steht der Konjunktiv, da er einen konsekutiven Sinn hat ("drei so beschaffene Berge, dass...").

23 (GEŌ.) – Quia flōrēs ēvānidī sunt ... ⑨
24 (RĒG.) – Quæ mē hortāris ut vīsam?
25 (GEŌ.) – Terram stēllam. Nam bene audit.
26 *Abiit Rēgulus, sēcum dē flōre suō cōgitāns.*

(Indidem)

Exercitātiō prīma: Intellegisne hās sententiās?

❶ Heus! Stephane! Ubi es? Tē cantitantem audiō, sed ubi sīs nōn videō. ❷ Domī sum; sum in horreō ubi frūmentum servāmus. ❸ In novā domō nūllum est horreum. ❹ Ex horreō dēscendō. ❺ Domō exī! ❻ Ē vetere domō exīre nōlō. ❼ Lutētiā exīre cupiō. ❽ Eāmus in horreum. ❾ Domum īre nōn vultis? ❿ Chicāgiam īre mālunt.

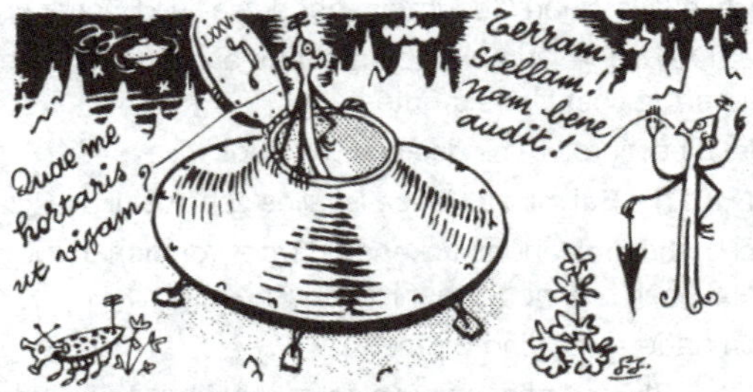

Exercitātiō altera: Īnsere verba dēficientia!

❶ Wir reisen nicht nach New York.
Novum Eborācum ___ ____.

❷ Nach New York, in die sehr berühmte Stadt, reisen wir nicht.
Novum Eborācum, in _____ ___________, nōn īmus.

❸ Wir fahren durch das Tal von Isère auf Grenoble zu.
Per vallem Isaræ Grātiānopolim _______.

❹ Auf der Straße Emilia fahren wir auf Chambéry zu.
___ ______ Cambērium petimus.

❺ Kommt ihr nicht aus Mailand?
_____ Mediolānō _______?

23 (G.) – Weil Blumen vergänglich sind...

24 (D.K.P.) – Was empfiehlst du mir zu besuchen? (welche[ØØ Akk] mich treibst[du]-an dass besuche[ich]?)

25 (G.) – Den Planeten Erde. Er steht nämlich in einem guten Ruf (gut hört[sie]).

26 *Der Kleine Prinz ging fort und dachte über seine Blume nach.*

(Aus derselben Quelle)

ANMERKUNGEN

⑨ Merken Sie sich zu **ēvānidus**, -**a**, -**um** "vergehend, verschwindend, verfallend" auch **vānus**, -**a**, -**um** "leer, unbedeutend, erfolglos, vergeblich".

Solūtiō exercitātiōnis prīmæ: Intellēxistīne?

❶ He! Stefan! Wo bist du? Ich höre dich ständig singen, sehe aber nicht, wo du bist. ❷ Ich bin zu Hause; ich bin auf dem Dachboden, wo wir das Getreide aufbewahren. ❸ Im neuen Haus ist kein Dachboden. ❹ Ich steige vom Dachboden herab. ❺ Geh aus dem Haus heraus! ❻ Ich will aus dem alten Haus nicht herausgehen. ❼ Ich will Paris verlassen (Paris[♀ Abl] herausgehen). ❽ Lass uns auf den Dachboden gehen. ❾ Wollt ihr nicht nach Hause gehen? ❿ Sie wollen lieber nach Chicago reisen (gehen).

❻ Ja! Wir sind durch Aosta hindurchgefahren.
___! Per Augustam Prætōriam ___________.

Solūtiō exercitātiōnis alteræ: Verba dēficientia.

❶ nōn īmus ❷ urbem clārissimam ❸ petimus ❹ Viā Æmiliā ❺ Nōnne – venītis ❻ Ita – trānsīvimus.

Nobody is perfect!... Es ist nicht schlimm, wenn Sie Fehler machen. Sie sind ja gerade dabei, eine neue Sprache zu lernen. Sollten Sie einen Geprächspartner für Ihre neue Fremdsprache haben, bitten Sie ihn darum, Sie zu korrigieren. Vielleicht ist dieser auch bereit, Ihnen die Feinheiten und Sonderfälle des Lateinischen genau zu erklären. So lernen Sie ständig dazu.

Unda altera: Animā hodiē lēctiōnem vīcēsimam sextam!

76 Lēctiō septuāgēsima sexta (LXXVI)

Cōnsiliō tuō ūtar

1 GENOVĒFA – Quæ mihi explānāvistī, ea ad tōtum librum legendum mē hortantur.

2 Vīsne mihi eum commodāre?

3 ALBERTUS – Libentissimē. Cum domum intrāvistī, ultimam pāginam legēbam! ①

4 Ecce liber!

5 (GEN.) – Ēditiō pulcherrima est.

6 Quis illās lepidās imāginēs colōribus jūcundīs pinxit? ②

7 (ALB.) – Auctor ipse; simpliciter sed lepidē dēlīneābat.

8 (GEN.) – Crēdisne mē exemplar Latīnum intellegere posse? ③

9 (ALB.) – Profectō potes.

10 Sed em tibi exemplar linguā nostrā scrīptum.

11 Quantum fierī potest, cavē nē eō ūtāris, nisi in summā difficultāte.

12 (GEN.) – Grātiās tibi agō. Cōnsiliō tuō ūtar. ④

13 (ALB.) – Nē tamen lēctiōnēs cottīdiānās discere discōsque audīre oblīta sīs!

14 *GENOVĒFA, octō post diēbus* – Librum sine magnā difficultāte Latīnē scrīptum lēgī.

ANMERKUNGEN

① Das Imperfekt in **legēbam** drückt aus, dass der Vorgang des Lesens beim Eintreten in das Haus noch nicht abgeschlossen war.

② Das Nomen zu **pingere** "malen, bemalen" lautet **pictūra**, -æ ♀ "Malerei, Gemälde".

76. Lektion

Ich werde von deinem Rat Gebrauch machen

1 GENOVEFA – Was du mir erläutert hast, reizt mich dazu, das ganze Buch zu lesen (zu ganz♂ Akk Buch♂ Akk zu-lesend♂ Akk mich treiben[sie]-an).

2 Willst du es mir ausleihen?

3 ALBERT – Sehr gerne. Als du mein Haus betreten hast, las ich [gerade] die letzte Seite!

4 Hier [ist] das Buch!

5 (GEN.) – Die Ausgabe ist wunderschön.

6 Wer hat diese niedlichen Bilder mit den ansprechenden Farben gemalt?

7 (ALB.) – Der Autor selbst; er hat sie schlicht aber fein gezeichnet.

8 (GEN.) – Glaubst du, dass ich ein lateinisches Exemplar verstehen kann?

9 (ALB.) – Sicherlich kannst du das.

10 Aber hier [ist für] dich (dir) ein Exemplar, das in unserer Sprache geschrieben ist.

11 Vermeide, so gut es geht, es zu benutzen, außer bei größten Schwierigkeiten.
(wieviel getan-werden kann[es], hüte-dich nicht es∅ Abl benutzest[du], wenn-nicht in höchste♀ Abl Schwierigkeit♀ Abl.)

12 (GEN.) – Ich danke dir. Ich werde von deinem Rat Gebrauch machen.

13 (ALB.) – Vergiss trotzdem nicht, die täglichen Lektionen zu lernen und die CDs zu hören!

14 *GENOVEFA, nach acht Tagen* – Ich habe ohne große Schwierigkeit das auf Latein geschriebene Buch gelesen.

ANMERKUNGEN

③ **exemplar**, **exemplāris**∅ "Abbild, Kopie, Exemplar" wird wie **animal**, **animālis**∅ "Tier" dekliniert.

④ Zumindest hinsichtlich der Aussprache besteht keine Verwechslungsgefahr bei **cōnsilium** "Rat, Plan, Beschluss" und **concilium** "Versammlung, Zusammenkunft", denn letzteres wird [*kong-ki-li-ʲuᵐ*] gesprochen.

15 Glōssāriō paululum ūsa sum.

16 In fīne Latīnum cum exemplārī linguā nostrā scrīptō contulī.

17 Nōn crēdēbam linguam patriam in Latīnam tantā simplicitāte convertī posse.

18 (ALB.) – Euge! Optimum invēnistī modum linguārum externārum discendārum,

19 tot librōs legendō quot possibile est.

20 (GEN.) – Sōla difficultās in inceptū est. ⑤

21 Initiō pæne nihil intellegis.

22 (ALB.) – Hōc ipsō tempore pergendum est.

23 Prīmum legere atque etiam legere oportet, sine glōssāriī ūsū.

24 Tunc auctōris stilō paulātim īnsuēscis, ⑥

25 et paulātim melius meliusque ejus linguam intellegis.

26 (GEN.) – Habēsne alterum librum parī difficultāte?

27 (ALB.) – Tibi librum Anglicum commodābō, quī et puerīs scrīptus est.

28 Sed nunc cēnātum eāmus!

15 Das Wörterbuch (Glossar) habe ich ein klein wenig benutzt.

16 Am Ende habe ich das lateinische [Exemplar] mit dem in unserer Sprache geschriebenen Exemplar verglichen.

17 Ich hätte nicht gedacht, dass [unsere] Muttersprache (nicht glaubte^{ich} Zunge$^{\text{♀ Akk}}$ väterlich$^{\text{♀ Akk}}$) so einfach (so-groß$^{\text{♀ Abl}}$ Einfachheit$^{\text{♀ Abl}}$) ins Lateinische übersetzt werden kann.

18 (ALB.) – Bravo! Du hast eine hervorragende Methode gefunden, um Fremdsprachen zu lernen,

19 indem man [nämlich] so viele Bücher wie möglich liest. (so-viele Buch$^{\text{♂♂ Akk}}$ Lesen^{Abl} wie-viele möglich$^{\varnothing}$ ist^{es}.)

20 (GEN.) – Die einzige Schwierigkeit besteht im Anfang.

21 Zu Beginn versteht man fast nichts (verstehst^{du}).

22 (ALB.) – Genau dann muss man am Ball bleiben. (dieser$^{\varnothing\ \text{Abl}}$ selbst$^{\varnothing\ \text{Abl}}$ Zeit$^{\varnothing\ \text{Abl}}$ zu-fortsetzend$^{\varnothing}$ ist^{es}.)

23 Zuerst muss man lesen und nochmals lesen, ohne die Verwendung eines Wörterbuches.

24 Dann gewöhnst du dich nach und nach an den Stil des Autors

25 und verstehst dessen Sprache allmählich besser und besser.

26 (GEN.) – Hast du ein anderes Buch der gleichen Schwierigkeitsstufe?

27 (ALB.) – Ich werde dir ein englisches Buch ausleihen, das auch für Kinder geschrieben ist.

28 Aber jetzt lass uns essen gehen!

ANMERKUNGEN

⑤ **inceptus**, **inceptūs**$^{\text{♂}}$ bezeichnet allgemein den Anfang einer Tätigkeit. **Initium**, vgl. **inīre** "hineingehen", betont vor allem den zeitlichen Beginn einer Handlung bzw. eines Ereignisses.

⑥ Sprechen Sie **īnsuēscis** dreisilbig aus: [*ī-ßwēß-kiß*].

CARMEN

Carmen circēnse (conclūditur)

Dum in verbera
Prōnus pendeō
Clāmitat fera
Nostra factiō.
Cingor laureīs;
Lætor prīncipem
Nostrīs dē victōriīs
Magnam fēcisse rem.

Chorus (bis)
Tinniunt, tinniunt
Usque phaleræ.
Quam libenter audiunt
In cursū aurīgæ!

Prīnceps semper sim!
Nīl prætereat!
Quis sīc habet vim?
Quis sīc agitat?
Sit russātō mors!
Tremat venetus!
Fiscō tamen favet fors
Cum vincit prasinus.

Chorus (bis)
Tinniunt, tinniunt
Usque phaleræ.
Quam libenter audiunt
In cursū aurīgæ!

Exercitātiō altera: Īnsere verba dēficientia!

1. Willst du mir das Buch ausleihen, damit ich es ganz lese?
   Vīsne mihi librum ad ______ ________ commodāre?
2. Innerhalb von acht Tagen habe ich das auf Englisch geschriebene Buch ohne große Schwierigkeit zu Ende gelesen.
   Octō post ______ librum _______ scrīptum sine _____ difficultāte lēgī.

LIED

Ein Zirkuslied (Schluss)

Während ich zum Schlagen
mich nach vorne beuge,
ruft wild
unsere Anhängerschaft.
Man legt mir den Lorbeerkranz um;
Ich freue mich, dass der Kaiser
aus unseren Siegen
ein großes Vermögen gemacht hat.

Refrain (zweimal)
Es erklingt, es erklingt
in einem fort der Pferdeschmuck.
Oh, wie gerne hören [ihn]
auf der Bahn die Wagenlenker!

Auf dass ich immer der Erste bin!
Nichts soll mich überholen (an mir vorübergehen)!
Wer hat auf solche Weise Stärke?
Wer lenkt auf solche Weise?
Dem Roten sei der Tod!
Es zittere der Blaue!
Dennoch ist der Kasse das Schicksal gewogen,
wenn der Grüne gewinnt.

Refrain (zweimal)
Es erklingt, es erklingt
in einem fort der Pferdeschmuck.
Oh, wie gerne hören [ihn]
auf der Bahn die Wagenlenker!

❸ Allmählich verstehst du dessen Stil besser und besser.
Ejus stilum paulātim ______ __________ intellegis.

Solūtiō exercitātiōnis alteræ: Verba dēficientia.

❶ tōtum legendum ❷ diēbus – Anglicē – magnā ❸ melius meliusque.

Kurz vor dem Ende dieser Lerneinheit kommt nun wieder ein kleines Lied. Wie klappt es denn mit dem Mitsingen?

Unda altera: Animā hodiē lēctiōnem vīcēsimam septimam!

77 Lēctiō septūāgēsima septima (LXXVII)

Repetītiō et annotātiōnēs

1. Präpositionen und Präfixe (Vorsilben)

Präpositionen (von **præpōnere** "voranstellen") stehen fast immer vor ihrem Substantiv, Adjektiv oder Pronomen, selten dahinter. Sie verlangen stets einen bestimmten Kasus (Akkusativ oder Ablativ), in dem das Substantiv/Pronomen zu stehen hat. Präpositionen sind meist unerlässlich für das Verständnis des Verhältnisses zwischen einer Tätigkeit und einem Objekt innerhalb des Satzes. Dies wird an folgendem Fantasiesatz deutlich, in dem jegliche Präpositionen fehlen:

Eō + **urbs.** "Ich gehe + Stadt."

Dieser Satz ist unvollständig und deshalb mehrdeutig. Erst die Präposition – im Folgenden unterstrichen – klärt das Verhältnis von "gehen" zu "Stadt":

Eō... "Ich gehe..."
... ad urbem. "... zur Stadt."
... ab urbe. "... von der Stadt weg."
... ex urbe. "... aus der Stadt heraus."
... in urbem. "... in die Stadt hinein."
... circum urbem. "... um die Stadt herum."
... per urbem. "... durch die Stadt."

Bei einigen der oben genannten Beispielsätze kann man die Präposition, anstatt sie vom Verb zu trennen, auch als Vorsilbe mit dem Verb zu einem Kompositum vereinigen:

Urbem adeō. "Ich gehe zur Stadt."
Urbem ineō. "Ich gehe in die Stadt."
Urbe exeō. "Ich gehe aus der Stadt heraus."

Wie Ihnen sicherlich schon aufgefallen ist, gibt es sehr viele Verben, die sich, wie die Komposita von **ire**, aus einem einfachen Verb und einer Präposition als Präfix zusammensetzen. Hierbei ist die Vorsilbe manchmal nicht auf Anhieb zu erkennen, da sie mit dem Anfang des Verbs verschmilzt:

afferre (**ad-ferre**) "hinbringen, hintragen"
collocāre (**con-locāre**) "legen, hinstellen, hinsetzen"
differre (**dis-ferre**) "aufschieben, (sich) unterscheiden"

Auch Substantive, Pronomen und Adjektive können eine Präposition als Vorsilbe erhalten:

77. Lektion

trānsfuga "Hinüberflieher, Überläufer"
permagnus "durch und durch groß, sehr groß"
prætereā "außerdem"

Manche Präpositionen kommen nur separat vor. Umgekehrt gibt es einige Präfixe, die in separater Form nicht belegt sind. Hier folgt ein Überblick über die wichtigsten Präfixe und Präpositionen sowie die Kasus, die die einzelnen Präpositionen im Satz verlangen.

Präfix	Präposition	Bedeutung	Kasus	Beispiel(e)
ab-/ā-/abs-	**ā**, **ab**	von… weg, her, aus	Abl.	**ā pueritiā** "von Kindheit an"; **abesse** "abwesend sein"
ad-/ac-/af-/ ag-/ap-/at-/ as-	**ad**	zu, bei, an	Akk.	**ad Rhēnum** "zum Rhein"; **advenīre** "ankommen"; **aggredī** "heranschreiten, angreifen"
-	**adversus**	gegen(über)	Akk.	**adversus populum** "gegenüber den Leuten"
æqui-/ æqu-	-	gleich(mäßig)	-	**æquilībrium** "Gleichgewicht"; **æquanimitās** "Gleichmut"
ambi-/ amb-	-	umher	-	**ambīre**, **ambulāre** "herumgehen, umhergehen"
ante-/anti-	**ante**	vor	Akk.	**ante oculōs** "vor den Augen"; **antepōnere** "vorsetzen, vorziehen"
-	**apud**	bei	Akk.	**apud Mārcum esse** "bei Markus/im Haus von Markus sein"
bi-	-	zwei, beide	-	**birota** "Zweirad"; **bīnī**, **-æ**, **-a** "je zwei"
circum-	**circum**, **circā**	rings(her)um	Akk.	**urbēs quæ circum Genuam sunt** "die Städte um Genua"; **circumagere** "herumtreiben, ringsherum führen"
-	**circiter**	(ungefähr) um	Akk.	**circiter passūs sescentōs** "um die 600 Doppelschritte"
cis-	**citrā**, **cis**	diesseits	Akk.	**citrā flūmen** "auf dieser Seite des Flusses"; **cisalpīnus**, **-a**, **-um** "diesseits der Alpen"

Präfix	Präposition	Bedeutung	Kasus	Beispiel(e)
con-/co-/ cō-/col-/ com-/cor-/ comb-	cum	mit, zusammen, völlig	Abl.	cum librō esse "ein Buch bei sich haben"; bellum gerere cum Gallīs "einen Krieg mit den Galliern führen"; combūrere "völlig verbrennen"; conglūtināre "zusammenkleben"
contrā-	contrā	gegen(über)	Akk.	contrā mundum "gegen die Welt"; contrādīcere "widersprechen"
-	cōram	in Gegenwart von	Abl.	cōram mē "in meinem Beisein"
dē-	dē	von… herab, über, ab, weg	Abl.	dē pāce agere "über Frieden verhandeln"; dē nāve dēsilīre "vom Schiff herabspringen"; dētergēre "abwischen"
dis-/dī-/ dif-/dir-	-	auseinander, zer-, ver-, miss-, ent-	-	disjungere "auseinander binden, entkoppeln"; distāre "auseinander stehen, getrennt sein"; displicēre "missfallen"
-	ergā	gegen(über)	Akk.	officium ergā magistrum "Ehrfurcht gegenüber dem Lehrer"
ex-/ē-	ex, ē	aus	Abl.	exīre ex nāve "aus dem Schiff herausgehen"; ex eādem causā "aus demselben Grund"
extrā-	extrā	außerhalb, vor	Akk.	extrā portam "vor der Tür"; extrāōrdinārius, -a, -um "außerordentlich"
in-/il-/im-/ ir-	in	in, an, auf, nach, hinein	Akk. (= wohin?) Abl. (= wo?)	in Galliam vehī "nach Gallien fahren"; in singulōs annōs "Jahr für Jahr"; indūcere "hineinführen"; in pāce "im Frieden"; in spē esse "in Hoffnung sein, hoffen"
in-/il-/im-/ ir-	-	un-, nicht, ohne	-	innocēns, -entis "unschuldig"; indignus "unwürdig"
-	īnfrā	unterhalb	Akk.	īnfrā eum locum "unterhalb dieses Ortes"

Präfix	Präposition	Bedeutung	Kasus	Beispiel(e)
inter-/ intel-	inter	zwischen, unter	Akk.	inter tē et mē "zwischen dir und mir"; intereā "inzwischen, unterdessen"; intellegere "begreifen, verstehen, erkennen"
-	intrā	innerhalb	Akk.	intrā mūrōs "innerhalb der Mauern"
intrō-	intrō	hinein	-	intrōdūcere "(hin)einführen"; introitus "Eingang, Eintritt"
-	jūxtā	dicht bei, neben	Akk.	jūxtā viam "neben der Straße"
ob- /oc-/ of-/op-/ os-	ob	vor… hin, entgegen, wegen	Akk.	ob eam rem "deswegen, deshalb"; obviam "entgegen"; offendere "anstoßen, verletzen"; obstāculum "Hindernis"
-	palam	vor aller Augen, öffentlich	Abl.	palam populō "in Gegenwart des Volkes"
-	penes	bei, in der Gewalt von	Akk.	Penes tē es? "Bist du bei dir/bei Verstand?"
per-/pel-	per	durch	Akk.	iter per Italiam facere "eine Reise durch Italien machen"; per decem diēs "zehn Tage lang"; per mē licet "meinetwegen ist es erlaubt"; perfectus, -a, -um "vollkommen"
post-	post	hinter, nach	Akk.	post mē est Rōma "hinter mir liegt Rom"; post hominum memoriam "seit Menschengedenken"; postpōnere "nachsetzen, hintansetzen"; posteā "danach"
præ-	præ	vor	Abl.	præ sē agere "vor sich hertreiben"; præ lacrimīs loquī non posse "vor Tränen nicht sprechen können"; præferre "vorаustragen, vorziehen"
præter-	præter	vorbei…an, außer	Akk.	omnēs præter ūnum "alle außer einem"; præterīre "vorbei-, vorübergehen";52prætereā "außerdem"

Präfix	Präposition	Bedeutung	Kasus	Beispiel(e)
prō-/prōd-	prō	vor, für	Abl.	mīlitēs prō urbe collocāre "Soldaten vor der Stadt postieren"; in dubiō prō reō "im Zweifel für den Angeklagten"; prōjicere "vorwerfen"
-	prope	nahe bei	Akk.	prope Siciliam "nahe bei Sizilien"
-	propter	nahe bei, wegen	Akk.	propter benignitātem tuam "wegen deiner Gutmütigkeit"
re-	-	zurück, wieder	-	rescrībere "zurückschreiben"; revenīre "zurückkommen, -kehren"
sē-/so-	sine	ohne	Abl.	sine dubiō "ohne Zweifel"; sēcūrus, -a, -um "ohne Sorge, sorglos, sicher"; socors, -cordis "geistesschwach, gedankenlos"
sē-	-	beiseite, weg	-	sēparāre "absondern, trennen"; sēcēdere "weggehen, sich entfernen"
-	secundum	längs, gemäß, nächst	Akk.	secundum rīvum "den Bach entlang"; secundum lēgēs "gemäß der Gesetze"
sēmi-/sē-	-	halb	-	sēmiplēnus, -a, -um "halbvoll"; sēlībra "halbes Pfund"
sub-/ subs-/ suc-/suf-/ sug-/ sur-/ sup-/sus-	sub	unter	Akk. (= wohin?) Abl. (= wo?)	sub montem succēdere "an den Fuß des Berges rücken"; sub arbore "unter dem Baum, am Fuße des Baums"; sub dīvō "unter freiem Himmel"; succēdere "unter etwas gehen, nachrücken, (nach)folgen, folgen"; sufficere "ausreichen, genügen; ergänzen; darreichen"; sublevāre "aufrichten, hochheben"; surripere "heimlich an sich nehmen, entwenden"
super-	super	über, oben auf	Akk.	super subūculam "über das Unterhemd"; superpōnere "über etwas darüberlegen"

Präfix	Präposition	Bedeutung	Kasus	Beispiel(e)
suprā-	suprā	oberhalb, über	Akk.	bracchium suprā mēnsam porrigere "den Arm über den Tisch strecken"; suprāscrīptus "oben geschrieben"
trāns-	trāns	jenseits, über… hinüber	Akk	trāns Alpēs "über die Alpen"; trānsīre "hinübergehen"
-	ultrā	jenseits, über… hinaus	Akk.	ultrā eum numerum "über diese Zahl hinaus"

2. Genus (Geschlecht) der Substantive

Das Genus eines Substantivs kann man häufig an seiner Endung erkennen. Leider gibt es aber auch viele Ausnahmen. Daher stellen wir alle Regeln und Ausnahmen nun noch einmal übersichtlich zusammen. Beachten Sie in der folgenden Tabelle, dass mit den unter bestimmten Sammelbegriffen (z.B. Pflanzen, Städte) zusammengefassten Ausnahmen nur die Wörter der jeweils in der Spalte genannten Endung gemeint sind. Beispielsweise sind die Städte, die auf -us enden, zwar alle feminin; das heißt aber nicht, dass generell alle Städte feminin sind. Lugdūnum⌀ "Lyon" ist z.B. neutral.

- **a-Deklination**

Endung	Genus	Beispiel	Ausnahme(n)
-a	♀	cūra "Sorge"	Flüsse: z.B. Mosella♂ "Mosel" Nationalitäten: z.B. Persa♂ "Perser" Personen: z.B. poēta♂ "Dichter", nauta♂ "Seemann, Matrose"

- **o-Deklination**

Endung	Genus	Beispiel	Ausnahme(n)
-us	♂	dominus "Herr"	Städte: z.B. Corinthus♀ "Korinth" Inseln: z.B. Dēlus♀ "Delos" (griech. Insel) Länder: z.B. Ægyptus♀ "Ägypten" Bäume: z.B. fāgus♀ "Buche" Außerdem: humus♀ "Erde, Erdboden"; vulgus⌀ "Leute, gemeines Volk"; vīrus⌀ "Gift"
-er	♂	gener "Schwiegersohn"	-
-um	⌀	vīnum "Wein"	-

- **3. Deklination**

Endung	Genus	Beispiel	Ausnahme(n)
-or	♂	dolor "Schmerz"	arbor♀ "Baum"; æquor∅ "Ebene, Fläche, Meer"; marmor∅ "Marmor"; cor, cordis∅ "Herz"
-ōs	♂	flōs, flōris "Blume, Blüte"	dōs, dōtis♀ "Mitgift"; os, ossis∅ "Knochen"; ōs, ōris∅ "Mund"
-er	♂	āēr, āeris "Luft"	linter, lintris♀ "Kahn"; vēr, vēris∅ "Frühling"; cadāver, -veris∅ "Leichnam"; iter, itineris∅ "Reise, Marsch" Pflanzen: z.B. piper, piperis∅ "Pfeffer"
-ō	♀	orīgō, orīginis "Ursprung"	sermō, sermōnis♂ "Gespräch"; ōrdō, ōrdinis♂ "Ordnung, Reihe"; pugiō, -iōnis♂ "Dolch" Tiere: z.B. leō, leōnis♂ "Löwe"
-is	♀	nāvis, nāvis "Schiff"	collis, collis♂ "Hügel"; mēnsis, mēnsis♂ "Monat"; piscis, piscis♂ "Fisch"; fascis, fascis♂ "Rutenbündel",orbis, orbis♂ "Kreis"; lapis, -idis♂ "Stein"; sanguis, sanguinis♂ "Blut", pulvis, -eris♂ "Staub"; cinis, -eris♂ "Asche" Wörter auf -nis, die im Gen. Sg. dieselbe Silbenanzahl haben wie im Nom. Sg.: z.B. amnis, amnis♂ "Strom, Fluss"; fīnis, fīnis♂ "Grenze, Ende"
-s nach Konsonant	♀	frōns, frontis "Stirn" hiems, hiemis "Winter"	dēns, dentis♂ "Zahn"; mōns, montis♂ "Berg"; fōns, fontis♂ "Quelle"; pōns, pontis♂ "Brücke"; rudēns, rudentis♂ "Schiffsseil"
-ās	♀	ætās, ætātis "Zeit, Lebensalter"	vās, vāsis∅ "Gefäß"; fās∅ "Recht"; nefās∅ "Unrecht, Frevel"
-es	♀	quiēs, quiētis "Ruhe" seges, segetis "Saat"	pariēs, parietis♂ "Wand"; pēs, pedis♂ "Fuß"; æs, æris∅ "Erz" Substantive auf -es, -itis: z.B. līmes, līmitis♂ "Wall, Grenze"; mīles, mīlitis♂ "Soldat"
-ūs	♀	virtūs, virtūtis "Tapferkeit, Mannheit"	-
-x	♀	vōx, vōcis "Stimme"	calix, calicis♂ "Becher"; grex, gregis♂ "Herde, Schar" Substantive auf -ex, -icis: z.B. cortex, corticis♂ "Rinde"

Endung	Genus	Beispiel	Ausnahme(n)
-e	∅	mare, maris "Meer"	-
-l	∅	animal, animālis "Tier"	sāl, salis♂ "Salz"; sōl, sōlis♂ "Sonne"
-ar	∅	exemplar, exemplāris "Abbild, Kopie, Exemplar"	-
-ur, -us mit Gen. auf -ris	∅	fulgur, fulguris "Blitz" corpus, corporis "Körper"	Tiere: z.B. lepus, leporis♂ "Hase"

- u-Deklination

Endung	Genus	Beispiel	Ausnahme(n)
-us	♂	currus, currūs "Wagen"	acus, acūs♀ "Nadel"; domus, domūs♀ "Haus"; manus, manūs♀ "Hand"; porticus, porticūs♀ "Säulenhalle"; tribus, tribūs♀ "Bezirk"; Īdūs♀♀ "Iden (Monatsanfang)"
-u	∅	genu, genūs♀ "Knie"	-

- e-Deklination

Endung	Genus	Beispiel	Ausnahme(n)
-ēs	♀	rēs, reī "Sache, Ding"	diēs, diēī♂ "Tag" Aber: diēs♀ mit der Bedeutung "Frist, Termin" ist ein Femininum! merīdiēs, merīdiēī♂ "Mittag"

3. Adverbien für Richtungs-/Mengen-/Ortsangaben

Wir stellen Ihnen hier noch einige Adverbien vor, die in Verbindung mit Richtungen, Mengen und Orten vorkommen können:

aliquantum "(irgend)wiegroß, eine ziemlich große Menge, etwas"
quālibet "auf jede beliebige Weise"
quōquōversus "in jeder Richtung, überallhin"
ubicumque "wo auch immer"
ubivīs "überall"
undique "von überall her"

Haben Sie Schwierigkeiten mit einem bestimmten Grammatikthema? Können Sie sich etwas absolut nicht merken? Ein Tipp: Notieren Sie sich das Problem ein paar Lektionen weiter am rechten Buchrand, und lernen Sie wie gewohnt weiter. Wenn Sie dann später an diese Stelle kommen, hat sich die Schwierigkeit vielleicht aufgrund der inzwischen erfolgten Wiederholung "in Luft aufgelöst". Besteht das Problem weiter, machen Sie sich einige Lektionen später einen neuen Vermerk, und das so oft, bis Sie es verstanden bzw. assimiliert haben.

78 Lēctiō septuāgēsima octāva (LXXVIII)

Fābula mortifera

1 Vir quīdam, cædis accūsātus, in jūdicium vocātus est.

2 PRÆSES – Amīcus quem colēbās in cubiculō tuō mortuus inventus est.

3 Tū sōlus eum interficere potuistī. ①

4 PATRŌNUS – Domine Præses, hoc sine ūllō indiciō affirmāvistī. ②

5 Nūllum est in cadāvere vestīgium.

6 Nec manuballistæ ictū, nec pūgiōne, nec strangulātiōne, nec venēficiō interficī potuit. ③

7 REUS – Omnia vēra ego dīcere volō.

ANMERKUNGEN

① **interficere** bezeichnet allgemein das Töten, unabhängig von Todesart und Motiv. **Necāre** meint das gewaltsame "Morden, Ermorden", während **cædere** oder **occīdere** "niederhauen" durch Schlagen oder Stoßen (vor allem in einer Schlacht) heißt.

Unda altera: Animā hodiē lēctiōnem duodētrīcēsimam!

78. Lektion

Eine tödliche Geschichte

1 Ein wegen Mordes angeklagter Mann ist vor Gericht gerufen worden.

2 VORSITZENDER – Ihr Freund, den Sie häufig besucht haben (pflegtest[du]), ist tot in Ihrem Zimmer aufgefunden worden.

3 Nur Sie konnten ihn töten.

4 ANWALT – Herr Vorsitzender, das haben Sie ohne irgendein Indiz behauptet.

5 Es gibt an der Leiche keine Spur.

6 Er konnte weder durch den Schuss einer Pistole (Hand-Wurfmaschine Stoß[♂ Abl]) noch durch einen Dolch oder Strangulation oder ein Gift (Vergiftung[∅]) getötet werden.

7 ANGEKLAGTER – Ich will die ganze Wahrheit sagen.

ANMERKUNGEN

② Zu **indicium** "Angabe, Aussage, Entdeckung" kennen Sie bereits **indicāre** "anzeigen" und **index**, **indicis** "Anzeiger".

③ **ictus**, **ictūs** "Stoß, Schlag, Hieb" ist das Substantiv zu **īcere**, **īciō**, **īcī**, **ictum** "treffen, stoßen, schlagen". **Ictūs undique veniunt**. "Die Hiebe kommen von allen Seiten".

8 Eum invītus occīdī. ④

9 Ei fābulam mortiferam narrāvī.

10 (PRÆ.) – Quod est istud novissimum mendācium? ⑤

11 (REU.) – Nōn mendācium est, sed, ēheu, vērum. ⑥

12 Auctor sum cōmicus, et fābulam ita rīdiculam excōgitāvī,

13 ut hominēs quī eam audiant rīsū ēmoriantur.

14 Hæc nōlēns, cum amīcō meō quī hanc fābulam audīre cupiēbat, perincommodē expertus sum.

15 (PRÆ.) – Jubeō tē hanc fābulam narrāre ut utrum vēra an falsa dīcās videāmus.

16 *REUS, pavōre percussus* – Impossibile est: nōlō iterum innocentēs occīdere. ⑦

17 *PRÆSES, summā auctōritāte* – Officium nostrum est vēritātem invenīre.

18 Spectātōrēs ex audītōriō discēdant!

19 Maneant jūdicēs, patrōnus, reus, custōdēs duo! ⑧

20 Nōs sumus hominēs fortēs et gravēs. Nihil timēmus.

ANMERKUNGEN

④ Unterscheiden Sie **occīdere** "töten" mit dem Perfekt **occīdī** von **occidere** "fallen, sterben" mit dem Perfekt **occidī**. Niemals hatte eine Vokallänge größere Bedeutung!

⑤ Sie kennen bereits das zu **mendācium** gehörende Verb **mentīrī** "lügen". Merken Sie sich auch **mendāx**, **-ācis** "lügnerisch, betrügerisch; Lügner".

⑥ **ēheu** ist ein Ausruf der Klage oder des Schmerzes.

8 Ich habe ihn ohne Absicht umgebracht.

9 Ich habe ihm eine tödliche (todbringend$^{\text{♀ Akk}}$) Geschichte erzählt.

10 (VORS.) – Was ist das für eine neueste Lüge?

11 (ANGEKL.) – Das ist keine Lüge, sondern, ach, die Wahrheit (wahr$^{\varnothing}$).

12 Ich bin ein Komiker (Autor$^{\text{♂}}$ bin^{ich} komisch$^{\text{♂}}$), und habe mir eine so witzige Geschichte ausgedacht,

13 dass die Menschen, die sie hören, vor Lachen sterben.

14 Dies habe ich, ohne es zu wollen (nicht-wollend), bei meinem Freund, der diese Geschichte hören wollte, auf sehr unangenehme Weise erfahren [müssen].

15 (VORS.) – Ich befehle dir, diese Geschichte zu erzählen, sodass wir sehen [können], ob du Wahres oder Falsches sagst.

16 *ANGEKLAGTER, von Angst geschüttelt* (geschlagen) – Das ist unmöglich: Ich will nicht wieder (zum-zweiten-Mal) Unschuldige töten.

17 *VORSITZENDER, mit höchstem Nachdruck* (Gültigkeit$^{\text{♀ Abl}}$) – Unsere Pflicht (Dienst) ist es, die Wahrheit zu finden.

18 Die Zuschauer mögen das Auditorium (Hörsaal$^{\varnothing\text{ Abl}}$) verlassen!

19 Es sollen die Richter, der Anwalt, der Angeklagte und zwei Wachen bleiben!

20 Wir sind starke und charakterfeste Männer (schwer$^{\text{♂♂}}$). Wir fürchten nichts.

ANMERKUNGEN

⑦ **pavor**, **pavōris** meint "Zittern, Angst, Entsetzen", **timor**, **timōris** eine tadelnswerte "Furcht", die meist aus Feigheit resultiert, **metus**, **metūs** hingegen mehr eine "Befürchtung, Besorgnis", die sich rational begründen lässt und nicht zu tadeln ist.

⑧ Das Verb zu **cūstōs**, **cūstōdis** "Wächter, Wache" lautet **cūstōdīre** "bewachen, bewahren".

21 Reus fābulam narret!

22 Reus, iterum invītus, fābulam narrāvit.

23 Paucīs post secundīs, patrōnus rīsū corruit atque inde obiit.

24 Post temporis mōmentō jūdicēs obiērunt. ⑨

25 Præses citō in mortem eōs secūtus est ...

26 Imperturbātī tamen mānsērunt custōdēs duo ... ⑩

27 Obiērunt posterō diē, fābulam enim tardius intellēxērunt!

Pecuniae imperare oportet, non servire

Exercitātiō prīma: Intellegisne hās sententiās?

❶ Spectātōrum turba in tribūnālis audītōrium intrat. ❷ Spectātōrēs terrōre perturbātī quōquōversus fugiunt. ❸ Unde veniunt hī spectātōrēs? – Undique. ❹ Quā iter fēcērunt? – Quālibet. ❺ Ubi sedent? – Ubivīs. ❻ Potesne ei aliquantum pecūniæ commodāre? ❼ Quid!? In difficultāte nummāriā est? ❽ Currum splendidum et sūmptuōsissimum nōn præsentibus nummīs sed acceptā in crēditum pecūniā ēmit.

Exercitātiō altera: Īnsere verba dēficientia!

❶ Er glaubte, eine wunderbare Gelegenheit zu nutzen (heranzureißen).
Iste __________ sē arripere ________ mīrificam

21 Der Angeklagte möge die Geschichte erzählen!

22 Der Angeklagte erzählte die Geschichte, erneut gegen seinen Willen.

23 Wenige Sekunden später brach der Anwalt vor Lachen zusammen und starb daraufhin (von-da ist^{er}-entgegen-gegangen).

24 Nach einem Moment starben [auch] die Richter.

25 Der Vorsitzende folgte ihnen schnell in den Tod…

26 Seelenruhig (un-durcheinandergebracht$^{♂♂}$) blieben jedoch die zwei Wachen…

27 Sie starben am nächsten Tag, da sie die Geschichte nämlich [erst] etwas später (langsamer) verstanden!

ANMERKUNGEN

⑨ Sprechen Sie **obiērunt** [*o-bi-ʲē-runt*] in vier Silben!

⑩ In **imperturbātus**, -**a**, -**um** ist das Verb (**per**)**turbāre** "(ganz) durcheinander bringen, verwirren" enthalten, welches sich wiederum auf **turba** "Verwirrung, Trubel, Menschenmenge" zurückführen lässt.

Solūtiō exercitātiōnis prīmæ: Intellēxistīne?

❶ Eine Zuschauermenge betritt das Auditorium (Hörsaal$^{\varnothing\ \text{Akk}}$) eines Gerichts. ❷ Die aufgeschreckten (Schreck verworren) Zuschauer fliehen in alle Richtungen (überallhin). ❸ Woher kommen diese Zuschauer? – Von überall her. ❹ Wie sind sie angereist (Weg$^{\varnothing\ \text{Akk}}$ haben^{sie}-getan)? – Auf jede beliebige Weise. ❺ Wo sitzen sie? – Überall (wo-willst^{du}). ❻ Kannst du ihm etwas (irgendwieviel) Geld leihen? ❼ Was!? Er ist in finanziellen Schwierigkeiten (Schwierigkeit$^{♀\ \text{Abl}}$ Münz-$^{♀\ \text{Abl}}$)? ❽ Er hat sich einen luxuriösen und sehr kostspieligen Wagen gekauft, nicht in bar, sondern auf Kredit.

Solūtiō exercitātiōnis alteræ: Verba dēficientia.

❶ occāsiōnem – crēdēbat

Exercitātiō altera: Īnsere verba dēficientia!

❷ Nach drei Tagen hat er bei der Reparatur des Wagens Ausgaben von tausend Münzen getätigt.

Tribus post … in … reficiendum … mīlle impēnsās faciēbat.

❸ Jetzt hat er nichts, womit (woher) er die Schulden bezahlen (lösen) kann.

Nunc nihil … … syngraphās solvere … .

79 Lēctiō septuāgēsima nōna (LXXIX)

Porcellus balneōrum nōn est amātor

1 *CANGA, marsuppiālis fēmina, māter Ruī, in marsuppiō Porcellum prō Ruō sēcum ferēns.* ① ②

2 – Age! Venī, Rue cārissime! Cubandī tempus est.

3 *Porcellum ē marsuppiō trahit.*

4 PORCELLUS – Ēheu!

5 *CANGA, ēvidenter nōn intellēxit quid Porcellī querimōnia significāret* – Imprīmīs balneum!

6 (POR.) – Ēheu! *Sociōs timidē oculīs quærit, sed cēterī absunt.*

7 (CAN.) – Anceps hæreō et dubitō an sapiēns prōpositum nōn sit balneō hodiē frīgidō ūtī.

8 Amāsne balnea frīgida, Rue cārissime?

9 *PORCELLUS, quī numquam fuerat amātor balneōrum, graviter anhēlāns horret*

ANMERKUNGEN

① **Porcellus** ist das Diminutiv von **porculus** "Schweinchen, Ferkel", was wiederum das Diminutiv von **porcus** "Schwein" ist. Ein weiteres Nutztier, das Sie kennen sollten, ist **vacca** "Kuh".

❹ Man muss das Geld^{Dat} beherrschen (befehlen), nicht ihm dienen.

______ imperāre oportet, nōn ______.

Solūtiō exercitātiōnis alteræ: Verba dēficientia.

❷ diēbus – currum – nummorum ❸ habet unde – possit ❹ Pecūniæ – servīre.

Unda altera: Animā hodiē lēctiōnem undētrīcēsimam!

79. Lektion

Ferkelchen ist kein Liebhaber von Bädern

1 *KÄNGA, das Känguruweibchen* (Beuteltier$^{\varnothing}$ Weib$^{♀}$), *Mutter von Ruh, in ihrem Beutel* (Tasche) *Ferkelchen anstelle von Ruh mit sich tragend.*

2 – Auf geht's! Komm, liebster Ruh! Es ist Zeit zu schlafen.

3 *Sie zieht Ferkelchen aus ihrem Beutel heraus.*

4 FERKELCHEN – Ach nein!

5 *KÄNGA verstand offenbar nicht, was Ferkelchens Klage bedeutete* – Zuerst das Bad!

6 (F.) – Ach nein! *Es sucht ängstlich mit den Augen seine Kameraden, aber die anderen sind fort.*

7 (K.) – Ich bin unentschlossen (doppelköpfig$^{♀}$ hänge^{ich}) und schwanke hin und her, ob es nicht eine gute Idee (weise$^{\varnothing}$ Vorsatz$^{\varnothing}$) ist, heute ein kaltes Bad zu nehmen (benutzen).

8 Magst du kalte Bäder, liebster Ruh?

9 *FERKELCHEN, das [noch] nie ein Liebhaber von Bädern gewesen war, erschaudert schwer seufzend* (keuchend)

ANMERKUNGEN

② "Beutel" heißt **saccus**, während **marsuppium** eine "Börse" für das Kleingeld ist. "Tasche" heißt **sinus**, **-ūs**, und **pera** bedeutet "Rucksack, Ranzen".

10 – Canga, intellegō tempus īnstāre sincērā fidē loquendī. ③

11 *Magnā vōce* – Nōn sum Ruus, Porcellus sum!

12 (CAN.) – Ita est, corculum meum, ita; etiam vōcem Porcellī imitāris. ④

13 *Sāpōnem permagnum ex armāriō sūmit.*

14 (POR.) – Nōnne vidēs? Num cālīgās? Aspice! ⑤

15 (CAN.) – Videō tē, Rue cārissime. Et scīs quod tibi dē sannīs dīxī:

16 "Porcellum imitāns, adultus porcellus vidēberis; ⑥

17 et mente fingēs quantum id pigēre possit". ⑦

18 Age! In balneum! Cavē nē idem sæpius iterum dīcam. ⑧

19 *Antequam quid fīat intellegat, Porcellus in balneō est.* ⑨

20 *Canga enim pannō crassō et sāpōnātō et quasi lōreō vehementer fricat.* ⑩

ANMERKUNGEN

③ **fidēs**, **fideī** "Vertrauen, Glaube, Überzeugung": Sie kennen bereits **(cōn)fīdere**, **(cōn)fīdō**, **(cōn)fīsum** "trauen, vertrauen, glauben". Dieses Verb bildet im Perfekt nur passive Formen, die aber eine aktive Bedeutung haben. Weitere verwandte Wörter: **fidēlis**, **-e** "treu, zuverlässig", **fidēlitās**, **fidēlitātis** "Treue, Zuverlässigkeit", **fīdēns**, **-entis** "zuversichtlich, beherzt".

④ Neben **corculum** existiert auch die Diminutivform **cordula**, auf die der gleichlautende Vorname zurückgeht.

⑤ **cālīgāre** "Nebeldunst verbreiten, in Nebel gehüllt sein" kommt von **cālīgō**, **cālīginis**♀ "Nebel, Dunst". Verwechseln Sie es nicht mit **caliga** "Stiefel" bzw. **caligula** "Stiefelchen", nach dem auch ein römischer Kaiser benannt ist.

⑥ **adultus** "erwachsen, erstarkt" ist das PPP von **adolēscere**, **adolēscō**, **adolēvī**, **adultum** "heranwachsen, erstarken". Sie kennen bereits **adulēscēns**, **-entis** "junger Mann".

⑦ Wie **piget** "es verdrießt/erregt Unlust" werden auch **pænitet** "es reut", **pudet** "es beschämt/erfüllt mit Scham" und **tædet** "es ekelt" unpersönlich konstruiert. Die Sache/Person, die den Ekel/die Scham/die Unlust hervorruft, steht im Genitiv: **Vaccās herbæ ēsculentæ numquam tædet**. "Kühe empfinden niemals Ekel vor essbarem Gras".

10 – Känga, ich merke, dass es jetzt an der Zeit ist, aufrichtig (Zeit[∅ Akk] hineinstehen echt[♀ Abl] Vertrauen[♀ Abl]) zu sprechen,

11 *Mit lauter Stimme* – Ich bin nicht Ruh, ich bin Ferkelchen!

12 (K.) – So ist es, mein Herzchen, so [ist es]; du imitierst sogar die Stimme von Ferkelchen.

13 *Sie nimmt eine übergroße Seife aus dem Schrank.*

14 (F.) – Siehst du denn nicht? Bist du etwa vernebelt? Schau hin!

15 (K.) – Ich sehe dich, liebster Ruh. Und du weißt, was ich dir über Grimassen gesagt habe:

16 "Wenn du ein Ferkelchen imitierst, wirst du als Erwachsener wie ein Ferkelchen aussehen (wirst[du]-gesehen-werden);

17 und du kannst dir vorstellen, wie peinlich das sein kann (Sinn[♀ Abl] wirst[du]-bilden wieviel es verdrießlich-sein könne[es])".

18 Auf geht's! Ins Bad! Sorge dafür (hüte-dich), dass ich nicht dasselbe immer wieder (öfter zum-zweiten-Mal) sagen muss.

19 *Bevor es verstehen [kann], was geschieht, ist Ferkelchen im Bad.*

20 *Känga reibt nämlich heftig mit einem dicken und eingeseiften Lappen, der quasi aus Riemen* (als-wenn Riemen-[♂ Abl]) *besteht.*

ANMERKUNGEN

⑧ Der Superlativ zum Komparativ **sæpius** "häufiger, öfter" lautet **sæpissimē** "am häufigsten, sehr oft". Nur Adverbien bilden ihren Superlativ auf -**ē**. Die Adjektive hingegen werden im Superlativ nach der **o**- und **a**-Deklination dekliniert, z.B. **mītissimus**, -**a**, -**um** "sehr weich/mild".

⑨ Der Konjunktiv **intellegat** drückt aus, dass die Handlung des "Verstehens" im Moment des Eintauchens ins Bad gar nicht erst eintreten kann. Deshalb gibt der Konjunktiv in **antequam**-/**priusquam**-Sätzen die deutsche Konstruktion "können" + Infinitiv wieder.

⑩ Oft steht der Satz oder die Aussage, für die **enim** eine Begründung liefert, nicht explizit da und muss in Gedanken ergänzt werden. Hier wird z.B. vorausgesetzt, dass Ferkelchen die Wäsche im Bad als sehr unangenehm empfindet.

21 (POR.) – Ei! Sine mē abīre! Porcellus sum! ⑪

22 (CAN.) – Nōlī ōs aperīre, cārissime, aut sāpō intrābit.

23 Ecce! Quod erat dēmōnstrandum! ⑫

(Ex ***Winnie ille Pū***, *auctōre* A.A. MILNE, in Latīnum conversō ab Alexandrō LENARD)

ANMERKUNGEN

⑪ Das Lateinische kennt übrigens auch das Sprichwort "Perlen vor die Säue werfen": **Margarītās ante porcōs prōjicere**.

Exercitātiō prīma: Intellegisne hās sententiās?

❶ Quō it vīlicus? – Porcīs ēscam affert. ❷ Ovēs et vaccæ in prātīs vagantur. ❸ Ubīcumque herbam ēsculentam inveniunt, ibīdem pāscendī causā manent. ❹ Quis est ille Puus vel Pū? – Ursus parvī Chrīstophorī est. ❺ Quid!? Potestne puerulus ursum habēre? ❻ Ursī sunt sævissima animālia. ❼ Sānē! Ursī ferī sunt sævissimī, ā gausapā autem ursī mītissimī.

Exercitātiō altera: Īnsere verba dēficientia!

❶ Ein Tier aus Stoff ist kein echtes Tier: Ihm fehlt der Lebensgeist (Seele).

______ ē gausapā animal ______ nōn est: anima ei ______.

❷ So etwas sagen Philosophen; Schriftsteller aber, die zur Unterhaltung von Kindern schreiben, denken [da] anders (fühlen[sie]).

Tālia ______ philosophī; auctōrēs autem quī ad ______ dēlectātiōnem ______ aliter sentiunt.

21 (F.) – Au! Lass mich weggehen! Ich bin Ferkelchen!

22 (K.) – Öffne nicht den Mund, Liebster, oder es wird Seife eintreten.

23 Da haben wir's! Was zu beweisen war!

(Aus ***Winnie Puuh***, von A.A. MILNE, ins Lateinische übersetzt von Alexander LENARD)

ANMERKUNGEN

⑫ In der Mathematik ist es auch heute noch üblich, unter jedem geglückten Beweis die Formulierung **q.e.d.** (**quod erat dēmōnstrandum**) zu notieren.

Solūtiō exercitātiōnis prīmæ: Intellēxistīne?

① Wohin geht der [Guts]verwalter? – Er bringt den Schweinen [ihr] Futter. ② Die Schafe und Kühe ziehen auf den Wiesen umher. ③ Wo auch immer sie essbares Gras finden, verweilen sie ebenda, um zu weiden (weiden[Gen] wegen). ④ Wer ist dieser Puus bzw. Puuh? – Er ist der Bär des kleinen Christopher. ⑤ Was!? Kann ein kleiner Junge einen Bären haben? ⑥ Bären sind sehr wilde Tiere. ⑦ Genau! Wild [lebende] Bären sind sehr wild, Bären aus Stoff (Wollgewebe) aber sehr sanft (sehr-weich).

❸ In Kinderbüchern (zu Nutzen[♂ Akk] Kind[♂♂ Gen]) haben echte Tiere genauso wie imaginäre Tiere nicht nur einen Lebensgeist, sondern auch menschliche Verhaltensweisen (Sitte[♂♂]).

In ______ ad ______ puerōrum, tam animālibus vērīs quam animālibus commentīciīs nōn sōlum ______, sed etiam hūmānī sunt mōrēs.

❹ Halte deine Hände nicht in den Taschen!

Nōlī ______ in sinibus ______!

Solūtiō exercitātiōnis alteræ: Verba dēficientia.

❶ Animal – vērum – deest ❷ dīcunt – puerōrum – scrībunt ❸ librīs – ūsum – animus ❹ manūs – tenēre.

Werfen Sie ruhig hin und wieder noch mal einen Blick in vergangene Lektionen. Die Wiederholung kann nicht schaden!

Unda altera: Animā hodiē lēctiōnem trīcēsimam!

80 Lēctiō octōgēsima (LXXX)

Porcellus (conclūditur)

1 *PORCELLUS, simul ac loquī potuit, ōre titubante dīxit* – Tū ... tū ... cōnsultō fēcistī. ① ②

2 *Cāsū accidit ut iterum pannum quasi lōreum et sāpōnātum in ōs reciperet.*

3 CANGA – Optimē cārissime, mitte loquī. ③

4 *Post pūnctum temporis Porcellus lautus linteō abstersus est.* ④ ⑤

5 ... Age, sūme hanc medicīnam, posteā cubitum ībis.

6 (POR.) – Qu ... qu ... quā dē causā medicīnam sūmam?

7 (CAN.) – Ad tē corrōborandum et firmandum.

8 Num est tibi in animō parvulum et dēbilem sīcut Porcellus manēre?

9 Accēde istūc!

10 *Tum vērō ōstium pulsātum est* – Venī intrō!

11 *Chrīstophorus Rōbīnus ingressus est.*

12 (POR.) – Chrīstophore Rōbīne, Chrīstophore Rōbīne! Dīc Cangæ quis sim!

ANMERKUNGEN

① **simul ac** "zugleich, sobald" findet sich manchmal in der Form **simulac**.

② Das Adverb **cōnsultō** "nach Beratung, mit Absicht" ist der Ablativ des PPPs von **cōnsulere**, **cōnsulō**, **cōnsuluī**, **cōnsultum** "beratschlagen, sich beraten, beschließen".

③ **mittere**, **mittō**, **mīsī**, **missum** kann neben "gehen lassen, schicken" auch "zu-/ent-/ablassen, aufgeben, aufhören" heißen. Es ist übrigens mit "hinwerfen" verwandt, das ja auch "aufhören, etwas aufgeben" bedeuten kann.

80. Lektion

Ferkelchen (Schluss)

1 *FERKELCHEN sagte, sobald es sprechen konnte, mit zittriger Stimme* (Mund$^{\varnothing\,Abl}$ wankend$^{\varnothing\,Abl}$) – Du… du… hast das absichtlich gemacht.

2 *Zufällig* (Fall) *geschah es, dass es den riemenartigen und eingeseiften Lappen wieder in den Mund bekam* (nähme^{es}-an).

3 KÄNGA – Liebster Schatz, hör auf (schicke) zu sprechen.

4 *Nach einem Augenblick* (Stich$^{\varnothing Akk}$ Zeit$^{\varnothing\,Gen}$) *wurde das gewaschene Ferkelchen mit einem Tuch abgetrocknet.*

5 … Auf, nimm diese Medizin hier, danach wirst du schlafen gehen.

6 (F.) – Wa...wa...warum soll ich eine Medizin nehmen?

7 (K.) – Um dich zu stärken und zu kräftigen.

8 Hast du etwa im Sinn (ist^{es} dir in Geist$^{♂\,Abl}$), klein und schwach wie Ferkelchen zu bleiben?

9 Komm hierher!

10 *Dann aber hat es an der Tür geklopft* – Komm herein!

11 *Christopher Robin ist eingetreten.*

12 (F.) – Christopher Robin, Christopher Robin! Sag Känga, wer ich bin!

ANMERKUNGEN

④ Merken Sie sich zu **pūnctum** "Punkt, Stich" auch **pungere**, **pungō**, **pupugī**, **pūnctum** "stechen".

⑤ **linteum** "Tuch, Decke, Laken, Segel" basiert auf der reinen Materialbeschreibung **linteus**, **-a**, **-um** "aus Leinwand, leinen". Ein "Handtuch" ist ein **mantēle** oder nachklassisch **manutergium**, von **manus**, **-ūs** "Hand" und **tergēre**, **tergeō**, **tersī**, **tersum** "abwischen, abtrocknen". Dieselbe Bedeutung hat das Verb **abstergēre**.

13 Nōn dēsinit dīcere mē Ruum esse.

14 Ego nōn sum Ruus, nōnne?

15 *CHRĪSTOPHORUS RŌBĪNUS, eum accūrātē īnspicit et abnuit.* ⑥

16 – Nōn potes Ruus esse, quia modo Ruum lūdentem in domō Leporis vīdī.

17 (CAN.) – Heu! Mentibus fingite! Quantum mē opīniō fefellit.

18 CHRĪSTOPHORUS, *dēnuō abnuēns* – Porcellus nōn est. ⑦

19 Porcellum intus et in cute nōvī: colōrem dīversissimum habet! ⑧

20 (CAN.) – Nōn īgnōrāvī eum Porcellum nōn esse. Aveō scīre quis sit. ⑨

21 (CHR.) – Forsitan ūnus ex stirpe Puī. Fīlius aut patruus aut aliquis. ⑩

22 Porcellus sē ē complexū Cangæ expedīvit et humum dēsiluit. ⑪

23 Ingentī ejus gaudiō Chrīstophorus Rōbīnus forēs apertās relīquerat.

24 Numquam tantā vēlōcitāte, quantā tunc currēbat, cucurrerat,

25 neque prius ā cursū dēstitit quam ad domum suam ferē pervēnit.

ANMERKUNGEN

⑥ **abnuere** "den Kopf schütteln, verneinen, leugnen" ist das Gegenteil von **annuere** (**ad-nuere**) "zunicken, beistimmen, bejahen".

⑦ Das Adverb **dēnuō** "von neuem, wieder" können Sie sich gut über seinen Ursprung **dē** "von" + **novō** "neu$^{\varnothing\,\mathrm{Abl}}$" merken.

⑧ Unterscheiden Sie **nōvī** "ich weiß" und **novī** (Genitiv Singular oder Nominativ Plural Maskulinum von **novus** "neu").

13 Sie hört nicht auf zu sagen, dass ich Ruh sei.

14 Ich bin nicht Ruh, nicht wahr?

15 *CHRISTOPHER ROBIN betrachtet es genau und schüttelt den Kopf.*

16 – Du kannst nicht Ruh sein, weil ich Ruh gerade im Haus von Hase habe spielen sehen.

17 (K.) – Ach! Stellt euch vor (Sinn[♀♀ Abl] bildet)! Wie sehr mich meine Ansicht getäuscht hat.

18 *CHRISTOPHER, erneut verneinend* – Das ist nicht Ferkelchen.

19 Ich kenne Ferkelchen in- und auswendig (von-drinnen und in Haut[♀ Abl]): Es hat eine ganz andere Farbe!

20 (K.) – Ich wusste genau, dass das nicht Ferkelchen ist. Ich bin neugierig (begehre[ich] wissen), wer das ist.

21 (C.) – Vielleicht einer aus der Familie (Stamm[♀ Abl]) von Puuh. Ein Sohn oder ein Onkel oder irgendjemand.

22 Ferkelchen befreite sich aus der Umarmung (Umfassung[♂ Abl]) von Känga und sprang zu Boden.

23 Zu seiner außerordentlichen Freude hatte Christopher Robin die Tür offen gelassen.

24 Niemals war es mit einer so großen Geschwindigkeit, mit der (wie-groß[♀ Abl]) es nun rannte, gerannt,

25 und ließ nicht eher von seinem Lauf ab, bis (als) es fast zu seinem Haus gelangte.

ANMERKUNGEN

⑨ Verwechseln Sie **avēre** "begierig sein" nicht mit **avēre** "gesegnet, gesund sein", woher auch die Begrüßungsformel **avē**, **avēte** kommt. Die beiden Verben haben sprachgeschichtlich unterschiedliche Wurzeln und gleichen sich nur zufällig.

⑩ Erinnern Sie sich an Lektion 30? **Patruus** bezeichnet den "Onkel" väterlicherseits; der Bruder mütterlicherseits heißt hingegen **avunculus**, was die Diminutivform von **avus** "Großvater" darstellt.

⑪ Zu **expedīre**, **expediō**, **expedīvī**, **expedītum** "entfesseln, befreien" kennen Sie bereits **compēs**, **compedis** "Fußfessel" sowie **impedīre** "fesseln, hindern" und **impedīmentum** "Hindernis, Gepäck".

26 Sed cum ducentōs pedēs ā domō abesset, cōnstitit et reliquō itinere in lutō sē volvit
27 ut colōrem suum jūcundum et assuētum restitueret!

(Indidem)

Exercitātiō prīma: Intellegisne hās sententiās?

❶ Paule! Ē piscīnā exeās oportet! Quamdiū in aquā mānsistī? ❷ Aliquamdiū in aquā mānsī, sed nōn tamdiū natāvī quamdiū Æmilia. ❸ Jam prīdem illa exīre dēbēbat. ❹ Quamdūdum in piscīnā est? – Jamdūdum! ❺ Tertiam hōram in piscīnā est. ❻ Hōræ dōdrante piscīnæ longitūdinem centiēs trānāvit. ❼ Cum piscīna 25 m (vīgintī quīnque metra) sit longa, duo kīlometra et dīmidium percurrit. ❽ Postquam ex aquā exieris, manutergiō tē abstergētō.

Exercitātiō altera: Īnsere verba dēficientia!

❶ Trocknet eure Körper ab! Wälzt euch nicht im Staub, solange die Badekleidung (Stoff♀♀) nass ist.
Corpora ______________! Nōlīte in pulvere vōs ________ dum ________ madidæ sunt.

26 Als es aber zweihundert Fuß von seinem Haus entfernt war, machte es halt und wälzte sich auf dem restlichen Weg im Schlamm,

27 um seine geliebte (erfreulich$^{♂ Akk}$) und gewohnte Farbe wiederherzustellen (gäbe^{er}-zurück)!

(Aus derselben Quelle)

Solūtiō exercitātiōnis prīmæ: Intellēxistīne?

① Paul! Du musst das Schwimmbecken verlassen! Wie lange warst du im Wasser (bist^{du}-geblieben)? ② Ich war eine Weile im Wasser, aber ich bin nicht so lange geschwommen wie Emilia. ③ Sie hätte schon längst rausgehen sollen. ④ Seit wann ist sie im Becken? – Schon seit längerer Zeit! ⑤ Sie ist seit drei Stunden im Becken. ⑥ In einer Dreiviertelstunde hat sie die Länge des Beckens hundertmal durchschwommen. ⑦ Da das Becken 25 m lang ist, ist sie 2,5 Kilometer geschwommen (ist^{sie}-durchgelaufen). ⑧ Nachdem du aus dem Wasser herausgegangen bist, trockne dich mit einem Handtuch ab.

❷ Führe dich nicht auf wie ein Ferkelchen.
_____ tē gerere tamquam _____.

❸ Wenn du das Verhalten eines Ferkelchen imitierst (wirst^{du}-imitiert-haben), bekommst du kein Spielzeug (wirst^{du}-empfangen).
Sī porcellī _____ imitātus eris, _____ lūdicra _____.

❹ Sprichwort: Werft keine Perlen vor die Säue (Schwein$^{♂♂}$).
Prōverbium: Nōlīte _____ margarītās ante _____.

Solūtiō exercitātiōnis alteræ: Verba dēficientia.

❶ abstergētōte – volvere – gausapæ ❷ Nōlī – porcellus ❸ mōrēs – nūlla – accipiēs ❹ prōjicere – porcōs.

Unda altera: Animā hodiē lēctiōnem undētrīcēsimam prīmam!

81 Lēctiō octōgēsima prīma (LXXXI)

Male mē contudērunt

1 *EUCLIŌ, senex avārissimus, quī aurum suum in aululā quādam abscondit, sēcum loquitur.* ① ②

2 – Voluī animum tandem cōnfirmāre hodiē meum, ut bene habērem mē fīliæ nuptiīs.

3 Veniō ad macellum: rogitō piscēs, indicant cārōs; agnīnam, cāram;

4 cāram būbulam, vitulīnam, cētum, porcīnam; cāra omnia.

5 Atque eō fuērunt cāriōra quod æs nōn erat. ③

6 Abeō īrātus illinc, quoniam nihil est quod emere possim.

7 Accessit animus ad meam sententiam, quam minimō sūmptū fīliam ut nuptum darem. ④ ⑤

8 Nunc tūsculum ēmī hoc et corōnās flōreās; ⑥

9 hæc impōnentur in focō nostrō Larī, ⑦

10 ut fortūnātās faciat nātæ nuptiās. ⑧

11 Sed quid ego cōnspicor? Apertās ædēs nostrās!

ANMERKUNGEN

① Das Nomen zu **avārus**, **-a**, **-um** "gierig, geizig" lautet **avāritia** "Geiz, Habsucht".

② **aulula** "Töpfchen" ist das Diminutiv von **aula**/**ōlla** "Topf". Verwechseln Sie dies nicht mit **aula** "Hof".

③ Auf **eō** "dazu, dahin, so weit, bis zu dem Grade" folgt meist ein mit **quod** oder **ut** eingeleiteter Nebensatz. **Histriō eō vēnerat avāritiæ, ut nōn jam comederet**. "Der Schauspieler war in seinem Geiz♀ Gen so weit gekommen, dass er nicht mehr aß." Merken Sie sich auch **quō** ... **eō** "je... desto".

④ **quam** + Superlativ entspricht unserem "möglichst" + Adjektiv in der Grundstufe.

81. Lektion

Übel haben sie mich zusammengeschlagen

1 *EUCLIO, ein extrem geiziger Greis, der sein Gold in einem kleinen Topf versteckt hat, spricht mit sich selbst.*

2 – Ich wollte mich heute endlich [dazu] ermutigen, mich nützlich zu machen (Geist[♂ Akk] endlich befestigen heute mein[♂ Akk], dass gut hätte[ich] mich) für die Hochzeit meiner Tochter.

3 Ich komme zum Markt: Frage angelegentlich nach Fisch, mir werden teure [Fische] gezeigt; Lammfleisch, teures;

4 teures Rindfleisch, Kalbfleisch, Walfisch, Schweinefleisch; alles teuer.

5 Und sie waren umso teurer, weil ich kein Geld hatte (Erz[∅] nicht war[es]).

6 Ich gehe zornig weg von dort, weil (da-ja) es nichts gibt, was ich kaufen könnte.

7 Mein Herz (Geist) trat meinem Entschluss bei (Meinung), meine Tochter unter möglichst geringem Kostenaufwand zu verheiraten (wie kleinster[♂ Abl] Nehmen[♂ Abl] Tochter[♀ Akk] dass zu-heiraten gäbe[ich]).

8 Nun habe ich dieses bisschen Weihrauch hier und Blumenkränze gekauft;

9 dies wird auf den Herd gelegt werden für unseren Laren,

10 damit er die Hochzeit meiner Tochter segnet (gesegnet[♀♀ Akk] tue[er] geboren[♀ Gen] Hochzeit[♀♀ Akk]).

11 Aber was erblicke ich da? Unser Haus [ist] offen!

ANMERKUNGEN

⑤ Verwandt mit **sūmptus**, **sūmptūs** "Nehmen, Kosten, Aufwand" von **sūmere**, **sūmō**, **sūmpsī**, **sūmptum** "nehmen" ist auch **sūmptuōsus**, **-a**, **-um** "aufwendig, kostspielig, teuer".

⑥ **tūsculum** ist das Diminutiv von **tūs**, **tūris**[∅] "Weihrauch".

⑦ Die Laren (von **Lār**, **Laris**) waren römische Schutzgottheiten des Hauses, für die in vielen Haushalten eine Art Schrein oder Altar mit einem Herd existierte.

⑧ So wie **nāta** "geborene" für "Tochter" stehen kann, steht auch **nātus** "geboren" für "Sohn". Es handelt sich dabei um das PPP von **nāscī**, **nāscor**, **nātus sum** "geboren werden, entspringen". Das Nomen dazu: **nātālis**, **-e** "Geburts-, Geburtstag".

12 *Vōx in ædibus audītur.*

13 Et strepitu'st intus. Num ego compīlor miser? ⑨

14 *CONGRIŌ, coquus, ad cēnam parandam missus, jam prīdem in Eucliōnis culīnā satagit.*

15 – Aulam majōrem sī potes ē vīcīniā pete: hæc parva 'st; capere nōn quit. ⑩

16 (EUC.) – Ei mihi! Periī, hercle! Aurum rapitur, aula quæritur.

17 Apollō, quæsō subvenī mihi atque adjuvā! Cōnfīge sagittīs fūrēs thēsaurāriōs! ⑪ ⑫

18 *Domum irruit: clāmōrēs verberaque audiuntur.*

(Ē Plautī ***Aululāriā***, versūs 371 – 395)

ANMERKUNGEN

⑨ Zur Zeit und im sozialen Milieu der alten römischen Komödie, aus der dieser Text stammt (**Plautus**, ca. 254-184 v. Chr.), wurde das **-s** am Wortende nach einem kurzen Vokal oft weggelassen (**strepitus** > **strepitu'**). Der kurze Endvokal wurde dann durch die Aphärese bei **est** zu **'st** (siehe Anhang zur Aussprache).

⑩ **nequīre**, **nequeō** "nicht können" ist entstanden aus **neque** + **it** "und es geht nicht = er/sie/es kann nicht". Davon abgeleitet ist **quīre**, **queō** "können, in der Lage sein".

Exercitātiō prīma: Intellegisne hās sententiās?

❶ Quandō vīvēbat Plautus? ❷ T. (Titus) Maccius Plautus nātus annō D (500° quīngentēsimō) A.U.C. (ab Urbe conditā), i.e. (id est) annō CCLIV (254° ducentēsimō quīnquāgēsimō quārtō) A.C. (ante Chrīstum nātum) et annō CLXXXIV (184° centēsimō octōgēsimō quārtō) A.C. mortuus esse crēditur. ❸ Quamdiū vīxit? – Sī hæc tempora sine errōre cōnstant, LXX (70 septuāgintā) annōs vīxit. ❹ Quālis fuit ejus vīta? ❺ Dē eā nōn multa sānē nōvimus. ❻ Juvenis histriō fuisse dīcitur, ē quōdam cōmœdōrum grege. ❼ Deinde cōmœdiās ipse scrīpsit, in quibus Græcōs auctōrēs imitātus est. ❽ Quam pecūniam theātrō acquīsīvit, eam negōtiandō perdidit.

12 *Man hört eine Stimme im Haus.*

13 Und ein Geräusch gibt es drinnen. Werde ich Armer etwa beraubt?

14 *CONGRIO, der Koch, der zum Zubereiten des Essens weggeschickt wurde, betätigt sich schon seit geraumer Zeit eifrig in der Küche von Euclio* (genug-treibt^{er}).

15 – Bitte in der Nachbarschaft um einen größeren Topf, wenn du kannst: Dieser hier ist [zu] klein; er hat kein Fassungsvermögen (fassen nicht kann^{er}).

16 (E.) – Wehe mir! Ich bin verloren, beim Hercules! Mein Gold wird geraubt, man sucht meinen Kochtopf.

17 Apollo, bitte komm mir zu Hilfe und unterstütze mich! Durchbohre die Schatzdiebe mit deinen Pfeilen!

18 *Er stürzt ins Haus: Man hört Geschrei und Schläge.*

(Aus ***Aulularia*** (Goldtopfkomödie) von Plautus, Verse 371 – 395)

ANMERKUNGEN

⑪ Der Sonnengott Apollo, Sohn des Jupiter und der Latona und Bruder von Diana, galt als Erfinder der Kunst des Bogenschießens, der Weissagung, Heilkunde, Musik und Dichtkunst.

⑫ Zu **cōnfīgere**, **cōnfīgō**, **cōnfīxī**, **cōnfīxum** "zusammenheften, -nageln" kennen Sie bereits das Simplex **fīgere**, **fīgō**, **fīxī**, **fīxum** "befestigen, anheften, anstecken, fixieren".

Solūtiō exercitātiōnis prīmæ: Intellēxistīne?

❶ Wann lebte Plautus? ❷ Man nimmt an, dass Titus Maccius Plautus im Jahr 500 von der Gründung der Stadt [Rom] an [gerechnet], das heißt im Jahr 254 vor Christus (vor Christus$^{♂\ Akk}$ geboren$^{♂\ Akk}$) geboren wurde und im Jahr 184 vor Christus gestorben ist (gestorben sein wird^{es}-geglaubt). ❸ Wie lange lebte er? – Wenn diese Daten (Zeit$^{♂♂}$) ohne Fehler feststehen, lebte er 70 Jahre. ❹ Wie war sein Leben? ❺ Darüber wissen wir allerdings wenig. ❻ Als Jugendlicher soll er ein Schauspieler gewesen sein, aus einer gewissen Gruppe von Komikern. ❼ Danach schrieb er selbst Komödien, in denen er griechische Autoren nachahmte. ❽ Das Geld (welche$^{♀\ Akk}$ Geld$^{♀\ Akk}$), das er durch das Theater verdiente, verlor er durch Geschäfte (sie$^{♀\ Akk}$ Handeln^{Abl} hat^{er}-verloren).

Exercitātiō altera: Īnsere verba dēficientia!

❶ Er litt unter solchen finanziellen Schwierigkeiten, dass er bei einem Bäcker seinen Lebensunterhalt zu verdienen versuchen musste.

Tālī ____________ ________ labōrāvit ut apud pistōrem vīctum quærere ________.

❷ Man sagt, dass er sogar vor dem Ofen, wann immer er Freizeit hatte, Komödien schrieb.

______ eum ante furnum, quotiēscumque _____ adesset, cōmœdiās etiam __________.

82 Lēctiō octōgēsima altera (LXXXII)

Male mē contudērunt (sequitur)

1 *CONGRIŌ, domō Eucliōnis ērumpit* – Optātī cīvēs, populārēs, incolæ, accolæ, advenæ, omnēs ... ①

2 Date viam quā fugere liceat, facite tōtæ plateæ pateant.

❸ Sein Leben und seine Werke sind dem Leben und den Werken des Jean-Baptiste Poquelin nicht unähnlich, der bei den Franzosen Molière genannt wird.

Vīta et opera ejus haud dissimilia sunt ____ et ________ Jōhannis-Baptistæ Poquelin, quī apud Gallōs Molière _______.

❹ Beispielsweise hat dieser französische Schriftsteller in derjenigen Komödie, die mit *Der Geizige* betitelt ist, die *Goldtopfkomödie* des Plautus imitiert.

_______ grātiā, auctor ille Gallus in eā cōmœdiā, quæ *Avārus* īnscrībitur, Plautī *Aululāriam* ________ ___.

Solūtiō exercitātiōnis alteræ: Verba dēficientia.

❶ difficultāte nummāriā – dēbuerit ❷ Dīcunt – ōtium – scrīpsisse ❸ vītæ – operibus – vocātur ❹ Exemplī – imitātus est.

Unda altera: Animā hodiē lēctiōnem trīcēsimam alteram!

82. Lektion

Sie haben mich übel zusammengeschlagen (Fort-setzung)

1 *CONGRIO stürzt aus dem Haus von Euclio hervor* – Liebe (erwünschte) Bürger, Landsmänner (Volks-), Einwohner, Anwohner, Reisende (Ankömmling♂♀), alle…

2 Ermöglicht (gebt) mir einen Weg, auf dem ich fliehen darf (sei[es]-erlaubt), sorgt dafür (tut), dass alle Straßen zugänglich sind (seien[sie]-offen).

ANMERKUNGEN

① **populāris**, **-e** "einheimisch, Volks-" ist das Adjektiv zu **populus** "Volk, Gemeinde".

3 Neque ego umquam nisi hodiē ad Bacchās vēnī in Bacchānal coquinātum. ② ③

4 Ita mē miserum et meōs discipulōs fūstibus male contudērunt.

5 Tōtus doleō atque oppidō periī, ita mē iste senex habuit gymnasium. ④

6 Neque ligna ego usquam gentium præbērī vīdī pulchrius ...

7 Attat, periī, hercle, ego miser; adest, sequitur! ⑤

8 Sciō quam rem geram: hoc ipse magister mē docuit.

9 EUCLIŌ – Redī! Quō fugis nunc? Tenē, tenē!

10 (CON.) – Quid, stolide, clāmās?

11 (EUC.) – Quia ad trēsvirōs jam ego dēferam nōmen tuum. ⑥

12 (CON.) – Quam ob rem?

13 (EUC.) – Quia cultrum habēs.

14 (CON.) – Coquum decet.

15 (EUC.) – Quid comminātu's mihi? ⑦

ANMERKUNGEN

② Bachantinnen waren Priesterinnen des Bacchus, Gott des Weins, die sich auf den Bacchanalien, den zu Ehren des Bacchus veranstalteten Festen und Orgien in ekstatische Zustände versetzten.

③ Neben **coquināre** "kochen" existiert die weit gebräuchlichere Form **coquere**, **coquō**, **coxī**, **coctum** "kochen, backen". Sie kennen bereits **culīna** "Küche" und **coquus** "Koch".

④ Verwechseln Sie das Adverb **oppidō** "gewaltig, ganz, völlig" nicht mit dem Dativ/Ablativ von **oppidum** "Stadt".

⑤ Neben dem Ausruf **hercle**/**mehercle** "beim Herkules", der hauptsächlich von Männern gebraucht wurde, gibt es auch noch **ēcastor**/**mēcastor** "beim Castor", hauptsächlich von Frauen benutzt, sowie **pol**/**edepol** "beim Pollux", von beiden Geschlechtern verwendet. Die Zwillinge Castor und Pollux waren die Söhne von Leda und dem Sterblichen Tyndareus bzw. von Zeus.

3 Ich geriet noch nie, außer heute, an Bacchantinnen (Bacchantin$^{\text{♀♀ Akk}}$ bin^{ich}-gekommen) in ein Bacchusfest, um zu kochen.

4 So haben sie mich Armen und meine Lehrlinge mit Knüppeln übel zusammengeschlagen.

5 Mir tut alles weh, und ich bin komplett erledigt (bin^{ich}-umgekommen), so hat mich dieser Alte zum Sandsack gemacht (hat^{er}-gehabt Sportplatz$^{\text{∅ Akk}}$).

6 Und noch nirgends in der Welt sah ich, wie Hölzer auf eine schönere Weise dargeboten wurden...
(nicht-und Holz$^{\text{∅∅ Akk}}$ ich irgendwo Geschlecht$^{\text{♀♀ Gen}}$ angeboten-werden habe^{ich}-gesehen schöner…)

7 Ach, ich Armer bin verloren, beim Herkules; da ist er, er folgt [mir]!

8 Ich weiß, was ich tue (welche$^{\text{♀ Akk}}$ Sache$^{\text{♀ Akk}}$ möge^{ich}-führen): Dies hat mich der Meister selbst gelehrt.

9 EUCLIO – Komm zurück! Wohin fliehst du jetzt? Bleib stehen, bleib stehen (halte, halte)!

10 (C.) – Was schreist du, Dummkopf?

11 (E.) – Weil ich dich jetzt bei der Polizei anzeigen werde (zu Drei-Mann$^{\text{♂♂ Akk}}$ schon ich werde^{ich}-herabtragen Name$^{\text{∅ Akk}}$ dein$^{\text{∅ Akk}}$).

12 (C.) – Wieso?

13 (E.) – Weil du ein Messer hast.

14 (C.) – Das gehört sich für einen Koch (Koch$^{\text{♂ Akk}}$ ziert^{es}).

15 (E.) – Was hast du mir gedroht?

ANMERKUNGEN

⑥ Die **trēsvirī** waren im alten Rom Vollzugsbeamte und Gehilfen der Prätoren (siehe L. 73). Die **trēsvirī** verfügten über eine eigenständige Polizeigewalt. Verwechseln Sie dies nicht mit dem **triumvirātus** "Triumvirat, Dreimännerkollegium", einem politischen Zweckbündnis der ausgehenden römischen Republik.

⑦ **comminātu's** = **comminātus es**. Anstelle von **comminārī** liest man häufig auch das Simplex **minārī** "emporragen, drohen". Merken Sie sich dazu auch **minæ** "Spitzen, Zinnen; Drohungen".

16 (CON.) – Istud male factum arbitror, quia nōn latu' fōdī. ⑧

17 (EUC.) – Homō nūllu'st tē scelestior quī vīvat hodiē! ⑨ ⑩

(Indidem, 406 – 419)

ANMERKUNGEN

⑧ **latu'** = **latus**∅, Gen. **lateris**, "Seite, Flanke" wird wie **corpus**∅, **corporis** "Körper" dekliniert.

⑨ **nūllu'st** = **nūllus est**.

Exercitātiō prīma: Intellegisne hās sententiās?

❶ Quā ratiōne pōtum quī "whiskium" apud Anglōs vocātur tam cōpiōsē bibere assuēfactus es? ❷ Explicābō tibi: imprīmīs cum aquā; posteā sine aquā; dēnique sīcut aquam. ❸ Quō tam celeriter curris? ❹ Domum, nam māter verbera mihi pollicita est. ❺ Ego vērō nōn intellegō cūr sīc properēs.

Exercitātiō altera: Īnsere verba dēficientia!

❶ Ich beeile mich, damit ich nach Hause komme, bevor mein Vater zurückkehrt: Er schlägt nämlich viel kräftiger als meine Mutter.

Properō ut domum perveniam ________ pater redeat: ille ____ multō validius ________ quam māter.

❷ Oliva rühmt sich dafür, dass die Seen in ihrer Heimat extrem voll mit Fischen sind.

Olīva glōriātur quod _____ in suā ______ ________ sunt refertissimī.

16 (C.) – Das habe ich, glaube ich, schlecht gemacht, weil ich dich nicht erstochen habe (Seite$^{\varnothing\text{ Akk}}$ habe^{ich}-gegraben).

17 (E.) – Kein Mensch, der heute leben könnte, ist verbrecherischer als du!
(Mensch kein du^{Abl} frevelhafter welch^{er} lebe^{er} heute!)

(Aus derselben Quelle, 406–419)

ANMERKUNGEN

⑩ Das Nomen zu **scelestus**, **-a**, **-um** "frevelhaft, ruchlos, verbrecherisch; Verbrecher" lautet **scelus**$^{\varnothing}$, **sceleris** "Frevel, Verbrechen, Greuel".

Solūtiō exercitātiōnis prīmæ: Intellēxistīne?

❶ Wie (welche$^{♀\text{ Abl}}$ Rechnung$^{♀\text{ Abl}}$) hast du dich daran gewöhnt, das Getränk, das bei den Engländern "Whisky" genannt wird, so reichlich zu trinken? ❷ Das werde ich dir erklären: zuerst mit Wasser; später ohne Wasser; schließlich wie Wasser. ❸ Wohin läufst du so schnell? ❹ Nach Hause, denn meine Mutter hat mir Schläge versprochen. ❺ Ich verstehe wirklich nicht, warum du dich so beeilst.

❸ "Beim Pollux", sagt sie, "in diesen Seen sind so viele Fische, dass man, wenn das Wasser erst einmal entfernt wurde (Wasser$^{♀\text{ Abl}}$ nur zurückbewegt$^{♀\text{ Abl}}$) sie greifen kann".

"Edepol" – ______ – "in hīs lacubus tam multī sunt piscēs ut ______ tantum ______, apprehendī possint".

❹ Marius aber: "Das ist doch gar nichts", sagt er, "in Marseille sind im Alten Hafen so viele Fische, dass man sie entfernen muss, um das Wasser für die Schifffahrt (Schiff$^{♀♀\text{ Gen}}$ Grund$^{♀\text{ Abl}}$) freizumachen".

Marius autem: "Quod ______ est" – inquit –, "Massiliæ tot sunt piscēs in Portū Vetere ut ______ sint ad aquam ______ causā līberandam".

Solūtiō exercitātiōnis alteræ: Verba dēficientia.

❶ antequam – enim – verberat ❷ lacūs – patriā piscibus ❸ inquit – aquā – remōtā ❹ nihil – removendī – nāvigandī.

Unda altera: Animā hodiē lēctiōnem trīcēsimam tertiam!

83 Lēctiō octōgēsima tertia (LXXXIII)

Male mē contudērunt (conclūditur)

1 EUCLIŌ – Sed in ædibus quid tibi meīs erat negōtiī, mē absente, nisi ego jusseram?

2 Volō scīre.

3 CONGRIŌ – Tacē ergō! Quia vēnimu' coctum ad nuptiās.

4 (EUC.) – Quid tū, malum, cūrās, utrum crūdum an coctum edam, nisi es tūtor? ①

5 (CON.) – Volō scīre utrum sinās an nōn sinās nōs coquere hīc cēnam.

6 (EUC.) – Volō scīre ego item meæ domī meane salva futūra. ② ③

7 (CON.) – Utinam mea mihi modo auferam quæ ad tē tulī salva: ④

8 tua nōn expetō.

9 *EUCLIŌ, per lūdibrium* – Sciō, nē doceās, nōvī. ⑤

10 (CON.) – Quid est quā grātiā prohibēs nunc nōs coquere hīc cēnam?

11 (EUC.) – Etiam rogitās, sceleste homō,

12 quī angulōs omnēs meārum ædium et conclāvium mihi pervium facis? ⑥

ANMERKUNGEN

① Zu **tūtor** "Beschützer, Vormund" gibt es auch **tūtus**, **-a**, **-um** "sicher" sowie die Verben **tuērī**, **tueor**, **tuitus/tūtus sum** "ins Auge fassen, schauen, Sorge tragen" und **tūtārī**, **tūtor**, **tūtātus sum** "sicherstellen, schützen".

② Ein angehängtes **-ne** ersetzt in indirekten Fragen oft **an** "ob".

③ **futūra** ist hier die Kurzform von **futūra sint**.

④ Bei einem mit **utinam** "hoffentlich, wenn doch" eingeleiteten erfüllbaren Wunsch der Gegenwart/Vergangenheit steht immer der Konjunktiv Präsens/Perfekt. Bei einem unerfüllbaren Wunsch steht der Konjunktiv Imperfekt/Plusquamperfekt. **Utinam tēlō cōnfossus obiisset**. "Wenn er doch [bloß], von einem Geschoss getroffen, gestorben wäre".

83. Lektion

Sie haben mich übel zusammengeschlagen (Schluss)

1 EUCLIO – Aber was hattest du in meinem Haus in meiner Abwesenheit zu tun, wo ich [doch] keinen Auftrag erteilt hatte (was dir meinen wares Unternehmung[∅ Gen], ich[Abl] abwesend[♂ Abl], nicht-wenn ich hatte[ich]-befohlen)?

2 Das will ich wissen.

3 CONGRIO – Dann sei still! Denn wir sind zum Kochen für die Hochzeit gekommen.

4 (E.) – Was kümmert es dich, du Plage, ob ich Rohes oder Gekochtes esse, wo du doch nicht (wenn-nicht) mein Beschützer bist?

5 (C.) – Ich will wissen, ob du es zulässt oder nicht zulässt, dass wir hier ein Essen kochen.

6 (E.) – Ebenso will *ich* wissen, ob mein Besitz bei mir zu Hause (mein[♀ Lok] Haus[♀ Lok] mein[∅∅]-ob) sicher sein wird.

7 (C.) – Hoffentlich schaffe ich bloß meine Sachen von hier weg (hoffentlich mein[∅∅ Akk] mir nur trage[ich]-weg), die ich unversehrt zu dir gebracht habe:

8 Deine [Sachen] verlange ich nicht.

9 *EUCLIO, mit spöttischem Ton* – Ich weiß, erklär mir nichts, ich weiß.

10 (C.) – Warum (was ist[es] welche[♀ Abl] Dank[♀ Abl]) verbietest du nun, dass wir hier ein Essen kochen?

11 (E.) – Das fragst du noch, du ruchloser Mensch,

12 der (welcher) du mir alle Ecken meines Hauses und meiner Zimmer zu einem Durchgang machst?

ANMERKUNGEN

⑤ **Scīre** heißt "ein Wissen haben", während **nōvisse** "Kenntnis, Erfahrung haben" meint.

⑥ Es gibt zwei Wörter für "Zimmer": **conclāve**[∅], **-is** und **cubiculum**. Ersteres leitet sich von **clāvis**[♀], **-is** "Schlüssel" ab und ist seltener, das zweite von **cubāre** "liegen" bezeichnete ursprünglich ein "Schlafzimmer". Beide werden gleichermaßen für jede Art von Zimmer verwendet.

13 Ibi ubi tibi erat negōtium ad focum sī adfuissēs, nōn fissile auferrēs caput;

14 meritō id tibi factum est.

15 Adeō ut tū meam sententiam jam nōscere possīs:

16 sī ad jānuam hūc accesseris, nisi jusserō, propius,

17 ego tē faciam miserrimus mortālis utī sīs. ⑦

18 (CON.) – Quid ego nunc agam? Ego edepol vēnī hūc auspiciō malō: ⑧

19 nummō sum conductus; plūs jam medicō mercēde opu'st. ⑨

20 *EUCLIŌ, sēcum aululam quæ aurum suum continet ferēns* – Hoc quidem, hercle, quōquō ībō, mēcum erit, mēcum feram,

21 neque istīc in tantīs perīclīs umquam committam ut sit. ⑩

22 Īte sānē nunc intrō omnēs, et coquī et tībīcinæ. ⑪

23 Coquite, facite, festīnāte quantum libet.

(Indidem, 427 ... 453)

24 Prōverbium: Fervet ōlla, vīvit amīcitia!

ANMERKUNGEN

⑦ **utī** ist eine altertümliche Form von **ut**. Plautus benutzt beide Formen nach Belieben (siehe unten).

13 Wenn du am Herd gewesen wärest, da wo du zu tun hattest, trügest du [jetzt] keinen gespaltenen Kopf [mit dir] herum (trügest^{du}-weg);

14 das ist dir recht geschehen. (verdient es dir gemacht ist^{es}).

15 Und nur (so-sehr), damit du meine Meinung schon mal kennst:

16 Wenn du dich ohne meinen Befehl dieser Eingangstür hier näherst (wirst^{du} hinzugegangen-sein, wenn-nicht werde^{ich}-befohlen-haben, näher),

17 werde ich dafür sorgen, dass du der elendigste Mensch auf der Welt bist.
(ich dich werde^{ich}-tun elendigster$^{\text{♂}}$ sterblich$^{\text{♂}}$ dass seiest^{du}.)

18 (C.) – Was soll ich jetzt machen? Ich bin wahrlich (beim-Pollux) unter einem schlechten Omen (Vogelbeobachtung$^{\varnothing}$) hierher gekommen:

19 [für den Lohn] einer [einzigen] Münze bin ich engagiert worden; [doch] schon der Arzt benötigt mehr [als] Honorar.

20 *EUCLIO, das Töpfchen, das sein Gold enthält, mit sich tragend* – Dies wird jedenfalls, beim Herkules, wohin ich auch gehe, bei mir bleiben, ich werde es bei mir tragen,

21 und ich werde es niemals so weit kommen lassen, dass es hier in so große Gefahr gerät.
(nicht-und da in so-viele$^{\varnothing\varnothing\text{ Abl}}$ Gefahr$^{\varnothing\varnothing\text{ Abl}}$ jemals werde^{ich}-zusammenlassen dass sei^{es}).

22 Geht jetzt aber alle hinein, Köche und Flötenspielerinnen.

23 Kocht, macht schnell (tut), beeilt euch, soviel ihr wollt.

(Aus derselben Quelle, 427 … 453)

24 Sprichwort: Kocht der Kessel, lebt die Freundschaft!

ANMERKUNGEN

⑧ **auspicium** "Vogelbeobachtung, Vorzeichen, Wahrzeichen" setzt sich aus **avis**, **avis**$^{\text{♀}}$ "Vogel" und **spicere**, **spiciō**, **spexī**, **spectum** "spähen, blicken, schauen" zusammen. Die Römer beobachteten vor wichtigen Ereignissen, wie z.B. Kriegen, den Flug der Vögel, weil sie glaubten, daraus Informationen über den Ausgang erhalten zu können.

⑨ **opu'st** = **opus est**.

⑩ **perīclum** ist eine umgangssprachliche Form von **perīculum**.

⑪ **sānē** ist das Adverb von **sānus**, **-a**, **-um** "gesund, heil" und bedeutet "mit Vernunft; fürwahr, jawohl, ganz, durchaus".

CARMEN

Barba-Pum

Erat in Æthiopiā
Rēx ōlim Ras Sejum.
Barbam magnam habēbat.
Vocābant Barba-Pum.
(Chorus:) Barba-Pum, Barba-Pum, &c.

Cum hoste magnum prœliāns
Movēbat strepitum.
Tum mīlitēs clāmābant:
Vidēte Barba-Pum!
(Chorus:) Barba-Pum, Barba-Pum, &c.

Sed tēlō tandem obiit
Cōnfossus hostium.
Sit glōria Æthiopiæ.
Sit quoque Barba-Pum.
(Chorus:) Barba-Pum, Barba-Pum, &c.

Ē ***Palæstrā Latīnā*** (171)

Exercitātiō altera: Īnsere verba dēficientia!

1. Ich will wissen, ob du es zulässt, dass wir dein Töpfchen von hier wegtragen.
   Volō scīre an ____ nōs hinc ____ aululam.
2. Wenn du am Herd gewesen wärest, hättest du uns ein Essen gekocht.
   Sī ad focum ____, ____ cēnam coxissēs.
3. Was soll ich jetzt machen? Ich beeile mich.
   Quid nunc ____? ____.

84 Lēctiō octōgēsima quārta (LXXXIV)

Repetītiō et annotātiōnēs

1. Kasusfunktionen (Übersicht)

Die Kasus (grammatische Fälle) der Substantive erfüllen im Satz-

LIED

Barba-Pum

Es war in Äthiopien
Einst der König Ras Sejum.
Er hatte einen langen (groß♀ Akk) Bart.
Sie nannten ihn Barba-Pum.
(Refrain:) Barba-Pum, Barba-Pum, usw.

Als er mit einem Feind kämpfte,
löste er großen Lärm aus.
Dann riefen die Soldaten:
Seht euch Barba-Pum an!
(Refrain:) Barba-Pum, Barba-Pum, usw.

Aber von einem Geschoss der Feinde
getroffen starb er zuletzt.
Ruhm sei Äthiopien.
[Ruhm] sei auch Barba-Pum.
(Refrain:) Barba-Pum, Barba-Pum, usw.

Aus ***Palæstra Latina*** (Nr. 171)

Solūtiō exercitātiōnis alteræ: Verba dēficientia.

❶ sinās – auferre ❷ adfuissēs – nōbīs ❸ agam – Festīnō.

Sie merken bestimmt, dass Sie schon enorme Fortschritte gemacht haben! Machen Sie sich keine Sorgen, wenn noch nicht alles 100%ig klar ist. Beschäftigen Sie sich weiter täglich ein wenig mit Ihrer neuen Fremdsprache, und Ihnen wird auffallen, dass sich Ihre Kenntnisse durch die ständige Wiedeholung stetig festigen werden.

Unda altera: Animā hodiē lēctiōnem trīcēsimam quārtam!

84. Lektion

bau sehr vielfältige Aufgaben und Funktionen. Wir geben Ihnen an dieser Stelle eine zusammenfassende Übersicht über die verschiedenen Kasusfunktionen.

Genitiv

Funktion	Erklärung	Beispiel
Genitiv als Objekt	Verben des Erinnerns, Vergessens, Erwähnens und der Gerichtssprache sowie die unpersönlichen Ausdrücke der Empfindung verlangen das Objekt im Genitiv.	**Meminī illīus noctis.** "Ich erinnere mich an jene Nacht."; **aliquem capitis damnāre** "jmdn. zum Tode (Kopf[∅ Gen]) verurteilen"; **Pudet mē stultitiæ meæ.** "Ich schäme mich für meine Dummheit (Dummheit[♀ Gen] meiner[♀ Gen])."
Genetivus possessivus	Gibt den Besitzer einer Sache an. Bei unpersönlichem **est** "ist[es]" entspricht er den deutschen Ausdrücken "es ist Pflicht, Sache, Gewohnheit, ein Zeichen von, zeugt von, typisch für, usw."	**domus patris** "das Haus des Vaters"; **Hominis est errāre.** "Es ist typisch für einen Menschen zu irren."; **Cōnsulis est rem publicam regere.** "Es ist Aufgabe eines Konsuls, den Staat zu regieren."
Genetivus partitivus	Bezeichnet die Menge, von der ein Teil angegeben wird.	**multum pecūniæ** "viel Geld[♀ Gen]"; **satis cibī** "genug Nahrung[♀ Gen]"; **quis vestrum** "wer von euch"; **plēnus superbiæ** "voller Stolz[♀ Gen]"
Genetivus subjectivus/ objectivus	Bezeichnet das Subjekt bzw. Objekt einer Handlung oder Empfindung, die auch durch ein Adjektiv ausgedrückt werden kann. Oft ist er zweideutig.	**spēs salūtis** "die Hoffnung auf Rettung"; **perītus linguæ** "sprachkundig"; **amor patris** "die Liebe des Vaters" (subjectivus)/"die Liebe zum Vater" (objectivus); **victōria Rōmānōrum** "der Sieg der Römer" (subjectivus)/"der Sieg über die Römer" (objectivus)
Genetivus qualitatis	Gibt eine nähere Beschreibung/ Beschaffenheit eines Substantivs an.	**iter trium diērum** "eine Reise von drei Tagen"; **vir magnī ingeniī** "ein Mann von großer Begabung"
Genetivus pretii (des Preises)	Dient nach Verben des (Be)wertens und der Kaufhandlung einer Wertangabe.	**māgnī/parvī æstimāre** "hoch achten/gering schätzen (groß/klein[∅ Gen] schätzen)"; **Quantī cōnstat?** "Wie viel kostet das?"

Dativ

Funktion	Erklärung	Beispiel
Dativ als Objekt	Von vielen Verben wird das Objekt im Dativ verlangt. Darunter befinden sich auch mehrere Verben, die im Deutschen ein Akkusativobjekt benötigen.	**Tibi placet.** "Es gefällt dir."; **Invideō deīs.** "Ich beneide die Götter[♂♂ Dat]."; **Templīs parcitur.** "Die Tempel werden geschont (Tempel[∅∅ Dat] wird[es]-geschont)."
Dativus commodi	Gibt die Person oder Sache an, zu deren Gunsten, Vorteil, Nachteil usw. etwas geschieht.	**Tibi discis.** "Du lernst für dich/in deinem Interesse."
Dativus auctoris	Bezeichnet beim Gerundivum, welches zusammen mit einer Form von **esse** "sein" steht, die Person, die etwas tun muss.	**Librī sunt mihi legendī.** "Ich muss die Bücher lesen (sind[sie] mir zu-lesend[♂♂])."; **Tibi est eundum.** "Du musst gehen (dir ist[es] zu-gehend[∅])."
Dativus finalis	Gibt den Zweck bzw. das Ziel einer Sache/Person an. Meistens steht er zusammen mit einer Form von **esse** "sein" und einem weiteren Dativ.	**Rēs mihi cordī est.** "Die Sache liegt mir am Herzen (mir Herz[∅ Dat] ist[sie])."; **Mīlitēs præsidiō sunt.** "Die Soldaten dienen zum Schutz."

Akkusativ

Funktion	Erklärung	Beispiel
Akkusativ als Objekt	Der Akkusativ wird von vielen Verben als Objekt verlangt. Darunter befinden sich auch mehrere Verben, die im Deutschen ein Dativobjekt benötigen.	**Tē videō.** "Ich sehe dich."; **Fortēs fortūna adjuvat.** "Das Glück hilft den Tüchtigen[Akk]."; **Nēmō mortem effugit.** "Niemand entkommt dem Tod (Tod[♀ Akk] flieht[er]-aus)."
Doppelter Akkusativ	Er steht nach Verben, die zwei Akkusativobjekte mit sich führen können. Eines dieser Objekte wird im Deutschen meist mit einem Präpositionalausdruck wiedergegeben, z.B. "von", "zum", "in", "für".	**Tabulam multiplicātōriam tē doceō.** "Ich lehre dich das kleine Einmaleins[Akk]."; **Tē cōnsulem faciō.** "Ich mache dich zum Konsul[Akk]."; **Mē amīcum habet.** "Er hat mich zum Freund[Akk]."; **Nōs stultōs habent.** "Sie halten uns für dumm[Akk]."
Akkusativ der räumlichen und zeitlichen Ausdehnung	Er gibt Antwort auf die Fragen "wie hoch, wie tief, wie breit, wie lang, wie lange?".	**duōs pedēs altus**/**longus**/**lātus** "zwei Fuß hoch (oder: tief), lang, breit"; **Rēx annum tertium rēgnat.** "Der König herrscht das dritte Jahr/drei Jahre lang."; **octō annōs nātus** "acht Jahre alt"
Akkusativ der Richtung	Er steht als Richtungsangabe nach Verben der Bewegung.	**Rōmam** "nach Rom"; **domum īre** "nach Hause gehen"

LEKTION 84

Ablativ

Funktion	Erklärung	Beispiel
Ablativ als Objekt	Er wird von den Verben **ūtī** "(be)nutzen", **fruī** "genießen", **fungī** "verrichten, verwalten" (und Komposita) und **potīrī** "sich einer Sache bemächtigen, beherrschen" als Objekt verlangt.	**lībertāte fruī/abūtī** "die Freiheit^{Abl} genießen/ missbrauchen"; **mūnere fungī** "ein Amt^{Abl} verwalten"
Ablativus instrumenti (des Werkzeugs)	Er gibt das Mittel an und antwortet meist auf die Frage "womit, wodurch?".	**gladiō pugnāre** "mit einem Schwert^{Abl} kämpfen"; **nāve vehī** "mit einem Schiff^{Abl} fahren"; **lacte vīvere** "von Milch^{Abl} leben"; **honōribus afficere aliquem** "jmdn. mit Ehren^{Abl} versehen/ ausstatten"; **morbō labōrāre** "an einer Krankheit leiden"
Ablativus separativus	Er steht nach Ausdrücken der Trennung, z.B. Verben des Beraubens, Befreiens und "Nicht-Habens".	**rem publicam tyrannō līberāre** "den Staat vom Tyrannen^{Abl} befreien"; **Hoc caret omnī sēnsū.** "Das hat überhaupt keinen Sinn (entbehrt^{es} jeder$^{\text{♂ Abl}}$ Sinn$^{\text{♂ Abl}}$)."; **līber cūrīs** "frei von Sorgen^{Abl}"
Ablativus qualitatis	Er dient vor allem der Angabe von körperlichen und geistigen Eigenschaften.	**mōns magnā altitūdine** "ein Berg von großer Höhe"; **vir bonō animō** "ein gutherziger Mann"
Ablativus modi	Er gibt an, auf welche Art und Weise etwas geschieht.	**hāc ratiōne** "auf diese Weise"; **jūre** "zu/mit Recht"; **cāsū** "zufällig"
Ablativus limitationis	Er begrenzt (limitiert) den Bereich, für den eine Handlung oder ein Zustand Geltung besitzt.	**Rōmānī aliās gentēs virtūte superābant.** "Die Römer übertrafen andere Völker an Tapferkeit^{Abl}."; **Corpore similēs sunt, ingeniō autem differunt.** "Hinsichtlich ihres Körpers^{Abl} sind sie ähnlich, in Bezug auf den Geist^{Abl} unterscheiden sie sich aber."

Ablativus mensurae (des Maßes)	Er bezeichnet meist bei Vergleichen das Maß des Unterschieds und antwortet auf die Frage "um wie viel?"	**nihilō minus** "nichts[Abl] destoweniger"; **multō melius** "viel[Abl] besser"; **quō … eō** "je… desto"; **paulō post** "wenig[Abl] später"
Ablativus comparationis (des Vergleichs)	Er gibt bei einem Vergleich das Substantiv an, mit dem ein Vergleich hergestellt wird. Das Deutsche verwendet hier das Wörtchen "als".	**Nihil est ratiōne melius.** "Nichts ist besser als die Vernunft[Abl]."; **sōle clārius** "heller als die Sonne[Abl]"
Ablativus loci/ Ablativus temporis	Er bezeichnet eine Orts- oder Zeitangabe.	**Barcinōne** "in Barcelona[Abl]"; **multīs locīs** "an vielen[Abl] Stellen[Abl]"; **nocte** "nachts"; **initiō** "am Anfang"

Vergessen ist menschlich. So können Sie ohne Weiteres ein Wort oder eine Konstruktion bis zu sechsmal vergessen; das gehört zum normalen Lernprozess dazu. Dies sollte Sie jedoch nicht dazu verleiten, die Grammatik auswendig zu lernen. Blättern Sie einfach ab und zu zurück, und lesen Sie die Erklärungen zur Vertiefung mehrmals durch. Alles andere kommt ganz von alleine.

Unda altera: Animā hodiē lēctiōnem trīcēsimam quīntam!

85 Lēctiō octōgēsima quīnta (LXXXV)

Pessimus sum artifex

1 CAROLUS – Heus, Renāte! Quid hīc agis? Quid tibi accidit? ① ②

2 RENĀTUS – Ipse vidēs, vetule Carole. Ræda prōgredī nōn vult.

3 Māchināmentum subitō cōnstitit, nesciō quā dē causā.

4 Manūs axungiā inquināvī, sed nihil invenīre potuī:

5 pessimus sum artifex. ③

6 (CAR.) – Sine īnspiciam! Ratiōne cōgitēmus!

7 Aut ignītiō aut petroleum tē dēficit: vīs enim mōtrīx ē petroleō ignītō oritur. ④

8 Fōmes scintillā ēlectricā accenditur ... Prīmum ignītiōnem probēmus! ⑤

9 Axis mōtōrius vecte tibi volvendus erit,

10 dum probō utrum in ūnōquōque cylindrō scintilla ēmicet necne. ⑥

11 (REN.) – Ecce! Vectis in locō suō est. Eum circumagere incipiō.

ANMERKUNGEN

① **Renātus** bedeutet der "Wiedergeborene", und ein berühmter Träger dieses Namens ist der auch lateinisch schreibende Philosoph **Renātus Cartēsius** (René Descartes, 1596-1650).

② **accidit** und einige andere Komposita haben in der 3. Person Singular und der 1. Person Plural in Präsens und Perfekt dieselbe Form.

③ **mēchanicus** "Mechaniker, Ingenieur" wird schon in der Antike verwendet.

85. Lektion

Ich bin ein miserabler Mechaniker

1 KARL – He, René! Was machst du hier? Was ist (dir) passiert?

2 RENÉ – Siehst du [doch] selbst, [mein] alter Karl. Das Auto (vorfahren) will sich nicht nach vorne bewegen.

3 Der Motor (Maschine) ist plötzlich aus irgendeinem Grund ausgegangen (hat^{es}-angehalten, nicht-weiß^{ich} welche$^{\text{♀ Abl}}$ von Grund$^{\text{♀ Abl}}$).

4 Ich habe [mir] die Hände mit Schmierfett (Achsensalbe$^{\text{♀ Abl}}$) beschmutzt, aber ich konnte nichts finden:

5 Ich bin ein miserabler Mechaniker (Künstler).

6 (K.) – Lass mich [mal] nachsehen (lass möge^{ich}-hineinblicken)! Überlegen wir [mal] logisch (Rechnung$^{\text{♀ Abl}}$ denken^{wir})!

7 Entweder es ist die Zündung, oder dir fehlt Benzin: Die Motorkraft entsteht nämlich aus der Verbrennung des Benzins (Steinöl$^{\text{∅ Abl}}$ feurig$^{\text{∅ Abl}}$).

8 Der Treibstoff (Zündstoff) wird durch einen elektrischen Funken entzündet... Überprüfen wir zuerst die Zündung!

9 Du musst die Motorwelle mit der Kurbel andrehen (Achse$^{\text{♂}}$ Motor-$^{\text{♂}}$ Hebel$^{\text{♂ Abl}}$ dir zu-rollend$^{\text{♂}}$ wird^{er}-sein,)

10 während ich prüfe, ob in jedem einzelnen (ein$^{\text{♂ Abl}}$-auch) Zylinder auch ein Funke blitzt (schießt^{sie}-hervor) oder nicht.

11 (R.) – Schau [mal]! Die Kurbel ist an ihrem Platz. Ich beginne [nun], sie zu drehen (herumtreiben).

ANMERKUNGEN

④ **petroleum** stammt aus dem mittelalterlichen Latein und heißt eigentlich "Steinöl" (**petra** + **oleum**), womit Erdöl gemeint ist.

⑤ **Fōmes**♂, **fōmitis** meint jegliche Art von Brennstoff, der ein Feuer aufrecht erhält. Verwandt damit ist **focus** "Herd" und **fovēre** "warm halten, hegen, pflegen".

⑥ Wenn **dum** die Bedeutung "während" oder "bis" hat, verlangt es normalerweise den Indikativ Präsens.

12 *CAROLUS, repente sūrsum excutitur exclāmāns* ⑦

13 – Ēheu! ... Quæ mala vexātiō, fluxūs ēlectricī tāctū percutī! ⑧

14 *Paulō post, plācātus*

15 – Sed nunc apparātum igniārium valēre scīmus.

16 Īnspiciāmus ergō num fōmes bene īnfluat. ⑨ ⑩

17 Dā mihi clāvem quā carbūrātōriī cochleās ēdūcam. ⑪

18 *Cochleīs ēductīs, carbūrātōriī operculum tollitur.* ⑫

19 (REN.) – Lābrum āridum est. Petroleum hūc nōn addūcitur. ⑬

20 (CAR.) – Antliam petroleāriam digitō moveāmus. Væ!

21 Petroleum nōn meat. Fortasse antliæ membrāna perforāta est.

22 (REN.) – Quid faciam? Hæc mihi nimiam moram fēcērunt:

23 hāc ipsā hōrā ad jūdicium adesse vellem.

ANMERKUNGEN

⑦ Zu **quatere**, **quatiō**, **—**, **quassum** "schütteln, rütteln" existieren viele Komposita: **percutere**, **excutere**, **concutere**, **discutere** usw. Das bekannteste Wort im Deutschen, das sich von diesem Stamm ableitet, ist wohl die "Diskussion".

⑧ Während **flūmen**[∅], **flūminis** vor allem den Fluss als fließendes Gewässer mit seiner Strömung bezeichnet, meint **fluvius** eher den allgemeinen geografischen Begriff im Gegensatz zum See, Meer usw. **Flūxus**, **flūxūs** hingegen ist ganz allgemein das "Fließen". Merken Sie sich auch **flūctus**, **flūctūs** "Fluten, Strömung, Wogen".

⑨ **num** "etwa?" heißt im indirekten Fragesatz, ebenso wie **an**, "ob".

12 *KARL, wird plötzlich [ruckartig] nach oben geschleudert und schreit:*

13 – Ach nein!... Was für eine schlimme Qual, von einem Stromschlag (schlecht[♀] Erschütterung Fließen[♂ Gen] elektrisch[♂ Gen] Berührung[♂ Abl]) erschüttert zu werden!

14 *Kurz darauf, [wieder] beruhigt:*

15 – Aber jetzt wissen wir, dass der Zündapparat funktioniert.

16 Schauen wir also nach, ob der Treibstoff gut einläuft.

17 Gib mir einen Schraubenzieher (Schlüssel[♀ Akk]), mit dem ich die Schrauben (Schnecke[♀♀ Akk]) des Vergasers herausziehen [kann].

18 *Nachdem die Schrauben gezogen sind* (Schnecke herausgeführt[♀♀ Abl]), *wird die Abdeckung des Vergasers abgenommen* (wird[es]-erhoben).

19 (R.) – Die Wanne ist trocken. Das Benzin kommt hier nicht an (hierher nicht wird[es]-hingeführt).

20 (K.) – Lass uns die Benzinpumpe mit dem Finger antreiben (bewegen[wir])! O weh!

21 Das Benzin fließt nicht. Vielleicht ist die Membran der Pumpe durchlöchert.

22 (R.) – Was soll ich tun? Das hat mich alles zu lange aufgehalten: (dies[∅∅] mir zu-groß[♀ Akk] Verzögerung[♀ Akk] haben[sie]-getan:)

23 Genau jetzt (dies[♀ Abl] selbst[♀ Abl] Stunde[♀ Abl]) wollte ich bei einer Gerichtsverhandlung dabei sein.

ANMERKUNGEN

⑩ Das Simplex zu **īnfluere, īnfluō, īnflūxī, īnflūxum** "hineinfließen, sich einschleichen" lautet **fluere, fluō, flūxī, flūxum** "fließen, strömen". Sie kennen bereits die damit verwandten Substantive **flūmen**[∅], **flūminis, fluvius** und **flūxus, -ūs**.

⑪ **ēdūcam** (von **ēdūcere** "herausziehen", *nicht* von **ēducāre** "erziehen"!) steht in diesem Relativsatz im Konjunktiv, weil der Relativsatz eine konsekutive Sinnrichtung aufweist ("einen Schlüssel, der so beschaffen ist, dass ich damit... ziehen kann."). **Nēmō est, quī tubulum restituere possit.** "Es gibt niemanden, der den Schlauch reparieren kann".

⑫ **Cochleīs ēductīs** ist ein **ablātīvus absolūtus**. Beachten Sie, dass **e-īs** in **cochleīs** zweisilbig auszusprechen ist.

⑬ Unterscheiden Sie **lābrum** (mit langem **ā**, durch Kontraktion aus **lavābrum** entstanden, von **lavāre**) "Wanne, Becken" und **labrum** (mit kurzem **a**) "Lippe".

24 (CAR.) – Quō crīmine accūsātus es? Num timēs nē tē capite damnent? ⑭

25 (REN.) – Nōlī facētus esse! Nōn ego accūsor. Spectāre tantum cupiō. ⑮

26 Reus est clārissimus vir; patrōnī sunt optimī:

27 eōs libentissimē audīrem.

28 (CAR.) – Tibi melius est pedibus īre, aut carpentō meritōriō ūtī ... ⑯ ⑰

29 Sine tamen receptāculum īnspiciam.

30 (REN.) – Væ nōbīs! Illud implēre hodiē māne oblītus sum.

31 Frūstrā opificēs ēgimus! ⑱

Exercitātiō prīma: Intellegisne hās sententiās?

❶ Ubi est officīna rædāria? ❷ In proximō vīcō ūna est. ❸ Illīc petroleum vēnum dant oleumque. ❹ Carpentāria et mēchanica reficere possunt. ❺ Cummēsne tubulōsve restituunt? – Ita, eōs Vulcāniā ratiōne reficiunt. ❻ Cummis perforāta est. ❼ Artifex tubulum in lābrum aquæ plēnum mergit. ❽ Cūr ita facit? ❾ Unde bullæ exeunt, inde āēr ē tubulō fugit: ita quō locō pūnctum lateat cōnspicī potest.

24 (K.) – Wegen welcher Straftat bist du angeklagt? Fürchtest du etwa, dass sie dich zum Tode (Kopf$^{\varnothing\text{ Abl}}$) verurteilen?

25 (R.) – Mach keine Witze (nicht-wolle witzig sein)! Nicht *ich* werde angeklagt. Ich will bloß zuschauen.

26 Der Angeklagte ist ein sehr berühmter Mann; [seine] Anwälte sind ausgezeichnet:

27 Die würde ich nur zu gerne hören.

28 (K.) – Es ist besser für dich, zu Fuß zu gehen oder ein Taxi zu nehmen (Reisewagen$^{\varnothing\text{ Abl}}$ Miet-$^{\varnothing\text{ Abl}}$ benutzen)...

29 Lass mich trotzdem [mal] in den Benzintank hineinsehen.

30 (R.) – Oh nein (wehe uns)! Ich habe heute Morgen vergessen, ihn zu füllen.

31 Wir haben umsonst Handwerker gespielt (haben^{wir}-getrieben)!

ANMERKUNGEN

⑭ Wenn der Grund für die Anklage konkret ist, steht dieser im Genitiv (**aliquem furtī accūsāre** "jndn. wegen Diebstahls anklagen"). Die zusammen mit **damnāre** genannte Strafe steht immer im Ablativ.

⑮ **facētus, -a, -um** kann neben "witzig, drollig" auch "zierlich, fein, nett, elegant" heißen.

⑯ Das Adjektiv zu **carpentum** "Reisewagen, Karosse, Kutsche" lautet **carpentārius, -a, -um**.

⑰ Zu **meritōrius, -a, -um** "Miet-, Lohn-" kennen Sie bereits **merēre, mereō, meruī, meritum**/**merērī, mereor, meritus sum** "verdienen, erwerben".

⑱ Der zum **opifex, -icis** "Handwerker" gehörige Arbeitsplatz ist die **officīna** "Werkstatt".

Solūtiō exercitātiōnis prīmæ: Intellēxistīne?

❶ Wo ist eine Kfz-Werkstatt (Werkstatt♀ Kutsche-♀)? ❷ Im nächsten Dorf ist eine. ❸ Dort verkaufen sie (zum-Verkauftwerden geben^{sie}) Benzin und Öl. ❹ Sie können Karosserien und mechanische [Bauteile] reparieren. ❺ Reparieren sie [auch] Gummireifen oder Schläuche (stellen^{sie}-wieder-hin)? – Ja, sie reparieren sie durch Vulkanisation (vulkanisch♀ Abl Rechnung♀ Abl). ❻ Der Reifen ist durchlöchert. ❼ Der Mechaniker taucht den Schlauch in eine mit Wasser gefüllte Wanne. ❽ Warum (so) macht er das? ❾ Dort, wo (woher) Blasen herauskommen, (von-dort) entweicht Luft aus dem Schlauch: So kann man sehen, an welcher Stelle sich das Loch (Stich) verbirgt.

Exercitātiō altera: Īnsere verba dēficientia!

❶ Was hat den Schlauch durchstochen?

____ ____ pupugit?

❷ Ein Nagel, den du hier am Gummi haften (befestigt) siehst.

Clāvus ____ ____ in cummī fīxum ____.

❸ Es ist der Nagel eines Stiefels.

____ est ____.

❹ In diesem Dorf hier benutzen die Bauern genagelte Stiefel.

In hōc pāgō rūsticī ____ ____ clāvātīs.

❺ Ein altes Sprichwort: Wenn die Achse nicht geölt wird, setzt sich eine begonnene Reise langsamer fort.

Prōverbium antīquum: Nisi unguitur ____, ____ inceptum continuātur iter.

❻ Ein neueres Sprichwort: Die Lockerung (des Gefüges) ist die Seele des Mechanik-Handwerks.

Prōverbium recentius: (Compāginum) laxitās artis mēchanicæ ____ ____.

In der folgenden Lektion finden Sie eine der berühmtesten Redepassagen von M. Tullius Cicero, dem größten römischen Redner aller Zeiten, ***im Originalwortlaut und ohne Kürzungen****. Angesichts Ihrer bereits erlangten aktiven Vertrautheit mit der Sprache werden Sie feststellen, dass die Rede nicht so schwer zu verstehen ist, wie viele Leute meinen. Im Übrigen verwenden wir hier eine Rechtschreibung, die vielfach in den kritischen Ausgaben der Klassiker nach dem Zeugnis der antiken Quellen und der erhaltenen Manuskripte späterer Zeiten zu finden ist: Es wird nicht zwischen* ***i*** *und* ***j****,* ***u*** *und* ***v****,* ***æ*** *und* ***ae****,* ***œ*** *und* ***oe*** *sowie zwischen langen und kurzen Vokalen unterschieden. Auch auf die Akzentmarkierung haben wir daher verzichtet. Damit soll der Text authentischer erscheinen, auch wenn wir wissen, dass die alten Römer oft den* ***Apex*** *zur Kenn-*

Solūtiō exercitātiōnis alteræ: Verba dēficientia.

❶ Quid tubulum ❷ quem hīc – vidēs ❸ Clāvus – caligæ ❹ caligīs ūtuntur ❺ axis – tardius ❻ anima est.

Latein in der Moderne

Viele technische Vokabeln hat es in der römischen Antike nicht (oder in anderer Bedeutung) gegeben. Das Lateinische ist jedoch flexibel genug, um auch moderne Wörter aufzunehmen und in die Grammatik zu integrieren (s. Lektion 37 und Anhang C.). Damit zeigt sich Latein als wahrhaft "lebendige" Sprache, die überall auf der Welt als Kommunikationsmittel eingesetzt werden kann. Der Vatikan-Lateiner Karl Egger veröffentlichte das ***Lexicon recentis Latīnitātis*** (*Neues Lateinlexikon*), in dem lateinische Wörter und Umschreibungen für neuere Begriffe aus allen Bereichen unserer modernen Gesellschaft, vom "Barkeeper" bis zum "Playboy", vorgeschlagen werden. Auch andere wie Pater Cælestis Eichenseer, Sigrid Albert, Christian Helfer, Johannes Paul Bauer und Robert Maier haben auf diesem Gebiet gearbeitet und eigene Vorschläge für moderne Begriffe vorgelegt (s. Anhang E. Literaturhinweise).

Unda altera: Animā hodiē lēctiōnem tricēsimam sextam!

*zeichnung langer Vokale verwendeten und weder Kleinbuchstaben noch Zeichensetzung kannten. Diese Art der Schreibung setzt sich bei lateinischen Texten zunehmend durch und findet sich inzwischen in vielen Lexika, in denen dann Wörter mit **v** und **u** im Anlaut gleichermaßen unter dem Buchstaben **u** eingeordnet werden. Diese Schreibung hat jedoch auch Nachteile: Je weniger transparent die Rechtschreibung ist, desto schwieriger wird es für moderne Leser im Gegensatz zu früheren Muttersprachlern, die Wörter richtig auszusprechen oder zwischen gleichgeschriebenen Wörtern durch unterschiedliche Vokallängen zu differenzieren. Als Hilfestellung haben wir für diese Lektion noch einmal die volle Lautschrift angegeben und die nach Quintilian notwendigen bedeutungsunterscheidenden Apices (siehe L. 9) gesetzt.*

86 Lectio octogesima sexta (LXXXVI)

Patére tua consilia non sentís?

1 *M. (Marcus) Tullius Cicero, patronus clarissimus oratorque uehementissimus,* ①

2 *in Senatu Romano Catilinae coniurationem malefactaque denuntiat:*

3 "Quo usque tandem abutére, Catilina, patientiá nostrá? ② ③

4 Quamdiu etiam furor iste tuus nos eludet?

5 Quem ad finem sese effrenata iactabit audacia? ④ ⑤ ⑥

6 Nihilne te nocturnum praesidium Palati, nihil urbis uigiliae, ⑦

PRŌNŪNTIĀTUS

*[l**ē**k-ti-^{jō}‿ok-tō-g**ē**-ßi-ma ß**e**kß-ta pa-t**ē**-re t**u**-^{w}a kō^{n}-ß**i**-li-^{j}a nō^{n} ß**e**n-tīß* **1** *m**ā**r-kuß t**u**l-li-^{j}uß k**i**-ke-rō pa-tr**ō**-nuß klā-r**i**ß-ßi-mu-ß‿ō-rā-t**o**r-kwe we-he-men-t**i**ß-ßi-muß* **2** *i^{n} ße-n**ā**-tū rō-m**ā**-nō ka-ti-l**ī**-nai kon-jū-rā-ti-^{j}**ō**-ne^{m} ma-le-fak-t**a**-kwe dē-n**ū**n-ti-^{j}at* **3** *kw^{ō}‿**u**ß-kwe t**a**n-d^{em}‿a-bū-t**ē**-re ka-ti-l**ī**-na pa-ti-^{j}**e**n-ti-^{j}ā n**o**ß-trā* **4** *kw**a**^{m}-di-^{jū}‿**e**-ti-^{j}a^{m} f**u**-ro-r‿**i**ß-te t**u**-^{w}uß nō-ß‿ē-l**ū**-det* **5** *kw^{em}‿ad f**ī**-ne^{m} ß**ē**-ß^{ē}‿ef-frē-n**ā**-ta jak-t**ā**-bi-t‿au-d**ā**-ki-^{j}a* **6** *ni-h**i**l-ne tē nok-t**u**r-nu^{m} prai-ß**i**-di-^{j}u^{m} pa-l**ā**-tī n**i**-hi-l‿**u**r-biß wi-g**i**-li-^{j}ai]*

ANMERKUNGEN

① Die alten Römer hatten nur ca. 17 **prænōmina** "Vornamen", die so bekannt waren, dass sie gewöhnlich abgekürzt wurden. Da man damit Personen nicht gut genug unterscheiden konnte, entwickelten sich bald **cōgnōmina** "Beinamen", die hinter das **nōmen** "Familiennamen" gesetzt und ebenfalls vererbt wurden.

② Dies ist der berühmte erste Satz der ersten von insgesamt vier Reden gegen Catilina, die Cicero 63 v. Chr. als Konsul teils vor dem Senat, teils vor dem Volk auf dem Forum hielt. Anlass war der Versuch des Senators Lucius Sergius Catilina, die Macht im Römischen Staat an sich zu reißen.

86. Lektion

Merkst du nicht, dass deine Pläne aufgedeckt sind?

1 *Marcus Tullius Cicero, ein hochberühmter Anwalt und sehr energischer Redner,*

2 *zeigt die Verschwörung und die Übeltaten des Catilina im Römischen Senat an* (kündigt^{er}-an):

3 "Bis wohin wirst du, Catilina, unsere Geduld noch missbrauchen?

4 Wie lange wird auch noch dein Wahnsinn da seine Spielchen mit uns treiben (Wahnsinn$^{♂}$ dieser dein uns wird^{er}-ausspielen)?

5 Wie weit schließlich wird sich deine zügellose Dreistigkeit aus dem Fenster lehnen?
(welche$^{♂\ \text{Akk}}$ zu Ende$^{♂\ \text{Akk}}$ sich-sich entfesselt$^{♀}$ wird^{sie}-werfen Kühnheit$^{♀}$?)

6 Nicht die nächtliche Bewachung des Palatins, nicht die Stadtwachen,
(nichts dich nächtlich$^{∅}$ Schutz$^{∅}$ Palatin$^{∅\ \text{Gen}}$, nichts Stadt$^{♀\ \text{Gen}}$ Wache$^{♀♀}$,)

ANMERKUNGEN

③ **abūtēre**: Kurzform von **abūtēris**, 2. Pers. Sg. Futur von **abūtī** "missbrauchen". Unterscheiden Sie es vom Präsens **abūteris**. **Ūtī** und seine Komposita verlangen den Ablativ als Objekt.

④ **sēsē** ist eine Verstärkung von **sē** "sich".

⑤ Zu **effrēnāre** "abzäumen" kennen Sie bereits **frēnum** "Bremse, Zaum, Zügel". Merken Sie sich auch **frēnāre** "aufzäumen, zügeln, bändigen, bremsen". **Rēctor currum nōn frēnāvit et custōs urbānus eum multāvit.** "Der Fahrer bremste sein Auto nicht, und der Polizist verurteilte ihn zu einer Geldstrafe".

⑥ **jactāre** ist das Intensivum von **jacere**, **jaciō**, **jēcī**, **jactum** "werfen, schleudern". Verwechseln Sie es nicht mit **jacēre**, **jaceō**, **jacuī** "liegen". **Sē jactāre** bedeutet "sich brüsten, prahlen".

⑦ Der Palatin, einer der sieben Hügel Roms, beherbergte im antiken Rom das Wohnviertel der Wohlhabenden. Während der Kaiserzeit errichteten hier viele Kaiser ihre Residenzen.

7 nihil timor populi, nihil concursus bonorum omnium,

8 nihil hic munitissimus habendi senatús locus, ⑧ ⑨

9 nihil horum ora uoltúsque mouerunt? ⑩

10 Patére tua consilia non sentís?

11 Constrictam iam horum omnium scientiá tenéri coniurationem tuam non uides?

12 Quid proximá, quid superiore nocte egeris,

13 ubi fueris, quos conuocaueris, quid consili ceperis, ⑪

14 quem nostrum ignorare arbitraris?

15 O tempora, o mores! Senatus haec intellegit, consul uidet; hic tamen uiuit.

16 Viuit? Immo uero etiam in senatum uenit, fit publici consili particeps, ⑫

PRŌNŪNTIĀTUS

[**7** *n**i**-hil t**i**-mor p**o**-pu-lī n**i**-hil kong-k**u**r-ßuß bo-n**ō**-r^{um}‿**o**m-ni-^{j}u^{m}* **8** *n**i**-hi-l‿hik mū-nī-t**i**ß-ßi-mu-ß‿ha-b**e**n-dī ße-n**ā**-tūß l**o**-kuß* **9** *n**i**-hi-l‿h**ō**-r^{um}‿**ō**-ra wul-t**ū**ß-kwe mow-w**ē**-runt* **10** *pa-t**ē**-re t**u**-^{w}a kō^{n}-ß**i**-li-^{j}a nō^{n} ß**e**n-tīß* **11** *kō^{n}ß-tr**i**k-ta^{m} j^{am}‿h**ō**-r^{um}‿**o**m-ni-^{j}u^{m} ßki-^{j}**e**n-ti-^{j}ā te-n**ē**-rī kon-jū-rā-ti-^{j}**ō**-ne^{m} t**u**-^{w}a^{m} nōn w**i**-dēß* **12** *kwid pr**o**k-ßi-mā kwid ßu-pe-ri-^{j}**ō**-re n**o**k-t^{e}‿**ē**-ge-riß* **13** ***u**-bi f**u**-^{w}e-riß kwōß kon-wo-k**ā**-we-riß kwid kō^{n}-ß**i**-lī k**ē**-pe-riß* **14** *kwe^{m} n**o**ß-tr^{um}‿īng-nō-r**ā**-r^{e}‿ar-bi-tr**ā**-riß* **15** *ō t**e**m-po-r^{a}‿ō m**ō**-rēß ße-n**ā**-tu-ß‿hai-k‿in-t**e**l-le-git k**ō**^{n}-ßul w**i**-de-t‿hik t**a**-men w**ī**-wit* **16** *w**ī**-wit **i**m-mō w**ē**-r^{ō}‿**e**-ti-^{jam}‿i^{n} ße-n**ā**-tu^{m} w**e**-nit fit p**u**b-li-kī kō^{n}-ß**i**-lī p**a**r-ti-kepß*]

ANMERKUNGEN

⑧ Mit dem **mūnitissimus locus** ist der Tempel des **Juppiter Stator** "Jupiter der Erhalter" gemeint, der aus Sicherheitsgründen für die Abhaltung dieser besonderen Senatssitzung von Cicero gewählt wurde. Normalerweise tagte der Senat in der **Cūria** "Kurie".

7 nicht die Furcht des Volkes, nicht die Zusammenkunft aller Gutgesinnten, (nichts Furcht[♂] Volk[♂ Gen], nichts Zusammenlauf[♂] gut[♂♂ Gen] alle[♂♂ Gen],)

8 nicht dieser hochgesicherte Ort hier zur Abhaltung der Senatssitzung, (nichts dieser befestigtster[♂] zu-habend[♂ Gen] Senat[♂ Gen] Ort[♂],)

9 nicht die Gesichter und Blicke der hier Anwesenden haben dich beeindruckt? (nichts dieser[♂♂ Gen] Gesicht[ØØ] Gesichtsausdruck-und[♂♂] haben[sie]-bewegt?)

10 Dass deine Pläne aufgedeckt sind, merkst du nicht?

11 Dass (zusammengeschnürt[♀ Akk]) bereits durch das Wissen aller hier (gehalten-werden) deine Verschwörung erstickt wurde und gehemmt wird, [das] siehst du nicht?

12 Was du in der letzten, was [du] in der vorletzten (oberer[♀ Abl]) Nacht getrieben hast,

13 wo du gewesen bist, wen (welche[♂♂ Akk]) du zusammengetrommelt hast und was du an Plänen gefasst hast (was Plan[Ø Gen] habest[du]-genommen),

14 wer von uns, meinst du, weiß das nicht?
(welcher[♂ Akk] unser[♂♂ Gen] nicht-wissen meinst[du]?)

15 O Zeiten, O Sitten! Der Senat erkennt es, der Konsul sieht es; aber er hier lebt dennoch.

16 Er lebt? Ja, er kommt sogar in den Senat, nimmt Teil am öffentlichen Rat (wird[er] öffentlich[Ø Gen] Plan[Ø Gen] teilnehmend),

ANMERKUNGEN

⑨ Merken Sie sich zu **mūnītus**, **-a**, **-um** "sicher, befestigt" auch **mūnīre** "befestigen, verschanzen".

⑩ Die alten Römer versuchten, die Schreibweise **VV** und **II** zu vermeiden, so dass **uoltus** (**VO** zur Vermeidung von **VV**) entstand, was wir heute als **vultus** buchstabieren. Aus demselben Grund schreiben wir heute **movērunt**, sprechen aber mit Doppelkonsonant: [*mow-wē-runt*], wie bei allen Perfekten der 2. Konjugation mit Vokal + **-vī**.

⑪ Wie bereits aus L. 27 bekannt, wird der Genitiv Singular der 2. Deklination auf **-iī** zu **-ī** zusammengezogen, z.B. **Palātī**, Gen. von **Palātium**. Nach dem Zeugnis der antiken Grammatiker blieb der Akzent davon unbeeinflußt und behielt die betonte Silbe bei.

⑫ Weitere verwandte Wörter zu **particeps**, **participis** "teilnehmend, Teilnehmer" sind **partim** "teils", **participāre** "teilnehmen lassen, teilhaben" und **partīre**/**partīrī** "teilen, einteilen".

17 notat et designat oculis ad caedem unumquemque nostrum.

18 Nos autem, fortes uiri, satis facere rei publicae uidemur,

19 si istius furorem ac tela uitamus.

20 Ad mortem te, Catilina, dúci iussu consulis iam pridem oportebat, ⑬

21 in te conferri pestem quam tu in nos omnís iam diu machinaris." ⑭

(M. TULLI CICERONIS in L. Sergium Catilinam oratio prima in Senatu habita)

PRŌNŪNTIĀTUS

*[**17** n**o**-ta-t‿et dē-ß**i**ng-na-t‿**o**-ku-lī-ß‿ad k**ai**-d^{em}‿ū-nu^{m}-kw**e**^{m}-kwe n**o**ß-tru^{m} **18** nō-ß‿**au**-te^{m} f**o**r-tēß w**i**-rī ß**a**-tiß f**a**-ke-re r**e**-ī p**u**b-li-kai wi-d**ē**-mur **19** ß$^{\bar{i}}$‿iß-t**ī**-^{j}uß fu-r**ō**-r^{em}‿ak t**ē**-la wī-t**ā**-muß **20** ad m**o**r-te^{m} tē ka-ti-l**ī**-na d**ū**-kī j**u**ß-ßū k**ō**^{n}-ßu-liß ja^{m} pr**ī**-d^{em}‿o-por-t**ē**-bat **21** in tē kō^{n}-f**e**r-rī p**e**ß-te^{m} kwa^{m} t$^{\bar{u}}$‿in nō-ß‿**o**m-nīß ja^{m} d**i**-^{j}ū mā-k^{h}i-n**ā**-riß m**ā**r-kī t**u**l-lī ki-ke-r**ō**-ni-ß‿in l**ū**-ki-^{j}u^{m} ß**e**r-gi-^{j}u^{m} ka-ti-l**ī**-n^{am}‿ō-r**ā**-ti-^{j}ō pr**ī**-m^{a}‿i^{n} ße-n**ā**-tū‿h**a**-bi-ta]*

Exercitātiō prīma: Intellegisne hās sententiās?

❶ Quid interest inter optimismum et pessimismum? ❷ Optimismus in meliōrem, pessimismus in pejōrem partem omnia accipit. ❸ Potesne ambārum doctrīnārum exempla dare? ❹ Philosophī duo per sōlitūdinem quandam sitī cōnfectī trānseunt. ❺ Inveniunt lagōnam litrī magnitūdine sed in quā aqua ad dīmidium tantum continētur. ❻ Prior, quī optimismum colit: "Euge!" – inquit – "fortūna nōs juvat, ecce lagōna sēmiplēna est!" ❼ Alter autem quī pessimismum: "Ēheu!" – ait – "fortūna nōs dēficit: sēmivacua est ista lagōna!"

17 und kennzeichnet und bestimmt mit seinen Augen jeden einzelnen von uns zum Tode (Mord ein-jeder unser).

18 Wir aber, [wir] tapferen Männer, scheinen genug für den Staat^{Dat} zu tun (werden^{wir}-gesehen),

19 wenn wir das wahnsinnige Treiben und die Geschosse von diesem da [bloß] meiden.

20 Du hättest schon längst, Catilina, auf Befehl des Konsuls getötet werden müssen,
(zu Tod$^{\text{♀ Akk}}$ dich, Catilina, geführt-werden Befehl$^{\text{♂ Abl}}$ Konsul$^{\text{♂ Gen}}$ schon vorlängst war^{es}-nötig,)

21 gegen dich hätte das Unheil gewendet werden müssen, das du schon lange gegen uns ersinnst."
(in dich zusammengetragen-werden Seuche$^{\text{♀ Akk}}$ welche$^{\text{♀ Akk}}$ du in uns alle$^{\text{♂♂ Akk}}$ schon lange ersinnst^{du}.")

(Die erste Rede gegen Lucius Sergius Catilina, von MARCUS TULLIUS CICERO vor dem Senat gehalten)

ANMERKUNGEN

⑬ Unterscheiden Sie **dūcī** (Infinitiv Passiv von **dūcere**) von **ducī** (Dativ Singular von **dux**).

⑭ **omnīs** ist die ältere, klassische Form von **omnēs** als Akkusativ Plural. Sie unterschied sich nur durch das lange **ī** vom Singular **omnis** und wurde in der späteren Sprachgeschichte überall zu **omnēs**.

Solūtiō exercitātiōnis prīmæ: Intellēxistīne?

❶ Was ist der Unterschied zwischen Optimismus und Pessimismus? ❷ Der Optimismus interpretiert alles als besser (in besser$^{\text{♀ Akk}}$), der Pessimismus als schlechter (in schlechter$^{\text{♀ Akk}}$ Teil$^{\text{♀ Akk}}$ alle$^{\text{∅∅ Akk}}$ empfängt^{er}). ❸ Kannst du für beide^{Gen} Lehren^{Gen} Beispiele nennen (geben)? ❹ Zwei Philosophen gehen, von Durst erschöpft, durch die Einöde (fertig-gemacht$^{\text{♂♂}}$ durchqueren^{sie}). ❺ Sie finden eine Flasche von der Größe eines Liters, in der das Wasser aber nur bis zur Hälfte steht (wird^{sie}-zusammengehalten). ❻ Der erste, der den Optimismus pflegt, sagt: "Prima! Das Glück steht uns bei (hilft^{sie}), sieh mal, die Flasche ist halb voll!" ❼ Der andere aber, der den Pessimismus [pflegt], sagt: "O nein! Das Glück verlässt uns (fehlt^{sie}): Diese Flasche ist halb leer"!

Exercitātiō altera: Īnsere verba dēficientia!

❶ Der Polizist (Wächter städtisch) regelt den Straßenverkehr.

Custōs _______ circulātiōnem viāriam __________.

❷ Zu einem Autofahrer sagt der Polizist: "Sie da, fahren Sie vorwärts vor (vorwärts vorgehe)."

_______ cuidam custōs urbānus: "Tū" – inquit – "prōrsus __________."

87 Lēctiō octōgēsima septima (LXXXVII)

Epistula ad Atticum

1 *M. Tullius Cicerō T. Pompōniō Atticō* S•P•D *(salūtem plūrimam dīcit).* ①

2 Epistulam cum ā tē avidē expectārem ad vesperum, ②

ANMERKUNGEN

① **Titus Pomponius Atticus** war ein enger Freund Ciceros. Aus der jahrelangen Korrespondenz zwischen beiden sind zahlreiche Briefe erhalten.

❸ Der Autofahrer, ein ziemlich gebildeter Mann: "Was hören meine Ohren da? Einen Pleonasmus!"

Rēctor, ______ satis litterātus: "Quid ______ meæ ______? Pleonasmum!"

❹ Der Polizist aber, der die Bedeutung dieses Wortes nicht verstanden hatte:

Custōs autem quī hujus vōcis ______ nōn ______:

❺ "Was? Sie schleudern Beschimpfungen gegen einen Beamten: Ich werde sie mit einer Geldstrafe (Geld♀ Abl) bestrafen!"

"Quid? Maledicta in magistrātum conjicis: ______ tē multābō!"

❻ Sprichwort: An seiner Frucht erkennt man einen Baum.

Prōverbium: Ē frūctū ______ ______.

Solūtiō exercitātiōnis alteræ: Verba dēficientia.

❶ urbānus – moderātur ❷ Rēctōrī – prōgredere ❸ vir – aurēs – audiunt ❹ significātiōnem – intellēxerat ❺ pecūniā ❻ cōgnōscitur arbor.

Unda altera: Animā hodiē lēctiōnem tricēsimam septimam!

87. Lektion

Ein Brief an Atticus

1 *Marcus Tullius Cicero grüßt Titus Pomponius Atticus herzlich* (Heil♀ Akk meist♀ Akk sagter).

2 Als ich gegen Abend ungeduldig (begierig) einen Brief von dir erwartete,

ANMERKUNGEN

② Im antiken Rom existierte erst seit Kaiser Augustus ein staatliches Postsystem, der **cursus publicus**. Privatbriefe wurden meist reisenden Freunden oder Bekannten mit auf den Weg gegeben, sofern man sie nicht durch Sklaven schickte.

3 ut soleō, ecce nūntius puerōs vēnisse
Rōmā. ③ ④

4 Vocō, quærō ecquid litterārum. Negant. ⑤

5 "Quid ais" – inquam –, "nihilne ā Pompōniō"?

6 Perterritī vōce et vultū, cōnfessī sunt sē
accēpisse, sed excidisse in viā. ⑥

7 Quid quæris? Permolestē tulī:

8 nūlla enim abs tē per hōs diēs epistula inānis
aliquā rē ūtilī et suāvī vēnerat.

9 Nunc sī quid in eā epistulā quam ante diem XVI
Kalendās Majās dedistī ⑦

10 fuit historiā dignum, scrībe quam prīmum, nē
īgnōrēmus. ⑧

11 Sīn nihil præter jocātiōnem, redde id ipsum!

12 Sed cōgnōsce itinera nostra, ut statuās ubi nōs
vīsūrus sīs. ⑨ ⑩

ANMERKUNGEN

③ Hier ist bei der Aufnahme des Satzes leider ein kleines Missgeschick passiert: Es fehlt das Wort **nūntius** "Bote, Botschaft, Nachricht".

④ Die Römer nannten ihre männlichen Sklaven **puerī** "Jungen", unabhängig von ihrem Alter.

⑤ Das Interrogativpronomen **ecquis**, **ecquid** "wer/was wohl" setzt sich aus der Demonstrativpartikel **ec**, die Sie schon aus **ecce** kennen, und **quis**, **quid** zusammen.

⑥ Die Komposita von **cadere**, **cadō**, **cecidī**, **—** (**cāsūrus**) "fallen" (PFA) bestehen alle aus der Vorsilbe + -**cidere**. Sie kennen bereits **accidere** "passieren, geschehen". Das Perfekt dieser Komposita wird ohne Reduplikation mit -**cidī** gebildet. Merken Sie sich auch **incidere**, **incidō**, **incidī** "hineinfallen, hineingeraten, vorfallen".

⑦ Nein, "April" ist kein Fehler! Die **Kalendæ** "Kalenden" bezeichneten den 1. Tag eines Monats. Der 16. April liegt 16 Tage, den Tag selbst mitgerechnet, vor den Kalenden des Mai. Der Name **Kalendæ** (daher unsere Bezeichnung "Kalender") geht auf **calāre** "ausrufen" zurück, da an diesem Tag wichtige Feste und Termine eines Monats ausgerufen wurden.

⑧ Cicero verwendet hier die 1. Person Plural, weil er von sich und seiner Tochter Tullia spricht. Frauen wurden immer nach dem Familiennamen des Vaters benannt, der in diesem Fall **Tullius** heißt.

3 wie ich es gewohnt bin, sieh da, [da kam] die Nachricht, dass Sklaven aus Rom gekommen waren.

4 Ich rufe sie und frage, ob es wohl einen Brief gibt (was-wohl Buchstabe[♀♀ Gen]). Sie verneinen (leugnen[sie]).

5 "Was sagst du da?", frage ich (sage[ich]). "Nichts von Pomponius?"

6 Eingeschüchtert (sehr-erschrocken) durch meine Stimme und meinen Gesichtsausdruck[♂ Abl], haben sie zugegeben, ihn erhalten, aber (herausgefallen-sein) auf dem Weg verloren zu haben.

7 Muss ich mehr sagen? (was fragst[du]?) Ich habe mich furchtbar geärgert: (durch-beschwerlich habe[ich]-getragen:)

8 In diesen Tagen kam nämlich kein Brief von dir, der nicht irgendetwas Nützliches und Angenehmes (leer[♀] irgendein[♀ Abl] Sache[♀ Abl] nützlich[♀ Abl] und angenehm[♀ Abl]) enthielt.

9 Wenn nun in dem Brief, den du am 16. April (vor Tag[♂ Akk] sechzehnter[♂ Akk] Kalenden[♀♀ Akk] Mai-[♀♀ Akk]) mitgegeben hast,

10 irgendetwas Erwähnenswertes (Kunde[♀ Abl] würdig[∅]) war, schreib möglichst bald (zuerst), damit wir Kenntnis davon haben.

11 Wenn aber nichts außer Spaß [enthalten ist], rücke auch das heraus!

12 Aber nimm (lerne-kennen) unsere Reisen zur Kenntnis, damit du bestimmen [kannst], wo du uns besuchen wirst (besuchen-werdend[♂] seiest[du]).

ANMERKUNGEN

⑨ Zu **statuere**, **statuō**, **statuī**, **statūtum** "hinstellen, festsetzen, bestimmen" kennen Sie bereits **īnstituere** "einrichten, veranstalten", **cōnstituere** "festsetzen, beschließen" und **dēstituere** "im Stich lassen, betrügen". Auch hier wird, wie bei **cadere** und **-cidere**, aus dem **a** von **statuere** ein **i** in **-stituere**. Diese Lautverschiebung tritt bei der Bildung von Komposita fast immer auf. Merken Sie sich auch **restituere** "wieder hinstellen, wiederherstellen".

⑩ Die Kombination aus einem PFA und einem Konjunktiv einer Form von **esse**, wie hier **vīsūrus sīs**, ersetzt den fehlenden Konjunktiv Futur, der in Nebensätzen benötigt wird, um die Nachzeitigkeit auszudrücken: Das Besuchen, **vīsere**, findet nach dem Bestimmen, **statuere**, statt.

13 In Formiānum volumus venīre Parīlibus; inde Kalendīs Majīs dē Formiānō proficīscēmur ⑪ ⑫

14 ut Antiī sīmus a.d. V (ante diem quīntum) Nōnās Majās. ⑬ ⑭

15 Lūdī enim Antiī futūrī sunt. Eōs Tullia spectāre vult.

16 Inde cōgitō in Tusculānum, deinde Arpīnum, Rōmam ad Kal. Jūniās. ⑮ ⑯

17 Tē aut in Formiānō, aut Antiī, aut in Tusculānō cūrā ut videāmus.

18 Epistulam superiōrem restitue nōbīs et appinge aliquid novī.

19 Scrībēbam Antiī a.d. XV Kal. Maj. annō DCXCV (695º sescentēsimō nōnāgēsimō quīntō) A.U.C. (*ab Urbe conditā*). ⑰ ⑱

(Ē CICERŌNIS litterīs, *Att.*, II, 8)

ANMERKUNGEN

⑪ Das **Formiānum** bezeichnet ein Landgut, das Cicero bei **Formiæ** besaß, einer Hafenstadt, die auch heute noch unter dem Namen Formia existiert.

⑫ Die Parilien sind ein Fest, das am 21. April zu Ehren der altitalischen Feldgottheit **Palēs** gefeiert wurde. Dies war auch das traditionelle Datum der Gründung Roms.

⑬ Die Hafenstadt **Antium** war in der Antike ein beliebter Badeort. Sie entspricht dem heutigen Anzio.

⑭ Die **Nōnæ** "Nonen" bezeichnen in den Monaten März, Mai, Juli und Oktober (MILMO) den 7. Tag des Monats, in den übrigen Monaten den 5. Tag. Der 5. Tag vor den Nonen des Mai entspricht, den Tag mitgerechnet, dem 3. Mai. Neun Tage nach den Nonen, die Nonen mitgerechnet, liegen im römischen Kalender die **Īdūs** "Iden", also am 15. bzw. 13. Tag eines Monats.

13 Ins Formianum wollen wir an den Parilien kommen; hierauf wollen wir am ersten Mai (Kalenden[♀♀ Abl] Mai-[♀♀ Abl]) vom Formianum aufbrechen,

14 so dass wir am dritten Mai (vor Tag[♂ Akk] fünfter[♂ Akk] Nonen[♀♀ Akk] Mai-[♀♀ Akk]) in Antium sind.

15 In Antium werden nämlich Spiele stattfinden. Diese will Tullia sich ansehen.

16 Von dort gedenke ich ins Tusculanum, dann ins Arpinum und am ersten Juni (zu Kalenden[♀♀ Akk] Juni-[♀♀ Akk]) nach Rom [zu reisen].

17 Sorge dafür, dass wir dich entweder auf dem Formianum oder in Antium oder auf dem Tusculanum zu sehen bekommen.

18 Schreibe uns den vorigen Brief noch einmal (oberer[♀ Akk] stelle-wieder-hin uns) und füge (hinzumale) noch irgendetwas Neues dazu.

19 Ich schrieb dies in Antium am 17. April (vor Tag[♂ Akk] fünfzehnter[♂ Akk] Kalenden[♀♀ Akk] Mai-[♀♀ Akk]) im 695. Jahr nach Gründung der Stadt.

(Aus den Briefen von Cicero an Atticus (II, 8))

ANMERKUNGEN

⑮ Das **Tūsculānum** war ein Landgut Ciceros bei **Tūsculum**, einer antiken Stadt, welche sich südöstlich von Rom in den Albaner Bergen befand.

⑯ Das **Arpīnum** meint ein Landgut bei der gleichnamigen Stadt (heute Arpino), welche auch Ciceros Geburtsort war.

⑰ Nach einer weit verbreiteten Tradition wurde die Stadt Rom im Jahr 753 v. Chr. gegründet. Cicero schreibt diesen Brief also im Jahr 59 v. Chr.

⑱ Das "v. Chr." der christlichen Zeitrechnung heißt **ante Chrīstum nātum** "vor Christus[♂ Akk] geboren[♂ Akk]".

Exercitātiō prīma: Intellegisne hās sententiās?

❶ Gāī mīles! Oppidum oppugnandō fortiter tē gessistī. ❷ Commeātum XV diērum habēbis. Quō īre vīs? ❸ Grātiās, Centuriō! Nemausum īre cupiō. ❹ Lūdōs enim quī Nemausī futūrī sunt libentissimē spectem. ❺ Māvīs gladiātōrum pugnās spectāre quam in hostēs ipse irruere! ❻ Tauromachiīs adesse mālō, vel etiam pilicrepōrum lūdīs. ❼ Quod erit, commeātūs tempore, domicilium tuum?

Exercitātiō altera: Īnsere verba dēficientia!

❶ Ich werde bei meinem Onkel väterlicherseits sein, der auf dem Getreidemarkt ein Haus hat.

Apud patruum erō, quī ______ in ______ frūmentāriō ______.

❷ Jedesmal, wenn ich in Geldnot bin, (so-oft) leiht er mir Geld.

Quotiēscumque in ______ ______ sum, totiēs pecūniam mihi ______.

❸ Soldat Gaius, du hast keine Ernsthaftigkeit in dir; ich fürchte, dass dieser Urlaub böse ausgeht (am-schlechtesten steige[er]-hinauf).

Gāī mīles, ______ ______ in tē gravitās; ______ nē commeātus iste pessimē succēdat.

❹ Sprichwort: Unwissend kehrt der nach Rom geführte Esel (Eselchen) zurück.

Prōverbium: Īgnārus ______ ______ dēductus asellus.

Solūtiō exercitātiōnis prīmæ: Intellēxistīne?

① Soldat Gaius! Beim Erstürmen der Stadt hast du dich tapfer geschlagen (hast[du]-geführt). ② Du wirst einen Urlaub (freier-Durchgang[♂ Akk]) von fünfzehn Tagen haben. Wohin willst du gehen? ③ Danke, Centurio! Ich will nach Nîmes gehen. ④ Die Spiele nämlich, die in Nîmes stattfinden werden, würde ich mir sehr gerne ansehen. ⑤ Du willst dir lieber Gladiatorenkämpfe ansehen als dich selbst auf die Feinde zu stürzen! ⑥ Ich will lieber bei Stierkämpfen dabei sein oder auch bei Ballspielen (Ballspieler[♂♂ Gen] Spiel[♂♂ Dat]). ⑦ Was wird während des Urlaubs (freier-Durchgang[♂ Gen] Zeit[∅ Abl]) deine Adresse sein?

Solūtiō exercitātiōnis alteræ: Verba dēficientia.

❶ ædēs – forō – habet ❷ difficultāte nummāriā – commodat ❸ nūlla est – timeō ❹ redit Rōmam.

Römischer Kalender

Der römische Kalender, einst ein reiner Mondkalender, unterlag im Laufe seiner etruskisch geprägten Geschichte zahlreichen Reformen. Bis 153 v. Chr. begann das Jahr mit dem März und endete mit dem Februar. Die Monate wurden nach Göttern, rituellen Festen und Ordnungszahlen benannt (**Quīntīlis** "5. Monat", **December** "10. Monat"). Bis zur julianischen Kalenderreform durch Julius Cäsar 45 v. Chr. zählte das Jahr 355 Tage; Schaltmonate glichen die Differenz zur Dauer der tatsächlichen Sonnenumrundung aus. Cäsar erweiterte das Kalenderjahr auf 365 Tage. Alle vier Jahre wurde zusätzlich ein Schalttag eingelegt, und zwar nach dem 24. Februar, dem 6. Tag vor den Kalenden des März. Daher heißt "Schaltjahr" **annus bisextus**. Die Kalenden, Nonen und Iden eines jeden Monats bezeichneten ursprünglich Neumond, erstes Mondviertel und Vollmond. 44 v. Chr. wurde der Monat **Quīntīlis** zu Ehren von Julius Cäsar in **Jūlius**, 8 v. Chr. der Monat **Sextīlis** zu Ehren von Kaiser Augustus in **Augustus** umbenannt.

Unda altera: Animā hodiē lēctiōnem duodēquadrāgēsimam!

88 Lēctiō octōgēsima octāva (LXXXVIII)

Estne tibi ōtium?

1 CICERŌ FĪLIUS – Studeō, mī pater, Latīnē audīre ①

2 ea quæ mihi tū dē ratiōne dīcendī Græcē trādidistī, ② ③

3 sī modo tibi est ōtium et sī vīs.

4 CICERŌ PATER – An est, mī Cicerō, quod ego mālim, quam tē quam doctissimum esse? ④

5 Ōtium autem prīmum est summum,

6 quoniam aliquandō Rōmā exeundī potestās data est, ⑤

7 deinde ista tua studia vel māximīs occupātiōnibus meīs anteferrem libenter. ⑥

8 (FĪL.) – Vīsne igitur, ut mē Græcē solēs ōrdine interrogāre,

9 sīc ego tē vicissim eīsdem dē rēbus Latīnē interrogem? ⑦

10 (PAT.) – Sānē, sī placet.

ANMERKUNGEN

① Cicero widmete seinem einzigen Sohn (*ca. 65 v. Chr.), der ebenfalls **Cicerō** hieß, die rhetorische Lehrschrift **partītiōnēs ōrātōriæ** "Einteilungen der Redekunst" und die philosophische Schrift **Dē officiīs** "Über die Pflichten". Ciceros Sohn war politisch sehr erfolgreich und bekleidete unter Kaiser Augustus hohe Ämter.

② Die römische Philosophie basierte im Wesentlichen auf der griechischen Philosophie. Griechisch war daher die wichtigste Wissenschaftssprache.

③ In den Komposita von **dare** "geben" wird aus dem **a** ein **e** in **-dere**. Neben **trādere**, **trādō**, **trādidī**, **trāditum** "übergeben" kennen Sie bereits **reddere** "zurückgeben", **condere** "gründen", **ēdere** "herausgeben", **perdere** "verlieren" und **addere** "hinzufügen/-geben". Ebenso: **prōdere** "verraten", **dēdere** "ausliefern", **indere** "hineinstecken" und **abscondere** "verheimlichen".

88. Lektion

Hast du Zeit?

1 CICERO SOHN – Ich bin darum bemüht, mein Vater, das auf Latein zu hören,

2 was du mir auf Griechisch über die Rhetorik vorgetragen hast (Rechnung♀^{Abl} Sagen^{Gen} griechisch hast^{du}- übergeben),

3 nur wenn du Zeit hast und wenn du willst.

4 CICERO VATER – Gibt es denn etwas (oder ist^{es}), mein Cicero, was ich lieber wollte, als dass du möglichst gebildet bist (welches ich wolle^{ich}-lieber, als dich wie gelehrtester♂^{Akk} sein)?

5 Zunächst aber ist die freie Zeit das Wichtigste (höchste$^{\varnothing}$),

6 weil [damit] irgendwann die Möglichkeit besteht, Rom zu verlassen (Rom♀^{Abl} Herausgehen^{Gen} Vermögen♀ gegeben♀ ist^{sie}),

7 ferner würde ich deine Studien gerne sogar meinen wichtigsten (größten) Beschäftigungen voranstellen.

8 (S.) – Willst du also, dass so, wie du mich auf Griechisch der Reihe nach [vorgehend] zu fragen pflegst,

9 ich dich im Gegenzug über dieselben Dinge auf Latein befrage?

10 (V.) – Selbstverständlich, wenn es dir [so] gefällt.

ANMERKUNGEN

④ Zu dieser Zeit war das **cōgnōmen** (ursprünglich ein reiner Spitzname) bereits ein vererbter Name zusätzlich zum **nōmen gentīle** (Familiennamen).

⑤ In **potestās**, **potestātis** "Vermögen, Kraft, Wirkung" ist der Perfektstamm **pot**- von **posse** "können, vermögen" enthalten. Er findet sich auch in **potēns**, **-entis** "mächtig, vermögend, einflussreich", **potentia** "Vermögen, Stärke" und **impotēns**, **-entis** "ohnmächtig, schwach", häufiger aber "unbeherrscht".

⑥ **vel** erhält in Verbindung mit einem Superlativ die Bedeutung "sogar, auch".

⑦ Verwandt mit **vicissim** "gegenseitig, wiederum, abwechselnd" ist **vicis**^{Gen}, **vice**^{Abl}, **vicem**^{Akk} "Wechsel, Wechselseitigkeit, Seite, Stelle, Rolle". Häufig findet man den Ausdruck **per vicēs** oder **in vicem** "abwechselnd, gegenseitig, anstatt, anstelle, für, wegen".

11 Sīc enim et ego tē meminisse intellegam quæ accēpistī, et tū ōrdine audiēs quæ requīrēs ...

12 (FĪL.) – In quō est ipsa vīs ōrātōria?

13 (PAT.) – In rēbus et in verbīs.

14 Sed et rēs et verba invenienda sunt et collocanda.

15 Vōx, mōtus, vultus atque omnis āctiō ēloquendī comes est;

16 eārum rērum omnium custōs est memoria.

17 (FĪL.) – Quoniam igitur invenīre prīmum est ōrātōris, quid quæret?

18 (PAT.) – Ut inveniat quem ad modum fidem faciat eīs quibus volet persuādēre, ⑧

19 et quem ad modum mōtum eōrum animīs afferat. ⑨

20 (FĪL.) – Testimōniōrum quæ genera sunt?

21 (PAT.) – Dīvīnum et hūmānum.

22 Dīvīnum est, ut ōrācula, auspicia, ut vāticinātiōnēs et respōnsa sacerdōtum. ⑩

ANMERKUNGEN

⑧ **persuādēre**, **persuādeō**, **persuāsī**, **persuāsum** "überzeugen, überreden" verlangt den Dativ als Objekt. Ebenso ist es bei **parcere**, **parcō**, **pepercī**, **parsum** "(ver)schonen, sparen" und **invidēre** "beneiden". Auch **dissentīre** "nicht übereinstimmen, abweichen" kann manchmal mit dem reinen Dativ konstruiert werden: **Huic opīniōnī verēcundæ dissentiō.** "Dieser ehrwürdigen Meinung stimme ich nicht zu".

11 So werde nämlich auch ich erkennen, ob du dich an das erinnerst (dich sich-erinnern werde^{ich}-verstehen), was du aufgenommen hast, und du wirst der Reihe nach hören, was du verlangst…

12 (S.) – Worin besteht (ist^{sie}) eigentlich die Kraft des Redners (Rede-$^{\text{♀}}$)?

13 (V.) – In Inhalten (Sache$^{\text{♀♀ Abl}}$) und in Worten.

14 Aber sowohl Inhalte als auch Worte müssen gefunden und [richtig] eingesetzt werden.

15 Stimme, Gestik (Bewegung), Mimik (Gesicht) und jedwede Handlung sind (Aussprechen^{Gen}) Begleiter des Sprechens;

16 die Wächterin all dieser Dinge ist das Gedächtnis.

17 (S.) – Da nun also das Finden das Wichtigste für den Redner ist (erstes$^{\text{∅}}$ ist^{es} Redner$^{\text{♂ Gen}}$); wonach wird er suchen?

18 (V.) – Dass er herausfindet, auf welche Weise er Vertrauen erzeugt bei denjenigen, die er überzeugen will (Vertrauen$^{\text{♀ Akk}}$ tue^{er} ihnen welchen wird^{er}-wollen überzeugen),

19 und wie er ihre Herzen begeistern kann (welcher zu Art Bewegung$^{\text{♂ Akk}}$ deren Geist$^{\text{♂♂ Dat}}$ bringe^{er}-herbei).

20 (S.) – Welche Arten von Beweisen gibt es?

21 (V.) – Den göttlichen und den weltlichen (menschlich$^{\text{∅}}$).

22 Der göttliche ist [sowas] wie (ist^{es}, wie) Orakelsprüche, Vogelbeobachtungen, Prophezeiungen und Antworten von Priestern.

ANMERKUNGEN

⑨ Komposita finden sich sowohl in assimilierter Form (**collocanda**, **afferat**) oder in ursprünglicher Form (**conlocanda**, **adferat**). Im Laufe der Sprachgeschichte wurde die Assimilation in Angleichung an die assimilierte Aussprache zur Norm, während die ursprüngliche Form bewusst als archaisierendes Stilmittel eingesetzt wurde.

⑩ Merken Sie sich zu **vāticinātiō**, **-iōnis** "Weissagung, Prophezeihung" auch **vātēs**, **-is** "Seher, Prophet, Dichter" und **vāticinārī** "weissagen, prophezeien".

23 Hūmānum, quod spectātur ex auctōritāte, ex voluntāte, ex ōrātiōne aut līberā aut expressā,
24 in quō īnsunt scrīpta, pacta, prōmissa, jūrāta, quæsīta. ⑪ ⑫

(Ē CICERŌNIS ***Partītiōnibus Ōrātōriīs***, (I, 1 ad II, 6))

Exercitātiō prīma: Intellegisne hās sententiās?

❶ Cūr tacēs? Nōnne domī meæ ōtiō lēniter frueris? ❷ Hīc ōtiō lēnissimē fruor. ❸ Vōs autem summā voluptāte audiō quī dē rēbus ad dēlectātiōnem aptīs tam disertē colloquiminī. ❹ Nōs colloquentēs irrīdēs. ❺ Immō! Verēcundiōrēs estis. Ambō pertinenter et nōnnumquam facētē locūtī estis. ❻ Nōnnūllīs tamen in quibus dissēnsimus exceptīs! – Ad Nātiōnum Societātem pertinentibus. ❼ In verbīs modo dissēnsistis; rē vērā sententia nostra eadem est: in terrā pāx hominibus bonæ voluntātis! ❽ Dē viīs tantum ad pācem condendam firmandamque disputāvimus.

Exercitātiō altera: Īnsere verba dēficientia!

❶ Auf solche Weise habt ihr vor dem vergangenen Krieg diskutiert.
Tālī ______ ante ______ præteritum disputāstis.

❷ Ich fürchte, dass sich Krieg nicht vermeiden lässt: Der Mensch ist dem Menschen ein Wolf.
______ nē bellum vītārī nōn possit: homō ______ lupus.

❸ Ich stimme mit deiner Meinung überhaupt nicht überein: Seit jener Zeit sind wir auf einem guten Weg gut (viel) vorangekommen.
Ā ______ tuā omnīnō ______: ex illō ______ viā bonā multum prōgressī sumus.

23 Der weltliche [ist derjenige], der sich auf eine Autorität, auf eine Absicht, auf eine freiwillige oder erzwungene Äußerung bezieht,
(menschlich[∅], welches wird[es]-geschaut aus Autorität[♀ Abl], aus Wille[♀ Abl], aus Rede[♀ Abl] oder frei[♀ Abl] oder ausgedrückt[♀ Abl],)

24 worunter sich Schriften, Verträge, Versprechen, Schwüre und Geständnisse [gesucht[∅∅]] befinden.

(Aus ***Einteilungen der Redekunst*** von CICERO (I, 1 bis II, 6))

ANMERKUNGEN

⑪ **pacta**[∅∅]: PPP von **pacīscī**, **pacīscor**, **pactum** "paktieren, einen Vertrag schließen, Frieden schließen". **Pacta sunt servanda.** "Verträge sind einzuhalten". **Pāctum** hingegen ist das PPP von **pangere**, **pangō**, **pepigī**, **pāctum** "befestigen, zusammenfassen, verfassen, besingen".

⑫ **quærere** kann auch "gerichtlich verhören/untersuchen/befragen" heißen. Ein **quæsītum** ist daher das Ergebnis eines solchen Verhörs, also ein Geständnis.

Solūtiō exercitātiōnis prīmæ: Intellēxistīne?

❶ Warum schweigst du? Genießt du denn nicht entspannt (sanft) deine Freizeit bei mir zu Hause? ❷ Hier genieße ich meine Freizeit äußerst entspannt. ❸ Euch aber höre ich mit größtem Vergnügen zu, die ihr über Dinge, die sich zur Unterhaltung eignen, so wohlgesetzt (beredt) sprecht. ❹ Du spottest über unser Gespräch (uns zusammensprechend[♂♂ Akk] verlachst[du]). ❺ Im Gegenteil! Ihr seid ziemlich ehrwürdig (sittsamer). Ihr habt beide sachlich und zuweilen humorvoll (witzig) gesprochen. ❻ Einige Dinge dennoch ausgenommen, bei denen wir nicht übereinstimmten (nicht-kein[∅∅ Abl] trotzdem in welchen haben[wir]-nicht-zugestimmt ausgenommen[∅∅ Abl])! – Die sich auf den Völkerbund beziehen. ❼ Ihr wart euch nur in der Wortwahl (Wort[∅∅ Abl]) uneins; in Wirklichkeit (Sache[♀ Abl] wahr[♀ Abl]) ist unsere Meinung dieselbe: Friede auf Erden den Menschen, die guten Willens sind! ❽ Wir haben nur über Wege diskutiert, Frieden zu stiften (gründen) und zu festigen.

Solūtiō exercitātiōnis alteræ: Verba dēficientia.

❶ modō – bellum ❷ Timeō – hominī ❸ sententiā – dissentiō – tempore.

89 Lēctiō octōgēsima nōna (LXXXIX)

Nostrīs nāvibus cāsus est timendus

1 Cæsar nāvēs longās ædificārī in flūmine Ligere quod īnfluit in Ōceanum, rēmigēs ex prōvinciā īnstituī, nautās gubernātōrēsque comparārī jubet ... ① ② ③

2 Namque hostium nāvēs ad hunc modum factæ armātæque erant: ④ ⑤

ANMERKUNGEN

① Alle Infinitive stehen als Teile eines AcI im Passiv, da die dazugehörigen Akkusative nicht aktiv handelnde, sondern passiv behandelte Subjekte sind. Die, die die Aufträge Cäsars ausführen sollen, werden nämlich gar nicht genannt. **Jubet nāvēs ædificāre** hingegen würde heißen "Er befiehlt den Schiffen zu bauen (dass die Schiffe bauen)".

② **jubet** "er/sie/es befiehlt" steht im sog. historischen Präsens. So hat der Leser eine gewisse Nähe zum Textinhalt und kann die historischen Ereignisse quasi live miterleben.

Römische Rhetorik

Wie in fast allen kulturellen Angelegenheiten stützen wir uns auch im Bereich der Rhetorik auf die Vorarbeit der griechischen Philosophen. In Rom hatte die Rhetorik als wichtiges Mittel von Politik und Justiz vor allem praktischen Nutzen. **Cicero**, unter dem die römische Rhetorik ihren Höhepunkt erreichte, verfasste neben zahlreichen herausragenden Reden auch mehrere theoretische Schriften über die Rhetorik selbst. Der **ōrātor perfectus** müsse **docēre** "lehren", **dēlectāre** "unterhalten" und **movēre** "begeistern, bewegen". Mit Beginn der Kaiserzeit verlor die Rhetorik zwar an politischem Gewicht, blieb aber dennoch wichtiger Bestandteil einer höheren Bildung, was sie auch heute noch ist.

Unda altera: Animā hodiē lēctiōnem ūndēquadrāgēsimam!

89. Lektion

Unsere Schiffe müssen den Ernstfall fürchten

1 Cäsar befiehlt, dass Kriegsschiffe im Fluss Loire, der in den Ozean fließt, gebaut werden (Schiff♀♀ Akk lang♀♀ Akk gebaut-werden in Fluss∅ Abl), dass Rudersklaven aus der Provence eingesetzt und Seeleute und Steuermänner aufgestellt werden...

2 Die Schiffe der Feinde waren nämlich auf folgende Weise gefertigt und ausgerüstet (bewaffnet-und):

ANMERKUNGEN

③ Mit **prōvincia** ist die Provinz **Gallia Nārbōnēnsis** gemeint (s. Lektion 16).

④ **namque** ist ein verstärktes **nam** "denn, nämlich".

⑤ Noch allgemeiner als **nāvis** "Schiff" ist der Ausdruck **nāvigium**, womit jede Art von Wasserfahrzeug gemeint ist. Daneben gibt es noch **ratis** "Floß", **linter** "Kahn", **alveus** "Einbaum", **scapha** "Boot" und **cymba** "Barke, Gondel".

3 carīnæ aliquantō plāniōrēs quam nostrārum nāvium,

4 quō facilius vada ac dēcessum æstūs excipere possent; ⑥

5 prōræ admodum ērēctæ atque item puppēs ad magnitūdinem fluctuum tempestātumque accommodātæ; ⑦

6 nāvēs tōtæ factæ ex rōbore ad quamvīs vim et contumēliam perferendam; ⑧

7 trānstra ex pedālibus in altitūdinem trabibus cōnfīxa clāvīs ferreīs digitī pollicis crassitūdine; ⑨ ⑩

8 ancoræ, prō fūnibus, ferreīs catēnīs revīnctæ; ⑪

9 pellēs prō vēlīs ... sīve propter līnī inopiam, sīve eō – quod est magis vērī simile – ⑫

10 quod tantās tempestātēs Ōceanī, tantōsque impetūs ventōrum sustinērī ac tanta onera nāvium regī vēlīs nōn satis commodē posse arbitrābantur. ⑬

11 Nostra classis ūnā celeritāte et pulsū rēmōrum præstābat;

ANMERKUNGEN

⑥ **quō** bedeutet dasselbe wie **ut eō** "damit... umso" und steht meistens zusammen mit einem Komparativ.

⑦ **ērēctus**, **-a**, **-um** ist das PPP von **ērigere**, **ērigō**, **ērēxī**, **ērēctum** "(sich) aufrichten". Sie kennen bereits das dazugehörige Simplex **regere** "richten, lenken" und einige weitere Komposita wie **corrigere** "berichtigen, begradigen" oder **surgere** "aufstehen, sich erheben".

⑧ **contumēlia** bezeichnet jede Handlung oder Aussage, die die Ehre und Würde einer Person herabsetzt. Es kann beispielsweise "Beleidigung, Ehrenkränkung, Beschimpfung, Schmach, Verunglimpfung, Misshandlung" heißen.

⑨ **pedālis**, **-e** "zum Fuße gehörig, Fuß-" ist das Adjektiv zu **pēs**, **pedis** "Fuß".

3 die Kiele um einiges flacher als [die] unserer Schiffe,

4 damit sie Untiefen und die Ebbe umso leichter ertragen (Weggang[♂ Akk] Wallen[♂ Gen] herausnehmen) konnten;

5 die Buge ganz aufrecht und ebenso die Hecks an die Größe der Wellen und Stürme angepasst;

6 die Schiffe komplett aus Eichenholz[∅] gemacht, um jedwede Gewalteinwirkung und Beschädigung auszuhalten;

7 die Ruderbänke aus fußhohen Balken (Querbalken aus Fuß-[♀♀ Abl] in Höhe[♀ Akk] Balken[♀♀ Abl]), befestigt mit Eisennägeln von der Dicke eines Daumens;

8 die Anker, anstatt mit Tauen, mit Eisenketten angebunden;

9 Tierhäute anstelle von [Leinen]segeln… sei es wegen eines Mangels an Lein, sei es deshalb – was wahrscheinlicher ist (mehr wahr[∅ Gen] ähnlich[∅]) –

10 weil sie glaubten, dass so große Meeresstürme und so große Windgeschwindigkeiten von Leinensegeln nicht ausreichend (genug angemessen) ausgehalten würden und so große Schiffslasten nicht ausreichend gesteuert werden könnten.

11 Unsere Flotte (Abteilung) war nur in der Schnelligkeit und im Ruderschlag überlegen (stand[sie]-vor);

ANMERKUNGEN

⑩ Unterscheiden Sie **clāvus** "Nagel" (Abl. Pl. **clāvīs**) von **clāvis** "Schlüssel" (Gen. Sg. **clāvis**).

⑪ Verwechseln Sie **vincīre**, **vinciō**, **vīnxī**, **vīnctum** "binden, fesseln" nicht mit **vincere**, **vincō**, **vīcī**, **victum** "(be)siegen".

⑫ **magis** wird bei Vergleichen benutzt und bedeutet "mehr" im Sinne von "in einem höheren Grad", **plūs** hingegen bezeichnet ein quantitatives "mehr".

⑬ Zum Substantiv **impetus**, **impetūs** "Angriff, Anlauf, Schwung" gibt es das (seltene und in der Dichtung verwendete) Verb **impetere** "auf jmd. losgehen, anfallen, angreifen". Sie kennen bereits das wichtige und häufige Verb **petere** "nach etw. langen, zielen, streben".

12 reliqua, prō locī nātūrā, prō vī tempestātum, illīs erant aptiōra et accommodātiōra.

13 Neque enim hīs nostræ rōstrō nocēre poterant, tanta in iīs erat firmitūdō, ⑭

14 neque propter altitūdinem facile tēlum adigēbātur,

15 et eādem dē causā minus commodē cōpulīs continēbantur. ⑮

16 Tempestātēs facilius ferēbant et in vadīs cōnsistēbant tūtius,

17 et ab æstū relictæ nihil saxa et cōtēs timēbant; ⑯ ⑰

18 quārum rērum omnium nostrīs nāvibus cāsus erat extimēscendus. ⑱

(Ē ***Dē bellō Gallicō***, ā JŪLIŌ CÆSARE
(III, 9 … III, 13))

ANMERKUNGEN

⑭ **rōstrum** "Nagewerkzeug, Schnabel" ist in der antiken Schifffahrt der mit Erz beschlagene Schnabel, eine Art Rammbock zum Durchbohren gegnerischer Schiffe. Der Plural **rōstra** kann auch "Rednerbühne" heißen, da die auf dem Forum stehende öffentliche Rednerbühne mit den Schnäbeln erbeuteter Schiffe verziert war. Verwandtes Verb: **rōdere** "nagen".

12 die übrigen Dinge waren angesichts der geografischen Bedingungen (für Ort♂ Gen Natur♀ Akk) und der Stärke der Stürme für sie (jene♂♂ Dat) geeigneter und angepasster.

13 Weder konnten nämlich unsere [Schiffe] diesen mit dem Schiffsschnabel schaden – so groß war ihre (in ihnen war sie) Festigkeit –

14 noch konnte man wegen der Höhe einfach ein Geschoss darauf feuern (leicht Geschoss∅ wurde es-hinzugetrieben),

15 und aus demselben Grund konnte man sie nur schwerlich mit Enterhaken blockieren (weniger angemessen Verknüpfende♀♀ Abl wurden sie-zusammengehalten).

16 Sie ertrugen Stürme leichter und machten in Untiefen sicherer Halt,

17 und, falls sich die Flut zurückzog, fürchteten sie Felsen und Riffe überhaupt nicht (von Wallen♂ Abl verlassen♀♀ nichts Fels∅∅ Akk und Riff♀♀ Akk fürchteten sie);

18 das Eintreffen all dieser Dinge mussten unsere Schiffe fürchten (unser♀♀ Dat Schiff♀♀ Dat Fall♂ war er zu-fürchtend♂).

(Aus ***Über den Gallischen Krieg***, von Julius Cäsar (III, 9… III, 13))

ANMERKUNGEN

⑮ Neben **fūnis**♂ und **cōpula** gibt es für "Seil, Strick, Tau" auch noch ein drittes Wort, nämlich **rudēns**♂, **-entis**, womit das eigentliche Schiffstau gemeint ist.

⑯ **æstus**, **æstūs** meint die durch Hitze oder Bewegung meist bei Flüssigkeiten verursachte Wallung, das Wallen. Es kann deshalb nicht nur "Hitze, Glut, Schwüle", sondern auch "Brandung, Flut, Strömung" und "Aufregung, Unruhe, Gewalt" heißen.

⑰ Eine Nebenform zu **cōtēs** "Riff" (möglicherweise verwandt mit **cōs** "Wetzstein") lautet **cautēs** (durch Assoziierung mit **cautus** "vorsichtig"). Bereits sehr früh wurde das **au** von vielen wie ein **ō** gesprochen

⑱ **timēscere** "in Furcht geraten" ist das sog. Inkohativum von **timēre** "fürchten, sich fürchten". Damit bezeichnet man Verben, die den Beginn einer Handlung ausdrücken.

Exercitātiō prīma: Intellegisne hās sententiās?

① Potesne mihi auxilium ferre? Cymbārum certāminī, quod hodiē futūrum est, interesse cupiō, sed collēgā egeō. ② Cōnsuētus enim mihi collēga tertium diem ægrōtat. ③ Sed artis nauticæ ego nōn sum perītus! ④ Nihil timueris! Gubernābō ego et vēlum majus moderābor. ⑤ Tū autem vēlum anterius rudente prout tē jūsserō contrahēs aut laxābis. ⑥ Rudēns quid est? – Est quod vulgus fūnem vocat, sed fūnis est nauticus, quī ad vēla contrahenda vel laxanda ūsurpātur. ⑦ Sciās oportet īnstrūmenta in nāvibus plūrima esse, quæ nāvigātiōnis īgnārīs similia videntur, nōmina tamen pecūliāria habent.

Exercitātiō altera: Īnsere verba dēficientia!

❶ Aus welchem Grund haben die Seeleute die Umgangssprache derart kompliziert gemacht (haben[sie]-verwickelt)?

___ ___ _____ nautæ linguam vulgārem ita implicāvērunt?

❷ Weil die Wörter, mit denen der Kapitän den Matrosen befiehlt, was auszuführen ist, kurz sein müssen und nicht zweideutig sein dürfen.

Quia _____ quibus nauarchus, quæ administranda sunt, ______ imperat, ______ nec ambigua esse dēbent.

❸ Lichtet den Anker! Macht das Schiff los! Hisst die Segel! Knüpft das Hauptsegel unten einmal enger an!

Ancoram tollite! Nāvem solvite! Vēla date! _____ _____ semel artius subnectite!

❹ Steuermann! Halte den Kurs auch bei noch so starkem Gegenwind!

__________! Ventō quam māximē adversō cursum tenē!

Solūtiō exercitātiōnis prīmæ: Intellēxistīne?

① Kannst du mir behilflich sein (Hilfe bringen)? Ich will am Segelbootrennen teilnehmen, das heute stattfinden wird (sein-werdend$^{\varnothing}$ ist^{es}), habe aber keinen [Team]kollegen. ② Der Teamkollege nämlich, den ich gewohnt bin, ist [schon] den dritten Tag krank. ③ Aber ich bin nicht erfahren in der Kunst des Segelns! ④ Nur keine Angst! Ich werde steuern und das Hauptsegel bedienen (werde^{ich}-mäßigen). ⑤ Du aber wirst das Vordersegel mit einem Tau, je nachdem, wie ich es befohlen haben werde, zusammenziehen oder lockern. ⑥ Was ist ein Tau? – Das ist das, was das [gemeine] Volk Seil nennt, aber es ist ein nautisches Seil, das zum Zusammenziehen oder Lockern der Segel genutzt wird. ⑦ Du musst wissen, dass es in Schiffen zahlreiche Instrumente gibt, die für Segel-Laien (Schifffahrtskunde$^{♀♀\,\text{Gen}}$ unwissend$^{♂♂\,\text{Dat}}$) gleich aussehen, aber verschiedene Namen haben.

Solūtiō exercitātiōnis alteræ: Verba dēficientia.

❶ Quā dē causā ❷ verba – nautīs – brevia ❸ Vēlum majus ❹ Gubernātor.

Dē bellō Gallicō

Die **Commentāriī dē bellō Gallicō** "Notizen über den Gallischen Krieg" stellen die wichtigste historische Quelle über die Eroberung Galliens (58-51 v. Chr.) durch den Politiker und Feldherrn Gaius Julius Cäsar (100-44 v.Chr.) dar. Der Wert der Quelle muss allerdings fragwürdig bleiben, da Cäsar das Werk selbst verfasst hat. Dennoch ist es sehr lesenswert und gehört heute zur Standardlektüre im Lateinunterricht. In sieben Büchern beschreibt Cäsar im Stile eines Berichterstatters nicht nur seine militärischen und strategischen Leistungen, sondern gewährt auch Einblicke in die Kultur und den Lebensraum der Gallier und Germanen.

Unda altera: Animā hodiē lēctiōnem quadrāgēsimam!

90 Lēctiō nōnāgēsima (XC)

Cāsus est timendus (sequitur)

1 Circiter CCXX (220 ducentæ vīgintī) nāvēs eōrum parātissimæ atque omnī genere armōrum ōrnātissimæ,

2 ē portū profectæ, nostrīs adversæ cōnstitērunt.

3 Neque satis Brūtō, quī classī præerat, neque tribūnīs mīlitum centuriōnibusque, ①

4 quibus singulæ nāvēs erant attribūtæ, cōnstābat ②

5 quid agerent aut quam ratiōnem pugnæ īnsisterent. ③

6 Ūna erat magnō ūsuī rēs præparāta ā nostrīs:

7 falcēs præacūtæ, īnsertæ affīxæque longuriīs, nōn absimilī fōrmā mūrālium falcium. ④

ANMERKUNGEN

① Der junge **D. Jūnius Brūtus Albīnus** war unter Cäsar der **præfectus classis** "Flottenadmiral". Die Rangniederen waren einige **tribūnī mīlitum** "Militärtribune". Jeder von ihnen hatte 10 **centuriōnēs** "Zenturionen" unter seinem Kommando.

90. Lektion

Der Ernstfall ist zu fürchten (Fortsetzung)

1 Circa 220 von deren Schiffen, hochgerüstet (sehr-bereit) und mit jeder Art von Waffen bestens ausgestattet,

2 stellten sich unseren [Schiffen], nachdem sie aus dem Hafen ausgelaufen (aufgebrochen$^{\text{♀♀}}$) waren, entgegen.

3 [Aber] weder Brutus^{Dat} (nicht-und genug Brutus), der die Flotte befehligte, noch die Kapitäne (Militärtribunen$^{\text{♂♂ Dat}}$) und Leutnants (Zenturionen$^{\text{♂♂ Dat}}$),

4 denen die einzelnen Schiffe zugeordnet waren, wussten so recht (stand^{es}-fest),

5 was sie tun sollten oder welche Kampfstrategie sie verfolgen sollten (welche$^{\text{♀ Akk}}$ Rechnung$^{\text{♀ Akk}}$ Kampf$^{\text{♀♀ Gen}}$ würden^{sie}-hineinstellen).

6 Eine einzige Sache, die von unseren [Leuten] vorbereitet worden war, erwies sich als sehr nützlich:
(eine war^{sie} groß$^{\text{♂ Dat}}$ Gebrauch$^{\text{♂ Dat}}$ Sache$^{\text{♀}}$ vorbereitet$^{\text{♀}}$ von unser$^{\text{♂♂ Abl}}$:)

7 vorn zugespitzte Sicheln (Sensen), langen Stangen eingefügt und angeheftet, von der Form her den Haken zum Einreißen einer Mauer ähnlich (nicht unähnlich$^{\text{♀ Abl}}$ Form$^{\text{♀ Abl}}$ Mauer-$^{\text{♀♀ Gen}}$ Sichel$^{\text{♀♀ Gen}}$).

ANMERKUNGEN

② Bisher haben sie **satis** im Sinne von "genug, hinlänglich" kennen gelernt. In diesem Satz wird es mit "so recht" übersetzt.

③ **sistere**, **sistō**, **stitī**/**stetī**, **statum** "hinstellen, zum Stehen bringen" und seine Komposita sowie **stāre**, **stō**, **stetī**, **statum** "stehen" und seine Komposita sind sich vor allem im Perfekt oft zum Verwechseln ähnlich. Die Bedeutung muss dann aus dem Zusammenhang erschlossen werden.

④ Das Substantiv zu **mūrālis**, **-e** lautet **mūrus** "Mauer". Speziell die "Ringmauern" einer Stadt bezeichnet **mœnia**^{øø}.

8 Hīs cum fūnēs, quī antemnās ad mālōs dēstinābant, comprehēnsī adductīque erant, ⑤

9 nāvigiō rēmīs incitātō, prærumpēbantur.

10 Quibus abscīsīs, antemnæ necessāriō concidēbant, ut,

11 cum omnis Gallicīs nāvibus spēs in vēlīs armāmentīsque cōnsisteret,

12 hīs ēreptīs omnis ūsus nāvium ūnō tempore ēriperētur. ⑥

13 Reliquum erat certāmen positum in virtūte,

14 quā nostrī mīlitēs facile superābant.

15 Disjectīs, ut dīximus, antemnīs,

16 cum singulās bīnæ ac ternæ nāvēs circumsteterant,

17 mīlitēs summā vī trānscendere in hostium nāvēs contendēbant.

18 Quod postquam barbarī fierī animadvertērunt, expugnātīs complūribus nāvibus,

19 cum ei reī nūllum reperīrētur auxilium,

20 fugā salūtem petere contendērunt.

21 Ac jam conversīs in eam partem nāvibus quō ventus ferēbat,

22 tanta subitō malacia ac tranquillitās extitit, ut sē ex locō movēre nōn possent.

23 Quæ quidem rēs ad negōtium cōnficiendum māximē fuit opportūna:

ANMERKUNGEN

⑤ **dēstināre** heißt nicht nur "festbinden, befestigen" im physikalischen Sinne, sondern auch "bestimmen, festsetzen".

8 Nachdem die Seile, die die Querstangen mit (zu) den Hauptmasten verbanden, durch diese [Haken] erfasst und angezogen worden waren,

9 rissen sie, sobald das Schiff mit Rudern angetrieben wurde (Schifffahrt$^{\varnothing\ \text{Abl}}$ Ruder$^{♂♂\ \text{Abl}}$ angetrieben$^{\varnothing\ \text{Abl}}$), vorne ab.

10 Nachdem diese abgerissen waren (welche$^{♂♂\ \text{Abl}}$ abgerissen$^{♂♂\ \text{Abl}}$), fielen die Querstangen notgedrungen zusammen, so dass,

11 da ja die ganze Hoffnung der gallischen Schiffe auf den Segeln und dem Segelwerk beruhte (würde^{sie}-sich-hinstellen),

12 nach dessen Herausreißen (dies$^{\varnothing\varnothing\ \text{Abl}}$ herausgerissen$^{\varnothing\varnothing\ \text{Abl}}$) der gesamte Nutzen der Schiffe in einem Augenblick zunichte gemacht wurde (Zeit$^{\varnothing\ \text{Abl}}$ würde^{er}-herausgerissen-werden).

13 Der Rest des Kampfes beruhte auf Tapferkeit,
(übrig$^{\varnothing}$ war^{es} Wettkampf$^{\varnothing}$ gestellt$^{\varnothing}$ in Mannheit$^{♀\ \text{Abl}}$,)

14 wobei unsere Soldaten mit Leichtigkeit überlegen waren.

15 Nachdem die Querstangen (auseinandergeworfen$^{♀♀\ \text{Abl}}$), wie wir sagten, zerstört waren,

16 [und] immer wenn je zwei und sogar drei Schiffe ein einzelnes [Schiff] umzingelt hatten,

17 bemühten sich unsere Soldaten mit höchster Kraft, die Schiffe der Feinde zu entern.

18 Nachdem die Barbaren bemerkt hatten, dass dies geschah, und [schon] mehrere Schiffe erstürmt worden waren,

19 [und] zumal man keine Hilfe dagegen fand (ihr Sache$^{♀\ \text{Dat}}$ kein$^{\varnothing}$ würde^{es}-gefunden-werden Hilfe$^{\varnothing}$),

20 suchten sie ihr Heil schleunigst in der Flucht.
(Flucht$^{♀\ \text{Abl}}$ Heil$^{♀\ \text{Akk}}$ erreichen haben^{sie}-angespannt.)

21 Und als die Schiffe sich schon der Seite zugewandt hatten, wohin der Wind [sie] trug,

22 entstand plötzlich eine solche Windstille und Ruhe, dass sie sich nicht von der Stelle bewegen konnten.

23 Dieser Umstand war zweifellos sehr günstig für die Vollendung des Unterfangens:

ANMERKUNGEN

⑥ In den Komposita von **rapere, rapiō, rapuī, raptum** "rauben, reißen" wird aus dem **a** ein **i**, z.B. **arripere** "an sich reißen", **corripere** "zusammenraffen", **dīripere** "auseinanderreißen" usw.

24 nam singulās nostrī cōnsectātī expugnāvērunt, ⑦

25 ut perpaucæ noctis interventū ad terram pervēnerint,

26 cum ab hōrā ferē quārtā usque ad sōlis occāsum pugnārētur.

(Indidem)

ANMERKUNGEN

⑦ **cōnsectārī**, **cōnsector**, **cōnsectātum** "ständig verfolgen, immer wieder verfolgen" ist das Frequentativum (Aktionsart eines Verbs, die eine sich wiederholende/sich oft abspielende gewohnheitsmäßige Handlung ausdrückt) von **cōnsequī**, **cōnsequor**, **cōnsecūtum** "nachfolgen, einholen". Das PPP eines Deponens hat aktive Bedeutung, ist aber vorzeitig.

CARMEN
Carmen nauticum

Vergēbat sōl ad Septembrem /
Cōnspeximus cum triērem (bis)
Pūnicā terrā quæ profecta
Spūmās salis īnfindēbat:
Trīnacriam intendēbat.

Chorus:
Bibendum est ē lagōnā! / Amātōribus propīnā! (bis)
Prōsit Senātuī Rōmānō
Plēbīque: Pœnī sed malam
Omnēs ad crucem abeant!

Cum nauarchus vīdit Pœnōs /
Ad concursum advocat nōs. (bis)
Rōstrō triērem percussimus.
Secūrī gladiōque istōs
Dēmīsimus ad īnferōs.

Chorus:
Bibendum est ē lagōnā! / Amātōribus propīnā! (bis)
Prōsit Senātuī Rōmānō
Plēbīque: Pœnī sed malam
Omnēs ad crucem abeant!

24 Denn unsere [Soldaten] (einzeln[♀♀ Akk]) verfolgten ein Schiff nach dem anderen (ständig-verfolgt-habend[♂♂] haben[sie]-bezwungen)
25 und erstürmten [es], so dass nur sehr wenige mit Einbruch (Dazwischenkommen[♂ Abl]) der Nacht an Land ankamen,
26 nachdem etwa von 10 Uhr vormittags (von Stunde[♀ Abl] beinahe vierte[♀ Abl]) bis zum Sonnenuntergang gekämpft worden war.

(Aus derselben Quelle)

LIED

Ein Seemannslied

Die Sonne neigte sich zum September hin /
Als wir eine Galeere erblickten (zweimal)
Die vom Land der Punier aufgebrochen
Den Meeresschaum (Schaum[♀ Akk] Salz[♂ Gen]) durchschnitt:
Sie richtete ihren Kurs nach Trinakrien (Sizilien)

Refrain:
Man muss aus der Flasche trinken! / Gib den Liebenden zu trinken! (zweimal)
Es nütze dem Römischen Senat
Und dem Volk: Die Punier aber
Sollen sich alle zum Teufel scheren (schlecht[♀ Akk] alle zu Kreuz[♀ Akk] gehen[sie]-fort)!

Als der Kapitän die Punier sah / Ruft er uns zum Zusammenstoß herbei (zweimal)
Mit dem Schiffsschnabel durchschlugen wir die Galeere
Mit Beil und Schwert
Schickten wir diese da in die Unterwelt (zu untere[♂♂ Akk])

Refrain:
Man muss aus der Flasche trinken! / Gib den Liebenden zu trinken! (zweimal)
Es nütze dem Römischen Senat
Und dem Volk: Die Punier aber
Sollen sich alle zum Teufel scheren!

Exercitātiō altera: Īnsere verba dēficientia!

1. Die Masten fielen zusammen, sodass jede (alle) Hoffnung auf Sieg zugrunde ging.
   Mālī ____________, ut _____ spēs __________ perīret.

2. Nachdem die Seile vorne abgerissen waren, bemühten sich unsere Soldaten mit größter Kraft, die Schiffe der Feinde zu entern.
   Fūnibus __________, mīlitēs ______ summā vī nāvēs _______ trānscendere contendēbant.

91 Lēctiō nōnāgēsima prīma (XCI)

Repetītiō et annotātiōnēs

1. Wortbildungslehre

Die Bedeutung vieler Adjektive, Substantive und Verben kann man sich logisch erschließen, sofern man ein damit verwandtes Wort und somit die Wortwurzel kennt. Beispielsweise enthalten die Wörter **amō** "ich liebe/mag", **amor** "Liebe", **amātor** "Liebhaber, Liebender", **amābilis** "liebenswert", **amīcus** "Freund" und **inimīcus** "Feind" alle die Wurzel -**am**- bzw. leicht abgewandelt -**im**-. Alle Wörter haben offenbar etwas mit "Liebe" oder "Freundschaft" zu tun. Die Bedeutung lässt sich oft genauer eingrenzen, wenn man sich das Suffix (Nachsilbe) – bei **inimīcus** das Präfix (Vorsilbe) – ansieht.

❸ Plötzlich entstand eine solche Ruhe, dass nicht mehr gekämpft wurde.

Subitō tanta ▒▒▒▒▒▒▒▒▒▒ extitit, ut nōn jam ▒▒▒▒▒▒▒▒.

Solūtiō exercitātiōnis alteræ: Verba dēficientia.

❶ concidēbant – omnis – victōriæ ❷ præruptīs – nostrī – hostium ❸ tranquillitās – pugnārētur.

Unda altera: Animā hodiē lēctiōnem quadrāgēsimam prīmam!

91. Lektion

Substantiv ► Adjektiv/Substantiv

Suffix	Bedeutung	Beispiel	
		Adjektiv/ Substantiv	**Verwandtes Substantiv**
-a	weibliche Form	amīcus "Freund"	amīca "Freundin"
-trīx	weibliche Form	victor "Sieger"	victrīx "Siegerin"
-ulus/-ellus	Verkleinerung	liber "Buch"	libellus "Büchlein"
-(it)ia -(i)tās -(i)tūs -(i)tūdō -iēs	(Ausübung einer) Eigenschaft, Ergebnis, Personengruppe mit einer bestimmten Eigenschaft	audāx "mutig, frech"; vērus "wahr, echt"; nōbilis "edel, adlig"; vir "Mann"; magnus "groß"; macer "mager"	audācia "Frechheit, Kühnheit"; vēritās "Wahrheit"; nōbilitās "Adel, Adelsschicht"; virtūs "Mannheit, Tapferkeit"; magnitūdō "Größe"; maciēs "Magerkeit, Dürre"
-ium -cinium -mōnium	Ausübung einer Eigenschaft, Ergebnis	minister "Diener, Gehilfe; latrō "Räuber"; testis "Zeuge"	ministerium "Dienst"; latrōcinium "Räuberei"; testimōnium "Zeugnis"
-ūra -ātus	Amt	cōnsul "Konsul"	cōnsulātus "Konsulamt"

Substantiv ► Verb

Suffix	Bedeutung	Beispiel	
		Verb	Verwandtes Substantiv
-us/-a -ium/-iō -or/-ēs/-s(x)	Vorgang, Handlung, Ergebnis	lūdere "spielen"; fugere "fliehen"; colloquī "sich unterhalten, sprechen"; errāre "irren"; vocāre "rufen"	lūdus "Spiel"; fuga "Flucht"; colloquium "Gespräch"; error "Irrtum"; vōx "Stimme"
-or (beim PPP)	Handelnder	vincere "siegen"; aggredī "angreifen"	victor "Sieger"; aggressor "Angreifer"
-trum	Mittel, Werkzeug	arāre "pflügen"	arātrum "Pflug"
-bulum -culum	Mittel, Ort	vocāre "rufen, nennen"; spectāre "schauen, betrachten"	vocābulum "Benennung, Vokabel"; spectāculum "Schauspiel, Zuschauerplatz"
-mentum -men	Mittel, Ergebnis	dēlectāre "erfreuen, unterhalten"; certāre "streiten, kämpfen"	dēlectāmentum "Freude, Unterhaltung"; certāmen "Wettkampf"
-iō (beim PPP)/-us (beim PPP)/-ūra (beim PPP)	Vorgang, Handlung, Ergebnis	legere "lesen"; cadere "fallen"	lēctiō "Lesung, Lektion"; cāsus "Fall"

Adjektiv ► Substantiv

Suffix	Bedeutung	Beispiel	
		Substantiv	Verwandtes Adjektiv
-ius/-ārius -icus/-icius -lis/-ris -nus/-ēnsis -ester/-estris	Zugehörigkeit, Art	pater "Vater"; cīvis "Bürger"; urbs "Stadt"; rēx "König"; silva "Wald"; terra "Erde"	patrius "väterlich"; cīvīlis "bürgerlich"; urbānus "städtisch, gebildet"; rēgālis "königlich"; silvestris "bewaldet"; terrestris "irdisch"
-eus	Stoff, Farbe, Art	argentum "Silber"; lac "Milch"	argenteus "silbern"; lacteus "milchig"
-tus -ātus	Ausstattung	arma "Waffen"	armātus "bewaffnet"
-olentus -ōsus	Fülle, Art	vīrus "Gift"; nebula "Nebel"	vīrulentus "giftig"; nebulōsus "neblig"

Adjektiv ▶ Verb

Suffix	Bedeutung	Beispiel	
		Verb	Verwandtes Adjektiv
-āx	Eifer, Neigung	audēre "wagen"; vorāre "fressen, verschlingen"	audāx "wagemutig, kühn"; vorāx "gefräßig"
-ulus -cundus	Neigung, Fähigkeit	bibere "trinken"	bibulus "trinkfreudig, Trinker"
-idus/-ius -uus/-īvus	Zustand	madēre "nass sein, triefen"; continēre "zusammenhalten"	madidus "nass, feucht"; continuus "zusammenhängend"
-ilis/-bilis	Möglichkeit, Ergebnis	facere "machen, tun"; movēre "bewegen"	facilis "machbar, einfach" mōbilis "beweglich"

Verb ▶ Substantiv/Adjektiv

Suffix	Bedeutung	Beispiel	
		Substantiv/ Adjektiv	Verwandtes Verb
-āre/-ārī -īre	Zustand, Tätigkeit, Bewirken	firmus "fest"; imperium "Befehl, Reich"; arma "Waffen"; mollis "weich"	firmāre "festigen"; imperāre "befehlen, gebieten"; armāre "bewaffnen"; mollīre "weich machen, mildern"
-ēre	Zustand	splendidus "glänzend"	splendēre "glänzen"

Verb ▶ Verb

Suffix	Bedeutung	Beispiel	
		Verb	Verwandtes Verb
-āre/-ārī (beim PPP) -itāre	Verstärkung (Intensivum), Wiederholung (Frequentativum)	currere "laufen"; agere "treiben, handeln"	cursāre "rennen, hin und her laufen"; agitāre "hastig/eifrig treiben"
-ēscere	Beginn (Inkohativum), Zunahme	timēre "fürchten"	crēscere "wachsen"; timēscere "in Furcht geraten"
-urīre	Verlangen (Desiderativum)	edere "essen"	ēsurīre "essen wollen, hungern"

Komposita (Wortzusammensetzungen)

Einige Substantive setzen sich aus zwei ursprünglich separaten Substantiven zusammen, wobei das erste Substantiv oft im Genitiv steht, z.B.:

Grundwort 1	Grundwort 2	Neues Wort
rēs "Sache"	**publicus** "öffentlich"	**rēspublica** "Staat, Gemeinwesen"
ager "Acker"	**cultūra** "Pflege, Kultur"	**agricultūra** "Landwirtschaft, Ackerbau"
lēx "Gesetz"	**lātor** "Bringer, Antragsteller"	**lēgislātor** "Gesetzgeber"
senātus "Senat"	**cōnsultum** "Beschluss"	**senātūscōnsultum** "Senatsbeschluss"

Viele Wörter sind aber auch "bunte Mischungen" aus Substantiven, Adverbien, Adjektiven, Verben und Verbformen wie Partizipien und Gerundiva, z.B.:

Grundwort 1	Grundwort 2	Neues Wort
jūs "Recht"	**jūrandum** "zu-schwörend"	**jūsjūrandum** "Schwur, Eid"
satis "genug"	**facere** "tun"	**satisfacere** "genugtun, befriedigen"
male/**bene** "schlecht/gut"	**dīcere** "sagen"	**maledīcere**/**benedīcere** "schimpfen, lästern/segnen, loben"
vērum "wahr"	**similis** "gleich, ähnlich"	**vērīsimilis** "wahrscheinlich"
nē "nicht"	**ūllus** "irgendeiner"	**nūllus** "keiner"
ejus "dessen"	**modus** "Art, Weise"	**ejusmodī** "derartig"

Viele Substantive, die handelnde Personen bezeichnen, sind Verbindungen aus einem Substantiv/Adjektiv und einer Verbform, wobei ein -**i**- als Bindeglied fungiert, z.B.:

Grundwort 1	Grundwort 2	Neues Wort
ager "Acker"	**colere** "pflegen, bebauen"	**agricola** "Bauer, Landwirt"
arma "Waffen"	**gerere** "tragen, führen"	**armiger** "Waffenträger"
lāna "Wolle"	**gerere** "tragen, führen"	**lāniger** "Wollträger, Widder"
pars "Teil"	**capere** "nehmen, fassen"	**particeps** "Teilnehmer, teilnehmend"
causa "Grund, Sache, Rechtsfall"	**dīcere** "sagen"	**causidicus** "Rechtsanwalt"
crux "Kreuz"	**fīgere** "befestigen"	**crucifīxus** "gekreuzigt"
ars "Kunst, Technik"	**facere** "tun, machen"	**artifex** "Künstler, Techniker"
sōlus "allein"	**vagārī** "umherschweifen"	**sōlivagus** "Einzelgänger, einzeln umherschweifend"
nemus, **-oris** "Wald"	**vagārī** "umherschweifen"	**nemorivagus** "Waldläufer, im Walde umherschweifend"

2. Tempus in indirekten Fragesätzen und quīn-Sätzen

Steht im Hauptsatz das Präsens oder Futur, so steht im Nebensatz bei
- Vorzeitigkeit der Konjunktiv Perfekt
- Gleichzeitigkeit der Konjunktiv Präsens
- Nachzeitigkeit ein PFA + eine Form von **esse** im Konjunktiv Präsens:

Sciō quid fēceris. "Ich weiß, was du gemacht hast."
Nōn dubitō quīn mē sānāveris. "Ich zweifle nicht daran, dass du mich geheilt hast."

Sciō quid faciās. "Ich weiß, was du machst."
Nōn dubitō quīn mē sānēs. "Ich zweifle nicht daran, dass du mich heilst."

Sciō quid factūrus sīs. "Ich weiß, was du machen wirst."
Nōn dubitō quīn mē sānātūrus sīs. "Ich zweifle nicht daran, dass du mich heilen wirst."

Steht im Hauptsatz ein Vergangenheitstempus, so steht im Nebensatz bei...
- Vorzeitigkeit der Konjunktiv Plusquamperfekt
- Gleichzeitigkeit der Konjunktiv Imperfekt
- Nachzeitigkeit ein PFA + eine Form von **esse** im Konjunktiv Imperfekt:

Sciēbam quid fēcissēs. "Ich wusste, was du gemacht hattest."
Nōn dubitābam quīn mē sānāvissēs. "Ich zweifelte nicht daran, dass du mich geheilt hattest."

Sciēbam quid facerēs. "Ich wusste, was du machtest."
Nōn dubitābam quīn mē sānārēs. "Ich zweifelte nicht daran, dass du mich heiltest."

Sciēbam quid factūrus essēs. "Ich wusste, was du machen würdest."
Nōn dubitābam quīn mē sānātūrus essēs. "Ich zweifelte nicht daran, dass du mich heilen würdest."

Unda altera: Animā hodiē lēctiōnem quadrāgēsimam alteram!

92 Lēctiō nōnāgēsima altera (XCII)

Vāsa ēscāria lāvī

1 Inquilīnus quī plūrēs jam mēnsēs habitātiōnis mercēdem nōn solverat,

2 erum adiit eique difficultātēs suās nummāriās tantā ēloquentiā explānāvit,

3 ut ille sē benevolentissimum ostenderit et dīmidiam partem dē mercēde sē libenter dētractūrum prōmīserit. ①

4 – At ego – inquit dēbitor – nōlō ā tē benevolentiā vincī.

5 Itaque alteram dīmidiam partem libentissimē dētraham.

6 Viātor quīdam, cum nōndum nāvigāvisset umquam,

7 in nāvem ascendēns tremōrem difficulter reprimēbat.

8 Ut sē cōnfirmāret, nautam interrogāvit num hujuscemodī nāvēs sæpe naufragiō mergerentur.

9 Nauta autem: "Nēquāquam *sæpe*, sed *semel* tantum!"

10 Māter, postquam obsōnāta domum redierat līberōs interrogāvit num rēctē ēgissent. ②

11 Quī puerī laude dignissimī respondērunt:

ANMERKUNGEN

① Zur Erinnerung: Verben des Hoffens und Versprechens verlangen einen AcI mit einem Infinitiv bzw. Partizip Futur.

92. Lektion

Ich habe das Essgeschirr gewaschen

1 Ein Mieter, der schon monatelang keine Miete (Lohn[♀ Akk]) für seine Wohnung gezahlt hatte,

2 ging zu seinem Vermieter (Hausherr[♂ Akk]) und erklärte ihm seine finanziellen Probleme mit solcher Eloquenz,

3 dass dieser sich äußerst wohlwollend zeigte (habe[er]-gezeigt) und versprach, ihm die Hälfte der Miete gerne zu erlassen (halb[♀ Akk] Teil[♀ Akk] von Lohn[♀ Abl] sich gerne herabziehen-werdend[♂ Akk] habe[er]-versprochen).

4 – Aber ich, sprach der Schuldner, will von dir nicht an Wohlwollen übertroffen (besiegt) werden.

5 Deshalb werde ich sehr gerne [auch] die andere Hälfte abziehen.

6 Ein Reisender konnte, da er noch nie mit einem Schiff gefahren war,

7 sein Zittern beim Einsteigen in ein Schiff nur mit Mühe unterdrücken (drückte[er]-zurück).

8 Um sich Mut zu machen (stärkte[er]-sich), fragte er einen Matrosen, ob Schiffe dieser Art häufig durch Schiffbruch untergingen (würden[sie]-versenkt).

9 Der Matrose aber: "Keineswegs *häufig*, sondern nur *einmal*!"

10 Eine Mutter fragte ihre Kinder, nachdem sie vom Einkaufen nach Hause zurückgekehrt war, ob sie sich gut benommen hätten (richtig hätten[sie]-getrieben).

11 Die (welche) Kinder, höchst lobenswert (Lob[♀ Abl] sehr-würdig), antworteten:

ANMERKUNGEN

② **obsōnārī** "(für die Küche) einkaufen" ist ein Deponens, d.h. das dazugehörige PPP **obsōnātus**, -**a**, -**um** "eingekauft" hat aktive Bedeutung. Für "kaufen" kennen Sie auch **emere** und das Substantiv **ēmptor** "Käufer". Merken Sie sich noch **ēmptio**, -**iōnis** "(Ein)kauf".

12 PRĪMUS – Ego vāsa ēscāria lāvī.

13 SECUNDUS – Ego autem ea abstersī.

14 ULTIMUS – Ego vērō fragmenta collēgī et glūtine piscāriō conglūtināvī.

15 Vir ejusque conjūnx in magnā tabernā varia emunt sibi necessāria.

16 Sed turbā magis magisque affluente,

17 alter ab alterā prōrsus sēparantur, ③

18 neque ūllō modō vir uxōrem reperīre potest neque uxor virum.

19 Quem conturbātum interrogat vēnditrīx: "Quid quæris, Domine?"

20 *Ille, suspīrāns* – Uxōrem āmīsī!

21 *Statim vēnditrīx, imperturbāta* – Vestīmenta fūnebria in superiōre tabulātō, ā dexterā parte!

(Ē ***Vītā Latīnā***, A. RODOT, Maj. 1961)

ANMERKUNGEN

③ Das Adverb **prōrsus**, entstanden aus **prō** "vor, für" und **versus** "gewandt" kann neben "vorwärts, geradewegs" auch "geradezu, gänzlich, völlig" heißen.

Exercitātiō prīma: Intellegisne hās sententiās?

❶ Quid accidit? Quem fragōrem audīvimus? ❷ Ancilla lavandō vāsa ēscāria frēgit. ❸ Catīnōrum fictilium struēs ē manibus ejus lāpsa dēcidit. ❹ Nihil aliud est faciendum quam fragmenta verrere et in pūrgāmenta rejicere. ❺ Nunc quōmodō mēnsam sternam? Quid in mantēlī appōnam? Num vāsa castrēnsia expōnam? ❻ Hospitibus nostrīs in vāsīs castrēnsibus cibōs præbēre nōn decet. ❼ Potius vāsa appōne quæ Lūdovīcus avunculus mātrimōniī nostrī tempore nōbīs dōnāvit. ❽ Jōhanna! Nōlī hōs botulōs in istā ātrā sartāgine porrigere! Lancēs in ābacō nōn dēsunt.

12 DAS ERSTE – Ich habe das Essgeschirr gewaschen.

13 DAS ZWEITE – Ich aber habe es abgetrocknet.

14 DAS LETZTE – Ich allerdings habe die Scherben eingesammelt und mit Fischleim zusammengeklebt.

15 Ein Mann und seine Frau kaufen in einem großen Kaufhaus verschiedene Dinge, die sie benötigen (sich nötig).

16 Aber während die Menschenmassen immer mehr (mehr mehr-und) herbeiströmen,

17 werden sie völlig voneinander getrennt,

18 und weder kann der Mann seine Frau auf irgendeine Weise wiederfinden noch die Frau ihren Mann.

19 Ihn, da er verwirrt ist, fragt eine Verkäuferin: "Was suchen Sie, mein Herr?"

20 *Er, seufzend* – Ich habe meine Frau verloren!

21 *Sofort die Verkäuferin, gelassen* (ungestört) – Trauerkleidung [gibt es] im Obergeschoss auf der rechten Seite!

(Aus ***Vita Latina,*** A. RODOT, Mai 1961)

Solūtiō exercitātiōnis prīmæ: Intellēxistīne?

❶ Was ist passiert? Was haben wir da für einen Krach gehört? ❷ Eine Dienerin hat Essgeschirr beim Abwaschen zerbrochen. ❸ Ein Stapel Tonteller (Schüssel[♂♂ Gen] tönern[♂♂ Gen] Stapel[♀]) fiel, nachdem er ihr aus den Händen geglitten war, zu Boden (fällt[sie]-herab). ❹ Es ist nichts anderes zu tun als die Scherben [zusammenzu]fegen und in den Müll[⌀⌀] zu werfen. ❺ Wie soll ich nun den Tisch decken? Was soll ich auf die Tischdecke stellen? Soll ich etwa Campinggeschirr (Gefäß[⌀⌀ Akk] Lager-[⌀⌀ Akk]) hinstellen? ❻ Es gehört sich nicht, unseren Gästen das Essen auf Campinggeschirr zu servieren. ❼ Stell lieber das Geschirr hin, das uns Onkel Ludwig zu unserer Hochzeit geschenkt hat. ❽ Johanna! Serviere diese Blutwürstchen hier nicht in dieser schwarzen Pfanne (ausstrecken)! Auf dem Kredenztisch fehlt es nicht an Schüsseln.

Exercitātiō altera: Īnsere verba dēficientia!

❶ O weh! Wir haben kein Licht (Licht♀ uns^{Akk} mangelt^{es}).
___! Lūmen nōs ___.

❷ Die Elektriker streiken (zögern^{sie} Arbeiter elektrisch).
Cessant operāriī ___.

❸ Wo sind die Kerzen? Gib mir eine Schachtel Streichhölzer (geschwefelt$^{\varnothing\varnothing\ Gen\ \varnothing}$ Schachtel).
___ ___ candēlæ? Dā ___ sulphurātōrum capsulam.

❹ Prima! Wir werden bei einer altmodischen Art der Beleuchtung speisen.
Euge! Antīquō illūminandī ___ epulābimur.

❺ Mein Schatz (Honig$^{\varnothing}$), mach nicht so ein Geschrei (nicht solch$^{♂ Abl}$ Art$^{♂ Abl}$ geschrien seist^{du})! Die Wände haben Ohren.
Mel meum, nē ___ modō vōciferāta ___! Sunt in parietibus ___.

93 Lēctiō nōnāgēsima tertia (XCIII)

Studiō flagrāmus Urbis lūstrandæ

1 – Rōma! Rōma! Omnēs vectōrēs, ē curribus dēscendite!

2 – Utinam amīcī nostrī in statiōne nōs expectent!

3 Sine eōrum auxiliō, quid in hāc urbe īgnōtā faciāmus?

4 – Aspice dominum prope exitum cum vestibus cinereīs et dominam cum stolā croceā,

5 quī ambō nōbīs manibus significant.

Solūtiō exercitātiōnis alteræ: Verba dēficientia.

❶ Væ – dēficit ❷ ēlectricī ❸ Ubi sunt – mihi ❹ modō ❺ tālī – sīs – aurēs.

Hören Sie sich die Dialoge immer mehrmals an, und versuchen Sie auch, die Stimmen nachzuahmen. Gerade der ständige Wechsel von mehreren Sprechern mit ihren unterschiedlichen sprachlichen Eigenarten schult besonders gut Ihr Ohr.

Unda altera: Animā hodiē lēctiōnem quadrāgēsimam tertiam!

93. Lektion

Wir brennen vor Eifer, die Stadt zu besichtigen

1 – Rom! Rom! Alle Passagiere, steigen Sie [bitte] aus den Wagen aus (steigt-herab)!

2 – Hoffentlich warten unsere Freunde am Bahnhof auf uns!

3 Was sollen wir ohne deren Hilfe in dieser [uns] unbekannten Stadt machen?

4 – Schau mal den Herrn in der Nähe des Ausgangs mit dem aschgrauen Anzug und die Dame mit dem safrangelben Kleid an,

5 die uns beide mit den Händen Zeichen geben (zeigen[sie]-an).

6 – Salvēte, optimī amīcī! Ut valētis?

7 – Salvēte et vōs! Valēmus! Vōs autem? Bene iter fēcistis?

8 – Optimē! Lectulōs condūxerāmus; tōtō itinere dormīvimus,

9 et māne sōle splendidō experrēctī sumus.

10 – Sī fessī nōn estis, postquam impedīmenta vestra domī relīqueritis,

11 urbem extemplō lūstrāre poteritis. ① ②

12 – Cōnsilium tuum nostrīs cum optātīs valdē congruit.

13 Studiō flagrāmus urbis lūstrandæ.

14 – Ræda meritōria in statiōnis plateā nōs expectat. ③

15 Sine mē vīdulum ferre.

16 Rēctor, dūc nōs domum meam, in viā Flāminiā, numerō trīcēsimō septimō.

17 – Tardius perge, obsecrō tē! Nihil vidēre possumus ... ④

18 – Hīc domī sumus. Intrāte quæsō ...

19 Em cubiculum vestrum.

20 – Lābellum habētis in cubiculō, cum aquæ frīgidæ et calidæ epitoniīs,

21 sed est quoque balneum.

22 – Sī lavārī vultis, ecce sāpō et manutergia. ⑤

ANMERKUNGEN

① Mit **urbs** ist eine große Hauptstadt gemeint, in der Antike daher meistens Rom. In der Überschrift ist **Urbis** deshalb groß geschrieben, wobei bis ins 4. Jahrhundert ohnehin nur Großbuchstaben existierten.

② **lūstrāre** kann auch "beleuchten" oder "bereisen, durchwandern" heißen. Verwandt damit ist **illūstris**, **-e** "erleuchtet, deutlich, bekannt, berühmt".

6 – Seid gegrüßt, beste Freunde! Wie geht es euch?

7 – Seid auch ihr gegrüßt! Uns geht es gut! Und euch (ihr aber)? Habt ihr die Reise gut überstanden (Weg habt[ihr]-getan)?

8 – Bestens! Wir hatten Liegeplätze gebucht; während der ganzen Reise haben wir geschlafen,

9 und sind am Morgen bei strahlender Sonne aufgewacht.

10 – Wenn ihr nicht müde seid, könnt ihr, nachdem ihr euer Gepäck zu Hause gelassen habt (werdet[ihr]-zurückgelassen-haben),

11 die Stadt sofort besichtigen (werdet[ihr]-können).

12 – Dein Plan stimmt mit unseren Wünschen genau überein.

13 Wir brennen vor Eifer, die Stadt zu besichtigen.

14 – Ein Taxi (Kutsche Miet-) erwartet uns an der Straße am Bahnhof.

15 Lass mich den Koffer tragen.

16 Chauffeur, bringen Sie uns zu meinem Haus in der Via Flaminia, Nummer 37.

17 – Fahren Sie langsamer weiter, ich bitte Sie! Wir können nichts sehen…

18 – Hier sind wir zu Hause. Tretet bitte ein...

19 Hier euer Zimmer.

20 – Ihr habt ein Waschbecken im Zimmer mit Wasserhähnen für kaltes und warmes Wasser (mit Wasser[♀ Gen] kalt[♀ Gen] und warm[♀ Gen] Hahn[ØØ Abl]),

21 aber es gibt auch ein Bad.

22 – Wenn ihr euch waschen wollt, [habt] ihr hier Seife und Handtücher.

ANMERKUNGEN

③ Zusammengesetzte Verben können die natürliche Assimilation beim Sprechen wiedergeben (**aspice**, **expectat**) oder (als archaisierendes Stilmittel bzw. zu didaktischen Zwecken) die Bestandteile unverändert lassen (**adspice**, **exspectat**).

④ **pergere**, **pergō**, **perrēxī**, **perrēctum** "fortsetzen, fortfahren" setzt sich zusammen aus **per** "durch" und **regere** "richten, lenken, leiten".

⑤ Das deutsche "sich waschen" wird durch die Passivformen von **lavāre** "waschen" wiedergegeben.

23 Eādem lībertāte quā domī vestræ fruī potestis.

24 – Antequam abeāmus, pōculum caffēī ūnā sūmāmus.

25 – Quō ībimus?

26 – Prīmum in Jāniculum montem ascendēmus unde tōtam urbem cōnspicere poterimus. ⑥

Exercitātiō prīma: Intellegisne hās sententiās?

❶ Ubi sunt uxōrēs nostræ? ❷ Pauca abhinc minūta ante aurificīnam cōnstitērunt. ❸ Illūc eāmus vīsum! ❹ Hæc armilla argentea mihi nōn displicet. ❺ Potius aspice hoc monīle aureum. ❻ Nec armillās, nec monīlia nec ānulōs quærō, sed speculum et pectinem. ❼ Hæc in magnā tabernā inveniēmus. ❽ Opus est acubus et fīlō. – Lāneō an xylinō? – Sēricō. ❾ Nunc apud sūtōrem calceōs īnspiciāmus. ❿ Ēmptiōnēs nostrās sportula capere nequit.

Exercitātiō altera: Īnsere verba dēficientia!

❶ Ich kann einige Sachen in den Rucksack stecken.
▢▢▢▢▢▢▢ rēs in pērā collocāre ▢▢▢▢▢.

❷ Wo sind unsere Männer?
Ubi sunt ▢▢▢▢ ▢▢▢▢▢▢?

❸ Mein Ehemann ist beim Friseur (Barbierstube), deiner beim Schneider.
▢▢▢▢▢▢ meus est in tōnstrīnā, tuus ▢▢▢▢ vestificem.

23 Ihr könnt dieselbe Freiheit wie bei euch zu Hause genießen.

24 – Bevor wir gehen, lasst uns gemeinsam einen Becher Kaffee trinken (nehmen[wir]).

25 – Wohin werden wir gehen?

26 – Zuerst werden wir auf den Gianicolo steigen, von wo aus wir die ganze Stadt werden betrachten können.

ANMERKUNGEN

⑥ Der **Jāniculum** "Gianicolo", benannt nach dem altrömischen Gott Janus, ist ein bekannter Hügel Roms, auf dem in der Antike einige wichtige Persönlichkeiten bestattet wurden. Heute befinden sich dort eine päpstliche Universität, einige ausländische Akademien, ein botanischer Garten und ein Denkmal für den Freiheitskämpfer Giuseppe Garibaldi.

Solūtiō exercitātiōnis prīmæ: Intellēxistīne?

❶ Wo sind unsere Ehefrauen? ❷ Vor wenigen Minuten blieben sie vor einem Juwelierladen stehen. ❸ Lass uns zum Schauen dorthin gehen! ❹ Dieses Silberarmband hier missfällt mir nicht. ❺ Schau dir lieber dieses Goldhalsband hier an. ❻ Weder Armbänder noch Halsbänder noch Ringe suche ich, sondern einen Spiegel und einen Kamm. ❼ Dies werden wir in einem Kaufhaus (groß♀ Abl Laden♀ Abl) finden. ❽ Ich benötige Nadeln und einen Faden. – Aus Schafswolle oder aus Baumwolle? – Aus Seide. ❾ Lass uns jetzt beim Schuster Schuhe ansehen. ❿ Der Einkaufskorb (Körbchen♀) kann unsere Einkäufe nicht aufnehmen.

❹ Ich habe vergessen, ihm ein Unterhemd und Taschentücher zu kaufen.
_____ sum ei subūculam et sūdāria _____.

❺ Spinne, Mutter, ich werde nähen!
Nē, _____, suam!

Solūtiō exercitātiōnis alteræ: Verba dēficientia.

❶ Nōnnūllās – possum ❷ virī nostrī ❸ Marītus – apud ❹ Oblīta – emere ❺ māter.

Unda altera: Animā hodiē lēctiōnem quadrāgēsimam quārtam!

94 Lēctiō nōnāgēsima quārta (XCIV)

Tarpeja rūpēs prope est Capitōlium montem

1 – Hūc accēdite. Hinc prōspectus lātē patet.

2 – Nōn crēdēbam urbem tam lātam esse. Quod flūmen hoc est?

3 – Tiberis urbem in partēs duās dīvidit et usque ad portum Ōstiēnsem fluit. ①

4 – Et prope nōs, hī hortī cum lacū mediō?

5 – Sunt hortī Cæsariānī.

6 Lacus ad naumachiās exhibendās ā Cæsare Augustō effossus est. ②

7 – Pōne eōs vidēs Pontem Sublicium, quī ōlim sublicīs innītēbātur. ③

8 – Trāns Tiberim, collis hic proximus est mōns Capitōlīnus, ④

9 cum templō Jovis Optimī Māximī ad sinistram et Rūpe Tarpejā ad dexteram. ⑤

10 – Cūr dīcunt Rūpem Tarpejam prope Capitōlīnum montem esse?

94. Lektion

Der Tarpejische Felsen ist nahe am Kapitol

1 – Kommt hierher. Von hier aus eröffnet sich eine weite Aussicht (Vorblick♂ breit offen-ist^{er}).

2 – Ich hätte nicht gedacht (nicht glaubte^{ich}), dass die Stadt so breit ist. Was ist das für ein Fluss?

3 – Der Tiber teilt die Stadt in zwei Teile und fließt bis zum Hafen von Ostia.

4 – Und hier nahe bei uns, diese Gärten mit dem See in der Mitte (See♂^{Abl} mittlerer♂^{Abl})?

5 – Das sind die Gärten von Cäsar.

6 Der See ist von Kaiser (Cäsar) Augustus ausgegraben worden, um Seeschlachten zur Schau zu stellen.

7 – Hinter ihnen siehst du den Pons Sublicius (Brücke♂ Holzpfahl-♂), der sich einst auf Holzpfähle stützte.

8 – Jenseits des Tibers, dieser ganz nahe (nächster♂) Hügel, ist das Kapitol (Berg kapitolinisch),

9 mit dem Tempel des Jupiter Optimus Maximus zur Linken und dem Tarpejischen Felsen zur Rechten.

10 – Warum sagt man (sagen^{sie}), dass der Tarpejische Felsen nahe am Kapitol sei?

ANMERKUNGEN

① In der Antike befand sich in dem an der Tibermündung gelegenen **Ōstia** (von **ōs** "Mund, Mündung, Gesicht" bzw. **ōstium** "Eingang") der Hafen von Rom; die Stadt war somit damals der wichtigste Warenumschlagplatz. Heute befindet sich an gleicher Stelle das Ausgrabungsgelände Ostia Antica. Die moderne Stadt Ostia liegt etwa 3 km weiter südwestlich am Meer.

② Als Cäsars Adoptivsohn trug Augustus natürlich den Namen seines Adoptivvaters. Für spätere Kaiser wurde auch sein eigener Beiname (**Augustus** "Der Erhabene") Bestandteil des Kaisertitels.

③ Der **Pōns Sublicius** war die älteste Brücke Roms, die – bedingt durch Kriege und Hochwasser – mehrmals zerstört und wieder aufgebaut wurde.

④ Der Kapitolinische Hügel (**Capitōlium** "Kapitol") ist einer der sieben Hügel des antiken Rom. In römischer Frühzeit befand sich dort eine Flucht- und Abwehrburg, später wurden wichtige Tempel errichtet, allen voran der den Göttern Jupiter, Juno und Minerva geweihte Kapitolinische Tempel.

⑤ Jupiter, der höchste römische Gott, trug oft den Namenszusatz **Optimus Māximus** "Der Beste und Größte".

11 – Quia virī clārissimī triumphantēs in clīvum Capitōlīnum ascendēbant, ⑥

12 sed reī publicæ prōditōrēs ē Rūpe Tarpejā, quæ proxima est, præcipitābantur. ⑦

13 – Nōnnumquam iīdem erant et brevis erat via ab honōribus ad supplicium!

14 – Hæc mōlēs quæ in rīpā dexterā Tiberis appāret, ⑧

15 nōnne Hadriānī Mausōlēum est? ⑨

16 – Ita, et ad dexteram Vāticānus mōns cum Petriānā Basilicā. ⑩

17 – Crās Cīvitātem Vāticānam vīsitābimus et fortasse Summum Pontificem vidēbimus. ⑪

18 – Ubi est forum?

19 – Id nōn vidēmus, nam Capitōlīnō monte occultātur,

20 sed ā summō Capitōlīnō monte longē lātēque aspicitur.

21 – Hic pōns ferriviārius quem ad orientem vidēmus, pyrobolīsne āeriīs dēstrūctus est?

ANMERKUNGEN

⑥ **clīvus** bezeichnet eher einen "Abhang", **collis** und **mōns** den Hügel bzw. Berg in seiner Gesamtheit. Mit **clīvus** vewandt sind **acclīvis**, **-e** "ansteigend", **dēclīvis**, **-e** "abschüssig, abfallend" und **prōclīvis**, **-e** "geneigt, willig, bereitwillig" sowie **inclīnāre** "sich neigen, beugen" und **dēclīnāre** "abbiegen, beugen".

⑦ Der Tarpejische Felsen ist laut Legende nach der römischen Priesterin **Tarpeja** benannt, die den Sabinern, einem mit dem gerade erst gegründeten Rom verfeindeten italischen Volk, die Tore der Kapitolsburg öffnete und daraufhin von den Sabinern selbst vom Felsen gestoßen wurde.

⑧ **mōlēs**, **mōlis**♀ meint allgemein etwas Gewaltiges und Wuchtiges. Es kann unter anderem "Masse, Wucht, Last, Kraft, Großmacht, Klumpen, Damm, großer Bau, Felsenriff" heißen.

11 – Weil die berühmtesten Männer bei ihren Triumphen (triumphierend$^{\text{♂♂}}$) das Kapitol bestiegen (Abhang kapitolinisch stiegen^{sie}-hinauf),

12 Landesverräter aber vom Tarpejischen Felsen, der ganz in der Nähe ist, herabgestürzt wurden.

13 – Manchmal waren es die Gleichen, und kurz war der Weg von den Ehren hin zur Todesstrafe (Qual$^{\varnothing}$)!

14 – Dieses riesige Gebäude (Masse$^{\text{♀}}$), welches am rechten Ufer des Tiber erscheint,

15 ist das nicht das Mausoleum des Hadrian?

16 – Ja (so), und zur Rechten der Vatikan mit der Petersbasilika.

17 – Morgen werden wir die Vatikanstadt besuchen und vielleicht den Papst (höchster$^{\text{♂ Akk}}$ Oberpriester$^{\text{♂ Akk}}$) sehen.

18 – Wo ist das Forum?

19 – Das sehen wir nicht, weil es vom Kapitol verdeckt wird,

20 aber vom Gipfel des Kapitols aus kann man es weit und breit sehen (von höchster$^{\text{♂ Abl}}$ kapitolinisch$^{\text{♂ Abl}}$ Berg$^{\text{♂ Abl}}$ lang breit-und wird^{es}-erblickt).

21 – Ist diese Eisenbahnbrücke hier, die wir im (zu) Osten sehen, durch Luftangriffe (Feuergeschoss$^{\text{♂♂ Abl}}$? Luft-$^{\text{♂♂ Abl}}$) zerstört worden?

ANMERKUNGEN

⑨ Die Politik von Kaiser **P. Ælius Hadriānus** "Hadrian" (76-138 n. Chr.) war vor allem auf die Konsolidierung und den Ausbau der Infrastruktur des Römischen Reiches ausgerichtet. Besonders bekannt ist der von ihm in Nordbritannien als Grenzbefestigungsanlage errichtete Hadrianswall **Vallum Ælium**.

⑩ Auf dem Vatikanischen Hügel befand sich in der Antike ein Heiligtum der Fruchtbarkeitsgöttin Kybele. Der Apostel **Petrus** soll am Südhang des Berges unter Kaiser **Nero** hingerichtet worden sein. Die erste Petersbasilika wurde später vom christlichen Kaiser Konstantin über dem vermeintlichen Grab des **Petrus** errichtet.

⑪ **Pontifex** meinte bereits in der nicht-christlichen Antike einen sakralen Beamten in einem Kollegium, das für die Überwachung religiöser Regeln zuständig war. Die später entstehende christliche Kirche übernahm den Ausdruck für das Amt des Oberpriesters bzw. Bischofs.

LEKTION 94

22 – Prō! Omnīnō errās. ⑫

23 Perendiē tibi documentum dē illā quæstiōne legendum præbēbō.

Exercitātiō prīma: Intellegisne hās sententiās?

❶ Placet domum redīre. Sine eam īnspiciāmus. ❷ In līmine sumus. Jānuam aperīmus. ❸ Nocte eam pessulō claudimus. Est quoque sera quæ clāve aperītur. ❹ Per faucēs ad ātrium pervenīmus. Ātrium est domūs membrum ubi majōrem diēī partem agimus. ❺ Apud antīquōs nōn erat omnī ex parte coopertum. ❻ Per compluvium nōn sōlum āēr et lūx penetrābant, sed etiam aqua pluviālis, quæ in impluviō recipiēbātur. ❼ Nostrīs temporibus vīvārium cum piscibus aurātīs sufficit! ❽ Hoc lacūnar ē cedrinīs trabibus cōnspicuīs cōnfectum vērē mīrābile est. ❾ Nōn sunt cedrinæ trabēs, sed abiegnæ. ❿ In eōdem tabulātō sunt culīna, trīclīnium et bibliothēca.

Exercitātiō altera: Īnsere verba dēficientia!

❶ Mit dieser Heizung (Dampf-$^{\varnothing\ \text{Abl}}$) heizen wir zur Winterzeit.
Hōc vapōrāriō hiemālī ______ calefīmus.

❷ Es gibt auch einen großen Kamin, in dem (wo) Holzscheite verbrannt werden können.
Est ______ camīnus ______ ubi stīpitēs combūrī possunt.

❸ Lasst uns über die Treppe zu den Zimmern hinaufgehen.
Per scālās __ ________ ascendāmus.

❹ Willst du ein Buch [haben], durch dessen Lektüre du im Bett besser einschlafen kannst (welcher$^{♂\ \text{Akk}}$ in Bett$^{♂\ \text{Akk}}$ lesend Schlaf$^{♂\ \text{Akk}}$ leichter nehmen könnest^{du}).
Vīsne librum quem in lectō ______ somnum facilius ______ ______?

22 – Oh! Da irrst du ganz und gar.

23 Übermorgen werde ich dir ein Dokument über dieses Thema (Frage♀ Abl) zum Lesen überreichen.

ANMERKUNGEN

⑫ Sie kennen **prō** schon als Präposition mit dem Ablativ in der Bedeutung "vor, für, anstelle von". Hier ist es ein Ausruf: **Prō, Juppiter!** "Großer Gott!". Beachten Sie eine spezielle Wendung: **Prō, deum fidem!** "Um Himmels Willen!"

Solūtiō exercitātiōnis prīmæ: Intellēxistīne?

❶ Ich bin dafür (gefällt[es]), nach Hause zu gehen. Lass zu, dass wir es uns ansehen. ❷ Wir sind an der Türschwelle. Wir öffnen die Eingangstür. ❸ In der Nacht schließen wir sie mit einem Riegel ab. Es gibt auch ein Schloss, das mit einem Schlüssel geöffnet wird. ❹ Durch den Flur gelangen wir ins Atrium. Das Atrium ist der Teil des Hauses, wo wir den Großteil des Tages verbringen. ❺ In der Antike (bei altertümlich♂♂ Akk) war es nicht vollständig (all♀ Abl aus Teil♀ Abl) bedeckt. ❻ Durch eine Dachöffnung drangen nicht nur Luft und Licht ein, sondern auch Regenwasser, das im Impluvium aufgefangen wurde. ❼ In unseren Zeiten reicht ein Aquarium mit Goldfischen! ❽ Diese aus auffallenden Zedernbalken gefertigte getäfelte Decke ist wirklich wunderbar. ❾ Die Balken sind nicht aus Zeder, sondern aus Tannenholz. ❿ Auf demselben Stockwerk befinden sich eine Küche, ein Speisezimmer und eine Bibliothek.

❺ Lass mich dieses da sehen (mach möge[ich]-sehen), ganz oben auf dem Regal.

▢▢▢ videam istum, in ▢▢▢▢▢ pēgmate.

❻ Rücke einen Stuhl oder Schemel heran, mit dessen Hilfe ich es erreichen kann.

Admovē sellam vel scabellum cujus ▢▢▢▢▢▢▢ eum attingere ▢▢▢▢▢▢.

Solūtiō exercitātiōnis alteræ: Verba dēficientia.

❶ tempore ❷ quoque – magnus ❸ ad cubicula ❹ legēns – capere possīs ❺ Fac – summō ❻ auxiliō – possim.

Unda altera: Animā hodiē lēctiōnem quadrāgēsimam quīntam!

95 Lēctiō nōnāgēsima quīnta (XCV)

Mōnstrātōrem sequiminī!

1 Cum paucōs diēs Rōmæ commorēmur et parum temporis igitur habeāmus,

2 mōnstrātōre ūtāmur, quī nōbīs rēs præcipuās ostendat et illūstret.

3 – Ecce! Peropportūnē adest mōnstrātor.

4 Hic nōbīs ūtilissimus erit.

5 Dīc, quæsō, optime vir, quæ possumus hodiē celeriter invīsere?

6 – Prīmum ad templum Sānctō Petrō dicātum vōs dūcam,

7 quod, ut omnibus est nōtum, māximum est Chrīstiānitātis.

8 – Euge! Cupiditāte flagrāmus id videndī.

9 Nūllā morā factā, rædā meritōriā petāmus celeberrimum templum! ①

10 – Quæ est templī magnificentia et mōlēs!

11 – Amplissima platea, quam ante oculōs habēmus, ②

95. Lektion

Folgt dem Touristenführer!

1 Da wir [nur] wenige Tage in Rom verweilen und folglich zu wenig Zeit haben,

2 lasst uns einen Touristenführer buchen (Zeiger[♂ Abl] mögen[wir]-nutzen), der uns die wichtigsten Sachen zeigt und erläutert (erleuchte[er]).

3 – Seht! Genau im richtigen Moment (sehr-gelegen) ist ein Touristenführer da.

4 Der wird uns sehr nützlich sein.

5 Sagen Sie bitte, bester Mann, was können wir heute schnell besichtigen?

6 – Zunächst werde ich euch zur Basilika führen, die dem heiligen Petrus geweiht ist (Tempel[∅ Akk] heilig[♂ Dat] Peter[♂ Dat] geweiht[∅ Akk]),

7 die, wie allen bekannt ist, die größte des Christentums ist.

8 – Klasse! Wir brennen vor Begierde, sie zu sehen.

9 Lasst uns unverzüglich (kein[♀ Abl] Verzögerung[♀ Abl] getan[♀ Abl]) mit dem Taxi zur hochberühmten Basilika fahren (mögen[wir]-streben belebtester[∅ Akk] Tempel)!

10 – Welch eine Pracht und Größe die Basilika ausstrahlt! (welche[♀] ist Tempel[∅ Gen] Großtun[♀] und Masse[♀]!)

11 – Der großflächige Platz, den wir vor Augen haben,

ANMERKUNGEN

① **petere** "langen, greifen" hat ein sehr breites Bedeutungsspektrum. Neben seiner Grundbedeutung kann es auch "zielen, werfen, angreifen, aufsuchen, hingehen, fordern, bitten" heißen.

② In der Antike war **platea** zunächst eine breite Straße, eine Allee, jedoch wurde es bald für "Platz" gebraucht, und diese Bedeutung hat es in allen romanischen Sprachen behalten. Im klassischen Latein ist "Platz" eher **forum**.

12 utrāque parte porticū circumdata est in apsīdem curvātā et columnīs suspēnsā. ③

13 Ædificium sustinet magnum illum tholum,

14 quī altē ēminet et ab omnibus urbis regiōnibus aspicitur.

15 Tholus metra centum trīgintā duo patet in altitūdinem, duo et quadrāgintā in lātitūdinem.

16 Spatium medium templī tantā est amplitūdine ut, cum in eō cōnsistis,

17 vagus et sōlus videāris et timor quīdam religiōsus tē profundat.

18 Ālæ dextera et sinistra multās habent ædiculās ④

19 tabulīs pictīs et marmore ōrnātās.

20 Mīrō splendōre est lacūnar,

21 aurō distīnctum et colōribus splendidīs ōrnātum.

22 Præatereā statuæ marmoreæ, mīrābilī artificiō perfectæ, sunt omnibus in partibus collocātæ,

23 quæ Sānctōrum et Pontificum imāginēs reddunt.

24 Animadvertite præclārum altāre, quod in mediā basilicā sē attollit:

25 in eō nūllī sacerdōtī, præter Pontificem, missam celebrāre licet.

26 Tempus – malum! – fugit et jam hōra statūta adest

ANMERKUNGEN

③ Die **apsīs**, **apsīdis**♀ (alternativ **hapsīs**, **hapsīdis** und später häufig **absida**, **absidæ**) ist ein meist halbkreisförmiger Gebäudeteil, der an den rechteckigen Hauptraum römischer Basiliken anschließt. In Kirchen wird in der **apsīs** meist der Altar positioniert.

12 ist an beiden Seiten von einem Säulengang umgeben, der zu einer Apsis gekrümmt ist und durch Säulen abgestützt (aufgehängt[♀]) wird.

13 Das Gebäude trägt jene große Kuppel,

14 die hoch hinausragt und die man von allen Vierteln der Stadt aus sehen kann.

15 Die Kuppel erstreckt (offen-ist[er]) sich 132 Meter in die Höhe und 42 Meter in die Breite.

16 Der Innenraum der Basilika ist von einer solchen Größe, dass du dir, wenn du darin stehst,

17 verloren (umherschweifend) und einsam vorkommst (werdest[du]-gesehen) und dich eine gewisse religiöse [Ehr-]furcht überkommt (gieße[er]-hervor).

18 Die Flügel rechts und links haben viele kleine Kapellen,

19 die mit bemalten Tafeln und Marmor verziert sind.

20 Von auffallendem Glanz ist die getäfelte Decke,

21 die mit Gold verziert (abgesondert[∅]) und glänzenden Farben ausgeschmückt ist.

22 Außerdem sind marmorne Statuen, durch bewundernswerte Handwerkskunst gefertigt, an allen Seiten aufgestellt,

23 die Abbilder von Heiligen und Päpsten zeigen (zurückgeben[sie]).

24 Beachtet (bemerkt) den vortrefflichen Altar, der sich in der Mitte der Basilika erhebt:

25 An diesem darf kein Priester, außer dem Papst, eine Messe feiern.

26 Die Zeit – Mist (schlecht[∅])! – rennt davon (flieht[sie]), und die vereinbarte Uhrzeit (Stunde aufgestellt[♀]) ist bereits da,

ANMERKUNGEN

④ **ædicula** kann als Diminutiv von **ædis** die Bedeutung "Zimmerchen, kleines Gemach, kleiner Tempel, kleine Kapelle" usw. annehmen; im Plural **ædiculæ** kann es auch "kleine (ärmliche) Wohnung" oder auch "Häuschen" heißen.

27 quā templī valvæ clauduntur nec jam licet in summum tholum ascendere

28 unde longē lātēque patet prōspectus pulcherrimus.

Exercitātiō prīma: Intellegisne hās sententiās?

❶ Quid est Mīsēnum? ❷ Est prōmunturium prope Neāpolim situm. ❸ Quā in cælī regiōne? – Ad Occidentem spectāns. ❹ Quæ sunt cēteræ cælī regiōnēs? – Sunt Septentriō, Oriēns, et Merīdiēs seu Auster. ❺ Austrālia est īnsula in hēmisphæriō austrālī sita, ubi Canga, marsupiale lēctiōnis LXXIX, nāta est. ❻ Hispānia est pænīnsula quæ Hibēria dīcitur. ❼ Sinus Ligusticus est illa pars maris quam lītus Ligusticum amplectitur, vel Liguriæ ōra maritima, quæ in arcum curvāta est. ❽ Hujus lītoris portus præcipuus Genua est. ❾ Cum via inter montēs duōs trānsit, quōmodō pars ejus summa vocātur? – Jugum vocātur, sed hoc nōmen apud nōnnūllōs auctōrēs montem ipsum summum dēsignat. ❿ Ante et post jugum, via vallem sæpe sequitur. ⓫ Montium culmina nive candent.

Exercitātiō altera: Īnsere verba dēficientia!

❶ Steile (abgerissen[⌀⌀]) Felsen ragen über die Klüfte (Schlund[♀♀ Dat]).

Saxa abrupta ________ imminent.

❷ Ein Pfad überquert einen Bach über eine Holzbrücke und führt in eine Mine (Metall[⌀⌀ Akk]).

Sēmita ponte ______ rīvum _______ et ad metalla _____.

❸ Das Erdreich dieser Berge ist reich (überflutet[er]) an Eisen, Kupfer, Zinn, Blei, Gold, Kohle und Diamant.

Tellus hōrum _______ ferrō, cyprō, stagnō, plumbō, ____, carbōne, adamante abundat.

❹ In diesen Bergen sind Eisen, Kupfer, Zinn, Blei, Gold, Kohle und Diamant reichlich vorhanden (wachsen[sie]).

In ___ montibus, ferrum, cyprum, stagnum, plumbum, aurum, carbō, adamās abundanter _________.

27 zu der die Türen der Basilika (Tempel∅ Gen) geschlossen werden und man nicht mehr auf die Spitze der Kuppel (höchste♂ Akk Kuppel♂ Akk) steigen darf,

28 von wo aus sich weit und breit ein herrlicher Ausblick eröffnet.

Solūtiō exercitātiōnis prīmæ: Intellēxistīne?

① Was ist Misenum? ② Es ist ein in der Nähe von Neapel gelegenes Kap. ③ In welcher Himmelsrichtung? – Nach Westen (zu niederfallend♂ Akk betrachtend). ④ Was sind die übrigen Himmelsrichtungen? – Das sind der Norden (Siebengestirn), der Osten (aufsteigend) und der Süden (Mittag♂) bzw. Auster (Südwind♂). ⑤ Australien ist eine auf der Südhalbkugel gelegene Insel, wo Känga, das Känguru aus Lektion 79, geboren ist. ⑥ Spanien ist eine Halbinsel (fast-Insel♀), die Iberien genannt wird. ⑦ Der Ligurische Meerbusen (Krümmung♂ ligurisch♂) ist der Teil des Meeres, den die Ligurische Küste umfasst, bzw. die Meeresküste Liguriens (Rand♀ Meer-♀), die zu einem Bogen gekrümmt ist. ⑧ Der Haupthafen dieser Küste ist Genua. ⑨ Wenn zwischen zwei Bergen ein Weg hinüberführt, wie wird [dann] dessen höchster Teil genannt? – Der wird Gebirgskamm (Joch∅) genannt, aber dieser Name bezeichnet bei einigen Autoren die Spitze des Bergs selbst. ⑩ Vor und hinter dem Gebirgskamm folgt die Straße meist einem Tal. ⑪ Die Gipfel der Berge sind strahlend weiß von Schnee.

❺ Diesen Reichtum♀♀ kann man nicht an einem Ort zugleich finden.

Hæ dīvitiæ simul in ūnō ____ invenīrī nōn ________.

❻ Bravo! Du kennst die Naturkunde [aber] gut.

____! Nātūrālem historiam bene ________.

Solūtiō exercitātiōnis alteræ: Verba dēficientia.

❶ faucibus ❷ ligneō – trānsit – dūcit ❸ montium – aurō ❹ hīs – nāscuntur ❺ locō – possunt ❻ Euge – nōvistī.

Unda altera: Animā hodiē lēctiōnem quadrāgēsimam sextam!

96 Lēctiō nōnāgēsima sexta (XCVI)

Mōnstrātōrem sequiminī! (conclūditur)

1 In plateā quæ ā Venetiā nuncupātur, mīrābile vīsū est monumentum ①

2 quod in honōrem Victōris Immanūēlis II (hujus nōminis secundī), rēgis Italōrum, ædificātum est. ②

3 Ex hōc monumentō, quod per gradūs multōs et tabulāta assurgit,

4 oculīs est subjectum Forum Rōmānum, cujus plūrimæ sunt reliquiæ. ③

5 Ēminent inter omnia arcūs ④

6 quī in honōrem Titī, Septimiī Sevērī, Cōnstantīnī imperātōrum ædificātī sunt,

7 quibus imāginēs īnsculptæ sunt quæ rērum ab iīs gestārum memoriam prōdunt.

8 – Quam multa attentō animō et dīligenter lūstranda sunt!

9 – Sī ā Capitōlīnō monte prōspicimus,

10 ecce dexterā Basilica Jūlia, Vestālium Domus et Templum Jovis Statōris. ⑤ ⑥ ⑦

ANMERKUNGEN

① Die Piazza Venezia im Zentrum von Rom stellt einen wichtigen Verkehrsknotenpunkt dar.

② Viktor Emanuel II. (1820-1878) wurde 1861 erster König des nach der Einigungsbewegung neu gegründeten italienischen Nationalstaats.

③ Das **Forum Romanum** wurde bereits im 5. Jh. v. Chr. angelegt und erlebte zur Römischen Kaiserzeit durch zahlreiche Prachtbauten seine Blüte. Als eine Art Marktplatz war es Zentrum des politischen, wirtschaftlichen und religiösen Lebens.

④ Denken Sie daran, dass **arcus**, **arcūs** "Bogen" nach der **u**-Deklination gebeugt wird. Der Nominativ Plural lautet also **arcūs** "die Bogen".

96. Lektion

Folgt dem Touristenführer! (Schluss)

1 Auf der Piazza Venezia (auf Platz$^{\text{♀ Abl}}$ welche von Venedig$^{\text{♀ Abl}}$ wird^{sie}-genannt) befindet sich ein wunderbar anzuschauendes Denkmal,

2 das zu Ehren von Viktor Emanuel II. (der zweite dieses Namens), des Königs von Italien, gebaut worden ist.

3 Von diesem Denkmal aus, das sich über viele Stufen und Ebenen in die Höhe erhebt,

4 sieht man unten (Auge$^{\text{♂♂ Dat}}$ ist^{es} unterworfen$^{\varnothing}$) das Forum Romanum, von dem (dessen) sehr viele Überreste [erhalten] sind.

5 Zwischen allem ragen die [Triumph]bogen hervor,

6 die zu Ehren der Kaiser Titus, Septimius Severus und Konstantin erbaut worden sind

7 [und] denen Bilder eingemeißelt sind, die an deren Taten erinnern (welche$^{\text{♀♀}}$ Sache$^{\text{♀♀ Gen}}$ von sie$^{\text{♂♂ Abl}}$ getragen$^{\text{♀♀ Gen}}$ Erinnerung$^{\text{♀ Akk}}$ geben^{sie}-vor).

8 – Wie viele Dinge es aufmerksam (hingespannt$^{\text{♂ Abl}}$ Geist$^{\text{♂ Abl}}$) und gründlich zu besichtigen gibt!

9 – Wenn man vom Kapitol in die Ferne schaut (vorblicken^{wir}),

10 sieht man (siehe) auf der rechten Seite die Basilika Julia, das Haus der Vestalinnen und den Tempel des Jupiter Stator.

ANMERKUNGEN

⑤ Die Basilika Julia auf dem **Forum Romanum** war eine Gerichtshalle, deren Bau unter Julius Cäsar begonnen und unter Kaiser Augustus vollendet wurde.

⑥ Die Vestalinnen waren keusche Priesterinnen der **Vesta**, der Göttin von Heim und Herd und Hüterin des heiligen Feuers. Auch **Tarpeja** (Lektion 94) war eine Vestalin.

⑦ Den Tempel des **Jupiter Stator** kennen Sie bereits als den Ort, an dem **Cicero** seine Rede gegen **Catilina** gehalten hat.

11 Vidēmus deinde templum Venerī et Rōmæ dicātum ⑧

12 et basilicam ā Cōnstantīnō imperātōre extrūctam.

13 Sinistrā appāret Cūria Māxima,

14 intrā cujus parietēs Cicerō ille multās et lūculentās ōrātiōnēs habuit. ⑨ ⑩

15 Nec sunt prætereunda Rōstra,

16 quō ōrātōrēs ascendēbant ut in contiōnibus dē rē publicā agerent.

17 Nōn sufficiat diēs, sī omnia numerāre velīmus!

18 Extant, ut vidētis, columnæ marmoreæ et reliquiæ templōrum,

19 quōrum præcipua sunt Templum Sāturnī, Templum Castoris et Pollūcis et Templum Vestæ. ⑪ ⑫

20 – Displicet quod nimis multæ sunt reliquiæ

21 nec ōtium est nōbīs singillātim eās videndī.

22 – Quod certē faciēmus, cum majōre temporis spatiō fruī poterimus.

11 Darauf sehen wir einen Venus und Roma gewidmeten Tempel (Venus[♀ Dat] und Roma[♀ Dat] geweiht[∅ Akk])

12 und eine von Kaiser Konstantin errichtete Basilika.

13 Zur Linken erscheint die Curia Maxima,

14 innerhalb deren Wände jener berühmte Cicero viele und bedeutende Reden gehalten hat.

15 Auch die Rostra (Rednerbühnen) dürfen nicht übergangen werden,

16 auf welche die Redner stiegen, um bei (in) [Volks]versammlungen über den Staat zu verhandeln.

17 Ein Tag würde wohl nicht ausreichen, wenn wir alles aufzählen wollten!

18 Wie ihr seht, existieren noch marmorne Säulen und Überreste von Tempeln,

19 von denen der Tempel des Saturn, der Tempel von Kastor und Pollux und der Tempel der Vesta die bedeutendsten sind.

20 – Es ist schade (missfällt[es]), dass es [zwar] überaus viele Überreste gibt,

21 wir aber nicht die Zeit haben, sie [alle] einzeln zu sehen.

22 – Das werden wir sicherlich machen, wenn wir einen größeren Zeitraum werden nutzen (genießen) können.

ANMERKUNGEN

⑧ **Roma** war die Stadtgöttin Roms; sie galt als die personifizierte Stadt.

⑨ **ille**, **illa**, **illud** kann auch "jener wohlbekannte/berühmte/berüchtigte" heißen.

⑩ **lūculentus**, -**a**, -**um** "recht hell, stattlich, ansehnlich, gewichtig" ist verwandt mit **lūx**, **lūcis**♀ "Licht" und **lūcēre** "leuchten".

⑪ Saturn war der altrömische Gott der Aussaat. Er galt auch als Vater des Jupiter.

⑫ Die Zwillingsbrüder **Castor** und **Pollux** wurden in der griechisch-römischen Antike als Dioskuren (Söhne des Zeus) verehrt. Wie viele andere mythologische Gestalten wurden sie auch als Sternbild verherrlicht.

Exercitātiō prīma: Intellegisne hās sententiās?

❶ Rūrī sunt agrī, prāta, vīllæ. ❷ Lātifundia, ut ē verbō intellegī potest, sunt lātī fundī, id est magnæ vīllæ, quōrum agrī multa jūgera complectuntur. ❸ Agricolæ arātrō agrōs arant. ❹ Posteā sēmina in sulcō spargunt, et humum occā æquant. ❺ Quid sēminant? – Frūmentum, hordeum, secale et etiamnunc oryzam. ❻ Dum seges crēscit, rūsticī cælum sæpe īnspiciunt. ❼ Nix, grandō, gelū, dīluvium, ventus, siccitās, ūnō diē cunctās segetēs corrumpere possunt. ❽ Segetēs flāvēscunt, mox messōrēs eās falcibus secābunt. ❾ Frūmentum in horreō coacervātur dōnec ad molam trānsferātur. ❿ Palea variīs ūsibus ūsurpātur, e.g. ad jūmentōrum strāmentum cōnficiendum.

Exercitātiō altera: Īnsere verba dēficientia!

❶ Was sind die wichtigsten Eisenwerkzeuge der Landwirtschaft?
Quæ sunt ______ ferrāmenta rūstica?

❷ Du kennst bereits den Pflug und die Sense; ergänze [noch] die Hacke, den Spaten und den Rechen.
___ arātrum et falcem ______; adde ligōnem, pālam, rāstellum.

❸ Wenn du diese benutzt, kannst du es in der Landwirtschaft weit bringen (dies[ØØ] benutzt[♂] Sache[♀ Akk] Land-[♀ Akk] erfahren-sein kannst[du]).
___ ūtēns rem rūsticam callēre ____.

❹ Heute hättest du mir ein Dokument geben müssen, das sich auf die Eisenbahnbrücke bezieht, die wir vorgestern (nun-Tag dritter) gesehen haben.
Hodiē documentum mihi ______ dēbēbās, ad pontem ferriviārium quem nudius tertius ______ pertinēns.

❺ Verzeih mir! Diese Sache habe ich vergessen.
____ ______! Hujus reī oblītus sum.

❻ Jetzt ist es an der Zeit, einmal gar nichts zu tun. Wenn du willst, werden wir nächste Woche danach schauen.
Nunc ______ est ōtiandī. Sī vīs, proximā hebdomade hoc ______.

Solūtiō exercitātiōnis prīmæ: Intellēxistīne?

① Auf dem Land$^{\varnothing\text{ Lok}}$ gibt es Äcker, Wiesen und Landhäuser. ② Latifundien sind, wie man am Wort erkennen kann, weite Grundstücke, das heißt große Landhäuser, deren Äcker viele Morgen Land umfassen. ③ Die Landwirte pflügen die Äcker mit einem Pflug. ④ Dann streuen sie Samen in die Furche und ebnen den Boden mit der Egge. ⑤ Was säen sie aus? – Weizen, Gerste, Roggen und jetzt sogar Reis. ⑥ Während die Saat wächst, schauen sich die Bauern oft den Himmel an. ⑦ Schnee, Hagel, Frost, Überschwemmung, Wind und Trockenheit können die ganze Saat an [nur] einem Tag vernichten. ⑧ Die Saat$^{\text{♀♀}}$ wird gelb (werden-blond^{sie}), bald werden die Mäher (Schnitter) sie mit Sensen abschneiden. ⑨ Das Getreide wird solange in der Scheune (Speicher) angehäuft, bis es zur Mühle transportiert wird. ⑩ Die Spreu wird für verschiedene Zwecke benutzt, z.B. um die Streu für die Zugtiere herzustellen.

Solūtiō exercitātiōnis alteræ: Verba dēficientia.

❶ præcipua ❷ Jam – cōgnōscis ❸ Hīs – potes ❹ præbēre – vīdimus ❺ Mihi īgnōsce ❻ tempus – vidēbimus.

Vielleicht haben Sie Lust, sich in einem Heft Wortfelder mit ähnlichen Wörtern zu notieren, z.B. eine Liste von Wörtern rund um das Thema "Essen", "Einkaufen", "Reisen", "Seefahrt" oder etwas anderes?

Titus, Septimius Sevērus und Konstantin

Kaiser **Titus** (39-81 n. Chr.) wurde durch die Zerstörung und Plünderung des Jerusalemer Tempels in der römischen Provinz Judäa 66 n. Chr. bekannt. Kaiser **Septimius Sevērus** (146-211 n. Chr.) errang im Osten des Reichs große militärische Erfolge. Kaiser Konstantin der Große regierte von 306-337 n. Chr. Nach seinem Sieg über den Bürgerkriegsgegner **Maxentius** wurde ihm 315 n. Chr. ein Triumphbogen errichtet.

Unda altera: Animā hodiē lēctiōnem quadrāgēsimam septimam!

97 Lēctiō nōnāgēsima septima (XCVII)

Ā diurnāriō nostrō accēpimus

1 – Ācta diurna! Ācta diurna quis emit?

2 – Quantī cōnstant?

3 – L (50 quīnquāgintā) lībellīs ... Grātiās, Domine! ①

4 – Incrēdibile est! Quæ fūnesta calamitās! Vidē! Lege ipse! ②

5 – *Vesuviī ēruptiō. Oppida sepulta* ... Incrēdibile prōrsus! ③

6 *Certiōrēs factī sumus māximam calamitātem Campāniæ incidisse.*

7 *Hæc ā diurnāriō nostrō, C. (Gāiō) Plīniō Secundō accēpimus:* ④

8 "Mīsēnī a.d. IX Kal. Sep. (ante diem nōnum Kalendās Septembrēs) annō DCCCXXXII (832° octingentēsimō trīcēsimō secundō) U.C. (Urbis conditæ).

9 Præcesserat per multōs diēs tremor terræ, ⑤

10 minus formīdolōsus quia Campāniæ solitus. ⑥

ANMERKUNGEN

① Die **lībella** (= kleine **lībra** "Pfund") war eine alte republikanische Münze, die schon in klassischer Zeit obsolet war. Der moderne Cent ist auf Latein **centēsima** "Hundertstel", von der sich die Abkürzung "Cent" ableitet.

② **fūnestus**, -**a**, -**um**: Adjektiv zu **fūnus**∅, **fūneris** "Beerdigung, Bestattung; Leiche". Es bedeutet demnach so viel wie "Leichen-, traurig, unheilvoll, tödlich".

③ **prōrsus** "vorwärts, geradewegs, völlig" ist das Adverb zu **prōrsus**, -**a**, -**um** "nach vorne gerichtet", das sich aus **prō** "vor, für" und **versus** "gegen... hin, nach... hin" zusammensetzt.

97. Lektion

Wir haben es von unserem Sonderberichterstatter erfahren

1 – Zeitungen! Wer kauft Zeitungen?

2 – Wieviel kosten sie?

3 – 50 Cent (kleine-Silbermünze♀♀ Abl)... Danke, mein Herr!

4 – Es ist unglaublich! Welch eine schreckliche Katastrophe (Unheil♀)! Sieh! Lies selbst!

5 – *Der Ausbruch des Vesuvs. Städte verschüttet* (begraben)... Absolut unglaublich!

6 *Uns wurde berichtet* (sicherer♂♂ gemacht♂♂ sind wir), *dass sich in Kampanien eine riesige Katastrophe ereignet hat* (Kampanien♀ Dat hineingefallen-sein).

7 *Folgendes haben wir von unserem Sonderberichterstatter* (Journalist) *Gaius Plinius Secundus erfahren:*

8 "Misenum, den 24. August (vor Tag♂ Akk neunter♂ Akk Kalenden♀♀ Akk September-♀♀ Akk) 79 (Jahr♂ Abl achthundertster♂ Abl dreißigster♂ Abl zweiter♂ Abl Stadt♀ Gen gegründet♀ Gen).

9 Vorausgegangen war tagelang ein leichtes Erdbeben (Zittern♂ Erde♀ Gen),

10 kaum (weniger) angsteinflößend, da [man es] in Kampanien gewohnt [ist].

ANMERKUNGEN

④ Gemeint ist hier der Anwalt und Senator Plinius der Jüngere (ca. 62-113 n. Chr.), der vor allem durch seinen Briefwechsel als Provinzstatthalter mit Kaiser Trajan bekannt geworden ist. Das **prænōmen** wird dreisilbig **Gāius** ausgesprochen, aber traditionell mit **C.** abgekürzt, weil der Buchstabe **G** in der Frühzeit des lateinischen Alphabets noch nicht existierte.

⑤ **tremor**, **tremōris** ist das Substantiv zu **tremere**, **tremō**, **tremuī** "(er-)zittern, (er-)beben".

⑥ Verwandt mit **formīdolōsus**, **-a**, **-um** "scheu, furchterregend, furchtbar" sind **formīdō**, **formīdinis** "Grausen, (Ehr)furcht, Scheu" und (**re**)**formīdāre** "sich heftig fürchten, vor etw. zurückscheuen". Vielleicht fragen Sie sich, wie "scheu" und "furchtbar" zusammenpassen? Dass Adjektive oft sowohl die aktive Seite ("furchterregend") als auch die passive Seite ("scheu") bezeichnen, ist typisch lateinisch.

11 Illā vērō nocte ita invaluit ut nōn movērī omnia
sed vertī crēderentur. ⑦ ⑧
12 Tum dēmum excēdere oppidō vīsum. ⑨
13 Ēgressī tēcta cōnsistimus. ⑩
14 Multa ibi mīranda, multās formīdinēs patimur. ⑪
15 Nam vehicula, quæ prōdūcī jūsserāmus,
quamquam in plānissimō campō,
16 in contrāriās partēs agēbantur ac nē lapidibus
quidem fulta in eōdem vestīgiō quiēscēbant. ⑫ ⑬
17 Prætereā mare in sē resorbērī et tremōre terræ
quasi repellī vidēbāmus.
18 Certē prōcesserat lītus, multaque animālia
maris siccīs harēnīs dētinēbat.
19 Ab alterō latere, nūbēs ātra et horrenda, igneī
spīritūs tortīs vibrātīsque discursibus disrupta, ⑭
20 in longās flammārum figūrās dehīscēbat;
21 fulguribus illæ et similēs et majōrēs erant ..."

(Ē C. PLĪNĪ CÆCILĪ SECUNDĪ ***Epistulīs***, VI, 20)

ANMERKUNGEN

⑦ (**in**)**valēscere**, (**in**)**valēscō**, (**in**)**valuī** "erstarken" ist das Inchoativum zu **valēre** "stark/kräftig sein".

⑧ Eine Passivform kann im Deutschen oft als reflexives Verb übersetzt werden: **moveor** "ich werde bewegt" oder "ich bewege mich", **rotor** "ich werde gedreht" oder "ich drehe mich".

⑨ Zu dem PPP **vīsum** ist noch **est** zu ergänzen, das, wie Sie bereits wissen, gerne weggelassen wird. Die Passivformen von **vidēre** "sehen" können nicht nur "scheinen", sondern auch "gut erscheinen, gefallen" oder "der Meinung sein" heißen.

⑩ **tēctum**, -ī bezeichnet neben "Dach" (von **tegere** "decken, schützen") auch als **Pars prō tōtō** ("ein Teil für das Ganze") das ganze Haus.

⑪ **cōnsistimus** und **patimur** sind Präsensformen (sog. historisches Präsens), übersetzt mit einem Vergangenheitstempus, da die übrige Erzählung ebenfalls in der Vergangenheit gehalten ist. Durch die Verwendung des Präsens wird eine besondere Nähe zum erzählten Geschehen hergestellt. Der Leser soll sich unmittelbar in die Situation hineinversetzt fühlen.

11 In jener Nacht aber wurde es so stark, dass alles sich nicht [bloß] zu bewegen, sondern [gar] umgestürzt zu werden schien (nicht bewegt-werden alle aber gedreht-werden würden^{sie}-geglaubt-werden).

12 Dann erst (endlich) war man der Meinung, die Stadt verlassen [zu müssen] (herausgehen Stadt$^{\varnothing\ \text{Abl}}$ gesehen$^{\varnothing}$).

13 Nachdem wir aus den Häusern (Dach$^{\varnothing\varnothing\ \text{Akk}}$) herausgetreten waren, blieben wir stehen (stellen^{wir}-uns-hin).

14 Dort erlebten wir viel Erstaunliches und viel Entsetzen (dulden^{wir}).

15 Denn die Wagen, die wir befohlen hatten hinauszufahren (hervorgeführt-werden), wurden, obwohl [sie] auf ganz ebenem Feld [waren],

16 in entgegengesetzte Richtungen getrieben und blieben, nicht einmal durch Steine gestützt, an derselben Stelle (ruhten^{sie}).

17 Außerdem sahen wir, wie das Meer sich selbst verschlang (zurückgeschlürft-werden) und durch das Erdbeben quasi zurückgestoßen wurde.

18 Gewiss war der Strand vorgerückt und hielt viele Meerestiere auf den trockenen Sandflächen zurück.

19 Von der anderen Seite klaffte eine dunkle und furchterregende Wolke, auseinandergerissen durch gewundene und funkelnde Streifen von feuriger Luft (feurig$^{♂\ \text{Gen}}$ Hauch$^{♂\ \text{Gen}}$ gedreht$^{♂♂\ \text{Abl}}$ funkelnd$^{♂♂\ \text{Abl}}$-und Auseinanderlaufen$^{♂♂\ \text{Abl}}$ zerrissen$^{♀}$),

20 in langen Flammenfiguren auf (platzte^{sie});

21 die (jene) Blitzen ähnlich, aber größer waren..."

(Aus den *Briefen des Gaius Plinius Cäcilius Secundus*, VI, 20)

ANMERKUNGEN

⑫ **nē … quidem** heißt "nicht einmal …".
⑬ **fultus**, -**a**, -**um** ist das PPP zu **fulcīre**, **fulciō**, **fulsī** "stützen".
⑭ **tortus**, -**a**, -**um** ist das PPP zu **torquēre**, **torqueō**, **torsī** "drehen, winden".

CARMEN

Calix Sānctus

Prōvinciæ propīnēmus,
Celebrandæ patriæ!
Omnēs ōrdine bibāmus
Merum nostræ vīneæ!

Chorus:
Calix sāncte, ignis plēne,
Funde animīs,
Ārdōrem funde lætum
Vīrēsque fortium.

Gentis līberæ et antīquæ
Optat clādem Barbarus:
Lingua nostra sī tacēret,
Decus nostrum occideret.

Chorus:
Calix sāncte, ignis plēne,
Funde animīs,
Ārdōrem funde lætum
Vīrēsque fortium.

Immō gentis resurgentis
Prīma sīmus sēmina!
Et Latīnæ cīvitātis
Condāmus fundāmina.

Chorus:
Calix sāncte, ignis plēne,
Funde animīs,
Ārdōrem funde lætum
Vīrēsque fortium.

Exercitātiō altera: Īnsere verba dēficientia!

❶ In jener Nacht wurde das Erdbeben so stark, dass wir aus der Stadt hinausgingen.
Illā _____ tremor terræ ita invaluit, __ oppidō ___________.

LIED

Der Heilige Kelch

Lasst uns auf die Provinz trinken
Zur Feier des Vaterlandes (zu-belebend[♀ Dat] Vaterland[♀ Dat])!
Lasst uns alle der Reihe nach trinken
Den reinen Wein unseres Weinbergs!

Refrain:
Heiliger Kelch, voll von Feuer,
Lasse in die Herzen fließen,
Lasse fließen die fröhliche Glut
Und die Kräfte der Mutigen.

Eines freien und alten Volkes
Niederlage wünscht sich der Barbar:
Wenn unsere Zunge schwiege,
Würde unsere Herrlichkeit untergehen.

Refrain:
Heiliger Kelch, voll von Feuer,
Lasse in die Herzen fließen,
Lasse fließen die fröhliche Glut
Und die Kräfte der Mutigen.

Nein vielmehr eines auferstehenden Volkes
Erste Samen lasst uns sein!
Und einer lateinischen Gemeinde
Lasst uns gründen die Fundamente.

Refrain:
Heiliger Kelch, voll von Feuer,
Lasse in die Herzen fließen,
Lasse fließen die fröhliche Glut
Und die Kräfte der Mutigen.

❷ Wir sahen, wie der Strand viele Tiere auf trockenen Sandflächen festhielt.

_____ multa animālia siccīs harēnīs _____ vidēbāmus.

Solūtiō exercitātiōnis alteræ: Verba dēficientia.

❶ nocte – ut – excēderēmus ❷ Lītus – dētinēre.

98 Lēctiō nōnāgēsima octāva (XCVIII)

Repetītiō et annotātiōnēs

1. Konjunktiv (Zusammenfassung)

Der Konjunktiv kommt sehr häufig vor und erfüllt viele verschiedene Funktionen. Meistens jedoch dient er der Angabe eines Wunsches, einer Möglichkeit, einer Aufforderung, eines Befehls oder Verbotes. Hier sind seine zahlreichen Verwendungsmöglichkeiten noch einmal zusammengefasst:

Hauptsatz

- **Konjunktiv Präsens**

Funktion (alle Präsens)	**Beispiel**
Optativ (erfüllbarer Wunsch)	**Valeat rēx!** "Möge der König gesund sein!"
Konzessivus (Einräumung)	**Sit bonus ōrātor, perfectus nōn est.** "Der Redner mag gut sein/zugegeben, dass der Redner gut ist, (aber) perfekt ist er nicht."
Potentialis (Möglichkeit)	**Hoc nēmō crēdat.** "Das dürfte niemand glauben/glaubt wohl niemand."; **Quis hoc dubitet?** "Wer könnte daran zweifeln?"
Hortativ (Aufforderung)	**Eāmus!** "Lasst uns gehen!"
Jussiv (Befehl)	**Aquam mihi det!** "Er gebe mir Wasser!"
Deliberativ (Überlegung)	**Quid faciam?** "Was soll ich tun?"
Prohibitiv (Verbot)	**Nē sīs improbus!** "Sei nicht unverschämt!"

Plīnius-Briefe

369 Briefe des römischen Schriftstellers **Gāius Plīnius Secundus** (ca. 62-113 n. Chr.) – zur Abgrenzung von seinem gleichnamigen Onkel auch Plinius der Jüngere genannt – wurden von **Plīnius** selbst in zehn Büchern veröffentlicht. Sie haben einen hohen literarischen und auch historischen Wert. Ob sie in der uns überlieferten Form auch tatsächlich verschickt, für die Publikation nachbearbeitet oder gar rein fiktiv erstellt wurden, muss offen bleiben. Jedenfalls geben die an über 100 verschiedene Adressaten gerichteten Briefe höchst interessante und detaillierte Einblicke in nahezu alle Bereiche des römischen Privat- und Alltags-, aber auch politischen Lebens. Zu den "Highlights" zählen sicherlich die Schilderung des Vesuvausbruchs im Jahre 79 und der Briefwechsel mit Kaiser Trajan über Probleme der Provinzverwaltung.

Unda altera: Animā hodiē lēctiōnem duodēquīnquāgēsimam!

98. Lektion

- **Konjunktiv Imperfekt**

Funktion	Beispiel
Optativ (unerfüllbarer Wunsch) der Gegenwart	**Utinam Cicerō vīveret!** "Wäre doch Cicero noch am Leben/Wenn Cicero doch noch lebte!"
Potentialis (Möglichkeit) der Vergangenheit	**Audīrēs ululātūs fēminārum.** "Du hättest das Geheul von Frauen hören können."; **Aurum fūsile per rictūs fluitāre vidērēs.** "Man hätte/du hättest flüssiges Gold durch den Rachen fließen sehen können."
Irrealis ("Unwirklichkeit") der Gegenwart	**Quid esset terra sine sōle?** "Was wäre die Erde ohne die Sonne?"
Jussiv (Befehl) der Vergangenheit	**Potius īret.** "Er hätte lieber gehen sollen."
Deliberativ (Überlegung) der Vergangenheit	**Quid facerem?** "Was hätte ich tun sollen?"

- **Konjunktiv Perfekt**

Funktion	Beispiel
Optativ (erfüllbarer Wunsch) der Vergangenheit	**Utinam hoc rēctē fēcerim!** "Hoffentlich habe ich dies richtig gemacht!"
Konzessivus (Einräumung) der Vergangenheit	**Fuerit philosophus, vitiīs nōn carēbat.** "Er mag Philosoph gewesen sein, frei von Fehlern war er (dennoch) nicht."
Potentialis (Möglichkeit) der Gegenwart	**Dīxerit aliquis tē esse deum.** "Es könnte einer sagen, dass du ein Gott seiest."
Prohibitiv (Verbot) der Gegenwart	**Nē abieris!** "Geh nicht weg!"

- **Konjunktiv Plusquamperfekt**

Funktion (alle Vergangenh.)	**Beispiel**
Optativ (unerfüllbarer Wunsch)	**Utinam mē adjūvissēs!** "Wenn du mich doch unterstützt hättest!"
Irrealis ("Unwirklichkeit")	**Quid tū fēcissēs?** "Was hättest *du* gemacht?"
Jussiv (Befehl)	**Restitissēs.** "Du hättest dich widersetzen sollen."

Nebensatz

Grundsätzlich können alle Nebensätze im Konjunktiv stehen, wenn der Inhalt des Nebensatzes vom Erzähler nicht als objektive Tatsache, sondern als Ansicht eines anderen, meistens des Subjekts des Hauptsatzes, dargestellt wird:

Mārcus magistrum accūsāvit quod sē pulsāvisset. "Markus klagte den Lehrer an, weil er ihn (Markus) geschlagen hätte/habe."

Möglich ist auch ein "spontanes" Angleichen des Modus des Nebensatzes an den Konjunktiv eines übergeordneten Hauptsatzes (Modusassimilation), wie in "komme, was da wolle". Dies ist vor allem bei Relativsätzen häufig der Fall:

Quis eum dīligat quem timeat? "Wer könnte den lieben, den er fürchtet?"

In folgenden Nebensätzen steht immer der Konjunktiv:

Art des Nebensatzes (Konjunktion)	**Beispiele**
Indirekter Fragesatz	**Nunc sciō cur tam sapiēns sīs.** "Jetzt weiß ich, warum du so weise bist."; **Incertum est num senātor hoc fēcerit.** "Es ist unklar, ob der Senator dies gemacht hat."
Finalsatz • **ut** "dass, damit, so dass, um zu" • **nē** "dass nicht, damit nicht" • **quōminus** "dass nicht, dass" • **quō** "damit"	**Rōmam iī ut tē convenīrem.** "Ich bin nach Rom gereist, um mich mit dir zu treffen."; **Postulō abs tē ut mihi pecūniam dēs.** "Ich verlange von dir, dass du mir das Geld gibst."; **Timeō/caveō nē hoc faciam.** "Ich fürchte/hüte mich davor, dies zu tun (nicht dies[∅] mache[ich])."; **Tē impediō nē/quōminus hoc faciās.** "Ich hindere dich daran, dies zu tun."; **Vestēs abjēcit quō facilius curreret.** "Er legte die Kleidung ab, damit er leichter laufen konnte.
Konsekutivsatz • **ut** "dass" • **ut nōn** "dass nicht"	**Tantus erat timor ut nōn jam dormīre possent.** "Die Angst war so groß, dass sie nicht mehr schlafen konnten."; **Hoc vidētur difficilius quam ut nōs intellegere possīmus.** "Dies scheint zu schwierig zu sein, als dass wir es verstehen könnten."

quīn-Satz	Nūlla est causa quīn abeam. "Es besteht kein Grund wegzugehen/dass ich wegginge."
Relativsatz mit Nebensinn/Färbung	Cæsar dignus est quī imperet. "Cäsar ist würdig/verdient es, zu befehlen."; Lēgātōs mīsit quī Cæsarem hīs dē rēbus certiōrem facerent. "Er schickte Gesandte, die Cäsar über diese Dinge informieren sollten/damit sie Cäsar informierten."; Nēmō est quī hoc crēdat. "Es gibt niemanden, der das glaubt."; Majōrēs laudat, quōs numquam vīderit. "Er lobt die Vorfahren, obwohl er sie/die er doch nie gesehen hat."; Stultus sum quī hoc nesciam. "Ich bin dumm, dass/da (welcher) ich das nicht weiß."
Vergleichssatz • quasi/tamquam sī/ut sī/velut sī/ac sī "wie wenn, als wenn, als ob"	Sē præbet quasi rēx sit. "Er führt sich auf, als wäre er ein König."; Mē aspicit tamquam sī rem nōn intellēxerit. "Er schaut mich an, als hätte er die Sache nicht verstanden."
Narrativer (erzählender)/kausaler/konzessiver/adversativer (entgegengesetzter) cum-Satz	Cum Rōmam rediissem, Mārcus mihi epistulam dedit. "Als ich nach Rom zurückgekehrt war, gab Markus mir einen Brief."; Cum Cæsar mihi amīcus sit, nihil timeō. "Da Cäsar mit mir befreundet ist, fürchte ich nichts."; Mārcus in viā lūdit, cum Claudia in scholam eat. "Markus spielt auf der Straße, während Claudia hingegen in die Schule geht."; Multī cum ægrōtī essent, nēmō ad medicum iit. "Obwohl viele krank waren, ging niemand zum Arzt."
Hypothetischer Kausalsatz • nōn quō(d) "nicht dass, nicht als ob" • nōn quīn "nicht als ob nicht"	Tē servābō, nōn quō tē amem, sed quia tē opus est. "Ich werde dich retten, nicht dass/als ob ich dich liebte, sondern weil ich dich brauche."; Mārcum ēlēgī, nōn quīn parī virtūte aliī sint, sed quod eum bene nōvī. "Ich habe Markus ausgewählt, nicht dass/als ob es nicht andere mit gleicher Tapferkeit gäbe, sondern weil ich ihn gut kenne."
Konzessivsatz • quamvīs/ut/licet "mag auch, obwohl, wie sehr auch"	Cæsar, quamvīs crūdēlis esset, optimus imperātor fuit. "Cäsar war ein glänzender Feldherr, mag er auch noch so grausam gewesen sein."; Ut dēsint vīrēs, tamen est laudanda voluntās. "Auch wenn die Kräfte fehlen mögen, ist der (gute) Wille zu loben."
Temporalsatz • dum/dōnec/quoad "solange bis, damit unterdessen" bei finaler Nebenbedeutung	Expectō dum omnēs conveniant "Ich warte, bis sich alle versammelt haben."; Volō hīc morārī quoad mē reficiam "Ich will hier verweilen, bis ich mich erholt habe."

Temporalsatz • **priusquam/antequam** "bevor, ehe, damit nicht erst" bei finaler Nebenbedeutung bzw. Unwirklichkeit der Nebensatzhandlung	**Fūgimus priusquam retinerēmur.** "Wir flohen, bevor wir zurückgehalten werden [konnten]."; **Hostem superāre voluit priusquam ille sēsē auxiliīs cōnfirmāret.** "Er wollte den Feind bezwingen, ehe dieser sich/damit er sich nicht mit Hilfstruppen verstärken [konnte]."
Konditionalsatz als Potentialis oder Irrealis • **sī** "wenn, falls" • **nisi** "wenn nicht, außer wenn" • **sī nōn** "wenn nicht" • **sīn** "wenn aber" • **etiamsī/etsī** "selbst wenn"	**Sī hoc dīcās, tē dīmittam.** "Wenn du das sagen solltest, würde ich dich fortschicken."; **Nisi tibi scrīpsissem, nunc mortuus essēs.** "Wenn ich dir nicht geschrieben hätte, wärest du jetzt tot."; **Sī in scholam vēnissēs, magister tē laudāvisset.** "Wenn du in die Schule gekommen wärest, hätte der Lehrer dich gelobt."
Bedingter Wunschsatz • **modo/dum/dummodo** "wenn nur, solange nur"	**Dīvitiæ nōn sunt malum, modo bene adhibeantur.** "Reichtum ist kein Übel, wenn er nur gut eingesetzt wird."; **Ōderint dum metuant!** "Sollen sie mich doch hassen, solange sie mich nur fürchten!"
Nebensatz in der indirekten Rede	**Ariovistus Cæsarī respondit: sī quid ipsī opus esset, sēsē ad eum ventūrum fuisse; sī quid ille sē velit, illum ad sē venīre oportēre.** "Ariovist antwortete Cäsar: Wenn er (Ariovist) etwas benötige, käme er (Ar.) zu ihm (C.); wenn er (C.) [aber] etwas von ihm (Ar.) wolle, müsse er (C.) zu ihm (Ar.) kommen."

2. Correlativa (Fürwörter der Wechselbeziehung)

• demonstrativ	
tālis, **-e** "so beschaffen (solch)"	**tantus**, **-a**, **-um** "so groß"
tantum "so viel"	**tot** "so viele"
tantundem "ebensoviel"	**totidem** "ebenso viele"

• relativ	
quālis "wie (beschaffen)"	**quantuscumque** "wie groß auch immer"
quāliscumque "wie auch immer beschaffen"	**quotcumque/quotquot** "wie viele auch immer"
quantum "wie (viel)"	**quantus**, **-a**, **-um** "wie (groß)"
quot "wie (viele)"	

• interrogativ	
quālis, **-e?** "wie beschaffen?"	**quantus**, **-a**, **-um?** "wie groß?"
quantum? "wie viel?"	**quot?** "wie viele?"

• indefinit	
aliquantum "ziemlich viel"	**aliquantus**, -**a**, -**um** "ziemlich groß"
aliquot "einige"	

Beispiele:

Rōmānī tantam clādem accēpērunt quanta neque anteā neque posteā eīs ēvēnit. "Die Römer erlitten eine so große Niederlage, wie sie ihnen weder vorher noch nachher widerfuhr."
Tibi tāle cōnsilium dō quāle tibi aptum est. "Ich gebe dir einen solchen Rat, wie er für dich geeignet ist."
Nesciō quot hominēs hīc vīvant. "Ich weiß nicht, wie viele Menschen hier leben."

3. Pronominaladverbien

• demonstrativ	
ibi "da", **hīc** "hier", **istīc**/**illīc** "dort", **ibīdem** "ebenda"	**inde** "von da", **hinc** "von hier", **istinc**/**illinc** "von dort"
eō "dahin", **hūc** "hierhin", **istūc**/**illūc** "dorthin", **eōdem** "ebendahin"	**eā** "auf dem Weg", **hāc**/**istāc**/**illāc** "auf diesem Weg"
tum/**tunc** "damals, dann", **ōlim** "einst"	**ita**/**sīc** "so", **item** "ebenso"
tam "so sehr"	

• relativ	
ubi "wo", **ubicumque** "wo auch immer"	**cum** "wann, als", **quandōcumque** "wann auch immer"
unde "woher", **undecumque** "woher auch immer"	**ut**/**sīcut**/**quōmodō**/**quemadmodum** "wie" **utcumque**/**utut** "wie auch immer"
quō "wohin", **quōcumque** "wohin auch immer"	**quam** "wie (sehr)"
quā "wo, wie", **quācumque** "wo, wie auch immer"	

• interrogativ	
ubi? "wo?"	**quandō?** "wann?"
unde? "woher?"	**quōmodō?** "wie?"
quō? "wohin?"	**quam?** "wie (sehr)?"
quā? "auf welchem Weg, wie?"	

• indefinit	
alicubī "irgendwo", **usquam** "irgendwo", **nusquam** "nirgends", **ubīque** "überall", **alibī** "anderswo"	**aliquā** "auf irgendeinem Weg, irgendwo, irgendwie", **nēquāquam** "keineswegs"
alicunde "irgendwoher", **undique** "von allen Seiten", **aliunde** "anderswoher"	**aliquandō** "irgendwann, irgend einmal, einst", **quondam** "einstmals", **umquam** "jemals", **numquam** "niemals", **aliās** "ein andermal"
aliquō "irgendwohin", **aliō** "anderswohin"	**utique** "jedenfalls, in jeder Weise"

4. Zahlen: Ordinalia, Multiplikativa, Distributiva

Ordinalia (Ordnungszahlen), z.B. "erster, zweiter, dritter...", werden wie Adjektive der **o**- und **a**-Deklination gebeugt und, abweichend vom Deutschen, auch bei Jahreszahlen und Uhrzeiten gebraucht:

annō mīllēsimō "im Jahr 1000 (Jahr[♂ Abl] tausendster[♂ Abl])"
hōrā tertiā "um 9 Uhr (Stunde[♀ Abl] dritte[♀ Abl])"

Auch Brüche werden mit Ordnungszahlen ausgedrückt:

tertia pars "ein Drittel (dritte[♀] Teil[♀])"
duæ quīntæ "zwei Fünftel (zwei[♀♀] fünfte[♀♀])"

Multiplikativa (Vervielfältigungszahlwörter) sind z.B. "einmal, zweimal, dreimal...".

Distributiva (Verteilungszahlwörter) wie "je ein, je zwei, je drei..." stehen im Plural und werden nach der **o**- und **a**-Deklination gebeugt.

Bei Multiplikationen wird der Faktor durch ein Multiplikativum, der Multiplikand durch ein Distributivum ausgedrückt:

Bis bīna sunt quattuor. "2 mal 2 (zweimal je-zwei[⌀⌀]) sind 4."
Septiēs octōna sunt quīnquāgintā sex. "7 mal 8 (siebenmal je-acht[⌀⌀]) sind 56."

Die wichtigsten Formen:

Arabisch	Römisch	Kardinalzahl (deklinierbar)	Ordinalzahl (Nom. Sg. Mask.)	Multiplikativzahl	Distributivzahl (Nom. Pl. Mask.)
1	I	ūnum	prīmus	semel	singulī
2	II	duo	secundus	bis	bīnī
3	III	tria	tertius	ter	ternī
4	IV	quattuor	quārtus	quater	quaternī
5	V	quīnque	quīntus	quīnquiēs	quīnī
6	VI	sex	sextus	sexiēs	sēnī
7	VII	septem	septimus	septiēs	septēnī
8	VIII	octō	octāvus	octiēs	octōnī
9	IX	novem	nōnus	noviēs	novēnī
10	X	decem	decimus	deciēs	dēnī
11	XI	ūndecim	ūndecimus	ūndeciēs	ūndēnī
12	XII	duodecim	duodecimus	duodeciēs	duodēnī
13	XIII	tredecim	tertius decimus	ter deciēs	ternī dēnī
14	XIV	quattuordecim	quārtus decimus	quater deciēs	quaternī dēnī
15	XV	quīndecim	quīntus decimus	quīnquiēs deciēs	quīnī dēnī
16	XVI	sēdecim	sextus decimus	sexiēs deciēs	sēnī dēnī
17	XVII	septendecim	septimus decimus	septiēs deciēs	septēnī dēnī
18	XVIII	duodēvīgintī	duodēvīcēsimus	duodēvīciēs	duodēvīcēnī
19	XIX	ūndēvīgintī	ūndēvīcēsimus	ūndēvīciēs	ūndēvīcēnī
20	XX	vīgintī	vīcēsimus	vīciēs	vīcēnī

LEKTION 98

Arabisch	Römisch	Kardinalzahl (deklinierbar)	Ordinalzahl (Nom. Sg. Mask.)	Multiplikativzahl	Distributivzahl (Nom. Pl. Mask.)
30	XXX	trīgintā	trīcēsimus	trīciēs	trīcēnī
40	XL	quadrāgintā	quadrāgēsimus	quadrāgiēs	quadrāgēnī
50	L	quīnquāgintā	quīnquāgēsimus	quīnquāgiēs	quīnquāgēnī
60	LX	sexāgintā	sexāgēsimus	sexāgiēs	sexāgēnī
70	LXX	septuāgintā	septuāgēsimus	septuāgiēs	septuāgēnī
80	LXXX	octōgintā	octōgēsimus	octōgiēs	octōgēnī
90	XC	nōnāgintā	nōnāgēsimus	nōnāgiēs	nōnāgēnī
100	C	centum	centēsimus	centiēs	centēnī
200	CC	ducenta	ducentēsimus	ducentiēs	ducēnī
300	CCC	trecenta	trecentēsimus	trecentiēs	trecēnī
400	CD	quadringenta	quadringentēsimus	quadringentiēs	quadringēnī
500	D	quīngenta	quīngentēsimus	quīngentiēs	quīngēnī
600	DC	sescenta	sescentēsimus	sescentiēs	sescēnī
700	DCC	septingenta	septingentēsimus	septingentiēs	septingēnī
800	DCCC	octingenta	octingentēsimus	octingentiēs	octingēnī
900	CM	nōngenta	nōngentēsimus	nōngentiēs	nōngēnī
1000	M	mīlle	mīllēsimus	mīliēs	singula mīlia
2000	MM	duo mīlia	bis mīllēsimus	bis mīliēs	bīna mīlia

Zahlen über 2000

Die Zahlen zwischen 2.000 und 1.000.000 werden jeweils als ein Vielfaches von **mīlia**[⌀⌀] "tausend" dargestellt, wobei auch das Vervielfältigungszahlwort im Neutrum steht:

Zahl	Zahlwort	Zeichen
2.000	**duo mīlia**	MM oder $\overline{II}$
3.000	**tria mīlia**	MMM oder $\overline{III}$
5.000	**quīnque mīlia**	$\overline{V}$
10.000	**decem mīlia**	$\overline{X}$
20.000	**vīgintī mīlia**	$\overline{XX}$
100.000	**centum mīlia**	$\overline{C}$
200.000	**ducenta mīlia**	$\overline{CC}$

Die Zahlen ab 1.000.000 werden durch eine Multiplikation mit **centēna mīlia** "100.000" als Multiplikand dargestellt:

Zahl	Zahlwort	Zeichen
1.000.000	**deciēs centēna mīlia** (zehnmal je-hundert[⌀⌀] tausend[⌀⌀])	$\overline{M}$
34.000.000	**trecentiēs quadrāgiēs centēna mīlia** (dreihundertmal vierzigmal je-hundert tausend[⌀⌀])	$\overline{|XXXIV|}$

Beispiele:

Lipsia habet quīngenta[⌀⌀Akk] **trīgintā**[indekl] **duo**[⌀⌀Akk] **mīlia**[⌀⌀Akk] [**et**] **quīngentōs**[♂♂Akk] **trīgintā**[indekl] **duōs**[♂♂Akk] **incolās**[♂♂Akk]. "Leipzig hat 532.532 Einwohner."

Berolīnum habet incolārum[♂♂ Gen] **trīciēs** (**centēna**[⌀⌀ Akk]) [**et**] **quīngenta**[⌀⌀ Akk] **quadrāgintā**[indekl] **tria**[⌀⌀ Akk] **mīlia**[⌀⌀ Akk] [**et**] **quīngentōs**[♂♂ Akk] **quadrāgintā**[indekl] **trēs**[♂♂ Akk]. "Berlin hat 3.543.543 Einwohner."

Unda altera: Animā hodiē lēctiōnem ūndēquīnquāgēsimam!

LEKTION 98

99 Lēctiō nōnāgēsima nōna (XCIX)

Tot aquārum mōlibus!

I

1 Cum omnis rēs ab imperātōre dēlēgāta intentiōrem exigat cūram, ①

2 sitque nunc mihi ā Nervā Augustō, nesciō dīligentiōre an amantiōre reī publicæ imperātōre, ②

3 aquārum injūnctum officium,

4 cum ad ūsum tum ad salūbritātem atque etiam sēcūritātem urbis pertinēns, ③

5 prīmum ac potissimum exīstimō, sīcut in cēterīs negōtiīs īnstitueram, nōsse quod suscēpī. ④ ⑤

II

6 Quāpropter hujus commentāriī pertinēbit fortassis et ad successōrem ūtilitās,

7 sed cum inter initia administrātiōnis meæ scrīptus sit,

8 in prīmīs ad meam īnstitūtiōnem rēgulamque prōficiet ... ⑥

ANMERKUNGEN

① **intentior**, -**ius**: Komparativ zu **intentus**, -**a**, -**um** "heftig, gespannt", von **intendere** "hinstrecken, spannen". Steht der Komparativ ohne Nennung des verglichenen Gegenstands, wird er mit "zu, etwas, besonders, ziemlich" + Positiv (Grundstufe) übersetzt.

② Kaiser **Nerva** (30-98 n. Chr.) regierte von 96-98 n. Chr. Im Jahr 97 ernannte er den Senatoren und Provinzstatthalter **Sextus Jūlius Frontīnus** (40-103 n. Chr.), den Autor der hier vorliegenden Schrift, zum **cūrātor aquārum** "Oberaufseher über die Aquädukte" Roms.

③ **cum... tum** bedeutet "wenn schon... dann gewiss, sowohl... als insbesondere, nicht nur... sondern sogar".

99. Lektion

Mit so vielen riesigen Wasserleitungen!

1

1 Da jede vom Kaiser übertragene Aufgabe (Sache) eine besonders eifrige Sorgfalt erfordert,

2 und da mir nun von Nerva Augustus, einem dem Staat gegenüber – ich weiß nicht ob – gewissenhafteren oder liebevolleren Kaiser,

3 der Dienst der Wasseraufsicht aufgetragen wurde,

4 der nicht nur dem Nutzen, sondern insbesondere der Gesundheit und sogar Sicherheit der Stadt dient,

5 halte ich es für das Allerwichtigste, so wie ich es bei den anderen Amtsgeschäften etabliert hatte, [genau] zu wissen, was ich übernommen habe.

2

6 Deshalb wird die Nützlichkeit dieses Berichts (Notiz♂♂) hier vielleicht auch meinen Nachfolger interessieren (Brauchbarkeit♀),

7 aber da er gegen Beginn meiner Verwaltung[stätigkeit] geschrieben wurde,

8 wird er vor allem für mich als Unterrichtswerk und Leitfaden dienen (Anleitung♀ und Regel♀ wird[er]-nützen)...

ANMERKUNGEN

④ **prīmum ac potissimum** "erstes und wichtigstes" bilden hier ein sog. Hendiadyoin "eins durch zwei", eine Stilfigur, bei der zwei selbstständige Ausdrücke mit ähnlicher Bedeutung für einen einzigen zusammengesetzten Begriff stehen, der meist eine Verstärkung der jeweiligen Einzelbedeutungen darstellt.

⑤ **nōsse** ist die Kurzform von **nōvisse** "kennen, wissen".

⑥ Mit **mea īnstitūtiō** "mein Unterricht" kann sowohl der Unterricht gemeint sein, den man selber abhält, als auch der Unterricht, den man erteilt bekommt.

X

9 ... Agrippa Virginem in agrō Lūcullānō collēctam Rōmam perdūxit. ⑦ ⑧ ⑨

10 Virgō appellāta est quod quærentibus aquam mīlitibus virguncula vēnās quāsdam mōnstrāvit,

11 quās secūtī, quī fōderant, ingentem aquæ modum invēnērunt.

12 Concipitur Virgō palūstribus locīs, Signīnō circumjectō continendārum scaturrīginum causā. ⑩ ⑪

X

13 ... Ductus Aniēnis Novī efficit passuum quīnquāgintā octō mīlia septingentōs: ⑫ ⑬

14 ex eō, rīvō subterrāneō passuum quadrāgintā novem mīlia trecentōs,

15 et propius urbem opere arcuātō passuum sex mīlia quadringentōs nōnāgintā ūnum.

ANMERKUNGEN

⑦ **Mārcus Vipsānius Agrippa** (64-12 v. Chr.) war Schwiegersohn und enger Vertrauter von Kaiser Augustus. Er nahm zahlreiche Aufgaben im militärischen und zivilen Bereich wahr.

⑧ Der römische Senator und Feldherr **Lūcius Licinius Lūcullus** (117-56 v. Chr.) war für seinen Reichtum und seine luxuriösen Gastmähler bekannt.

10

9 ... Agrippa leitete [das Wasser von] Virgo, das auf einem Landgut des Lukullus gesammelt wurde, bis nach Rom (hat[sie]-hingeführt).

10 Virgo (Mädchen) wurde es genannt, weil ein kleines Mädchen den Soldaten [des Agrippa], als sie Wasser suchten, einige [Quell]adern zeigte;

11 denen folgten sie (welche[♀♀ Akk] gefolgt[♂♂]), und so fanden diejenigen, die gegraben hatten, eine riesige Menge an Wasser.

12 Virgo entspringt in einem Sumpfgebiet, wobei [die Leitung] mit Mörtel umschlossen ist, um das hervorsprudelnde Wasser beisammenzuhalten.

10

13 ... Die Leitung des Anio Novus misst 58,7 Meilen (bringt[er]-hervor Doppelschritt[♂♂] 58.700),

14 wovon 49,3 Meilen (Doppelschritt[♂♂] 49.300) auf einen unterirdischen Kanal,

15 und näher an der Stadt [Rom] 6,491 Meilen auf ein [oberirdisches] Bogenwerk [entfallen].

ANMERKUNGEN

⑨ **Agrippa** stellte das Aquädukt **Aqua Virgō** im Jahr 19 v. Chr. als sechstes römisches Aquädukt fertig. Es diente der Versorgung von Thermen, die er ebenfalls hatte bauen lassen. Die größtenteils unterirdisch verlaufende Wasserleitung ist heute noch in Betrieb.

⑩ **Concipere** heißt neben "zusammenfassen, auffassen, aufnehmen, entspringen" auch "abfassen, anordnen; schwanger werden".

⑪ **Signīnus**, **-a**, **-um** ist das Adjektiv zur italischen Stadt **Signia**, die für ihren Wein und ihren Mörtel (**Signīnum opus** "Signinisches Werk") bekannt war, der aus Sand, Kalk und Tuffsteinstücken bestand.

⑫ Das Aquädukt **Aniēn** (**-ēnis**) **Novus** oder **Aniō** (**-ōnis**) **Novus** wurde 38 n. Chr. errichtet. Gemeinsam mit dem **Aniō Vetus** wurde es aus dem Fluss Anio, einem Nebenfluss des Tiber, gespeist.

⑬ Eine römische Meile, also 1.000 Doppelschritte, maß etwa 1,5 km.

16 Hī sunt arcūs altissimī, sublevātī in quibusdam locīs pedēs centum novem. ⑭

XVI

17 Tot aquārum tam multīs necessāriīs mōlibus pȳramidas vidēlicet ōtiōsās comparēs, ⑮ ⑯

18 aut cētera inertia sed fāmā celebrāta Græcōrum!

(Ē JŪLIĪ FRONTĪNĪ
Dē aquæductū urbis Rōmæ)

ANMERKUNGEN

⑭ Ein Fuß (**pēs**) maß etwa 30 cm.

⑮ **ōtiōsus**, **-a**, **-um** "müßig, untätig, teilnahmslos, überflüssig, unnütz" ist das Adjektiv zu **ōtium** "Nichtstun, Freizeit, Muße".

Sie möchten wissen, wie die Beschreibung des Vesuvausbruchs in den Briefen von ***Gāius Plīnius Cæcilius Secundus*** *weitergeht? Das erfahren Sie in dieser Verständnisübung:*

Exercitātiō prīma: Intellegisne hās sententiās?

❶ **Ā diurnāriō ... (conclūditur)** – Nec multō post, illa nūbēs dēscendere in terrās, operīre maria; ❷ cīnxerat Capreās et absconderat. ❸ Jam cinis, adhūc tamen rārus. ❹ Respiciō: dēnsa cālīgō tergīs imminēbat, quæ nōs torrentis modō īnfūsa terræ sequēbātur. ❺ Audīrēs ululātūs fēminārum, īnfantium queritātūs, clāmōrēs virōrum. ❻ Aliī parentēs, aliī līberōs, aliī conjugēs vōcibus requīrēbant, vōcibus nōscitābant. ❼ Hī suum cāsum, illī suōrum miserābantur; erant quī metū mortis mortem precārentur. ❽ Paulum relūxit, quod nōn diēs nōbīs, sed adventantis ignis indicium vidēbātur. ❾ Et ignis quidem longius substitit; tenebræ rūrsus, cinis rūrsus, multus et gravis. ❿ Hunc identidem assurgentēs excutiēbāmus; opertī aliōquī atque etiam oblīsī pondere essēmus.

16 Dies sind sehr hohe Bögen, die an einigen Stellen 109 Fuß emporragen.

16

17 Mit derart zahlreichen notwendigen Riesenbauten so vieler Wasserleitungen sollte man einmal die offensichtlich unnützen Pyramiden vergleichen

18 oder andere [zwar] unproduktive (träge), aber wegen ihres Rufes gepriesene (Ruf$^{♀\ \text{Abl}}$ belebt$^{⌀⌀\ \text{Akk}}$) [Attraktionen] der Griechen!

(Aus ***Über die Wasserversorgung der Stadt Rom*** von Julius Frontinus)

ANMERKUNGEN

⑯ Griechische Wörter bekamen oft griechische Endungen. Das Wort **pȳramidas** erscheint hier mit der griechischen Form für den Akkusativ Plural -**as**. Natürlich kann auch die reguläre lateinische Endung -**ēs** verwendet werden: **pȳramidēs**.

Solūtiō exercitātiōnis prīmæ: Intellēxistīne?

❶ **Von unserem Sonderberichterstatter... (Schluss)** – Und nicht viel später steigt jene Wolke auf die Erde herab, bedeckt die Meere; ❷ sie hatte [die Insel] Capri eingehüllt und verschwinden lassen (hatte^{er}-verborgen). ❸ Schon [fällt] Asche [auf uns], jedoch immer noch vereinzelt (selten). ❹ Ich blicke zurück: Dichter Qualm saß uns im Nacken (Rauch$^{♀}$ Rücken$^{⌀⌀\ \text{Dat}}$ ragte^{sie}-hinein), der sich nach Art eines Sturzbaches auf die Erde ergoss (eingegossen$^{♀}$ Erde$^{♀\ \text{Dat}}$) und uns verfolgte. ❺ Du hättest das Heulen von Frauen, das Kreischen von kleinen Kindern (Gekreisch$^{♂♂}$), die Schreie von Männern hören können. ❻ Die einen suchten mit Rufen (Stimme$^{♀♀}$) nach ihren Eltern, andere nach ihren Kindern, wieder andere nach ihren Gatten und versuchten, [sie] an ihren Stimmen zu erkennen. ❼ Diese beklagten ihr eigenes Unglück, jene das ihrer [Angehörigen]; es gab einige, die sich aus Angst vor dem Tode den Tod herbeiwünschten. ❽ Es hellte ein wenig auf, was von uns nicht als Tag, sondern als Anzeichen einer sich nähernden Feuersbrunst interpretiert wurde. ❾ Und doch blieb die Feuersbrunst etwas weiter weg; die Finsternis [kam] wieder (rückwärts), [ebenso] die Asche (rückwärts), dicht (zahlreich) und schwer. ❿ Diese schüttelten wir immer wieder von uns ab und stellten uns dabei hin; andernfalls wären wir bedeckt und sogar von dem Gewicht erdrückt worden.

Exercitātiō altera: Īnsere verba dēficientia!

❶ Endlich lichtete sich jener Qualm und löste sich quasi in Rauch und Nebel auf.

____ illa ____ tenuāta quasi in fūmum nebulamve discessit.

❷ Bald [wurde es] wirklich Tag; sogar die Sonne strahlte hervor (hat^{sie}-geglänzt), aber nur blassgelb, wie sie für gewöhnlich bei einer Sonnenfinsternis ist (wie-beschaffen♂ sein, wenn davon-macht^{er}, pflegt^{er}).

____ diēs vērus; sōl ____ effulsit, lūridus tamen, quālis esse, cum dēficit, ____.

❸ Alles kam den noch aufgeregten Augen ganz anders vor und [war] mit einer hohen Aschedecke wie mit Schnee bedeckt.

Occursābant trepidantibus ____ oculīs mūtāta omnia altōque cinere ____ nive obducta.

❹ Nachdem wir dennoch nach Misenum zurückgekehrt waren und unsere Körper, wie wir nur konnten, gepflegt hatten, verbrachten wir die Nacht ungewiss (aufgehängt♀ ^{Akk}) und zweifelnd [zwischen] Hoffnung und Furcht.

Regressī ____ Mīsēnum cūrātīsque utcumque corporibus, suspēnsam dubiamque ____ spē ac metū exēgimus.

100 Lēctiō centēsima (C)

Quam horribile mōnstrum!

1 Poppædius nauta, cum in scaphā rēmigāret, ecce repente marīnum dracōnem respexit. ①

2 POPPÆDIUS – Mehercule! Quam horribile mōnstrum!

Solūtiō exercitātiōnis alteræ: Verba dēficientia.

❶ Tandem – cālīgō ❷ Mox – etiam – solet ❸ adhūc – tamquam ❹ tamen – noctem.

Wasserversorgung im Römischen Reich

Allein in Rom galt es im 3. Jh. n. Chr. elf Thermen, ca. 850 Privatbäder und über 1.000 Brunnen über 11 Hauptwasserleitungen (**aquæductus**, **-ūs** oder einfach **aquæ**) zu versorgen. Zwar waren die Aquädukte vor allem durch ihre oberirdischen Brücken- und Bogenkonstruktionen bekannt. Der Hauptteil der Strecke von der Quelle bis in die Stadt verlief jedoch unterirdisch. In der Stadt wurde das Wasser zunächst zentral in riesigen Zisternen (**castellum**) gespeichert, bevor es dann durch Bleidruckrohre (**fistula**) verteilt wurde. Besonders gut erhalten sind die Aquäduktbrücke *Pont du Gard* bei Nîmes (Südfrankreich) und die Aquädukte von Tarragona und Segovia (Spanien). Reste von Wasserleitungen finden sich auch bei Mainz (Römersteine) und auf der Strecke der Eifelwasserleitung zwischen Nettersheim und Köln.

Unda altera: Animā hodiē lēctiōnem quīnquāgēsimam!

100. Lektion

Was für ein schreckliches Monster!

1 Als der Seemann Popeye in seinem Boot ruderte, erblickte er plötzlich, siehe da, hinter sich ein Seeungeheuer (Meer-♂ Akk Drache♂ Akk).

2 POPEYE – Beim Herkules! Was für ein schreckliches Monster!

ANMERKUNGEN

① Ähnliche Bedeutungen wie **scapha** "Boot, Rettungsboot" haben auch **ratis** "Floß", **linter** "Kahn, Nachen", **alveus** "Einbaum" und **cumba** "Barke, Nachen".

3 MŌNSTRUM, *Poppædium, quī nōn summā erat pulchritūdine, īnspiciēns* – Eadem tibi dictūrus fuī! ②

4 SENEX – Tuane est hæc sagitta?

5 PUER – Quid frāctum est?

6 SENEX – Nihil frāctum est.

7 PUER – Bene, mea sagitta est.

(Ex ***Āctīs Diurnīs***, LIII)

8 Cōsinus, physicus perītissimus, dē bēstiolārum mōribus mōtibusque inquīrēbat.

9 In labōrātōriō suō muscās, formīcās, locustās, cīmicēs, pēdiculōs, etc., alēbat. ③

10 Quondam pūlicem condocefactum cum dēscrīptiōne ā magistrō datā, accēpit.

11 Ex hāc dēscrīptiōne, quibus vōcibus bēstiola obœdīret scīre potuit.

12 Experīmentum prīmum parāvit.

13 Cum vir esset doctus et methodicus, ēventa omnia in chartīs idōneīs notābat.

14 Omnibus rēbus in suīs locīs positīs, pūlicī imperāvit: "Exilī!"

15 Pūlex exiluit.

16 Cōsinus ēventum in commentāriīs notāvit.

17 Deinde artis chīrūrgicæ, in quā ōlim sē exercuerat, memor,

18 pūlicis crūscula dēsecuit et experīmentum alterum parāvit.

ANMERKUNGEN

② Futurformen, die in der 1. Person Singular stehen, lassen sich oft auch mit "wollen" übersetzen.

3 *MONSTER, während es Popeye, der nicht von besonders großer Schönheit war, betrachtete* – Dasselbe wollte ich *dir* gerade sagen (dir sagen-werdend♂ bin^{ich}-gewesen!)

4 GREIS – Ist das dein Pfeil hier?

5 JUNGE – Was ist kaputtgegangen (gebrochen$^{\varnothing}$)?

6 GREIS – Nichts ist kaputtgegangen.

7 JUNGE – Gut, es ist mein Pfeil.

(Aus ***Acta Diurna***, Nr. 53)

8 Cosinus, ein sehr erfahrener Naturwissenschaftler, untersuchte die Verhaltensweisen und Bewegungen von Insekten (von Tierchen♀♀ ^{Gen} Sitte♂♂ ^{Abl} Bewegung-und♂♂ ^{Abl} suchte-auf^{er}).

9 In seinem Labor hielt er (ernährte^{er}) Fliegen, Ameisen, Heuschrecken, Wanzen, Läuse etc.

10 Einmal nahm er einen dressierten Floh zusammen mit der vom Lehrmeister ausgehändigten Anleitung in Empfang.

11 Dieser Anleitung konnte er entnehmen, auf welche Worte das Insekt hörte.

12 Er bereitete das erste Experiment vor.

13 Da er ein gelehrter und methodisch denkender Mann war, notierte er alle Ergebnisse auf geeigneten Papieren.

14 Nachdem alle Dinge an ihren Positionen aufgebaut waren, befahl er dem Floh: "Spring hervor!"

15 Der Floh sprang hervor.

16 Cosinus notierte das Ergebnis in seinem Versuchsprotokoll (Notiz♂♂ ^{Abl}).

17 Daraufhin, sich an das Handwerk der Chirurgie erinnernd, in dem er sich einst geübt hatte,

18 schnitt er die Beinchen des Flohs ab und bereitete ein zweites Experiment vor.

ANMERKUNGEN

③ Andere wichtige Insekten und Kleintiere sind **apis**♀ "Biene", **culex**♂, **-icis** "Mücke, Schnake", **vespa** "Wespe", **scarabæus** "(Holz-)käfer", **arāneus** "Spinne" und **vermis**♂ "Wurm". Verwechseln Sie nicht **pēdiculus** "Laus" und **pediculus** "Füßchen".

19 Iterum pūlicī: "Exilī!" imperāvit.

20 Pūlex autem nōn exiluit.

21 In commentāriīs notāre nōn dubitāvit:

22 "Crūribus abscīsīs, pūlex obsurdēscit".

(Ex ***Āctīs Diurnīs***, XL)

Exercitātiō prīma: Intellegisne hās sententiās?

❶ In hāc ultimā ferē exercitātiōne, legere pergēmus, usque ad fīnem, ea Frontīnī excerpta, quōrum priōrem partem in lēctiōne XCIX (99ª nōnāgēsimā nōnā) vīdimus. ❷ **LXIV** Nunc pōnam quid ipse scrūpulōsā inquīsītiōne in commentāriīs invēnerim ... ❸ Plūs in distribūtiōne quam in acceptō computābātur quīnāriīs MCCLXIII (1263 mīlle ducentīs sexāgintā tribus)! ❹ Hujus reī admīrātiō nōn mediocriter mē convertit ad scrūtandum quem ad modum amplius ērogārētur quam in patrimōniō, ut ita dīcam, esset. ❺ Ante omnia itaque capita ductuum mētīrī aggressus sum, ❻ sed longē ampliōrem quam in commentāriīs modum invēnī ... ❼ **LXXIV** Mēnsūrīs āctīs, illud dētegitur: ❽ X (10 decem) mīlia quīnāriārum intercidisse, ❾ dum beneficia sua prīncipēs secundum modum in commentāriīs ascrīptum temperant ... ❿ **LXXV** Cujus reī causa est fraus aquāriōrum, quōs aquās ex ductibus publicīs in prīvātōrum ūsūs dērīvāre dēprehendimus, ⓫ sed et plērīque possessōrēs, quōrum agrīs aqua circumdūcitur, fōrmās rīvōrum perforant ... ⓬ **LXXVI** Irriguōs agrōs, tabernās, cēnācula etiam, corruptēlās dēnique, ⓭ omnēs perpetuīs salientibus īnstrūctās invēnimus ... ⓮ **CXV** Etiam ille aquāriōrum tollendus est reditus quem vocant "pūncta". ⓯ Longa ac dīversa sunt spatia per quæ fistulæ tōtā meant urbe latentēs sub silice.

19 Zum zweiten Mal befahl er dem Floh: "Spring hervor!"

20 Der Floh aber sprang nicht hervor.

21 Er zögerte nicht, in seinem Versuchsprotokoll zu notieren:

22 "Bei abgeschnittenen Beinen wird der Floh taub".

(Aus ***Acta Diurna***, Nr. 40)

Solūtiō exercitātiōnis prīmæ: Intellēxistīne?

❶ In dieser vorletzten Übung werden wir die Auszüge von Frontinus bis zum Schluss weiterlesen, deren ersten (früher) Teil wir in Lektion 99 gesehen haben. ❷ **64** Nun werde ich darlegen, was ich selbst bei gewissenhafter Nachforschung in den Berichten gefunden habe… ❸ Man errechnete zwischen ausgeteiltem und [tatsächlich von den Verbrauchern] empfangenem [Wasser] eine Differenz von 1.263 fünf[zölligen Rohren] (mehr in Verteilung$^{\text{♀ Abl}}$ als in empfangen$^{\text{∅ Abl}}$ wurde^{es}-zusammengerechnet fünf-enthaltend$^{\text{♀ Abl}}$ 1263)! ❹ Meine Verwunderung über diese Sache trieb mich stark (nicht mittelmäßig) dazu an, zu erforschen, auf welche Weise mehr ausgegeben wurde als sozusagen im Vermögen war. ❺ Zunächst einmal (vor alles$^{\text{∅∅ Akk}}$) habe ich mich daher daran gemacht, die Ausmaße (Kopf$^{\text{∅∅ Akk}}$) der Leitungen zu messen, ❻ aber ich fand ein bei weitem größeres Ausmaß als in den Berichten… ❼ **74** Nach Durchführung der Messungen wird dies enthüllt: ❽ dass 10.000 fünf[zöllige Rohre] verloren gegangen sind, ❾ während die Kaiser ihre Zuwendungen gemäß der in den Berichten aufgeschriebenen Menge bemessen (regeln^{sie})... ❿ **75** Grund für diesen Sachverhalt ist der Betrug seitens der Wasserrohrarbeiter, die wir dabei ertappt haben, Wasser aus den öffentlichen Leitungen für den Privatgebrauch umzuleiten, ⓫ aber auch die meisten [Grund-]besitzer, um deren Äcker das Wasser geleitet wird, durchbohren die Kanalleitungen (Form$^{\text{♀♀}}$ Bach$^{\text{♂♂}}$)… ⓬ **76** Wir fanden bewässerte Äcker, Läden, sogar Speiselokale, schließlich auch Bordelle (Verderben$^{\text{♀♀ Akk}}$), ⓭ alle mit ständig fließendem (springend$^{\text{♀♀ Abl}}$) [Wasser] ausgestattet… ⓮ **115** Auch jener Ertrag (Rückkehr) der Wasserrohrarbeiter, der "Stiche" genannt wird, ist zu unterbinden. ⓯ Lang und entlegen sind die Strecken (Raum$^{\text{∅∅}}$), entlang derer die Rohre in der ganzen Stadt verborgen unter Stein verlaufen.

Exercitātiō altera: Īnsere verba dēficientia!

1. Ich habe erfahren, dass diese Rohre, die durch jemanden, der "von den Stichen" genannt wurde, überall zerstochen (verwundet) sind,

   ___ fistulās ___ per eum quī appellābātur "ā pūnctīs", passim convulnerātās,

2. allen Geschäften entlang des Verlaufs durch Privatrohre (eigen[♀♀ Abl] Röhre[♀♀ Abl]) Wasser zur Verfügung gestellt haben.

   omnibus in trānsitū negōtiātiōnibus ___ pecūliāribus fistulīs ___.

3. Dadurch wurde bewirkt, dass nur eine geringe Menge in den öffentlichen Verbrauch gelangte…

   ___ efficiēbātur ut exiguus modus ad ūsūs ___ pervenīret…

4. **130** Ich könnte nicht leugnen, dass die Verächter des Gesetzes eine angemessene (welche[♀] wird[sie]-angespannt) Strafe verdient haben,

   CXXX Lēgis contemptōrēs nōn negāverim dignōs ___ quæ intenditur,

5. aber diejenigen, die durch die lange Zeit [waltende] Nachlässigkeit getäuscht wurden, hätte man auf milde Weise wieder [zur Gesetzestreue] aufrufen müssen.

   sed neglegentiā ___ ___ dēceptōs lēniter revocārī oportuit.

❻ Für die Zukunft (übrig$^{\varnothing \text{ Akk}}$) aber wünsche ich, dass die Vollstreckung (Ausführung♀) des Gesetzes nicht [mehr] nötig ist,

In reliquum vērō optō nē executiō lēgis ▒▒▒▒▒▒▒▒▒▒ sit,

❼ weil es das Vertrauen in das Amt erhalten hat, [es] auch bei verärgerten Reaktionen zu schützen.

cum ▒▒▒▒▒▒▒ fidem etiam per offēnsās tuērī præstiterit.

Solūtiō exercitātiōnis alteræ: Verba dēficientia.

❶ Hās – comperī ❷ præbuisse – aquam ❸ Quō – publicōs ❹ pœnā ❺ longī temporis ❻ necessāria ❼ officiī.

Langsam heißt es Abschied nehmen von "Latein ohne Mühe": Die folgende Lektion ist die letzte des Kurses. Wir hoffen jedoch, dass Sie Ihr Buch jetzt nicht ins Regal stellen, sondern es immer mal wieder zur Hand nehmen, um die eine oder andere Lektion noch einmal durchzulesen oder – was noch besser wäre – den kompletten Kurs ein zweites Mal durchzuarbeiten. Auch sonst werden Sie hoffentlich jede Gelegenheit nutzen, Ihre Lateinkenntnisse weiter auszubauen, oder?

Unda altera: Animā hodiē lēctiōnem quīnquāgēsimam prīmam!

101 Lēctiō centēsima prīma (CI)

Mācte virtūte estōte

1 Mācte virtūte estōte, vōs quī usque ad hanc ultimam lēctiōnem pervēnistis! ①

2 Sī in hīs lēctiōnibus prōsequendīs prōpositum discendī modum servāvimus,

3 multa trītissimaque verba nōbīs quasi amīcī et familiārēs factī sunt. ②

4 Variārum sententiārum exempla in auribus nostrīs expressa sunt.

5 Ipsīus dēnique grammaticæ jam nōn omnīnō īgnārī sumus.

6 Attamen, sī lingua Latīna nōbīs amīca facta est, ad meliōra etiam nunc prōgredī possumus.

7 Nam prīmum usque ad librī fīnem "undam alteram" pervolvēmus.

8 Præthereā cottīdiē librum quālibet pāginā aperiēmus, lēctiōnēs quāsdam relegēmus,

9 annotātiōnēs iterum cōnsulēmus, discōs iterum audiēmus, ③

Lingua latina nobis amica facta est.

101. Lektion

Herzliche Glückwünsche zu Ihrer Leistung

1 Herzliche Glückwünsche zu Ihrer Leistung (geehrt$^{♂}$ Mannheit$^{♀\ \text{Abl}}$ sollt^{ihr}-sein), für Sie, die Sie bis zu dieser letzten Lektion hier gekommen sind!

2 Wenn wir beim Voranschreiten in diesen Lektionen die uns vorgenommene Lernmethode eingehalten haben,

3 sind uns viele und sehr oft gebrauchte Wörter quasi zu Freunden und Vertrauten geworden.

4 Beispiele verschiedener Sätze sind in unseren Ohren haften geblieben (ausgedrückt^{øø} sind^{sie}).

5 Selbst im Hinblick auf Grammatik sind wir schließlich nicht mehr völlig unwissend.

6 Aber doch können wir, wenn uns die lateinische Sprache zur Freundin geworden ist, (zu besser$^{øø\ \text{Akk}}$) auch jetzt [noch] Fortschritte machen.

7 Denn zunächst werden wir die "zweite Welle" bis zum Ende des Buches durchziehen (werden^{wir}-durchrollen).

8 Außerdem werden wir das Buch täglich auf einer beliebigen Seite öffnen, einige Lektionen erneut lesen,

9 die Anmerkungen noch einmal konsultieren (werden^{wir}-befragen) und die CDs erneut anhören,

ANMERKUNGEN

① Das alte Adjektiv **māctus**, **-a**, **-um** "zufriedengestellt, geehrt, gesegnet" tritt nur im Nominativ und im Vokativ Singular **mācte** "Heil, Glückwunsch" auf.

② Zur Erinnerung: **trītus** ist das PPP von **terere**, **terō**, **trīvī** "(zer)reiben, oft gebrauchen, oft besuchen".

③ **cōnsulere** hat in Verbindung mit einem Dativ die Bedeutung "sorgen für, Rat schaffen, helfen", mit einem Akkusativ hingegen "beraten, um Rat fragen, konsultieren".

10 dōnec omnia, quæ hōc in librō invenīrī possunt, sine ūllā animī contentiōne capiēmus.

11 Posteā ultrā pergendum erit, sine hāc conversiōnum annotātiōnumque fultūrā, quæ nōbīs hūc usque numquam dēfuit. ④ ⑤

12 Per nōs ipsōs jam inveniāmus oportēbit librōs, documenta, præcepta, atque etiam amīcōs, ⑥

13 quī nōbīs ad hæc comparanda, vel colloquiīs vel epistulīs, auxilium dent.

14 Eōs librōs, exemplī grātiā, nōbīs comparāre poterimus quōrum excerpta in hōc opere posita magis placuērunt.

15 Sī librōs lēgerimus, eōs legendō tālēs stimulōs ad novōs librōs vel commentāriōs legendōs inveniēmus,

16 ut legenda numquam nōs dēficere possint.

17 Grammatica vērō, quamquam sæpe ejus rēgulīs potior est ūsus, nōn tamen omnīnō ac temere neglegenda est.

18 Prīmum igitur appendicem grammaticālem, quæ in ultimīs librī pāginīs continētur, iterum revolvēmus,

19 posteā autem ūtile erit accūrātiōra complētiōraque opera cōnsulere. ⑦

20 Quā in rē, hujus cōnsiliī semper meminisse dēbēmus:

21 artem āctīvam, quæ in Latīnē loquendō, Latīnē legendō, Latīnē scrībendō, Latīnē cōgitandō cōnsistit,

ANMERKUNGEN

④ **conversiō**, **-iōnis** ist das Substantiv zu **convertere**, **convertō**, **convertī** "umdrehen, umwenden, umkehren".

10 bis wir alles, was man in diesem Buch finden kann, ohne irgendeine geistige Anstrengung verstehen werden.

11 Danach muss ohne diese Unterstützung der Übersetzungen und Anmerkungen, die uns bis hierher niemals fehlte, weiter fortgefahren werden.

12 Wir selbst werden jetzt Bücher, Dokumente, Regelwerke (Lehre⊘⊘) und auch Freunde finden müssen,

13 die uns durch Gespräche oder Briefe dabei helfen können, dies zu besorgen.

14 Wir werden uns beispielsweise die Bücher besorgen können, deren in diesem Buch vorgestellte Auszüge uns recht gut (mehr) gefallen haben.

15 Wenn wir die Bücher lesen sollten, werden wir bei ihrer Lektüre derartige Anreize zum Lesen neuer Bücher oder Berichte finden,

16 dass uns der Lesestoff (zu-lesend⊘⊘) niemals ausgehen kann.

17 Die Grammatik aber darf, obwohl [uns] ihre Anwendung oft lieber ist als ihre Regeln, dennoch nicht gänzlich und planlos übergangen (vernachlässigt) werden.

18 Daher werden wir zuerst den grammatikalischen Anhang, der auf den letzten Buchseiten vorhanden ist, noch einmal durchgehen,

19 später aber wird es nützlich sein, genauere und vollständigere Werke heranzuziehen.

20 Bei dieser Sache müssen wir uns immer an folgenden Rat erinnern:

21 Die aktive Sprachausübung, die im Lateinsprechen, lateinisch Lesen, lateinisch Schreiben und lateinisch Denken besteht,

ANMERKUNGEN

⑤ Zu **fultūra** "Stütze" kennen Sie bereits das Verb **fulcīre** "stützen".
⑥ Eine Liste mit Empfehlungen zu weiterführender Literatur und Links zu ausgewählten Internetseiten rund um die lateinische Sprache finden Sie im Anhang dieses Buches.
⑦ Auch hierzu finden Sie im Anhang Literaturhinweise.

22 et doctrīnam, quā morphologiam et syntaxim intellegere possumus, semper inter sē conjungere et cōpulāre dēbēmus.

23 Hīs præceptīs frētī, āeronautārum prōverbium nōbīs audācter arripiāmus:

24 **per ardua ad astra …**

25 Nunc vestrīs vīribus cōnfīsī, ipsī fēlīciter ēvolētis!

26 Valēte, optimī lēctōrēs, et linguam nostram amāte!

Exercitātiō prīma: Intellegisne hās sententiās?

❶ Quia modum discendī servāvī, linguæ Latīnæ nōn jam īgnārus sum. ❷ Cottīdiē librum aperientēs lēctiōnēs relegere dēbēmus. ❸ Posteā nova documenta nōbīs ipsīs erunt invenienda, ut ad meliōra prōgredī possīmus. ❹ Ars āctīva, quæ in loquendō, scrībendō, cōgitandō cōnsistit, numquam neglegenda est. ❺ Ad hoc efficiendum amīcōs condiscipulōsque cōnsulere poterimus.

Exercitātiō altera: Īnsere verba dēficientia!

❶ Beim Lesen dieses Buches müssen wir uns an diese Lernmethode erinnern.
Hōc librō ______ hujus ______ modī meminisse dēbēmus.

❷ Zuerst werden wir den grammatikalischen Anhang noch einmal durchgehen.
Prīmum ______ grammaticam iterum ______.

❸ Es wird nützlich sein, Freunde zu finden, die uns helfen, dies zu besorgen.
Ūtile erit ______ invenīre, quī nōbīs ad hæc ______ auxilium ____.

22 und die Sprachlehre, durch die wir die Formenlehre und den Satzbau verstehen können, müssen wir immer miteinander verbinden und verknüpfen.

23 Fest vertrauend auf diese Regeln wollen wir uns mutig den Spruch der Luftfahrer zu eigen machen:

24 **Über steile Wege** (steil$^{\varnothing\varnothing}$) [**kommen wir**] **zu den Sternen...**

25 Nun mögt ihr im Vertrauen auf eure Kräfte selbst erfolgreich hinauffliegen!

26 Lebt wohl, verehrte Leser, und findet Gefallen an unserer Sprache!

Solūtiō exercitātiōnis prīmæ: Intellēxistīne?

❶ Weil ich die Lernmethode eingehalten habe, bin ich der lateinischen Sprache nicht mehr unkundig. ❷ Wir müssen die Lektionen wiederholen, indem wir täglich das Buch öffnen. ❸ Später werden wir selbst neue Dokumente finden müssen, um besser Fortschritte machen zu können. ❹ Die aktive Sprachausübung, die darin besteht, zu sprechen, zu schreiben und zu denken, darf niemals vernachlässigt werden. ❺ Um dies zu erreichen, werden wir Freunde und Mitschüler um Rat fragen können.

Solūtiō exercitātiōnis alteræ: Verba dēficientia.

❶ legendō – discendī ❷ appendicem – revolvēmus ❸ amīcōs – comparanda – dent.

Perfectum est. *"Es ist geschafft." – Sie haben die letzte Lektion von "Latein ohne Mühe" absolviert. Das heißt aber nicht, dass Sie fertig sind mit dem Kurs, denn Sie müssen ja – wenn Sie sich noch in der passiven Phase befinden – die aktive Phase noch bis zum Ende des Kurses fortsetzen! Die Wiederholung ist besonders wichtig, denn wenn das Gelernte nicht gefestigt wird, ist bald alles vergessen, und die Arbeit war umsonst. Aber auch wenn Sie sich am Ende der aktiven Phase befinden, können Sie Ihr Lateinstudium fortsetzen: Entsprechende Literatur, Gesprächszirkel, Lateinforen im Internet und vieles mehr bieten Ihnen die Gelegenheit dazu!*

Unda altera: Animā hodiē lēctiōnem quīnquāgēsimam alteram!

ANHANG A. GRAMMATISCHER INDEX

Dieser grammatische Index enthält alle in den Wiederholungslektionen und in den Anhängen dieses Buches behandelten Grammatikthemen. Mit seiner Hilfe können Sie sich auf die Schnelle Informationen über ein bestimmtes Thema heraussuchen.

ANHANG B. DIE WICHTIGSTEN KONJUGATIONSMUSTER

Hier finden Sie die Konjugationsmuster der fünf Konjugationsklassen und der unregelmäßigen Verben im Aktiv sowie eine Stammformenliste häufig vorkommender Verben.

• **vocāre** "rufen"

Indikativ	Präsens	Imperfekt	Futur	Perfekt	Plusqu.
	vocō	vocābam	vocābō	vocāvī	vocāveram
	vocās	vocābās	vocābis	vocāvistī	vocāverās
	vocat	vocābat	vocābit	vocāvit	vocāverat
	vocāmus	vocābāmus	vocābimus	vocāvimus	vocāverāmus
	vocātis	vocābātis	vocābitis	vocāvistis	vocāverātis
	vocant	vocābant	vocābunt	vocāvērunt	vocāverant

Konjunktiv	Präsens	Imperfekt	Perfekt	Plusqu.	Sup./PPA/Ger.*
	vocem	vocārem	vocāverim	vocāvissem	vocātum/vocāns, -antis/ vocandum
	vocēs	vocārēs	vocāveris	vocāvissēs	
	vocet	vocāret	vocāverit	vocāvisset	
	vocēmus	vocārēmus	vocāverimus	vocāvissēmus	
	vocētis	vocārētis	vocāveritis	vocāvissētis	
	vocent	vocārent	vocāverint	vocāvissent	

* Ger. = Gerundium

• **habēre** "haben"

Indikativ	Präsens	Imperfekt	Futur	Perfekt	Plusqu.
	habeō	habēbam	habēbō	habuī	habueram
	habēs	habēbās	habēbis	habuistī	habuerās
	habet	habēbat	habēbit	habuit	habuerat
	habēmus	habēbāmus	habēbimus	habuimus	habuerāmus
	habētis	habēbātis	habēbitis	habuistis	habuerātis
	habent	habēbant	habēbunt	habuērunt	habuerant

Konjunktiv	Präsens	Imperfekt	Perfekt	Plusqu.	Sup./PPA/Ger.*
	habeam	habērem	habuerim	habuissem	habitum/habēns, -antis/ habendum
	habeās	habērēs	habueris	habuissēs	
	habeat	habēret	habuerit	habuisset	
	habeāmus	habērēmus	habuerimus	habuissēmus	
	habeātis	habērētis	habueritis	habuissētis	
	habeant	habērent	habuerint	habuissent	

* Ger. = Gerundium

• **audīre** "hören"

Indikativ	Präsens	Imperfekt	Futur	Perfekt	Plusqu.
	audiō	audiēbam	audiam	audīvī	audīveram
	audīs	audiēbās	audiēs	audīvistī	audīverās
	audit	audiēbat	audiet	audīvit	audīverat
	audīmus	audiēbāmus	audiēmus	audīvimus	audīverāmus
	audītis	audiēbātis	audiētis	audīvistis	audīverātis
	audiunt	audiēbant	audient	audīvērunt	audīverant

Konjunktiv	Präsens	Imperfekt	Perfekt	Plusqu.	Sup./PPA/Ger.*
	audiam	audīrem	audīverim	audīvissem	audītum/audiēns, -antis/audiendum
	audiās	audīrēs	audīveris	audīvissēs	
	audiat	audīret	audīverit	audīvisset	
	audiāmus	audīrēmus	audīverimus	audīvissēmus	
	audiātis	audīrētis	audīveritis	audīvissētis	
	audiant	audīrent	audīverint	audīvissent	
* Ger. = Gerundium					

• **agere** "treiben"

Indikativ	Präsens	Imperfekt	Futur	Perfekt	Plusqu.
	agō	agēbam	agam	ēgī	ēgeram
	agis	agēbās	agēs	ēgistī	ēgerās
	agit	agēbat	aget	ēgit	ēgerat
	agimus	agēbāmus	agēmus	ēgimus	ēgerāmus
	agitis	agēbātis	agētis	ēgistis	ēgerātis
	agunt	agēbant	agent	ēgērunt	ēgerant

Konjunktiv	Präsens	Imperfekt	Perfekt	Plusqu.	Sup./PPA/Ger.*
	agam	agerem	ēgerim	ēgissem	āctum/agēns, -antis/agendum
	agās	agerēs	ēgeris	ēgissēs	
	agat	ageret	ēgerit	ēgisset	
	agāmus	agerēmus	ēgerimus	ēgissēmus	
	agātis	agerētis	ēgeritis	ēgissētis	
	agant	agerent	ēgerint	ēgissent	

• **facere** "tun, machen"

Indikativ	Präsens	Imperfekt	Futur	Perfekt	Plusqu.
	faciō	faciēbam	faciam	fēcī	fēceram
	facis	faciēbās	faciēs	fēcistī	fēcerās
	facit	faciēbat	faciet	fēcit	fēcerat
	facimus	faciēbāmus	faciēmus	fēcimus	fēcerāmus
	facitis	faciēbātis	faciētis	fēcistis	fēcerātis
	faciunt	faciēbant	facient	fēcērunt	fēcerant

Konjunktiv	Präsens	Imperfekt	Perfekt	Plusqu.	Sup./PPA/Ger.*
	faciam	facerem	fēcerim	fēcissem	factum/faciēns, -antis/faciendum
	faciās	facerēs	fēceris	fēcissēs	
	faciat	faceret	fēcerit	fēcisset	
	faciāmus	facerēmus	fēcerimus	fēcissēmus	
	faciātis	facerētis	fēceritis	fēcissētis	
	faciant	facerent	fēcerint	fēcissent	

- **esse** "sein"

Indikativ	Präsens	Imperfekt	Futur	Perfekt	Plusqu.
	sum	eram	erō	fuī	fueram
	es	erās	eris	fuistī	fuerās
	est	erat	erit	fuit	fuerat
	sumus	erāmus	erimus	fuimus	fuerāmus
	estis	erātis	eritis	fuistis	fuerātis
	sunt	erant	erunt	fuērunt	fuerant

Konjunktiv	Präsens	Imperfekt	Perfekt	Plusqu.	Sup./PPA/Ger.*
	sim	essem	fuerim	fuissem	-
	sīs	essēs	fueris	fuissēs	
	sit	esset	fuerit	fuisset	
	sīmus	essēmus	fuerimus	fuissēmus	PFA
	sītis	essētis	fueritis	fuissētis	futūrus, -a, -um
	sint	essent	fuerint	fuissent	

- **ferre** "tragen, bringen"

Indikativ	Präsens	Imperfekt	Futur	Perfekt	Plusqu.
	ferō	ferēbam	feram	tulī	tuleram
	fers	ferēbās	ferēs	tulistī	tulerās
	fert	ferēbat	feret	tulit	tulerat
	ferimus	ferēbāmus	ferēmus	tulimus	tulerāmus
	fertis	ferēbātis	ferētis	tulistis	tulerātis
	ferunt	ferēbant	ferent	tulērunt	tulerant

Konjunktiv	Präsens	Imperfekt	Perfekt	Plusqu.	Sup./PPA/Ger.*
	feram	ferrem	tulerim	tulissem	lātum/ferēns, -antis/ferendum
	ferās	ferrēs	tuleris	tulissēs	
	ferat	ferret	tulerit	tulisset	
	ferāmus	ferrēmus	tulerimus	tulissēmus	
	ferātis	ferrētis	tuleritis	tulissētis	
	ferant	ferrent	tulerint	tulissent	

• **fierī** "(gemacht) werden, geschehen"

	Präsens	Imperfekt	Futur	Perfekt	Plusqu.
Indikativ	fīō	fīēbam	fīam	factus,-a,-um sum/es/est	factus, -a, -um eram/eras/erat
	fīs	fīēbās	fīēs		
	fit	fīēbat	fīet		
	fīmus	fīēbāmus	fīēmus	factī, -æ, -a sumus/estis/ sunt	factī, -æ, -a erāmus/erātis/ erant
	fītis	fīēbātis	fīētis		
	fīunt	fīēbant	fīent		

	Präsens	Imperfekt	Perfekt	Plusqu.	Sup./PPA/Ger.*
Konjunktiv	fīam	fierem	factus, -a, -um sim/sīs/sit	factus, -a, -um essem/ essēs/ esset	factum/- / faciendum
	fīās	fierēs			
	fīat	fieret			
	fīāmus	fierēmus	factī, -æ, -a sīmus/sītis/sint	factī, -æ, -a essēmus/ essētis/essent	
	fīātis	fierētis			
	fīant	fierent			

• **īre** "gehen"

	Präsens	Imperfekt	Futur	Perfekt	Plusqu.
Indikativ	eō	ībam	ībō	iī	ieram
	īs	ībās	ībis	iistī	ierās
	it	ībat	ībit	iit	ierat
	īmus	ībāmus	ībimus	iimus	ierāmus
	ītis	ībātis	ībitis	iistis	ierātis
	eunt	ībant	ībunt	iērunt	ierant

	Präsens	Imperfekt	Perfekt	Plusqu.	Sup./PPA/Ger.*
Konjunktiv	eam	īrem	ierim	iissem	itum/iēns, euntis/eun-dum
	eās	īrēs	ieris	iissēs	
	eat	īret	ierit	iisset	
	eāmus	īrēmus	ierimus	iissēmus	
	eātis	īrētis	ieritis	iissētis	
	eant	īrent	ierint	iissent	

• **mālle** "lieber wollen"

	Präsens	Imperfekt	Futur	Perfekt	Plusqu.
Indikativ	mālō	mālēbam	mālam	māluī	mālueram
	māvīs	mālēbās	mālēs	māluistī	māluerās
	māvult	mālēbat	mālet	māluit	māluerat
	mālumus	mālēbāmus	mālēmus	māluimus	māluerāmus
	māvultis	mālēbātis	mālētis	māluistis	māluerātis
	mālunt	mālēbant	mālent	māluērunt	māluerant

Konjunktiv	Präsens	Imperfekt	Perfekt	Plusqu.	Sup./PPA/Ger.*
	mālim	māllem	māluerim	māluissem	-
	mālīs	māllēs	mālueris	māluissēs	
	mālit	māllet	māluerit	māluisset	
	mālīmus	māllēmus	māluerimus	māluissēmus	
	mālītis	māllētis	mālueritis	māluissētis	
	mālint	māllent	māluerint	māluissent	

• **nōlle** "nicht wollen"

Indikativ	Präsens	Imperfekt	Futur	Perfekt	Plusqu.
	nōlō	nōlēbam	nōlam	nōluī	nōlueram
	nōn vīs	nōlēbās	nōlēs	nōluistī	nōluerās
	nōn vult	nōlēbat	nōlet	nōluit	nōluerat
	nōlumus	nōlēbāmus	nōlēmus	nōluimus	nōluerāmus
	nōn vultis	nōlēbātis	nōlētis	nōluistis	nōluerātis
	nōlunt	nōlēbant	nōlent	nōluērunt	nōluerant

Konjunktiv	Präsens	Imperfekt	Perfekt	Plusqu.	Sup./PPA/Ger.*
	nōlim	nōllem	nōluerim	nōluissem	- nōlēns, -entis
	nōlīs	nōllēs	nōlueris	nōluissēs	
	nōlit	nōllet	nōluerit	nōluisset	
	nōlīmus	nōllēmus	nōluerimus	nōluissēmus	
	nōlītis	nōllētis	nōlueritis	nōluissētis	
	nōlint	nōllent	nōluerint	nōluissent	

• **posse** "können"

Indikativ	Präsens	Imperfekt	Futur	Perfekt	Plusqu.
	possum	poteram	poterō	potuī	potueram
	potes	poterās	poteris	potuistī	potuerās
	potest	poterat	poterit	potuit	potuerat
	possumus	poterāmus	poterimus	potuimus	potuerāmus
	potestis	poterātis	poteritis	potuistis	potuerātis
	possunt	poterant	poterunt	potuērunt	potuerant

Konjunktiv	Präsens	Imperfekt	Perfekt	Plusqu.	Sup./PPA/Ger.*
	possim	possem	potuerim	potuissem	- / potēns, -ntis/ -
	possīs	possēs	potueris	potuissēs	
	possit	posset	potuerit	potuisset	
	possīmus	possēmus	potuerimus	potuissēmus	
	possītis	possētis	potueritis	potuissētis	
	possint	possent	potuerint	potuissent	

• **velle** "wollen"

Indikativ	Präsens	Imperfekt	Futur	Perfekt	Plusqu.
	volō	volēbam	volam	voluī	volueram
	vīs	volēbās	volēs	voluistī	voluerās
	vult	volēbat	volet	voluit	voluerat
	volumus	volēbāmus	volēmus	voluimus	voluerāmus
	vultis	volēbātis	volētis	voluistis	voluerātis
	volunt	volēbant	volent	voluērunt	voluerant

Konjunktiv	Präsens	Imperfekt	Perfekt	Plusqu.	Sup./PPA/Ger.*
	velim	vellem	voluerim	voluissem	- / volēns, -entis/ -
	velīs	vellēs	volueris	voluissēs	
	velit	vellet	voluerit	voluisset	
	velīmus	vellēmus	voluerimus	voluissēmus	
	velītis	vellētis	volueritis	voluissētis	
	velint	vellent	voluerint	voluissent	

Stammformen häufiger Verben

Die folgenden Listen enthalten die Stammformen der wichtigsten und häufigsten Verben, geordnet nach Konjugationsklassen und Art der Perfektbildung. Nicht aufgenommen wurden die Komposita, deren Stammformen sich leicht vom jeweiligen Simplex ableiten lassen.

a-Konjugation

Fast alle Verben dieser Klasse bilden den Perfektstamm auf -v und das Supinum auf -ātum. Die Liste enthält nur die Ausnahmen:

Infinitiv	1. Pers. Präs.	1. Pers. Perf.	Supinum	Bedeutung
crepāre	crepō	crepuī	crepitum	knarren, krachen
cubāre	cubō	cubuī	cubitum	liegen
dare	dō	dedī	datum	geben
dīmicāre	dīmicō	dīmicāvī	dīmicātum	kämpfen
domāre	domō	domuī	domitum	zähmen
implicāre	implicō	implicāvī	implicātum	verwickeln
juvāre	juvō	jūvī	jūtum	helfen, unterstützen
lavāre	lavō	lāvī	lautum	waschen
micāre	micō	micuī	-	schimmern
secāre	secō	secuī	sectum	schneiden
sonāre	sonō	sonuī	sonitum	tönen, klingen
stāre	stō	stetī	statum	stehen
tonāre	tonō	tonuī	-	donnern
vetāre	vetō	vetuī	vetitum	verbieten

e-Konjugation

Infinitiv	1. Pers. Präs.	1. Pers. Perf.	Supinum	Bedeutung
abolēre	aboleō	abolēvī	abolitum	beseitigen, abschaffen
abstergēre	abstergeō	abstersī	abstersum	abwischen
arcēre	arceō	arcuī	-	ab-, fernhalten
ārdēre	ārdeō	ārsī	ārsum	brennen
audēre	audeō	ausus sum	ausum	wagen
augēre	augeō	auxī	auctum	vermehren, fördern
calēre	caleō	caluī	calitum	warm sein
carēre	careō	caruī	caritum	entbehren
cavēre	caveō	cāvī	cautum	sich hüten
cēnsēre	cēnseō	cēnsuī	cēnsum	schätzen, meinen
complēre	compleō	complēvī	complētum	anfüllen
dēlēre	dēleō	dēlēvī	dēlētum	zerstören
docēre	doceō	docuī	doctum	lehren
dolēre	doleō	doluī	dolitum	Schmerzen haben
egēre	egeō	eguī	-	bedürfen
ēminēre	ēmineō	ēminuī	-	hervorragen
fatērī	fateor	fassus sum	fassum	gestehen
favēre	faveō	fāvī	fautum	begünstigen
flēre	fleō	flēvī	flētum	weinen
flōrēre	flōreō	flōruī	-	blühen
fovēre	foveō	fōvī	fōtum	warm halten, pflegen
frīgēre	frīgeō	-	-	frieren
fulgēre	fulgeō	fulsī	-	blitzen, glänzen
gaudēre	gaudeō	gāvīsus sum	gāvīsum	sich freuen
habēre	habeō	habuī	habitum	haben
hærēre	hæreō	hæsī	hæsum	hängen bleiben
horrēre	horreō	horruī	-	schaudern
jacēre	jaceō	jacuī	jacitum	liegen
indulgēre	indulgeō	indulsī	indultum	nachsichtig sein
jubēre	jubeō	jussī	jussum	befehlen
latēre	lateō	latuī	-	verborgen sein
lūcēre	lūceō	lūxī	-	leuchten
lūgēre	lūgeō	lūxī	lūctum	(be)trauern
mærēre	mæreō	mæruī	-	trauern
manēre	maneō	mānsī	mānsum	bleiben
medērī	medeor	-	-	heilen
merēre	mereō	meruī	meritum	verdienen
merērī	mereor	meritus sum	meritum	sich verdient machen
miscēre	misceō	miscuī	mixtum	mischen

Infinitiv	1. Pers. Präs.	1. Pers. Perf.	Supinum	Bedeutung
miseret	-	miseruit	-	sich erbarmen
miserērī	misereor	miseritus sum	miseritum	sich erbarmen
monēre	moneō	monuī	monitum	ermahnen
mordēre	mordeō	momordī	morsum	beißen
movēre	moveō	mōvī	mōtum	bewegen
mulcēre	mulceō	mulsī	mulsum	streicheln
nitēre	niteō	nituī	-	glänzen
nocēre	noceō	nocuī	nocitum	schaden
pārēre	pāreō	pāruī	pāritum	gehorchen
patēre	pateō	patuī	-	offenstehen
pendēre	pendeō	pependī	-	hängen
placēre	placeō	placuī	placitum	gefallen
pollicērī	polliceor	pollicitus sum	pollicitum	versprechen
prandēre	prandeō	prandī	prānsum	frühstücken
rērī	reor	ratus sum	ratum	berechnen
respondēre	respondeō	respondī	respōnsum	antworten
rīdēre	rīdeō	rīsī	rīsum	lachen
rubēre	rubeō	rubuī	-	rot sein
sedēre	sedeō	sēdī	sessum	sitzen
silēre	sileō	siluī	-	schweigen
solēre	soleō	solitus sum	solitum	gewohnt sein
splendēre	splendeō	splenduī	-	glänzen
spondēre	spondeō	spopondī	spōnsum	geloben
studēre	studeō	studuī	-	sich bemühen
stupēre	stupeō	stupuī	-	staunen
suādēre	suādeō	suāsī	suāsum	raten
tacēre	taceō	tacuī	tacitum	schweigen
tenēre	teneō	tenuī	tentum	halten
terrēre	terreō	terruī	territum	erschrecken
timēre	timeō	timuī	-	fürchten
tondēre	tondeō	totondī	tōnsum	scheren
torquēre	torqueō	torsī	tortum	drehen, foltern
torrēre	torreō	torruī	tostum	dörren, rösten
tuērī	tueor	tuitus sum	tuitum	schützen
urgēre	urgeō	ursī	-	(be)drängen
valēre	valeō	valuī	valitum	gesund sein
verērī	vereor	veritus sum	veritum	fürchten
vidēre	videō	vīdī	vīsum	sehen
vigēre	vigeō	viguī	-	lebenskräftig sein
virēre	vireō	viruī	-	grün sein
vovēre	voveō	vōvī	vōtum	geloben

i-Konjugation

Die meisten Verben der i-Konjugation bilden den Perfektstamm auf -v und das Supinum auf -ītum. Folgende Verben weichen davon ab:

Infinitiv	1. Pers. Präs.	1. Pers. Perf.	Supinum	Bedeutung
amicīre	amiciō	amixī	amictum	umhüllen
aperīre	aperiō	aperuī	apertum	öffnen
assentīrī	assentior	assēnsus sum	assēnsum	zustimmen, beipflichten
comperīre	comperiō	comperī	compertum	erfahren
experīrī	experior	expertus sum	expertum	versuchen, erproben
farcīre	farciō	farsī	fartum	stopfen
fulcīre	fulciō	fulsī	fultum	stützen
haurīre	hauriō	hausī	haustum	schöpfen
mētīrī	mētior	mēnsus sum	mēnsum	messen
ōrdīrī	ōrdior	ōrsus sum	ōrsum	anfangen
orīrī	orior	ortus sum	ortum	aufsteigen, entstehen
reperīre	reperiō	repperī	repertum	wiederfinden
sæpīre	sæpiō	sæpsī	sæptum	umzäunen
salīre	saliō	saluī	saltum	springen
sancīre	granciō	sānxī	sānctum	festsetzen
sarcīre	sarciō	sarsī	sartum	flicken
sentīre	sentiō	sēnsī	sēnsum	spüren, fühlen
sepelīre	sepeliō	sepelīvī	sepultum	begraben
venīre	veniō	vēnī	ventum	kommen
vincīre	vinciō	vīnxī	vīnctum	binden, fesseln

Konsonantische Konjugation

Infinitiv	1. Pers. Präs.	1. Pers. Perf.	Supinum	Bedeutung
abluere	abluō	abluī	ablūtum	abwaschen
abnuere	abnuō	abnuī	-	abwinken
accendere	accendō	accendī	accēnsum	anzünden
accumbere	accumbo	accubuī	accubitum	sich hinlegen
acuere	acuō	acuī	acūtum	schärfen, spitzen
adipīscī	adipīscor	adeptus sum	adeptum	erreichen, erlangen
adolēscere	adolēscō	adolēvī	adultum	heranwachsen
agere	agō	ēgī	āctum	(be)treiben
alere	alō	aluī	altum	nähren

Infinitiv	1. Pers. Präs.	1. Pers. Perf.	Supinum	Bedeutung
amplectī	amplector	amplexus sum	amplexum	umfassen, -armen
angere	angō	-	-	beengen, ängstigen
arcessere	arcessō	arcessīvī	arcessītum	herbeirufen
ārdēscere	ārdēscō	ārsī	-	in Brand geraten
arguere	arguō	arguī	argūtum	beschuldigen
bibere	bibō	bibī	bibitum	trinken
cadere	cadō	cecidī	cāsum	fallen
cædere	cædō	cecīdī	cæsum	fällen
canere	canō	cecinī	cantum	singen
capessere	capessō	capessīvī	capessītum	ergreifen
carpere	carpō	carpsī	carptum	pflücken
cēdere	cēdō	cessī	cessum	weichen, gehen
cernere	cernō	crēvī	crētum	scheiden
cingere	cingō	cīnxī	cīnctum	umgürten, einfassen
claudere	claudō	clausī	clausum	schließen
coalēscere	coalēscō	coaluī	coalitum	zusammenwachsen
colere	colō	coluī	cultum	pflegen, bebauen
comminīscī	comminīscor	commentus sum	commentum	ersinnen, erdichten
cōnfīdere	cōnfīdō	cōnfīsus sum	cōnfīsum	vertrauen
cōnflīgere	cōnflīgō	cōnflīxī	cōnflīctum	kämpfen, zusammenschlagen
cōnsīdere	cōnsīdō	cōnsēdī	consessum	sich setzen
cōnsulere	cōnsulō	cōnsuluī	cōnsultum	beraten, um Rat fragen
contemnere	contemnō	contempsī	contemptum	verachten
conticēscere	conticēscō	conticuī	-	verstummen
convalēscere	convalēscō	convaluī	-	erstarken
coquere	coquō	coxī	coctum	kochen
crēscere	crēscō	crēvī	crētum	wachsen
cupīscere	cupīscō	cupīvī	-	einen Wunsch aufkommen lassen
currere	currō	cucurrī	cursum	laufen
dēdere	dēdō	dēdidī	dēditum	übergeben
dēfendere	dēfendō	dēfendī	dēfēnsum	verteidigen
dīcere	dīcō	dīxī	dictum	sagen
discere	discō	didicī	-	lernen
dīvidere	dīvidō	dīvīsī	dīvīsum	teilen
dūcere	dūcō	dūxī	ductum	führen
edere	edō	ēdī	ēsum	essen

Infinitiv	1. Pers. Präs.	1. Pers. Perf.	Supinum	Bedeutung
emere	emō	ēmī	ēmptum	kaufen
ēvānēscere	ēvānēscō	ēvānuī	-	verschwinden
ēvellere	ēvellō	ēvellī	ēvulsum	(her)ausreißen
expergīscī	expergīscor	experrēctus sum	experrēctum	aufwachen
exstinguere	exstinguō	exstīnxī	exstīnctum	auslöschen
exuere	exuō	exuī	exūtum	ausziehen
fallere	fallō	fefellī	falsum	täuschen
fīgere	fīgō	fīxī	fīxum	anheften, fixieren
findere	findō	fidī	fissum	spalten
fingere	fingō	fīnxī	fictum	bilden, erdichten
flectere	flectō	flexī	flexum	biegen, beugen
flōrēscere	flōrēscō	flōruī	-	aufblühen
fluere	fluō	flūxī	flūxum	fließen
frangere	frangō	frēgī	frāctum	zerbrechen
fremere	fremō	fremuī	fremitum	brummen, murren
fruī	fruor	frūctus sum	frūctum	genießen
fundere	fundō	fūdī	fūsum	gießen
fungī	fungor	fūnctus sum	fūnctum	verrichten
furere	furō	-	-	rasen, wüten
gemere	gemō	gemuī	gemitum	seufzen, stöhnen
gerere	gerō	gessī	gestum	tragen
gignere	gignō	genuī	genitum	erzeugen
horrēscere	horrēscō	horruī	-	erschaudern, erschrecken
imbuere	imbuō	imbuī	imbūtum	benetzen
ingemīscere	ingemīscō	ingemuī	-	aufseufzen
invādere	invādō	invāsī	invāsum	eindringen
inveterāscere	inveterāscō	inveterāvī	-	alt werden
īrāscī	īrāscor	īrātus sum	īrātum	zürnen
jungere	jungō	jūnxī	jūnctum	verbinden
lābī	lābor	lāpsus sum	lāpsum	fallen, gleiten
lacessere	lacessō	lacessīvī	lacessītum	reizen
lædere	lædō	læsī	læsum	verletzen
legere	legō	lēgī	lēctum	lesen
loquī	loquor	locūtus sum	locūtum	sprechen
lūdere	lūdō	lūsī	lūsum	spielen
mātūrēscere	mātūrēscō	mātūruī	-	reif werden
mergere	mergō	mersī	mersum	eintauchen, versenken

Infinitiv	1. Pers. Präs.	1. Pers. Perf.	Supinum	Bedeutung
metere	metō	-	messum	ernten, mähen
metuere	metuō	metuī	metūtum	fürchten
minuere	minuō	minuī	minūtum	mindern
mittere	mittō	mīsī	missum	schicken
molere	molō	moluī	molitum	mahlen
mūtēscere	mūtēscō	mūtuī	-	verstummen
nancīscī	nancīscor	nactus sum	nactum	erlangen
nāscī	nāscor	nātus sum	nātum	geboren werden
nectere	nectō	nexī	nexum	knüpfen
nītī	nītor	nīxus sum	nīxum	sich stützen
nōscere	nōscō	nōvī	nōtum	kennenlernen, wissen (Perf.)
nūbere	nūbō	nūpsī	nuptum	heiraten
oblīvīscī	oblīvīscor	oblītus sum	oblītum	vergessen
occulere	occulō	occuluī	occultum	verbergen
pandere	pandō	pandī	passum	ausbreiten
pangere	pangō	pepigī	pāctum	festsetzen
parcere	parcō	pepercī	parsum	schonen
pāscere	pāscō	pāvī	pāstum	weiden
pellere	pellō	pepulī	pulsum	stoßen, schlagen, vertreiben
pendere	pendō	pependī	pēnsum	aufhängen, abwägen, zahlen
percellere	percellō	perculī	perculsum	niederwerfen
petere	petō	petīvī	petītum	erstreben
pingere	pingō	pīnxī	pictum	malen
plaudere	plaudō	plausī	plausum	applaudieren
pōnere	pōnō	posuī	positum	setzen, stellen
poscere	poscō	poposcī	-	fordern
prehendere	prehendō	prehendī	prehēnsum	ergreifen
premere	premō	pressī	pressum	drücken
proficīscī	proficīscor	profectus sum	profectum	aufbrechen, abreisen
pungere	pungō	pupugī	pūnctum	stechen
quærere	quærō	quæsīvī	quæsītum	suchen, fragen
querī	queror	questus sum	questum	klagen
quiēscere	quiēscō	quiēvī	quiētum	ruhen
rādere	rādō	rāsī	rāsum	schaben
regere	regō	rēxī	rēctum	richten, lenken
relinquere	relinquō	relīquī	relictum	zurücklassen

Infinitiv	1. Pers. Präs.	1. Pers. Perf.	Supinum	Bedeutung
rēpere	rēpō	rēpsī	rēptum	kriechen
revertī	revertor	revertī	reversum	umkehren
revīvīscere	revīvīscō	revīxī	revīctum	wiederaufleben
rōdere	rōdō	rōsī	rōsum	nagen
ruere	ruō	ruī	-	stürzen
rumpere	rumpō	rūpī	ruptum	brechen, reißen, platzen
scandere	scandō	scandī	scānsum	steigen
scindere	scindō	scidī	scissum	zerreißen
scīscere	scīscō	scīvī	scītum	sich erkundigen, sich entschließen zu
scrībere	scrībō	scrīpsī	scrīptum	schreiben
sculpere	sculpō	sculpsī	sculptum	meißeln
senēscere	senēscō	senuī	-	alt werden
sequī	sequor	secūtus sum	secūtum	folgen
serere	serō	sēvī	satum	säen
serere	serō	seruī	sertum	reihen, knüpfen
serpere	serpō	serpsī	-	kriechen
sinere	sinō	sīvī	situm	lassen
sistere	sistō	stetī/stitī	statum	hinstellen
solvere	solvō	solvī	solūtum	lösen
spargere	spargō	sparsī	sparsum	ausstreuen
spernere	spernō	sprēvī	sprētum	verschmähen
spuere	spuō	spuī	spūtum	spucken
statuere	statuō	statuī	statūtum	aufstellen
sternere	sternō	strāvī	strātum	hinstreuen
strepere	strepo	strepuī	strepitum	lärmen
stringere	stringō	strīnxī	strictum	streifen, straffziehen
struere	struō	strūxī	strūctum	schichten, bauen
suere	suō	suī	sūtum	nähen
suēscere	suēsco	suēvī	suētum	gewöhnen
tangere	tangō	tetigī	tāctum	berühren
tegere	tegō	tēxī	tēctum	bedecken
tendere	tendō	tetendī	tēnsum	strecken, spannen
terere	terō	trīvī	trītum	reiben
texere	texō	texuī	textum	weben
timēscere	timēscō	timuī	-	in Furcht geraten
tingere	tingō	tīnxī	tīnctum	färben, tränken
trahere	trahō	trāxī	tractum	ziehen, schleppen
tremere	tremō	tremuī	-	zittern

Infinitiv	1. Pers. Präs.	1. Pers. Perf.	Supinum	Bedeutung
tremīscere	tremīscō	tremuī	-	erzittern
tribuere	tribuō	tribuī	tribūtum	zuteilen
trūdere	trūdō	trūsī	trūsum	stoßen
tundere	tundō	tutudī	tūsum	stoßen
ulcīscī	ulcīscor	ultus sum	ultum	sich rächen
unguere	unguō	ūnxī	ūnctum	salben
ūrere	ūrō	ussī	ustum	verbrennen
ūtī	ūtor	ūsus sum	ūsum	gebrauchen
vehere	vehō	vēxī	vectum	fahren
vergere	vergō	-	-	sich neigen
vertere	vertō	vertī	versum	drehen, wenden
vēscī	vēscor	-	-	sich ernähren
vincere	vincō	vīcī	victum	siegen
vīvere	vīvō	vīxī	vīctum	leben
volvere	volvō	volvī	volūtum	wälzen, rollen
vomere	vomō	vomuī	vomitum	sich erbrechen

Konsonantische Konjugation mit i-Erweiterung

Infinitiv	1. Pers. Präs.	1. Pers. Perf.	Supinum	Bedeutung
allicere	alliciō	allexī	allectum	anlocken
capere	capiō	cēpī	captum	nehmen, fassen
cupere	cupiō	cupīvī	cupītum	begehren
cutere	cutiō	cussī	cussum	schütteln
ēlicere	ēliciō	ēlicuī	ēlicitum	herauslocken
facere	faciō	fēcī	factum	tun, machen
fodere	fodiō	fōdī	fossum	graben, stechen
fugere	fugiō	fūgī	fugitum	fliehen
gradī	gradior	gressus sum	gressum	schreiten
jacere	jaciō	jēcī	jactum	werfen
morī	morior	mortuus sum	mortuum	sterben
parere	pariō	peperī	partum	gebären
patī	patior	passus sum	passum	leiden, erdulden
rapere	rapiō	rapuī	raptum	rauben, raffen
sapere	sapiō	sapīvī	-	schmecken, weise/ verständig sein
specere/ spicere	speciō/ spiciō	spexī	spectum	blicken, sehen

ANHANG C. LATEINISCHER WORTSCHATZ UND NEOLOGISMEN

Latein wurde nicht nur von den alten Römern gesprochen, sondern es wird seit mehr als zwei Jahrtausenden verwendet. Während seiner langen Geschichte hat sich der Wortschatz zusammen mit der Entwicklung des menschlichen Wissens und der Kultur ständig erweitert. In diesem Buch finden Sie Wörter aus allen Epochen dieser Geschichte, von den Anfängen der Römerzeit bis heute.

Bereits frühzeitig entliehen die Römer von den Griechen Wörter wie **mūsica** oder **philosophia**, die sich bis heute auch in modernen Sprachen gehalten haben. Ähnlich wie im Deutschen kann man im Griechischen leicht zusammengesetzte Wörter bilden, womit sich besonders gut neue Dinge benennen lassen wie **hōrologium** "Uhr" (von *hora* "Stunde" und *logos* "Rechnung") oder das Wort **neologismus** "Neuwort" selbst. Dies betrifft auch griechisch-lateinische Mischwörter wie **cryptoporticus** "Galerie, Flur" (von griechisch *kryptos* "verborgen" und lateinisch **porticus** "Säulenhalle"). Diese Tradition hielt auch weiterhin an, mit Wörtern wie **īconostasis** "Ikonostase, Ikonenwand" oder **monophysīta** "Monophysit", **typographus** "Buchdrucker" oder **tēlescopium** "Teleskop", bis zu modernen Ausdrücken wie **photographia**, **astronauta** oder **tēlevīsiō**. Solche Wörter stehen damals wie heute zur Verwendung bereit.

Weniger häufig, aber in ebenso natürlicher Weise übernahm das Lateinische Wörter aus anderen Kulturen, mit denen es in Kontakt kam. So stammt **brācæ** "Hose" von den Kelten, **alcēs** "Elch" von den Germanen, **gaza** "Schatz" von den Persern. Später wurden Wörter wie **messīās** aus dem Hebräischen oder **algebra** aus dem Arabischen übernommen. Mit der Entdeckung der Neuen Welt und ihren Wundern nahm diese Praxis erheblich zu, und Wörter wie **pūma** oder **tapīrus** "Tapir" sind auch heute noch sowohl als wissenschaftliche lateinische Gattungsnamen als auch in vielen modernen Sprachen in Gebrauch.

Natürlich wurden neue Wörter auch aus rein lateinischen Wurzeln gebildet. Manchmal wurde dabei die Bedeutung vorhandener Wörter erweitert, etwa wenn **pēs** "Fuß" auch für die "Füße" von Stühlen, Tischen oder Betten oder als Längenmaß verwendet wird. Sehr häufig findet sich eine Neubildung durch Ableitung wie **librāria** "Buchhandlung" von **liber** "Buch", oder durch Zusammensetzungen wie **dentifricium** "Zahnpasta" aus **dēns** "Zahn" und **fricāre** "bürsten". Auf ähnliche Weise wurden im Laufe der Zeit so unterschiedliche Wörter wie **circumnāvigātiō** "Umsegelung, Umschiffen" oder **retrōvīrus** "Retrovirus" gebildet, und wie in den übrigen Sprachen heißt auch im Lateinischen das kleine Gerät, mit dem wir einen Computer bedienen, **mūs** "Maus".

Im Verlauf dieses Kurses sehen Sie, wie viele auf den ersten Blick moderne Konzepte schon von den Römern verwendet wurden, von **atomus** "Atom" bis **hōrologium** "Uhr"!

In diesem Wörterverzeichnis finden Sie alle Wörter, die Sie in den Lektions- und Übungstexten von **Latein ohne Mühe** angetroffen haben, ihre Übersetzung sowie die Nummer der Lektion, in der das entsprechende Wort zum ersten Mal in der hier angegebenen oder einer gebeugten Form auftaucht.

Zahlreiche Wörter können neben der angegebenen Bedeutung noch weitere Bedeutungen haben, die hier nicht aufgeführt sind. Wir empfehlen Ihnen, parallel zu **Latein ohne Mühe** ein zweisprachiges Wörterbuch zu benutzen (*siehe hierzu auch* ***Anhang E. Literaturhinweise und Links***).

Bitte beachten Sie, dass analog zu den Lektionen auch in diesem Wörtverzeichnis eine Unterscheidung zwischen Einträgen mit **i** und **j** im Anlaut sowie solchen mit **u** und **v** im Anlaut gemacht wird; Sie finden sie in separaten Rubriken.

Was die Nomen betrifft, sind für die Nomen der 4. Deklination, der konsonantischen Deklination und für die neutralen Pluralnomen auf -**a** die jeweiligen Endungen des Genitiv Singular mit angegeben.

Hinweis zu den Verben: Sie werden in unserem Wörterverzeichnis jeweils im Infinitiv angegeben, ebenso wie dies auch in diversen Wörterbüchern der Fall ist. Abweichend davon gibt es auch zahlreiche lateinisch-deutsche Wörterbücher, in denen die Verben stattdessen in der 1. Person Singular Präsens aufgeführt werden.

Bei den Verben der konsonantischen Konjugation mit **i**-Erweiterung, den zusammengesetzten Verben mit -**īre** und den Verben, deren Infinitiv auf -**esse** endet, finden Sie hinter dem Infinitiv in Klammern und hochgestellt die Endung für die 1. Person Singular Präsens. Bei den defektiven Verben werden jeweils die Formen aufgeführt, die im Präsens existieren.

Verwendete Symbole und Abkürzungen:

Symbol/Abkürzung	Bedeutung
♂ / ♂♂	Maskulines Nomen im Singular / Plural
♀ / ♀♀	Feminines Nomen im Singular / Plural
Ø / ØØ	Neutrales Nomen im Singular / Plural
Präp.	Präposition
Adj.	Adjektiv ♂♀Ø

A / a

a.d. (**ante diem**) vor Tag |67
A.U.C. (**ab Urbe conditā**) von der Gründung der Stadt [Rom] |81
ā/ab/abs von, von… her |9
ab *siehe* ▶ **ā** |12
ābacus ♂ Kredenz-/Prunktisch; Rechenmaschine |92
abbās ♂, **-ātis** Abt, Vater |59
abdōmen ⌀, **-inis** Unterleib |39
abesse (-sum) abwesend sein |4
abhinc von hier |62
abiegnus aus Tannenholz |94
abīre (-eō) weggehen, fortgehen |79
abjicere (-iō) wegwerfen, hinwerfen, aufgeben |74
abnuere leugnen |80
abruptus abgerissen |95
abs *siehe* ▶ **ā** |61
abscīdere abschneiden |90
abscondere verbergen, verstecken |99
absēns, -entis abwesend |83
absimilis unähnlich |90
absinthium ⌀ Absinth, Wermut |65
abstergēre abtrocknen, abwischen |80
absurdus unharmonisch; widersprüchlich, absurd |30
abundanter reichlich, im Überfluss |95
abundāre überfluten |95
abūtī missbrauchen |34
ac/atque sowie, und, und auch |20
academīa ♀ Akademie |55
accēdere hinzukommen, herantreten |73
accendere anzünden, anfeuern |85
accidere passieren, geschehen, vorfallen, stattfinden |64
accipere (-iō) empfangen, erhalten, aufnehmen |3
accola ♂/♀ Anwohner, Nachbar |82
accommodāre angleichen, anpassen, einrichten |48
accommodātus angepasst, geeignet, passend |89
accumbere sich hinlegen |41
accūrātus sorgfältig, genau, gründlich |66
accūsāre anklagen, beschuldigen |78
ācer, ācris, ācre scharf |69
acervus ♂ Haufen |59
acētum ⌀ Essig |58
acipēnser ♂, **-eris** Stör |30
acquīrere erwerben |81
āctiō ♀, **-ōnis** Handlung, Tat, Ausführung |88
āctīvus aktiv, tätig |101
āctum ⌀ Tat, Handlung |47
acus ♀, **-ūs** Zeiger, Nadel |11
ad zu, nach, an |5
adamās ♂, **-antis** Diamant; Stahl |95
addere dazugeben, hinzufügen |39
addūcere hinführen, herbeiführen |26
adeō so sehr |68
adesse (-sum) dabei sein, da sein, teilnehmen |85
adhibēre anwenden, gebrauchen |65
adhūc bis hierher, noch |25
adigere herantreiben, zwingen |89
adīre (-eō) hingehen |5
aditus ♂, **-ūs** Zugang, Zutritt |40
adjūtrīx ♀, **-īcis** Helferin |67
adjuvāre helfen, unterstützen |67
administer ♂, **-trī** Diener, Gehilfe, Mitarbeiter |32
administrāre erledigen, ausführen |89
administrātiō ⌀, **-ōnis** Verwaltung; Handhabung |99

A
B
C
D
E
F
G
H
I
J
K
L
M
N
O
P
Q
R
S
T
U
V
W
X
Y
Z

admīrārī bewundern |75

admīrātiō ♀, **-ōnis** Staunen, Bewunderung |100

admittere zulassen, annehmen |37

admodum ganz, völlig |66

admovēre heranrücken, -bewegen |94

adulēscēns ♂/♀, **-entis** Jüngling, junger Mann / junges Mädchen |45

adultus erwachsen |52

advehere heran-, herbeischaffen; bringen |64

advena ♂/♀ Ankömmling |82

advenīre ankommen, eintreffen |11

adventāre ankommen, herbeikommen |99

adventus ♂, **-ūs** Ankunft, Eintreffen |38

adversus gegen (*Präp.*); Gegen- (*Adj.*) |31

advertere hinwenden |52

advocāre herbei-, anrufen, zu Hilfe rufen |90

ædicula ♀ Kapelle; Zimmerchen, kleines Gemach |95

ædificāre er-, aufbauen |89

ædificium ∅ Bau, Bauwerk, Gebäude |95

ædīlis ♂ Ädil, Aufsichtsbeamter |73

ædis ♀ Wohnung, Wohnhaus, Tempel, Zimmer |26

ægrōtāre krank sein, kränkeln |13

ægrōtus krank |13

ægrōtus ♂ Kranker |69

Æmilia ♀ Emilia |80

æmulātiō ♀, **-ōnis** Nacheiferung, Eifersucht |64

aēneātor ♂, **-ōris** Blechbläser |64

ænigma ∅, **-atis** Rätsel, Geheimnis |47

æquālis gleich, gleichmäßig, gleichaltrig |50

æquāre ausgleichen, gleichmachen |96

æquē ebenso |54

āēr ♂, **āeris** Luft, Nebel |22

æreus kupfern, bronzen, ehern |27

āerius Luft- |71

āeronauta ♂ Luft-Schiffsmann, Pilot |71

āeronāvis ♀ Luftschiff; Flugzeug |64

āeroportus ♂, **-ūs** Flughafen |67

æs ∅, **æris** Erz, Münze, Geld |65

æstās ♀, **-ātis** Sommer |33

æstimātiō ♀, **-ōnis** Würdigung, Wertschätzung |67

æstīvus sommerlich |33

æstuāre wallen |32

æstus ♂, **-ūs** Wallen |89

ætās ♀, **-ātis** Lebensalter, Zeit, Zeitalter |37

Æthiopia ♀ Äthiopien |83

ævum ♂ Zeitalter, Ewigkeit, lange Zeit |59

afferre herbei-/hinbringen, herbeitragen |36

afficere (-iō) ausstatten, versehen mit |54

affirmāre behaupten, versichern, bekräftigen |66

affīxus befestigt, verbunden |90

affluere herbeiströmen |92

ager ♂, **agrī** Acker(land), Feld, Landschaft |26

agere treiben, machen, handeln, führen, verbringen |8

aggredī (-ior) aus-, durchführen, versuchen |100

agitāre treiben, (be-)treiben, erwägen, überlegen |48

agmen ∅, **-inis** Marschkolonne, Trupp, (Heeres-)zug |37

agnīna ♀ Lammfleisch |81

agnōscere erkennen |73
agnus ♂ Lamm |44
agrī cultor ♂, **-ōris** Bauer, Landwirt |26
agrī cultūra ♀ Ackerbau, Landwirtschaft |58
agricola ♂ Landwirt, Bauer |24
Agrippa Agrippa |99
āh ach |68
ajō/**ais**/**ait**/**ajunt** sagen, versichern, behaupten |66
āla ♀ Flügel, Achsel, Gurt, Gürtel |44
alapa ♀ Ohrfeige |17
Albertus ♂ Albert |71
Albintimilium ∅ Ventimiglia (*Stadt in Italien*) |37
albus weiß, bleich, blank |43
alcohōlicus alkoholisch |40
alere (er-)nähren, hegen, pflegen |67
aliēnus fremd, zu einem anderen gehörig |72
aliōquī sonst |99
aliquamdiū eine Zeit lang, eine Weile |80
aliquandō irgendwann, (irgend)einmal |52
aliquantulus wenig, klein |50
aliquantus ziemlich groß |78
aliquī, **aliqua**, **aliquod** irgendein, ein, einige, irgendwer |60
aliquis, **aliquid** irgendjemand, (irgend)etwas |34
aliquot einige, mehrere |8
aliter anders, andernfalls, sonst |51
alius, **alia**, **aliud** ein anderer, andersartig |22
alligāre anbinden, befestigen |54
alloquī ansprechen, anreden |37
allūdere anspielen, scherzen, spotten |52
Alpēs ♀♀, **-ium** Alpen |53
alpha ∅ Alpha |67
altāre ∅ Altar |95
alter, **-era**, **-erum** anderer, zweiter, einer von beiden |23
altercārī streiten, argumentieren |57
altitūdō ♀, **-inis** Höhe, Tiefe |67
altum ∅ Höhe, Tiefe |10
altus hoch, tief, erhaben |10
alumnus ♂ Zögling, Schüler, Sprössling |52
alveus ♂ Flussbett, Wanne, Bassin, Mulde |59
amābilis liebenswert, liebenswürdig |62
amāns, **-antis** freundlich, liebevoll |99
amāre lieben, mögen |33
amārus bitter |52
amātor ♂, **-ōris** Liebender, Verehrer, Liebhaber |79
ambiguus zweideutig |89
ambō, **ambæ**, **ambō** beide |45
ambulāre umhergehen, spazierengehen |54
ambulātiō ♀, **-ōnis** Spaziergang |23
Amērica ♀ Amerika |29
amīca ♀ Freundin |101
amīcitia ♀ Freundschaft |83
amīcus ♂ Freund |3
āmittere loslassen, aufgeben, verlieren |92
amor ♂, **-ōris** Liebe |29
amplectī umarmen, umfassen |95
amplificāre erweitern, vergrößern |39
amplitūdō ♀, **-inis** Ausmaß, Größe, Weite |95
amplus weit, groß, bedeutend, umfangreich |45
amplius länger, weiter |45
ampulla ♀ Ampulle, Fläschchen |60
an oder |27

A B C D E F G H I J K L M N O P Q R S T U V W X Y Z

anceps, **-cipitis** zweideutig, unentschieden |31

ancilla ♀ Dienerin, Magd, Sklavin |92

ancora ♀ Anker |89

anēsum ∅ Anis |65

angelus ♂ Engel |62

Anger ♂, **-eris** Indre (*Fluss*) |59

Anglia ♀ England |37

Anglicus englisch |76

Anglus ♂ Engländer |51

angulus ♂ Ecke, Winkel |83

angustus eng, schmal, knapp |46

anhēlāre keuchen |38

anima ♀ Atem, Seele, Geist, Lebenskraft |79

animadvertere bemerken, beobachten, achtgeben |90

animal ∅, **-ālis** Tier, Lebewesen, Geschöpf |79

animāre beleben, aktivieren |56

animus ♂ Seele, Gemüt, Herz, Geist |79

annotātiō ♀, **-ōnis** Notiz, schriftl. Bemerkung, Aufzeichnung |1

annuere zunicken |45

annus ♂ Jahr |27

ante vor |36

antecēdere voran-/vorausgehen, überholen, übertreffen |9

anteferre vorziehen, bevorzugen |88

antehāc bisher, zuvor |64

antemerīdiānus vormittägig |15

antemna ♀ Rahe, Querstange, Segelstange |90

antepōnere vorziehen, voranstellen |77

antequam ehe, bevor |13

anterior, **-ius** ehemalig, vormalig, vorderst |37

Antipolis ♀ Antibes |37

antīquus alt, altertümlich, antik |33

Antium ∅ Anzio |87

antlia ♀ Pumpe |40

Antōnius ♂ Antonius |68

ānulus ♂ Ring, Reifen |73

aperīre öffnen, aufmachen, aufdecken, offenbaren |46

apertus offen; offensichtlich, offenkundig |80

apex ♂, **-icis** Spitze, Helm |54

Apollō ♂, **-inis** Apollon |81

apothēcārius Apotheker |60

apparātus ♂, **-ūs** Werkzeug, Gerät, Herstellung, Vorbereitung |64

appārēre erscheinen, sich zeigen |38

appellāre anrufen, (be)nennen, bezeichnen |39

appellere hintreiben, landen |67

appendere wiegen; aufhängen; auszahlen |58

appendix ♀, **-icis** Anhang, Zusatz, Anhängsel |101

appingere hinzumalen, -schreiben |87

Appius ♂ Appius |61

appōnere hinstellen, hinzusetzen |30

apprehendere ergreifen, anfassen |82

appropinquāre sich nähern, heranrücken |24

appulsus ♂, **-ūs** Hintreiben, Landung, Annäherung |67

Aprīlis April |33

apsīs ♀, **-īdis** Apsis, Bogen, Wölbung |95

aptus geeignet, passend, angemessen |58

apud bei, neben |13

aqua ♀ Wasser |80

Aquæ Sextiæ ♀♀ Aix-en-Provence |16

aquārius Wasser- |100

Aquilō ♂, **-ōnis** Nordwind |22

arāre pflügen |96

arātrum Ø Pflug |96
arbitrārī meinen, erwägen, glauben |25
arbor ♀, **-oris** Baum |86
arca ♀ Kasten, Kiste, Truhe |9
arcuātus bogenförmig, gewölbt |99
arcus ♂, **-ūs** Bogen, Bügel, Gewölbe |96
ārdēre brennen, glühen |75
ārdor ♂, **-ōris** Glut |97
arduus steil, hoch, jäh; beschwerlich |101
ārea ♀ Fläche(ninhalt), freier Platz, Feld |72
argenteus silbern |93
āridus trocken, ausgedörrt, dürr |85
arma ØØ, **-ōrum** Waffe |34
armāmenta ØØ, **-ōrum** Rüstung, Segelwerk |90
armārium Ø Schrank |57
armātus bewaffnet |89
armilla ♀ Armband |93
Armoricānus armorikanisch |16
Arpīnum Ø Arpino |87
arrīdēre zulachen |52
arripere (-iō) (er)fassen, an sich reißen, ergreifen |78
ars ♀, **artis** Kunst, Handwerk, Fertigkeit |67
artēria ♀ Arterie |40
arthrīticus arthritisch |61
artifex ♂/♀, **-icis** Künstler, Handwerker |85
artificiōsus künstlich |66
artificium Ø Kunst(hand)werk, Kunstfertigkeit |95
artocreas Ø, **-atis** Pastete |65
artus eng, dicht, schmal |67
ascendere hinaufsteigen, besteigen |95
ascrībere zu-, aufschreiben, eintragen |100

asellus ♂ Esel |87
asinus ♂ Esel, Dummkopf |55
aspergere bespritzen, zufügen |52
aspicere (-iō) erblicken, ansehen, anschauen, betrachten |31
assecūtus erreicht, eingeholt |29
assequī erreichen, einholen, erlangen |20
assīdere sich hinsetzen, sich niedersetzen |16
assiduus unablässig, beharrlich |54
assuēfacere (-iō) gewöhnen |82
assuētus gewöhnlich, bekannt, gewohnt |80
assula ♀ Span, Splitter |65
assurgere aufstehen, sich erheben, steigen, wachsen |99
assus gebraten; trocken |16
astronauticus Raumfahrt- |73
astrum Ø Gestirn, Stern, Himmel |101
astūtus listig, schlau, raffiniert |48
at aber |25
āter, **ātra**, **ātrum** schwarz, dunkel, düster, finster |36
āthlēticus athletisch |31
atomus ♀ Atom |66
atque *siehe* ► **ac** |38
ātrāmentum Ø Tinte |15
ātrium Ø Atrium, Wohnzimmer, Vor-/Innenhof, Halle |94
atrōx, **-ōcis** schrecklich, furchtbar, greulich |48
attamen aber dennoch, doch |66
attat ha! ach! |73
attentus gespannt, aufmerksam |96
Atticus ♂ Atticus |87
attinēre festhalten, gehören zu |67
attingere erreichen; berühren |94
attollere erheben, emporheben |26
attribuere zuteilen, zuweisen, beimessen |90

A B C D E F G H I J K L M N O P Q R S T U V W X Y Z

auctor ♂/♀, **-ōris** Autor, Schöpfer, Schriftsteller, Verfasser |76

auctōritās ♀, **-ātis** Autorität, Macht, Einfluss, Geltung |74

auctus gesteigert, vermehrt, erhöht |65

audācia ♀ Kühnheit |26

audāx, **-ācis** kühn, frech, mutig |71

audēre wagen |34

audīre hören, erfahren, lauschen |36

audītor ♂, **-ōris** Zuhörer, Hörer |67

audītōrium ⌀ Hörsaal, Zuhörerkreis |78

audītus ♂, **-ūs** Gehör(sinn), Hören |39

auferre wegtragen, wegbringen, wegnehmen |83

augurāre weissagen, voraussagen |31

Augusta Prætōria ♀ Aosta |75

Augusta Vindelicōrum ♀ Augsburg |37

Augustīnus ♂ Augustinus |52

Augustus August |33

Augustus ♂ Augustus |33

aula ♀ Kochtopf; Hof, Halle |81

aulula ♀ kleiner Topf |81

Aululāria ♀ Topfkomödie |81

Aulus ♂ Aulus |57

aurantium ⌀ Orange |65

aurātus (piscis) ♂ Goldfisch |94

Aurēlius ♂ Aurelius |53

aureus golden, Gold- |73

aurificīna ♀ Juwelierladen |93

aurīga ♂ Wagenlenker, Kutscher, Fuhrmann |69

auris ♀ Ohr |39

aurum ⌀ Gold |81

auspicium ⌀ Vogelbeobachtung, Auspizien, Wahrzeichen |83

Auster ♂, **-trī** Südwind |95

Austrālia ♀ Australien |95

austrālis südlich |95

aut oder |26

autem aber |4

autocīnētum ⌀ Automobil, Kraftwagen, Auto |29

automatus freiwillig |64

automōbilis ♂ Automobil, Kraftwagen, Auto |37

automōtrīx ♀, **-īcis** Automobil- |74

autoræda ♀ Auto |62

autorædārius ♂ Autofahrer |62

autumnālis herbstlich |33

autumnus ♂ Herbst |33

auxilium ⌀ Hilfe, Beistand, Verstärkung |45

avārus geizig, gierig |81

avārus ♂ Geizhals, Geiziger |81

avē sei gegrüßt, sei gesegnet |29

avēre begehren |80

avia ♀ Großmutter |8

avidus (be)gierig |87

avis ♀ Vogel; Vorzeichen |74

avunculus ♂ Onkel (*mütterlicherseits*) |64

avus ♂ Großvater |8

axis ♂ Achse, Wagenachse, Pol |24

axungia ♀ Achsenfett, Schmiere |85

B / b

baccha ♀ Bacchantin |82

Bacchānal ⌀, **-ālis** Ort des Bacchusfestes |82

bajulus ♂ Lastträger |36

balneārius Bade-, Bäder- |46

balneum ⌀ Bad |79

barba ♀ Bart |39

barbarus ♂ Barbar |97

Barcinō ♀, **-ōnis** Barcelona |68

basilica ♀ Basilika, Königshalle |94

Batāvia ♀ Holland |59

beātus glücklich, reich, begütert, gesegnet |62

bellum ∅ Krieg |48
bene gut |15
beneficium ∅ Wohltat, Verdienst, Dienst, Gnade |100
benevolēns, **-entis** wohlwollend |92
benevolentia ♀ Wohlwollen, Gewogenheit |92
benignitās ♀, **-ātis** Gutmütigkeit, Freundlichkeit, Güte |15
Bergintrum ∅ Bourg-Saint-Maurice |53
bēstiola ♀ Insekt, Tierchen |100
bibāx, **-ācis** trunksüchtig |30
bibere trinken |12
bibliothēca ♀ Bibliothek, Bücherei |49
bibulus trinkfreudig |12
bīduum ∅ Zeitraum von zwei Tagen |58
bīnī je zwei, zweifach, doppelt |10
bīnoculārius zweiäugig |39
birota ♀ Zweirad |8
bis zweimal |27
blandīmentum ∅ Liebkosungen, Schmeichelei |52
boārius Rinder- |73
bonitās ♀, **-ātis** Güte, Beschaffenheit |50
bonum ∅ Gut, das Gute, Vorteil |5
bonus gut |3
botulus ♂ Blutwurst |92
brācæ ♀♀ Hose |22
bracchium ∅ Unterarm |29
brassica ♀ Kohl |73
brevī bald, in Kürze |55
brevis kurz |55
Brūtus ♂ Brutus |90
būbō ♂, **-ōnis** Eule, Uhu |6
būbulus Rind- |58
bulga ♀ Koffer |9
bulla ♀ Blase |85
Burdigala ♀ Bordeaux |71
Burgundiī ♂♂ Burgunder |65
būtȳrum ∅ Butter |20

C / c

C. (**Gāius**) *siehe* ▶ **Gāius** |97
cadāver ∅, **-eris** Kadaver, Aas, Leiche |78
cadere fallen, sinken, stürzen |19
Cæcilia ♀ Cécile |30
cæcus blind, dunkel |39
cædēs ♀, **-is** Ermordung, Mord |78
cælebs, **-ibis** ehelos, ledig, geschieden |43
cælum ∅ Himmel, Klima, Wetter |96
cæruleus himmelblau |10
Cæsar ♂, **-aris** Cäsar |12
Cæsariānus ♂ Cäsarianer |94
cæspes ♂, **-itis** Rasen |48
caffēum ∅ Kaffee |11
calamitās ♀, **-ātis** Schaden, Unheil, Missgeschick, Unglück |97
calamus ♂ Rohr, Schreibfeder, Halm, Stängel, Stiel |15
calceus ♂ Schuh |19
calefacere (-iō) heizen, wärmen heiß machen |24
calefactiō ♀, **-ōnis** Heizen, Heizung, Erwärmung |47
calefierī erhitzen, erwärmen, warm werden |47
calidus warm, heiß |20
caliga ♀ Stiefel, Soldatenschuh |48
cālīgāre Nebeldunst verbreiten, in Nebel hüllen |48
cālīgō ♀, **-inis** Nebel, Finsternis, Rauchwolke, Dunkelheit |99
calix ♂, **-icis** Kelch, Schüssel, Becher, Topf |97
callēre erfahren sein, geübt sein |96
callidus schlau, klug, verschlagen |18

A B C D E F G H I J K L M N O P Q R S T U V W X Y Z

calor ♂, **-ōris** Wärme, Hitze; Glut, Feuer |33

calvitiēs ♀, **-iēī** Glatzköpfigkeit, Kahlheit |39

calvus glatzköpfig |39

Cambērium ⌀ Chambéry |75

camīnus ♂ Kamin |94

Campānia ♀ Kampanien |97

campus ♂ Ebene, Feld, Fläche, freier Platz |96

canālis ♂/♀, **-is** Kanal, Röhre, Graben, Rinne, Rohr |59

candēla ♀ Kerze |92

candēre glühen, glänzen |24

candidus glänzend weiß, schneeweiß |24

canere singen |30

canis ♂/♀, **-is** Hund |30

cānitiēs ♀, **-iēī** weiß-gräuliche Haarfarbe |54

cantāre vor sich hinsingen |6

cantilēna ♀ allseits bekanntes Lied |6

cantitāre singen |75

cānus grau, weiß |54

capere (-iō) nehmen, (er)fassen, fangen, (er)greifen |45

capillātus haarig |39

capillus ♂ Haar |39

Capitōlīnus kapitolinisch |94

Capitōlium ⌀ Kapitol |5

Capreæ ♀♀ Capri |99

capsa ♀ Kiste, Schachtel, Hülle, Kapsel |38

capsula ♀ Schachtel |92

captāre fangen, (er)greifen, fassen |31

captīvus ♂ (Kriegs)gefangener |43

caput ⌀, **capitis** Kopf, Haupt |39

carbō ♂, **-ōnis** Kohle |95

carbūrātōrium ⌀ Vergaser |85

carcer ♂, **-eris** Gefängnis, Kerker |43

carēre frei sein, nicht haben, entbehren |68

carīna ♀ Schiffskiel |89

cāritās ♀, **-ātis** Nächstenliebe, Liebe, Hochschätzung |62

carmen ⌀, **-inis** Lied, Gedicht, Gesang |13

carnārium ⌀ Fleischerhaken; Fleischkammer |58

carnifex ♂, **-icis** Scharfrichter; Henker |57

carō ♀, **carnis** Fleisch |58

Carolus ♂ Karl |15

carpentārius Karosserie-, Wagen- |85

carpentum ⌀ Reisewagen, Karosse, Kutsche |45

cārus teuer, lieb, wert |27

cāseus ♂ Käse |16

Castor ♂, **-oris** Kastor |96

castrēnsis Lager- |92

castrum ⌀ Fort, Festung, Befestigung |59

cāsus ♂, **-ūs** Fall, Unfall, Begebenheit |89

catēna ♀ Kette, Fessel |89

Catilīna ♂ Catilina |86

catīnus ♂ Napf, Schale, Schüssel |17

Catō ♂, **-ōnis** Cato |58

cauda ♀ Schwanz, Schweif, Rute, Fahne |73

caupō ♂, **-ōnis** Gastwirt |10

causa ♀ Grund, Ursache; Sachverhalt; Klage |37

cautiō ♀, **-ōnis** Vorsicht, Sicherheit |54

cautus vorsichtig, sicher |19

cavēre sich hüten, sich in Acht nehmen |24

cēdere gehen, weichen, nachgeben, abtreten |57

cedrinus Zedern(holz)- |94

cēlāre verheimlichen, verbergen, verstecken |64

celeber, -bris, -bre belebt, berühmt, gefeiert |95

celebrāre feiern, preisen, verherrlichen |95

celebrātus bekannt, berühmt |99

celeritās ♀, **-ātis** Schnelligkeit, Eile |89

celeriter schnell |82

cella ♀ Zelle, Kammer, Zimmer, Stube |45

cēna ♀ Hauptmahlzeit, Essen |81

cēnāculum ∅ Speisezimmer, Apartment |47

cēnāre speisen, essen, verzehren |29

centēsimus ♂ Hundertstel |68

centiēs hundertmal |80

centimetrum ∅ Zentimeter |72

centum ♂/♀/∅ hundert |95

centuriō ♂, **-ōnis** Zenturio, Hauptmann |69

cēpa ♀ Zwiebel |65

cēpula ♀ Zwiebelchen |65

cerasum ∅ Kirsche |48

cerasus ♀ Kirschbaum |48

cernere erkennen, sehen, wahrnehmen |46

cerrītus verrückt, irre, wahnsinnig |65

certāmen ∅, **-inis** Wettkampf, Wettstreit |31

certē sicherlich, bestimmt, freilich, wohl |96

certus sicher, bestimmt, gewiss |25

cervēsia ♀ Bier |26

cervīx ♀, **-īcis** Nacken, Hals, Genick |40

cessāre zögern |61

cēterum übrigens, außerdem, zudem |68

cēterus übrig, sonstig, andere |41

cētus ♂ Wal(fisch), Delfin; Seeungeheuer |81

charta ♀ Papier, Schrift, Aufzeichnung |100

chartula ♀ Briefchen |38

chartula cursuālis ♀ Postkarte |38

Chicāgia ♀ Chicago |75

chīrūrgicus chirurgisch |100

chorda ♀ Saite |12

chorus ♂ Chor, Reigen; Refrain |57

Chrīstiānitās, -tātis ♀ Christenheit, Christentum |95

Chrīstiānus christlich, Christ |32

Chrīstophorus ♂ Christoph |29

Chrīstus ♂ Christus |81

cibāria ∅∅, **-ōrum** Lebens- / Nahrungsmittel |55

cibus ♂ Speise, Nahrung, Futter |16

cicer ∅, **-eris** Kichererbse |58

Cicerō ♂, **-ōnis** Cicero |29

cilium ∅ Augenwimper |39

cīmex ♂, **-icis** Wanze |100

cīnēmatographicus Kino- |67

cīnēmatographium ∅ Kino |5

cinereus aschgrau, aschfarbig |22

cingere einfassen, umgeben, umgürten |64

cinis ♂, **-eris** Asche |99

circā um herum |60

circēnsis Zirkus- |69

circiter etwa, ungefähr |90

circulātiō ♀, **-ōnis** (Straßen)verkehr |86

circum um, herum |66

circumāctus herumgedreht, umgedreht, umgebogen |59

circumagere herumdrehen, umdrehen, umbiegen |85

circumdare umgeben |95

circumdūcere herumleiten, herumführen |100

A B C D E F G H I J K L M N O P Q R S T U V W X Y Z

circumjicere (-iō) herumwerfen; umschließen, umgeben |99

circumstāre umzingeln, umringen |90

circus ♂ Zirkus, Kreis, Rennbahn |29

cithara ♀ Gitarre, Zither, Leier |64

citō schnell |1

citus schnell |34

cīvīlis bürgerlich, öffentlich |67

cīvis ♂/♀, **-is** Bürger/-in |67

cīvitās ♀, **-ātis** röm. Bürgerrecht; Bürgerschaft, Gemeinde |62

clādēs ♀, **-is** Niederlage, Schaden, Unglück |97

clāmāre schreien, rufen |25

clāmitāre schreien |76

clāmor ♂, **-ōris** Geschrei, Schreie, Lärm |64

clārus berühmt; hell, klar, deutlich |12

classicus klassisch |50

classis ♀ (Bürger)Klasse, Flotte, Abteilung |36

claudere abschließen, verschließen, zumachen |37

claustrum ∅ Verschluss, Riegel |59

clausus geschlossen, verriegelt |33

clāvātus genagelt |85

clāvichordium ∅ Klavier, Piano |12

clāvis ♀ Schlüssel; Schloss |89

clāvus ♂ Nagel, Stift, Pflock |89

clēricus ♂ Geistlicher, Kleriker |60

clīvus ♂ Abhang, Steigung |94

clystēr ♂, **-ēris** Einlauf(spritze), Klistier |60

clystērium ∅ Klistier, Darmspülung, Einlauf |60

coacervāre anhäufen, ansammeln |96

cochlea ♀ Schnecke |65

cochlear ∅, **-āris** Löffel |16

cœmētērium ∅ Friedhof, Kirchhof |29

cōgere zwingen; sammeln, zusammentreiben |30

cōgitāre denken, überlegen, beabsichtigen |48

cōgitātiō ♀, **-ōnis** Gedanke, Überlegung, Einfall |48

cōgnōmen ∅, **-inis** Beiname |22

cōgnōscere kennenlernen, erkennen, erfahren |39

colaphus ♂ Faustschlag, Ohrfeige |16

colere pflegen, bewirtschaften, bebauen |26

collēga ♂/♀ Kollege, Genosse, Kamerad |89

colligere sammeln, auflesen, zusammenbringen |51

collis ♂ Hügel, Anhöhe |94

collocāre legen, aufstellen, unterbringen |9

colloquī sich besprechen, sich unterhalten |30

colloquium ∅ Gespräch, Unterredung, Besprechung |40

collum ∅ Hals, Genick, Nacken |40

color ♂, **-ōris** Farbe, Färbung, Anstrich |22

Columbus ♂ Kolumbus |29

columna ♀ Säule |73

combūrere verbrennen |94

comedere essen, verzehren |36

comes ♂/♀, **-itis** Gefährte, Begleiter, Kamerad |88

comēsse (-edō) *siehe* ► **comedere** |57

cōmicus Komödien-, komisch |78

commeātus ♂, **-ūs** freies Geleit; Verkehr; Urlaub; Transport |87

commemorāre sich erinnern, erwähnen |33

commentārius ♂ Notiz; Tagebuch; Aufzeichnung |99

commentīcius imaginär |79

commētīrī ausmessen |72

comminārī drohen, bedrohen |82

comminuere zerschlagen, zertrümmern; schwächen |59

commiscēre vermischen, vermengen |58

committere zusammenbringen, verüben, anvertrauen |83

commodāre überlassen, herrichten, verleihen |62

commodum Ø Vorteil, Nutzen; Annehmlichkeit |61

commodus angemessen, günstig, geeignet |61

commorārī verweilen, bleiben |95

commōtus aufgeregt, wütend, verärgert |57

commūnicāre kommunizieren, mitteilen |67

commūnis gemeinsam, allgemein |52

commūtāre verändern, tauschen |74

cōmœdia ♀ Komödie, Lustspiel |81

cōmœdus ♂ Komiker |81

compāctus kompakt, dicht |51

compāgēs ♀, **-is** Gefüge, Struktur, Aufbau |72

comparāre besorgen, beschaffen, vorbereiten; vergleichen |27

comperīre erfahren, in Erfahrung bringen |72

compēs ♀, **-pedis** Fußfessel |47

compīlāre ausrauben, berauben, plündern |81

complectī umfassen, umarmen, umgeben |39

complēre vollmachen, (an)füllen |32

complētus vollständig |101

complexus ♂, **-ūs** Umfassung, Umarmung |80

complūrēs, **-a** mehrere |90

compluvium Ø Kompluvium, Säulenhof |94

compōnere zusammenstellen, zusammensetzen |58

comprehendere ergreifen, erfassen, zusammenfassen |90

comprimere zusammendrücken, unterdrücken |41

computāre berechnen, zusammenrechnen |72

computātiō ♀, **-ōnis** Berechnung, Zusammenrechnen |71

cōnārī versuchen |46

concentus ♂, **-ūs** Harmonie, Einklang, Zusammensingen |30

concidere zusammenfallen/-brechen, einstürzen |90

concipere (-iō) zusammen-/auffassen, empfangen |99

conclāve Ø Zimmer, Gemach |83

conclūdere einschließen, folgern |26

concurrere zusammenlaufen, herbeieilen |69

concursus ♂, **-ūs** Auflauf, Zusammenlaufen, Zusammenstoß |86

condemnātus verurteilt, verdammt |62

condere gründen, erbauen |81

condīmentārius Lebensmittelhändler, Gewürz- |58

condiscipulus ♂ Mitschüler |101

condocefacere (-iō) dressieren, abrichten |100

condūcere mieten, pachten; anwerben, engagieren |72

conductīcius gemietet |72

cōnectere verbinden, anknüpfen |41

cōnferre zusammentragen/-bringen, vergleichen |67

cōnfessiō ♀, **-ōnis** Bekenntnis, Beichte, Geständnis |53

A B C D E F G H I J K L M N O P Q R S T U V W X Y Z

cōnficere (-iō) herstellen, anfertigen, vollenden |43

cōnfīdere vertrauen |50

cōnfīgere zusammenheften, befestigen; durchbohren |81

cōnfirmāre stärken, bekräftigen, befestigen |81

cōnfitērī eingestehen, beichten, bekennen |87

cōnfodere (-iō) durchbohren, niederstechen |*83*

cōnfōrmāre formen, bilden, gestalten |67

conglūtināre zusammenleimen/-setzen, verbinden |15

congregāre sammeln, zusammenhäufen |59

Congriō ♂, **-ōnis** Congrio |81

congruere übereinstimmen |93

conjicere (-iō) zusammenwerfen; vermuten, mutmaßen |25

conjungere zusammenfügen, verbinden, verknüpfen |101

conjūnx ♂/♀, **-jugis** Gemahl/-in, Ehefrau/-mann, Partner/-in |92

conjūrāre sich verschwören, Komplott/Bündnis bilden |57

conjūrātiō ♀, **-ōnis** Intrige, Verschwörung, Bündnis |86

cōnscendere besteigen, einsteigen |27

cōnscius ♂ Mitwisser, mitwissend, bewusst |46

cōnsectārī ständig verfolgen, fahnden |90

cōnsentāneus übereinstimmend vereinbar |74

cōnsilium ∅ Plan, Rat, Beschluss, Beratung |93

cōnsistere sich hin-/aufstellen, stehenbleiben, Halt machen |37

cōnsobrīna ♀ Kusine (*ersten Grades*) |30

cōnspergere besprengen, bestreuen |26

cōnspicārī erblicken |81

cōnspicere (-iō) erblicken, sehen |93

cōnspicuus sichtbar, auffallend, auffällig |66

cōnstāns, **-antis** beständig, fest, standhaft |74

cōnstāre feststehen, bestehen aus; kosten |66

cōnstituere beschließen, festlegen, bestimmen |32

cōnstrictus eng, verdichtet, zusammengezogen |32

cōnstringere zusammenschnüren, fesseln, festbinden |32

cōnstruere bauen, erbauen, errichten |27

cōnsuētūdō ♀, **-inis** Sitte, Gewohnheit, Brauch |29

cōnsuētus gewohnt |89

cōnsul ♂, **-ulis** Konsul |86

cōnsulere befragen, heranziehen, konsultieren |71

cōnsultō absichtlich |80

contabulātiō ♀, **-ōnis** Bretterboden, Dielenverschalung |74

contemptor ♂, **-ōris** Verächter |100

contendere sich anstrengen, kämpfen, eilen, behaupten |90

contentiō ♀, **-ōnis** Spannung, Anstrengung, Anspannung, Streit |101

contentus zufrieden |54

continēre zusammenhalten, enthalten, umfassen |83

contingere berühren, ergreifen; glücken, gelingen |64

continuāre fortsetzen, fortfahren, fortführen |85

cōntiō ♀, **-ōnis** Vortrag, Rede; (Volks-)Versammlung |69

contrā im Gegenteil |44

contractus verkürzt, eng, knapp, begrenzt |41

contrahere zusammenziehen, einengen, einschränken |89

contrārius gegenüberliegend, entgegengesetzt, zugewandt, gegensätzlich |97

contumēlia ♀ Beleidigung, Misshandlung, Beschimpfung, |89

contundere niederschlagen, zerschlagen |81

conturbātus verwirrt |92

convenīre zusammenkommen, sich einigen |22

conversiō ♀, **-ōnis** Übersetzung, Umwandlung |101

convertere umwenden, umdrehen, umwandeln; übersetzen |74

convīva ♂/♀ Gast, Tischgenosse |16

convocāre zusammenrufen, einberufen, versammeln |32

convulnerāre verwunden |100

cooperīre bedecken |33

coopertus bedeckt |94

cōpia ♀ Vorrat, Fülle, Menge, Reichtum |22

cōpiōsē reichlich, wortreich, ausführlich |82

cōpula ♀ Band, Gurt, Gürtel |89

cōpulāre verbinden, vereinigen |101

coquere kochen, backen |83

coquināre kochen |82

coquus ♂ Koch |40

cor ∅, **cordis** Herz, Gemüt, Seele |40

cōram vor, in Gegenwart von |69

corculum ∅ Herzchen |79

corōna ♀ Kranz, Krone |81

corpus ∅, **-oris** Körper, Leib; Leiche, Körper |20

corrēctus korrekt, verbessert |67

corrigere begradigen, geraderichten |24

corrōborāre stärken, härten, kräftigen, mächtig machen |80

corruere zusammenbrechen, einstürzen |78

corrumpere zerstören, vernichten, verderben |96

corruptēla ♀ Verderbnis, Verführung, Bestechung |100

corruptus verdorben, korrupt, dekadent |60

cōtēs ♀, **-is** Riff, Felsen, Klippe |89

cottīdiānus täglich |51

cottīdiē täglich |36

crās morgen |19

crassitūdō ♀, **-inis** Dicke, Dichtheit |89

crassus dick, fett |79

creāre erschaffen, erzeugen |53

crēbrō oft, häufig, wiederholt |51

crēdere glauben, vertrauen |22

crepida ♀ Sandale |73

crepīdō ♀, **-inis** Sockel |37

crepundia ∅∅, **-ōrum** Klapperzeug, Kinderklapper |27

crēscere wachsen, gedeihen, zunehmen |96

crīmen ∅, **-inis** Straftat, Verbrechen, Vergehen |85

crīnis ♂ Haar, Kopfhaar |40

croceus aus Safran bestehend, safrangelb |93

cruciātus ♂, **-ūs** Folter, Marter, Qual |52

crūditās ♀, **-ātis** Sodbrennen |61

crūdus roh |83

cruor ♂, **-ōris** Blut |69

crūs ∅, **crūris** (Unter-)Schenkel, Bein, |54

crūsculum ∅ Beinchen |100

crustulum ∅ Zuckerplätzchen, Kuchen, Zuckerwerk |16

crux ♀, **crucis** Kreuz, Galgen |57

cubāre liegen, ruhen |19

cubiculārius Zimmer- |65

cubiculum ∅ (Schlaf)zimmer |10

A B C D E F G H I J K L M N O P Q R S T U V W X Y Z

cubitus ♂ Ellenbogen |41
cubus ♂ Würfel |65
cucūlus ♂ Kuckuck |6
cūdere schlagen, klopfen, prägen |24
cujus dessen, wessen, *siehe* ▶ **quis/quī** |11
cujusdam auf gewisse Art, von gewisser Art, *siehe* ▶ **quīdam** |48
culīna ♀ Küche |47
culmen Ø, **-inis** Gipfel, Wipfel; First |95
culter ♂, **-trī** Messer |73
cultor ♂, **-ōris** Pfleger |26
cultūra ♀ Pflege, Anbau, Kultur |26
cultus gepflegt, geschmückt, elegant, kultiviert |61
cum mit, als, nachdem, obwohl, weil, (immer) wenn |8
cummis ♀ Gummi |85
cunctus ganz, gesamt |96
cunīculus ♂ Kaninchen |16
cupere (-iō) wünschen, wollen, möchten |16
cupiditās ♀, **-ātis** Begierde, Lust, Verlangen |95
cupidus geldgierig, begierig |68
cūr warum, weshalb, wozu |12
cūra ♀ Sorge, Pflege, Aufsicht |39
cūrāre sorgen, sich kümmern, pflegen |20
cūrātor ♂, **-ōris** Pfleger, Verwalter, Wärter |75
cūrātus sorgfältig, gepflegt |23
cūria ♀ Curia (Maxima), Kurie, Senatsversammlung |96
cūriōsitās ♀, **-ātis** Neugier, Wissbegierde |52
currere laufen, eilen, rennen |20
currus ♂, **-ūs** Wagen |9
cursim fließend |13
cursuālis Lauf- |15
cursus ♂, **-ūs** Lauf |10
curvāre krümmen |95
custōs ♂/♀, **-ōdis** Wache, Wächter, Aufseher |43
cutis ♀, **-is** Haut, Leder |58
cylindrus ♂ Zylinder, Walze |85
cymba ♀ (Segel)boot, Kahn, Barke, Gondel |89
Cynthia ♀ Cynthia |61
cyprum Ø Kupfer |95

D / d

damnāre verurteilen |85
dare geben, aushändigen, (über)reichen |2
dē von, über |12
dēbēre müssen, schulden |15
dēbilis schwach |80
dēbitor ♂, **-ōris** Schuldner |92
dēcēdere fortgehen, verscheiden |68
December, **-bris** Dezember |33
decēre zieren, schmücken; passen |40
dēcēssus ♂, **-ūs** Ebbe, Abzug, Zurückströmen |89
dēcidere herabfallen, entscheiden, fallen |69
decimetrum Ø Dezimeter |72
dēcipere (-iō) täuschen, betrügen |100
decōrus anständig, ehrenvoll; zierlich |29
decuriō ♂, **-ōnis** Dekurio, Reiterführer |48
dēcursus ♂, **-ūs** Hinablaufen, Lauf |48
decus Ø, **-oris** Zierde, Ruhm, Ehre, Stolz |40
dēdicāre weihen, widmen |32
dēdūcere führen, zurückführen |87
deesse (dēsum) fehlen, mangeln, abwesend sein |31

dēfatīgāre ermüden, entkräften, erschöpfen |72
dēferre wegbringen, übertragen, berichten, melden |82
dēficere (-iō) fehlen, mangeln, verlassen, abnehmen |61
dēfīgere befestigen, anheften |59
dēfōrmitās ♀, **-ātis** Hässlichkeit, Verunstaltung |23
dehīscere aufplatzen, aufklaffen; verteilen |97
dehonestāre entehren, schänden |66
deinde dann, darauf, nachher |16
dējicere (-iō) hinabwerfen, niederwerfen |47
dēlābī fallen, hinfallen, herabgleiten |24
dēlectāre erfreuen, interessieren, vergnügen |27
dēlectātiō, -ōnis ♀ Vergnügen, Unterhaltung, Zeitvertreib |79
dēlēgāre übertragen, anvertrauen |59
Dēlia ♀ Delia |61
dēlīneāre zeichnen, skizzieren |72
dēlūdere täuschen, betrügen, verspotten |48
dēmēns, -entis wahnsinnig, irre, verrückt |69
dēmere wegnehmen, abnehmen |58
dēmittere herablassen, hinabschicken, senken |25
Dēmocritus ♂ Demokrit |66
dēmōnstrāre beweisen, zeigen |47
dēmorārī sich aufhalten |8
dēmum endlich, erst, schließlich |68
dēnique endlich, am Ende, schließlich |16
dēns ♂, **dentis** Zahn, Zacken, Zinke |38
dēnsus dicht |99
dentārius Zahn- |60
dentifricium ∅ Zahnpulver |60
dēnūntiāre melden, verraten, ankündigen, denunzieren |86
dēnuō erneut, von neuem |80
deorsum abwärts |58
dēpellere vertreiben, wegtreiben |58
dēpōnere ablegen, niederlegen |19
dēprehendere ergreifen, ertappen, abfangen |100
dērīvāre ableiten, umleiten |100
dēscendere herabsteigen, hinabsteigen |99
dēscēnsiō ♀, **-ōnis** Herabsteigen |67
dēscrībere beschreiben, darstellen |58
dēscrīptiō ♀, **-ōnis** Beschreibung, Schilderung, Zeichnung |71
dēsecāre abschneiden |100
dēsīderāre wünschen, begehren, vermissen, verlangen |50
Dēsīderius ♂ Desiderius |68
dēsignāre bezeichnen, planen, bestimmen, anordnen |44
dēsilīre herabspringen |80
dēsinere aufhören, ablassen, nachlassen |80
dēsistere ablassen, aufhören |80
dēstināre bestimmen, festsetzen |90
dēstituere im Stich lassen, preisgeben, zurücklassen |72
dēstruere zerstören, niederreißen |94
dēsuper herab |68
dētegere enthüllen |100
dētergēre abwischen |58
dētinēre festhalten |97
dētrahere herabziehen, entreißen, entziehen |92
deus ♂ Gott, Gottheit |32

dēversōrium^Ø Gasthaus, Herberge |8

dexter, -**t**(**e**)**ra**, -**t**(**e**)**rum** rechts, rechter |41

dextrōrsum nach rechts |16

diārium^Ø Tagebuch, Tageblatt |62

dicāre weihen |95

dīcere sagen, meinen, äußern, behaupten |6

diēs^♂/♀, **-iēī** Tag, Termin, Datum; Frist |1

differre verschieden sein, sich unterscheiden |34

difficilis schwierig, schwer |1

difficultās^♀, **-ātis** Schwierigkeit|52

difficulter schwierig, mühsam |12

dīgerere ordnen, verteilen |40

digitus^♂ Finger, Zehe |41

dignitās^♀, **-ātis** Würde, Rang, Stellung |65

dignus würdig, wert |71

dīligēns, **-entis** gewissenhafter, sorgfältig, achtsam |99

dīligenter gewissenhaft, sorgfältig |96

dīluvium^Ø Überschwemmung |96

dīmidius halb |11

dīrigere lenken, richten, steuern |10

discēdere weggehen, verlassen, auseinander gehen |68

discere lernen, erfahren |13

discipulus^♂ Schüler, Lehrling |29

discrīmen^Ø, **-inis** Scheidepunkt, Unterschied, Gefahr |72

discursus^♂, **-ūs** Auseinanderlaufen |86

discus^♂ Scheibe, Platte, Teller, Wurfscheibe |13

disertē klar, deutlich, ausdrücklich |88

disjicere ^(-iō) auseinanderwerfen, zersprengen |90

disjungere abschirren, losspannen, trennen |45

disperīre umkommen, ruiniert sein, verschwinden |61

displicēre missfallen |22

disputāre diskutieren, erörtern, auseinandersetzen |64

disrumpere zerreißen, zerbrechen, platzen |97

dissentīre anderer Meinung sein, widersprechen |88

dissimilis unähnlich |59

distantia^♀ Distanz, Abstand, Entfernung |67

distāre entfernt sein, auseinanderliegen |27

distīnctus getrennt, verschieden, bestimmt, deutlich |45

distinguere unterscheiden, trennen |95

distorquēre verdrehen |24

distortus verdreht, verzerrt, verkehrt |24

distribūtiō^♀, **-ōnis** Verteilung|100

diū längst, für lange Zeit |86

diurnārius^♂ Journalist |12

diurnus täglich, alltäglich |97

dīversus verschieden(artig), entgegengesetzt |80

dīves, **-itis** reich |68

dīvidere teilen, trennen |66

dīvīnus göttlich |88

dīvitiæ^♀♀ Reichtum |75

dīvulgāre verbreiten, veröffentlichen |59

docēre lehren, unterrichten, anweisen |51

docilis gelehrig |44

doctor^♂, **-ōris** Lehrer |54

doctrīna^♀ Unterweisung, Belehrung, Unterrichtung, |73

doctus gelehrt, gebildet, gescheit |100

documentum^Ø Beispiel, Beweisstück, Lehrstück |94

dōdrāns^♂, **-antis** Dreiviertel |80

dolēre schmerzen, Schmerz empfinden; trauern, betrübt sein |38
dōliumØ Fass |58
dolor♂, **-ōris** Schmerz, Bedauern |27
domesticus häuslich, privat, einheimisch |65
domiciliumØ Wohnstätte, Heim, Wohnsitz, Adresse |15
domina♀ Herrin, Dame, Gebieterin |27
Dominicus♂ Tag des Herrn, Sonntag |32
dominus♂ (Haus)herr, Herrscher, Gebieter, Eigentümer |2
domus♀, **-ūs** Haus, Wohnung, Behausung |26
dōnāre schenken, geben |27
dōnec bis, solange bis |45
dōnumØ Geschenk, Gabe |38
dormīre schlafen |19
dracō♂, **-ōnis** Drache, Schlange |100
dubitāre zweifeln, zögern |22
dubiumØ Zweifel, Bedenken |12
dubius zweifelnd, zweifelhaft, bedenklich |99
dūcere führen, leiten; befehligen |43
ductus♂, **-ūs** Leitung, Führung |99
dulcis süß, lieblich |29
dum während, solange, bis |13
duodēnī je zwölf |65
duplex, **-icis** doppelt |64
dūrus hart, beschwerlich |61
dux♂, **ducis** (An)Führer, Leiter |74

E / e

ē/ex von, aus |6
ea♀ *siehe* ► **is** |26
ēbibere austrinken; verprassen, verschwenden |61
ēbrius betrunken, trunken |73
ecce sieh da |6
ecquid etwa, wohl |87
edāx, **-ācis** gefräßig |30
edepol beim Pollux |82
edere essen, verzehren |16
ēdere herausgeben, ausgeben |47
ēdiscere auswendig lernen, sich einprägen, studieren |52
ēditiō♀, **-ōnis** Ausgabe |76
ēducāre erziehen, aufziehen, großziehen |55
ēducātiō♀, **-ōnis** Erziehung |57
ēdūcere herausführen, herausziehen |67
efferre hinaustragen, mitnehmen, hervorbringen |72
efficere (-iō) hervorbringen, bewirken, zustandebringen |26
effodere (-iō) ausgraben |94
effrēnātus zügellos, unbändig, ohne Zaum |86
effulgēre glänzen |99
e.g. (**exemplī grātiā**) zum Beispiel |96
egēre bedürfen, brauchen, nicht haben |89
ego ich |2
ēgredī (-ior) herausausgehen, herauskommen |61
ēheu ach |78
ei aua |79
eja ach so |60
ēlābī entgleiten |37
ēlectricitās♀, **-ātis** Elektrizität, Strom |71
ēlectricus elektrisch, Elektro- |27
ēlectrō♂, **-ōnis** Elektron |66
ēligere auswählen, auslesen |12
ēloquentia♀ Beredsamkeit, Redekunst |92
ēloquī aussprechen, vortragen |88
ēlūcēre herausleuchten |52
ēlūdere verspotten, täuschen |86

A B C D E F G H I J K L M N O P Q R S T U V W X Y Z

em hier, da |36
emere kaufen, nehmen |22
ēmicāre hervorschießen, erstrahlen, quellen |24
ēminēns, -entis hervorragend 54
ēminēre herausragen, emporragen |95
ēmorī (-ior) ableben, sterben, zugrunde gehen |78
ēmptiō ♀, **-ōnis** Käufe, Einkäufe |93
ēmptor ♂, **-ōris** Käufer |43
enim nämlich, denn |9
enimvērō allerdings |68
ēnūntiāre ausdrücken, verkünden, verraten |51
eō dazu, dahin, so weit |81
eōdem ebendort(hin), an derselben Stelle |58
episcopus ♂ Bischof |53
epistula ♀ Brief |15
epitonium ∅ Wasserhahn |93
epulārī speisen, tafeln |92
eques ♂, **-itis** Reiter, Ritter |72
equidem allerdings, meinerseits |61
equitāre reiten |54
equus ♂ Pferd |9
ergō also, deshalb, folglich |2
ērigere sich aufrichten |89
ēripere (-iō) entreißen, befreien, herausreißen |90
ērogāre (Geld) ausgeben |100
errāre irren, sich täuschen |5
error ♂, **-ōris** Fehler, Irrtum, Versehen |57
ērumpere herausstürzen, aus-/hervorbrechen |46
ēruptiō ♀, **-ōnis** Ausbruch, Durchbruch |97
erus ♂ Hausherr, Herr |65
ēsca ♀ Speise, Essen |40
ēscārius Ess-, Nahrungs- |92
ēsculentus essbar |79
esse (sum) sein, existieren, vorhanden sein |3
ēsurīre hungern, Hunger haben |11
et und, auch |4
etc./&c. (**et cētera**) und so weiter |75
etiam auch, noch, sogar |13
etiamnunc außerdem, auch jetzt noch, noch immer |75
etsī obwohl, obgleich |64
Eucliō ♂, **-ōnis** Euclion |81
euge bravo |13
eurō (undeklinierbar) Euro |16
ēvānēscere verlorengehen, verschwinden |36
ēvānidus vergänglich, verfallend, vergehend |75
ēvehere emporführen, hinausführen |46
ēvellere ent-/herausreißen |39
ēventum ∅ Ausgang, Ereignis, Ergebnis |100
ēventus ♂, **-ūs** Ausgang, Ereignis, Schicksal, Ergebnis |100
ēvidenter offenbar, augenscheinlich |79
ēvītāre umgehen, vermeiden, entgehen |69
ēvolāre heraus-/ausfliegen |101
ēvulsiō ♀, **-ōnis** Herausreißen |40
ex *siehe* ► **ē** |32
excēdere verlassen, weg-/hinaus-/herausgehen, |97
excellere hervor-/herausragen, sich auszeichnen |31
exceptiō ♀, **-ōnis** Ausnahme, Einschränkung |88
excerpere herauspflücken, auswählen |73
excidere heraus-/herabfallen; entkommen, entwischen |87
excipere (-iō) auf-/herausnehmen, anschließen |89
excitāre aufregen, antreiben, aufwecken, ermuntern |36

exclāmāre ausrufen |55
excōgitāre ausdenken |57
excruciāre martern |57
excutere (-iō) abschütteln, herausschütteln |85
execūtiō ♀, **-ōnis** Ausführung, Vollendung |100
exemplar ∅, **-āris** Beispiel, Kopie, Modell, Exemplar |60
exemplum ∅ Beispiel, Abbild, Vorbild |61
exercēre (aus)üben, sich üben, betreiben |24
exercitātiō ♀, **-ōnis** (Aus-)Übung |2
exhālāre aushauchen, sterben; verdampfen |60
exhaurīre ausschöpfen, erschöpfen, ausleeren |59
exhibēre ausliefern, gestatten, herbeischaffen; zeigen |94
exigere verlangen, fordern; vertreiben; vollenden |74
exiguus winzig, klein, unbedeutend, knapp |100
exilīre auf-/herausspringen |66
eximere aus-/herausnehmen |58
exīre (-eō) herausgehen |22
existere auftreten, auftauchen, entstehen |90
existere entstehen, erscheinen, hervortreten |90
exīstimāre meinen, schätzen, glauben, halten für |75
exitus ♂, **-ūs** Ausgang, Ende, Ergebnis |31
exōrnāre ausschmücken |73
expectāre warten (auf), erwarten |18
expedīre befreien, freimachen |80
expergēfacere (-iō) aufwachen, aufwecken |57
expergīscī aufwachen |19
experīmentum ∅ Versuch, Probe, Experiment, Beweismittel |100
experīrī versuchen, erproben, beweisen |78
expetere anstreben, verlangen |83
explānāre erklären |69
explicāre erklären, darlegen, erörtern |46
explōrāre erkunden |75
expōnere auseinandersetzen, darlegen/-stellen |92
exprimere ausdrücken, abbilden |57
expugnāre bezwingen, erobern, erstürmen |90
exquīsītus ausgezeichnet |30
extāre existieren, bestehen |96
extemplō sogleich, alsbald, augenblicklich |93
externus fremd, äußerer, ausländisch |76
extimēscere vor etw. in Furcht geraten |89
extinguere löschen, auslöschen, tilgen |13
extruere erbauen, errichten |96
exūstiō ♀, **-ōnis** Verbrennung, Brand |60

F / f

fābella ♀ Fabel |25
faber ♂, **-brī** Handwerker, Arbeiter, Künstler |24
fabrica ♀ Fabrik, Werkstatt, Atelier, Werkstätte |23
Fabricius ♂ Fabricius |3
fābula ♀ Fabel, Geschichte, Erzählung |78
fābulōsus fabelhaft |52
facere (-iō) tun, machen |24
facētus witzig, zierlich, nett, ansprechend, drollig |85
faciēs ♀, **-iēī** Gesicht, Aussehen, Anblick, Gestalt |54
facile leicht, ohne Mühe |9
facilis leicht |13

A B C D E F G H I J K L M N O P Q R S T U V W X Y Z

A B C D E F G H I J K L M N O P Q R S T U V W X Y Z

factiō ♀, **-ōnis** Partei, Gruppe, Clique |76
fallere täuschen, sich täuschen, betrügen |80
falsus falsch, unwahr |78
falx ♀, **falcis** Sense, Sichel |90
fāma ♀ Ruf, Gerücht, Ruhm |99
famēs ♀, **-is** Hunger, Armut |40
familia ♀ Familie |18
familiāris ♂/♀ Freund, Vertrauter |101
famula ♀ Dienerin |16
famulus ♂ Diener |64
farcīre stopfen |36
fārī sprechen, reden |51
farīna ♀ Mehl |58
fāstī ♂♂ Kalender der Feste und Ereignisse, Gerichtstage |74
fastīdiōsus eklig, widerwärtig |57
fastīdium ∅ Ekel, Abneigung |57
faucēs ♀♀, **-ium** Zugang, Rachen, Schlund, Abgrund, Höhle |40
faustus günstig, erfreulich, gnädig |68
favēre begünstigen, geneigt sein, gewogen sein |51
favīlla ♀ Asche |24
febris ♀ Fieber |61
Februārius Februar |33
fel ∅, **fellis** Galle |40
fēlīcitās ♀, **-ātis** Glück(-seligkeit) |43
fēlīciter glücklich |51
fēlīx, **-īcis** glücklich, erfolgreich |4
Fēlīx ♂, **-īcis** Felix |4
fēmina ♀ Frau, Weibchen |79
fēmineus weiblich |40
femur ∅, **-inis/oris** (Ober-) Schenkel |41
fenestra ♀ Fenster |12
ferē beinahe, fast, nahezu |80
fēriæ ♀♀ Ferien, Feiertage |8
ferrāmentum ∅ Eisenwerkzeuge |96
ferrārius Eisen- |24
ferrātus eisenbeschlagen |41
ferre (ferō) (er)tragen, dulden; bringen, bewegen |45
ferreus Eisen- |89
ferrivia ♀ Eisenbahn |37
ferriviārius Eisenbahn- |94
ferrum ∅ Eisen, Schwert, Waffe |24
ferus wild, brutal, roh, ungezähmt |76
fervere/fervēre kochen, sieden |20
fessus müde, erschöpft, matt |32
festīnāre sich beeilen |83
festīnātiō ♀, **-ōnis** Eile, Hast |36
fībula ♀ Spange, Klammer |44
fictilis tönern |92
fidēs ♀, **-eī** Vertrauen, Glaube |79
fidēs ♀♀, **-ium** Leier, Bratsche, Viola |12
fidiculæ ♀♀ Violine, Geige |12
fierī werden, sich ereignen, geschehen, stattfinden |40
fīgere befestigen, anheften; durchbohren |44
figūra ♀ Gestalt, Figur, Körper |66
fīlia ♀ Tochter |40
fīlius ♂ Sohn |29
fīlum ∅ Faden, Garn, Senkel, Zwirn |93
fingere bilden, darstellen, formen, gestalten |79
fīnīre beenden, abschließen, aufhören |55
fīnis ♂/♀ Ende, Abschluss, Ziel, Grenze |33
firmāre ermutigen, stärken |80
firmitūdō ♀, **-inis** Festigkeit, Stärke, Stabilität |89
firmus stark, fest, sicher, stabil, zuverlässig |9
fiscus ♂ Staatskasse; Korb, Geldkasten |76

fissilis gespalten |83
fistula ♀ Rohr, Röhre, Schlauch |100
flagrāre brennen, lodern, glühen |93
Flāminia ♀ Flaminia |93
flamma ♀ Flamme, Glut, Feuer |97
flāre blasen |38
flāvēscere blondieren |96
flāvus blond, gelb, goldgelb |73
flectere beugen, biegen, flektieren |69
flēre weinen, beklagen |57
flōreus blumig |81
flōs ♂, **flōris** Blume, Blüte |75
flōsculus ♂ Blümchen |74
fluctus ♂, **-ūs** Woge, Welle, Flut, Strömung |89
fluere fließen, strömen, rinnen |94
flūmen ∅, **-inis** Fluss, Strom, Strömung |59
fluvius ♂ Fluss |59
flūxus ♂, **-ūs** Fließen, Strömen |85
fōcāle ∅ Halstuch, Krawatte |32
focus ♂ Herd, Herdfeuer, Pfanne |81
fodere (-iō) graben, stechen, wühlen |82
folium ∅ Blätter |33
folliculus ♂ Ledersäckchen |34
follis ♂ Ledersack |31
fōmes ♂, **-itis** Zündstoff |85
fōns ♂, **fontis** Quelle, Ursprung |41
foris ♀ Tür |68
fōrma ♀ Form, Gestalt, Aussehen |72
formīca ♀ Ameisen |100
formīdō ♀, **-inis** Entsetzen, Furcht, Grausen |97
formīdolōsus furchterregend |97
fōrmōsus schön, hübsch |62
fors ♀, **-rtis** Zufall |76
forsitan vielleicht |62
fortasse vielleicht, eventuell, möglicherweise |25
fortassis vielleicht, möglicherweise |99
forte zufällig, etwa, vielleicht |26
fortis stark, mutig, kräftig, mutig, mächtig |78
fortiter mutig, entschlossen, stark, tapfer |87
fortuītus zufällig, locker, planlos |72
fortūna ♀ Schicksal, Glück, Unglück |51
fortūnātus gesegnet, glücklich |81
forum ∅ Marktplatz, Markt, Forum |36
fossa ♀ Graben, Grube, Kanal |24
fragmentum ∅ Fragment, Bruchstück |92
fragor ♂, **-ōris** Krachen, Brechen |19
frāgum ∅ Erdbeere |26
frangere zerbrechen, schwächen, verletzen |24
frāter ♂, **-tris** Bruder |4
fraus ♀, **fraudis** Betrug, Täuschung, Schaden |100
frēnum ♂ Zügel, Band, Zaum; Bremse |38
frequēns, **-entis** häufig, zahlreich |54
frētus vertrauend, zuversichtlich |101
fricāre trockenreiben, abreiben |55
frīctus geröstet, gerieben |65
frīgidārius Kühl- |57
frīgidus kalt, kühl, frisch, starr |22
frīgus ∅, **-oris** Kälte, Frost |41

A B C D E F G H I J K L M N O P Q R S T U V W X Y Z

frōns ♀, **frontis** Stirn, Stirnseite, Vorderseite |39

frūctus ♂, **-ūs** Frucht, Ertrag, Nutzen, Gewinn |86

fruī genießen, sich an etw. erfreuen |38

frūmentārius Getreide- |87

frūmentum Ø Getreide, Feldfrucht |26

frūstrā umsonst, vergeblich, vergebens |30

fuga ♀ Flucht |90

fugere (-iō) fliehen, meiden |32

fulcīre stützen |97

fulgur Ø, **-uris** Blitz |97

fultūra ♀ Stütze |101

fūmāre rauchen |37

fūmāriolum Ø Schornsteinchen, Kamin, Rauchfang |38

fūmātōrius rauchend, Rauch- |38

fūmus ♂ Rauch, Dampf |38

fundāmen Ø, **-inis** Grund(lage) |97

fundere gießen, ausschütten |97

fundus ♂ Boden, Grund, Grundstück, Landgut |58

fūnebris Leichen-; unheilvoll |92

fūnestus Leichen-, traurig, unheilvoll, tödlich |97

fungī ausführen, verrichten, verwalten |60

fungus ♂ Pilz |61

fūnis ♂ Seil, Leine, Tau, Schnur, Strick |89

fūr, **fūris** ♂/♀ Dieb |68

fūrārī stehlen |29

furnus ♂ Ofen, Backofen |81

furor ♂, **-ōris** Wut, Raserei, Wahnsinn |86

fūrtum Ø Diebstahl |46

fuscinula ♀ Gabel, Spieß |16

fuscus dunkel-/schwarzbraun |22

fūstis ♂ Stock, Knüppel |82

futūrus (zu)künftig |18

G / g

Gāius ♂ Gaius |87

Gallia ♀ Frankreich |15

gallicauda ♀ Cocktail |65

Gallicē französisch, gallisch |8

Gallicus französisch, gallisch |60

gallīna ♀ Henne, Huhn |25

gallīnāceus Hühner- |65

gallus ♂ Hahn |27

Gallus ♂ Franzose, Einwohner Galliens |81

gaudēre sich freuen |48

gaudium Ø Spaß, Freude |3

gausapa ♀ Stoff, Gewebe |79

gelū/gelus Ø/♂, **-ūs** Frost, Kälte |33

gemma ♀ Knospe; Juwel, Edelstein |33

gemmāre treiben (Knospen); glänzen |65

gena ♀ Wange |40

gener ♂, **-erī** Schwiegersohn |32

generōsus großzügig; adlig, edelmütig |3

Genovēfa ♀ Jennifer |71

gēns ♀, **gentis** Menschen, Volk, Geschlecht, Familie, Sippe |22

genū Ø, **-ūs** Knie |41

Genua ♀ Genua |8

genus Ø, **-eris** Klasse, Gattung, Art, Geschlecht, Stamm |30

geōgraphus ♂ Geograf |75

geōmetricus geometrisch |71

gerere führen, tragen, ausführen |80

Germānia Land der Germanen

Germāni ♂♂/♀♀ Germanen

germānus leiblich; echt, wahr, wirklich |30

glaciēs ♀, **-iēī** Eis |36

gladiātor ♂, **-ōris** Gladiator, Fechter, Schwertkämpfer |29

gladius ♂ Schwert, Degen, Kurzschwert |90

globulus ♂ Kloß, Kügelchen, Pille |27

glōria ♀ Ruhm, Berühmtheit, Ehre, |83

glōriārī sich rühmen, prahlen, angeben |82

glōriōsus berühmt, prahlerisch, ruhmreich |75

glōssārium ∅ Glossar, Wörterverzeichnis |76

glūten ∅, **-inis** Leim, Band, Verbindung |92

gradus, **-ūs** ♂ Schritt, Stufe, Absatz, Tritt, Grad |19

Græcia ♀ Griechenland |10

Græcus ♂ Grieche, griechisch |52

grammatica ♀ Grammatik, Sprachlehre |101

grammaticālis / **grammaticus** grammatikalisch |101

grammophōnum ∅ Plattenspieler |64

grandis überaus groß, überaus bedeutend |54

grandō ♀, **-inis** Hagel |96

grānum ∅ Korn |25

grātia ♀ Dank(barkeit), Ansehen, Beliebtheit |30

Grātiānopolis ♀ Grenoble |31

grātiās Danke |15

grātus dankbar, erwünscht, willkommen, angenehm |74

gravēdō ♀, **-inis** Schnupfen |60

gravis schwer, ernst, bedeutend, gewichtig |29

gravitās ♀, **-ātis** Ernst, Schwere, Bedeutung, Gewicht |87

graviter ernst, heftig, schlimm, schwer |40

gregārius Mannschafts-, Herden- |48

Grēgorius ♂ Gregor |30

grex ♂, **gregis** Herde, Schar, Schwarm, Haufen |5

gubernāculum ∅ Steuer, Lenkrad |62

gubernāre steuern, lenken, leiten |71

gubernātor ♂, **-ōris** Steuermann, Lenker |64

gubernātōrium automatum ∅ Autopilot |64

Guīdō ♂, **-ōnis** Guido |32

gula ♀ Kehle, Speiseröhre |20

gustāre schmecken, kosten |39

gustus ♂, **-ūs** Geschmack(ssinn), Probe |39

gutta ♀ Tropfen |60

guttur ∅, **-uris** Kehle |41

gymnasium ∅ Sportplatz |82

gypsātus eingegipst |54

gypsum ∅ Gips |54

H / h

habēre haben, besitzen, innehaben, halten für |52

habitātiō ♀, **-ōnis** Wohnung, Quartier |47

hāc hier entlang |27

Hadriānus ♂ Hadrian |94

hæc ♀ *siehe* ► **hic** |1

hærēre hängenbleiben, steckenbleiben, verharren |79

hāmus ♂ Angelhaken, Haken |31

harēna ♀ Sand, Arena, Strand, Kampfplatz, |60

haud nicht |27

hebdomada ♀ Woche |8

hebdomas ♀, **-adis** Woche |32

hebes, **-etis** stumpf |32

Hebraicus hebräisch |62

hem hm! ei! o! |38

hēmisphærium ∅ Hemisphäre, Halbkugel |95

A B C D E F G H I J K L M N O P Q R S T U V W X Y Z

A B C D E F G H I J K L M N O P Q R S T U V W X Y Z

herba ♀ Gras, Kraut, Gewächs, Pflanze |60

hercle beim Herkules |57

heri gestern |11

hesternus gestrig |32

heu ach |80

heus he |36

Hibēria ♀ Iberien |95

hīc hier |74

hic, **hæc**, **hoc** ♂ der/die/das hier, dieser/diese/dies hier |16

hiemālis winterlich |94

hiems ♀, **hiemis** Winter |33

hilaris heiter |54

hinc von hier, hierher, hierhin |52

Hippō ♂, **-ōnis** *(ant. Küstenstadt i. heutigen Algerien)* |53

hirsūtus ♂ stachelig |39

hirundō ♀, **-inis** Schwalbe |25

Hispānia ♀ Spanien |95

Hispānicus spanisch |38

historia ♀ Geschichte, Bericht, Forschung |87

histriō ♂, **-ōnis** Schauspieler |81

hoc ∅ *siehe* ► **hic** |3

hodiē heute |5

hodiernus heutig |34

holus ∅, **holeris** Gemüse |26

Homērus ♂ Homer |52

homō ♂, **-inis** Mensch |3

honor ♂, **-ōris** Ehre, Ansehen, Ehrung |54

honōrāre ehren |68

hōra ♀ Stunde, Uhr, Zeit, Tageszeit |11

Horātius ♂ Horaz |29

hordeum ∅ Gerste |96

hōrologium ∅ Uhr |11

horrendus furchterregend, entsetzlich, furchtbar |97

horrēre erschaudern, sich entsetzen |79

horreum ∅ Dachboden, Scheune, Speicher |75

horribilis schrecklich |100

horror ♂, **-ōris** Grausen, Schrecken, Entsetzen |19

hortārī antreiben, auffordern, ermuntern |75

hortī cultor ♂, **-ōris** Gartenpfleger |26

hortulānus ♂ Gärtner |26

hortus ♂ Garten |26

hospes ♂, **-itis** Gast, Besucher, Fremder |16

hospitium ∅ Gastfreundschaft |33

hostis ♂/♀ Feind, Fremder |20

HS ♂ (früher **IIS**) 2½ Sesterzen *siehe* ► **sēstertius** |27

hūc hierher, hierhin, dahin |75

hujusmodī/**hujuscemodī** derartig, dieser Art |66

hūmānus menschlich, menschenfreundlich |5

humus ♀ Erdboden, Erdreich, Boden, Erde |48

hydraulicus hydraulisch, Wasser- |59

I / i

ibi da, dort |16

ibīdem ebenda, daselbst |79

ictus ♂, **-ūs** Stoß, Schlag, Hieb |78

īdem, **eadem**, **idem** derselbe, dieselbe, dasselbe |79

identidem immer wieder, unaufhörlich |99

ideō dafür, deswegen |33

idōneus geeignet, entsprechend, passend |65

igitur also, dann, folglich |45

īgnārus unwissend, unkundig |87

igneus feurig |97

igniārius Zünd- |85

ignīre anzünden, zum Glühen bringen |85

ignis♂ Feuer, Brand |97

ignītiō♀, **-ōnis** Zündung, Einäscherung |85

ignivomus feuerspeiend |75

īgnōrans, **-antis** unwissend |89

īgnōrāre nicht kennen, nicht wissen |86

īgnōscere verzeihen |27

ille, **illa**, **illud** jener, der dort, dieser |2

illīc dort, da |69

illigāre binden, befestigen, verknüpfen |47

illinc von dort |81

illūc dorthin, dahin, hierhin |93

illūmināre erleuchten |92

illūstrāre erleuchten, erläutern, veranschaulichen |66

imāgō♀, **-inis** Bild, Abbild, Ebenbild; Ansicht |59

imber♂, **-bris** Regen |25

imitārī nachahmen |79

immānis ungeheuerlich, riesig |75

immānitās♀, **-ātis** Wildheit, Ungeheurlichkeit |57

Immanūēl♂, **-is** Emmanuel |68

immemor uneingedenk, pflichtvergessen |29

imminēre hineinragen, bedrohen |25

immō ja sogar |32

impedīmentumØ Hindernis; Gepäck |10

impedīre hindern, verhindern, behindern |55

impendere aufwenden, ausgeben |54

impēnsa♀ Ausgabe, Aufwand, Kosten |78

imperāre befehlen, beherrschen |74

imperātor♂, **-ōris** Kaiser, Herrscher, Gebieter |34

imperātumØ Befehl, Auftrag |74

imperiumØ Befehl, Herrschaft(sgebiet), Reich |73

imperturbātus ungestört |78

impetus♂, **-ūs** Angriff, Ansturm, Antrieb, Schwung |89

implēre (an)füllen, vervollständigen, vollenden |85

implicāre verwickeln |89

impluviumØ Impluvium, Wasserbecken im Atrium |94

impōnere aufsetzen, darauflegen, auferlegen |23

impossibilis unmöglich |31

imprīmīs vor allem, besonders |79

impudēns, **-entis** unverschämt, schamlos |38

impūne straflos, ungestraft, ohne Nachteil |6

īmus unterst |41

in in, auf, an, bei |6

in prōmptū griffbereit |48

inæquālis uneben, ungleich |66

inānis leer, unnütz, vergeblich, wertlos |87

inaudītus ungehört, unbekannt |26

incautē unvorsichtig |74

incendere anzünden |74

incendiumØ Brand, Feuer |74

inceptus♂, **-ūs** Beginn, Anfang |76

incertus unsicher, ungewiss |46

incidere hineinfallen, in etw. geraten, auf etw. stoßen |97

incipere (-iō) anfangen, beginnen |13

incitāre antreiben, in Bewegung versetzen |90

inclūdere einschließen, einsperren |45

incohāre beginnen, anfangen, in Gang setzen |54

incola ♂/♀ Einwohner, Bewohner |82

incolere wohnen, bewohnen, siedeln |73

incolumis unversehrt, unverletzt |64

incrēdibilis unglaublich |31

increpāre beschimpfen, schelten, vorwerfen |31

incūs ♀, **-ūdis** Amboss |24

inde von dort, von da, darauf |45

index ♂/♀, **-icis** Anzeiger, Verzeichnis, Katalog |16

indicāre anzeigen, verraten, bezeichnen |15

indicium Ø Anzeichen, Angabe, Aussage, Entdeckung |99

indignus unwürdig |57

indūcere hineinführen, verleiten, einführen |46

induere anziehen, anlegen, ankleiden |20

iners, **-ertis** ungeschickt, träge |99

inesse (īnsum) sich befinden, innewohnen, enthalten sein |88

īnfāns ♂/♀, **-antis** Kleinkind |51

īnferus unterer |48

īnfindere durchfurchen, einschneiden, spalten |90

īnflammātiō ♀, **-ōnis** Entzündung |40

īnfluere hineinfließen |85

īnfundere eingießen, hineingießen |99

ingēns, **-entis** gewaltig, riesig, außerordentlich |74

ingredī (-ior) betreten, eintreten, hineingehen |69

inhonestus unehrenhaft, schimpflich, ehrlos |46

initium Ø Anfang, Beginn, Start |76

injungere anbringen, befestigen, verbinden; auferlegen |99

innītī sich stützten auf, sich verlassen auf |41

innocēns, **-entis** harmlos, rechtschaffen, unschuldig |78

inopia ♀ Mangel, Not, Bedürfnis, Mittellosigkeit |55

inquam/**inquit** sagen, sprechen |26

inquilīnus ♂ Mieter |92

inquināre beschmutzen |85

inquīrere nachfragen, nachforschen, untersuchen |57

inquīsītiō ♀, **-ōnis** Erforschung, Untersuchung |100

īnsānus ungesund, wahnsinnig |25

īnscītē ungeschickt, linkisch, unbeholfen |23

īnscītus ungeschickt, unbeholfen |23

īnscrībere beschreiben, daraufschreiben |71

īnscrīptiō ♀, **-ōnis** Anschrift, Inschrift |15

īnsculpere einprägen, einschnitzen |96

īnsecābilis unzerschneidbar |66

īnserere einfügen |15

īnservīre dienen |67

īnsistere sich an etw. hinstellen, hintreten |90

īnspicere (-iō) hineinsehen, ansehen, besichtigen |71

īnstāre bevorstehen, drohen, bedrängen, zusetzen |79

īnstillāre beträufeln, benetzen |60

īnstituere einrichten, einsetzen, organisieren |59

īnstitūtiō ♀, **-ōnis** Anleitung, Einführung |99

īnstrūctus ausgerüstet, vorbereitet, trainiert |26

īnstruere ausrüsten; lehren, unterrichten |26

īnstrūmentum Ø Instrument, Gerät, Werkzeug |12

īnsuēscere sich an etw. gewöhnen |76

īnsula ♀ Insel |95

īnsuper darüber, oben drauf |58

intellēctus ♂, **-ūs** Verständnis, Einsicht, Erkennen |48

intellegere verstehen, begreifen, erkennen, erfassen |13

intendere beabsichtigen, anspannen; sich wenden |37

intentus angespannt, eifrig, aufmerksam |71

inter zwischen, unter |9

intercēdere dazwischengehen, einschreiten |67

intercidere dazwischenfallen; zugrundegehen; vergessen werden |100

interesse (-sum) teilnehmen, beiwohnen, dabeisein |89

interficere (-iō) töten, umbringen |57

interpretātiō ♀, **-ōnis** Deutung, Auslegung, Erklärung |66

interrogāre befragen, fragen |88

interventus ♂, **-ūs** Dazwischenkommen |90

intrā in, innen, innerhalb von |96

intrāre eintreten, betreten, hineingehen |71

intrīta ♀ Püree, Brei; Suppe |57

intrō hinein, herein |80

intubum ♂ Endivie |73

intuērī anschauen, betrachten |73

intus darin, drinnen |80

invalēscere stärker werden |97

invenīre (er)finden, entdecken, auf etw. stoßen |5

invīsere besichtigen, besuchen |95

invīsibilis unsichtbar; intellektuell, geistig |66

invītāre einladen, auffordern |23

invītus gegen den Willen, unfreiwillig, ungern |78

involūcrum ∅ Hülle |15

involvere einwickeln, einrollen |38

ipse, **ipsa**, **ipsum** selbst, persönlich, gerade, ausgerechnet |24

īrāscī zornig werden, zürnen |46

īrātus zornig, aufgebracht, erzürnt |81

īre (eō) gehen, fahren, laufen, fliegen, kommen, reisen |8

irrīdēre verlachen, verspotten |6

irriguus bewässert, geflutet, befeuchtet |100

irruere hereinbrechen, hereinstürzen |87

is, **ea**, **id** der-/die-/das(jenige) |5

iste, **ista**, **istud** dieser/diese/dies da, der/die/das dort |43

istīc dort, da, dabei |83

istūc hierher, dahin, hinzu |80

ita so, ja |2

Italia ♀ Italien |8

Italicus italisch, italienisch |4

Italus Italer, Italiener, italisch, italienisch |8

itaque deshalb, infolgedessen |19

item ebenfalls, ebenso |83

iter ∅, **itineris** Weg, Marsch, Reise, Strecke |37

iterāre erneuern, wiederholen, revidieren |13

iterum abermals, wiederum |43

itus ♂, **-ūs** Gang, Gehen |36

J / j

jacēre liegen, ruhen, schlafen |60

Jācōbus ♂ Jakob |55

jactāre (weg)werfen, schleudern; prahlen |86

jam schon, bereits, nun |13

jamdūdum längst, lange, vorher |80

Jāniculum ∅ Gianicolo |93

jānitor♂, **-ōris** Pförtner, Hausmeister, Türhüter |62

jānua♀ Tür, Eingang |33

Jānuārius Januar |33

jecur∅, **-oris/inoris** Leber |40

jentāculum∅ Frühstück |20

joca∅∅, **-ōrum** *Plural von* **jocus** |52

jocātiō♀, **-ōnis** Scherz, Spaß, Jux, Ulk |87

jocus♂ Witz, Scherz, Spott |52

Jōhanna♀ Johanna |92

Jōhannellus♂ kleiner Johannes |50

Jōhannēs♂, **-is** Johannes |19

Jōsēphus♂ Josef |68

jubēre befehlen, beschließen, verabschieden |74

jūcundus erfreulich, angenehm, beliebt |52

jūdex♂, **-icis** Richter |62

jūdicium∅ Urteil; Gericht |22

jūgerum∅ Morgen (*Flächenmaß*) |96

jugum∅ Joch, Bergrücken, Gipfel |95

Jūlia♀ Julia |96

Jūlius♂ Julius, Juli |5

jūmentum∅ Zugtier, Lasttier |96

jungere verbinden, vereinen, zusammenbringen |45

Jūnius Juni |33

Juppiter♂, **Jovis** Jupiter, Himmel |32

jūrāmentum∅ Eid |60

jūrāre schwören |60

jūs∅, **jūris** Suppe, Brühe, Soße |17

jūs∅, **jūris** Recht; Satzung |60

jūsjūrandum, jūrisjūrandī∅ Eid, Schwur |60

jussū♂ auf Befehl von |86

jussum∅ Befehl, Erlass, Verordnung, Gesetz |73

jūstus gerecht, recht |54

juvāre fördern, helfen |61

juvenis jung, jugendlich, junger Mann |53

juventūs♀, **-ūtis** Jugend, Jugendliche |48

K / k

Kalendæ♀♀ Kalenden, 1. Tag eines Monats |87

kīlogramma∅, **-atis** Kilogramm |29

kīlometrum∅ Kilometer |80

L / l

lābellum∅ kleine Wanne |93

lābī gleiten, wanken, fast fallen |19

labor♂, **-ōris** Arbeit, Anstrengung, Mühe |54

labōrāre arbeiten, leiden, sich anstrengen, sich abmühen |50

labōrātōrium∅ Forschungsstätte |100

labōriōsus fleißig |62

labrum∅ Lippe, Rand |47

lābrum∅ (Wasch)becken, Bad |47

lac∅, **lactis** Milch |20

lacrima♀ Träne |57

lacūnar∅, **-āris** Deckentäfelung |94

lacus♂, **-ūs** See |33

lætārī sich freuen |76

lætitia♀ Freude, Fröhlichkeit |52

lætus froh, fröhlich |54

lagōna/lagœna♀ Flasche, Henkelgefäß |48

lampas♀, **-adis** Leuchte, Fackel |71

lāneus aus Wolle, wollen |73

lanius♂ Fleischer |58

lanx♀, **lancis** Schüssel, Schale |20

lapis ♂, **-idis** Stein |50
Lār ♂, **Laris** Lar (*Schutzgottheit des Hauses*) |81
largē reichlich |65
lātē breit |94
latēns, **-entis** verborgen |100
latēre sich verstecken, verborgen sein |97
lātifundium Ø gr. Landgut |96
Latīnē Latein, Lateinisch |1
Latīnitās ♀, **-ātis** Latein, Latinität |53
Latīnus lateinisch, latinisch |49
lātitūdō ♀, **-inis** Breite |95
lātrāre bellen |30
latrō ♂, **-ōnis** Räuber |69
lātus breit |72
latus Ø, **-eris** Seite |72
laudāre loben |53
laurea ♀ Lorbeerbaum |68
laureātus lorbeerbekränzt |29
lauriger lorbeertragender |34
laus ♀, **laudis** Lob |92
lautus sauber, fein, nett, vornehm |22
lavāre waschen |20
laxāre lockern, erleichtern |89
laxitās ♀, **-ātis** Schlaffheit |85
lēctiō ♀, **-ōnis** Lektion, Vorlesung |1
lēctor ♂, **-ōris** Leser |101
lectulus ♂ kleines Bett |93
lectus ♂ Bett |10
lēgātus ♂ Gesandter |74
legere lesen |13
lēniter mild, lind, sanft, langsam, ruhig |19
lēnō ♂, **-ōnis** Kuppler, Mädchenhändler |38
lēns, **lentis** Linse |58
Leō ♂, **Leōnis** Leon (Löwe) |55
lepidē nett |76
lepidus drollig, niedlich, nett |76
lepus ♂, **-oris** Hase |16
levāre (auf)heben; erleichtern, lindern |41
leviter leicht |73
lēx ♀, **lēgis** Gesetz, Gebot, Vertrag |100
lībella ♀ kleine Silbermünze |97
libellus ♂ Büchlein |62
libenter gern, mit Vergnügen |10
līber, **-era**, **-erum** frei |50
liber ♂, **librī** Buch, Schrift |50
līberālis Freiheits-; freigiebig; edel; gütig |54
līberāre befreien, freilassen, entledigen |82
līberī ♂♂ Kinder |57
lībertās ♀, **-ātis** Freiheit |26
libet es gefällt, es beliebt |83
libitīnārius ♂ Leichenbestatter |69
libitum Ø Gelüste |67
lībra ♀ Waage, Pfund (*0,326g*) |60
licet es ist erlaubt |34
Liger ♂, **Ligeris** Loire (*Fluss*) |89
lignārius Holz- |43
lignārius ♂ Tischler |43
ligneus hölzern |27
lignum Ø Holz |82
ligō ♂, **-ōnis** Hacke |96
Liguria ♀ Ligurien |95
Ligusticus ligurisch |95
līmen Ø, **-inis** Schwelle |94
līnea ♀ Linie, Strich |31
līneāmentum Ø Linie, Strich |66
lingua ♀ Zunge, Sprache |1
linteum Ø Leinwand, Tuch |19
līnum Ø Lein |89
litrum Ø Liter |58
littera ♀ Buchstabe; Brief; Literatur; Wissenschaft |44
litterātus gebildet, gelehrt |86

lītus ∅, **-oris** Küste, Strand, Meeresufer |95
locāre leihen |72
locōmōtrīx ♀, **-trīcis** Lokomotive |38
loculāmentum ∅ Fach |37
locuplētāre bereichern |61
locus ♂ Ort, Platz, Stelle, Stätte, Fleck |10
lōcusta ♀ Languste; Heuschrecke |16
lōdīx ♀, **-īcis** (Bett-)decke |19
Londinium ∅ London |37
longē lang, bei weitem |44
longinquō aus der Ferne |67
longinquus weit entfernt, entlegen |73
longitūdō ♀, **-inis** Länge |72
longius länger |29
longurium ♂ lange Stange, langer Mast |90
longus lang, weit; langwierig; weitreichend |72
loquēla ♀ Rede |40
loquī sprechen, reden, sagen, erzählen |1
lōreus aus Riemen, Riemen- |79
Lūcās ♂, **-æ** Lucas |24
lūcēre leuchten, strahlen |13
lucerna ♀ Laterne, Lampe, Leuchte |13
Lūcia ♀ Lucia |13
lūcidus leuchtend |64
lūculentus bedeutend, stattlich, ansehnlich, gewichtig |96
lūdere spielen |50
lūdibrium ∅ Spott |83
lūdicrum ∅ Scherz, Spiel |27
Lūdovīcus ♂ Ludwig |92
lūdus ♂ Spiel, Schule, Unterricht |50
Lugdūnum ∅ Lyon (*Stadt*) |8
lūmen ∅, **inis** (künstliches) Licht |69
lūna ♀ Mond, Monat |13
lupus ♂ Wolf |44
lūridus fahl, blass |99
luscus ♂ einäugig |39
lūstrāre besichtigen, sehen, bereisen |93
Lutētia ♀ Paris |23
lutum ∅ Dreck, Schlamm, Lehm, Schmutz |80
lūx ♀, **lūcis** Licht, Helligkeit |58
lychnus ♂ Leuchte, Lampe |75

M / m

Maccius ♂ Maccius |81
macellum ∅ Fleischmarkt, Lebensmittelmarkt |81
māchina ♀ Maschine |72
māchināmentum ∅ Maschine |85
māchinārī ausdenken, anstiften |86
māgte bravo, zufriedengestellt, geehrt, gesegnet |13
madidus nass, feucht; voll von |80
Mæcēnās ♂, **-ātis** Mäzen |62
mæror ♂, **-ōris** Trauer, Gram |68
mæstus traurig, betrübt |68
magis mehr, besser |40
magister ♂, **-trī** Meister, Lehrer, Leiter, Vorsteher |6
magistrātus ♂, **-ūs** Behörde, Amt; Magistrat, hoher Beamter; |62
magnificentia ♀ Herrlichkeit, Großartigkeit, Pracht |95
magnificus großartig, prächtig, herrlich |73
magnitūdō ♀, **-inis** Größe |86
magnus groß, bedeutend, stark, wichtig |54
major, **majus** Haupt-; größer |33
Majus Mai, des Mai, zum Mai gehörig |33
malacia ♀ Meeresstille, Windstille |90

male schlecht, schlimm, übel |13
maledictum Ø Beschimpfung, Schimpfwort, Schmähung |86
malefactum Ø Übeltat |86
mālle lieber wollen, bevorzugen, vorziehen |31
malleus ♂ Hammer |12
mālum Ø Apfel |43
malus schlecht |13
mālus ♂ Obst-, Apfelbaum, Mastbaum |43
mamma ♀ Mama, Brust |19
mandūcāre kauen, essen |57
māne morgens |20
manēre bleiben, verharren, erwarten |80
mangō ♂, **-ōnis** betrügerischer Händler, Sklavenhändler |72
manifestō offenkundig, augenscheinlich |71
mantēle Ø Hand- / Tischtuch |92
manuballista ♀ Hand-Armbrust |78
manus ♀, **-ūs** Hand, Schar |41
manutergium Ø Handtuch |80
mappa ♀ Serviette; Signaltuch |69
Mārcellus ♂ Marcel |30
Mārcus ♂ Markus |15
Mare Ø, **maris** Meer, See |10
margarīta ♀ Perle |80
Maria ♀ Maria |16
marīnus Meer-, Meeres- |74
maritimus Meer-, Meeres- |95
marītus ♂ Ehemann; Ehegatte |43
Marius ♂ Marius |19
marmor Ø, **-oris** Marmor |95
marmoreus Marmor- |95
Mārs ♂, **Mārtis** Mars (Gott) |32
marsuppiāle Ø Beuteltier |95
marsuppium Ø Beutel, Börse |79
Mārtius März |33
Massilia ♀ Marseille (*Stadt*) |8
mastrūca ♀ Schafpelz |22

māter ♀, **mātris** Mutter |4
māteria ♀ Materie, Stoff, Grundstoff |66
mathēmaticus mathematisch |71
mātrimōniālis ehelich, Ehe- |62
mātrimōnium Ø Ehe |43
mātrōna ♀ Dame, Matrone, Ehefrau |40
mātūrus reif, früh, zeitig |37
Mausōlēum Ø Mausoleum, Grabmal |94
māximē höchst, höchstens, am größten |47
māximus größter |68
mē mich |5
meāre gehen, wandern, verlaufen |85
mēchanicus mechanisch |23
mēcum mit mir |22
medicābilis heilbar, heilsam |60
medicātus heilsam, geheilt, behandelt |61
medicīna ♀ Medizin, Heilkunst |60
medicus ♂ Arzt, Doktor |25
mediocritās ♀, **-ātis** Mittelmäßigkeit |54
mediocriter mäßig, einigermaßen |100
Mediolānum Ø Mailand |75
medius in der Mitte befindlich, zentral |41
megaphōnum Ø Lautsprecher |64
mehercule beim Herkules |26
mel Ø, **mellis** Honig |32
melior, melius besser |43
membrāna ♀ Membran, Häutchen |85
membrum Ø Glied, Mitglied |55
meminisse (meminī) gedenken, sich erinnern |88
memor, -oris erinnernd |100
memoria ♀ Gedächtnis, Erinnerung, Andenken |32

A B C D E F G H I J K L M N O P Q R S T U V W X Y Z

memoriter aus dem Gedächtnis, auswendig |6
mendācium ∅ Lüge |78
mēns ♀, **mentis** Denken, Verstand, Sinn, Geist, Bewusstsein |39
mēnsa ♀ Tisch, Essen, Gericht, Tafel |16
mēnsis ♂ Monat |15
mēnsūra ♀ Maß, Messen, Grad |72
mentiō ♀, **-ōnis** Erwähnung |75
mentīrī lügen, flunkern |34
mercārī handeln, kaufen |43
mercātor ♂, **-ōris** Händler, Kaufmann |22
mercātus ♂, **-ūs** Markt, Handel |73
mercēs ♀, **-cēdis** Lohn, Gehalt, Sold, Honorar |83
Mercurius ♂ Merkur |32
merērī verdienen, sich verdient machen |71
mergere versenken, eintauchen |92
merīdiānus südlich, Mittags- |22
merīdiēs ♂, **-iēī** Mittag, Mittagszeit, Süden |95
meritōrius Miet- |85
meritus fällig, verdient |71
merum ∅ reiner, unvermischter Wein |65
messor ♂, **-ōris** Schnitter, Mäher |96
mēta ♀ Kegel, Wendepunkt, Spitzsäule, Ziel, Ende |69
metallum ∅ Metall |95
methodicus methodisch denkend |100
methodus ♀ Methode |13
mētīrī messen |100
metrum ∅ Versmaß |72
metūculōsus fürchterlich, furchterregend |52
metus ♂, **-ūs** Furcht, Besorgnis |52
meus ♂ mein |3
mīcroscopium ∅ Mikroskop |66

mihi mir |1
mīles ♂, **-itis** Soldat, Krieger |48
mīlia ∅∅, **-ium** *Plural von* **mīlle** |31
mīlle tausend |12
minimē am wenigsten, keineswegs |1
ministerium ∅ Amt, Dienst, Dienstleistung |74
ministrāre bedienen, dienen |64
minor, **minus** weniger |34
minūtum ∅ Minute |11
mīrābilis wunderbar, erstaunlich, wunderlich |38
mīrārī bewundern, sich wundern |36
mīrificus erstaunlich, wunderbar |78
mīrus wunderbar, erstaunlich, sonderbar |13
miscēre mischen, vermengen |53
misellus arm, elendig, unglücklich |55
Mīsēnum ∅ Misenum |95
miser, **-era**, **-erum** arm, elend, unglücklich |13
miserārī bedauern, bejammern, beklagen |99
miseria ♀ Elend |68
mītis weich |79
mittere schicken, werfen |31
moderārī verlangsamen, zügeln; kontrollieren, überprüfen |86
moderātor ♂, **-ōris** Leiter, Lenker |26
modicus mäßig, gemäßigt, bescheiden |22
modo nur, eben, sogleich, vor kurzem |80
modus ♂ Maß, Menge, Art |13
mola ♀ Mühlstein |59
molæ ♀♀ Mühle |59
molendīnum ∅ Mühle |59
molere mahlen |59
mōlēs ♀, **-is** Masse |94
molestia ♀ Beschwerlichkeit, Mühe |13

A B C D E F G H I J K L M N O P Q R S T U V W X Y Z

molestus beschwerlich, lästig |47
mōmentum Ø Anlass, Bewegung(skraft) |31
monachus ♂ Mönch |59
monastērium Ø Kloster |59
monēre erinnern, (er)mahnen, warnen |73
monīle Ø Halsband |93
monoculus einäugig |39
mōns ♂, **montis** Berg |94
mōnstrāre zeigen |10
mōnstrātor ♂ Zeiger, Führer, Wegweiser |95
mōnstrum Ø Monstrum, Monster, Ungeheuer |100
monumentum Ø Denkmal, Monument |96
mora ♀ Verzögerung, Aufschub |22
morbus ♂ Krankheit |61
mordāx, **-ācis** beißend, bissig |55
mordēre beißen |30
morī (-ior) sterben |29
morphologia ♀ Morphologie |101
mors ♀, **-rtis** Tod |55
mortālis Sterblicher |83
mortifer, **-era**, **-erum** tödlich |78
mortuus tot |29
mōs ♂, **mōris** Sitte, Brauch |16
mōtōrius motorisch |85
mōtrīx ♀, **-īcis** bewegend, Bewegerin |85
mōtus ♂, **-ūs** Bewegung |66
movēre bewegen |90
mox bald |25
mulier ♀, **-eris** Frau |43
multāre (be)strafen |86
multī viele |82
multiplex, **-plicis** vielfältig |72
multiplicāre vermehren |72
multiplicātōrius multiplikatorisch |43
multus zahlreich |99
munditiēs ♀, **-iēī** Sauberkeit |58
mundus sauber |58
mundus ♂ Welt |48
mūnicipālis städtisch, Stadt-, Munizipal- |54
mūnītus befestigt |86
mūnus Ø, **-eris** Leistung, Amt, Gabe |27
mūrālis Mauer- |90
mūs ♂/♀, **mūris** Maus, Ratte |73
musca ♀ Fliege |66
mūsica ♀ Musik |30
mūsicus musikalisch |12
mūsicus ♂ Musiker |12
mūtāre wechseln, ändern |33
mūtus stumm |46
mūtuus gegenseitig |67
myōps, **-ōpis** kurzsichtig |23

N / n

nam/**-nam** denn, nämlich |6
namque denn, nämlich |89
narrāre erzählen |78
narrātiō ♀, **-onis** Erzählung |52
narta ♀ Skisandale |53
nartāre Ski fahren |54
nāscī geboren werden, entstehen |95
nāsus ♂ Nase |23
nātālicius Geburtstags- |38
natāre schwimmen |54
natātōrius Schwimm- |26
natātus ♂, **-ūs** Schwimmen |54
nātiō ♀, **-ōnis** Geburt, (Volks-)stamm, Nation |88
Nātīvitās ♀, **-ātis** Weihnachten |54
nātūra ♀ Natur, Wesen |40
nātūrālis natürlich, angeboren |53
nātus geboren |27
nauarchus ♂ Kapitän |89

A B C D E F G H I J K L M N O P Q R S T U V W X Y Z

A B C D E F G H I J K L M N O P Q R S T U V W X Y Z

naufragium Ø Schiffbruch |92
naumachia ♀ Seeschlacht |94
nausea ♀ Seekrankheit |40
nauta ♂ Matrose |92
nauticus nautisch, Schifffahrts-, Seemanns- |67
nāvigāre mit dem Schiff fahren, segeln |82
nāvigātiō ♀, **-ōnis** Schifffahrt(skunde) |89
nāvigium Wasserfahrzeug |90
nāvis ♀ Schiff |27
nāvis onerāria ♀ Lastschiff |10
-ne "?" (*Fragepartikel*) |3
nē nicht |25
Neāpolis ♀ Neapel (*Stadt*) |95
nebula ♀ Dunst, Nebel, Wolke |99
nec/neque und nicht, auch nicht, aber nicht |27
necdum und noch nicht |68
necessāriō notgedrungen, unweigerlich |90
necessārius notwendig, nötig |43
necessitās ♀, **-ātis** Notwendigkeit, Not |52
necne oder nicht |65
necopīnātus unvermutet |64
nefās Ø Unrecht, Frevel; Unerlaubtes |57
negāre leugnen, verneinen, verweigern |87
neglegentia ♀ Nachlässigkeit |100
neglegere vernachlässigen |22
negōtiāre handeln |81
negōtiātiō ♀, **-ōnis** (Bank)geschäft, Gewerbe, (Groß)handel |100
negōtiātor ♂, **-ōris** (Groß)händler, Bankier, Kaufmann |75
negōtium Ø Unternehmung, Arbeit |83
Nemausum Ø Nîmes |16
nēmō ♂/♀, **-inis** niemand |18
nempe denn doch, doch ja |62
nemus Ø, **-oris** Wald, Hain |6
nēquāquam keineswegs |55
neque *siehe* ► **nec** |36
nequīre (-eō) nicht können, unfähig sein |93
Nerva ♂ Nerva |99
nescīre nicht wissen/kennen, nicht können |4
nescius unbewusst, unwissend |53
Nestor ♂, **-oris** Nestor |65
neuter, -tra, -trum keiner von beiden *siehe* ► **uter** |73
nēve und nicht |46
niger, -gra, -grum schwarz, dunkel, unheilvoll, boshaft |43
nihil/nīl nichts |8
nihilōminus nichtsdestoweniger, trotzdem |45
nihilum Ø Nichts |13
nimis zu sehr |29
nimium zu viel |29
nimius sehr/zu groß, zu viel |16
nisi wenn nicht |30
nītī sich auf etw. stützen |71
nitidus fett, glatt, glänzend |40
nix ♀, **nivis** Schnee |33
nōbilis vornehm, berühmt, adlig, edel |12
nōbīs uns (*Dativ u. Ablativ*) |11
nocēre schaden |89
nocturnus nächtlich |86
nōlle nicht wollen/mögen |19
nōmen gentīle Ø Familienname |22
nōmen Ø, **-inis** Name |16
nōn nein, nicht |1
nōndum noch nicht |1
nōnne doch wohl, denn nicht, etwa nicht |13
nōnnūllus mancher, einige (*Plural*) |52
nōnnumquam manchmal |40

nōs wir; uns (*Akkusativ*) |8
nōscere kennenlernen |83
noscitāre erkennen |99
nosocomīum ø Hospital, Krankenhaus |26
nōsse (nōvī)/**nōvisse** (nōvī) kennen, wissen |6
noster, -tra, -trum unser |30
notāre anmerken, bemerken |100
nōtitia ♀ Kenntnis |51
novācula ♀ Rasierer |60
November, -bris November |33
nōvisse (nōvī) *siehe* ► **nōsse** |6
Novum Eborācum ø New York |8
novus neu; letzter (*Superlativ*) |34
nox ♀**, noctis** Nacht |8
nūbere heiraten |62
nūbēs ♀**, -is** Wolke |58
nucleus ♂ Kern |66
nudius tertius vorgestern |96
nūdus nackt |73
nūgārī scherzen |34
nūllus keiner |38
num etwa? vielleicht? |13
numerāre aufzählen, zählen |96
numerus ♂ Nummer |45
Numidia ♀ Numidien |53
nummārius Münz-, Geld- |78
nummus ♂ Münze, Geld |36
numquam nie, niemals |27
numquid etwa? vielleicht? |44
numquidnam *siehe* ► **num/quis, quid/-nam** |68
nunc jetzt, nun |20
nuncupāre (be)nennen, feierlich ansagen, ankündigen |34
nūndinæ ♀♀ Wochenmarkt, Markttag |68
nūntiāre melden, verkünden |33
nūntius ♂ Bote, Nachricht |87
nūper neulich |43
nupta ♀ Braut |43
nuptiæ ♀♀ Hochzeit, Ehe |81
nurus ♀**, -ūs** Schwiegertochter |57
nūtrīx ♀**, -īcis** Amme, Ernährerin |52

O / o

ō oh, ach |19
ob wegen |51
obambulāre umhergehen |61
obdūcere bedecken, verhüllen |99
obīre (-eō) entgegengehen, besuchen, sterben |71
oblectāre erfreuen, unterhalten |30
oblīdere erdrücken, erwürgen, zerquetschen |99
oblīquus schräg |37
oblīviscī vergessen |13
obœdīre gehorchen |74
obruere bedecken, vergraben, verhüllen |58
obscūrus dunkel, finster, unklar |45
obsecrāre anflehen, beschwören, bitten |93
observāre beobachten |44
obsolēscere verkommen, vergehen, in Vergessenheit geraten |59
obsōnārī einkaufen gehen, schlemmen, schmausen |58
obstupefacere (-iō) erstarren, staunen, stutzen |47
obsurdēscere taub werden, sich taub stellen |100
occa ♀ Egge |96
occāsiō ♀**, -ōnis** Gelegenheit |65
occāsus ♂**, -ūs** Untergang |74
occidēns, -entis westlich, Westen untergehend, niederfallend |74
occidere untergehen |74
occīdere töten |78
occultāre verbergen, verstecken |94

occupātiō ♀, **-ōnis** Besetzung, Beschäftigung |73
occupātus besetzt |68
occursāre begegnen, heranlaufen |99
Ōceanus ♂ Ozean |89
Octōber, -bris Oktober |33
oculāria ∅∅, **-ōrum** Brille |23
oculus ♂ Auge |39
Ōdēum Odeum |5
odiōsus verhasst, zuwider, lästig |57
ōdisse (ōdī) hassen, verschmähen |30
odor ♂, **-ōris** Geruch |65
offendere anstoßen, beleidigen, verletzen |32
offēnsa ♀ Anstoß, Beleidigung, Unbequemlichkeit |100
offerre (an)bieten, darbieten, entgegenbringen |64
officīna ♀ Werkstatt, Fabrik |85
officium ∅ Dienst, Amt |15
offundere entgegengießen |39
olēre riechen |65
oleum ∅ (Oliven)öl |58
olfacere (-iō) riechen |39
olfactus ♂, **-ūs** Geruch(sinn) |39
ōlim ehemals, einst |60
Olīva ♀ Oliva (*Eigenname*); Olive, Ölbaum |22
ōlla ♀ (Koch-)Topf |83
omittere auslassen |73
omnīnō völlig, ganz und gar |13
omnis ganz, all, jeder |65
onus ∅, **-eris** Last |41
onustus beladen |48
opera ♀ Arbeit, Mühe |53
operārī arbeiten |24
operārius ♂ Arbeiter |23
operculum ∅ Deckel |85
operīre bedecken |99
opifex ♂, **-icis** Handwerker, Geselle, Werkmeister |85
opīniō ♀, **-ōnis** Meinung |80
oportet es ist nötig, man muss |13
oppidō ganz |82
oppidum ∅ Festung, Stadt |87
oppōnere entgegenstellen, einwenden |41
opportūnus günstig, bequem, geeignet |90
oppugnāre bestürmen, angreifen, bekämpfen |87
optāre wünschen, (aus)wählen |23
optātum ∅ Wunsch |93
optātus erwünscht, ersehnt, willkommen |82
optimismus ♂ Optimismus |86
optimus bester |40
opus est es ist nötig |10
opus ∅, **-eris** Werk |23
ōra ♀ Küste |95
ōrāculum ∅ Orakel(stätte), Götterspruch, Weissagung |88
ōrāre beten, bitten, reden, sprechen, erbitten |54
ōrātiō ♀, **-ōnis** Rede, Sprechweise, Äußerung |88
ōrātor ♂, **-ōris** Redner, Sprecher |86
ōrātōrius rednerisch, Redner- |88
orbus verwaist |68
ōrdināre (an)ordnen |60
ōrdinātus geordnet, ordentlich |60
ōrdō ♂, **-inis** Ordnung, Reihe(nfolge) |51
organum ∅ Orgel |64
oriēns ♂, **-entis** aufsteigend; Osten, Orient |95
orīgō ♀, **-inis** Ursprung, Abstammung |18
orīrī entstehen, aufgehen |12
ōrnāre schmücken, ausstatten, ausrüsten |39

ōrnātus geschmückt |62
ortus entstanden aus, abstammend von |12
oryza ♀ Reis |58
ōs Ø, **ōris** Mund, Gesicht |41
os Ø, **ossis** Knochen, Kern, Stein |55
ōsculum Ø Kuss, Mündchen |34
ostendere zeigen |51
Ōstia ♀ Ostia |94
ōstium Ø Tür |80
ōtiārī Freizeit haben, Muße genießen |96
ōtiōsus müßig, untätig, ruhig |43
ōtium Ø Freizeit |11
ōvālis oval, unrund |31
ōvātus oval, unrund |40
ovillus Schaf- |58
ovis ♀ Schaf, Hammel |79
ōvum Ø Eier |16

P / p

pactum Ø Vertrag, Übereinkunft, Art, Weise |88
pæne fast |76
pænīnsula ♀ Halbinsel |95
pænula ♀ (Reise)Mantel |22
pāgānus heidnisch, dörflich, ländlich |32
pāgina ♀ Seite |71
pāgus ♂ Dorf, Gau, Bezirk |85
pāla ♀ Spaten, Schaufel |96
Palātium Ø Palatin |86
palea ♀ Spreu, Stroh |96
palliātus in ein **pallium** gekleidet (= *griechisch*) |22
pallidus blass, bleich |64
pallium Ø Mantel, Umhang |22
palūs ♀, **-ūdis** Sumpf, Morast, Pfuhl, Pfahl, Pfeiler |59
palūster, **-tris**, **-tre** sumpfig, Sumpf- |99
pandere ausbreiten, öffnen |89
pānis ♂ Brot |16
pannōsus zerlumpt, lumpig |61
pannus ♂ Stück Tuch, Lappen, Windel |79
pāpiliō ♂, **-ōnis** Schmetterling |44
papula ♀ Bläschen, Blatter, Geschwür |65
papȳrus ♀ Schreibpapier, Briefpapier |15
pār, **paris** gleich, ähnlich, angemessen |76
paradīsus ♂ Paradies, (Tier)garten |62
parāre vor-/zubereiten, vorhaben, sich verschaffen |72
parātus bereit, fertig, vorbereitet, entschlossen |90
parcere sparen, schonen |55
pārēns, **-entis** gehorsam |73
parēns ♂/♀, **-entis** Erzeuger, Vater oder Mutter |73
parentēs ♂♀/♀♀/♂♂ Eltern |73
pārēre erscheinen, gehorchen, nachgeben |73
parere (-iō) hervorbringen, gebären, erzeugen |40
pariēs ♂, **-etis** Wand |92
Parīlia ØØ, **-ium** Parilien (*Hirtenfest zu Ehren der Göttin Pales*) |87
pars ♀, **partis** Teil |37
particeps ♂/♀, **-cipis** Teilnehmer, teilnehmend |86
parum zu wenig |54
parvulus sehr klein |38
parvus klein, gering |9
pāscī weiden |79
passim allenthalben, weit und breit |100
passus ♂, **-ūs** (Doppel)schritt, Fußspur, Tritt |31
pāsta ♀ Pasta, Nudeln |58
pāstillum Ø Brötchen |36
pater ♂, **-tris** Vater |4

A B C D E F G H I J K L M N O P Q R S T U V W X Y Z

A B C D E F G H I J K L M N O P Q R S T U V W X Y Z

patera ♀ flache Schale |61
patēre offen sein, offenstehen, zugänglich sein |86
patī (-ior) (er)dulden, ertragen, (er)leiden |61
patientia ♀ Geduld |34
patria ♀ Vaterland |29
patrimōnium ∅ Vermögen, Erbgut |100
patrius väterlich, vaterländisch, heimisch |51
patrōnus ♂ Anwalt |78
patruus ♂ Onkel (*väterlicherseits*) |80
paucus gering, wenig, *Pl.* wenige |95
paulātim allmählich |13
paululum klein-wenig |54
paulum wenig |99
Paulus ♂ Paul |18
pauper, **-eris** arm |20
pavīmentum ∅ Fußboden, Estrich |19
pavor ♂, **-ōris** Angst, Furcht, Scheu |78
pāx ♀, **pācis** Frieden |34
peciolus ♂ Stiel, Beinchen |48
pecten ♂, **-inis** Kamm |93
pectus ∅, **-oris** Brust |39
pecūliāris eigen, eigenartig |89
pecūnia ♀ Geld, Vermögen, Kapital |68
pedālis einen Fuß lang/breit/hoch/tief |89
pēdiculus ♂ Laus |100
pēgma ∅, **-atis** Regal, Gerüst |45
pejor, **pejus** schlechter, schlimmer |86
pellis ♀ Tierfell, -haut, Pelz |73
pendere abwägen, bezahlen |29
pendēre (herab)hängen |29
penetrāre eindringen, durchdringen |94
pēnicillus ♂ Pinsel |66
pēniculus ♂ Bürste |60
pēnsum ∅ Aufgabe |44
per durch |10
pēra ♀ Tasche, Ranzen |93
percipere (-iō) einnehmen |39
percontārī fragen, ausfragen |72
percurrere (durch)laufen, (durch)eilen |31
percutere (-iō) erschüttern, schlagen, durchstoßen |12
perdere verlieren, verderben |13
perdūcere (hin)führen, fortsetzen |45
peregrīnārī umherreisen, reisen, in der Fremde sein |43
peregrīnātiō ♀, **-ōnis** Pilgerfahrt, Reisen, Auslandsaufenthalt |73
peregrīnātor ♂, **-ōris** Freund des Reisens |72
peregrīnus ausländisch, fremd |43
perendiē übermorgen |94
perendinus übermorgig, von übermorgen |32
perfectus vollendet, vollkommen |57
perferre überbringen, hintragen, ertragen |15
perficere (-iō) ausführen, vollenden, ausarbeiten |39
perforāre durchbohren, durchlöchern |85
perfundere übergießen |65
pergere fortsetzen, fortfahren |76
pergrātus sehr angenehm |30
perīculum ∅ Gefahr, Versuch, Probe |29
perincommodē sehr unbequem, sehr ungelegen |78
perīre (-eō) umkommen, untergehen |27
perītia ♀ Erfahrenheit |12
perītus in etw. erfahren sein |74
perlibenter sehr gern, mit Vergnügen |15

permagnus sehr groß, sehr bedeutend |79
permittere erlauben, gestatten |60
permolestē mit großem Verdruss |87
perna ♀ Schinken |57
peropportūnus sehr gelegen |95
perparvus sehr klein |75
perpaucus sehr wenig |90
perpetuus beständig, fortlaufend, ununterbrochen |100
perscrīptiō ♀, **-ōnis** Niederschrift, Eintragung |22
persevērantia ♀ Ausdauer, Beharrlichkeit |25
persōna ♀ Person, Persönlichkeit, Maske, Rolle |44
perspicillum ∅ Brille |66
persuādēre überzeugen |88
perterritus erschrocken |25
pertinenter zu etw. gehörig, schicklich |88
pertinēre sich erstrecken, betreffen |51
perturbāre in Unordnung bringen, stören, verwirren |32
perunguere bestreichen, salben |58
perūtilis sehr nützlich |71
pervenīre hin-/ankommen, gelangen, erreichen |29
pervius gangbar, zugänglich |83
pervolvere herumwälzen, aufrollen, durchlesen |101
pēs ♂, **pedis** Fuß, Schritt |19
pessimismus ♂ Pessimismus |86
pessimus sehr schlecht |72
pessulus ♂ Riegel, Verschluss |94
pestis ♀ Pest, Seuche, Krankheit, Unheil |30
petasus ♂ Hut |39
petere streben nach |90
petroleārius Benzin- |85
petroleum ∅ Petroleum, Erdöl |85
Petrus ♂ Peter |18
phaleræ ♀♀ Pferdeschmuck |69
pharmacopōla ♂/♀ Apotheker(in) |60
phasēlus ♂ Bohne |58
Philippus ♂ Philipp |48
philosophicus philosophisch |48
philosophus ♂ Philosoph |66
phōtographicus photographisch |62
physicus ♂ Physiker, Naturwissenschaftler |100
piget es ist verdrießlich |79
pila ♀ Ball |34
pilicrepus ♂ Ballspieler |87
pilleus ♂ Mütze |39
pillula ♂ kleiner Ball, Kügelchen |60
pilus ♂ Haar |39
pingere (be)malen, zeichnen |40
pinguis fett, fruchtbar, ergiebig |65
piper ∅, **-eris** Pfeffer |58
piscārī fischen |31
piscāria ♀ Fischmarkt |31
piscārius Fisch- |92
piscātus ♂, **-ūs** Fischfang |31
piscīna ♀ Schwimmbecken |54
piscis ♂, **-is** Fisch |31
pistor ♂, **-ōris** Bäcker, Müller |58
pistrīna ♀ Bäckerei |58
pittacium ∅ Briefmarke |15
pītuīta ♀ Schleim |60
plācātus besänftigt |57
placēre gefallen, belieben |10
placidus sanft, ruhig, friedlich |31
plānē deutlich, völlig |31
plānus flach, eben, glatt, deutlich, klar |47
platea ♀ Straße, Allee |67
plaustrum ∅ Lastkarren |9
Plautus ♂ Plautus |81
Plēbs ♀, **plēbis** Plebs, Volk(smenge), Pöbel |90

A B C D E F G H I J K L M N O P Q R S T U V W X Y Z

A B C D E F G H I J K L M N O P Q R S T U V W X Y Z

plēnus voll, dick, satt, reichlich, vollkommen |73
pleonasmus ♂ Pleonasmus |86
plērīque die meisten |100
Plīnius ♂ Plinius |97
pluere regnen |25
plumbeus bleiern |65
plumbum ∅ Blei |26
plūrēs, **plūra** mehrere |15
plūrimum am meisten |30
plūrimus sehr zahlreich |15
plūs mehr |83
pluviālis regnerisch |94
pōcillum ∅ Gläschen |62
pōculum ∅ Becher |2
podagricus gichtkrank |61
pœna ♀ Bestrafung |52
Pœnus ♂ Punier, Karthager |90
poēta ♂ Poet, Dichter |52
polīre glätten, polieren |20
pollex ♂, **-icis** Daumen |41
pollicērī versprechen |55
Pollūx ♂, **-ūcis** Pollux |96
Pompōnius ♂ Pomponius |87
pondus ∅, **-eris** Gewicht, Schwere, Last |60
pōne hinter |69
pōnere stellen, setzen, legen |12
pōns, **pontis** ♂ Brücke |94
ponticus pontisch |73
pontifex ♂, **-ficis** (Ober)priester |94
popīna ♀ Kneipe |11
populāris Volks- |74
populus ♂ Volk |67
porcellus ♂ Schweinchen |79
porcīnārius ♂ Schweinefleischhändler |57
porcīnus Schweine-, vom Schwein |81
porcus ♂ Schwein |79
porrigere ausstrecken |29
porta ♀ Tor |29
porticus ♀, **-ūs** Säulengang, offene Halle, Galerie |95
portuārius Hafen- |45
portus ♂, **-ūs** Hafen |95
posse können |3
possessor ♂, **-ōris** Besitzer |100
possibilis möglich |64
possidēre besitzen, in Besitz nehmen |62
post nach, hinter |20
posteā darauf, später |46
posterior, **-ius** folgend, nachfolgend |41
posterus (nach)folgend, kommend |19
postmerīdiānus nachmittäglich am Nachmittag |11
postquam nachdem |26
pōtāre trinken |75
pōtātor ♂, **-ōris** Trinker, Säufer |75
potestās ♀, **-ātis** Möglichkeit |88
pōtiō ♀, **-ōnis** Trank, Getränk |12
potior, **-ius** lieber, wichtiger, besser, nützlicher |101
potis imstande, mächtig, fähig |4
potissimum hauptsächlich |67
potius vielmehr, eher, lieber |12
pōtus ♂, **-ūs** Trunk |41
præacūtus vorn zugespitzt |90
præbēre hinhalten |92
præbibere zutrinken |61
præcēdere vorausgehen, vorangehen |97
præceptum ♂ Vorschrift |64
præcipitāre (herab)stürzen |94
præcipuē besonders |39
præcipuus besonderer |95
præclārus glänzend, berühmt, herrlich, ausgezeichnet |95
prædīcere vorhersagen, vorschreiben |60

præesse (-sum) vorstehen, befehligen |90

præferre voraustragen, vorziehen |43

prægrandis überaus groß |54

prænōmen ∅, **-inis** Vorname |22

præparāre vorbereiten, instand setzen |90

præposterus verkehrt, unrecht |54

prærumpere (vorn) abreißen, abbrechen |90

præsēns, **-entis** gegenwärtig, augenblicklich, anwesend |78

præses ♂, **-idis** Vorsteher, Leiter |29

præsidium ∅ Schutz |86

præstāre voranstehen, leisten, sich auszeichnen, übertreffen |67

præstōlārī bereit stehen, (er)warten, harren |61

præter außer, ausgenommen |30

prætereā außerdem |31

præterīre überholen, vergehen, (vor)übergehen, vorbeigehen |96

præteritus vergangen |32

prætervolāre vorbeifliegen, verstreichen |25

prætitulāre betiteln |54

prandēre frühstücken |11

prandium ∅ Frühstück, Mittagessen |16

prasinus (lauch)grün |76

prātum ∅ Wiese, Heu, Gras |66

precārī bitten, beten |19

prehendere ergreifen, fassen |41

premere drücken, pressen, bedrängen |65

pretium ∅ Preis |27

prīdem längst |80

prīmum zuerst |30

prīmus erster |18

prīnceps ♂, **-cipis** Erster, Anführer, Fürst |76

prior, **prius** vorderer, vorderster |37

prius früher, vorher |66

priusquam bevor |72

prīvātus privat, persönlich |100

prō für |29

prō oh |94

probāre prüfen |25

probātīvus Probe- |64

problēma ∅, **-atis** Problem |38

prōcēdere hervorgehen, -treten, vorankommen |97

procul weit |27

prōdere weitergeben, überliefern, verraten |96

prōdesse (prōsum) nützlich sein, nützen |61

prōdīre (-eō) öffentlich auftreten, vorgehen, herauskommen |61

prōditor ♂, **-ōris** Verräter |94

prōdūcere (hin)führen, vorführen, hervorbringen |97

prœliārī kämpfen, fechten, streiten |83

profectiō ♀, **-iōnis** Aufbruch, Abmarsch, Abreise |37

profectō sicherlich, wirklich, in der Tat |67

prōferre hervorbringen/-holen, vorführen, bekanntmachen |33

professor ♂, **-ōris** Professor |69

prōficere (-iō) vorwärts kommen, Fortschritte machen, nützen |29

proficīscī aufbrechen |74

profundere vergießen, vergeuden |95

prōgredī (-ior) fortschreiten |85

prohibēre abwehren, (ver)hindern, verbieten |71

prōjicere (-iō) (vor)werfen |19

prōmissum ∅ Versprechen |88

prōmittere versprechen, verheißen |32

prōmulsis ♀, **-idis** Vorspeise |65
prōmunturium ∅ Vorgebirge |95
prōnūntiāre aussprechen, verkünden |54
prōnus geneigt |12
propāgāre fortpflanzen, erweitern, ausbreiten |67
prope nahe |37
prōpellere vorantreiben, vorwärtsstoßen |46
properāre sich beeilen |36
propīnāre zuprosten, zutrinken |61
propior, **propius** näher |73
propoma ∅, **-atis** Aperitif (*Wein mit Honig*) |65
prōpōnere vorlegen, vortragen, vorstellen |47
prōpositum ∅ Vorsatz |79
proprius eigen, charakteristisch, ausschließlich |72
propter wegen |15
prōra ♀ Bug, Vorderdeck |89
prōrsus vorwärts |86
prōsequī begleiten, verfolgen |37
prōspectus ♂, **-ūs** Vorblick, Ausblick |94
prōspicere (-iō) voraussehen |32
prōtegere vorn bedecken, (be)schützen |62
prout je nachdem |89
prōverbium ∅ Sprichwort |13
prōvidēre vorhersehen, Sorge tragen, besorgen |60
prōvincia ♀ Provinz |89
proximus nächster |94
prūrīre jucken |61
publicāre beschlagnahmen, veröffentlichen |62
publicus öffentlich, allgemein, staatlich |62
pudet es (be)schämt |75
pudor ♂, **-ōris** Scham, Anstand, Keuschheit |57
puella ♀ Mädchen |27
puer ♂ Kind, Junge |6
pueritia ♀ Kindheit |62
puerulus ♂ Jungchen |55
pugil ♂, **-ilis** Faustkämpfer, Boxer |41
pugilātus ♂, **-ūs** Faustkampf |41
pūgiō ♂, **-ōnis** Dolch |78
pugna ♀ Kampf, Schlacht |41
pugnāre kämpfen, fechten |41
pugnus ♂ Faust |41
pulcher, **-chra**, **-chrum** schön, herrlich, vortrefflich |27
pulchritūdō ♀, **-inis** Schönheit |100
pūlex ♂, **-icis** Floh |100
pullus ♂ Hähnchen, Küken, Jungtier |65
pulmō ♂, **-ōnis** Lunge |40
pulsāre schlagen, stoßen, klopfen |30
pulsōrium ∅ Knopf |45
pulsus ♂, **-ūs** Stoß, Stoßen, Schlagen |89
pulvis ♂, **-eris** Pulver, Staub, Sand |39
pūnctum ∅ Stich |80
pungere stechen, beunruhigen, verletzen |85
Pūnicus punisch |90
pūpa ♀ Puppe |73
puppis ♀ Heck |89
pūrgāmenta ∅∅, **-ōrum** Abfall, Dreck |92
purpura ♀ Purpur |65
pūrus rein, klar |23
putāre glauben, meinen, vermuten |29
pȳramis ♀, **-idis** Pyramide |99
pyrobolum ∅ Feuergeschoss |94
pyxis ♀, **-idis** Büchse, Dose |60

Q / q

quā auf welchem Wege, wodurch |36
quadrāns ♂, **-antis** Viertel |11
quadrātus viereckig |72
quadrīga ♀ Viergespann |69
quærere (auf-)suchen, fragen, in Erfahrung bringen |81
quæsō/quæsumus bitte |2
quæstiō ♀, **-ōnis** Frage |48
quālibet auf jede beliebige Weise |78
quālis wie beschaffen |40
quam wie, als |5
quamdiū wie lange |80
quamdūdum wie lange, seit wann |80
quamquam obgleich, obwohl |53
quamvīs obwohl, wenn auch noch so sehr |67
quandō wann |11
quantus wie groß, wie viel |10
quāpropter daher, deshalb, deswegen |99
quārē weswegen? deswegen, daher |71
quasi als wenn |52
-que und |9
quemadmodum wie |67
quercus ♀, **-ūs** Eiche |6
querimōnia ♀ Klage |79
queritātus ♂, **-ūs** Kreischen |99
quī, **quæ**, **quod** welcher, welche, welches |8
quia weil, da |12
quīdam, **quædam**, **quoddam** ein(e) gewisser, ein(e) bestimmte(r) |19
quidem gewiss, zwar |13
quidnī warum nicht |69
quiēs ♀, **-ētis** Ruhe, Erholung |33
quiēscere sich ausruhen |32
quiētus ruhig, still |46
quīlibet, **quælibet**, **quodlibet** jeder beliebige |27
quīn dass nicht, ohne dass, warum nicht |25
quīnāria (**fistula**) ♀ fünfzölliges Rohr |100
Quintīlis Juli (*5. Monat des alten Kalenders*) |33
quīre (-eō) können, fähig sein, vermögen |81
quis, **quid** wer, was |2
quisnam, **quidnam** *siehe* ► **quis/quid/-nam** |62
quisquam, **quicquam** irgendeiner, jemand, etwas |68
quisque, **quicque** jeder (einzelne) |61
quisquis, **quidquid** wer auch immer, was auch immer |37
quīvīs, **quævīs**, **quodvīs** wer, was du willst, jeglicher |67
quō wohin |5
quod daß, weil |29
quōmodō auf welche Weise, wie |40
quōnam *siehe* ► **quō/-nam** |23
quondam einmal, einst |100
quoniam da ja |73
quoque auch |3
quōquō wohin nur immer |83
quōquōversus überallhin |78
quōrsum wohin |38
quot wie viele |10
quotiēscumque jedesmal wenn |25
quotus der wievielte |11
quousque wie weit |34

R / r

rabidus toll |61
rādere kratzen, schaben, rasieren |20
radioēlectricus Funk- |64

A B C D E F G H I J K L M N O P Q R S T U V W X Y Z

radiophōnicus Rundfunk- |67
ræda ♀ Kutsche |8
rædārius Kutsch- |85
rapere (-iō) entführen, rauben, an sich reißen |55
rārō selten |30
rārus selten |99
rāstellus ♂ Rechen |96
ratiō ♀, **-ōnis** Rechnung |34
raucus heiser, dumpf, rau |61
reāpse in der Tat, wirklich |71
recalfacere (-iō) wieder heiß machen, erwärmen |20
recēns, -entis neu, frisch, jung |26
recepta ♀ Verpflichtung, Garantie, Rezept |60
receptāculum ⌀ Behälter |85
receptiō ♀, **-ōnis** Aufnahme |32
recessus ♂, **-ūs** Rückgang; abgelegener Ort |59
recipere (-iō) auf-/annehmen, zurücknehmen |32
reclūdere entriegeln |13
recordārī sich erinnern, gedenken |62
recreāre sich erholen, kräftigen, erfrischen |67
rēctā geradewegs |8
rēctangulum ⌀ Rechteck |72
rēctē richtig |1
rēctor ♂, **-ōris** Leiter, Führer, Statthalter, Chauffeur |32
rēctus gerade, aufrecht, richtig |20
recubāre hinlegen, ruhen |48
recūsāre ablehnen, zurückweisen, verweigern |32
reddere zurückgeben |40
redigere zurücktreiben, eintreiben |59
redīre (-eō) zurückkehren |94
reditus ♂, **-ūs** Rückkehr |36
referre zurücktragen, beziehen, berichten |60
refertus vollgestopft, gedrängt, voll |82
reficere (-iō) neu machen, sich erholen, wiederherstellen |72
rēgālis königlich |32
regere lenken, leiten, regieren |9
regiō ♀, **-ōnis** Richtung, Gegend, Landschaft |33
regredī (-ior) zurückgehen |99
rēgula ♀ Regel, Leiste, Latte, Lineal |44
rēgulus ♂ kleiner König, Prinz |71
rejicere (-iō) wegwerfen |92
relaxāre entspannen, lockern, nachlassen |67
relegere wieder lesen, überdenken, fortschicken |101
relevāre wieder aufheben, erleichtern, lindern |59
religiōsus fromm, religiös |95
relinquere zurücklassen |11
reliquiæ ♀♀ (Über)rest |96
reliquus übrig(geblieben), zurückgelassen |90
relūcēscere wieder hell werden |99
remedium ⌀ Heilmittel |60
rēmex ♂, **-igis** Ruderer, Ruderknecht |89
rēmigāre rudern |100
remōtus entfernt, abgelegen |44
removēre beseitigen, entfernen, fernhalten |82
rēmus ♂ Ruder |89
Renātus ♂ René |85
renuere ablehnen, verneinen, verweigern |73
repellere zurückstoßen, vertreiben, fernhalten |97
repente plötzlich |64
reperīre (-iō) wiederfinden |92
repetere zurückfordern, wiederholen |73

repetītiō ♀, **-ōnis** Wiederholung, Rückforderung |14

reprimere zurückdrängen, abwehren |92

repugnāre Widerstand leisten, widerstreben |57

requiēscere ausruhen, sich beruhigen, sich erholen |32

requīrere (auf)suchen, verlangen, fragen, benötigen |67

rēs ♀, **reī** Sache(n), Gegenstand |29

rescrībere zurückschreiben, schriftlich antworten |62

resorbēre wieder einziehen, wieder einschlürfen |97

respicere (-iō) zurückblicken, sich umblicken, beachten |99

respīrāre ausatmen, zurückblasen |23

respondēre zurückschreiben, antworten |15

respōnsum ∅ Antwort |38

restituere wiederherstellen, zurückgeben |80

resurgere wieder auf(er)stehen, sich wieder erheben |97

rēte ∅ Netz |37

retinēre zurückhalten, festhalten |29

reus ♂ der Angeklagte |29

revenīre zurückkehren, heimkommen |31

revincīre anbinden, befestigen |89

revīsere sich wiedersehen |32

revocāre zurückrufen |100

revolvere zurückrollen, -wälzen |101

rēx ♂, **rēgis** König |39

rhētorica ♀ Rhetorik |53

Rhodanus ♂ Rhône |8

rīdiculus witzig, lächerlich |23

rīpa ♀ Ufer, Flußufer |94

rīsus ♂, **-ūs** Lachen, Gelächter |78

rīvus ♂ Bäche |59

rixa ♀ Streit, Zank |34

rōbīginōsus verrostet |73

rōbur ∅, **-boris** Kern, Kraft, Eichenholz |89

rōbustus kräftig, aus Eichenholz |54

rōdere nagen, verzehren |30

rogāre fragen, bitten |37

rogitāre eindringlich fragen |81

Rōma ♀ Rom |1

Rōmānus römisch, Römer |22

roseus rosafarben |40

rōstrum ∅ (Schiffs)schnabel, Schnauze, Rüssel |89

rota ♀ Rad |24

rotundus rund, abgerundet, vollkommen |31

rubēns, -entis rot, rötlich |34

ruber, -bra, -brum rot |22

rudēns ♂, **-entis** starkes Seil, Tau, Schiffstau |89

ruere stürzen, eilen, rennen, stürmen |69

rūmium ∅ Rum |62

rūpēs ♀, **-is** Fels |94

rūrsus rückwärts |99

rūs ∅, **rūris** Land(gut), Feld |33

russātus rot gefärbt |76

rūsticus ♂ Bauer, Landbewohner, ländlich |96

S / s

Sabbatum ∅ Sabbat |32

saccharum ∅ Zucker |65

sacculus ♂ (Geld)beutel, Säckchen |58

saccus ♂ Beutel, Sack |58

sacerdōs ♂/♀, **-ōtis** Priester, Geistlicher |88

sæculum ∅ Jahrhundert, Menschenalter, Zeitalter |53

sæpe oft |22

sævus wild, wütend, rasend |52
sagitta ♀ Pfeil |100
sāl ♂, **salis** Salz |58
saliēns ♀, **salientis** Springbrunnen, springend |100
salīre salzen |58
salīva ♀ Speichel |39
salsūra ♀ Einsalzung |58
saltāre tanzen |30
saltātiō ♀, **-ōnis** Tanz |30
saltātōrius tänzerisch, Tänzer- |64
salūbritās ♀, **-ātis** Gesundheit, Heilkraft |99
salūs ♀, **-ūtis** Gesundheit, Heil, Wohlergehen, Rettung |15
salūtāre (be)grüßen |29
salūtātiō ♀, **-ōnis** Gruß, Begrüßung, Besuch |32
S·P·D (**salūtem plūrimam dīcit**) Sehr geehrte(r)... |87
salvē/**salvēte** heil |4
salvus heil, gerettet, wohlbehalten |83
sānāre heilen |25
sānātiō ♀, **-ōnis** Heilung |25
sānctus heilig |71
sānē allerdings, freilich, jawohl |73
sanguis ♂, **sanguinis** Blut |40
sanna ♀ Grimasse, Fratze |79
sānus gesund, heil |40
sapere (-iō) verstehen, wissen, schmecken |71
sapiēns, **-entis** weise |79
sāpō, **-ōnis** ♂ Seife |58
sāpōnātus eingeseift |80
sarcinæ ♀♀ Gepäck, Last |9
sardīna ♀ Sardine |31
Sārmata ♂ Russe (Sarmate) |13
Sārmaticus russisch (sarmatisch) |13
sartāgō ♀, **-inis** Pfanne, Kessel, Tiegel |92
sat genug, hinreichend |66
satagere Genüge leisten, sich abquälen, sich abmühen |81
satis genug, recht, sehr |12
satisfacere (-iō) sich entschuldigen; befriedigen, zufriedenstellen |22
Sāturnus ♂ Saturn, Samstag |32
saxum ∅ Fels(en) |89
scabellum ∅ Schemel |94
scæva ♂ Linkshänder |41
scālæ ♀♀ Treppe, Leiter |27
scandere (empor)steigen, besteigen |53
scānsōrius Steig-, zum Steigen gehörig |45
scapha ♀ Kahn, Boot |100
scaturrīgō ♀, **-inis** Sprudelquell |99
scelestus frevelhaft, verrucht |82
schola ♀ Schule |52
scienter wissentlich |60
scientia ♀ Kenntnis |86
scīlicet nämlich, natürlich, freilich |32
scintilla ♀ Funke |85
scīre wissen |69
sciūrus ♂ Eichhörnchen |18
scrība ♂ Schreiber |73
scrībere schreiben |15
scrīptum ∅ Schrift(stück) |64
scrīptūra ♀ Schrift |40
scrūpulōsus gewissenhaft, genau, sorgfältig; steinig |100
scrūpulum ∅ Skrupel |60
scrūtārī erforschen, (unter)suchen |100
sē sich |13
secale ∅ Roggen |96
secāre schneiden |23
sēcum mit sich |48
secundum nach, gemäß |26
secundus (nach)folgend, an zweiter Stelle, der zweite |36
secūris ♀ Beil, Axt |90

sēcūritās ♀, **-ātis** Sicherheit, Sorglosigkeit, Gemütsruhe |99

sed aber |1

sedēre sitzen, sich aufhalten, verweilen |31

sēdēs ♀, **-is** Sitz |37

sēdulō eifrig, emsig |74

seges ♀, **-etis** Saat |96

sella ♀ Stuhl, Sessel, Sattel, Sitz |94

semel einmal |74

sēmen Ø, **-inis** Same(n) |96

sēmināre säen, pflanzen |96

sēmiplēnus halbvoll |86

sēmis halb |27

sēmita ♀ Pfad |95

sēmivacuus halb leer |86

semper immer |22

senātus ♂, **-ūs** Senat |86

senectūs ♀, **-ūtis** (hohes) Alter |48

senex ♂, **senis** Greis, alter Mann; alt, bejahrt |81

sēnsus ♂, **-ūs** Sinn |39

sententia ♀ Meinung; Satz |34

sentīre fühlen, merken, wahrnehmen, emfinden |79

sēparāre absondern, trennen |37

sepelīre begraben, bestatten, beerdigen |69

September, **-bris** September |33

Septemtriō ♂, **-ōnis** Nordwind, Bär (*Sternbild*), Norden |38

septiēs siebenmal |13

Septimius ♂ Septimius |96

sepulcrālis Grab-, zum Grabe gehörig |38

sequēns, **-entis** folgend |19

sequī folgen |5

sera ♀ Verschluss |94

serēnus heiter, hell, ruhig |50

sēria ♀ Tonne |58

Sēricus seiden, chinesisch |93

sermō ♂, **-ōnis** Rede, Gespräch, Vortrag, Predigt |51

sērō zu spät |54

serra ♀ Säge |23

servāre bewahren, retten |13

servīre dienen |78

servus ♂ Sklave |20

sēsē sich |86

sēsqui anderthalb, um die Hälfte (mehr) |58

sēsqui-lībra ♀ anderthalb Pfund |58

sēstertius ♂ Sesterz (*römische Münze*) |27

seu oder |26

Sevērus ♂ Severus |96

sextārius ♂ Sextarius, Schoppen |61

Sextīlis August (*6. Monat des alten Kalenders*) |33

sī wenn, ob |5

sibi sich, ihr |23

sībilāre pfeifen, zischen |36

sībilus ♂ Pfeifen, Zischen, Säuseln, Rauschen |36

sīc so, auf diese Weise |40

siccitās ♀, **-ātis** Trockenheit |96

siccus trocken, ausgetrocknet |58

sīcut so wie, wie, gleich wie |26

significāre anzeigen, bezeichnen, bedeuten |33

significātiō ♀, **-ōnis** Anzeige, Bezeichnung, Bedeutung |13

Signīnum opus Ø Mörtel |99

signum Ø Zeichen |43

silentium Ø Schweigen, Stille |38

silēre (ver)schweigen, still sein |47

silex ♂/♀, **silicis** Kiesel, Quarz |100

similis ähnlich, gleich |34

similiter ähnlich |26

sīmius ♂ Affe |18

simplex, **-icis** einfach, schlicht |50

simplicitās ♀, **-ātis** Einfachheit, Naivität |76
simpliciter einfach |76
simul zugleich, gleichzeitig |33
sīn wenn aber, dagegen |87
sincērus echt, aufrichtig |79
sine lass mich |12
sinere (zu)lassen, erlauben |83
singillātim einzeln, getrennt, nacheinander |96
singulus einzeln, je ein, allein, einzig |10
sinister, **-tra**, **-trum** link, ungeschickt, unglücklich |41
sinistrōrsum nach links |45
sinus ♂, **-ūs** Krümmung |95
sitis ♀ Durst |36
situs gelegen, befindlich |59
sīve sei es… sei es |89
socer ♂, **-erī** Schwiegervater |57
societās ♀, **-ātis** Gesellschaft, Gemeinschaft, Bündnis |64
socius solidarisch |67
socius ♂ Kamerad, Gefährte, Genosse |67
socrus ♀, **-ūs** Schwiegermutter |32
sōl ♂, **sōlis** Sonne |12
solānum ∅ Nachtschatten (Kartoffel) |65
soleātus Sandalen tragend |32
solēre pflegen, etw. zu tun |32
soliditās ♀, **-ātis** Dichte |39
sōlitūdō ♀, **-inis** Einsamkeit, Einöde |72
solium ∅ Thron |73
sollers, **-ertis** kunstfertig, geschickt |64
sollicitāre beunruhigen, erschüttern |68
sōlum nur |39
solum ∅ Boden |19
sōlus allein |72
solvere lösen |22
somnus ♂ Schlaf |19
sonāre (er)tönen, klingen |27
sorbēre schlürfen, hinunterschlucken |60
sordēs ♀, **-is** Schmutz |58
soror ♀, **-ōris** Schwester |4
sors ♀, **sortis** Los, Schicksal |68
spargere zerstreuen, ausstreuen, bestreuen |26
sparteolus ♂ Feuerwehrmann |74
spatium ∅ Raum |95
speciāliter besonders |60
spectāre anschauen, blicken, bewundern |74
spectātor ♂, **-ōris** Zuschauer, Beobachter, Beurteiler |67
speculātōrius zum Kundschafter gehörig |71
speculum ∅ Spiegel |93
spērāre (er)hoffen, erwarten |32
spēs ♀, **speī** Hoffnung |90
spīrāre atmen, leben, wehen, hauchen |40
spīritus ♂, **-ūs** Hauch, Atem, Geist |97
splendēre schimmern, glänzen, strahlen |33
splendidus glänzend, strahlend, herrlich, prächtig |93
splendor ♂, **-ōris** Glanz, Schmuck, Ansehen |95
spongia ♀ Schwamm |58
sponte von sich aus, von selbst, selbstständig |44
sportula ♀ Körbchen |93
spūma ♀ (Ab)schaum |90
stabulum ∅ Stall |45
stadium ∅ Stadion, Rennbahn |31
stagnum ∅ Zinn |95
stāre (still) stehen, sich befinden, bestehen |69
statim sofort |20
statiō ♀, **-ōnis** Stehen, Stellung, (Wach)posten, Standort |36

Stator ♂, **-ōris** Beiname Jupiters, Amtsgehilfe |96

statua ♀ Statue, Standbild, Bildsäule |95

statuere aufstellen, beschließen, festsetzen |59

statūra ♀ Statur |54

stēlla ♀ Stern |73

Stephanus ♂ Stefan |31

stercus Ø, **-oris** Mist, Dünger |26

sternere (hin)streuen, bestreuen |26

stilographium Ø Füller |15

stilus ♂ Griffel, Schreibstift |13

stimulus ♂ Ansporn, Antrieb, Stachel |101

stīpes ♂, **-itis** Stock, Pfahl, Scheit, Stamm |94

stirps ♀, **stirpis** Stamm, Wurzel, Staude, Ursprung |80

stola ♀ langes Kleid |43

stolidus dumm, albern |82

stomachus ♂ Magen |40

strāmentum Ø Streu, Stroh |96

strangulātiō ♀, **-ōnis** Strangulation |78

strepere lärmen, toben, tosen |37

strepitus ♂, **-ūs** Lärm |38

struēs ♀, **-is** Stapel, Haufen |92

studēre bemühen |50

studiōsus eifrig, emsig |54

studium Ø Studium, Eifer |52

stupidus dumm |8

suāvis angenehm, süß, köstlich |31

suāvitās ♀, **-ātis** Annehmlichkeit, Süße |52

sub unter |18

subīre (-eō) unter etw. gehen, sich unterziehen |68

subitō plötzlich |19

subjicere (-iō) unterwerfen, darunterlegen |96

sublevāre empor-/hochheben, fördern, unterstützen |47

sublica ♀ Brückenpfeiler, Pfahl |59

subnectere anbinden, unten anknüpfen |89

subsistere stillstehen, stehen bleiben, Halt machen |99

subterrāneus unterirdisch |99

subtīlis fein(fühlig), genau |66

subūcula ♀ Unterhemd |22

suburbānus vorstädtisch, nahe bei der Stadt (Rom) |45

subvenīre beistehen, zu Hilfe kommen |81

succēdere nachfolgen, nachrücken, hinaufsteigen |54

succēssor ♂, **-ōris** Nachfolger |99

sūcus ♂ Saft, Flüssigkeit |65

sūdārium Ø Taschentuch, Schweißtuch |93

sūdor ♂, **-ōris** Schweiß, Mühe, Anstrengung |45

Suētōnius ♂ Sueton |34

sufficere (-iō) ergänzen, ersetzen, ausreichen, genügen, |37

suillus Schweine-, Schweins- |58

sulcus ♂ Furche, Einschnitt, Graben |96

sulphurātum Ø Streichholz |92

sūmere nehmen |61

summissus bescheiden, demütig |72

summus höchst, oberst, äußerst, wichtigst |26

sūmptuōsus teuer, aufwendig, verschwenderisch |78

sūmptus ♂, **-ūs** Aufwand, Kosten, Verschwendung |81

supellex ♀, **-lectilis** Gerät, Hausrat |44

super über, darüber |22

superāre übertreffen, überwinden, besiegen |48

superbia ♀ Hochmut, Stolz |72

supercilium Ø Augenbraue |39

superstitiōsus abergläubisch |66

A B C D E F G H I J K L M N O P Q R S T U V W X Y Z

superus oben, der obere |48

suppeditāre liefern |58

supplicāre flehen, bitten, beten |57

supplicium ∅ Flehen, Todesstrafe, Qual |62

suprā oberhalb von, über |29

sūra ♀ Wade |41

surgere aufstehen, sich erheben |20

surripere (-iō) entwenden, heimlich wegnehmen |46

sūrsum oben, in der Höhe |85

suscipere (-iō) unternehmen |43

suspendere auf-/erhängen, schweben lassen |58

suspēnsus hängend, schwebend |47

suspīrāre seufzen, stöhnen, tief Atem holen |92

sustinēre aushalten |44

sūtor ♂, **-ōris** Schuster |43

sūtrīna ♀ Schusterhandwerk |43

suus sein, ihr |49

symphōniacus musikalisch, zur Musik gehörig |64

syngrapha ♀ Schuldschein, Wechsel |78

syntaxis ♀ Satzbau, Syntax |101

Syrācūsæ ♀♀ Syrakus |29

T / t

tabbāceus Tabak- |38

tabbācum ∅ Tabak |37

tabellārius ♂ [Brief]bote |2

taberna ♀ Laden, Werkstätte, Wirtshaus, Kneipe |22

tabula ♀ (Schreib)tafel, Brett, Gemälde |44

tabulātum ∅ Bretterboden, Stockwerk |45

tacēre (ver)schweigen |38

tāctus ♂, **-ūs** Tastsinn, Berührung |39

tædet es ekelt |38

tædiōsus langweilig |34

tālis derartig, solch |40

tālus ♂ Ferse |41

tam so |19

tamdiū so lange |80

tamen trotzdem |18

tamquam wie |80

tandem endlich |9

tangere berühren, anfassen |58

tantopere so sehr |30

tantum nur |6

tantummodo nur |67

tantus so groß, solch, so viel |51

tardē langsam |9

tardus langsam, hemmend, träge, spät |9

Tarpejus tarpeisch |94

tauromachia ♀ Stierkampf |87

tē dich |3

technicus technisch |67

tēctum ∅ (Ob)dach, Zimmerdecke, Haus, Wohnung |69

tēcum mit dir |30

tegere (be)decken |48

tegmen ∅, **-inis** Bedeckung, Decke, Schutz, Schirm |48

tēlephōnum ∅ Telefon |65

tēlevīsificus Fernseh- |67

Tellūs ♀, **-ūris** Erde, Erdboden |37

tēlum ∅ Waffe, Kugel, Geschoss |86

temere leichtfertig, zufällig, planlos |100

temperāre bemessen, regeln |100

temperiēs ♀, **-iēī** Temperatur, (richtige) Mischung, milde Wärme |22

tempestās ♀, **-ātis** (Un)wetter, Sturm, Zeit(punkt) |50

tempestīvus (recht)zeitig, zeitgemäß |74

templum ∅ Tempel |95

temptāre versuchen, angreifen, in Versuchungführen, betasten |30

tempus ∅, **-oris** Zeit |31
tenebræ ♀♀ Dunkelheit, Finsternis, Unklarheit |99
tener, **-era**, **-erum** zart, weich, zärtlich |62
tenēre halten, behalten, erfassen, besitzen |38
tenuāre verringern, reduzieren, schmälern |99
tepidus lau, lauwarm |22
ter dreimal |48
terere reiben |59
tergum ∅ Rücken |99
ternī je drei |90
terra ♀ Erde, Boden, Land |31
terror ♂, **-ōris** Furcht, Schrecken |52
tessera ♀ Fahrkarte |36
tesserāria ♀ Fahrkarten-verkäuferin |36
testimōnium ∅ Beweis, Zeugnis |88
testis ♂/♀ Zeuge |64
textilia ∅∅, **-ium** Textilien |74
textūra ♀ Gewebe, Gewirk |66
theātrum ∅ Theater |5
theōria ♀ Theorie, Denken |71
thermopōlium ∅ Gastwirtschaft (*f. warme Getränke*) |36
thēsaurārius Schatz- |81
tholus ♂ Rotunde, Kuppel |95
Tiberis ♂ Tiber |94
tibi dir |2
tībia ♀ Schienbein, Flöte |41
tībiāle ∅ Socke, Strumpf |41
tībīcina ♀ Flötenspielerin |83
timēre fürchten, Angst haben |25
timidē schüchtern, scheu, behutsam, furchtsam |79
timor ♂, **-ōris** Furcht, Angst |86
tinea ♀ Made |58
tinguere färben, befeuchten, benetzen, eintauchen |65
tinnīre klingen |65
tintinnābulum ∅ Klingel |20
titubāre schwanken, zögern |80
titulus ♂ Titel, In-/Aufschrift |71
Titus ♂ Titus |61
toga ♀ Toga, Obergewand |22
togātus in eine **toga** gekleidet (= *römisch*) |22
tollere aufheben, hochnehmen |85
tōnstrīna ♀ Barbierstube |93
torquēre drehen, foltern, quälen |97
torrēns ♂, **-entis** Wildbach |31
torrēre rösten, dörren |20
tortuōsus gewunden |66
tot so viele |20
totiēs so oft |87
tōtus ganz |82
trabēs ♀, **-is** Balken, Holz, Baumstamm |94
tractātus ♂, **-ūs** Abhandlung, Erörterung |71
trādere übergeben, überliefern, weitergeben |68
tragœdia ♀ Tragödie, Trauerspiel |74
trahere ziehen, fortreißen, schleppen |9
trāmen ∅, **-inis** Zug |20
trānāre durchschwimmen, hinüberschwimmen |80
tranquillē ruhig |38
tranquillitās ♀, **-ātis** Ruhe, Stille |90
tranquillus ruhig, still |38
trāns über... hinaus, jenseits von |94
trānscendere übersteigen, übertreten |90
trānsferre hinüberbringen, übertragen |37
trānsīre (-eō) durchmarschieren, hinübergehen, überqueren |27
trānsitus ♂, **-ūs** Durchreise, Durchmarsch, Übergang |100
trānstrum ∅ Querbalken |89
tremere zittern, beben |92

A B C D E F G H I J K L M N O P Q R S T U V W X Y Z

tremor♂, **-ōris** Beben, Zittern |97
trepidāre aufgeregt sein; schwanken, zappeln |99
trēsvirī♂♂ Beamtenkollegium der Triumvirn (*Dreimänner*) |82
tribuere zuteilen, zuweisen, gewähren |68
tribūnal∅, **-ālis** Tribunal, Gericht |29
tribūnus♂ Tribun, Militärtribun |90
triclīniāris des Dreiliege-/Speisezimmers, des/Speisesofas |41
triclīnium∅ Dreiliegezimmer, Speisezimmer, Speisesofa |16
triēris (**nāvis**)♀ Galeere, Triere |90
Trīnacria♀ Sizilien (*dichterisch*) |90
trīstis traurig, betrüblich; finster |13
trīticum∅ Weizen |59
trītus abgetragen, ausgetreten; häufig benutzt |73
triumphāre triumphieren |94
tructa♀ Forelle |31
tū du |2
tuba♀ Trompete, Tuba |27
tubulus♂ Röhre, Schlauch |85
tuērī beschützen, behüten, anschauen |100
Tullia♀ Tullia |87
Tullius♂ Tullius |86
tum dann, darauf |50
tumultus♂, **-ūs** Aufruhr, Tumult, Unruhe, Durcheinander |64
tunc damals, dann |19
tundere schlagen, stoßen |24
turba♀ Menge, Masse, Menschengewühl |78
turpis hässlich, schändlich |68
turrītus aufgetürmt, turmhoch |43
Tusculānum∅ Landgut bei Tusculum |87
tūsculum∅ etwas Weihrauch |81
tussīre husten |61
tussis♀ Husten |40
tūte du selbst |32
tūtor♂, **-ōris** Vormund, Beschützer |83
tūtus sicher, geschützt |64
tuus dein |3
tympanum∅ Handtrommel, Tamburin |27
typus♂ Figur, Bild |38

U / u

ubi da, wo |4
ubīcumque wo auch immer |79
ubīque überall |69
ubivīs egal wo, überall |78
ūllus irgendein, ein |12
ulter, **-tra**, **-trum** jenseitig, drüben |48
ultimus letzter |39
ultrā jenseits, darüber hinaus |68
ultrō jenseits, hinüber |37
ululātus♂, **-ūs** Geheul |99
umbra♀ Schatten |48
umerus♂ Schulter, Oberarmknochen |40
umquam jemals |47
uncus♂ Haken, Widerhaken |46
unda♀ Welle, Woge, Wasser |12
unde woher, von wo |12
undique von allen Seiten, von überall her |78
unguentum∅ Salbe, Salböl |60
unguere bestreichen, einreiben, salben |60
ūniversitās♀, **-ātis** Universität |71
ūniversus ganz, gesamt, sämtlich |73
ūnus ein |4
ūnusquisque, **ūnaquæque**, **ūnumquodque** jeder einzelne, ein jeder |39
urbānus städtisch |86
urbs♀, **urbis** Stadt, Ort, Hauptstadt |5

ūrere verbrennen, brennen, ausdörren, austrocknen |20
urgēre drängen, bedrängen |19
ūrīnārī untertauchen |26
ūrīnātōrius Taucher- |26
ursus ♂ Bär |59
usquam irgendwo |82
usque ohne Unterbrechung, bis |19
ūsurpāre gebrauchen, in Besitz nehmen |59
ūsus ♂, **-ūs** Benutzung, Gebrauch |90
ut damit, dass, wie, so dass, wenn auch |4
utcumque wie auch immer, wenn nur, sobald nur |99
uter, **utra**, **utrum** wer, welcher von beiden |74
uterque, **utraque**, **utrumque** jeder von beiden |95
utervīs, **utravīs**, **utrumvīs** jeder Beliebige von beiden |39
ūtī (be)nutzen, verwenden, gebrauchen |51
ūtilis nützlich, brauchbar |30
ūtilitās ♀, **-ātis** Brauchbarkeit, Nutzen, Vorteil |99
utinam hoffentlich, wenn doch |83
utique besonders, jedenfalls, durchaus |52
utrum ob |65
ūva ♀ Traube |65
uxor ♀, **-ōris** Ehefrau, Gattin, Gemahlin |9

V / v

vacāre frei sein, leer sein |33
vacca ♀ Kuh |79
vacuus leer, frei |37
vādere gehen, fahren, schreiten, treten |5
vadum ∅ seichte Stelle, Untiefe |89
væ O weh! |20
vagārī bummeln, umherstreifen |79
vagus umherschweifend |95
valdē sehr |11
valēre gesund, stark sein |85
valētūdō ♀, **-inis** Gesundheit |23
validus stark, gesund, kräftig |82
vallis ♀ Tal |75
valvæ ♀♀ Flügeltür, Klapptür |37
vapor ♂, **-ōris** Dampf, Dunst, Rauch |36
vapōrārius ∅ Dampf-, dampfgetrieben |34
vāpulāre geschlagen werden |52
varietās ♀, **-ātis** Mannigfaltigkeit, Vielfalt, Abwechslung |30
varius verschieden, abwechselnd, unterschiedlich, |26
vās ∅, **vāsis** Gefäß, Behälter, Vase |92
vāsa ∅∅, **-ōrum** *Plural von* **vās** |92
Vāticānus vatikanisch |94
vāticinātiō ♀, **-ōnis** Weissagung |88
vectīgal ∅, **-ālis** Steuer, Abgabe |33
vectīgālis steuerlich, steuerpflichtig |33
vectis ♂ Hebel |85
vector ♂, **-ōris** Passagier |37
vectōrius Passagier-, Transport |64
vegetus rege, rührig |54
vehemēns, **-entis** heftig, inständig |33
vehere fahren, befördern, tragen, bringen |34
vehiculum ∅ Fahrzeug, Fuhrwerk |9
vel oder, oder auch, sogar |16
velle wollen, verlangen |4
vēlōcitās ♀, **-ātis** Schnelligkeit, Geschwindigkeit |37
vēlōciter schnell, rasch |55

A B C D E F G H I J K L M N O P Q R S T U V W X Y Z

vēlōx, **-ōcis** schnell, rasch |9
vēlum Ø Segel, Tuch; Vorhang |89
velut wie |66
vēna ♀ Ader, Vene |40
vēnārī jagen |54
vēnātōrius Jagd-, zur Jagd gehörig |16
vēndere verkaufen, veräußern |22
vēnditrīx ♀, **-trīcis** Verkäuferin |92
venēficium Ø Giftmischerei |78
venēnum Ø Gift, Zaubermittel, Zaubertrank |57
venerārī verehren |54
venerius sinnlich, die Liebe betreffend |32
Venetia ♀ Venedig |96
venetus bläulich, seefarbig |76
venia ♀ Verzeihung, Gnade, Nachsicht |19
venīre kommen, entstehen, abstammen |2
vēnīre (-eō) verkauft werden |27
venter ♂, **-tris** Bauch, Magen, Leib |40
ventus ♂ Wind |38
vēnum dare verkaufen |69
Venus ♀, **-eris** Venus |32
vēnus ♂, **-ūs** Verkauf |69
vēr Ø, **vēris** Frühling |25
verber Ø, **verberis** Schlag, Peitsche |68
verberāre schlagen, prügeln |82
verbum Ø Wort, Verb, Vokabel |13
vērē richtig, wahrhaft, wirklich |51
verēcundus sittsam, schüchtern, bescheiden, genügsam |88
vergere zu Ende gehen, sich dem Ende nähern |90
Vergilius ♂ Vergil |29
vēritās ♀, **-ātis** Wahrheit, Richtigkeit |67
vermiculus ♂ Würmchen |66
vermis ♂ Wurm, Made |58
vērō aber, jedoch |12
verrere fegen, kehren |92
versārī sich befinden, leben, mit etw. beschäftigen |64
versus ♂, **-ūs** Vers, Gedichtzeile |43
vertere drehen, wenden |59
vērus echt, wahr, wahrhaft, wirklich |99
vesper ♂, **-ī/is** Abend, Westen |30
vespertīnus abendlich, westlich |57
Vesta ♀ Vesta (*Göttin des Herdfeuers*) |96
Vestālis vestalisch, Vestapriesterin |96
vestibulum Ø Vorplatz, Vorhalle, Eingang |68
vestifex ♂, **-ficis** Schneider |93
vestīgium Ø Spur, Fußstapfen, Standort |78
vestīmentum Ø Kleidung, Kleidungsstück |22
vestīre bekleiden, kleiden, anziehen |41
vestis ♀ Kleidung, Kleider, Gewand |9
Vesuvius ♂ Vesuv |97
vetulus alternd, älter |65
vetus, **veteris** alt, betagt |65
vexāre quälen, peinigen, plagen |32
vexātiō ♀, **-ōnis** Erschütterung |85
via ♀ Straße, Weg, Strecke, Reise |15
viārius Straßen- |86
viātor ♂, **-ōris** Reisender, Wanderer |92
vibrātus zitternd, zuckend |97
vīcīnia ♀ Nachbarschaft, Nähe |81
vīcīnus ♂ Nachbar |19
vicissim abwechselnd, gegenseitig |88
Victor ♂, **-ōris** Viktor, Sieger |6
victōria ♂ Sieg |76
vīctus ♂, **-ūs** Lebens(unterhalt), Lebensweise |59

vīcus ♂ Dorf, Gehöft, Straße, Gasse, Stadtviertel |16

vidēlicet offenbar, freilich, nämlich, natürlich |66

vidēre sehen, erblicken, erkennen, betrachten |4

vidērī scheinen |26

vīdulus ♂ Reisekoffer |93

vigilia ♀ Wache, Wachposten |86

vīlicus ♂ (Guts-)verwalter |79

vīlis wertlos, billig |55

vīlla ♀ Landhaus/-gut, Gutshof, Bauernhof |62

vincere siegen, besiegen |29

vincīre fesseln, binden |73

vinculum ∅ Fessel, Band |67

vīnea ♀ Weinberg, Weinstock |97

vīnum ∅ Wein |26

vir ♂, **virī** Mann |46

vīrēs ♀♀, **vīrium** *Plural von* **vīs** |97

virgō ♀, **-inis** Jungfrau, Mädchen |99

virguncula ♀ kleines Mädchen |99

viridis grün |48

virīlis männlich, standhaft |40

virtūs ♀, **-ūtis** Tugend, Tapferkeit, Mannhaftigkeit, Tüchtigkeit |51

vīs ♀, **vim**, **vī** Kraft, Gewalt, Macht, Stärke |4

vīsere besuchen, besichtigen |73

vīsiō ♀, **-ōnis** Sehen, Vision, Anblick, Erscheinung |39

vīsitāre besuchen, aufsuchen |5

vīsitātor ♂, **-ōris** Besucher |26

vīsitor ♂, **-ōris** Besucher |69

vīsus ♂, **-ūs** Sehen, Anblick |39

vīta ♀ Leben, Lebenslauf, Lebensweise |43

vītāre meiden, vermeiden, ausweichen |50

vitium ∅ Fehler, Laster, Schaden, Untugend |74

vitulīnus vom Kalb, Kalbs- |58

vīvārium ∅ Aquarium |94

vīvere leben |51

vix erst, kaum, mit Mühe |62

vōbīs euch (*Dativ u. Ablativ*) |22

vōbīscum mit euch |15

vocābulārium ∅ Wortschatz, Wörterbuch |39

vocāre rufen, anrufen, nennen |5

vōciferārī laut rufen |57

volāre fliegen, rennen, huschen, eilen |72

volātus ♂, **-ūs** Flug, Fliegen |64

volitāre flattern, fliegen, schwärmen, umherfliegen |74

volūbilitās ♀, **-ātis** Drehbarkeit |59

volucer, **-cris**, **-cre** fliegend, flüchtig, vergänglich, Vogel |72

volūmen ∅, **-inis** Band, Buch-/Schriftrolle; Krümmung |73

voluntās ♀, **-ātis** Wille, Absicht, Zustimmung |51

voluptās ♀, **-ātis** Vergnügen, Freude, Lust, Behagen |88

volvere rollen, drehen, wälzen, ablaufen |80

vorāre verschlingen |25

vōs ihr, euch (*Akkusativ*) |10

vōtum ∅ Wunsch; Gelübde |62

vōx ♀, **vōcis** Stimme, Laut, Sprache, Wort |27

Vulcānius vulkanisch |85

vulgāris gewöhnlich, allgemein, alltäglich |89

vulgus ∅, **-ī** Volk, Menge, Pöbel, (breite) Masse, |61

vulnerāre verletzen, verwunden |60

vultus ♂, **-ūs** Gesicht(sausdruck), Antlitz, Ausdruck, Miene |65

W / w   X / x   Z / z

whiskium ∅ Whisky |82

xylinus aus Baumwolle, baumwollen |93

zōna ♀ Gurt, Gürtel, Zone |64

ANHANG E. LITERATURHINWEISE

Sie möchten mehr über die lateinische Sprache und Kultur erfahren?

Dann finden Sie hierfür in der folgenden Literaturliste bestimmt das Richtige!

Nachschlagewerke, Wörterbücher und Grammatiken

- Comenius, Joh. Amos: Orbis Sensualium Pictus. Neu bearbeitet von Uvius Fonticola. Friedrich Verlagsmedien 2011, ISBN 978-3-93744-629-5.

Das klassische, zweisprachige bebilderte Lehr- und Lesebuch für alle Altersklassen, basierend auf der Erstausgabe von 1658. In 150 Kapiteln werden über 3.000 Vokabeln, nach Themen geordnet, im Kontext vermittelt. Mit Aussprachehilfen, Anmerkungen und umfangreichem Wörterverzeichnis.

- Schülerwörterbuch Latein. PONS Verlag Stuttgart 2012, ISBN 978-3-12-517977-6 .

Dieser zweisprachige Klassiker Latein – Deutsch / Deutsch – Latein für Schüler von Klasse 5 bis zum Abitur umfasst in einer neubearbeiteten Auflage 80.000 Stichwörter und Wendungen aus der klassischen und nachklassischen Epoche. Schülerfreundliches Layout, markierter Grundwortschatz, Lerntipps zu Kultur, Geschichte, Grammatik und Übersetzung. Mit Deklinationen und Konjugationstabellen und einem Überblick über die lateinische Sprachgeschichte, Schrift und Aussprache

- Rinderspacher, Isabelle: Schau nach – blick durch! Schulgrammatik LATEIN. PONS Verlag Stuttgart 2007, ISBN 978-3-12561-395-9 und Hahn, Rainer/Söllner, Maria Anna: Verbtabellen Plus LATEIN. PONS Verlag Stuttgart 2014, ISBN 978-3-12562655-3 .

Diese beiden broschierten Bände mit Schulgrammatik vermitteln auf erfrischend einfache Weise Beispielsätze, nicht von den alten Autoren, sondern neu formuliert, alle mit deutscher Übersetzung, was sie zu einer optimalen Grammatik für Anfänger macht. Das Buch beweist, wie gut man die lateinische Grammatik mit einfachen Sätzen und einem immer wiederkehrenden Vokabular erklären kann!

- Rubenbauer, Hans/Hofmann, J.B. Lateinische Grammatik. 12. Auflage. Buchner Lindauer Oldenbourg Verlage 1995, ISBN 978-3-637-06940-4.

Der von Rolf Heine neu bearbeitete "Rubenbauer-Hofmann" ist ein Klassiker unter den Latein-Grammatiken, geeignet für Studierende ebenso wie für die erfahreneren Lateiner, und dient dabei nicht nur als Nachschlagewerk, sondern auch zum Lernen und Weiterarbeiten. Bei Umfang und Anforderungsniveau geht diese Grammatik einen Mittelweg und bewegt sich zwischen den einfachen Schul- und Kurzgrammatiken und den ausführlichen wissenschaftlichen Lehrwerken. Die zahlreichen Beispielsätze sind fast ausnahmslos in klassischem Cicero- und Cäsar-Latein verfasst.

Lektüren

- Der Däne Hans H. Ørberg hat nicht nur das sehr gelungene Lehrwerk Lingua Latina per se illustrata entwickelt, das nach einem der Assimil-Methode ähnlichen Prinzip arbeitet und Ihnen zur Wiederholung und Wortschatzergänzung sehr ans Herz gelegt sei, sondern auch einige Lektüren von Klassikern, z.B. Cicero, Cäsar und Vergil, herausgegeben. In typisch Ørbergscher Manier sind die Lektüren rein einsprachig und enthalten jeweils an den Seitenrändern zahlreiche Vokabelerklärungen in Form von Bildern und lateinischen Erläuterungen.

- von Albrecht, Michael (Hrsg.): Die römische Literatur in Text und Darstellung. 5 Bände. Reclam Verlag Stuttgart 2014, ISBN 978-3-15-030050-3.

Die 5-bändige Reihe bietet einen wertvollen Überblick über die Schätze der römischen Literatur von den Anfängen bis in die christlich geprägte Spätantike. Neben lateinisch-deutschen Kostproben aus den wichtigsten Werken werden zahlreiche Erklärungen und Sachinformationen zu Autoren, Epochen und Gattungen der römischen Literatur angegeben. Die übersichtlich gestaltete Reihe ist besonders geeignet für Latein- und Literaturfans, die sich einen ersten Überblick über die literarischen Epochen verschaffen möchten.

- de Saint-Exupéry, Antoine : Antoine de Saint-Exupéry: Regulus. Neue lateinische Übersetzung aus dem Französischen von Alexander Winkler. Artemis und Winkler Verlag Mannheim 2010, ISBN 978-3-538-07314-2.

Sprachkurse von ASSiMiL

Die autodidaktischen Sprachkurse von ASSiMiL aus der Reihe "ohne Mühe" vermitteln Anfängern und Lernern mit Vorkenntnissen in meist 100 Lektionen, zahlreichen Übungen mit Lösungen und einem grammatischen Anhang die Fremdsprache nach dem natürlichen Prinzip des "intuitiven Assimilierens". Lebendige, übersichtliche und progressiv aufgebaute Lerneinheiten, ergänzt durch landeskundliche Informationen, führen Sie bei einem täglichen Aufwand von 20–30 Minuten in insgesamt 9–12 Monaten zu einer sehr guten Sprachkompetenz für die Verständigung in Alltagssituationen (bis Niveau B2 des GER). Zu dem kompakten und kleinformatigen Lehrbuch gehören Tonaufnahmen auf Audio-CDs und/oder mp3-CD; manche Kurse sind ebenfalls auf CD-Rom erhältlich.

Sie haben bereits gute Sprachkenntnisse und wollen diese schnell und effizient auffrischen? Dann sind die Fortgeschrittenenkurse aus der Reihe "in der Praxis" das Richtige für Sie! In 20 bis 30 Minuten pro Tag vertiefen und erweitern Sie Ihre Wortschatz- und Grammatikkenntnisse systematisch!

Kursaufbau und Methode entsprechen den Grundkursen der Reihe "ohne Mühe", wobei die Fortgeschrittenenkurse über die fließende Konversation hinaus zu einer natürlichen Verwendung der Zielsprache führen.

Abwechslungsreich und mit viel Humor und Liebe zur Sprache wird, unter Berücksichtigung von landeskundlichen Informationen, auf die Feinheiten der Zielsprache und auf viele umgangssprachliche und kulturelle Besonderheiten hingewiesen.

Zu den Lehrbüchern sind Tonaufnahmen auf Audio-CDs und/oder einer mp3-CD erhältlich.

Weitere Informationen finden Sie auf www.ASSIMILWELT.com

Französisch ohne Mühe
ASSiMiL-Verlag Köln 2014 überarb. Aufl.
ISBN 978-3-89625-011-7

113 Lektionen, 576 Seiten.

Erhältlich mit Audio-CDs, mp3-CD und / oder CD-ROM; Spieldauer 190 Min.

Französisch in der Praxis
ASSiMiL-Verlag Köln 2017 überarb. Aufl.
ISBN 978-3-89625-034-6

70 Lektionen, 386 Seiten.

Erhältlich mit Audio-CDs und / oder mp3-CD; Spieldauer 180 Min.

Italienisch ohne Mühe heute
ASSiMiL-Verlag Köln 2014 überarb. Aufl.
ISBN 978-2-7005-0113-1

105 Lektionen, 512 Seiten.

Erhältlich mit Audio-CDs, mp3-CD und/oder CD-ROM; Spieldauer 170 Min.

Italienisch in der Praxis
ASSiMiL-Verlag Köln 2017 überarb. Aufl.
ISBN 978-3-89625-027-8

94 Lektionen, 512 Seiten.

Erhältlich mit Audio-CDs und/oder mp3-CD; Spieldauer 250 Min.

Portugiesisch ohne Mühe heute
ASSiMiL-Verlag Köln 2014 überarb. Aufl.
ISBN 978-2-7005-0163-6

100 Lektionen, 512 Seiten.

Erhältlich mit Audio-CDs, mp3-CD und/oder CD-ROM; Spieldauer 195 Min.

Brasilianisch ohne Mühe
ASSiMiL-Verlag Köln 2012
ISBN 978-3-89625-028-5

100 Lektionen, 544 Seiten.

Erhältlich mit Audio-CDs und / oder mp3-CD; Spieldauer 200 Min.

Rumänisch ohne Mühe
ASSiMiL-Verlag Köln 2015
ISBN 978-3-89625-032-2

100 Lektionen, 544 Seiten.

Erhältlich mit Audio-CDs und / oder mp3-CD; Spieldauer 240 Min.

Spanisch ohne Mühe heute
ASSiMiL-Verlag Köln 2017 überarb. Aufl.
ISBN 978-2-7005-0107-0

109 Lektionen, 480 Seiten.

Erhältlich mit Audio-CDs, mp3-CD und / oder CD-ROM; Spieldauer 200 Min.

Spanisch in der Praxis
ASSiMiL-Verlag Köln 2017 überarb. Aufl.
ISBN 978-3-89625-037-7

60 Lektionen, 420 Seiten.

Erhältlich mit Audio-CDs und / oder mp3-CD; Spieldauer 190 Min.

ANHANG F. DIE AUSSPRACHE DES LATEINISCHEN

Bei einer Sprache mit einer über 2.500-jährigen Geschichte, die zu "Spitzenzeiten" von vielen Millionen Menschen in einer sehr großen Region gesprochen wurde, verwundert es nicht, dass es je nach Zeit, Ort und Gesellschaftsschicht zahlreiche Aussprachevarianten gab, die auch die Entstehung der romanischen Sprachen mit beeinflusst haben. Heute gibt es zum einen den als Standardaussprache dienenden sog. **prōnūntiātus restitūtus**, der die Aussprache der höheren Gesellschaftsschichten im klassischen Rom repräsentiert, und zum zweiten mehrere nationale Aussprachen, die sich je nach historischer Tradition des jeweiligen Landes unterscheiden und hauptsächlich im kirchlichen Bereich gesprochen werden, die sog. **prōnūntiātūs ecclēsiasticī**.

In "Latein ohne Mühe" orientieren wir uns in erster Linie am **prōnūntiātus restitūtus**, der philologisch rekonstruierten Phonetik des klassischen Lateins, von der man annimmt, dass sie der Aussprache gebildeter Sprecher zu Zeiten Ciceros und Vergils (1. Jh. v. Chr.) nahekommt. Dieser Standard wird in den meisten Schulen und Universitäten weltweit gelehrt und von fast allen gegenwärtigen Lateinsprechern international verwendet.

Auch wenn uns keine Tonaufnahmen aus dieser Zeit vorliegen, lassen beispielsweise detaillierte Lautbeschreibungen von Sprachlehrern, Inschriften, die eine Art Lautschrift wiedergeben, oder auch Vergleiche mit der Phonetik der romanischen Sprachen teils sehr exakte lautliche Rekonstruktionen zu.

Die unten aufgeführten Lautlisten geben eine Übersicht über die einzelnen Laute des **prōnūntiātus restitūtus**. Grundsätzlich ist – besonders für Muttersprachler des Deutschen – zur Aussprache noch folgendes anzumerken:

Vokalquantität

Hierunter versteht man die Länge der Vokale, und diese muss streng beachtet werden. Wie beispielsweise bei "offen" und "Ofen" kann sie auch im Lateinischen bedeutungsunterscheidend sein: **populus** "Volk" / **pōpulus** "Pappel". Jedoch gibt es im Deutschen Langvokale nur in betonten offenen Silben, während sie im Lateinischen in allen Silben vorkommen können.

In der klassischen Antike verwendete man zur Kennzeichnung langer Vokale den sog. *Apex* (**á**, **é**, **í**, **ó**, **ú**, **ý**), eine Konvention, die nach wie vor in mehreren Sprachen üblich ist. Heutzutage wird bei der Wiedergabe von lateinischen Texten die Vokallänge normalerweise durch das sog. Macron, einen Querbalken über dem entsprechenden Vokal, gekennzeichnet (**ā**, **ē**, **ī**, **ō**, **ū**, **ȳ**). Das Macron ist ein Zeichen, das ursprünglich in der Verslehre zur Kennzeichnung der Silbenlänge verwendet wurde; heute gebraucht man es jedoch ebenso oft zur Angabe der Vokallänge wie z.B. in diesem Kurs.

Silbenquantität

Eine offene Silbe (die auf einen Vokal endet) ist kurz, wenn sie einen kurzen Vokal enthält, und lang, wenn sie einen langen Vokal oder einen Diphthong (Doppellaut) enthält.

Eine geschlossene Silbe (die auf einen oder mehrere Konsonanten endet) ist immer lang, egal ob sie einen kurzen Vokal, einen langen Vokal oder einen Diphthong enthält.

Die Silbenquantität ist äußerst wichtig für die Akzentuierung (Betonung) der Wörter sowie für den Rhythmus in der lateinischen Dichtung.

Betonung

Der lateinische Wortakzent hängt nur von der Quantität der vorletzten Silbe ab, die den Akzent erhält, wenn sie lang ist. Andernfalls wird die drittletzte Silbe betont, falls sie vorhanden ist. Nur einige wenige Wörter werden auf der letzten Silbe betont, z.B. **illūc** "dorthin". **Rotundus** "rund" wird auf der vorletzten Silbe -**tun**- betont, da diese lang ist. **Ascendere** "hinaufsteigen" wird dagegen auf der drittletzten Silbe betont, da die vorletzte Silbe -**de**- kurz ist.

Zur Vereinfachung haben wir alle betonten Vokale im lateinischen Text und in der Lautschrift fett markiert bzw. in einen dunkleren Blauton gesetzt. Dies gilt ebenfalls für die Tabellen in den Wiederholungslektionen und für die Anmerkungen (in Letzteren ist die Betonung nur für die Wörter angegeben, die mehr als zwei Silben haben).

Doppelkonsonanten

Doppelkonsonanten werden im Unterschied zum Deutschen auch als solche gesprochen. In **summus** "höchster" wird das **m** also deutlich hörbar in die Länge gezogen, ganz anders als im deutschen "Summe".

Kehlkopfverschluss und Silbentrennung

Den Kehlkopfverschlusslaut, ein Laut, den Deutschsprecher z.B. im Wort "Be-amter" unbewusst ständig benutzen, hat es im Lateinischen nie gegeben. Vielmehr fließen die einzelnen Silben auch über Wortgrenzen hinweg zu phonetischen Einheiten zusammen. **Ad arma** "zu den Waffen" wird also in die Silben **a-dar-ma** getrennt, was in der Lautschrift mit [*a-d‿**a**r-ma*] wiedergegeben wird. Der "abgehackte" Klang des Deutschen ist dem Lateinischen fremd.

Synalöphe

In der zusammenhängenden Sprache wird die letzte Silbe eines auf einen Vokal bzw. einen Vokal + **m** ausgehenden Wortes (z.B. **tē**, **dominam**) im Allgemeinen mit der ersten Silbe eines mit Vokal bzw. mit **h** + Vokal beginnenden Wortes (z.B. **amō**, **hortor**) verschmolzen (sog. Synalöphe), was durch einen Bogen zwischen Wortende und Wortanfang ausgedrückt wird (z.B. **tē amō** [*t*^{ē}‿***a**mō*], **dominam amō** [*d**o**min*^{am}‿***a**mō*], **tē hortor** [*t*^{ē}‿*h**o**rtor*], **dominam hortor** [*d**o**min*^{am}‿*h**o**rtor*]). Auch bei einem mit Vokal beginnenden Wort wie **amō** gibt es am Beginn keinen Kehlkopfverschlusslaut wie im Deutschen!

Enklise und Aphärese

Die Form **est** "er/sie/es ist" des Verbs **esse** "sein" lehnt sich in der Aussprache an das vorhergehende Wort an (Enklise) und erhält keine eigene Betonung (z.B. **bonus est**: [*b**o**nußeßt*], was in den Lektionen mit Berücksichtigung der Silbenstruktur als [*b**o**-nu-ß‿eßt*] dargestellt wird). In der Umgangssprache hat **est** bei vorangehendem Vokal oder Vokal + **m** zusätzlich das anlautende **e** verloren (Anlautschwund oder Aphärese genannt) und wurde nur noch **'st** gesprochen. In Komödien wurde es sogar so geschrieben (z.B. **bona 'st** [*b**o**-na'ßt*], **bonum 'st** [*b**o**-nu*^{m}*'ßt*], **frūgī 'st** [*fr**ū**-gī'ßt*]). Die Form **es** "du bist" zeigte dasselbe Verhalten (z.B. **bona 's** [*b**o**-na'ß*], **bonum 's** [*b**o**-nu*^{m}*'ß*], **frūgī 's** [*fr**ū**-gī'ß*]).

Prōnūntiātus ecclēsiasticus

Obwohl dieser Ausdruck häufig verwendet wird, gibt es, wie oben bemerkt, tatsächlich keinen "vereinheitlichten" **prōnūntiātus ecclēsiasticus**. In Italien wird Latein besonders im kirchlichen Kontext wie modernes Italienisch gelesen (z.B. **in cœlis** [*in tsch**ä**liß*^{e}]), in Spanien, als wäre es modernes Spanisch, usw. Trotz italienischer Bemühungen, die italienische Aussprache – die in Italien keinesfalls nur die kirchlich-katholische Aussprache, sondern eben auch die Aussprache an sehr vielen weltlich-profanen Schulen ist – in der gesamten Kirche durchzusetzen, ist sie in den deutschsprachigen Regionen sowie im gesamten Osteuropa nirgends im kirchlichen Bereich üblich (bei uns spricht man **in cœlis** [*in* ***zö****-liß*]).

Die folgende Tabelle gibt die traditionelle deutsche Aussprache wieder (alle übrigen Buchstaben entsprechen im Wesentlichen der klassischen lateinischen Aussprache):

Buchstabe	Aussprache im prōnūntiātus ecclēsiasticus in den deutschsprachigen Ländern
æ	wie deutsches **ä**
œ	wie deutsches **ö**
eu	wie deutsches **eu**
c	vor **e** und **i** wie deutsches **z**, sonst wie deutsches **k**
g	wie deutsches **g**
h	wie deutsches **h**
ch	wie deutsches **ch**
ph	wie deutsches **f**
th	wie deutsches **t**
qu	wie deutsches **kw**
r	wie deutsches **r**
s	wie deutsches **s** (stimmhaft vor Vokal)
ti	vor Vokal wie im deutschen "Nation"
v	wie deutsches **w**

Die Tonaufnahmen

Obwohl der Gebrauch der lateinischen Sprache nie aufgehört hat, war es für viele Jahrhunderte für niemanden Muttersprache. Beim Sprechen einer anderen Sprache wird die Muttersprache unweigerlich als "Akzent" die eigene Aussprache färben.

Die zu diesem Buch gehörigen Tonaufnahmen wurden mit italienischen Muttersprachlern erstellt. Obwohl sie sich um den **prōnūntiātus restitūtus** bemühen, sind unvermeidlich einige Einflüsse ihrer Muttersprache zu hören. So ist die Differenzierung zwischen langen und kurzen Vokalen nicht so deutlich zu hören, während für Deutsche diese Unterscheidung ganz natürlich ist (z.B. "Hütte" / "Hüte", "Mitte" / "Miete").

Dasselbe gilt für nasalierte Endvokale und einige andere Feinheiten. Es werden aus didaktischen Gründen auch solche Wörter sorgfältig separat ausgesprochen, bei denen eigentlich ein Verschmelzen oder ein Anlautschwund vorliegen sollte. Beachten Sie in diesen Fällen bitte besonders die dazugehörige Lautschrift!

Dagegen fällt den Italienern die Aussprache der lateinischen Konsonanten, vor allem der Doppelkonsonanten leicht; diese kommen im gesprochenen Deutsch nicht vor. Die Tonaufnahmen haben den Zweck, das Assimilieren von Grammatik und Vokabular durch wiederholtes Anhören zu automatisieren. Die Tonaufnahmen, die vereinfachte Lautschrift und die jeweiligen Anmerkungen zur Aussprache bilden ein perfektes Hilfsmittel, um zu einer korrekten Aussprache zu gelangen. Beim Kontakt mit Lateinsprechern, z.B. in lateinsprachigen Seminaren, Gesprächszirkeln usw. (siehe Anhang E.) werden Sie eine Vielfalt von Akzenten kennenlernen, und man wird Sie für Ihre gute und verständliche Aussprache loben!

TABELLE DER LAUTE DES LATEINISCHEN (*klassische Aussprache*)

Auf den folgenden Seiten finden Sie drei Tabellen mit den Vokalen, Diphthongen und Konsonanten des Lateinischen. Wir haben diese Übersichten bewusst am Ende des Buches platziert, damit Sie sie schneller finden. Sehen Sie sich diese Lauttabellen besonders in der ersten Zeit Ihres Lateinstudiums häufig an, und benutzen Sie sie auch danach immer wieder zum Nachschlagen.

Vokale

Buchstabe	Lautschriftzeichen (klass. Aussprache)	Beschreibung
a	[*a*]	kurzes **a** wie in "hatte"
ā	[*ā*]	langes **a** wie in "Abend"
e	[*e*]	kurzes **e** wie in "Bett"
ē	[*ē*]	langes **e** wie in "Esel"
i	[*i*]	kurzes **i** wie in "bitte"
ī	[*ī*]	langes **i** wie in "Miete"
o	[*o*]	kurzes **o** wie in "Gott"
ō	[*ō*]	langes **o** wie in "Boot"
u	[*u/w*]	kurzes **u** wie in "Mutter"/ nach **q** oder manchmal nach **s** vor Vokal in derselben Silbe **w** wie in engl. "water"
ū	[*ū*]	langes **u** wie in "Mut"
y	[*ü*]	kurzes **ü** wie in "dünn"
ȳ	[*ǖ*]	langes **ü** wie in "über"

Diphthonge (Doppellaute)

Buchstabe	Lautschriftzeichen (klass. Aussprache)	Beschreibung
æ	[*ai*]	fast wie in "Mai"
œ	[*oi*]	fast wie **eu** in "Eule", keinesfalls aber wie **ö**!
au	[*au*]	wie in "Maus"
eu	[*äu*]	fast wie zwei getrennte Laute **e** und **u**, jedoch ineinander fließend ohne neuen Stimmansatz

Buch-stabe	Lautschrift-zeichen (klass. Aussprache)	Beschreibung
ei	[*äi*]	fast wie zwei getrennte Laute **e** und **i**, jedoch ineinander flie-ßend ohne neuen Stimmansatz (ein seltener Diphthong, z.B. das Pronomen **ei** "für ihn/sie/es")
ui	[*ui*]	fast wie zwei getrennte Laute **u** und **i**, jedoch ineinander fließend ohne neuen Stimmansatz

Konsonanten

Buch-stabe	Lautschrift-zeichen (klass. Aussprache)	Beschreibung
b	[*b*]	wie deutsches **b**
c	[*k*]	unbehauchtes **k**, d.h. dem **k** folgt nicht, wie im Deutschen, ein **h**-Laut
ch	[k^h]	behauchtes **k**, d.h. dem **k** folgt ein deutlicher **h**-Laut
d	[*d*]	wie deutsches **d**
f	[*f*]	wie deutsches **f**
g	[*g*]	wie deutsches **g**
gn	[*ngn*]	stimmhafter Nasal wie in "Angel" + **n**
h	[*h*]	wie deutsches **h**
j	[*j*]	wie deutsches **j**
k	[*k*]	unbehauchtes **k**, d.h. dem **k** folgt nicht, wie im Deutschen, ein **h**-Laut
l	[*l*]	wie deutsches **l**
m	[*m*]	im Anlaut und als Binnenlaut wie in "Mann"
am/em im/um	[a^m] [e^m] [i^m] [u^m]	im Auslaut nach Vokal wird **m** nur sehr schwach gesprochen und bewirkt eine Nasalierung des Vokals
n	[*n*]	wie deutsches **n**
ns/nf	[^{n}ß] / [$^n f$]	in der Verbindung **ns** bzw. **nf** ist das **n** kaum hörbar und bewirkt eine Dehnung des vorangehenden Vokals
p	[*p*]	unbehauchtes **p**
ph	[p^h]	behauchtes **p**, d.h. dem **p** folgt ein deutlicher **h**-Laut

Buchstabe	Lautschriftzeichen (klass. Aussprache)	Beschreibung
q	[*k*]	unbehauchtes **k**, d.h. dem **k** folgt nicht, wie im Deutschen, ein **h**-Laut
r	[*r*]	nie wie ein deutsches Rachen-**r**, sondern immer ein gerolltes Zungen-**r**
rh	[*rʰ*]	behauchtes lateinisches **r**, d.h. dem **r** folgt ein deutlicher **h**-Laut
s	[*ß*]	immer stimmlos wie in "Stra<u>ß</u>e"
t	[*t*]	unbehauchtes **t**, wie hartes stimmloses **d** im Auslaut von "Ra<u>d</u>"
th	[*tʰ*]	behauchtes **t**, d.h. dem **t** folgt ein deutlicher **h**-Laut
v	[*w*]	wie in engl. "<u>w</u>ater"
x	[*kß*]	nicht so hart wie das **x** im Deutschen, sondern im Anlaut weicher (siehe oben bei **k**)
z	[*s*]	stimmhaftes **s** wie in "Wie<u>s</u>e" oder wie **ds**